Weber · Neue Musik und Vermittlung

Studien und Materialien zur Musikwissenschaft

Band 31

Bernhard Weber

Neue Musik und Vermittlung

2003
Georg Olms Verlag
Hildesheim · Zürich · New York

Bernhard Weber

Neue Musik und Vermittlung

Vermittlungsaspekte Neuer Musik
aus lerntheoretischer Perspektive

2003
Georg Olms Verlag
Hildesheim · Zürich · New York

Das Werk ist urheberrechtlich geschützt.
Jede Verwertung außerhalb der engen Grenzen
des Urheberrechtsgesetzes ist ohne Zustimmung
des Verlages unzulässig und strafbar.
Das gilt insbesondere für Vervielfältigungen,
Übersetzungen, Mikroverfilmungen
und die Einspeicherung und Verarbeitung
in elektronischen Systemen.

Bibliografische Information Der Deutschen Bibliothek

Die Deutsche Bibliothek verzeichnet diese Publikation
in der Deutschen Nationalbibliografie; detaillierte bibliografische Daten
sind im Internet über http://dnb.ddb.de abrufbar

Bibliographic information published by Die Deutsche Bibliothek

Die Deutsche Bibliothek lists this publication in the
Deutsche Nationalbibliografie; detailed bibliographic data
are available in the Internet at *http://dnb.ddb.de.*

∞ ISO 9706
© Georg Olms Verlag AG, Hildesheim 2003
Alle Rechte vorbehalten
Printed in Germany
Gedruckt auf säurefreiem und alterungsbeständigem Papier
Umschlagentwurf: Mit freundlicher Unterstützung des
Design-Studios Seiler aus Neuhausen (Stuttgart)
Herstellung: Druck Partner Rübelmann GmbH, 69502 Hemsbach/Bergstraße
ISBN 3-487-11895-5
ISSN 0176-0033

Vorwort

Unter den Vorwürfen, die sich starr wiederholen, ist der verbreitetste der des Intellektualismus: die neue Musik sei im Kopf, nicht im Herzen oder im Ohr entsprungen, wohl gar überhaupt nicht sinnlich vorgestellt, sondern auf dem Papier ausgerechnet. (...) Die neuen Mittel der Musik aber sind aus der immanenten Bewegung der alten hervorgegangen, von der sie sich zugleich durch qualitativen Sprung absetzt. Dass daher bedeutende Stücke der neuen Musik mehr ausgedacht, weniger sinnlich vorgestellt wären als traditionell, ist bloße Projektion des Unverständnisses (ADORNO 1991, 17f).

Auch heute ist unter den Lehrern solch eine Meinung noch weit verbreitet. Manche versteigen sich deswegen ins Abzählen von Zwölftonreihen und vermitteln damit neue Musik ebenso falsch wie jene, die sämtliche Tonleitern im Quintenzirkel auswendig lernen und wieder aufsagen lassen, oder wie jene, welche die Schüler mit dreifach verminderten Quinten quälen und dies damit rechtfertigen, dass es ja nur um das Prinzip ginge. Offensichtlich geht es bei solchen weit verbreiteten Verhaltensweisen weniger um Musik, sondern um möglichst einfache Abprüfbarkeit von Daten.

Mit anderen Worten, eigentlich haben die Probleme der Vermittlung gar nichts mit der Art der Musik zu tun, sondern eben mit deren Vermittlung. Liest man Bernhard Webers Arbeit, dann scheint dies eine vielleicht nicht beabsichtigte, aber deswegen nicht weniger wichtige Nebenerkenntnis zu sein. Sie vermittelt sich vor allem durch die Zusammenfassung der neuesten Erkenntnisse wahrnehmungstheoretischer und lerntheoretischer Grundlagen.

Nun haftet allerdings der neuen Musik zusätzlich ein besonderer „Makel" an, nämlich „... *dass es sich um das Ende des exklusiv Neuen handelt: es gibt nichts Neues, das fest wäre und seinerseits sakrosankte Formen installierte hätte, wie dies bisher immer das Neue getan hat...*" so hat es Mathias Spahlinger immer wieder betont. Die neue Musik bildet von ihrem historisch gewachsenen Wesen her gesehen, keine Konventionen mehr aus. Sie verhält sich entgegengesetzt zur Forderung der „Audiation" (Gordon), was überhaupt erst ein echtes Musikverstehen ermöglicht.

Hier greift Weber ein, indem er Modelle entwickelt, die Schritt für Schritt exemplarisch diesen Mangel zu überwinden versuchen, ein Überwinden, das vor allem im eigenen praktischen Tun begründet des Lernenden liegt. Diese Hinwendung zum eigenen kreativen Gestalten heißt jedoch nicht, dass man bei der Welt der Jugendkulturen anfangen müsse, wiewohl man sie berücksichtigen sollte. Das kreative Agieren beginnt auf einer relativ abstrakten Ebene einfacher Übungen, die in die musiksprachliche Richtung des zu behandelnden Objekts verweisen. Erst nach der Grundlegung solcher Basiskompetenzen kann der nächste Schritt der Rezeption sinnvoll erfolgen.

Gerade die Vermeidung der Welt der Erwachsenen (klassische Musik) aber auch die Vermeidung des blinden Anbiederns an die Welt der Jugendlichen, bietet die Chance, klingendes Material an sich kennenzulernen, losgelöst von einem historisch oder kulturell bestimmten Kontext. Diese Chance *»sich selbst dabei kennenzulernen«* sollte man im Musikunterricht nutzen um somit überhaupt wieder Interesse und vor allem Neugierde an Musik zu wecken. Webers konkrete Utopie einer allumfassenden Ausbildung dieser Art sei ihm belassen. Aber vielleicht muss man Utopien formulieren, um zumindest den Weg in diese Richtung zu gehen.

Dieter Mack

Inhalt

Vorwort

Inhalt

	Einführung	XIII
1.	**Wahrnehmungspsychologische Grundlagen**	**1**
1.1	Wahrnehmungspsychologische Täuschungen und Paradoxien	1
1.2	Die Wahrnehmung als konstruktive Tätigkeit des Bewusstseins	6
1.2.1	Gestaltpsychologische Ansätze	7
1.2.2	Kognitive Theorien	9
1.3	Wahrnehmung und Gedächtnis	13
1.3.1	Gedächtnissysteme	14
1.3.2	Organisation des Gedächtnisses	17
1.4	Wahrnehmen und kategorisieren	21
1.5	Wahrnehmen und strukturieren	23
1.6	Wahrnehmung musikalischer Parameter	24
1.6.1	Wahrnehmung von Klangfarben	24
1.6.1.1	Statische und nichtstatische Klänge	26
1.6.1.2	Klangkomplexe	27
1.6.2	Wahrnehmung von Zeit und Rhythmus	33
1.6.3	Wahrnehmung von Tonhöhen und Tonhöhenverläufen	39
1.6.4	Wahrnehmung von Lautstärke	51
1.7	Wahrnehmung expressiver Qualitäten	54
1.7.1	Assoziationen	54
1.7.2	Emotionale Reaktionen	58
1.7.3	Universalität von Eindruck und Ausdruck	63
1.8	Autorenintention und Rezeption	64
1.9	Schlussfolgerungen	67
2.	**Lerntheoretische Grundlagen**	**70**
2.1.	Kognitive Theorien	70
2.1.1	Jean Piaget: Die Entwicklung der Intelligenz	71

2.1.2	Jerome S. Bruner: Stufen kognitiver Entwicklung	76
2.1.3	Hans Aebli: Denken - das Ordnen des Tuns	80
2.2	Neurobiologische Grundlagen des Lernens	84
2.2.1	Die Architektur des Gehirns	84
2.2.2	Neuroplastizität	89
2.2.3	Lateralisation	90
2.2.4	Neuromusicology	92
2.3	Sprachliche Kodierung	99
2.3.1	Begriffbildung in Aeblis „kognitiver Handlungstheorie"	99
2.3.2	Semantische Netzwerke	103
2.4	Symbolische Kodierung	106
2.5	Exkurs: Musikalische Entwicklung	112
2.5.1	„Multiple Intelligenzen"	114
2.5.2	Musikalische Entwicklung als Aufbau mentaler Repräsentationen	117
2.5.3	Swanwick/Tillman: „Spiralmodell" musikalischer Entwicklung	121
2.5.4	Die musikalische Entwicklungstheorie von Gordon	124
2.6	Gordons Theorie des Musiklernens	130
2.6.1	Audiation	130
2.6.2	Musikalische Lernsequenzen	136
2.6.3	Musikalische Inhalte	143
2.6.4	Diskussion: Gordons Theorie des Musiklernens	149
2.7	Zusammenfassung	135
3.	**Vermittlungsansätze Neuer Musik nach 1970**	**155**
3.1	Zur Situation der Musikpädagogik nach 1945	156
3.1.1	Neuorientierung der Schulmusik	160
3.1.2	Exkurs: Kreativität	163
3.1.2.1	Das Kreativitätskonzept von Csikszentmihalyi	165
3.1.2.2	Kreatives Denken in Musik	167
3.2	Vermittlungsansätze Neuer Musik in den siebziger Jahren	169
3.2.1	Meyer-Denkmann: „Struktur und Praxis Neuer Musik"	172

3.2.1.1	Didaktische Legitimation und Konzeption	173
3.2.1.2	Das Kunst- und Musikverständnis von Meyer-Denkmann	175
3.2.1.3	Der musikalische Erfahrungshorizont der Schüler	178
3.2.1.4	Vermittlungspraxis	178
3.2.1.5	Lerntheoretische Implikationen	185
3.2.1.6	Fazit und Kritik	187
3.2.2	John Paynter und Peter Aston: "Klang und Ausdruck"	188
3.2.2.1	Didaktische Legitimation und Konzeption	189
3.2.2.2	Das Kunst- und Musikverständnis von Paynter/Aston	191
3.2.2.3	Der musikalische Erfahrungshorizont der Schüler	191
3.2.2.4	Vermittlungspraxis	192
3.2.2.5	Lerntheoretische Implikationen	196
3.2.2.6	Fazit und Kritik	197
3.2.3	Raymond Murray Schafer: „schöpferisches Musizieren"	198
3.2.3.1	Didaktische Legitimation und Konzeption	199
3.2.3.2	Das Kunst- und Musikverständnis von Schafer	200
3.2.3.3	Der musikalische Erfahrungshorizont der Schüler	203
3.2.3.4	Vermittlungspraxis	203
3.2.3.5	Lerntheoretische Implikationen	205
3.2.3.6	Fazit und Kritik	205
3.2.4	„Perspektiven" und „Themenkreise" Neuer Musik	206
3.3	Vermittlungsansätze Neuer Musik in den achtziger Jahren	210
3.3.1	Werner Klüppelholz: „Modelle zur Didaktik der Neuen Musik"	210
3.3.1.1	Didaktische Legitimation und Konzeption	211
3.3.1.2	Das Kunst- und Musikverständnis von Klüppelholz	216
3.3.1.3	Der musikalische Erfahrungshorizont der Schüler	217
3.3.1.4	Vermittlungspraxis	218
3.3.1.5	Lerntheoretische Implikationen	220
3.3.1.6	Fazit und Kritik	221

3.4	Vermittlungsansätze Neuer Musik in den neunziger Jahren	222
3.4.1	A. Schwan: „ ... Komposition im Musikunterricht"	222
3.4.2	John Paynter: „Sound & Structure"	224
3.4.2.1	Didaktische Legitimation und Konzeption	225
3.4.2.2	Das Kunst- und Musikverständnis von Paynter	226
3.4.2.3	Vermittlungspraxis	229
3.4.2.4	Lerntheoretische Implikationen	233
3.4.2.5	Fazit und Kritik	234
3.4.3	Victor Flusser: Komponieren mit Kindern	234
3.4.3.1	Didaktische Legitimation und Konzeption	235
3.4.3.2	Das Kunst- und Musikverständnis von Flusser	238
3.4.3.3	Vermittlungspraxis	240
3.4.3.4	Lerntheoretische Implikationen	247
3.4.3.5	Fazit und Kritik	247
3.4.4	Konzepte und Materialien an der Schwelle des 21. Jahrhunderts	248
3.5	Schlussfolgerungen	251

4. Die Vermittlung Neuer Musik im Unterricht — 254
Pädagogischer Teil

4.1.	Das Vermittlungsmodell Neuer Musik	255
4.1.1	Die Objektseite: Neue Musik	256
4.1.1.1	Materialformen der Neuen Musik	258
4.1.1.2	Ausdrucksqualitäten der Neuen Musik	260
4.1.1.3	Strukturprinzipien der Neuen Musik	261
4.1.1.4	Kompositorische Intentionen	263
4.1.2	Unterrichtspraktische Konsequenzen	268
4.1.3	Exkurs: Der musikalische Erfahrungshorizont der Schüler	270
4.1.3.1	Das „Material" jugendkultureller Musik	278
4.1.3.2	Die Bedeutung des „Sounds"	279
4.1.3.3	Die „Strukturen" jugendkultureller Musik	282
4.1.3.4	Jugendkulturelle Musik und Körperlichkeit	284
4.1.3.5	Musikalischer Ausdruck	285

4.1.3.6	Ästhetisches Verstehen und Reflexion	286
4.1.4	Gegenüberstellung: Neue und jugendkulturelle Musik	293
4.2	Didaktische Legitimation Neuer Musik im Unterricht	295
4.2.1	Erste Reflexionen	295
4.2.2	Didaktik der Neuen Musik oder neue Didaktik der Musik?	298
4.2.3	Didaktische Legitimation	300
4.2.3.1	Musikimmanente Legitimation	301
4.2.3.2	Musikalische Kompetenzen	302
4.2.3.3	Allgemein pädagogische Legitimation	303
4.3	Wahrnehmen und Verstehen von Neuer Musik	304
4.3.1	Sinn und Gehalt	305
4.3.2	Emotionales Verstehen von Musik	307
4.3.3	Der Verstehensbegriff in der Musikdidaktik	310
4.3.4	Wahrnehmen und Verstehen von Neuer Musik	313
4.4	Die Vermittlung Neuer Musik auf lerntheoretischer Grundlage	315
4.4.1	Inhaltsbezogenen und lerntheoretische Implikationen	315
4.4.2	Vermittlungssequenz Neuer Musik	322
4.4.2.1	Unterscheidungslernen	323
4.4.2.2	Schlussfolgerndes Lernen	325
4.4.3	Vermittlungsformen Neuer Musik	328
4.4.3.1	Vermittlungsstufe 1: PRODUKTION & REZEPTION	329
4.4.3.2	Vermittlungsstufe 2: SPRACHLICHE KODIERUNG	336
4.4.3.3	Vermittlungsstufe 3: SYMBOLISCHE KODIERUNG	341
4.4.3.3	Vermittlungsstufe 4: ÄSTHETISCHES VERSTEHEN	344
4.5	Schlussbemerkung	348
5.	**Vermittlungssequenz: „Sprachkompositionen"** *Didaktischer Teil*	**350**
5.1.	„Sprachkompositionen"	351
5.1.1	Sprachkompositionen in der Neuen Musik	351

5.1.2	Sprache im Erfahrungshorizont der Schüler	353
5.2	Vorbemerkungen zur Unterrichtspraxis	353
5.3.	Vermittlungsstufe 1: PRODUKTION & REZEPTION	356
5.3.1	Unterscheidungslernen	358
5.3.2	Schlussfolgerndes Lernen	360
5.3.3	Lerntheoretischer Kommentar	362
5.4	Vermittlungsstufe 2: SPRACHLICHE KODIERUNG	363
5.4.1	Unterscheidungslernen	365
5.4.2	Schlussfolgerndes Lernen	367
5.4.3	Lerntheoretischer Kommentar	367
5.5	Vermittlungsstufe 3: SYMBOLISCHE KODIERUNG	368
5.5.1	Unterscheidungslernen	372
5.5.2	Schlussfolgerndes Lernen	373
5.5.3	Lerntheoretischer Kommentar	374
5.6	Vermittlungsstufe 5: ÄSTHETISCHES VERSTEHEN	375
5.6.1	Musikalisches Sachwissen	375
5.6.2	Ästhetisches Verstehen von Sprachkompositionen	377
5.6.3	Fächerübergreifende Vermittlung	377
5.6.4	Lerntheoretischer Kommentar	380
5.7	Schlussbemerkung	380

Schlusswort 381

Abbildungsverzeichnis und Nachweise 386

Zeitschriftensiglen 390

Literatur 391

Anhang 431

Neue Musik und Vermittlung

Vermittlungsaspekte Neuer Musik aus lerntheoretischer Perspektive

Es mag vermessen erscheinen, in einer Zeit der vieldiskutierten Krisensituation der Schulmusik (z.B. GRUHN 1995), sich mit der Vermittlungsproblematik Neuer Musik in der Schule beschäftigen zu wollen[1]. Doch gerade Krisen fordern zum Nachdenken auf und führen neben der Suche nach Ursachen zu neuen Denk- und Lösungswegen. Möglicherweise liegt eine der Ursachen der derzeitigen Situation darin, dass sich der Musikunterricht überhaupt nicht oder nur in einem begrenzten Rahmen, an der gegenwärtigen kulturellen Wirklichkeit orientiert. Der Gedanke, die Kultur der Gegenwart zum wesentlichen und ständigen Gegenstand des Musikunterrichts zu machen, ist indessen nicht so neu:

Es ist unmöglich, daß ein Mensch die Kunst einer früheren Epoche völlig begreifen und in ihr Wesen eindringen kann... wenn dieser Mensch nicht ein lebendiges Gefühl und ein echtes Verständnis für die Gegenwart hat... Daher bin ich der Meinung, daß es aus pädagogischen Gründen weiser wäre, wenn die Erziehung eines Schülers mit der Gegenwart begänne (STRAWINSKY 1972, 71).

Die Kunst, die uns am meisten angeht, ist die Kunst unserer Zeit (PAYNTER/ASTON 1972, 17).

Manche Schüler denken zuweilen ebenso, wenn auch unter anderen Vorzeichen:

Warum nehmen wir immer Komponisten durch, die schon tot sind? (SCHÜLERIN, 14 Jahre).

Allerdings lehrt die Vergangenheit, dass die Begegnung mit dem Neuen und Fremden nicht reibungslos vonstatten geht. Nahezu immer, wenn es im Verlauf der Musikgeschichte zu Neuerungen kam, wenn Komponisten die Gesetzmäßigkeiten oder Normen ihrer Epochen durchbrachen und nach neuen künstlerischen Ausdrucksformen suchten, stießen ihre Werke sowohl beim breiten Publikum als auch bei Kritikern und Künstlerkollegen auf Vorbehalte, wenn nicht sogar auf Ablehnung. Als prominente Beispiele können Namen

---

[1] Es ist hier nicht das Ziel, die Krisensituation des Musikunterrichts grundsätzlich zu diskutieren.

wie Monteverdi, Bach, Beethoven, Strawinsky, Schönberg und viele andere aufgeführt werden. Die Polemik mit der die Zuhörer dem musikalisch Neuen begegneten, ging teilweise so weit, dass Aufführungen, wie etwa das allbekannte „Watschenkonzert"[2] in Wien, nicht nur von lautstarker Kritik (Zwischenrufe, Zischen und Pfeifen), sondern von handfesten Tätlichkeiten (Watschen) begleitet wurden. Insofern sind Probleme, die im Zusammenhang mit der Rezeption von „neuer" Musik zu beobachten sind, keinesfalls ein charakteristisches Phänomen der Gegenwart. Allerdings hat sich diese Problematik im 20. Jahrhundert insofern zugespitzt, als sich die „Neue" Musik von der traditionellen wesentlich unterscheidet.

Der Begriff „Neue Musik" selbst geht ursprünglich auf Paul Bekker zurück, der in einem gleichnamigen Vortrag eine gegen die Romantik gerichtete neue Musik forderte, die sich durch eine *„Erneuerung des verbrauchten musikalischen Materials und der Musikempfindung"* auszeichnet (BEKKER 1919, 301). Die zunächst sehr eng gefasste Definition wandelte sich nach 1945 in eine zunehmend *„pluralistische Begriffsauffassung",* die ab 1950 auch für den Komponisten einen *„selbstverständlichen Stellenwert"* bekam (BLUMRÖDER 1980, 1).

Die musikwissenschaftliche Literatur kennt zwei Definitionen:

...hiernach umfasst der Begriff Neue Musik (meist großgeschrieben) all jene Innovationen, die seit etwa 1910 die Geschichte der artifiziellen Musik bestimmt haben (BLUMRÖDER 1980, 1).

Aus den dargelegten Erwägungen wird Neue Musik[3] hier als eine umfassende – vieles, nicht alles umfassende – plurale Kategorie für die Musik und Musikgeschichte des 20. Jh. verstanden ... bei der alle namhaften Innovationen der Musik des 20 Jh. - und nicht nur einige exklusive (z.B. kompositionstechnische) – Berücksichtigung finden (DANUSER 1997, 76f).

Wissend, dass jeder Definitionsversuch des Begriffs „Neue Musik" problematisch ist, und mit dem Anspruch, eine möglichst offene Begriffsbestimmung zu Grunde zu legen, wird hier die Definition von Danuser bevorzugt. Der Terminus „artifiziell" impliziert bei Blumenröder (siehe oben) in musi-

---

[2] Das „Neue Wiener Tagblatt" berichtete am 1.4.1913 von einem Konzert im Großen Musikvereinsaal in Wien, bei dem es bei der Aufführung von Weberns *Orchesterstücke op. 4,* Schönbergs *Kammersymphonie op. 9* und zwei *Orchesterlieder* (nach Ansichtskartentexten von Peter Altenberg) von Berg zu „Raufszenen" kam.
[3] Hervorhebung von Danuser.

kalischer Sicht eine Einschränkung, außerdem erscheint der Begriff selbst vage, bzw. vor dem Hintergrund der Diskussion um die Postmoderne mehr oder minder obsolet.

Wesentliches Kennzeichen der Neuen Musik ist neben ihrer *"Gegenwarts- und Traditionsbindung"* (vgl. BLUMRÖDER 1980, 1), eine implizite musikalische Heterogenität infolge eines pluralistischen Nebeneinanders unterschiedlicher Personalstile, was Danuser (1997) mittels insgesamt sechzehn „Antinomien" zu beschreiben versucht. Speziell der Aspekt divergierender Personalstile als Signum der zeitgenössischen Kunst dieses Jahrhunderts nimmt in der hier zu diskutierenden Vermittlungsproblematik Neuer Musik einen zentralen Stellenwert ein. Der *"Pluralismus musikalischer Sprachen"* (DANUSER 1997, 112) hat als Konsequenz, dass sich in der Neuen Musik im Gegensatz zur traditionellen keine musiksprachlichen Übereinkünfte mehr ausbildet haben:

...die Neue Musik unterscheidet sich von jeder anderen, die wir kennen, ziemlich grundsätzlich, denn ich behaupte... die Neue Musik bildet keine Konventionen aus... in dem Sinne wie die alte Musik, jede andere alte Musik, jede andere Musik, die sozusagen urwüchsig entstanden ist, Konventionen ausbildet. Ich behaupte die Neue Musik bildet keine Konventionen dieser Art aus... (SPAHLINGER 1995[4]).

Nach der These Spahlingers muss grundsätzlich vom Nichtvorhandensein einer einheitlichen „Grammatik" bzw. eines einheitlichen syntaktischen Kodes Neuer Musik ausgegangen werden. Dennoch verfügt jede Komposition über ein individuelles Ordnungsprinzip, das durch eine ihr immanente Logik[5] charakterisiert werden kann. Diese Logik artikuliert sich zumeist auf einer strukturellen Ebene und steht in Korrespondenz mit der Intention des Komponisten bzw. mit seinen ästhetischen oder kunstphilosophischen Prämissen.

Aufgrund dieser spezifischen Kennzeichen werden in der folgenden Arbeit alle Erscheinungsformen Neuer Musik, unabhängig von ihrer ästhetischen Position in unterrichtspraktischer Hinsicht als gleichberechtigt angesehen. Die grundsätzliche Diskussion unterschiedlicher ästhetischer Positionen sowie eine prinzipielle Auseinandersetzung mit der Begriffsbestimmung Neuer Musik ist nicht Gegenstand dieser Arbeit.

---

[4] Das Zitat stammt aus einem Eröffnungsvortrag (Tonbandprotokoll), den Spahlinger am 28. Oktober 1995 an der Musikhochschule Freiburg im Rahmen einer Podiumsdiskussion zum Thema „Vermittlung" hielt.
[5] Der Komponist Claus Steffen Mahnkopf (1989) spricht in diesem Zusammenhang von „Eigenlogik".

Das heterogene Erscheinungsbild der Neuen Musik führt zu grundlegenden und weitreichenden fachdidaktischen Problemstellungen:

...wenn meine These stimmt, dass die Neue Musik keine Konventionen mehr ausbildet wie alle bisherigen, dass Neue Musik keine Sprache darstellt, keine Musiksprache mehr darstellt im engeren Sinn, dann steht die Pädagogik womöglich vor nahezu unlösbaren Problemen (SPAHLINGER ebd.).

Somit kann die Neue Musik im Gegensatz zur traditionellen, tonal und metrisch gebundenen, nicht auf der Basis eines einzigen und einheitlichen Organisationsprinzips (Grammatik) unterrichtspraktisch vermittelt werden. Das Prinzip des „exemplarischen Lernens" (KLAFKI 1962; WAGENSCHEIN 1965) ist damit in der bisher im Musikunterricht praktizierten Form auf Neue Musik nicht mehr anwendbar. Die Neue Musik erhält dadurch in fachdidaktischer Hinsicht möglicherweise einen Sonderstatus und ihre spezifische Erscheinungsweise trägt wesentlich zur ihrer Vermittlungsproblematik bei.

„*Über die Schwierigkeit, Neue Musik zu hören*" (BASTIAN 1985, 406ff) wurde schon viel spekuliert. Die Ursachen sind im Wesentlichen in drei Bereichen zu finden: musikalische, gesellschaftliche und persönliche.

Gieseler (1972) verweist auf die mangels fehlender Wiederholung nicht mögliche Wahrnehmung von Formen, auf den absoluten „*Zeitcharakter*" der Neuen Musik und auf deren fehlende „*Sprachähnlichkeit*". De la Motte-Haber (1981) legt den „*Verständnisschwierigkeiten mit der Neuen Musik*" gleichfalls musikimmanente Faktoren zugrunde (ebd. 169). Die Gründe liegen für sie unter anderem „*im Verlust affektiver Qualitäten, im Ausdrucksverlust der Neuen Musik*" (ebd.). Adorno (1968) postuliert die Schwierigkeiten, in der „*Auffassung neuer Musik*" auf verschiedenen Ebenen. Durch die Emanzipation des Materials und damit zusammenhängend durch die Aufgabe der „*Sprachmomente*", wurde das kollektive Einverständnis gekündigt. Gleichzeitig sind Strukturprinzipien nicht mehr (wie in der Tonalität) dem Material implizit. Unter Bezug auf Schönberg erkennt Adorno weitere Verständnisprobleme in ästhetischer Hinsicht, „*Kunst solle nicht schmücken, sondern wahr sein*" (ebd. 124). Bei manchen Autoren scheinen solche Erklärungsversuche zudem von persönlichen Präferenzen motiviert zu sein. So ist in einem Aufsatz von Fritz Winkel (1961) zu lesen, dass „*bei der elektronischen Musik, das menschliche Maß und damit die Erträglichkeit zum Anhören überschritten*" sei (ebd. 44).

In einer fehlgeleiteten musikalischen Sozialisation liegen für eine ganze Reihe von Autoren die Hauptursachen der Rezeptionsproblematik Neuer Musik. Für Rittelmeyer (1969) sind die Vorbehalte gegenüber neuen Kunstwerken eine Folge familiärer Sozialisationsbedingungen (Dogmatismus/Intoleranz). Brömse/Kötter (1971) stellen fest, dass Urteile über elektronische Musik und Musique concrète (z.b. Stockhausen: *Gesang der Jünglinge*; *Kontakte*) maßgeblich auf umweltbedingte „*Klischeevorstellungen*" (z.b. „Weltraummusik") zurückzuführen sind (ebd. 119).

Die Schüler hegen gegenüber dem, was sie unter ‚Musik' verstehen, ganz bestimmte Erwartungen, die von den in der Umwelt am häufigsten reproduzierten musikalischen Erscheinungsformen geweckt und immer wieder aufs neue erfüllt werden. Es handelt sich hier um einen permanenten Anpassungsprozeß der Hörerwartungen an die Umweltmusik (ebd. 138).

Zu den musikalischen Sozialisierungsinstanzen zählen neben den Personen der nahen Umwelt (z.b. Gleichaltrige) die Medien. Diese haben für Bastian (1985) einen großen Einfluss auf die musikalischen Präferenzen Jugendlicher. *"Die tägliche Musikerfahrung per Massenmedien läuft der notwendigen Öffnung und Umorientierung des Hörers zuwider".* Durch diesen Mechanismus werden *"tonale und taktrhythmische ‚Rezeptionsmuster'"* antrainiert, die zu stabilisierten Hörpräferenzen führen und damit die Auseinandersetzung mit Neuer Musik verhindern (ebd. 408). Bastian verweist zudem auf den „Missbrauch" von Neuer Musik als *"Film- und Fernsehmusik",* etwa in den Verfolgungsszenen von Kriminalfilmen (vgl. ebd. 30). Durch die Unterlegung von Bildern mit Neuer Musik werden einseitig Assoziationen ausgelöst, die nicht mit der ursprünglichen ästhetischen Intention kongruent sind.

Dass der Einfluss der Massenmedien auf die musikalischen Präferenzen Jugendlicher heute größer ist denn je, dürfte wohl unumstritten sein. Die Medien- und Musikangebote wachsen ständig, der Musikkonsum ist im Vergleich zu früheren Jahren angestiegen, und gerade in der Jugendphase wird am meisten Musik gehört. Gleichzeitig haben sich durch Verbreitung technischer Aufzeichnungs- und Wiedergabegeräte und preiswerter gewordener Tonträger die Zugriffsmöglichkeiten erweitert (vgl. DOLLASE 1997, 342f). Untersuchungen belegen ferner, dass Fernsehsender wie "MTV" und "VIVA" sowie Radiostationen, z.B. "N-Joy Radio" und "ffn" in der Präferenzliste für Medien mit Musikangeboten ganz oben liegen. An erster Stelle der Informationsquellen Jugendlicher über Musik, steht bei 84% der befragten Jugendlichen die Gruppe der Gleichaltrigen (GOERTZ/SEEGER 1996 24). So gesehen tragen alle musikalischen Sozialisierungsinstanzen Jugendlicher zur Bildung tonal und metrisch ausgerichteter Stereotypen bei, die einen offenen und vorurteilsfreien Umgang mit Neuer Musik verhindern. Die musikalischen Präferenzen Jugendlicher dürfen jedoch nie isoliert betrachtet werden, sondern sie stehen immer im Kontext anderer sozial-, individual- und entwicklungspsychologischer Aspekte (vgl. DOLLASE 1997, 355).

Die generelle Wechselbeziehung zwischen Musik und Gesellschaft versucht Adorno (1968) im Kontext der „Kritischen Theorie" (Frankfurter Schule) zu beleuchten. Die soziologischen Aspekte der Vermittlungsproblematik sind für ihn von den musikimmanenten nicht zu trennen. Denn die verschiedenen musikalischen Diversifikationen stehen in Analogie zu den Entwicklungen der bürgerlichen Gesellschaft (Abbildtheorie). Während sich auf der einen Seite die Neue Musik zunehmend ausdifferenziert hat, stagnierte auf der anderen Seite die Rezeptionsfähigkeit des Hörers als Folge der *"Resistenzfähigkeit der Tonalität"* (ebd. 120). Dies führte zu einem Missverhältnis zwischen künstlerischem Fortschritt und Hörfähigkeit. Gleichzeitig verbirgt sich für Adorno hinter der ablehnenden Haltung gegenüber der Neuen Musik *"die Abwehr des Fremden überhaupt"* (ebd. 126).

Musikalische Konzepte werden neben sozialen überdies von persönlichen Faktoren beeinflusst. Jeder Umweltreiz wird stets durch den individuellen biografischen Filter eines Menschen beurteilt. Eine solche Korrelation scheint bei Neuer Musik besonders ausgeprägt zu sein. So konnte Meißner (1979) in einer Untersuchung über das Hören zeitgenössischer Orchesterkompositionen von Henze, Lutosławski, Boulez und Zimmermann eine Differenzierung der musikalischen Präferenzen in Abhängigkeit von der Vorbildung der Versuchspersonen nachweisen, die bei anderen Kompositionen, etwa Haydn oder Boccherini nicht so ausgeprägt waren.

> *Nur bei der Einschätzung zeitgenössischer Beispiele unterscheiden sich die Präferenzurteile von Schülern und Studenten in der dem unterschiedlichen Vorbildungsgrad entsprechenden Weise* (MEIẞNER 1979, 363).

Insgesamt konnte Meißner den Nachweis erbringen, dass der Einfluss von Persönlichkeitsmerkmalen auf ein musikalisches Urteil geringer ist als der Einfluss von „Vorbildung" und „Vorinformation" (ebd. 364). Bastian (1980) konnte in einer Studie gleichfalls nachweisen, dass Neue Musik keineswegs einheitlich rezipiert und beurteilt wird, sondern intraindividuelle Urteilsvarianzen in Abhängigkeit von der Schulzugehörigkeit (Hauptschule, Realschule,

Gymnasium) und damit der Vorbildung vorhanden sind (vgl. ebd. 229ff; 247). Da die Schulzugehörigkeit mit dem Sozialstatus der Eltern korreliert, konnten analoge Ergebnisse in Zusammenhang mit der Schichtzugehörigkeit der Schüler belegt werden (vgl. ebd. 233f). Bastian vermutet ferner eine positive Korrelation zwischen einem eher *„industriell"* orientierten Beruf des Vaters, als ein Klischee für technisch interessiert und offen gegenüber dem Neuen, und dem Urteil über Neue Musik (ebd. 89f). Ein weiterer positiver Einfluss konnte durch die musikalischen Aktivitäten (Instrumentalspiel) der Schüler nachgewiesen werden (ebd. 235).

Eine Studie von Karbusicky (1969) weist ebenso bildungsspezifische Unterschiede beim Hören elektronischer Musik (drei Ausschnitte aus Eimerts *Epitaph für Aikichi Kuboyama*) nach. *„Die Breite des Vorstellungsvermögens*[6] *hängt unmittelbar mit der allgemeinen und musikalischen Bildung des Hörers zusammen"* (ebd. 216). Auf das Problem der Bildung weist auch Adorno (1968) hin, wenn er *„sozialisierte Halbbildung"* als einen allgemeinen Faktor beschreibt, welche der Rezeption Neuer Musik entgegensteht (ebd. 113).

Neben der Bildung können auch entwicklungspsychologische Aspekte die musikalischen Präferenzen von Schülern beeinflussen. Behne (1976) konnte in diesem Zusammenhang den Nachweis erbringen, dass insbesondere die Protestorientierung Jugendlicher zur Rezeption Neuer Musik führen kann.

Seine Vorliebe für anspruchsvolle Musik aus dem Bereich Neue Musik... entspringt dem Bedürfnis, sich von der etablierten Erwachsenenkultur abzusetzen (ebd. 144).

Die Ergebnisse von Behne verweisen auf Einflussfaktoren hinsichtlich des Rezeptionsverhaltens Jugendlicher, die nicht unmittelbar musikimmanent sind. De la Motte-Haber (1981) nennt in diesem Zusammenhang Persönlichkeitsvariablen wie *„Neugierverhalten"* und *„Wißbegierde"*, die bezüglich der Rezeption Neuer Musik von Bedeutung sind (ebd. 171).

Die Annahme, dass Rezeptionsprobleme die Hauptursache für die Verständnisschwierigkeiten mit Neuer Musik darstellen könnten, veranlasste vermutlich das „Institut für Neue Musik und Musikerziehung" zu Beginn der sechziger Jahre eine ganze Tagung diesem Thema zu widmen. Eine Reihe der dort gehaltenen Vorträge beschäftigte sich mit dem Aufzeigen der „Hörprobleme", die im Zusammenhang mit der Rezeption Neuer Musik entstehen (vgl. STEPHAN 1962; REINECKE 1962). Einige der Vortragenden sahen die Ursachen in der Begrenztheit des menschlichen Wahrnehmungsapparates. Heiss (1962)

---

[6] Karbusicky (1969) versteht darunter durch die von Musik ausgelösten Assoziationen wie *„Angst, Höllentanz der Teufel, perverses Morden..."* (ebd. 215).

mutmaßte aus einer evolutionär-darwinistischen Position heraus, dass sich mit der biologischen „*Progression des menschlichen Ohres*" die Hörprobleme beseitigen ließen: „*Zu den bisherigen vier wird sich die schon begonnene fünfte und sechste Reihe der Hörzellen[7] fügen*" (ebd.42). Für Winkel (1961, 44) lagen die Ursachen gleichfalls in der Beschaffenheit des Gehörorgans. Im Gegensatz zu Heiss und Winkel, die in erster Linie physiologische Gründe für die Verständnisschwierigkeiten mit Neuer Musik aufzeigten, differenzierte Pfrogner (1962, 24) zwischen einer „*inneren*" und „*äußeren Hördisposition*". Während die äußere Hördisposition den Bereich des physiologischen, rein quantitativen Aspekts der Rezeption berührt, bezieht sich die innere Hördisposition auf qualitative und „*innerseelische*" Aspekte. Innere Hördispositionen sind für Pfrogner veränderbar, beispielsweise beim „Zurechthören" eines unsauber intonierten Tons. Pfrogner berührt damit einen Aspekt des Rezeptionsprozesses, den man aus heutiger Sicht als „kognitiv"[8] bezeichnen könnte.

Die Liste möglicher Gründe für die Verständnisschwierigkeiten von Neuer Musik ließe sich (wie die der Autoren) beliebig fortsetzen. Die Auflistung einiger Argumente zeigt sehr deutlich, dass sich die Vermittlungsproblematik Neuer Musik nicht auf einige wenige Faktoren reduzieren lässt. Sie gestaltet sich als ein sehr komplexes Netzwerk von sich wechselseitig beeinflussenden Faktoren. In Bezug auf mögliche unterrichtspraktische Vermittlungsansätze Neuer Musik verweisen die aufgeführten Gründe auf den besonderen Stellenwert der Erfahrung und zwar sowohl in praktischer (Instrumentalspiel) als auch in theoretischer Hinsicht (Informationen). Dieser Gesichtspunkt wird von einer Reihe weiterer Studien bestätigt, die nachweisen, dass musikalische Präferenzen durch Erfahrungsprozesse und damit durch Lernprozesse veränderbar sind:

> *Die Präferenz für eine Musik, aber auch sonstige Einschätzungen dazu, erklären sich aus Lern- und Erfahrungsprozessen* (DOLLASE 1997, 347).

Rittelmeyer (1971) wies nach, dass bereits durch einfache Prestige-Suggestionen positive Effekte erzielt werden können. Die Information, L. Berios *Visage* habe die neueste Richtung der Neuen Musik[9] eingeleitet, beeinflusste die emo-

---

[7] Die Hervorhebungen stammen von Heiss.

[8] Allerdings beruft sich Pfrogner in seiner Abhandlung nicht auf die kognitive Psychologie, was wissenschaftshistorisch möglich gewesen wäre, sondern er bezieht sich vielmehr auf den im 4. Jahrhundert vor Chr. lebenden griechischen Musiktheoretiker Aristoxenus von Tarent.

[9] Es ist nicht Aufgabe dieser Arbeit, solche Aussagen zu kommentieren.

tionale Verarbeitung und das musikalische Werturteil positiv. Bradley (1971) setzte sich mit dem Bekanntheitsgrad Neuer Musik auseinander. Er konnte bei allen Beispielen zeitgenössischer Musik (polytonal, atonal, electronic) durch wiederholtes Hören positive Einflüsse nachweisen. Ergänzend sei auf die bereits genannte Studie von Brömse/Kötter (1971) zur „*Musikrezeption Jugendlicher*" verwiesen. Musik mittlerer Bekanntheit konnte am differenziertesten wahrgenommen werden.

Den Zusammenhang zwischen Lernprozessen und der Beurteilung Neuer Musik durch Jugendliche untersuchte Schmidt (1975). Aus dem Vergleich verschiedener Methoden zog Schmidt folgendes Fazit:

> *Die Alternative heißt nicht: mehr Neue Musik oder mehr alte Musik; sie heißt: Vermittlung gründlicher Musikkenntnisse und optimale Entwicklung der Hörfähigkeit... Entwicklung optimaler Fähigkeiten nicht nur an Neuer Musik, sondern an Musik schlechthin* (SCHMIDT 1975, 180).

Der Frage, inwieweit Informationen über Neue Musik zu grundlegenden Einstellungsänderungen führen, ging Spahlinger-Ditzig (1978) nach. Ein Teilergebnis ihrer Untersuchung verweist zunächst auf einen signifikanten Zusammenhang zwischen der „*Einschätzung Neuer Musik und der musikalischen Vorbildung, den Präferenzen, den musikalischen Aktivitäten, dem sozialen Kontext und dem Interesse für zeitgenössische Kunst*" (ebd. 123). Die Annahme, dass Informationen über Neue Musik zu generellen Urteilsänderungen führen, konnte nicht bestätigt werden (ebd. 143). „*Die Verfestigung der Haltungen läßt sich eher als Produkt außengesteuerter Beeinflussung und Verstärkung deuten*" (ebd. 189).

Bastian (1980) konnte in seiner Studie nachweisen, dass durch Unterricht die positive Zuwendung und Wertschätzung von Neuer Musik zwar steigt (vgl. ebd. 227), dass das Ausmaß an Veränderungen jedoch mit intra-, interindividuellen und musikspezifischen Faktoren korreliert. „*Es gibt nicht das Urteil des 11-jährigen über die*[10] *Neue Musik*" (ebd. 246). Weiterhin stellte Bastian fest, dass sich der „*Ordnungscharakter der Musik*" nicht grundsätzlich in den Urteilen der Schüler widerspiegelt (vgl. ebd. 227).

Eine neuere Untersuchung von Ditter-Stolz (1999) konnte durch unterrichtspraktische Maßnahmen, die auf „*unmittelbare, gegenwartsnahe, ganzheitliche und emanzipatorische Unterrichtsprinzipien*" (ebd. 265ff) beruhen, ebenfalls positive, wenn auch nur geringfügige Effekte in der Bewertung folgender Hörbeispiele aufzeigen: Kagel: „*... den 24. Xii 1931*"; Raecke: *das Mecklenburger Pferd*; Bap:

---

[10] Die Hervorhebungen stammen von Bastian.

Kristallnacht; Arno Steffen: *Arsch huh-Zäng ussenander II* (ebd. 203, 208). Ihr Nachweis von intra-, interindividuellen und musikspezifischen Urteilsvarianzen steht teilweise im Widerspruch zu den Befunden von Bastian (z.b. im Schulartenvergleich). Eine Annäherung an Bastian zeigt hingegen der Befund, dass bei der spontanen Beurteilung von Musik, der Faktor „*Organisation des musikalischen Materials*" (Struktur) keine gewichtige Rolle spielt. Gleichwohl wurde die Musik vor dem Unterricht „*unstrukturierter*"[11] wahrgenommen als danach (ebd. 223f).

Insbesondere die Befunde von Bastian (1980) und Ditter-Stolz (1999) fordern eine differenzierte Betrachtungsweise der Rezeptionsproblematik Neuer Musik. Diesen Befunden zufolge korrelieren Einstellungsänderungen gegenüber Neuer Musik nicht zwangsläufig mit einer signifikanten Zunahme an rezeptiven Kompetenzen. Vor diesem Hintergrund fordert Bastian, dass die zukünftige Aufgabe des Musikunterrichts darin liegt, „*dem Schüler auch in komplexer artifizieller Musik Ordnungsstrukturen bewusst zu machen, sein Hörvermögen im Wahrnehmen von syntaktischen Organisationen zu schulen*" (BASTIAN 1980, 228). Deshalb ist im weiteren Verlauf dieser Arbeit nach solchen Lernformen zu suchen, welche die Fähigkeit zur strukturellen Wahrnehmung nachweislich erhöhen. Gleichzeitig bilden solche Fähigkeiten die unabdingbare Voraussetzung für weiterführende Verstehensprozesse (vgl. GRUHN 1989).

Dementsprechend ergeben sich für die nachfolgenden Untersuchungen zunächst zwei zentrale Fragenkomplexe:

1. Wie funktioniert die musikalische Wahrnehmung? Bestätigt sich der Sonderstatus Neuer Musik hinsichtlich ihrer Wahrnehmung?
2. Wie funktionieren musikalische Lernprozesse? Tritt auch in diesem Zusammenhang der Sonderstatus Neuer Musik in Erscheinung?

Auf der Grundlage dieser Fragenkomplexe und im Hinblick auf die hier intendierte Konzeption eines eigenen Vermittlungsansatzes Neuer Musik ergeben sich für die anschließenden Darlegungen folgende Gliederungspunkte:

Im ersten Kapitel werden die wahrnehmungspsychologischen Grundlagen abgehandelt. Nach einigen allgemeinen Untersuchungen zur Funktionsweise der Wahrnehmung insbesondere auf der Grundlage kognitiver Theorien, wird

---

[11] Leider fehlen an dieser Stelle konkrete statistische Angaben (vgl. DITTER-STOLZ 1999, 224).

im nächsten Abschnitt die Rezeption einzelner musikalischer Parameter (Tonhöhe, Tondauer, Klangfarbe etc.) näher beleuchtet. Ferner wird der Frage nachgegangen, in welchem Umfang kompositorische Intention und ästhetisches Erlebnis überhaupt übereinstimmen können. Gleichzeitig wird in allen Abschnitten des Kapitels nach dem Sonderstatus Neuer Musik im Hinblick auf deren Wahrnehmung gefragt.

Gegenstand des zweiten Kapitels sind die lerntheoretischen Grundlagen der Vermittlung Neuer Musik. Dabei werden zunächst allgemein ausgerichtete kognitive Theorien und Modelle vorgestellt. Es folgen die neurobiologischen Grundlagen des Lernens. Auf der Basis von Aeblis kognitiver Handlungstheorie (1980, 1981) und semantischer Netzwerk-Theorien wird die Bedeutung und Funktion der sprachlichen Kodierung von Vorstellungsinhalten (Repräsentationen) erläutert. Musik wird nicht nur sprachlich, sondern desgleichen symbolisch kodiert. Diesem Themenkomplex widmet sich der nächste Abschnitt. Nach einem Exkurs zur musikalischen Entwicklung bei Kindern, wird Gordons Theorie des Musiklernens ausführlich vorgestellt. Auch in diesem Kapitel wird nach einem möglichen Sonderstatus Neuer Musik gefragt.

Das dritte Kapitel beschäftigt sich mit der Diskussion bisheriger Vermittlungsansätze Neuer Musik nach 1970. Das Kapitel beginnt mit der Darstellung historischer Entwicklungen und Tendenzen der Musikpädagogik nach 1945, an die sich ein Exkurs zur Kreativitätsforschung anschließt. Die eigentliche Diskussion bisheriger Vermittlungsansätze orientiert sich an der didaktischen Konzeption, Legitimation sowie Umsetzung, an der ästhetischen Ausrichtung und möglichen lerntheoretischen Implikationen der ausgewählten Ansätze. Aus diesen Untersuchungen werden bedeutsame Erkenntnisse für einen noch zu entwickelnden Vermittlungsansatz erwartet.

Im vierten Kapitel wird das Vermittlungsmodell des Verfassers vorgestellt. Es basiert auf den Erkenntnissen aus Kapitel 1 und 2, sowie auf der in Kapitel 3 durchgeführten Diskussion bisheriger Vermittlungsansätze Neuer Musik nach 1970. Nach dem Versuch einer didaktischen Legitimation aus unterschiedlichen Perspektiven (musikimmanent, lerntheoretisch und pädagogisch), wird der Verstehensbegriff Neuer Musik erörtert. Den Abschluss des Kapitels bildet der Entwurf einer lerntheoretisch fundierten Vermittlungssequenz Neuer Musik.

Das in Kapitel 4 theoretisch dargestellte Vermittlungsmodell Neuer Musik wird in diesem Kapitel am Beispiel von Sprachkompositionen unter dem Aspekt der „Entsemantisierung" didaktisch konkretisiert.

Um die Vermittlung Neuer Musik mit all ihren möglichen Implikationen systematisch und differenziert zu untersuchen und zu beschreiben, wurde für die nachfolgenden Darlegungen ein „Vermittlungsmodell" entworfen.

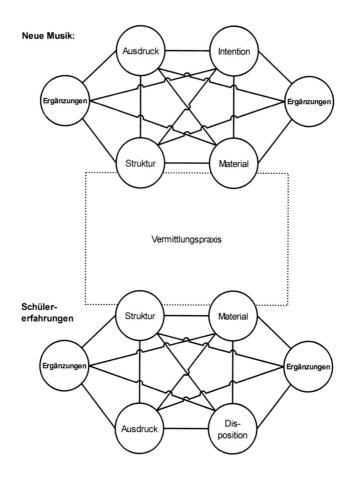

Abbildung 0.1: Vermittlungsmodell Neuer Musik

In diesem Modell stehen sich die Neue Musik als Verstehensobjekt und der Schüler als Verstehenssubjekt gegenüber. Beide Seiten sind in verschiedene Felder unterteilt, die verschiedene Inhaltsbereiche (Material, Ausdruck, Struktur, Intention/Disposition) repräsentieren. Insgesamt erheben Auswahl und Anzahl dieser Inhalte keinen Anspruch auf Vollständigkeit. Spezifische Erscheinungsformen der Neuen Musik oder bestimmte Verhaltensweisen der Schüler können möglicherweise eine Erweiterung um weitere Bereiche erfordern. Die in der Abbildung enthaltenen Verbindungen zwischen den verschiedenen Feldern verweisen auf deren grundsätzliche Interdependenz.

Neue Musik (Objektseite)

Die Neue Musik als Verstehensobjekt differenziert sich in diesem Modell in die Inhaltsbereiche „Material", „Ausdruck", „Struktur" und „Intention".

Musikalisches Material:

Der hier formulierte Materialbegriff bezieht sich auf die musikalischen Ausgangselemente einer jeweiligen Komposition. Es handelt sich dabei nicht um reines Klangmaterial in physikalischem Sinne. Es ist vielmehr die subjektive Form der Bearbeitung des Materials durch den Komponisten (Subjektbindung) sowie der historische und ästhetische Kontext, der das rein physikalische zum musikalischen Material werden lässt (vgl. ADORNO 1978). Insgesamt liegt dem Reflexionsmodell ein sehr offenes Materialverständnis zugrunde.

Musikalischer Ausdruck:

Der Terminus Ausdruck beschreibt an dieser Stelle die Außenwirkung (Expressivität) von Musik. Ausdruck als Wirkung wird weitgehend von Material und Struktur bedingt und äußert sich in Form von physiologischen und psychologischen Reaktionen des Hörers (Subjekt). Eine völlige Übereinstimmung von kompositorisch intendiertem Ausdruck und vom Hörer tatsächlich wahrgenommenen Eindruck wird von der Rezeptionsforschung als Idealfall angesehen und beinhaltet bei Neuer Musik ihre eigene Problematik.

Musikalische Struktur[12]:
Durch die Organisation des Materials durch den Komponisten entstehen musikalische Strukturen, die vom Hörer als Klangverläufe wahrgenommen werden. Dibelius (1972) beschreibt solche Strukturen als *„ein Gefüge von Relationen, ein Zusammenhang miteinander verbundener Teile, eine in sich verstrebte Ganzheit"* (ebd. 348). Dieses Beziehungsgefüge wird in jeder Komposition vom Komponisten neu erschaffen. Dadurch liegen den musikalischen Strukturen sehr unterschiedliche und subjektiv formulierte Organisationsprinzipien zugrunde.

Intention:
In der Neuen Musik ist infolge eines pluralistischen Nebeneinanders verschiedener Personalstile die Formulierung einer gemeinsamen Ästhetik im Sinne einer einheitlichen *„Theorie der Kunst"* (DAHLHAUS/DE LA MOTTE-HABER 1997, 345) problematisch[13]. Da oft schon bei verschiedenen Werken eines einzigen Komponisten unterschiedliche Ordnungsprinzipien (Grammatiken) zum Tragen kommen, erscheint die Formulierung „Intention" im Sinne eines bewussten oder unbewussten und individuell formulierten kompositorischen Ausdruckswillens geeigneter. Der Begriff „Intention" beinhaltet in diesem Zusammenhang alle außermusikalischen Aspekte, die in einen Kompositionsprozess mit einfließen. Sie sind in die Teilbereiche *individuell-anthropologisch, sozio-kulturell* und *ästhetisch-historisch* untergliedert. Während individuell-anthropologische Aspekte den persönlichen Stellenwert von Musik im Leben eines Komponisten reflektieren und der sozio-kulturelle Komplex die Bedeutung und Funktion von Musik im gesellschaftlichen Zusammenhang thematisiert, bezieht sich der dritte Bereich auf die kunstphilosophischen Aspekte einer Komposition in ihrem jeweiligen ästhetisch-historischen Kontext.

---

[12] Auf die Problematik dieses Begriffs hat bereits Dibelius (1972) hingewiesen. Die grundsätzliche Eignung für diese Arbeit resultiert aus seinem *„erweiterte[n] Bedeutungsumfang"* (ebd. 348).

[13] Falls dies nicht bereits vor dem 20. Jahrhundert schon der Fall war. Die Formulierung von, für einen bestimmten historischen Zeitraum typischen, stilistisch-musikalischen Ausprägungen ist mitunter eher als Produkt subjektiver Geschichtsschreibung anzusehen , als dass sie tatsächlich den historischen Fakten entspricht. In diesem Zusammenhang sei auf Gradenwitz (1977) verwiesen.

Der Schüler (Subjektseite)
Der Neuen Musik (Objektseite) gegenüber liegt der Erfahrungshorizont der Schüler (Subjektseite), der sich aus den Inhaltsbereichen „Material", „Struktur", „Ausdruck" und „Disposition" zusammensetzt. Die ersten drei Felder des Vermittlungsmodellsmodells beschreiben die bisherigen musikalischen Erfahrungen (z.B. Materialerfahrungen), über die ein Schüler in diesen Bereichen verfügt. Das Feld „Disposition" korrespondiert mit dem Feld „Intention". Es repräsentiert alle bereits vorhandenen außermusikalischen Erfahrungen (z.B. politische Informationen, technisches Wissen etc.), die dem Schüler für einen möglichen Vermittlungsprozess zur „Disposition" stehen.

Insgesamt bezieht sich die Subjektseite des Reflexionsmodells in erster Linie auf den jungen oder jugendlichen Hörer (Schüler) mit keinerlei oder nur sehr geringen Erfahrungen im Umgang mit Neuer Musik. Man kann jedoch von der kulturellen Realität ausgehend sagen, dass auch die meisten Erwachsenen nur wenig in Berührung mit Neuer Musik kommen. Daher können viele in dieser Arbeit behandelte Gesichtspunkte in modifizierter Weise auf Erwachsene übertragen werden.

Um Missverständnissen vorzubeugen sei angemerkt, dass die hier vorgenommene Untergliederung der Objekt- und Subjektseite in verschiedene Inhaltsbereiche nicht eine isolierte Betrachtungsweise impliziert, sondern nur eine momentane didaktisch, lerntheoretisch und systematisch begründete Fokussierung einzelner Bereiche darstellt. Insgesamt liegt dem Modell die Idee einer Vernetzung aller Vermittlungsaspekte Neuer Musik zugrunde. Erst dadurch wird ein grundlegendes Wahrnehmen und Verstehen Neuer Musik möglich.

Als offenes Modell und somit modifizierbar, nimmt es zugleich eine heuristische Funktion ein. Es wurde an dieser Stelle nur so weit skizziert, als es für die weiteren Ausführungen notwendig erscheint. Eine ausführliche Beschreibung des Modells erfolgt in Kapitel 4. Weiterhin dient es, soweit sinnvoll, als übergeordnetes Raster für die einzelnen Kapitel. Die Bezeichnungen des Modells werden der Form und den Inhalten des jeweiligen Kapitels entsprechend angepasst.

Die Vermittlung Neuer Musik
Zwischen der Objekt- und Subjektseite vollzieht sich die eigentliche Begegnung des Schülers mit Neuer Musik. Sie wird vom Lehrer initiiert und bedarf grundsätzlich einer didaktischen Reflexion, Legitimation sowie Aufbereitung, die fachsprachlich als „Didaktische Interpretation" bezeichnet wird. Nach

hermeneutischem Verständnis hat dieser Prozess stets einen dialogisierenden Charakter, der zwischen Hörer bzw. Schüler (Verstehenssubjekt) und Musik (Verstehensobjekt) letztendlich zu einer „Horizontverschmelzung" führt (GADAMER 1960). Nach Jochims wird der Begriff der Didaktischen Interpretation in zwei Bedeutungen verwendet:

> *Didaktische Interpretation bezeichnet im schulmusikalischen Zusammenhang 1. jene unterrichtlichen Maßnahmen, die auf das Verstehen von Musik durch die Schüler ausgerichtet sind.*
>
> *...Didaktische Interpretation bezeichnet 2. die spezifische Ausprägung solcher auf das Verstehen von Musik gerichteter Maßnahmen in einem u.a. von Ehrenforth und Richter entwickelten md. Konzept* (JOCHIMS 1994, 45).

Da in der musikpädagogischen Praxis oft beide Definitionen miteinander gleichgesetzt werden, d.h. der Begriff der „Didaktischen Interpretation" immer assoziativ mit den Namen Ehrenforth und Richter und deren didaktischer Theorie (vgl. EHRENFORTH 1971; RICHTER 1976) einschließlich ihres wissenschaftstheoretischen Kontextes (Hermeneutik) in Verbindung gebracht wird, schlägt der Verfasser für die folgende Arbeit die Verwendung des neutraleren Begriffs „Vermittlung" vor.

Vermittlung bezeichnet somit all diejenigen unterrichtspraktischen Maßnahmen, die ein Verstehen von Musik intendieren. Verstehen setzt immer die Fähigkeit zur Wahrnehmung voraus. Insofern wird die Begriffsdefinition im Vergleich zu den oben genannten um den Aspekt der Wahrnehmung erweitert. Der Verstehensbegriff selbst steht hier in der Bedeutung von *„erkennen von etwas als etwas"* (GRUHN 1994, 12), das heißt, er beinhaltet die Wahrnehmung eines musikalischen Phänomens und dessen kontextgebundene Bedeutungsgenerierung[14].

---

[14] Weitere Ausführungen zum Verstehensbegriff siehe Kapitel 4.3.

Die vorliegende Arbeit wurde an der Pädagogischen Hochschule Freiburg erstellt und durch das Ministerium für Wissenschaft und Forschung sowie das Ministerium für Kultus, Jugend und Sport im Rahmen des „Programms zur Förderung des Wissenschaftlichen Nachwuchses an Pädagogischen Hochschulen in Baden-Württemberg" gefördert. Diesen Institutionen danke ich für ihre Unterstützung und für die zeitweise Freistellung von meinen Lehrverpflichtungen.

Zu besonderen Dank bin ich Frau Prof. Dr. M. Fuchs und Herrn Prof. Dr. W. Gruhn für die Betreuung der Dissertation verpflichtet. Ihre Beratung und inhaltlichen Anregungen trugen wesentlich zum Gelingen dieser Arbeit bei. Mein ganz persönlicher und herzlicher Dank geht an Prof. D. Mack für die zahlreichen fachlichen Gespräche und kritische Durchsicht meiner Manuskripte. Danken möchte ich an dieser Stelle auch allen Kolleginnen und Kollegen des Faches Musik, die mich bei dieser Arbeit in vielerlei Hinsicht unterstützt haben. Ein herzliches Dankeschön an Frau Heinen, für die sorgfältige Korrektur der Endfassung.

Aus sprachlichen Gründen habe ich bei personenbezogenen Begriffen auf die weiblichen Endungen verzichtet. Sie sind aber stets mitgedacht.

Neuenburg am Rhein, im Juni 2002

Bernhard Weber

1. Wahrnehmungspsychologische Grundlagen

Während einer Aufführung der Komposition *recordame* (1997) von Thomas Wenk für Klavier und Kassettenrekorder fragte eine 42-jährige Hörerin, die bisher noch nie ein Konzert für Neue Musik besucht hatte, ihren Nachbarn: *„Wann hört denn der endlich auf, sein Klavier zu stimmen?"* Das Zitat, das keineswegs der Fantasie des Verfassers entsprungen ist und sicher auch im Zusammenhang mit anderer zeitgenössischer Klavierliteratur hätte fallen können, zeigt, dass dieselbe Musik für verschiedene Hörer eine sehr unterschiedliche Bedeutung haben kann. Für die unerfahrene Konzertbesucherin klang es nach der Arbeit eines Klavierstimmers und für das anwesende Fachpublikum nach zeitgenössischer Klaviermusik. Diese Beobachtung legt die Vermutung nahe, dass die musikalische Bedeutung für den einzelnen Hörer von dessen musikalischen Vorerfahrungen abhängig ist. Für die grundsätzliche Richtigkeit dieser Vermutung sprechen unter anderem eine Reihe von Phänomenen, die in der Wahrnehmungspsychologie als optische und akustische Täuschungen oder Paradoxien bekannt sind.

1.1 Wahrnehmungspsychologische Täuschungen und Paradoxien

Ein bekanntes Beispiel für optische Täuschungen ist das so genannte „Kanizsa Dreieck".

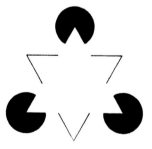

Abbildung 1.1: Kanizsa Dreieck, aus: JOHN P. FRISBY 1987, 132.

Man erkennt ein weißes, auf der Grundlinie stehendes Dreieck, das über einem schwarz umrandeten, auf der Spitze stehenden Dreieck liegt. Bei genauer Betrachtungsweise sind die beiden Dreiecke objektiv nicht vorhanden. Die tatsächlich sichtbaren Figuren (drei offene Winkel und drei schwarze Kreise mit jeweils ausgeschnittenen Sektoren) werden lediglich im menschlichen Bewusstsein zu zwei imaginären Dreiecken konstruiert. Diese „Täuschung" ist dadurch zu erklären, dass aufgrund vorangegangener Erfahrungen mit geometrischen Figuren das Dreieck bereits als Vorstellungsinhalt vorhanden ist.

Im Bereich der auditiven Wahrnehmung hat sich vor allem die amerikanische Musikpsychologin Diana Deutsch der experimentellen Untersuchung solcher Phänomene angenommen. In einem Experiment wurde Probanden über Kopfhörer eine auf- und absteigende Tonleiter so vorgespielt, dass die Töne alternierend dem rechten und linken Ohr dargeboten wurden. Die meisten Versuchspersonen hörten jeweils im einen Ohr die obere, im anderen Ohr die untere Kontur (siehe Nb. 1.1). Als im Experiment beide Kanäle vertauscht wurden, blieb das Ergebnis mehrheitlich gleich. Der Rest der Probanden hörte statt dessen nur eine Folge von vier Tönen, die mit den hohen Tönen der Sequenz korrespondierten. Keiner der Hörer hörte jedoch die tatsächliche auf- oder absteigende Tonleiter (vgl. DEUTSCH 1975).

Notenbeispiel 1.1: Das Notenbeispiel zeigt die tatsächlichen Tonfolgen (Reiz) und die von den Versuchteilnehmern subjektiv wahrgenommene Melodie, nach: DEUTSCH 1982, 102.

Erklärt werden kann die „akustische Täuschung" gestaltpsychologisch durch das „Gesetz der Nähe", dem zufolge sich zeitlich und räumlich benachbarte Töne zu Einheiten zusammenschließen (vgl. DE LA MOTTE-HABER 1996, 100; siehe auch 1.2.1).

Die konstruktive und interpretierende Tätigkeit des Bewusstseins während des Hörvorgangs wies Butler (1979) am Thema des Finalsatzes aus der 6. Sinfonie (*Pathetique*) von Tschaikowsky nach.

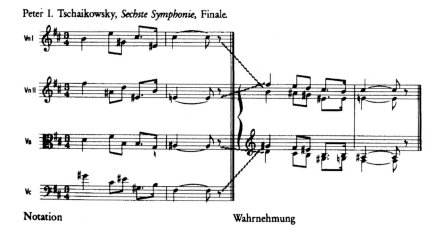

Notenbeispiel 1.2: Tschaikowskys *Sechste Symphonie*, Finale, aus: DE LA MOTTE-HABER 1996, 99.

Der Partiturausschnitt zeigt bizarr geführte Streicherlinien, die von ihrem Tonhöhenverlauf ineinander verzahnt sind. Was subjektiv wahrgenommen wird, ist nicht das klingende Abbild der notierten Melodieverläufe, sondern ein vierstimmiger Satz mit einer in Sekundschritten verlaufenden Oberstimme, wie sie im rechten Teil der Abbildung dargestellt wird. Der eigentliche Melodieverlauf wird während des Wahrnehmungsprozesses uminterpretiert. Deutsch erklärt dieses Phänomen ebenfalls gestaltpsychologisch (siehe 1.2.1). In Farbe und Frequenz benachbarte Töne werden zusammengefasst und ihnen eine gemeinsame Herkunft zugeschrieben (vgl. DEUTSCH, 1982, 104).

Dass zuweilen die konstruierenden Aktivitäten menschlicher Wahrnehmung im Bereich der Neuen Musik dem ästhetischen Grundgedanken einer spezifischen Kompositionstechnik (hier: Serialismus[1]) zuwiderlaufen können, erläutert de la Motte-Haber (1996) am Beispiel von Luigi Nonos *Il canto sospeso* (1955/56).

Notenbeispiel 1.3: Luigi Nono, *Il canto sospeso*, T. 40-42, aus: DE LA MOTTE-HABER 1996, 101.

---

[1] An dieser Stelle ist anzumerken, dass die Bedeutung des Serialismus und der Aleatorik im Rahmen ihrer musikhistorischen Reflexion vielfach überbewertet wird. In Frankreich, Italien, England und in Amerika hatten serielle oder aleatorische Kompositionspraktiken in keiner Weise den Stellenwert wie in Deutschland im Umfeld der Kölner und Darmstädter Schule.

Die erste und zweite Violine erzeugen in Takt 41 die „Illusion" einer hohen Melodielinie. Obwohl die einzelnen Instrumente nur punktuell separate Töne einer Allintervallreihe spielen, werden in der Wahrnehmung des Hörers Anklänge an thematische Fragmente assoziiert. Vor dem Hintergrund dieser Beobachtung stellt de la Motte-Haber (1996) ein adäquates Hören serieller (hier punktueller) Strukturen in Frage:

> *Wenn die These stimmt, daß beim Hören zuerst eine grobe Struktur gebildet wird, ehe exakte Tonhöhen analysiert werden, so sind Ordnungen der seriellen Musik sehr schwer wahrzunehmen, weil die Töne in verschiedenen Oktaven weit voneinander entfernt plaziert erscheinen können und harmonisch nicht gebündelt sind, der Hörer somit nicht seine simple Strategie verwenden kann, die ihn nur beim regelrechten tonidentischen Oktavsprung eine höchst gesteigerte Emphase erleben lässt* (ebd. 101).

Eine neuere Komposition, bei der psycho-akustische Effekte bewusst intendiert sind, ist das Stück *Violin Phase* (1967) von Steve Reich.

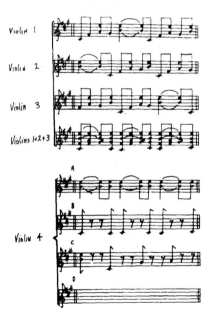

Notenbeispiel 1.4: Steve Reich, *Violin Phase*, Takt 16, aus: DE LA MOTTE-HABER 1996, 103.

Steve Reich (1967) kommentierte seine Komposition wie folgt:

> *The fourth line, ‚Violin 1+2+3', is simply all 3 violins written out on one staff to enable violin 4 to see various possible resulting patterns more easily. A resulting pattern is one formel by the combination of all three violins. Three such pattern are written out above at ‚A', ‚B' and ‚C' Violin 4 should play each of these, and he add or substitute ‚D', a resulting pattern his own choosing.*

Die „patterns" sind nicht von Reich ursprünglich festgelegt worden, sondern entstehen infolge der konstruktiven Tätigkeit des Bewusstseins während des Hörvorgangs (vgl. DE LA MOTTE-HABER 1996, 102f). Wobei ergänzend anzumerken ist, dass auch der Spieler durch eine kontrollierte Patternwahl die Rezeption beeinflussen kann.

Akustische Reizmuster werden offensichtlich auf der Grundlage vorangegangener musikalischer Erfahrungen wahrgenommen, interpretiert und verstanden. Es deutet sich in diesem Zusammenhang an, dass zumindest in manchen Bereichen der Neuen Musik der ästhetische Anspruch und die tatsächliche Rezeption nicht miteinander kongruieren. Darüber hinaus wird von einigen Komponisten die konstruierende Tätigkeit des Bewusstseins bewusst in die Konzeption ihrer Stücke mit einbezogen.

1.2 Wahrnehmung als konstruktive Tätigkeit des Bewusstseins

Befunde der kognitiven Psychologie belegen den konstruktiven Charakter menschlicher Wahrnehmungsprozesse. Einer der ersten Musikologen, der darauf hinwies, dass es sich beim Musikhören nicht *„um ein passives Erleiden von Schallwirkungen im Hörorgan, sondern [um] die Bestätigung logischer Funktionen des menschlichen Geistes"* handelt, war Hugo Riemann (1849-1919) im Jahre 1873. Er stellte damit dem Begriff der *„Tonempfindung"* (HELMHOLTZ 1863) den Begriff der *„Tonvorstellung"* (RIEMANN 1914/15) gegenüber. Zuvor hatte bereits der Psychologe Carl Stumpf (1848-1936) auf eine innere Beteiligung (psychische Resonanz) des Hörers hingewiesen (vgl. STUMPF 1911).

1.2.1 Gestaltpsychologische Ansätze

In den ersten beiden Dekaden des 20. Jahrhunderts untersuchte der Berliner[2] Gestaltpsychologe Max Wertheimer zusammen mit seinen Schülern Kurt Koffka und Wolfgang Köhler in zahlreichen Experimenten (u.a. die berühmten Stockversuche mit Schimpansen) die Funktionsweise der menschlichen Wahrnehmung. Die von ihnen entdeckten Gesetzmäßigkeiten übertrugen sie auf Denk- und Lernprozesse. Daraus entstand die Konzeption eines Lernens durch "Einsicht", die der behavioristischen Konzeption eines Lernens durch "Versuch und Irrtum" gegenübergestellt wurde. Einsicht nach dem Verständnis der Gestaltpsychologen bedeutet die Wahrnehmung von Beziehungen zwischen einzelnen Elementen (vgl. LEFRANÇOIS 1986, 97). Die Gestaltpsychologen gehen davon aus, dass das Resultat menschlicher Wahrnehmung nicht auf die Summe einzelner Sinnesempfindungen reduziert werden darf, sondern dass das Gefüge von Beziehungen zwischen den einzelnen Reizen von grundlegender Bedeutung ist. *"Das Ganze ist mehr als die Summe seiner Teile"* (LEFRANÇOIS 1986, 98), lautet die zentrale Aussage der Gestaltpsychologie. Ehrenfels (1890) wendete diesen Grundsatz auf die musikalische Wahrnehmung an, so dass *"die Melodie oder Tongestalt etwas Anderes ist, als die Summe der einzelnen Töne"* (EHRENFELS 1890, 259).

Aus ihren Beobachtungen leiteten die Gestaltpsychologen gewisse Grundprinzipien (Gestaltgesetze)[3] von Wahrnehmungsvorgängen ab, die Ehrenfels (1890) auf den musikalischen Bereich[4] übertrug (vgl. EHRENFELS 1890, 259ff; DE LA MOTTE-HABER 1996, 84ff; STOFFER 1993, 469ff):

1. Gesetz der Nähe: Töne schließen sich zu Gruppen zusammen, wenn sie einander räumlich und/oder zeitlich benachbart sind.

2. Gesetz der Ähnlichkeit: Töne schließen sich in Gruppen zusammen, wenn deren Merkmale einander ähnlich sind.

3. Gesetz der guten Fortsetzung: Töne werden zu einer Einheit (Gestalt) zusammengefasst, wenn sie eine begonnene Veränderung fortsetzen.

---

[2] Ursprünglich gab es zwei gestalttheoretische "Schulen", die entsprechend ihrem Wirkungsbereich als "Berliner Schule" und "Österreichische Schule" voneinander unterschieden wurden. Während die Berliner Schule zunehmende an Bedeutung gewann, sank der Rang der Österreichischen Schule auf einen rein historischen Wert.
[3] Insgesamt existieren über hundert solcher Gestaltprinzipien.
[4] Die Gestaltpsychologie hatte einen nicht unbedeutenden Einfluss auf die Bildung musikpsychologischer Theorien. Ernst Kurth (1930) formulierte eine Theorie der Musikpsychologie, die sich an den Grundprinzipien der Gestalttheoretiker orientierte.

4. Gesetz des gemeinsamen Schicksals: Musikalische Elemente werden zu einer Einheit zusammengefaßt, wenn deren Veränderung synchron erfolgt.

Kritik erfuhren die Gestalttheoretiker u.a. durch ihren streng deterministischen Ansatz. Die von ihnen gefundenen Gesetzmäßigkeiten sahen sie als angeboren an und und führten sie auf allgemeine naturbedingte[5] Prinzipien zurück (vgl. DE LA MOTTE-HABER 1996, 422). Weitere Kritik erfolgte durch Piaget (1973)[6]. Für ihn standen die nach Meinung der Gestalttheoretiker im Nervensystem verankerten Wahrnehmungsprinzipien in einem starken Widerspruch zu seiner auf die aktive Verarbeitung von Umweltreizen angelegten Lerntheorie. Insgesamt hat die Gestalttheorie eher einen deskriptiven Charakter, da auf Erklärungen zur Entwicklung der Wahrnehmung kein großer Wert gelegt wurde, was sich indirekt in den Kritikpunkten widerspiegelt.

Trotz dieser umfassenden Kritik ist eine Interpretation von Wahrnehmungsphänomenen nach gestalttheoretischen Prinzipien heute noch aktuell und besonders in den Vereinigten Staaten populär. Ihre Gültigkeit in verschiedenen Bereichen wurde inzwischen durch Befunde der kognitiven Psychologie abgesichert. So hat Deutsch (1982) einige dieser Prinzipien experimentell erprobt und bestätigt. Im Kontext der Wahrnehmung Neuer Musik eignen sich die Gestaltgesetze u.a. um psychoakustische Effekte wie sie beispielsweise beim Hören von Reichs *Violin Phase* (1967) oder Nonos *Il canto sospeso* (1955/56) auftreten, zu erklären (vgl. DE LA MOTTE-HABER 1996, 100ff). Darüber hinaus kann die Wahrnehmung von Klangfarbenverläufen ebenfalls gestalttheoretisch gedeutet werden (vgl. ERICKSON 1982, 529ff; siehe auch 1.6.1).

In einigen Bereichen der Neuen Musik funktionieren die Mechanismen der Gestaltbildung nur in reduzierter Form. Während sich in tonal und metrisch gebundener Musik musikalische Einheiten (Gestalten) durch ein Zusammenwirken verschiedener Parameter bilden, wird dieses Prinzip in vielen Kompositionen des Serialismus und der Aleatorik durchbrochen. Die einzelnen musikalischen Parameter sind dort unabhängig voneinander organi-

---

[5] Das teilweise *„reaktionäre Potential"* der Gestalttheorie veranlasste Adorno in seiner „Philosophie der Neuen Musik" (1949) zur einer heftigen Kritik an diesem Ansatz (vgl. DE LA MOTTE-HABER 1996, 423).

[6] *„Die Gestalten sind für sich bestehende beziehungslose Gebilde, die Verhaltensschemata dagegen bilden Relationssysteme, deren Entwicklung sich nur in dauernder Abhängigkeit der einen von der anderen vollziehen kann"* (PIAGET 1973, 396).

siert. Dies schließt indessen die Wahrnehmung von musikalischen Einheiten nicht grundsätzlich aus. Trotzdem kann in diesem speziellen Zusammenhang von einem Sonderstatus Neuer Musik gesprochen werden.

1.2.2 Kognitive Theorien

Die Gestalttheorie kann als Vorläufer kognitiver Theorien angesehen werden. Kognitive Theorien beschäftigen sich neben verschiedenen anderen Themenfeldern, wie etwa Problemlösungsstrategien mit Wahrnehmungsprozessen. Im Gegensatz zum deterministisch ausgerichteten Ansatz der Gestaltpsychologie versteht die kognitive Psychologie den Wahrnehmungsakt als einen aktiven und konstruktiven Prozess der Informationsverarbeitung (vgl. NEISSER 1974).

In Anlehnung an Bruhn (1993, 441) kann der Prozess physiologischer Reizverarbeitung modellhaft wie folgt dargestellt werden.

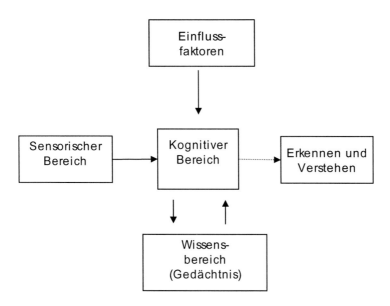

Abbildung 1.2: Modell kognitiver Informationsverarbeitung, nach BRUHN 1993, 441.

Im sensorischen Bereich werden die akustischen Informationen in Form physikalischer Reize in der Cochlea (Schnecke im Innenohr) in elektronische Nervenimpulse umgewandelt und in den kognitiven Bereich im Gehirn (Cortex) weitergeleitet. Bereits im sensorischen Bereich finden erste Verarbeitungsprozesse statt. Die physikalischen Reize werden einer ersten Analyse (Frequenz, Intensität, Lokalität), einer frequenzbezogenen Filterung (menschliches Hörfeld) und Selektion unterzogen (vgl. NEISSER 1974, 226; SCHAUF/ MOFFET 1993, 150).

Die eigentliche Reizverarbeitung kann als zyklisch angelegter Prozess zwischen dem sensorischen und dem kognitiven Bereich verstanden werden, der über die Vorstellung einer „Analyse-durch-Synthese" (top-down und bottom-up) beschrieben wird (vgl. NEISSER 1974, 26 u. 246ff). Das auf Bergson (1911) zurückgehende Modell besagt, dass das Erkennen von akustischen Reizen nicht auf eine reine Analyse des Reizes reduziert werden darf, sondern als ein aktiver Prozess der „*figuralen Synthese*" verstanden werden muss, der durch die Vorerfahrungen des Wahrnehmenden (Wissensbereich) gesteuert wird (NEISSER 1974, 246 u. 243). Die auditorische Synthese vollzieht sich in Analogie zur visuellen Synthese auf zwei Verarbeitungsstufen: einer relativ passiven, „präattentiven" Phase, in der versuchsweise und vage einige Einheiten (oder äußere Konturen) identifiziert werden und einer aktiven und konstruktiven Phase, in der Bedeutungseinheiten (z.B. Motive) gebildet werden (vgl. NEISSER 1974, 222).

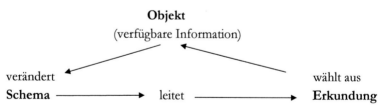

Abbildung 1.3: Wahrnehmungszyklus, nach: NEISSER 1979, 27.

Verfügbare Informationen (Wissensbereich) leiten in Form eines antizipierenden Schemas die Erkundung neuer Reizinformationen. Ein Schema kann in diesem Zusammenhang als Vorwissen oder als Plan für die Wahrnehmungstätigkeit und die Bereitschaft, gewisse akustische Strukturen aufzunehmen, verstanden werden. Das Schema bestimmt ferner, was wahrgenommen werden soll. In jedem Moment der Wahrnehmung werden vom Hörer Antizipationen (Hypothesen) über neue Informationen vollzogen, die ihn in die Lage versetzen, sie dann aufzunehmen, wenn sie verfügbar werden. Das Ergebnis der Erkundung, die neu aufgenommene Information, verändert das ursprüngliche Schema, das bei einem neuen Wahrnehmungszyklus wiederum die Erkundung leitet (vgl. NEISSER 1979, 26).

Ein Erkennen „*von etwas als etwas*" stellt damit eine kognitive Leistung dar, durch die der ursprünglich physikalische Reiz auf der Grundlage des bereits vorhandenen Wissens erst eine Bedeutung bekommt und damit musikalisch verstanden wird (vgl. GRUHN 1999, 27ff).

Erkennen heißt, den physikalischen Reizen eine Bedeutung geben
(OERTER 1974, 18).

Das im kognitiven Bereich vorhandene Wissen (Repräsentationen), welches für das Erkennen und Verstehen eines Reizes Voraussetzung ist, wird weitgehend über Erfahrungsprozesse gebildet. Folglich kommt der produktiven musikalischen Erfahrung im Hinblick auf ein Wahrnehmen und Verstehen von Musik eine grundlegende Bedeutung zu. Setzt man Lernen ganz allgemein mit Erfahrungsbildung gleich, können wahrnehmungsbezogene Kompetenzen ausschließlich über produktive und rezeptive Erfahrungen ausgebildet werden (vgl. NEISSER 1974; EDELMANN 1994).

Der zyklisch angelegte Prozess auditiver Informationsverarbeitung wird von einer Reihe von weiteren Faktoren (Variablen) wie „*Erwartung, Vertrautheit und ... Bevorzugung*" (NEISSER 1974, 251) sowie explizit musikalischem Wissen (deklaratives Wissen), Motivation, emotionaler Disposition, und der grundsätzlichen Wahrnehmungsbereitschaft, bzw. fokussierten Aufmerksamkeit des Hörers beeinflusst (vgl. NAUCK-BÖRNER 1987, 44ff; siehe auch DE LA MOTTE-HABER 1987 u. 1996).

Die Wahrnehmung akustischer Strukturen, von Neisser (1974) am Beispiel der Sprachwahrnehmung untersucht, wird durch Segmentierungs- bzw. Gruppierungsvorgänge erleichtert (NEISSER 1974, 234). Dabei handelt es sich nicht um eine reine Aufteilung einer Reizstruktur in kleinste Einheiten (z. B. Phoneme), sondern um eine Segmentierung in funktionale Einheiten. Der Umfang der Einheiten hängt von der kognitiven Struktur des Hörers ab. Im Bereich der Sprachwahrnehmung können dies Morpheme, Silben, Wörter, Ausdrücke und linguistische Konstituenten sein (NEISSER 1974, 234). Darüber hinaus sind spezifische Merkmale sowie die Abfolge der einzelnen Segmente für das Erkennen von Bedeutung (ebd. 235).

Eine Segmentierung in funktionale Bedeutungseinheiten verweist auf die grundlegende Bedeutung grammatischer Strukturen für das Erkennen von akustischen Reizinformationen.

Die Segmente sind nicht unbedingt durch einen Hinweis im Stimulus voneinander getrennt. Sie sind von einem konstruktiven Prozeß im Hörer abhängig, und zwar von einem Prozeß, der sich nach der Grammatik richtet (ebd. 241; siehe auch 250).

Insgesamt können mit dem Modell der „Analyse-durch-Synthese" eine Reihe psychoakustischer Phänomene[7] erklärt werden, wie etwa das „Cocktailparty-Phänomen", „Maskierungs"- oder „verbale Transformationseffekte". Auf einer Cocktailparty kann sich der Besucher innerhalb des allgemeinen Stimmengewirrs der Menschenmenge selektiv, unter Vernachlässigung aller anderen Gespräche, auf das Gespräch konzentrieren, das ihn interessiert. Eine „Maskierung" tritt dann in Erscheinung, wenn ein Signal in einer stillen Umgebung hörbar ist, es aber unhörbar oder unverständlich wird, wenn es durch ein Rauschen begleitet wird. Der „verbale Transformationseffekt" zeigt sich darin, dass infolge einer endlosen Wiederholung eines Wortes – z.B. „*regst...*" - oder eines Satzes auf einer Tonbandschleife, es zu Umdeutungen des Gesagten in „*stress...*" oder „*tress...*" kommen kann (vgl. NEISSER 1974, 226; 252). Mittlerweile wurden kognitive Modelle von der Musikpsychologie, insbesondere das einer „Analyse-durch-Synthese" auf die Wahrnehmung akustischer Reize übertragen.

Die erste gedankliche Verarbeitung, die beim Musikhören stattfindet, scheint ein grobes Durchmustern der akustischen Reize zu sein, und zwar nach den Gesichtspunkten, woher sie kommen und ob sie untereinander Ähnlichkeiten aufweisen. Diese Analyse ergänzt dann eine Synthese, die zu Gruppierungen führt. Noch vor diesen analysierenden und synthetisierenden Denkprozessen muß ein schnell vorübergehendes, noch weitgehendes passives Gedächtnis angenommen werden (DE LA MOTTE-HABER 1996, 102f).

Die Art der Gruppierung, die neben der Erhöhung von Gedächtnisleistungen der Übersichtlichkeit dient, ist einerseits erfahrungsbezogen, scheint aber andererseits besonders wenn es um die Segmentierung gleichförmiger Ereignisse geht, auf eine gestaltbildende Grunddisposition (apriori) der

---

[7] Siehe akustische „Kippfiguren" unter 1.1.

menschlichen Wahrnehmung zurückzuführen zu sein (vgl. DE LA MOTTE-HABER 1996, 112 u. 122).

Für die hier behandelte Thematik einer Vermittlung Neuer Musik aus lerntheoretischer Perspektive lassen sich aus der Funktionsweise kognitiver Informationsverarbeitung einige Konsequenzen ableiten. Von grundsätzlicher Bedeutung für das Wahrnehmen und Verstehen von Musik sind die musikalischen Vorerfahrungen des Hörers. Sie sind für eine antizipative, auf eine Hypothesenbildung ausgerichtete Wahrnehmung und für das Erkennen neuer musikalischer Informationen grundlegend. In Teilbereichen der Neuen Musik (z.b. Serialismus oder Aleatorik) ist eine solche Hypothesenbildung nicht möglich. Werden Tonhöhen, Dauern, Tempi und Intensitäten etwa auf der Grundlage einer Reihe organisiert, so wird ein Musikhören auf die Wahrnehmung sequentieller Ordnungen reduziert (vgl. DE LA MOTTE-HABER 1981, 167). Nach Neisser spielt für das Verstehen eines Reizes die grammatikbezogene Segmentierung der Reizimpulse eine grundlegende Bedeutung (siehe oben). Auch hier muss im Zusammenhang mit der Wahrnehmung Neuer Musik eine Einschränkung vorgenommen werden, denn eine einheitliche „Grammatik" liegt der Neuen Musik nicht zugrunde. Folglich entfällt zumindest in einigen Bereichen der Neuen Musik eine Segmentierung des Wahrgenommenen als unterstützender Faktor für ein musikimplizites Wahrnehmen und Verstehen.

Von kompositorischer Seite könnten jedoch gewisse akustische Phänomene wie sie auf Grund des aktiven und konstruktiven Charakters kognitiver Verarbeitungsprozesse in Erscheinung treten, bewusst in Kompositionen Neuer Musik verwendet werden. Das Phänomen des „verbalen Transformationseffektes" (siehe oben) ist u.a im Bereich der sogenannten repetitiven Musik (z.B. Steve Reich: *Violin Phase*) zu beobachten. Nach einer längeren Phase konzentrierten Hörens auf ein bestimmtes Motiv, wird der musikalische Reiz umgedeutet und die Aufmerksamkeit richtet sich jetzt auf ein scheinbar anderes Motiv, obwohl sich die Reizstruktur nicht verändert hat.

1.3 Wahrnehmung und Gedächtnis

Nach den Befunden der kognitiven Psychologie werden sensorische Reize auf der Grundlage bereits vorhandener Gedächtnisinhalte interpretiert. Dadurch kommt dem Gedächtnis im Hinblick auf ein Wahrnehmen und Verstehen von Musik eine grundlegende Bedeutung zu. Grundsätzlich kann das

Gedächtnis als ein hochkomplexes System verstanden werden, das aus verschiedenen Komponenten besteht, deren Zusammenwirken keineswegs als restlos geklärt gilt. Die Lernpsychologie hält zahlreiche Modelle (Netzwerkmodelle, Multispeichermodelle usw.) bereit, welche die verschiedenen Arbeitsweisen, Inhalte und Funktionen des Gedächtnisses zu beschreiben versuchen (vgl. EDELMANN 1994; MARKOWITSCH 1996; THOMPSON 1990; SPITZER 1996).

1.3.1 Gedächtnissysteme

Es ist heute in der Psychologie üblich, zwischen vier Gedächtnissystemen entsprechend ihrer Funktionen zu unterscheiden (vgl. MARKOWITSCH 1996, 55).

Abbildung 1.4: Verschiedene Funktionen und Arbeitsweisen des Gedächtnisses, aus: MARKOWITSCH 1996, 55.

Im „episodischen Gedächtnis" werden wichtige Einzelereignisse (Episoden) im Leben eines Menschen in ihrer chronologischen Abfolge gespeichert. Ereignisse, die mit starken Emotionen verbunden waren, bleiben dabei besonders fest im Gedächtnis verhaftet. Das „semantische Gedächtnis" ist für die Speicherung von gefühlsneutralem Sachwissen (Faktenwissen, deklaratives Wissen) zuständig. Seine Inhalte, etwa musikhistorisches Wissen oder musikalische Fachbegriffe können überwiegend sprachlich (daher „semantisch") erfasst werden. Das semantische Gedächtnis ist aussagenartig in sogenannten propositionalen Netzwerken organisiert (siehe 2.3.2). Propositionen (Aussagen) werden dort kategorisiert, miteinander vernetzt oder in ein bereits vorhandenes Netzwerk eingebunden. Die Beziehungen, die zwischen den Informationen herrschen, können zusammengefasst und durch ein gemeinsames und übergeordnetes Symbol vertreten werden. Der Vorteil solcher Abstraktionen liegt in einer besseren Speicherungs- und Zugriffsmöglichkeit. Muster für Handlungs-, Bewegungs- und Wahrnehmungsabläufe, sogenanntes Handlungswissen wie es etwa beim Erlernen eines Instrumentes aufgebaut wird, werden im „prozeduralen Gedächtnis" gespeichert. Das „Priming"(wörtlich Zündung) beschreibt die Fähigkeit, ein früheres Erlebnis oder eine frühere Wahrnehmung durch ein aktuelles auch nur teilweise ähnliches Erlebnis oder ähnliche Wahrnehmung wieder in Erinnerung zu rufen. Dieser Vorgang ist meist nicht intendiert, sondern wird durch eine „assoziative Aktivierung" ausgelöst. Das Priming ermöglicht es auch, derzeit unvollständige Informationen aus dem Gedächtnis zu ergänzen. Solche assoziativen Aktivierungen können beispielsweise auch während des Musikhörens ausgelöst werden (vgl. MARKOWITSCH 1996, 55ff).

Im Zusammenhang mit der Speicherung musikalischer Gedächtnisinhalte stellt sich an dieser Stelle die Frage nach den dafür relevanten Gedächtnisarten. Für Gruhn (1998, 224) ist das musikalische Gedächtnis *„ganz wesentlich prozedural bestimmt"* und zeichnet sich durch zwei verschiedene Repräsentationsformen aus. Durch eine Wiederholung musikbezogener Bewegungsabläufe und Rezeptionsprozesse werden zunächst „figurale"[8] Repräsentationen *„als ‚Bilder' zeitlicher Abläufe gebildet"* (ebd.), die zu einer Generalisierung führen. Durch wiederholte Lernprozesse findet eine Kategorisierung, d.h. ein Übergang von einer figuralen in eine „formale" Repräsentation (kategoriales Lernen) statt, wobei die figurale neben der formalen Repräsentation im Sinne einer „multiplen" Repräsentation weiter bestehen bleibt (vgl. ebd.).

Die vier verschiedenen Gedächtnissysteme bestehen parallel nebeneinander und wirken zusammen. Daher fördert die zusätzliche Verknüpfung (multiple Kodierung) prozedural erworbener Wissensinhalte, beispielsweise in Form einer sprachlichen Kodierung, deren Verankerung im Gedächtnis. Moats (1994) wies in diesem Zusammenhang nach, dass Kinder in der Primarstufe

---

[8] Die Begriffe „figural", „formal" und „multiple" beschreiben unterschiedliche Repräsentationsmodi, sie werden an anderer Stelle (Kapitel 2.6.2) noch ausführlich erläutert.

Melodien mit Text leichter lernen als ohne Text. Weiterhin scheinen musikimplizite "grammatische Regeln" als erlernte Kategorien die Gedächtnisleistungen zu unterstützen. Stoffer (1981) konnte zeigen, dass bei syntaktisch verwandten Tonfolgen Urteile hinsichtlich Ähnlichkeit und Unähnlichkeit schneller gefällt werden konnten, als bei nicht verwandten. Zur Wahrnehmung solcher Ähnlichkeiten steht eine erlernte "Grammatik" zur Verfügung, während hingegen ein reiner Vergleich wesentlich länger dauert. *"Für den Zuhörer gehen aus den Regeln der Musik, die er kennt, Bedeutungen hervor, die der Konstruktion seiner Vorstellung dienen"* (DE LA MOTTE-HABER 1996, 122). Ferner konnte Tan (1979) belegen, dass professionelle Musiker Laien beim Behalten musikalischer Inhalte deshalb überlegen sind, weil ihnen musiktheoretisches Wissen (deklaratives Wissen) Kategorien zur Verfügung stellt, die einer besseren Speicherung dienen. Sind prozedural erwobene Wissensinhalte an Assoziationen (vgl. Priming) gebunden oder mit emotional starken Erlebnissen verknüpft, kann ebenfalls von einer besseren Gedächtnisleistung ausgegangen werden (vgl. DE LA MOTTE-HABER 1996, 120ff).

Die sprachliche Kodierung von musikalischem Handlungswissen (prozedurales Wissen) ist ferner in Zusammenhang mit der Konzeption ästhetischer Theorien von Bedeutung. Solche Theorien können als Verknüpfung konkreter künstlerischer Erscheinungsformen mit abstrakten Auffassungen verstanden werden. Hier scheint „Musik" gegenüber anderen künstlerischen Ausdrucksformen gewissen Einschränkungen zu unterliegen. So ist beispielsweise ein musikalischer Surrealismus nicht möglich, da musikalisches Denken nahezu ausschließlich an eine klangliche Substanz gebunden ist. Ebenso kann eine enharmonische Verwechslung zwar gedacht, jedoch nicht gehört werden (vgl. DE LA MOTTE-HABER 1996, 126ff). Was de la Motte-Haber am Beispiel des Surrealismus exemplifiziert, kann auf andere ästhetische Modelle übertragen werden. Serialismus und Aleatorik können wohl theoretisch formuliert, in ihrer klanglichen Realisierung dagegen nur in begrenztem Maße voneinander unterschieden werden.

Die vorangegangenen Ausführungen zeigen, dass im Hinblick auf eine lerntheoretisch fundierte Vermittlung von Musik der handlungsbezogene Wissenserwerb (prozedurales Wissen) am Anfang stehen muss. Erst danach ist eine Verknüpfung dieser Wissensinhalte mit anderen Gedächtnisformen (z.B. sprachliche Kodierung) sinnvoll. Insgesamt fördert eine multiple Kodierung der Wissensinhalte deren Verankerung im Gedächtnis.

Der Sonderstatus der Neuen Musik offenbart sich an dieser Stelle insofern, als Teilbereiche der Neuen Musik die Prinzipien zur Speicherung musikalischer Gedächtnisinhalte mehrfach unterlaufen. Infolge der heterogenen Erscheinungsweise Neuer Musik können keine allgemein verbindlichen Rezeptionsmuster ausgebildet werden. Zudem ist dadurch auch keine einheitliche und grammatikbezogene sprachliche Kodierung möglich. In manchen dodekaphonen, seriellen sowie aleatorischen Kompositionen können keine Rezeptionsmuster (Repräsentationen) ausgebildet werden, die dem Hörer eine Antizipation ermöglichen (vgl. Abschnitt 2.2). Ferner sind die meisten ästhetischen Theorien der Neuen Musik, wenn überhaupt, nur in begrenzter Form akustisch nachvollziehbar.

1.3.2 Die Organisation des Gedächtnisses

Ein heute noch aktuelles Gedächtnismodell, das aus den späten sechziger Jahren stammt und zwischenzeitlich verschiedenen Modifikationen und Weiterentwicklungen unterzogen wurde, ist das sogenannte „Multi-Speicher-Modell" oder "Mehrspeichermodell" (vgl. DE LA MOTTE-HABER 1996, 457; THOMPSON 1990, 291; EDELMANN 1994, 262).

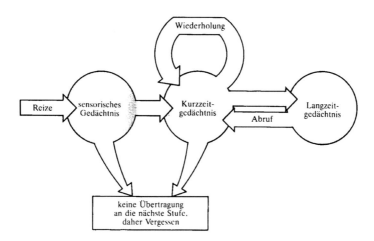

Abbildung 1.5: Hypothetisches Schema der Gedächtnisorganisation beim Menschen, aus: THOMPSON 1990, 291.

Das Multi-Speicher-Modell besteht aus drei aufeinander folgenden, parallel arbeitenden und strukturell verschiedenen Komponenten: dem „sensorischen Gedächtnis" (sensorisches Register; Echogedächnis), dem „Kurzzeitgedächtnis" (primäres Gedächtnis; Arbeitsgedächtnis; memory puffer; working memory) und dem „Langzeitgedächtnis".

Im sensorischen Gedächtnis werden die Reize für einen relativ kurzen Zeitraum festgehalten. Neuere Befunde gehen von wenigen Millisekunden aus. Eine exakte zeitliche Grenze ist jedoch schwer zu fixieren, da das Abklingen des Reizes nicht abrupt, sondern allmählich erfolgt, und die Ergebnisse ferner von der Methode und dem Untersuchungsgegenstand abhängen (vgl. DE LA MOTTE-HABER 1996, 458; NAUCK-BÖRNER 1987, 17). Das sensorische Gedächtnis bildet die vorausgegangene Wahrnehmung reizanalog ab. Bereits hier erfolgt eine erste Selektion und Kategorisierung der eingegangenen Information auf der Grundlage vorangegangener musikalischer Erfahrungen. Die Aufmerksamkeit des Hörers wird auf bestimmte Reize ausgerichtet und vermutlich werden in diesem Gedächtnisbereich bereits erste stilistische Zuordnungen vorgenommen. (vgl. DE LA MOTTE-HABER ebd.).

Im Kurzzeitgedächtnis sind die akustischen Ereignisse ungefähr 15 Sekunden gespeichert. Es wird seiner Funktion nach alternativ als „Arbeitsspeicher" bezeichnet, da dort nur solches Wissen bereit steht, das gerade verwendet wird. Die dort vorübergehend gespeicherten Inhalte werden miteinander verglichen (vgl. EDELMANN 1994, 263). Ähnlich wie im sensorischen Gedächtnis sind im Kurzzeitgedächtnis die Informationen noch nahezu reizanalog präsent, d.h. akustische Ereignisse werden auch weiterhin klanglich repräsentiert. Eine reizanaloge Repräsentation der Informationen lässt sich etwa durch den Effekt der „retroaktiven Maskierung" (Suffix-Effekt) nachweisen. Eine gesprochene Folge von Zahlen 7 9 6 1 3 4 8 ist schlechter zu behalten, wenn im unmittelbaren Abstand von 0,5 sec. eine weitere Zahl, beispielweise eine Null, dazwischengeprochen wird. Die „Null" tilgt die Erinnerung an die vorangegangene Ziffer. Der Suffix-Effekt funktioniert ebenso bei musikalischen Ereignissen (vgl. DE LA MOTTE-HABER 1996, 111).

Eine weitere Gemeinsamkeit des sensorischen und des kurzzeitigen Gedächtnisses liegt in der zeitlichen Begrenzung der Speicherkapazität. Wiederholungen erlauben eine längere Verweildauer der Information im Kurzzeitspeicher und ermöglichen zudem eine Umkodierung der Speicherinhalte in eine andere Repräsentationsform. Dies hat Konsequenzen für die Wahrnehmung von Teilbereichen Neuer Musik. Beispielsweise kann sich seriell organisierte Musik, die partiell einer Art "Wiederholungsverbot" unterliegt, sowie aleatorische Musik aufgrund mangelnder Wiederholung schlechter im Gedächtnis verankern. Dadurch reduziert sich die Möglichkeit zur strukturellen Wahrnehmung (vgl. DE LA MOTTE-HABER 1996, 93).

Die unmittelbare Gedächtnisspanne beträgt nach Miller (1956) 7 +/- 2 Items[9]. Die Einheiten können dabei von unterschiedlicher Größe sein (z.B. Buchstaben oder Worte). Durch die Bildung solcher Einheiten, von der Gedächtnispsychologie auch als "chunking"[10] bezeichnet, können Gedächtnisleistungen erhöht werden. So können zusammenhängende Melodien besser erfasst und gespeichert werden, als eine lose Folge einzelner, isolierter Töne, wie sie teilweise bei Feldmann oder in Werken der sogenannten „punktuellen Musik" in Erscheinung treten. Die selbstständige Bildung von Einheiten lässt sich analog dazu im rhythmisch-metrischen Bereich beobachten.

Die Speicherung und der Vergleich akustischer Reize im Kurzzeitgedächtnis machen erst die Wahrnehmung von Tempo möglich. Maßgebend für den Eindruck eines konstanten Tempos ist ein Metrum, das der rhythmischen Struktur zugrunde liegt. Im Bereich der Neuen Musik kann die Tempowahrnehmung durch zwei Faktoren erschwert werden. Erstens beeinträchtigt die Verwendung von nur sehr gering voneinander differierenden Dauernwerten die Wahrnehmung eines einheitlichen Grundmetrums und somit auch des Tempos. Zweitens verschleiert oder verhindert die Überlagerung verschiedener zeitlicher Schichten (Polytempik) die Tempowahrnehmung. Geraten mehrere zeitliche Ebenen miteinander in Konflikt, kann neben einer multitemporalen Wahrnehmung als Folge kognitiver Verarbeitungsprozesse entweder der Eindruck eines neuen und konstruierten Tempos oder der Eindruck von „Zeitlosigkeit" entstehen (vgl. DE LA MOTTE-HABER 1996, 113ff).

Die Problematik unterschiedlicher Tempoeindrücke tritt beispielsweise in Stockhausens Orchesterstück *Gruppen* in Erscheinung. In dieser Komposition bilden Klänge, Geräusche und Klanggeräusche selbstständige Einheiten mit einem jeweils eigenen Tempo. Durch eine räumliche Anordnung der Klangkörper (Funktionelle Raummusik) befindet sich der Zuhörer in mehreren Zeiträumen, die zusammen einen neuen, gemeinsamen Zeitraum bilden sollen (STOCKHAUSEN 1975, 71; siehe ebd. 1963, 99ff). Da der Hörer

---

[9] Item ist die Bezeichnung für eine Informationseinheit im Zusammenhang mit Gedächtnisleistungen.
[10] Als „chunking" wird das Zusammenfassen elementarer Einheiten zu größeren bezeichnet (DE LA MOTTE-HABER 1987, 472).

zur Wahrnehmung von Tempo ein Metrum zur Orientierung benötigt, dürfte es ihm wohl schwer fallen, die von Stockhausen intendierten unterschiedlichen Tempi[11] tatsächlich wahrzunehmen (vgl. DE LA MOTTE-HABER 1996, 115).

Ist der Eindruck mehrerer gleichrangiger Taktbildungen in einem Musikstück möglich, können in Analogie zu den optischen Täuschungen musikalische Kippfiguren entstehen. Dieser psychoakustische Effekt tritt verschiedentlich im Repertoire repetitiver Musik in Erscheinung. *Music with Changing Parts* (1970) von Philip Glass besteht aus mehreren sich überlagernden Schichten mit schnelleren und langsamen Impulsen.

> *Beim Hören wird eine als dominant empfunden, nach einiger Zeit aber tritt ein Sättigungseffekt ein, die Orientierung richtet sich an einer anderen Schicht aus; damit kippt das Stück in ein anderes Tempo* (DE LA MOTTE-HABER 1996, 116).

Das Langzeitgedächtnis verfügt über eine sehr große Speicherkapazität. Musikalische Inhalte können dort dauerhaft und fest verankert werden. Die Anzahl an Wiederholungen (Verarbeitungstiefe) und möglichst verschiedene Repräsentationsformen (multiple Repräsentation) der Reizinformation, die Motivation und die Aufmerksamkeit während der Reizaufnahme sind grundlegende Faktoren, die den Grad der Verankerung beeinflussen. Das Langzeitgedächtnis kann als System verstanden werden, in dem Wissenseinheiten und Symbole miteinander in Beziehung gebracht werden und Netzwerke ausbilden.

Die mehrfache Wiederholung musikalischer Ereignisse gewährleistet deren dauerhafte Verankerung im Gedächtnis. In diesem Zusammenhang müssen einige Teilbereiche der Neuen Musik wieder aus den bekannten Gründen (siehe oben) als Sonderfall angesehen werden. Die Wahrnehmung übergeordneter und zeitlich längerfristig angelegter musikalischer Strukturen ist auf Grund mangelnder Wiederholung nur bedingt oder überhaupt nicht möglich. Die Rezeption solcher Erscheinungsformen Neuer Musik muss daher vorzugsweise situativ und nicht antizipativ im Sinne einer Hypothesenbildung ausgerichtet sein. Darüber hinaus wird die von Miller (1956) festgestellte „Gedächtnisspanne" die Speicherung von besonders komplexen Strukturen der Neuen Musik begrenzen.

---

[11] Bei Nancarrow (*Studies for player piano*) sind unterschiedliche Tempi hingegen wahrnehmbar.

1.4.1 Wahrnehmen und Kategorisieren

Akustische Reize werden zur besseren Verarbeitung nicht nur einer Segmentierung, sondern darüber hinaus einer Kategorisierung unterzogen. Für den Kognitionspsychologen Bruner ist der Prozess menschlicher Wahrnehmung daher wesentlich durch zwei Merkmale bestimmt. Er ist „*kategorisch*" und „*in variierender Weise wahr*" (vgl. BRUNER 1957). Kategorisch insofern, als dass der Wahrnehmungsprozess stets von Kategorisierungsvorgängen begleitet wird. Das zweite Merkmal beschreibt die Fähigkeit, in variierender Weise Eigenschaften eines Objektes im Sinne einer Hypothesenbildung vorauszusagen, die momentan noch nicht wahrnehmbar sind.

Wahrnehmen bedeutet daher auch kategorisieren, ein Prozess, den Bruner wie folgt definiert:

> *Kategorisierung bedeutet, unterscheidbar verschiedenen Dingen Äquivalenz zu verleihen, die Objekte, Ereignisse und Leute um uns herum in Klassen zu gruppieren und auf sie eher bezüglich ihrer Klassenzugehörigkeit als bezüglich ihrer Einzigartigkeit zu reagieren* (BRUNER, GOODNOW & AUSTIN 1956, 1; übersetzt von Edelmann 1994, 201).

Neu eintreffende Informationen werden nach dem Prinzip von „gleich" (äquivalent) und „verschieden" voneinander abgegrenzt. Gleichwertigkeiten (Äquivalenzen) entstehen durch Abstrahierungsvorgänge, bei denen gemeinsame Eigenschaften eines Objektes hervorgehoben werden und bestimmte Besonderheiten eines einzelnen Objektes unberücksichtigt bleiben. In entsprechenden Untersuchungen von Olver & Hornsby (1971, 100f) konnten fünf maßgebliche Arten Äquivalenzen zu bilden, festgestellt werden: perzeptive, funktionale, affektive, nominale und Ad-hoc-Äqui-valenzen. Perzeptive Äquivalenzen werden über die unmittelbaren phänomenologischen Eigenschaften (Farbe, Größe, Form etc.) eines Objektes gebildet, funktionale Äquivalenzen anhand dessen Verwendung oder Funktion, affektive Äquivalenzen beziehen sich auf die emotionale Wirkung eines Objektes, nominale Äquivalenzen werden über die Bezeichnungen eines Objektes hergestellt und „Adhoc-Äquivalenzen" sind spontane, nicht begründete Entscheidungen über Gleichheit oder Verschiedenheit.

Eine „Kategorie" kann in diesem Zusammenhang als eine Ansammlung von Regeln verstanden werden, in denen vier Aspekte näher bestimmt werden. Erstens wird die Kategorie durch spezifische Merkmale, sogenannte „kritische Attribute" bestimmt. „Attribut" bezeichnet *„irgendein unterscheidbares Merkmal eines Objektes oder Ereignisses, das von Fall zu Fall einer unterscheidbaren Va-*

riation unterliegen kann" (BRUNER zitiert in: Lefrancois, 1976, 111). Die ein Objekt konkret definierenden Attribute werden als „kriteriell" (BRUNER et al. 1971, 97ff) benannt. Zweitens werden nicht nur die Merkmale, sondern zugleich die Art und Weise, wie sie miteinander kombiniert sein müssen, festgelegt. Drittens werden den verschiedenen Eigenschaften, die eine Kategorie bestimmen, unterschiedliche Gewichtungen zugeordnet. Und viertens wird die Kategorie durch spezifische Akzeptanzgrenzen (acceptance limits) eingegrenzt, die durch Konventionen oder subjektive Kriterien bestimmt sind. Neue Informationen werden entweder in bereits bestehende Kategorien eingeordnet oder bedingen die Bildung von neuen „Konzepten". Sie entstehen, indem bezüglich spezifischer Eigenschaften eines Objektes Hypothesen aufgestellt und ggf. bestätigt werden. Konzepte sind Vorstellungen (Repräsentationen) darüber, welche Objekte auf Grund ihrer Eigenschaften zusammengehören und welche nicht. Der Kategorisierungsprozess bzw. die Hypothesenbildung verläuft in vier aufeinander folgenden Phasen. In der ersten Phase, sie wird als „primitive" Kategorisierung bezeichnet, richtet sich die Aufmerksamkeit direkt auf ein isoliertes Objekt. Der eigentliche Kategorisierungsprozess findet in der zweiten Phase in Form einer Suche nach „Hinweisreizen" (cue search) statt. Eine Bestätigungsprüfung (confirmation check), in der es um die Suche nach weiteren bestätigenden Hinweisen geht, kennzeichnet die dritte Phase. Mit der vierten Phase der Bestätigungserreichung (confirmation completion) ist der Vorgang abgeschlossen.

Wahrnehmen bedeutet Kategorisieren und Konzepte bilden. Beide Vorgänge sind erfahrungsbezogen, d.h. sie basieren auf Lernprozessen. Im Hinblick auf die hier lerntheoretisch intendierte Vermittlung Neuer Musik ergeben sich somit einige Folgerungen. Zunächst kann die Wahrnehmungskompetenz durch die bewusste unterrichtspraktische Initiierung von Kategorisierungsvorgängen grundsätzlich erhöht werden. Gleichzeitig tritt an dieser Stelle erneut der Sonderstatus der Neuen Musik in Erscheinung. Aufgrund ihrer heterogenen Wesensart scheinen sowohl die Bildung von Kategorien als auch die Entwicklung von Konzepten nur auf einer elementaren Ebene und insgesamt nur begrenzt möglich zu sein. Ebenso ist der oben beschriebene Mechanismus der Hypothesenbildung in spezifischen Erscheinungsformen der Neuen Musik nicht möglich, da die strukturbezogene, aber keine Konvention ausprägende Konzeption dieser Musik einer Hypothesenbildung zuwiderläuft.

1.1.5 Wahrnehmen und strukturieren

In den letzten zwanzig Jahren dominierten in der kognitiven Psychologie sogenannte Netzwerkmodelle (z.B. RUMELHART, LINDSAY & NORMAN 1972). Kleinste Bedeutungseinheiten, sie werden in diesen Modellen als „Propositionen" bezeichnet, werden in Netzwerken miteinander verbunden. Die Beziehungen zwischen den verschiedenen Einheiten werden durch Propositionen auf einer höheren Ebene repräsentiert. Bei der Aktivierung dieses Wissens werden zusätzlich syntaktische Regeln benutzt (vgl. EDELMANN 1994, 258ff). Beeinflusst wurde die Idee hierarchisch aufgebauter Netzwerke von der Transformationsgrammatik des Linguisten Noam Chomsky (1970). Er geht davon aus, dass Sätze eine Oberflächen- und eine Tiefenstruktur haben. Die grundlegenden Regeln eines Satzes liegen in seiner Tiefenstruktur begründet. Die Bedeutung eines Satzes erschließt sich durch seine Rückführung auf die Tiefenstruktur, da dadurch erst die grammatische Funktion eines Wortes geklärt wird.

Speziell in der Musiktheorie wird die Idee einer hierarchischen Wahrnehmungsstrukturierung in der „Generative Theory of Tonal Music" (GTTM) von Lerdahl & Jackendoff (1983) verfolgt. In ihrer Theorie, die sich sehr stark an die Idee eines musikalischen Ursatzes von Schenker (1979) anlehnt, versuchen die Autoren aufzuzeigen, dass eine analoge hierarchische Strukturierung auch im Tonsatz nachgewiesen werden kann.

Die „Generative Musiktheorie" von Lerdahl & Jackendoff (1983) wurde ursprünglich ausschließlich für tonale Musik konzipiert. Eine Erweiterung dieser Theorie auf atonale Musik versuchte Lerdahl (1989). Dibben (1994) konnte in einer empirischen Studie nachweisen, dass nur die GTTM, jedoch nicht Lerdahls Erweiterung einer psychologischen Wirklichkeit[12] entspricht.

...there is no evidence for the perception of hierarchy of events in atonal music of the sort proposed by Lerdahl (1989) (DIBBEN 1994, 1).

Für Dibben sind demgemäß für die Repräsentation tonaler Musik andere Kriterien maßgebend als für die atonaler Musik. Insgesamt sind beide Theorien kritisch zu betrachten, da sie von der Existenz einer universellen Grammatik ausgehen. Gleichwohl ist auf der Basis der Untersuchungen von

---

[12] Da jedoch eine Theorie oft für richtiger und wichtiger genommen wird als die künstlerische Wirklichkeit, kam es als Folge der Ausführungen von Lerdahl, teilweise zu massiven Vorbehalten gegenüber Kompositionen von Ligeti und Boulez (vgl. DE LA MOTTE-HABER 1996, 474ff).

Dibben (1994) anzunehmen, dass die von Lerdahl & Jackendoff (1983) propagierte hierachische Strukturierung der Wahrnehmung in jenen Bereichen der Neuen Musik in Erscheinung tritt, in denen tonale Anleihen (z.B. bei Pärt) nachzuweisen sind.

1.6 Die Wahrnehmung musikalischer Parameter

Die bisherigen Ausführungen konzentrierten sich auf die Darstellung grundsätzlicher wahrnehmungstheoretischer Befunde. Im Folgenden werden die Parameter Klangfarbe, Tondauer, Tonhöhe und Intensität einer näheren Untersuchung unterzogen. Neben allgemein auf Musik bezogene Fragestellungen, widmen sich die folgenden Abschnitte der Frage, inwieweit die Neue Musik auch hier eine spezifische Sonderrolle einnimmt.

1.6.1 Die Wahrnehmung von Klangfarben

Seit etwa der Mitte des 19. Jahrhunderts wuchs der Stellenwert der Klangfarbe als kompositorisches Gestaltungsmittel. Parallel dazu verminderte sich in partiellen Bereichen der Musik die Relevanz einer individuellen und charakteristischen Klangfarbe des Einzelinstrumentes zugunsten eines orchestralen Gesamtklanges. In der traditionellen Musik sind Beziehungen, die über Klangfarben zustande kommen, in aller Regel großräumig angelegt, etwa in einem Wechsel der Instrumentierung bei der Wiederholung eines Themas. Im Repertoire der Neuen Musik hingegen werden solche Beziehungen bereits auf Detailebenen gebildet, z.B. in der Musik von Edgard Varèse (*Ionisation*), oder in den „Klangfarbenmelodien" bei Vertretern der Wiener Schule (Webern: *Fünf Stücke für Orchester, opus 10*; Schönberg: *Fünf Orchesterstücke, opus 16/3*). Am Rande sei hier angemerkt, dass die Klangfarbe als Mittel zur musikalischen Gestaltung nicht nur in der Neuen Musik, sondern ebenso in der Musik der Jugendkulturen einen übergeordneten, wenn auch anders motivierten Stellenwert einnimmt (vgl. Kapitel 4.1.3).

Gemäß dem eingangs skizzierten kognitiven Informationsverarbeitungsmodell (siehe oben) muss zwischen den physikalischen Eigenschaften (Reizstruktur) eines Klanges und dessen psychologischer Wahrnehmung (siehe Abb. 1.2) unterschieden werden. Klangfarbe wird an dieser Stelle als *„psycholo-*

gische Wahrnehmung" dessen verstanden, *„was einen Klang abgesehen von Tonhöhe und Lautstärke bestimmt"* (HALL 1997, 467).

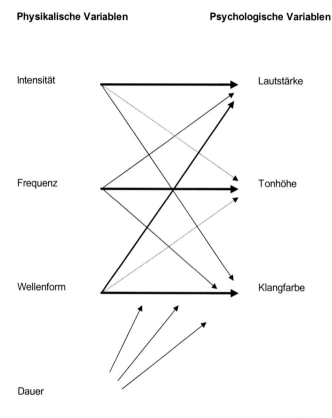

Abbildung 1.6: Zusammenhänge zwischen den physikalischen und den psychologischen Variablen bei der Wahrnehmung von Klangfarben, aus: DONALD E. HALL 1997, 115.

Abbildung 1.6 zeigt deutlich vereinfacht die grundlegenden Wechselbeziehungen zwischen den physikalischen Klangeigenschaften und der psychologischen Wahrnehmung eines Klanges. Bei der Wahrnehmung von Klängen handelt es sich allerdings grundsätzlich um einen sehr komplexen Prozess, der bislang von der Forschung noch nicht restlos geklärt werden konnte (vgl. HALL 1997, 402).

1.6.1.1 Statische und nichtstatische Klänge

Grundsätzlich kann davon ausgegangen werden, dass es sich bei der Klangfarbe um eine „multidimensionale Größe"[13] handelt. Das bedeutet, dass sie sich in verschiedenen voneinander unabhängigen Dimensionen (siehe unten) verändern kann (vgl. HALL 1997, 114; ROEDERER 1993, 151f). Die Wahrnehmung statischer Klänge (Dauertöne) wird „ausschließlich" durch das sogenannte Klangspektrum eines Tones bestimmt (HALL 1997, 153). Im Klangspektrum stellt die Intensität verschiedener „kritischer" Frequenzgruppen eine weitere Variable dar. Als „kritisch" werden diejenigen Frequenzen bezeichnet, die innerhalb eines gewissen Frequenzspektrums für einen Klang (Instrument) charakteristisch sind. Roederer (1975) weist präzisierend darauf hin, dass die Empfindung von Klangfarben nicht von den einzelnen Intensitätswerten in Relation zum Grundton, sondern *„von der absoluten[14] Verteilung der Schallenergie in den Frequenzgruppen"* (ROEDERER 1993, 151) bestimmt wird. Die Grundtonhöhe eines Klanges wird durch die harmonische Reihe wahrgenommen, die am ehesten mit den vorhandenen Teiltonfrequenzen übereinstimmt, wobei auch hier die Frequenzgruppen von besonderer Bedeutung sind. Bei einer Grundtonfrequenz bis zu 500 Hz, sind beispielsweise der dritte, vierte und fünfte Teilton (falls vorhanden) teilweise wichtiger als der Grundton selbst, der partiell fehlen kann, ohne dass seine Wahrnehmung entfällt (vgl. HALL 1997, 402).

Bei nicht statischen Klängen (z.B. bei Instrumentalklängen) wird die Wahrnehmung der Klangfarbe hauptsächlich von den Übergängen (Transienten) und der Hüllkurve (attack und decay) beeinflusst (vgl. HALL 1997, 124f). Besondere Bedeutung kommt dabei dem Einschwingvorgang (attack) zu, speziell seiner Dauer, der Geschwindigkeit, in der die einzelnen Formanten aufgebaut werden und dem Anteil an Geräuschen (Vorläufertöne) am Gesamtklang. Im weiteren Verlauf der Hüllkurve beeinflussen Tonhöhen- und Lautstärkeschwankungen die Wahrnehmung der Klangfarbe (vgl. ebd. u. 163ff). Werden mehrere Instrumente parallel gespielt, werden die einzelnen Instrumente bzw. deren Klangfarben mitunter an der Asynchronität der Instrumentaleinsätze erkannt. RASCH (1979) konnte nachweisen, dass der Grenzwert hier bei ca. 30msec festzusetzen ist. Liegt die zeitliche Differenz zwischen den Einsatzzeiten unter diesem Wert, verschmelzen die einzelnen Instrumentalstimmen zu einem Gesamtklang. Über diesem Wert werden Instrumentaleinsätze als asynchron wahrgenommen und führen somit tendenziell zur Wahrnehmung der einzelnen Instrumente.

---

[13] Hall (1997, 400) spricht hypothetisch von 10 bis 15 Dimensionen.
[14] Hervorhebung von Roederer.

Cone (1972) widmete sich einem ganz speziellen Fragenkomplex. Er untersuchte Wahrnehmungsmechanismen, die es ermöglichen, dass kürzere oder längere Unterbrechungen in Klangschichten oder Wahrnehmungslinien (perceptual streaming), wie sie etwa in Strawinskys *Sacre du Printemps* zu finden sind, dennoch als zusammengehörend erkannt werden. Cone konnte nachweisen, dass bei Strawinsky diese Technik aus drei Phasen besteht: Schichtung, Verknüpfung und Vereinigung. Unter Schichtung versteht Cone speziell die Zusammensetzung der Wahrnehmungslinien, die durch Register, Rhythmus, Klangfarbe und teilweise durch das Tempo gekennzeichnet werden können. Maßgeblich für die Wahrnehmung solcher Linien, auch über verschiedene Unterbrechungen hinweg, ist bei Strawinsky das Register, während die anderen Faktoren dazu dienen, das Register genauer zu charakterisieren (vgl. ERICKSON 1982, 532f).

1.6.1.2 Klangkomplexe

Die Wahrnehmung von Einzelklängen stellt einen Teilbereich aus dem Komplex der Klangfarbenwahrnehmung dar. Ein anderer ist die Wahrnehmung bestimmter Klangkonstellationen, wie sie beispielsweise in sogenannten "Klangfarbenmelodien" in Erscheinung treten, sowie das Erfassen der ihnen zugrunde liegenden Ordnungsstrukturen oder Organisationsformen. Eine empirisch-experimentelle Erforschung dieses Bereichs anhand konkreter Kompositionen gestaltet sich äußerst komplex, da es ist nicht möglich ist, alle an diesem Wahrnehmungsprozess beteiligten Variablen zu isolieren und entsprechend zu berücksichtigen. Die Musikpsychologie greift deshalb zur empirischen Erforschung solcher Phänome auf eigens zu diesem Zweck "komponierte" Artefakte zurück. Sie genügen in aller Regel zwar den experimentellen und methodischen Ansprüchen, nicht jedoch den ästhetischen. Ein Experiment dieser Art stellt die nachfolgende Untersuchung von Erickson (1974) dar.

In Anlehnung an Weberns Orchestrierung von Bachs *Ricercar a 6 voci* (1935), das nach dem Hoquetusprinzip komponiert wurde, ging Erickson der Frage nach, wann und in welchen Zusammenhängen sich die Wahrnehmung eher an der Klangfarbe oder eher an einer unterbrochenen Medodielinie orientiert. Für das Experiment wurde eine sich stetig wiederholende Sechstonfolge (siehe erste Zeile der Abbildung) in der Art eines Hoquetus auf sechs verschiedene Instrumente (Flöte, Klarinette, Saxophon, Fagott, Trompete und ein Marimbaphon) verteilt.

Notenbeispiel 1.5: Von Erickson (1974) erstelltes „Artefakt", zur Untersuchung der Wahrnehmung von Klangkomplexen, aus: DEUTSCH 1982, 528.

Folgende Wahrnehmungsmöglichkeiten sind für den Hörer hypothetisch möglich:
1. Die Wahrnehmung folgt der Melodie unabhängig vom Wechsel der Klangfarben.
2. Es entstehen je eine hohe und eine tiefe Wahrnehmungslinie (perceptual stream) auf der Grundlage der Tonhöhenverläufe.

3. Die Wahrnehmung folgt dem einzelnen Instrument und somit der Klangfarbe.
4. Die Versuchspersonen hören Möglichkeit 1, 2 oder 3 in vermischter Form, d.h. abhängig vom musikalischen Kontext.

Das Experiment wurde mehrfach in modifizierter Form wiederholt. Die Ausgangsfrage des Experimentes konnte selbst bei diesem relativ einfachen Pattern nicht konkret beantwortet werden. Ob sich die Wahrnehmung an der Klangfarbe oder an der Melodie orientiert, ist von mehreren Faktoren abhängig. Eine Orientierung an der Klangfarbe (Instrument) ist an die Charakteristik des Instrumentes, speziell seiner Einschwingqualität (attack quality) in Verbindung mit dem Verhältnis dieses Instrumentes zu den anderen gebunden. Eine Orientierung an den Melodiesegmenten wird vom Gesamtumfang des melodischen Patterns, vom Tempo und von der Klangcharakteristik der verwendeten Instrumente beeinflusst.

In einem weiteren Abschnitt der Untersuchungsreihe wurde der Einfluss von Klangfarbenmustern (timbre pattern) gegenüber den Melodielinien (melodic pattern) untersucht. Zwar waren gewisse Einflüsse der Klangfarbenmuster zu beobachten, jedoch waren keine generellen Aussagen möglich. Die aus dem Konflikt zwischen einer Tonhöhenorientierung und einer Klangfarbenorientierung entstehenden Gruppierungseffekte (subpattern) waren lokale Effekte, die nicht zuletzt auch durch den rhythmischen Kontext beeinflusst wurden. Trotz metrischer Einflussnahme ist die Musterbildung hauptsächlich das Resultat des tonikalen Akzentes (Grundtonorientierung), der Lautstärke der verschiedenen Instrumente und des Verlaufs der Hüllkurve.

Im Hinblick auf die eingangs von Erickson (1974) formulierte Fragenstellung erscheinen seine Untersuchungsergebnisse unbefriedigend. Die Gründe liegen für ihn in der Unzulänglichkeit seines im Experiment verwendeten Klangfarbenkonzeptes, das zur Beschreibung des Parameters Klangfarbe nicht ausreicht, da das Kontrastpotential der einzelnen Instrumente unberücksichtigt bleibt. Ein weiterer Grund ist der von Erickson vernachlässigte musikalische Kontext. Er stellt bei der Wahrnehmung von Klangkomplexen bzw. dem Erkennen der einzelnen Klangfarben einen grundlegenden Faktor dar, auf den auch andere Autoren (BUTLER 1992; HALL 1997; ROEDERER 1977) hinweisen. Es sind deshalb zur Erforschung dieses Klangfarbenbereichs alternative Modelle erforderlich, deren Konzeption aufgrund der Komplexität dieses Parameters eine besondere Herausforderung darstellen.

In den sogenannten „Klangfarbenkompositionen" gibt es vordergründig weder melodische noch rhythmische Strukturen (z.B. Ligeti: *Atmopsphères*;

Penderecki: *Anaklasis* u.a.). Hier stellt sich die Frage, unter welchen Bedingungen ein Klangkomplex als Gesamtklang oder als eine Summe einzelner Klangkomponenten wahrgenommen wird. Van Nordon (1975) konnte in einem Experiment nachweisen, dass ein wesentlicher Indikator für die rezeptive Einordnung eines Klangkomplexes als Mischklang oder Gesamtklang das Verhältnis der Frequenzkomponenten zueinander ist. In zwei schnellen, sich abwechselnden Tonfolgen wurde ein reiner Sinuston mit einem komplexen Ton bei gleicher Tonhöhe, aber ohne sich berührende Frequenzen zwischen den Partialtönen kombiniert. In diesem Falle wurden zwei Linien wahrgenommen. Berührten sich die Teilfrequenzen jedoch, wurde ein Gesamtklang gehört.

In den meisten Untersuchungen zur Wahrnehmung von Klangfarben wurde der Einfluss von Lernprozessen nicht oder nur in geringem Maße berücksichtigt. Dabei kann auch hier davon ausgegangen werden, dass die Fähigkeit zur differenzierten Wahrnehmung von Klangfarben durch Lernprozesse veränderbar ist. Ältere Tests hinsichtlich der Wahrnehmung von Klangfarben bei traditioneller Musik belegen, dass sich sowohl die Fähigkeit zur Unterscheidung von einzelnen Klangfarben im Vergleich (SEASHORE 1960; 1966) als auch die Fähigkeit des Erkennens und Benennens und somit zur Repräsentation von Klangfarben (Frankfurter Versuch, in: ABEL-STRUTH 1979) mit zunehmendem Alter, d.h. mit zunehmender Erfahrung vergrößert.

Experimente, in denen es um die Identifikation von Instrumenten ging, scheinen diese Ergebnisse zu bestätigen. Die sehr hohen Erkennungsleistungen in einem Experiment von Clark & Milner (1964) führt Nauck-Börner (1987, 69) u.a. auf die langjährige Instrumentalausbildung der Versuchspersonen zurück. Weiterhin scheint deklaratives Wissen den Wahrnehmungsprozess zu beeinflussen. Bei der Interpretation einer Studie von Grey (1977), in der es um Ähnlichkeiten zwischen insgesamt 16 Instrumenten ging, vermutet Nauck-Börner (ebd.), dass bei musikalisch geschulten Personen das Wissen um Zugehörigkeit eines Instrumentes zu einer Instrumentengruppe einen nachweisbaren Einflussfaktor darstellt. Bei der Visualisierung der Ergebnisse in einem (graphisch erstellten) dreidimensionalen Raum (Anzahl und Amplitude der Obertöne, Geräuschanteil beim Einschwingvorgang) ist eine Anlehnung an Instrumentenfamilien zu erkennen.

Wie bereits ausgeführt, unterstützt die sprachliche Kodierung (Verbalisierung) bereits vorhandener musikalischer Repräsentationen die Wahrnehmung entsprechender musikalischer Reize. Erste Hinweise zur mehrdimensionalen Beschreibung von Klangfarben finden sich bereits in der „Tonpsychologie" von Stumpf (1890). Spätere Forschungsarbeiten von Jost (1967), Nitsche (1978) und v. Bismarck (1974) bestätigten Stumpfs Ausführungen. Der Parameter Klangfarbe lässt sich über die drei Dimensionen Helligkeit, Rauheit und Dichte bzw. Volumen durch die Verwendung entsprechender Adjektivpaare, wie hell – dunkel, stumpf (weich, glatt) – scharf (rauh) und voll (breit) – leer (dünn, hohl) beschreiben. Hall (1997, 400; 114) schlägt vor, diese Dimensionen mittels Abstufungen weiter auszudifferenzieren sowie zur weiteren Beschreibung auf Analogiebildungen (z.B. „trompetenähnlich") zurückzugreifen.

Marks (1983) konnte in diesem Zusammenhang nachweisen, dass im alltäglichen Sprachgebrauch Begriffe aus verschiedenen sensorischen Bereichen miteinander in Verbindung gebracht werden. Metaphorische Kombinationen aus Begriffspaaren wie laut-leise, hell-dunkel und Sonne-Mond sowie Bezeichnungen für natürliche und musikalische Klänge werden mit konsistenten Urteilen wie Höhe und Helligkeit verknüpft: „Ein Husten z.B. ist dunkel und tief, die Geige klingt hoch und hell" (MARKS 1983, zitiert in: NAUCK-BÖRNER 1987, 67f). Allerdings scheint dieses Phänomen alters- bzw. erfahrungsbezogen zu sein. Denn bei Kindern werden „hoch" und „hell" nicht immer miteinander in Verbindung gebracht (ebd.).

Vor dem Hintergrund einer sprachlichen Kodierung musikalischer Phänomene ist im Bereich der Klangfarben deswegen auch analog zu beachten, dass im Gegensatz zur traditionellen Musik in der zeitgenössischen Musik für die Bezeichnung bestimmter Klänge und Klangverläufe kein entsprechendes Fachvokabular zur Verfügung steht. Verschiedentlich wurde von kompositorischer Seite her versucht, auf naturwissenschaftliche Termini oder auf Analogien zurückzugreifen. So spricht etwa Ligeti von der *„Permeabilität"* (Durchlässigkeit) serieller Strukturen (LIGETI 1961, 8) oder er setzt Texturen aus verschiedenen Klängen in Analogie zu „Plastilin"[15] (ebd. 9). Wesentlich detaillierter hat sich Lachenmann mit der Beschreibung musikalischer Texturen auseinander gesetzt. Er versucht auf der Basis *"empirischer Klangerfahrung"* zwischen verschiedenen Arten von „Klangtypen" zu unterscheiden und zu kategorisieren (LACHENMANN 1996, 1 ff).

Die Problematik einer adäquaten sprachlichen Kodierung betrifft weiterhin Bereiche der Neuen Musik, in denen es weder melodische noch rhythmische Strukturen gibt, sondern die sich aus verschiedenen Klangkomplexen bzw. Klangmixturen zusammensetzen. Dazu zählen beispielsweise sogenannte „Klangfarbenkompositionen" (Ligeti: *Atmosphères*; Penderecki: *Anaklasis* u.a.).

---

[15] „... *die anfangs distinkten Klumpen verschiedener Farbe, werden je mehr man sie knetet, dispergiert; es entsteht ein Konglomerat, in dem die verschiedenen Farbfleckchen noch zu unterscheiden sind, das Ganze hingegen kontrastlos wirkt"* (LIGETI 1961, 9).

Die Texturen solcher Kompositionen werden nicht als Summe verschiedener Teile, sondern als Ganzes, als Klangblöcke wahrgenommen. Sie sind in sich geschlossene Objekte, die eine wahrnehmbare und beschreibbare Hüllkurve, d.h. einen wahrnehmbaren Anfang, eine Kontur und ein Ende haben. Klangobjekte können miteinander kontrastieren und sich überlagern. Gemeinsamkeiten oder Unterschiede zwischen verschiedenen Klangobjekten können über die entsprechenden Parameter wie Tonhöhe, Dauer, Klangfarbe, Dichte usw. (siehe oben) beschrieben werden. Darüber hinaus können Tonhöhen- und Tondauernabstände von Klangobjekten in Analogie zu dreidimensional räumlichen Konstellationen gesetzt werden.

Die Wahrnehmung von Klangfarbe ist bis heute noch nicht restlos geklärt. Trotzdem ergeben sich aus den vorgestellten Untersuchungen einige wichtige Überlegungen für die Vermittlung von klangfarbenbezogenen Aspekten der Neuen Musik: Die Wahrnehmung von Klangfarben ist grundsätzlich durch Lernprozesse beeinflussbar. Die sprachliche Kodierung (Verbalisierung) bereits vorhandener, auf Klangfarben bezogener Repräsentationen unterstützen den Wahrnehmungsprozess positiv. Klangfarben und Klangkomplexe können über ihre Dimensionen (Helligkeit, Volumen und Rauheit) über Analogiebildungen und über äußere Konturen (Hüllkurven) beschrieben werden. Darüber hinaus scheint deklaratives Wissen die Wahrnehmung von Klangfarben zu unterstützen. Erste Vorerfahrungen im Bereich der Klangfarben sind bei Schülern im Bereich musikalischer Jugendkulturen zu suchen, in denen die Klangfarbe (Sound) mitunter oft als primäres Identifikationsmerkmal einer Gruppe oder eines Interpreten dient. Insgesamt spricht der Bereich Klangfarbe für die Notwendigkeit einer entsprechenden unterrichtspraktischen Thematisierung. Ihre Dringlichkeit wird in der gegenwärtigen Didaktik des Musikunterrichts jedoch weder realisiert noch diskutiert. Klangfarbenbezogene Themenstellungen beschränken sich in aller Regel auf die Bereiche Instrumentenkunde oder Harmonielehre (Akkordfärbungen).

1.6.2 Wahrnehmung von Zeit und Rhythmus

In der Musik reicht das Spektrum an rhythmischen Strukturen von einfachen und teilweise noch metrisch gebundenen bis hin zu hochkomplexen, sich auf mehreren Zeitebenen bewegenden und von einem festen Grundmetrum losgelösten Formen musikalischer Zeitgestaltung.

Um die Wahrnehmung unterschiedlicher Tondauern und Dauernverhältnisse erklären zu können, geht die Musikpsychologie vom Prinzip einer „inneren Uhr" aus, die dem Hörer als Bezugsrahmen bei neuen Reizimpulsen dient. Es existieren derzeit zahlreiche Modelle von unterschiedlicher Komplexität, welche auf der Basis eines inneren Impulsgebers die Rezeption musikalischer Zeitverläufe beschreiben (vgl. RAMMSAYER 1992; RÖTTER 1996a)[16]. Danach werden von diesem Impulsgeber neuronale Impulse erzeugt, deren Anzahl in einem bestimmten Zeitintervall die innere Repräsentation der wahrgenommenen physikalischen Zeit darstellt. Diese Zeit fungiert im Kurz- oder Langzeitgedächtnis als Vergleichsintervall, wobei einige der Modelle von einer variablen Taktfrequenz ausgehen. Allen Modellen gemeinsam ist die Differenzbildung zwischen einem wahrgenommenen und einem gespeicherten sowie standardisierten Zeitintervall. Die Modelle unterscheiden sich durch den Zeitpunkt des Vergleichs. So gehen einige Modelle von einem „a-posteriori-Vergleich" aus (z.B. CREELMAN 1992; ALLAN, KRISTOFFERSON & WIENS 1971). Andere Modelle (z.B. KRISTOFFERSON 1977) hingegen bevorzugen die Hypothese einer Echtzeitentscheidung (vgl. RÖTTER 1996b, 483f). Obwohl sich in der musikpsychologischen Forschung die Vorstellung einer inneren Uhr mittlerweile etabliert hat, gibt es doch Phänomene, die sich noch nicht befriedigend erklären lassen. Dazu zählt beispielsweise der Einfluss von Lernprozessen oder die Berücksichtigung expressiver Komponenten. Ein hypothetisches Modell, das sowohl von einem inneren Impulsgeber ausgeht als auch weitere Einflussfaktoren berücksichtigt, hat Rötter (1996b, 492f) skizziert.

---

[16] Rammsayer (1992) stellt verschiedene Modelle in einem vergleichenden Überblick vor. Diskutiert werden diese Modelle in Rötter (1996b, 483).

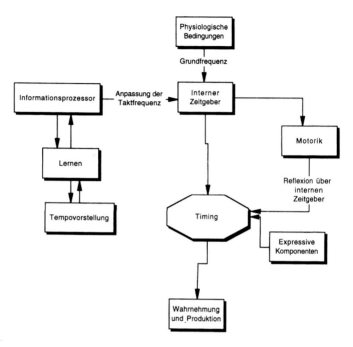

Abbildung 1.7: Das Modell der Zeitwahrnehmung, aus: RÖTTER 1996b, 493.

Voraussetzung für die Wahrnehmung musikalischer Zeitverläufe ist neben einem Impulsgeber ein einheitliches „Timing". Zu Beginn des Übens oder bei relativ unerfahrenen Musikern scheinen gleichförmige Bewegungen (Motorik)[17] diese Zeitgeber-Impulse zu verdeutlichen. Die damit verbundenen Lernprozesse nehmen dabei unterschiedliche Funktionen ein.

Dem Lernen fällt zum einen die Rolle zu, Vorstellungen über Tempi im Gedächtnis aufzubauen, und zum anderen die Koordination zwischen dem Gedächtnis und dem Zeitgeber zu ermöglichen. Es ist denkbar, daß sich erst im Verlaufe des Spielens oder des Lesens eine Tempovorstellung ausbildet. Dann würde - wollte man den Lernprozeß mit einer Inneren Uhr in Verbindung bringen – die Taktfrequenz der Uhr im Laufe des Spiels an diese Vorstellung angepaßt (RÖTTER 1996b, 493).

---

[17] Dies zeigt sich in der Praxis häufig darin, dass Laienmusiker zur Stabilisierung häufig das Metrum mit dem Fuß mitwippen.

Nach diesem Modell von Rötter (1996a) sind körperlich-motorisch bedingte Lernprozesse für die Entwicklung eines musikalischen Timings und entsprechender Repräsentationen grundlegend.

Die Wahrnehmung musikalischer Zeitabläufe arbeitet bereits auf einer elementaren Ebene aktiv und synthetisch. Das heißt eine Folge physikalischer Reizimpulse wird entweder getrennt oder als eine Einheit aufgefasst. Das „psychologische Moment", das heißt die Grenze zwischen beiden Wahrnehmungsformen wird mit ca. 50ms angegeben (PLATTIG 1993, 669). Mit ansteigenden Frequenzen nimmt dieser Wert ab. Ebenso wird das psychologische Moment durch die Komplexität des Reizmusters bestimmt. Bei zwei alternierenden Impulsen benötigt man 20ms, bei drei 50ms und bei vier bereits 200ms, um getrennte Reize wahrzunehmen. Akustische Ereignisse, die über dem psychologischen Moment liegen, werden als Klangfarbe wahrgenommen (vgl. DE LA MOTTE-HABER 1996, 105f). In Ligetis Klangfarbenkomposition *Atmosphères* (1961) ist ein solcher Verschmelzungsprozess kompositorisch intendiert. Das mehrfach aufgefächerte Orchester produziert eine dichte Folge von Tönen, die als breite Palette von „flirrenden" Klangfarben wahrgenommen wird (ebd.).

Zur besseren kognitiven Verarbeitung werden wahrgenommene Tondauern und Dauernverhältnisse strukturiert. Solche Prozesse finden selbst dann statt, wenn es sich um eine absolut neutrale physikalische Reizfolge handelt. So werden bereits auf einer elementaren Ebene gleichförmige metrische Impulse so kodiert, dass ein (scheinbarer) Wechsel zwischen einem betonten und einem unbetonten Impuls wahrgenommen wird. Entsprechende Untersuchungen ergaben, dass ein Trochäus häufiger (sechzig Prozent) wahrgenommen zu werden scheint, als ein Jambus (vgl. DE LA MOTTE-HABER 1996, 112). Das wahrnehmungspsychologische Phänomen, gleichförmigen Ereignissen eine Struktur geben zu wollen, ließ bisweilen das Publikum der Fluxusbewegung selbst zum Mitwirkenden werden. In La Monte Youngs *Compositions* (1960) wird die Stille, der permanente Klang einer Bordunquinte oder das Knistern des Feuers durch die konstruktive Tätigkeit des Bewusstseins individuell strukturiert (vgl. DE LA MOTTE-HABER 1996, 112).

Zu den artifiziellen Strukturierungs- und Gruppierungsformen zählt die Bildung von metrischen Einheiten, die etwa ab Mitte des 17. Jahrhunderts in der europäischen Kunstmusik in Takteinheiten zusammengefasst werden. Die Akzentuierung des ersten Taktschlages erleichtert infolge der Gruppierungsmechanismen die Wahrnehmung von Takteinheiten. Ihre Identifizierung wird hingegen erschwert, wenn der Takt in seiner Mitte um einen zusätzlichen Akzent (z.B. Synkope) ergänzt wird. Beide Akzente geraten nach einiger Zeit miteinander in Konflikt und lassen mehrere Deutungen zu (vgl. DE LA MOTTE-HABER 1996, 112). Bei höheren Tempi treten zwei musikalische Akzente nicht mehr in Konkurrenz zueinander, sondern es ist das Phänomen des „perceptual streaming" (Erzeugung von Wahrnehmungslinien) zu beobachten. Akzentuierte und nicht akzentuierte Tonfolgen werden als voneinander getrennte Linien wahrgenommen. Erklärt werden kann dieses Phämomen durch zwei Gesetzmäßigkeiten der Gestaltpsychologie, dem Gesetz der zeitlichen Nähe und dem Gesetz der „Figur-Grund-Beziehung" (vgl. ebd.).

Erst durch die Fähigkeit, periodische[18] Strukturen zu bilden, wird es möglich, musikalische Abläufe zu gliedern, zu analysieren, zusammenzufassen und miteinander zu vergleichen. Allerdings gibt es Erscheinungsformen der Neuen Musik, in denen diese kognitiven Einheiten nicht gebildet werden können. In der seriellen Musik wird der Rhythmus einer punktuellen Auflösung unterzogen, der den für eine Segmentierung notwendigen Prozess einer „Analyse-durch-Synthese" (siehe oben) unmöglich macht. Um akustische Reize zu analysieren und zu synthetisieren, bedürfen sie der kurzzeitigen Speicherung. Dafür ist jedoch eine rhythmische Segmentierung der Reize in sich wiederholende Gestalten notwendig, die in seriell organisierter Musik nicht gegeben ist (vgl. DE LA MOTTE-HABER 1981, 168). Sich wiederholende musikalische Gestalten sind auch in anderen musikalischen Organisationsprinzipien, wie beispielsweise der Aleatorik, selten vorhanden. Das Fehlen von Wiederholungen verhindert jedoch nicht nur die Segmentierung und damit ein auf den zeitlichen Verlauf bezogenes Erfassen von Kompositionen, sondern gleichzeitig eine Hypothesenbildung im Sinne eines musikalischen Voraushörens. Die musikalische Wahrnehmung reduziert sich dadurch auf das Hören sequenzieller Ordnungen und bedingt somit eine andere Erlebnisqualität dieser Musik.

Die Auflösung der rhythmischen Struktur... dürfte sich auf den so oft beklagten Sprachverlust der Neuen Musik heftiger ausgewirkt haben als alle Änderungen im Bereich der Tonhöhenorganisation. Denn die damit verhinderten konstruktiven Aktivitäten des Hörers rauben dieser Musik nicht nur Erlebnisse von Beziehungen und Entwicklungen. Indem nämlich das an Vergleich von Zeitsegmenten gebundene Bewegungserlebnis verschwindet, bleibt beim Hörer die Empfindung der Fortsetzung und der Entwicklung aus, die eine gedankenähnliche, fast logische Wirkung, das Gefühl der Sprachähnlichkeit erzeugen (DE LA MOTTE-HABER 1996, 168).

---

[18] Damit ist nicht die „klassische" Periodenbildung der Formenlehre gemeint.

Den Ausführungen von de la Motte-Haber ist präzisierend hinzuzufügen, dass bezüglich der Wahrnehmung serieller Strukturen zwischen kompositorischer Intention und deren tatsächlicher Rezeption unterschieden werden muss. Auch wenn der Hörer bei serieller Musik übergeordnete Entwicklungen nicht wahrnehmen kann, werden von ihm doch in einem engen zeitlichen Rahmen Beziehungen gestiftet, die von ihm als Klangkonstellationen wahrgenommen werden.

Der Mechanismus einer „Analyse-durch-Synthese" scheint auch dafür verantwortlich zu sein, dass geringe und unregelmäßige Dauernunterschiede in komplexen Relationen, wie sie beispielsweise in den *Structures* (1951) von Boulez vorkommen, nicht wahrnehmbar sind (ebd.). Auch die Gleichheit der hinzugefügten Dauernwerte in Stockhausens *Studie II* (1954) dürfte nach diesem Erklärungsmodell nicht zu hören sein (vgl. DE LA MOTTE-HABER 1997, 215).

Dauernfolgen werden vom Bewusstsein nicht nur strukturiert und segmentiert, sondern unterliegen in gleicher Weise Kategorisierungsprozessen. In einem Experiment von Clarke (1987) wurden zwei Noten (X1 und X2), deren zeitliches Verhältnis zwischen 560:400 Millisekunden und 480:480 Millisekunden variiert wurde, einmal in ein Dreiermetrum (Sechsachteltakt) und einmal in einen „geraden" Kontext eingebettet. Die Versuchspersonen sollten zunächst entscheiden, ob es sich bei dem dargebotenen Notenpaar tendenziell um eine längere Viertel- und eine kürzere Achtelnote (Dreiermetrum) oder um zwei gleich lange Achtelnoten (Zweiermetrum) handelt. Bis zu einem Verhältnis von 560:400 Millisekunden ordneten 80% der Probanden die Notenpaare dem Dreiermetrum zu. Wurden die beiden Zeiten einander angeglichen, sank der prozentuale Anteil deutlich. Danach erhielten beide Noten einen „geraden" Bezugsrahmen (1/8 1/8 1/16 1/16 X1/X2). Jetzt ordneten nur noch 70% aller Versuchsteilnehmer bei einem Verhältnis von 560:400 die Notenpaare einem Dreiermetrum zu. Wurden beide Noten bei gleichem Zeitverhältnis in ein Dreiermetrum eingebettet, ordneten 90% der Teilnehmer die Noten diesem Metrum zu. Somit scheinen Kategorisierungsvorgänge mitunter an den rhythmischen Kontext gebunden zu sein, in dem sie stattfinden. Ähnliche Untersuchungen von Schulze (1989) scheinen die Ergebnisse von Clarke (1987) zu bestätigen. Schulze erweiterte die Anzahl der Töne, an denen Änderungen der Dauern vorgenommen wurden auf drei. Die Probanden sollten insgesamt acht durch Dauernveränderungen gewonnene Rhythmen wieder erkennen. Am höchsten waren die Diskriminierungsleistungen, wenn die Versuchsrhythmen nur schwach von einem exakten 6/8 oder 4/4 Rhythmus abwichen. Keine Zusammenhänge waren bei Rhythmen zu erkennen, die zwischen beiden Vergleichswerten lagen.

Zahlreiche Untersuchungen (z.B. FRAISSE 1978; HAIR 1987; UPITIS 1987) bestätigen, dass rhythmusbezogene Wahrnehmungsleistungen insgesamt an musikalische Lern- bzw. Entwicklungsprozesse gebunden sind. So konnte Upitis (1987) nachweisen, dass sich durch das Üben von Rhythmen und entsprechendes Hörtraining die Fähigkeit, Rhythmen wahrzunehmen, zu beschreiben und zu verstehen, vergrößert. Auch die Tempogenauigkeit bei Musikern wird durch Lernprozesse beeinflusst (RÖTTER 1996b, 493). Es fällt auf, dass die Entwicklung motorischer Fähigkeiten und die Entwicklung rezeptiver Kompetenzen nicht parallel verlaufen. Dass sich die Fähigkeit, Rhythmen zu produzieren, erst später einstellt, scheint in der relativ späten Entwicklung des motorischen Apparates zu liegen (RÖTTER 1996b, 495). Dies entspricht auch den Ergebnissen von Piaget (1974), der das Zeitbewusstsein bei Kinder untersuchte.

Das Vermögen, musikalische Zeitverläufe wahrzunehmen, setzt das Vorhandensein eines inneren neuronalen „Impulsgebers" voraus, der für neu eintreffende Reizimpulse die Funktion einer festen Bezugsgröße einnimmt. Der nächste Schritt liegt in der Entwicklung eines „Timing-Mechanismus", der (zunächst) über körperlich-motorisches Lernen (prozedurales Lernen) aufgebaut wird. Insgesamt ist die Fähigkeit zur Wahrnehmung rhythmischer Strukturen an Lernprozesse gebunden. In diesem Zusammenhang ist darauf hinzuweisen, dass die metrisch gebundenen und relativ einfachen Rhythmen musikalischer Jugendkulturen an der Ausbildung entsprechend einfacher Wahrnehmungsmuster einen nicht unbedeutenden Anteil haben. Die kognitive Verarbeitung zeitbezogener Strukturen geht mit Strukturierungs- und Kategorisierungsprozessen einher, die sowohl kontext- als auch erfahrungsbezogen sind.

Wie bei den anderen Parametern, so deutet sich bei der Wahrnehmung zeitlicher Ordnungsstrukturen eine Sonderrolle der Neuen Musik an. In partiellen Bereichen sind auf musikalische Entwicklung ausgelegte Rezeptionsweisen aufgrund fehlender Wiederholungen nicht möglich. Der Hörvorgang ist hier auf den einzelnen Moment ausgerichtet und beschränkt sich auf die Wahrnehmung sequenzieller Ordnungen. Dies bedeutet jedoch nicht, dass durch entsprechende Lernprozesse die Fähigkeit zur Wahrnehmung zeitlicher Strukturen auch in diesem Falle nicht erhöht werden kann. Durch eine Zunahme des Diskriminierungsvermögens können aufeinander folgende Klangkonstellationen wesentlich differenzierter wahrgenommen und voneinander unterschieden werden. Entwicklung selbst kann zudem auch durch andere Kompositionsverfahren vermittelt werden.

1.6.3 Wahrnehmung von Tonhöhen und Tonhöhenverläufen

Im 20. Jahrhundert änderten sich Bedeutung und Funktion des einzelnen Tones im musikalischen Kontext. Die hierarchische Stellung im System der Tonalität wurde zu Gunsten einer ästhetisch und kompositorisch intendierten Gleichberechtigung aller Töne aufgegeben. In den neotonalen Tendenzen der Neuen Musik, wie sie etwa ab den siebziger Jahren verstärkt[19] in Erscheinung traten, wurde die Gleichberechtigung aller Töne zu Gunsten expressiver Qualitäten teilweise wieder zurückgenommen. Gleichzeitig wurden auch andere Konzepte mit neuen modalen Strukturen und an der Obertonreihe orientierten „Tonigkeiten" entwickelt. Daher sind im folgenden Abschnitt sowohl grundtonbezogene bzw. zentraltonbezogene als auch davon losgelöste Bereiche der Neuen Musik zu berücksichtigen. Unabhängig von beiden Tendenzen lässt sich in der Musik des 20. Jahrhunderts eine Ausweitung des Tonspektrums weit über den sprachlichen Bereich hinaus beobachten (z.B. Spektralismus in Frankreich).

Wie bereits ausführlich dargelegt, wird nach dem Verständnis kognitiver Theorien bei Wahrnehmungsprozessen zwischen dem physikalischen Ursprungsreiz und dessen kognitiver Verarbeitung unterschieden. Allerdings ist bei der Wahrnehmung von Tonhöhen und Tonhöhenverläufen eine einfache, eindimensionale, d.h. rein auf die Tonhöhe bezogene Verarbeitung der Reize auszuschließen, da diese Vorstellung die Wahrnehmung von Oktaven als zyklisch wiederkehrende und nahezu identische Tonqualitäten ausschließt. Das Phänomen der Oktaväquivalenz selbst gilt als universalistisch. Es tritt nicht nur in den westlichen Musikkulturen in Erscheinung, sondern gilt auch in anderen Musikkulturen mit von europäischer Musik abweichenden Tonsystemen als belegt (DOWLING 1972; ALLEN 1967). Es handelt sich jedoch neueren Untersuchungen zufolge nicht um ein angeborenes Phänomen, sondern um ein erlerntes Konzept (HULSE ET AL. 1992).

Um das Oktavphänomen adäquat zu beschreiben, formulierte Révész (1942) eine "Zwei-Komponenten-Theorie der Tonhöhe", die neben der linear ansteigenden Frequenz (Helligkeit) die zyklische Wiederkehr von Tönen im Oktavabstand (Tonigkeit)[20] als weitere Komponente mit einbezieht. Shepard (1982) entwickelte das Modell von Révész weiter. Auf der Basis eigener Untersuchungen entstand ein fünfdimensionales Modell (vgl. Abb.: 1.8), das

---

[19] Wenn auch von der historischen Musikwissenschaft nicht unbedingt wahrgenommen, so gab es „tonal" ausgerichtete Kompositionen in der Neuen Musik eigentlich zu jeder Zeit.
[20] Der Begriff der „Tonigkeit" beschreibt die empfundene Ähnlichkeit von Tönen mit dem Grundton im Abstand einer Oktave oder einer Quinte (DAHLHAUS/DE LA MOTTE-HABER 1982).

sich aus dem "cartesischen Produkt"[21] von Tonigkeiten-Zirkel (chroma circle, chroma = Tonigkeit), Quinten-zirkel (circle of fifths) und Helligkeit (rectilinear pitch-height component) zusammensetzt. Das "cartesische Produkt" (2 x 2 x 1) aus den drei Dimensionen entspricht somit insgesamt fünf Dimensionen.

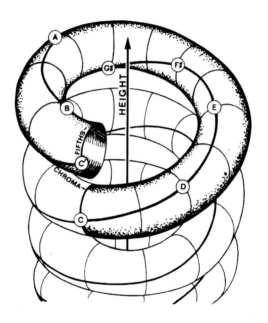

Abbildung 1.8: Shepards fünfdimensionales Modell der Repräsentation von Tonhöhe, dargestellt als spiralförmige Doppelhelix, SHEPARD 1982, in: Deutsch 1982, 364.

Auf der horizontalen Ebene repräsentiert die "Tonigkeit" (chroma circle) die wahrgenommene Ähnlichkeit der Töne innerhalb einer Oktave. Der Quintenzirkel wird über die Vertikale dargestellt. Darin zeigt sich Ähnlichkeit der Quinte (und dessen Komplementärintervall) mit dem Grundton. Die zyklische Wiederkehr des gleichen Tones auf der nächsten Spiralebene stellt die

---

[21] Über das „cartesische Produkt" werden in der Mathematik Relationen beschrieben.

Oktaväquivalenz dar. Der senkrechte Pfeil im Inneren der spiralförmigen Doppelhelix verweist auf die mit zunehmender Tonhöhe vermehrt wahrgenommene Helligkeit. Das Modell von Shepard (1982) ermöglicht es, neben der Oktaväquivalenz folgende Aspekte der Wahrnehmung von Tonhöhen zu erfassen und darzustellen: Transpositionen, bei denen die Intervallverhältnisse gleichbleiben; Oktavähnlichkeit und die gleichen chromatischen Abstände der einzelnen Töne zueinander und individuelle Unterschiede können durch die Streckung oder Stauchung der Helix auf der Senkrechten deutlich gemacht werden.

Shepard (1982) konnte in seinen Untersuchungen zeigen, dass die Tonhöhenwahrnehmung mehrdimensional ausgerichtet ist. An welchen dieser Dimensionen sich die Wahrnehmung von ihrer Gewichtung her orientiert, scheint von musikalischen Lernprozessen abzuhängen. Entsprechende Forschungsarbeiten bestätigen diese Vermutung. Personen mit einem relativ hohen musikalischen Ausbildungsstand (langjähriger Instrumentalunterricht, praktische musikalische Betätigung, relativ große Hörerfahrung) orientierten sich im Vergleich zu den anderen Gruppen stärker am Quintenzirkel und an der Tonigkeit. Urteile darüber, wie gut ein Ton in einen tonalen Kontext passt, konnten in dieser Gruppe differenziert gefällt werden. Personen mit einem geringen Grad an musikalischer Erfahrung orientierten sich hingegen überwiegend an der Helligkeit. Tonale Zusammenhänge wurden von ihnen weniger deutlich wahrgenommen. In dieser Gruppe war die Fähigkeit zur Wahrnehmung der Oktaväquivalenz ebenfalls geringer ausgeprägt (vgl. KRUMHANSL/SHEPARD 1979; SHEPARD 1982).

Der Einfluss musikalischer Lernprozesse auf die Wahrnehmung von Tonhöhen steht in Einklang mit einer weiteren Studie von Krumhansl (1979). Er untersuchte darin die Wahrnehmung einzelner Töne im Verhältnis zu einem vorgegebenen Grundton. Krumhansl wies nach, dass sich bei Personen mit mehrjährigem Instrumentalunterricht, (ohne musiktheoretische Ausbildung) grundtonbezogene tonale Hierarchien ausgebildet haben. Die Auswertung der Ergebnisse ergab drei Hierarchien: erstens zum Tonika-dreiklang gehörende Töne, zweitens leitereigene Töne und drittens leiterfremde Töne. Zu vergleichbaren Ergebnissen hinsichtlich der Ausbildung tonaler Hierarchien kam auch eine Studie von KRUMHANSL/BHARUCHA/ KESSLER 1982).

Eine weitere Möglichkeit, auf empirischem Weg zu überprüfen, inwieweit der Grad an Vertrautheit mit einem bestimmten Tonsystem (Grammatik) sich in Wahrnehmungsleistungen nachweisen lässt, stellt der interkulturelle Vergleich dar. Einen entsprechenden Versuch konzipierten Kessler, Hansen und Shepard (1984). Für die Beurteilung von Einzeltönen bezüglich deren Zugehörigkeitsgrad zu einem bestimmten Tonsystem wurden den Versuchspersonen Tonfolgen westlicher Musik (Diatonik) und Tonfolgen, die auf den verschiedenen Modi balinesischer Musik (slendro und pelog) basieren, vorgespielt. Als Untersuchungsmethode wurde das von Krumhansl und Shepard (1979) eingeführte "probe-tone"-rating" angewandt. Die Versuchspersonen müssen bei diesem Verfahren angeben, wie gut ein einzelner Ton (probetone) zu der vorangegangenen Tonfolge passt.

Die Versuchspersonen setzten sich aus drei Gruppen zusammen: Studenten aus Amerika mit einer instrumentalen Ausbildung (Gruppe 1), balinesische Studenten des Konservatoriums Kokar (Denpasar), die in traditioneller balinesischer Gamelanmusik ausgebildet wurden (Gruppe 2), jedoch mit westlicher Musik vertraut waren, und Bewohner eines Dorfes, die bisher, soweit überprüfbar, noch keine Berührung mit westlicher diatonischer Musik hatten (Gruppe 3). Im diatonischen Kontext (westliche Musik) unterschied sich die dritte Gruppe von den beiden ersten durch eine besonders hohe interindividuelle Urteilsvarianz. Bei den von den Versuchspersonen angewandten Wahrnehmungsstrategien bildete die dritte Gruppe ebenso ein Ausnahme. Während sich die beiden ersten Gruppen in ihren Urteilen an Kriterien wie Häufigkeit des Auftretens eines Tones, Funktion, Zugehörigkeit zur Skala und Tonhöhe orientierten, griff die dritte Gruppe auch im balinesischen Kontext auf unbekannte bzw. nicht identifizierbare Strategien zurück.

Bei allen Versuchspersonen zeigte sich die Tendenz, dass sich die Urteilsvarianz mit zunehmender Vertrautheit mit dem musikalischen Kontext (Grammatik) ihrer eigenen Musikkultur verringerte. Ebenso konnte die Tendenz beobachtet werden, dass mit zunehmender Vertrautheit Urteile über die Indikatoren Tonhierarchie und Skalenverwandtschaft gebildet wurden. Eine Orientierung am Indikator Tonhöhe konnte sowohl bei westlichen mit geringer musikalischer Bildung als auch bei balinesischen Hörern mit geringer Vertrautheit mit westlicher Musik beobachtet werden. Die Schwierigkeit westlicher Hörer, im Kontext der Slendro-Skala tonale Hierarchien zu erfassen, führen Kessler, Hansen und Shepard auf die nahezu gleichen Tonabstände der Skala zurück. Insgesamt scheint für Kessler, Hansen und Shepard die Orientierung an Tonhierarchien zu den Universalien kognitiver Verarbeitungsstrategien zu gehören. Ebenso gehört ein kulturbezogenes Lernen zu den allgemein relevanten Effekten.

Trotz gewisser ernsthafter Einwände, die sich gegen diese Art des interkulturellen Vergleichs erheben ließen, unter anderem wegen dessen eurozentristischer Perspektive[22], legen die Ergebnisse der Studien die Vermutung nahe, dass tonhöhenbezogene Wahrnehmungskompetenzen in unmittelbarem Zusammenhang mit dem Grad an Vertrautheit mit einem musikalischen Kontext stehen. Darüber hinaus zeigen die Versuchsergebnisse, dass sich mit zunehmender Vertrautheit die Wahrnehmungsstrategien ändern. Hörer mit geringer musikalischer Erfahrung orientieren sich bevorzugt an der Tonhöhe, Hörer mit einem relativ höheren Grad an musikalischer Erfahrung hingegen favorisieren kontextbezogene tonale Hierarchien zur Orientierung. Dies könnte dahin gehend erklärt werden, dass erfahrene Hörer die musikimpliziten Prinzipien (Grammatik) einer musikalischen Kultur zunehmend assimiliert haben

Ein analoges Experiment mit nordindischer Musik von Castellano, Bharucha und Krumhansl (1984) bestätigt die Ergebnisse des vorangegangenen Versuchs. Über das bereits beschriebene „probe-tone"-Verfahren wurde die Wahrnehmung tonaler Hierarchien im Kontext von 10 indischen Ragas ermittelt. Die Versuchsteilnehmer setzten sich aus einer Gruppe indischer und einer Gruppe westlicher Hörer zusammen. Dem Versuch lag die Hypothese zugrunde, dass sich in den wahrgenommenen tonalen Hierarchien der Grad an Vertrautheit mit einer Musikkultur widerspiegelt. In beiden Gruppen hatten Grundton und Quinte die höchsten Werte. Nur die indischen Hörer zeigten eine gewisse Sensibilität gegenüber der dem jeweiligen Raga zugrunde liegenden Skala. Zudem konnten in den Ergebnissen dieser Hörer Korrelationen mit der Theorie indischer Musik nachgewiesen werden. Eine Internalisierung dieser Regeln ist für Castellano, Bharucha und Krumhansl jedoch nur im Rahmen einer extensiven musikalischen Erfahrung möglich, die im Rahmen des Experimentes nicht gewährleistet war. Bei den westlichen Versuchspersonen gab es geringfügige Hinweise, dass das Tonhöhenmaterial auf der Grundlage von Dur und Moll assimiliert wurde.

Obwohl in der Neuen Musik Melodien nach traditionellem Verständnis nur bedingt in Erscheinung treten, lassen sich aus den Untersuchungen zur Wahrnehmung von Melodien und den damit verbundenen Gedächtnisleistungen wichtige Rückschlüsse auf die Wahrnehmung horizontaler Ordnungen und Beziehungen von Tonhöhen (Syntax) ziehen. Seit Beginn der 70er Jahre wurden in den USA zahlreiche Forschungsarbeiten[23] zur Wahrnehmung und

---

[22] Sie zeigt sich etwa darin, dass die balinesischen Versuchspersonen der dritten Gruppe auf Hörstrategien zurückgreifen, die den westlichen Wissenschaftlern unbekannt sind.
[23] Zur detaillierten Auflistung und teilweisen Beschreibung dieser Versuche, siehe NAUCK-BÖRNER 1987, 92.

Speicherung von Tonfolgen durchgeführt. Einige der Experimente wurden auf der Grundlage des psychologisch ausgerichteten Zwei-Komponenten-Modells, das sich an den Dimensionen Helligkeit und Tonigkeit und der damit verbundenen Oktaväquivalenz orientiert, durchgeführt. In den Experimenten wurden verschiedentlich bekannte Melodien, wie beispielsweise *Yankee Doodle*, durch Variantenbildungen, die sich an den zuvor genannten Dimensionen orientierten, verändert. Die Varianten sollten von den Probanden in den Tests wieder erkannt werden. Folgende Variantenbildungen sind möglich:

Variante 1: Tonigkeit bleibt erhalten, verändert wird die Melodiekontur, d.h. die Richtung der Intervallsprünge.

Variante 2: Tonigkeit und Kontur bleiben erhalten, sie wird allerdings aber über mehrere Oktaven hinweg gestreckt.

Variante 3: Die Kontur wurde über die Helligkeit (Intervallrichtung) grob erhalten, jedoch wurde die Tonigkeit, d.h. die exakten Intervalle verändert, in manchen Fällen wurden auch Mikrointervalle verändert.

Die Versuchsergebnisse lassen sich wie folgt zusammenfassen (vgl. NAUCK-BÖRNER (1987, 94):

1. Unveränderte Melodien werden am besten wieder erkannt, jedoch nicht hundertprozentig. Die festgestellte Fehlerquote war wie bei den Variantenbildungen melodieabhängig.
2. Nur eine leicht höhere Fehlerquote war bei Variante 2 zu erkennen. Die Oktavierung beeinträchtigt demzufolge das Wiedererkennen von Melodien nur sehr wenig.
3. Noch etwas schwerer - 50 bis 70% richtige Antworten - bei einem Zufallswert von 20 bis 25% - war für die Versuchspersonen das Erkennen der Variante 3.
4. Am schlechtesten zu erkennen war die Variante 1, hier sank die Trefferquote in einer Untersuchung sogar unter den Zufallswert.

Die Melodiekontur (Gestalt), d.h. die spezifischen Tonhöhenrichtungen des Melodieverlaufes, stellte somit, sieht man vom Rhythmus ab, das wichtigste Merkmal für das Wiedererkennen von Melodien dar. Diese Erkenntnisleistung wird durch Oktavierungen nur wenig beeinträchtigt. Veränderungen des

Chroma, die teilweise mit dem Verlassen der Tonalität verbunden sind, erschweren das Wiedererkennen melodischer Konturen.

Andere Forschungsarbeiten orientierten sich an musiktheoretischen Kriterien. Untersucht wurden Wahrnehmungs- und Gedächtnisleistungen im Zusammenhang mit dem Erkennen polyphoner Verarbeitungstechniken: tonale Beantwortungen, Umkehrungen, Krebs und Krebsumkehrungen. Gegenstand des Experiments war die Frage, inwieweit Wahrnehmungsleistungen zwischen Original (Fünftonfolgen oder Melodieausschnitte)[24] und polyphoner Bearbeitung differieren. Ergänzend wurde noch der Einfluss von Transpositionen untersucht.

Am besten wurden Umkehrungen wahrgenommen, gefolgt vom Krebs. Recht schwierig, aber dennoch mit überzufälligen Ergebnissen gestaltete sich die Wahrnehmung der Krebsumkehrung. Tempomanipulationen verbesserten oder verschlechterten die Ergebnisse. Genau wie in der Gruppierung mit den wahrnehmungspsychologischen Kriterien (siehe oben) zeigte sich in diesen Experimenten (DOWLING 1971; 1972b) die melodische Kontur[25] als wichtigstes Merkmal (siehe oben). Transpositionen reduzieren die Leistungen und stehen teilweise in einer gewissen Abhängigkeit zur musikalischen Ausbildung (vgl. NAUCK-BÖRNER 1987, 97).

Im Ganzen lässt sich bei diesen Untersuchungen zwar ein „genereller Effekt" der Ausbildung nachweisen, allerdings mit gewissen Einschränkungen. Musikalisch ausgebildete Personen können in derselben Tonart signifikant besser zwischen Original und Variante unterscheiden als Ungeübte. In entfernten Tonarten nähern sich die Werte jedoch an (BARTLETT/DOWLING 1980; NAUCK-BÖRNER 1987, 97). Wesentlich geringer ist die Differenz zwischen beiden Probandengruppen bei bekannten Melodien. Hier verringert sich die Fehlerquote bei entfernten Tonarten auf lediglich 3% (Laien 34%). Das relativ gute Ergebnis erklärt sich über das Gedächtnissystem. Die Intervallfolgen der bekannten Melodien sind durch wiederholtes Hören im Langzeitgedächtnis gespeichert und werden deshalb nicht mit ähnlichen Melodiefolgen verwechselt. Das Experiment von Dowling und Barlett wurde mit ausschließlich bekannten Volksliedern wiederholt. Wie zu erwarten, unterscheiden sich die beiden Gruppen nicht voneinander, nur bei Transpositionen in verwandte Tonarten erhöht sich die Anzahl der falschen Antworten bei Laien (BARTLETT/DOWLING 1980).

---

[24] Vgl. Notendarstellung in NAUCK-BÖRNER 1987, 95.
[25] Dieses Ergebnis bestätigt zudem indirekt die Funktionsfähigkeit des „Zwei-Komponenten-Modells".

Alles in allem konzentrieren sich die Forschungsarbeiten zur Wahrnehmung von Tonhöhen und Tonhöhenverläufen auf tonal ausgerichtete Musik. Zu den wenigen empirischen Untersuchungen, die sich speziell mit der Wahrnehmung Neuer Musik beschäftigen, gehören die Experimente von Krumhansl/Sandell (1987), in denen die Wahrnehmung tonaler Hierarchien und Spiegelformen innerhalb Zwölftonkompositionen untersucht wurde. Die Grundfrage der Studie lautete: können dodekaphone (und polyphone) Kompositionsprinzipien durch Lernprozesse internalisiert werden? In ihrer Untersuchung verwendeten Krumhansl/Sandell zwei Werke von Schönberg, das Bläserquartett op. 26 (1924) und das Streichquartett No. 4, op. 37 (1936). Das Bläserquartett zählt zu den ersten „freitonalen" Kompositionen Schönbergs. In der konkreten Gestaltung der Reihe (siehe NB 1.6) scheinen jedoch für Krumhansl/Sandell unter Berufung auf Stuckenschmidt (1974/1977) tonale Anleihen vorhanden zu sein. Stuckenschmidt selbst spricht von einem „pseudotonalen Charakter"[26] einiger Reihenpassagen. Er weist darauf hin, dass sich die erste und zweite Hälfte der Reihe wie Tonika zu Dominante verhalten. Das Streichquartett wird von der Musikologie als typisches Zwölftonwerk angesehen, an dem zahlreiche Techniken der Zwölftonmusik aufgezeigt werden können.

Notenbeispiel 1.6: A.. Schönberg, Bläserquintett op. 26 (Grundreihe)

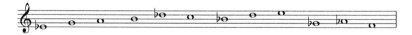

Notenbeispiel 1.7: A.. Schönberg, Streichquartett, Nr. 4, op. 4 (Grundreihe)

---

[26] „The pseudo-tonal character of these passages makes a paradoxical contrast to the strict 12-tone construction which includes consonance and tonality" (Stuckenschmidt 1974/1977, 295f). Die These von Stuckenschmidt scheint aus musiktheoretischer Sichtweise äußerst diskussionswürdig zu sein. Im Hinblick auf die Zielsetzung dieser Arbeit kann die Diskussion jedoch nicht an dieser Stelle erfolgen.

Das Versuchsdesign besteht aus insgesamt vier Experimenten, die in der nachfolgenden Abbildung als Übersicht dargestellt werden (KRUMHANSL/ SANDELL 1987, 36):

	Aufgabe	Material
1	Probe-tone-rating	Neutrale Reihe: Reihensegmente (3, 6, 9 oder 12 Töne)
2	Klassifizierung	Neutrale Reihe: Grundreihe, Umkehrung, Krebs, Umkehrung des Krebses
3	Klassifizierung	Werkausschnitte: Grundreihe, Umkehrung, Krebs, Umkehrung des Krebses
4	Probe-tone-rating	Werkausschnitte: Zwölftonreihen

Jede der Versuchspersonen (N=13)[27] hatte in den letzten fünf Jahren regelmäßig Unterricht auf einem Instrument, oder in Gesang. Alle Teilnehmer waren mit Zwölftonmusik vertraut. Sieben Gruppenmitglieder waren Studienanfänger, und vier waren entweder am Ende ihres Musikstudiums oder verfügten bereits über einen Abschluss. Die restlichen Teilnehmer waren Studierende ohne akademische Musikausbildung. Die ganze Gruppe hatte im Durchschnitt 10, 5 Jahre Unterricht. Sie praktizierten durch-schnittlich 8, 2 Stunden Musik und hörten 18, 5 Stunden Musik pro Woche.

Im ersten Experiment mussten die Versuchspersonen angeben, inwieweit ein einzeln gespielter Ton, der sogenannte „probe-tone", zu einem kurz davor dargebotenen „neutralen"[28] Reihensegment oder einer Reihe passt. Mit diesem Verfahren sollte zunächst untersucht werden, ob die Versuchsteilnehmer die Prinzipien der Zwölftonmusik aufgrund ihrer musikalischen Vorerfahrungen verinnerlicht hatten.

Das Folgeexperiment bestand darin, Spiegelformen in ebenfalls neutraler Darbietungsweise zu erkennen. In Experiment 3 wurde untersucht, inwieweit die Hörer unter scheinbar optimalen Bedingungen (Vertrautheit mit dem Material) Werkausschnitte nach den ihnen zugrunde liegenden Reihen klassifizieren können. Im letzten Experiment wurde der Einfluss der melodischen und rhythmischen Komplexität, der melodischen Kontur (surface characteristics), der Position des einzelnen Tones in der Reihe und der

---

27 Etwas problematisch erscheint dieser Versuch im Hinblick auf die geringe Teilnehmerzahl. Diese Manko wird jedoch insofern relativiert, als dass die Versuchsergebnisse in Einklang mit den grundlegenden Befunden der kognitiven Psychologie (siehe Kapitel 2).
28 Alle Töne dieses Reihensegmentes hatten die gleiche Tondauer.

Einfluss rhythmischer Implikation (metrical stress value) erforscht[29]. Weiterhin wurde die Abhängigkeit der einzelnen Werte von tonalen Hierarchien untersucht. Gleichzeitig wurden die Versuchsergebnisse mit den Ergebnissen des ersten Experimentes (neutrale Reihen) verglichen.

Die Untersuchungsergebnisse lassen sich wie folgt zusammenfassen: Im ersten Experiment (probe-tone-rating mit Reihensegmenten) wurden die Befunde zunächst einer Clusteranalyse[30] unterzogen, die zwei Gruppierungen erkennen ließ. In der ersten Gruppe mit relativ hohen und konsistenten Werten verfügten fünf der sieben Gruppenmitglieder über eine akademische Musikausbildung. In der zweiten Gruppe waren die Teilnehmer entweder Studienanfänger (undegraduate degree) oder ohne akademische Ausbildung. Da in beiden Gruppen Teilnehmer mit einer professionellen Musikausbildung waren, konnte dies nicht der ausschlaggebende Faktor für die Gruppenbildung sein. Deutlicher fiel die Hörerfahrung der einzelnen Gruppenmitglieder ins Gewicht. Die erste Gruppe hörte im Durchschnitt 22, 2 Stunden und die zweite Gruppe 14, 1 Stunden Musik in der Woche. Noch deutlichere Unterschiede zeigte der Vergleich der Zeiten, die die Versuchspersonen für das Hören atonaler Musik aufwendeten. Gruppe 1 hörte im Durchschnitt 3, 2 Stunden, die Gruppe 2 hörte 0, 6 Stunden pro Woche. Insgesamt legen diese Befunde es nahe, dass die erste Gruppe die Prinzipien der Dodekaphonie bis zu einem gewissen Grad internalisiert hatte.

Im zweiten Experiment (Klassifizierung von Spiegelformen) wurden analoge Ergebnisse erzielt. Die Probanden aus der ersten Gruppe schlossen bei der Klassifizierungsaufgabe aufgrund ihrer größeren atonalen Hörerfahrung am besten ab. Weitere, wenn auch nicht signifikante Verbindungen, gab es zwischen der Anzahl an Jahren und Stunden pro Woche, in denen ein Instrument gespielt wurde. Eine signifikant negative Beziehung konnte zwischen den Trefferquoten und der Anzahl an Stunden, in denen populäre Musik (popular music) gehört wurde, nachgewiesen werden[31].

Auch im dritten Experiment (Klassifizierung von Werkausschnitten) erzielte die erste Gruppe die besten Ergebnisse, wobei bei einer größeren Komplexität der Konturen die Trefferquoten geringer wurden.

---

[29] Beim sogenannten „metrical stress value", handelt es sich um einen von LERDAHL/JACKENDOFF (1983) konzipierten Wert, der sich aus dem Einsatz (attack) eines Tones und dessen Tondauer ableitet.
[30] Die „Clusteranalyse" beschreibt ein statistisches Verfahren zur Gruppierung von Variablen aufgrund ihrer Interkorrelation.
[31] Am Rande sei bemerkt, dass der negative Einfluss populärer Musik auf die musikalische Entwicklung von Gordon (1990) bestätigt wird.

Die Befunde des vierten Experiments zeigten, dass in den beiden Gruppen unterschiedliche Einflussfaktoren zur Wirkung kamen. Während in der ersten Gruppe der Faktor „recency of probe-tone in excerpt" positiv und die Faktoren Anzahl der Tonanschläge (attack) sowie der „metrical stress value" negativ mit den „probe-tone-ratings" korrelierten, gehörten in der zweiten Gruppe die absolute Tonhöhe, die absolute Dauer sowie die Dauer des „probe-tone" in Relation zu der Dauer des Ausschnittes zu den Einflussfaktoren. Weiterhin wurden die Ergebnisse auf den Einfluss von Dur-moll-tonalen Hierarchien untersucht. In der Gruppe 1 korrelierten sieben der acht Ausschnitte signifikant mit dem Profil einer Tonart. Gruppe 2 zeigte eine größere Variabilität, nur bei einem der acht Ausschnitte konnte eine signifikante Konsistenz mit dem Profil einer Tonart festgestellt werden. Ein Vergleich der Versuchsergebnisse mit den Ergebnissen des ersten Experimentes (neutrale Reihen) zeigte, dass in der Gruppe 1 die Ergebnisse beider Experimente signifikant miteinander korrelierten. In der zweiten Gruppe war eine solche Korrelation weniger deutlich oder gar nicht nachzuweisen.

Krumhansl/Sandell (1987) beantworten die Frage, inwieweit dodekaphone Kompositionsprinzipien durch Lernprozesse internalisiert werden können insgesamt mit einem "highly qualified ‚yes'" (ebd. 72). Gleichzeitig verweisen sie auf indivi-duelle Abweichungen, deren Ursachen in den unterschiedlichen musikalischen Erfahrungen der Versuchstilnehmer zu suchen sind. Ferner lässt die Studie die Vermutung zu, dass auch die angewendeten Hörstrategien mit den Hörerfahrungen korrelieren. Denn je höher die Erfahrungswerte mit atonaler Musik sind, desto mehr treten sogenannte Maskierungseffekte (z.B. der Rhythmus) in den Hintergrund. Trotz der von Krumhansl und Shepard nachgewiesenen Möglichkeit, die Prinzipien der Zwölftonmusik über Lernprozesse zu internalisieren, sind jedoch der Möglichkeit einer schulischen Vermittlung dodekaphoner Musik in erster Linie zeitliche Grenzen gesetzt. Die Teilnehmer der Gruppe 1 hörten im Durchschnitt 3, 2 Stunden pro Woche atonale Musik, während hingegen der Musikunterricht teilweise auf 45 min beschränkt ist.

Die Wahrnehmung von zeitgenössischen Tonhöhenstrukturen untersuchte auch Ch. L. Bruner (1984). Die Versuchspersonen mussten zwölf verschiedene Dreiklänge ihres Ähnlichkeitsgrades nach über das Gehör voneinander unterscheiden. In einem anderen Verfahren (multi-dimensional scaling technique) wurde die theoretische Ähnlichkeit der Dreiklänge mittels eines Gleichheitsindex (similarity index) bestimmt. Ein Ziel dieser Studie lag in der

Prüfung, inwieweit das theoretische Verständnis von Ähnlichkeit mit dem Ähnlichkeitsempfinden der Hörer übereinstimmt. Die Ergebnisse zeigten keine eindeutige Beziehung zwischen theoretischer und tatsächlich wahrgenommer Ähnlichkeit.

Diese Ergebnisse von Bruner lassen die Vermutung zu, dass bei der Wahrnehmung von Ähnlichkeiten zeitgenössischer Tonhöhenstrukturen der musikalische Kontext von Bedeutung ist. Dies steht für sie im Einklang mit der kompositorischen Erfahrung, dass die wahrgenommene Ähnlichkeit zwischen zwei Mehrklängen nicht nur von der Anzahl an gemeinsamen Tönen abhängt, sondern darüber hinaus vom Abstand der Töne zueinander und ihrer Registerlage.

Weiterhin führt Bruner die Ergebnisse auf das intensive „Training" mit tonaler Musik zurück, das dazu führt, dass die Hörer auch im nicht-tonalen Kontext die Gleichheit zwischen den verschiedenen Tonhöhenanordnungen nach traditionellen Kriterien wie Konsonanz und Dissonanz assoziieren. Es scheint daher keine „natürliche" Ähnlichkeit innerhalb von Tonhöhenordnungen zu geben. Insofern sind die von den Hörern wahrgenommenen Ähnlichkeiten wahrscheinlich auf Lernprozesse zurückzuführen.

Für ein strukturbezogenes und auf musikalische Entwicklung ausgerichtetes Wahrnehmen von Musik ist es notwendig, Tonhöhenverläufe auch in modifizierter Form wieder zu erkennen. Damit dies gewährleistet ist, müssen Tonfolgen zur Speicherung im Kurzzeitgedächtnis wiederholt werden. Dies ist beim überwiegenden Teil der abendländischen Musik möglich. In Teilbereichen der Neuen Musik steht das „Wiederholungsverbot" einer Verankerung von Tonhöhenverläufen im Gedächtnis entgegen. Webern scheint dies zur Komposition von relativ kurzen Stücken veranlasst zu haben. Außerdem können in dodekaphonen Stücken (z.B. Webern, opus 10) die Reihentöne soweit in ihrer Tonhöhe auseinander liegen, dass sie nicht mehr als zusammengehörend erkannt werden. Speziell bei seriell und aleatorisch organisierter Musik kommt hinzu, dass Rhythmus und Melodie sowie andere Parameter keine beständige Einheit mehr bilden. Reihen werden durch Permutation oder Umgruppierung von Dauern neu strukturiert. Darüber hinaus entfällt ein fester Bezugsrahmen, wie er durch die Tonalität gegeben ist, völlig (vgl. NAUCK-BÖRNER 1987, 100).

Experimentelle Untersuchungen lassen die Folgerung zu, dass rezeptive Kompetenzen zur Wahrnehmung von Tonhöhen und Tonhöhenverläufen und musikimplizites, auf produktiver und rezeptiver Erfahrung beruhendes

Wissen miteinander korrelieren. In diesem Zusammenhang kommt der Vorerfahrung des Hörers für die kognitive Verarbeitung physikalischer Reize eine grundlegende Bedeutung zu. Einfache Wahrnehmungsmuster mit geringer Variabilität, wie sie beispielsweise über das Hören populärer Musikstile ausgebildet werden, scheinen dabei für die Wahrnehmung komplexer Tonhöhenstrukturen eher hinderlich zu sein. Je nach dem Grad an musikalischer Vorerfahrung sind für die Wahrnehmung von Tonhöhenverläufen andere melodische Merkmale von Bedeutung, und werden andere Wahrnehmungsstrategien verwendet. Zunächst orientiert sich der Hörer an den äußeren melodischen Konturen, erst viel später werden konkrete Tonfolgen und deren Modifikationen wahrgenommen. Mit zunehmender Erfahrung werden darüber hinaus die Prinzipien der jeweiligen „Musiksprache" (Grammatik) verinnerlicht. Allerdings sind dazu ein sehr großer zeitlicher Rahmen und eine kontinuierliche Auseinandersetzung mit dem Modell erforderlich, da entsprechende Repräsentationen nur über längerfristig angelegte Lernprozesse gebildet werden können.

Es war vorauszusehen, dass sich auch bei der Wahrnehmung von Tonhöhen und Tonhöhenverläufen in einigen Bereichen der Neuen Musik ein Sonderstatus bestätigt. Erstens erschwert das „Wiederholungsverbot" eine längerfristige Speicherung melodischer Folgen im KZG. Zweitens ist es aufgrund der heterogenen Erscheinungsweise Neuer Musik nur in beschränktem Maße möglich, spezifische musikimplizite Prinzipien zu verinnerlichen.

In Analogie zu den anderen musikalischen Parametern wird die Wahrnehmung von Tonhöhen von weiteren Faktoren beeinflusst: Lautstärke, rhythmischer und harmonischer Kontext, Formprinzipien, explizites musikalisches Wissen usw. In gleichem Maße kommt bei diesem Parameter ebenfalls das Prinzip der kategorialen Wahrnehmung zum Tragen. An dieser Stelle ist ferner zu berücksichtigen, dass im europäischen Kulturkreis im Prinzip jede Instrumentalausbildung auf tonaler und metrisch gebundener Musik basiert.

1.6.4 Wahrnehmung von Lautstärke

In Analogie zu den Parametern Tonhöhe, Tondauer und Klangfarbe wurde in der Neuen Musik auch der Parameter Lautstärke (Intensität) als kompositorisches Gestaltungsmittel ausgeweitet, wenn auch naturgemäß in beschränktem Maße. Traditionelle Instrumente und zeitgenössische Klangerzeuger wurden vermehrt in dynamischen Extrembereichen eingesetzt und das Lautstärkespektrum in differenziertere Intensitätsgrade unterteilt. Darüber hinaus wurden raumakustische Aspekte in die Kompositionen mit einbezogen. In musikalischer Hinsicht kann die Lautstärke jedoch nicht als eigenständiger Parameter betrachtet werden, sie tritt stets in Kombination mit anderen Parametern auf und nimmt insofern eine sekundäre Bedeutung ein.

Das menschliche Ohr ist in der Lage, bei einfachen akustischen Stimuli je nach Frequenz bereits Lautstärkeunterschiede von weniger als 1 db wahrzunehmen. Diesem sehr feinen Unterscheidungsvermögen stehen die groben, von den Komponisten (notationstechnisch) vorgegebenen dynamischen Abstufungen in der traditionellen abendländischen Musik entgegen. Die Spanne von ppp bis fff entspricht der Spanne zwischen 30 - 40 phon und 90-100 phon. Der Unterschied zwischen f und ff entspräche daher etwa einer Zunahme um 10db, was etwa eine Verdoppelung der Lautstärkeempfindung bedeuten würde. Dynamikvorgaben beinhalten somit ein breites Spektrum an physikalischen Intensitätsunterschieden und ein hohes Maß an subjektiv empfundener Lautstärke(vgl. ROEDERER 1993; HESSE 1985).

Nauck-Börner (1987, 62) führt die recht grobe Einteilung der Lautstärkeunterschiede auf ein ökonomisches Prinzip zurück, demzufolge sich unüberschaubare Sachverhalte durch eine Einteilung in nur wenige Kategorien schneller und besser ordnen und beurteilen lassen. Auch gedächtnisspezifische Gründe scheinen für diese Grobeinteilung maßgebend zu sein. Nach Miller (1956) umfasst die Spanne des unmittelbaren Gedächtnisses unabhängig vom Gegenstand und vom sensorischen System 7+/- 7 Items. Die traditionellen, in aller Regel verwendeten 7 Abstufungen erleichtern damit die Kodierung und Speicherung dynamischer Unterschiede (vgl. ebd.). Ferner sind Dynamikbezeichnungen immer relativ, d.h. sie berücksichtigen das mögliche Intensitätsspektrum des jeweiligen Instrumentes oder der jeweiligen Besetzung. Das Fortissimo eines Quartetts ist leiser als das eines großen Symphonieorchesters.

Für die Wahrnehmung von Intensitätsunterschieden in serieller Musik ist ein Befund von Bedeutung, demzufolge eine geringe Anzahl von absoluten „Urteilen" durch die Kombination von zwei „Urteilen" nicht erhöht werden kann. Sollen z.B. Urteile über Intensität und Tonhöhe abgegeben werden, verdoppelt sich die Gedächtnisspanne nicht. Werden andere Merkmale hinzugefügt, steigt zwar in geringem Maße die Kapazität, die Urteile über ein einzelnes Merkmal werden jedoch immer gröber (vgl. MILLER 1956; POLLACK 1952/1953). In Boulez' *Structures I* (1952) für zwei Klaviere wird eine Tonhöhenreihe mit einer Dauernreihe kombiniert. Die Dauernreihe reicht von einem 32stel durch Addition um jeweils eine 32stel bis hin zur punktierten Viertel. Die Lautstärkenreihe enthält zwölf Dynamikabstufungen mit insgesamt zehn verschiedenen Anschlagsarten. Dadurch wird Gedächtniskapazität weit überschritten. Schon die geringen Dauernunterschiede, wie sie durch die Addition der 32stel-Werte entstehen, können nicht mehr adäquat wahrgenommen werden (vgl. DE LA MOTTE-HABER 1982; 1985).

Lautstärke und Tonhöhe beeinflussen sich gegenseitig. Die Wahrnehmung der Lautstärke ist abhängig von der Frequenz, und umgekehrt ändert sich die Tonhöhenwahrnehmung mit der Schallintensität: hohe Töne erscheinen mit zunehmendem Schalldruck höher und tiefe Töne erscheinen umso tiefer, je lauter sie sind. Lediglich im mittleren Frequenzbereich, etwa zwischen 500 und 4000 Hz, bleibt der Tonhöheneindruck nahezu konstant (vgl. ROEDERER 1993, 87ff u. 99ff).

Die von der Frequenz abhängige, variierende Wahrnehmung der Lautstärke stellt bei der Wiedergabe von Neuer Musik durch den Einsatz dynamischer Extrembereiche und sehr subtiler Intensitätsunterschiede eine eigene Problematik dar. Je nach Raumakustik können bei Aufführungen sehr unterschiedliche Klangergebnisse wahrgenommen werden. Bisweilen versucht man durch entsprechende Maßnahmen, etwa durch die Installation schallreflektierender oder –absorbierender Materialien oder raumarchitektonischer Gestaltung, diese Beeinträchtigungen zu reduzieren. Bei der Übertragung von Musik über Verstärkeranlagen bedient man sich technischer Hilfsmittel (z.B. Equalizer). Speziell bei Stereoanlagen können die Lautstärken von Tonhöhen außerhalb des mittleren Frequenzbereiches durch die „loudness contour"-Funktionstaste künstlich angehoben werden. Allerdings ist eine solche technische Manipulation mit einem deutlich wahrnehmbaren Nebeneffekt verbunden. Bei der Anhebung der Lautstärke in den Randbereichen ändert sich zugleich die Klangfarbe, da Grundtöne und Obertöne nicht in einem gleichen Ausmaß verstärkt werden (vgl. HALL 1997, 123f).

Hinsichtlich der Wahrnehmung von Lautstärke ist hier ebenso zwischen physikalischem Reiz und kognitiver Verarbeitung, zwischen tatsächlichem Schalldruck (Intensität) und subjektiver Empfindung zu unterscheiden. Ein Hinweis für eine kognitive Verarbeitung von Schallintensitäten ist das sogenannte Konstanzphänomen. Nimmt der Abstand des Hörers zur Schallquelle zu, bleibt trotzdem die subjektiv vorgenommene Kategorisierung der Lautstärke erhalten. Auch bei einer Wiedergabe über Medien bleibt dieses Phänomen erhalten. De la Motte-Haber (1972) und Roederer (1996) vermuten, dass dies mit der Veränderung der Klangfarbe zusammenhängt.

Wie bei allen anderen Parametern nimmt die Neue Musik auch bei der Wahrnehmung von Lautstärke im Vergleich zur traditionellen Musik einen Sonderstatus ein. Die oft von kompositorischer Seite aus intendierten sehr feinen Intensitätsunterschiede können aus psychoakustischen Gründen (und anderen) nicht in jedem Fall adäquat wahrgenommen werden.

1.7 Die Wahrnehmung expressiver Qualitäten

In dem in den Vorbemerkungen skizzierten Vermittlungsmodell Neuer Musik beinhaltet der Bereich „Ausdruck" die psychologischen und physiologischen Wirkungen von Musik. Musik kann visuell, haptisch sowie motorisch stimulieren und sehr unterschiedliche Assoziationen, Empfindungen, Stimmungen und Erinnerungen hervorrufen (vgl. GRUHN 1998, 75). Während die emotionale Wirkung von Musik bereits seit längerem von den Musikpsychologen beachtet wird, zählt der assoziative Bereich eher zu den Randgebieten wahrnehmungspsychologischer Forschungsbemühungen.

1.7.1 Assoziationen

Einen Versuch, durch Musik ausgelöste Assoziationen empirisch zu erschließen, stellt der Ansatz[32] von Günter Kleinen (1994) dar. Diese werden von Kleinen als Metaphern verstanden, welche *„durch die Struktur unserer Erfahrung gebildet sind"* (LAKOFF 1987, 275). Kleinen hat die Metaphernbildung an ausgewählten Beispielen historischer Musik (Castello, Mozart, Beethoven, u.a.), Popularmusik (Armstrong, Santana, AC/DC u.a.) und Neuer Musik, hier speziell an Kompositionen von Bartók (*Divertimento für Streichorchester*), Boulez (*Notation I*), Otte (*Buch der Klänge*) und Raphael (*Kalte Zeiten*) untersucht. Die Ergebnisse seiner Studie zeigen, dass gewisse Metaphern (z.B. Wolken oder Farben) wiederholt in Erscheinung treten. Sie sind genreunabhängig und weisen (siehe nachfolgende Beispiele) ein nicht zu vernachlässigendes Maß an musikalischen Bezügen auf.

---

[32] Kleinen versteht seine Forschungsarbeit als Kritik an den *„gravierende[n] Mängel[n] des in den angelsächsischen Ländern vorherrschenden kognitionspsychologischen Ansatzes"* (KLEINEN 1994, 53). Er versucht *„die psychologische Wirklichkeit der Musik"* über Indikatoren zu erschließen, die partiell außerhalb kognitionspsychologischer Forschungsparadigmen angesiedelt sind.

Beispiele assoziativer Reaktionen auf Musik:

Dario Castello: *Sonate I*
Wolken, die am leicht bedeckten Himmel ziehen (KLEINEN 1994, 91).

Béla Bartók: *Divertimento für Streichorchester*
Sie läßt mich ein Wolkenbild sehen, das mal verdichtet und bedrohlich, mal frei und entspannt wirkt... " – „*Vielleicht an Wolken an einem windigen Sommertag über einer offenen Landschaft... Manchmal gibt es Schatten von ganz dicken Wolken, die das Licht schlucken, und dann kommt mehr Wind und schiebt sie weg* (ebd., 92).

Pierre Boulez: *Notations I*
Wolkenbruch und Sommerregen, Gewitter, Vulkanausbruch (ebd.).

Hans Otte: *Das Buch der Klänge*, Teil 1
Wolken, Berge kann ich mir dabei vorstellen, wegen der ständigen Wiederholung ähnlicher Formen, die sich unter Umständen leicht ändern, wie z.B. Wolken (ebd.).

Ähnlich wie bei der Naturmetapher „Wolken" lassen sich ferner in farborientierten Assoziationen musikalische Bezüge nachweisen. So wird etwa die „*äußerst kontrastreich angelegte Musik*" von Boulez (*Notations I*) bezogen auf die Assoziationen von Farben „*sehr widersprüchlich*"(ebd.) geschildert. Ebenso entspricht die „*Klarheit der Musik*" von Otte (*Buch der Klänge*) der Auswahl der Farben (ebd. 97).

Zu vergleichsweise differenzierteren Aussagen über die Beschaffenheit musikbezogener Assoziationen führten Untersuchungen im Rahmen des sogenannten „Freiburger Versuchs" (GRUHN 1993; FALK 1992; BABLER 1994). Als Ausgangspunkt dienten hirnbiologische Vorgaben und Erkenntnisse des Konnektionismus (siehe auch Kapitel 2). Diese zeigen, dass sich die kognitive Verarbeitung von Sinnesreizen in vernetzten neuronalen Bahnen vollzieht, die sich über den gesamten Kortex erstrecken. Die im Kortex eintreffenden Sinnesreize aktivieren somit nicht nur gespeichertes musikimplizites, sondern ebenso explizites Wissen beispielsweise in Form von Assoziationen.

Zum Dritten Satz von Luciano Berios *Rendering* (1988/90) sollten sich 256 Schülerinnen und Schüler von Freiburger Gymnasien im Alter zwischen 10 und 18 Jahren schriftlich äußern. Als Impulsgeber, vor allem für jüngere Schüler, diente eine vorgegebene Erzählstruktur in Form eines Hörmärchens (RICHTER 1991; GRUHN 1993). Die Musik sollte wie ein „Musikwesen" beobachtet werden, das in den „Palast" (Hör-Raum) des „Audianthropos" eingelassen werden möchte, in dem sich noch weitere Musikwesen befinden. Zunächst wird das neue Musikwesen im Eingangsportal geprüft, ob es überhaupt eingelassen werden sollte, danach erzählt das Musikwesen über sich und seine Erfahrungen (vollständiger Text im Anhang).

Auf diese Weise entstanden teilweise sehr umfangreiche Hörtexte, die in drei „Aussagen" gegliedert waren: „*Erstbegegnung und erster Eindruck, was das ‚Musikwesen' von sich aus dem Hörer mitteilt, wie der Hörer auf das Wesen reagiert*" (GRUHN 1998, 78).

Zur empirischen Auswertung (vgl. ALTENMÜLLER & GRUHN 1997) wurden die Texte in kognitive „Landkarten" (siehe Abbildung 1.12) übertragen. Alle musikbezogenen Äußerungen wurden dazu zunächst kategorisiert und den entsprechenden Feldern der „map" zugeordnet. Folgende drei Kategorien wurden auf der Basis der Hörtexte festgelegt: Assoziative und emotionale Äußerungen zur Musik (A), musikbezogene teilweise in den Fachtermini niedergeschriebene Äußerungen (M) und allgemeine Urteile über das Gehörte (U).

U 1	U 2		U 3	
M 1	M 2	M 3	M 4	M 4
A 1	A 2	A 3	A 4	A 5

Abb. 1.9: Die Abbildung zeigt die für die statistische Auswertung verwendete „mind-map" mit ihren unterschiedlichen Ebenen (A, M, U) und den verschiedenen inhaltlichen Zonen, aus: BABLER 1994, 375.

Die Auswertung[33] ergab, dass sich bestimmte Rezeptionsmuster wiederholten (BABLER 1994, 376):

- *stark überwiegende Anzahl an Repräsentationen im assoziativen Bereich (A+);*
- *stark überwiegende Anzahl an Repräsentationen im musikterminologischen Bereich (M+);*
- *kombinierte Repräsentationen im assoziativen und musikterminologischen Bereich (A/M, komb.);*
- *Keine Repräsentationen im assoziativen und musikterminologischen Bereich, nur Urteile vorhanden (A = 0, M = 0, U≠ 0).*

Die in der Studie eingangs formulierte Hypothese, dass je weniger musikalische Repräsentationen vorhanden sind, der Hörer notgedrungen auf musikfremde Assoziationen angewiesen ist (A+), wurde bestätigt. Gleichzeitig bestätigte sich, dass bereits vorhandene musikalische Repräsentationen assoziative Wahrnehmungsmuster in den Hintergrund treten lassen oder völlig verdrängen (M+). Eine Phase des Übergangs stellt die dritte Gruppe (A/M) dar. Die Schüler greifen während des Musikhörens auf beide Repräsentationsformen zurück (vgl. BABLER 1994, 376).

Im Rahmen der Studie wurde auch die Instrumentalerfahrung der Schüler berücksichtigt und auf Zusammenhänge mit den verschiedenen Repräsentationsformen untersucht. Für Babler liegt der „missing-link" zwischen der assoziativen und musikterminologischen Ebene. Der wichtige lerntheoretische Schritt von einer rein assoziativen Form des Musikhörens zu einer strukturbezogenen und musikterminologischen Ebene kann nur durch eine entsprechende musikalische Praxis vollzogen werden (ebd. 389).

Im Hinblick auf eine auf ein Wahrnehmen und Verstehen ausgerichtete Vermittlung von Musik lässt sich aus den oben referierten Forschungsbefunden folgendes Fazit ableiten: Auf einer ersten Stufe der Musikrezeption werden beim Hörer als Folge kognitiver Verarbeitungsprozesse Assoziationen ausgelöst, in denen musikalische Bezüge nachweisbar sind. Sie stellen für den Hörer neben körperlich-motorischen Reaktionen eine weitere elementare Form musikalischer Rezeption dar. Erst der praktische Umgang mit Musik ermöglicht aufgrund der dadurch ausgebildeten musikalisch impliziten Repräsentati-

---

[33] Die Studie wurde vom Verfasser an Realschulen wiederholt und führte zu grundsätzlich analogen Ergebnissen (WEBER 1996, teilveröffentlicht).

onen ein strukturbezogenes Hören und die musikbezogene Verwendung entsprechender Fachtermini. Beide Rezeptionsformen stellen somit ganz unterschiedliche Formen des Musikhörens dar.

1.7.2 Emotionale Reaktionen

Der Topos, Musik als "Sprache der Gefühle" aufzufassen, ist sehr alt und orientiert sich am Sprachcharakter der Musik. Nach der Affektenlehre des Barock, der Gefühlsästhetik des „Sturm und Drang" und des „Empfindsamen Stils", ist im 19. Jahrhundert eine noch stärkere ästhetische Fixierung auf die emotionalen Ausdrucksqualitäten (Gefühlskunst) der Musik zu beobachten. Seit Beginn, in besonderem Maße jedoch ab der Mitte des 20. Jahrhunderts, brach ein Teil der (europäischen) Komponisten im Rahmen einer kultur-geschichtlichen Gesamtentwicklung mit der Idee des Ausdrucks als bedeutungstragendes Element. Im Rahmen der vielzitierten "Krise der Neuen Musik" in den 70er Jahren wurde diese Entwicklung teilweise wieder revidiert. Einige Komponisten, wie beispielsweise Rihm, entdeckten expressive Ausdrucksformen wieder neu.

Die emotionale Wirkung von Musik zeigt sich rein äußerlich in den primären physiologischen Reaktionen des Hörers. In diesbezüglichen Untersuchungen konnten Veränderungen der Atmung (Frequenz, Volumen, Verhältnis von Ein- und Ausatmung), der Herzfrequenz, des Blutdrucks, des psychogalvanischen Hautreflexes[34], der Muskelspannung, der Hormonausschüttung, des Blutzucker- und Fettgehalts, der Funktionen des Magen-Darmtraktes sowie neurophysiologische Reaktionen (Gehirnströme) aufgezeigt werden (vgl. BEHNE 1994, 302f; HARRER 1993, 588ff). Eine eindeutige Wechselwirkung zwischen Reiz und Reaktion, bzw. zwischen einem konkreten Musikstück und einem davon ausgelösten Gefühl, konnte jedoch nicht nachgewiesen werden. So zeigte etwa eine Untersuchung von Harrer (1975), dass Zuhörer auf das wilde Treiben der Trolle „In der Halle des Bergkönigs" (Edvard Grieg: *Peer-Gynt-Suite*) zwar mit einer höheren Puls- und Atemfrequenz reagierten, dass sich dieser Effekt jedoch ebenso bei einem immer schneller werdenden Metronom beobachten lässt. Desgleichen enttäuschten die Untersuchungen isolierter Parameter wie Tempo, Lautstärke und Tongeschlecht im Hinblick auf eine wirklich eindeutige emotionale Zuordnung. *„Es wurde eher eine allgemeine Wirkung von Musik auf körperliche Befindlichkeiten festgestellt"* (DE LA MOTTE-HABER 1997, 186). Nachgewiesen werden konnte jedoch, dass *„subjektiver*

---

[34] Bei einer Erregung erniedrigt sich der Hautwiderstand für schwache elektrische Ströme.

Eindruck" und *„Aufmerksamkeitszuwendung"* einen offenkundigen Einfluss auf die physiologischen Reaktionen haben. *„Nicht erregte Musik, sondern als erregt empfundene Musik wirkt erregend"* (ebd.). Zu den weiteren eindeutig nachweisbaren subjektiven Einflussfaktoren zählen *„musikalische Vorbildung, Vorlieben und die Bekanntheit mit einem Musikbeispiel"* (vgl. ebd.). Traxel und Wrede (1959) stellten in ihren Untersuchungen, neben dem Nachweis grundsätzlicher Effekte rhythmischer Strukturen, die Vermutung auf, dass darüber hinaus positive Einstellungen gegenüber dem jeweiligen Musikstück von Bedeutung sind, denn die ästhetische Einschätzung der Musikbeispiele korrelierte positiv mit den physiologischen Reaktionen.

Die empirische Musikpsychologie kann somit keinen direkten Zusammenhang zwischen den emotionalen Reaktionen und diesen Reaktionen entsprechenden musikalischen Strukturen nachweisen. Trotzdem gehen gefühlsbezogene Reaktionen auf Musik, wie andere Rezeptionsformen auch, mit kognitiven Verarbeitungsvorgängen, also Denkprozessen einher.

Sowohl die rudimentäre Identifikationsleistung des Bewusstseins, die noch bei ablehnenden negativen Gefühlen eine Rolle spielt, als auch die Schwierigkeit, eine durch Musik bewirkte Erregung ohne Inhalt zu finden, weisen darauf hin, daß Fühlen Denken impliziert (DE LA MOTTE-HABER 1997, 190).

Das weit verbreitete Stereotype eines Gegensatzes von Denken und Fühlen kann dadurch nicht mehr aufrechterhalten werden. Wenn Fühlen Denken impliziert, kann weiterhin davon ausgegangen werden, dass emotionale Reaktionen auf Musik erlernbar sind, das heißt,

daß die emotionale Erlebnisqualität von kognitiven Strukturen abhängt, die durch Lernprozesse, durch Erziehung und Umwelteinflüsse vermittelt und erworben wurden ...das bedeutet ferner, daß Gefühlsreaktionen auf Musik qualitativ veränderbar sind und mit Einstellungsänderungen korrespondieren (GRUHN 1989, 54; siehe auch DE LA MOTTE-HABER 1997, 189).

Emotionale Reaktionen auf Musik sind stets direkt und unmittelbar. Bevor der Hörer darüber reflektieren kann, was sich in der Musik ereignet, erfährt er ihren Ausdruck als Wirkung. Um die Wirkung zu verbalisieren, bedient er sich eines semantischen Rahmens musikalischer Ausdrucksmodelle, der aus allgemeinen Grundstrukturen besteht. Nach kognitivem Verständnis werden solche Ausdrucksmodelle über allgemeine Erfahrungen und Kenntnis der spezifischen Äußerungsmuster eines kulturellen Systems erlernt. Angehörige einer gleichen kulturellen Gemeinschaft verfügen über die gleichen affektiven Gesten und Äußerungsformen, die innerhalb dieser Gemeinschaft in relativer Konstanz und unterschiedlich hohem Differenzierungsgrad vorkommen. Deshalb können ihre Entsprechungen in der Musik überhaupt verstanden werden. Dies ermöglicht die Ausbildung musikalischer Stereotype, die hauptsächlich in der funktionalen Musik (Schlager, Werbung, Film, MUZAK etc.) ihre Anwendung finden (vgl. GRUHN 1989, 43f).

Im Hinblick auf ein Wahrnehmen, Verstehen sowie Akzeptieren Neuer Musik sind stereotype Ausdrucksmodelle eher hinderlich. Verschiedene Elemente der Neuen Musik, deren intendierte Bedeutung nicht den erlernten Bedeutungsmustern dieser Stereotype entspricht, werden „falsch" verstanden. So assoziieren etwa Clusterbildungen bedrohende Szenen in einem spannungsgeladenen Krimi. Gleichzeitig führt die erlernte, negative semantische Belegung (negative Konnotationen) solcher Klangphänomene beim Hören Neuer Musik häufig zu Ablehnung (vgl. BASTIAN 1985).

Das Wissen um die Existenz dieser musikalischen Ausdrucksmodelle hat in der Musikgeschichte mehrfach von kompositorischer Seite aus (z.b. Mattheson, Kretzschmar) zu Versuchen geführt, bestimmten emotionalen Dispositionen entsprechende musikalisch-expressive Ausdrucksformen gegenüberzustellen. Die Idee eines „*Lexikon(s) musikalischer Gefühle*" ist nach dem heutigen Stand der Forschung jedoch nicht mehr aufrechtzuerhalten (vgl. DE LA MOTTE-HABER 1997, 191). Einen ersten systematischen Versuch[35], den emotionalen Eindruck von Musik auf sprachlicher Ebene, d.h. ihren begrifflich-semantischen Aspekt und dessen Dimensionen zu erfassen, unternahm Hevner in den 30er Jahren des vergangenen Jahrhunderts. Hevner ordnete etwa 70 Adjektive zirkulär in acht Gruppen an. Die Gruppierung der Adjektive erfolgt nach dem Prinzip der Ähnlichkeit und des Kontrastes, bzw. dessen räumlicher Übertragung. Als verwandt erscheinende Adjektivgruppen stehen nebeneinander, gegensätzliche einander gegenüber. Die nicht musikalisch vorgebildeten Beurteiler mussten bei ausgewählten Kompositionen (z.B. Mendelsohn: *Lied ohne Worte*) und deren Modifikationen, die ihnen als zutreffend erscheinenden Adjektive ankreuzen. Aufgrund dieser Untersuchungsmethode wurde es möglich, einerseits den subjektiven Eindruck der Musik zu erfassen und andererseits allgemeinverständliche musikalisch-semantische Ausdrucksmuster (Stereotype) offen zu legen. Sie waren dann gegeben, wenn die subjektive Eindrücke der Versuchspersonen miteinander übereinstimm-

---

[35] Vorwissenschaftliche Versuche, die Wirkung von Musik sprachlich zu beschreiben, gab es natürlich schon sehr viel länger. Bereits Plato schrieb den verschiedenen Tonarten spezifische Wirkungen zu.

ten. Der Ansatz ist aufgrund seiner methodischen Mängel vielfach kritisiert worden und gilt heute in seiner ursprünglichen Form als „unhaltbar" (vgl. DE LA MOTTE-HABER 1997, 192). Ein weiterer Kritikpunkt an diesem Verfahren waren die von Hevner vorgenommenen Veränderungen der Originalkompositionen. Trotz der eingebrachten Kritikpunkte ist der grundsätzliche Gedanke einer dimensionalen Ordnung auch heute noch von Bedeutung.

Auf dieser Basis entwickelte Charles E. Osgood et al. (1957) ein Messinstrumentarium zur Erforschung begrifflich-semantischer Bedeutungen. Er verzichtete auf die von Hevner vorgenommene zirkuläre Anordnung der Adjektive und ordnete sie in einem „Semantischen Differential" polar an. Im deutschsprachigen Raum ist in Anlehnung an die Experimente von Hofstätter (1955) ebenso die Bezeichnung „Polaritätsprofil" verbreitet.

	(3)	(2)	(1)	(1)	(2)	(3)	
fließend	---	--	-	-	--	---	stockend
undefinierbar	---	--	-	-	--	---	bestimmt
drängend	---	--	-	-	--	---	behaglich
offen	---	--	-	-	--	---	geschlossen
dynamisch	---	--	-	-	--	---	statisch
geordnet	---	--	-	-	--	---	zufällig
kompliziert	---	--	-	-	--	---	einfach
schwankend	---	--	-	-	--	---	stabil
gemessen	---	--	-	-	--	---	erregt
fein	---	--	-	-	--	---	grob
klar	---	--	-	-	--	---	verschwommen
dunkel	---	--	-	-	--	---	hell
schön	---	--	-	-	--	---	häßlich
symmetrisch	---	--	-	-	--	---	asymmetrisch
angespannt	---	--	-	-	--	---	gelöst
dick	---	--	-	-	--	---	dünn
aktiv	---	--	-	-	--	---	passiv
fest	---	--	-	-	--	---	locker
überraschend	---	--	-	-	--	---	erwartet
langsam	---	--	-	-	--	---	schnell
kontrastreich	---	--	-	-	--	---	einförmig
müde	---	--	-	-	--	---	lebhaft
phantasievoll	---	--	-	-	--	---	einfallslos
aufdringlich	---	--	-	-	--	---	zurückhaltend
gehemmt	---	--	-	-	--	---	schwungvoll
gefühlvoll	---	--	-	-	--	---	kühl
interessant	---	--	-	-	--	---	langweilig
differenzierend	---	--	-	-	--	---	zusammenhängend
eckig	---	--	-	-	--	---	rund
gesetzt	---	--	-	-	--	---	bewegt

Abbildung 1.10: Semantisches Differential (Polaritätsprofil) zur Erhebung und Darstellung begrifflich-semantischer Bedeutungen, aus: HOFSTÄTTER 1955.

Gegensätzliche und bipolar angeordnete Eigenschaftswörter erfassen den emotionalen Eindruck beim Musikhören. Die mehrstufige Intervallskala erfasst die Intensität der jeweiligen Eindrücke. Den Nutzen eines Semantischen Differentials erkennt de la Motte-Haber wie folgt:

> *Das Polaritätsprofil dient der Analyse von konnotativen Bedeutungen, womit die affektiven und physiognomischen Valenzen von Begriffen und Objekten gemeint sind, die den semantischen Gehalt umso entscheidender prägen, je weniger bei Begriffen eine denotative, durch ein dingliches Abbild bestimmte Bedeutung oder bei Objekten ein konkret-gegenständlicher Wert vorliegt. Der semantische Gehalt von Begriffen wie Liebe, Glück etc. läßt sich damit ebenso bestimmen wie musikalische Ausdruckscharaktere* (DE LA MOTTE-HABER 1996, 441).

Dem Semantischen Differential liegt nach Osgood, et al. (1957) eine dreidimensionale Ordnung zugrunde, die von Jost (1967) in einer Untersuchung zur Charakterisierung von Klarinettenklängen bestätigt wurde. Die drei Dimensionen entsprechen den Faktoren Aktivität (activity), Bewertung (evaluation) und Potenz (potency). Jost stieß in seinem Experiment auf einen weiteren Faktor, den er als „Triebhaftigkeit" bezeichnete. De la Motte-Haber führt diese Dimension auf den emotionalen Eindruck „*schneller, komplizierter rhythmischer Konfigurationen*" zurück (DE LA MOTTE-HABER 1997, 196). Um den emotionalen Wert von Rhythmen hinreichend zu beschreiben, schlägt sie eine weitere, fünfte Dimension vor, die sie mit den Eigenschaften „*symmetrisch, regelmäßig, erwartet, einleuchtend, klar, eindeutig, durchschaubar, geordnet*" beschreibt und diesen Faktor als „Ausgeglichenheit" bezeichnet (ebd., 197). Faltin (1979) bezeichnet diesen Faktor als „Strukturordnung", bei Kleinen (1968) drückt sich diese Dimension durch den Gegensatz von Chaos und Ordnung aus.

Trotz zahlreich formulierter Einwände (siehe LA MOTTE-HABER 1987, 195; KLEINEN 1994, 67) wird das Semantische Differential wegen seiner Anwendungsfreundlichkeit in der Musikpsychologie weiterhin verwendet. In der musikpädagogischen Forschung zählt dieses Messinstrumentarium zu den Standardverfahren (z.B. BRÖMSE/KÖTTER 1971; SCHAUB 1984 u.a.). An mehreren Stellen wurde weiterhin der Versuch unternommen, das Polaritätsprofil unterrichtspraktisch einzusetzen (LEMMERMANN 1984; NEUHÄUSER, REUSCH, WEBER 1977; RÖÖSLI 1995). In diesem Zusammenhang ist jedoch ein Vorbehalt zu formulieren. Die konnotativen und denotativen Bedeutungen der Adjektive müssen von den Schülern auch verstanden werden. „*Ein mangelndes Wortverständnis führt das gesamte Verfahren ad absurdum*" (WIECHELL 1975, 97).

1.7.3 Universalität von Ausdruck und Eindruck?

Besonders im Kontext der Rezeption musikalischer Ausdrucksqualitäten stellt sich grundsätzlich die Frage, ob neben angelernten emotionalen Reaktionsmustern auch angeborene und universelle Reiz-Reaktions-Muster a priori existent sind. Das Vorhandensein solcher Muster könnte für eine Vermittlung von Musik insofern von Bedeutung sein, als hier gewisse elementare Verstehenszugänge bereits vorhanden wären, die im Bereich „Ausdruck" (vgl. Vermittlungsmodell, Kapitel 4) als Basis für eine weitere Vermittlung dienen könnten. Dies würde voraussetzen, dass die von der Musikpsychologie auf empirischem Wege gefundenen Dimensionen der Gefühle kein wissenschaftliches Konstrukt sind, sondern der tatsächlichen Gefühlswelt des Menschen entsprechen. De la Motte-Haber (1997, 198) vermutet in diesem Kontext, *"...daß den gefundenen Dimensionen eine psychische Realität entsprechen könnte, die unabhängig von den verfahrenstechnischen Restriktionen interpretierbar ist".* Sie stützt ihre These auf eine Untersuchung von Batel, der mittels Clusteranalyse die *„Komponenten musikalischen Erlebens"* (BATEL 1976) zu erfassen versuchte. Tatsächlich konnte Batel keine spezifisch musikalischen Audrucksqualitäten ermitteln.

> *Gefühle sind allgemeiner Natur, lediglich die Intensität, mit der sie empfunden werden, kann in verschiedenen Gegenstandsbereichen verschieden groß sein* (DE LA MOTTE-HABER 1997, 200).

Mögliche Einwände liegen in der Begrenztheit der Sprache, die nur einen Teil der Gefühlswelt ausdrücken kann und im Anspruch der Musik selbst, verbal nicht Fassbares aber Allgemeinverständliches "mit Ausdruck" (siehe Beethoven, *Klaviersonate e-moll*, opus 90) musikalisch zu vermitteln (vgl. DE LA MOTTE-HABER ebd.).

Ein weiterer Hinweis für die Existenz universeller emotionaler Ausdrucksformen findet sich in Manfred Clynes' Theorie der dynamischen Gestaltung (vgl. PLUTCHIK UND KELLERMANN 1980). Clynes konnte in seinen interkulturellen Studien mit Mexikanern, Japanern, Balinesen und Amerikanern nachweisen, dass der Bewegungsausdruck von Gefühlen (Freude, Angst, Wut, Erstaunen) unabhängig seiner motorischen Modalität, einen immer gleichen zeitlichen Verlauf aufweist (vgl. CLYNES, zitiert in: BEHNE 1982, 131; DE LA MOTTE-HABER 1997, 201). Clynes führt dies auf einen vorprogrammierten genetischen Code zurück, der dann aktiviert wird, wenn es um kommunikativ ausgerichtete Mitteilungen (Mimik, Lautäußerungen) von Emotionen geht. Handelt es sich um nicht kommunikativ ausgerichtete Emotionen, wie beispielsweise Neid, konnte er keinen einheitlichen zeitlich-dynamischen Verlauf nachweisen. Bei Zugrundelegung einer solchen interkulturell und intersubjektiv nachweisbaren Konstanz elementarer und gestischer Formen des Ausdrucks, wäre bei der Vermittlung Neuer Musik bei Kompositionen, die sich speziell in diesem Bereich bewegen, eine elementare (unvermittelte) Annäherung möglich.

Die Bindung expressiver Qualitäten an zeitliche Gestalten würde erklären, warum gerade die Zeitkunst "Musik" als "Sprache der Gefühle" verstanden wird. Der enge Bezug von Emotion und Bewegung, der nebenbei auch etymologisch sichtbar wird (E-motion und Motion), führte zu Spekulationen über einen interkulturellen und epochenunabhängigen und somit universellen Charakter von Gefühlsausdrücken (vgl. DE LA MOTTE-HABER, 1997, 201).

Ein tatsächliches Vorhandensein expressiver Universalien böte somit im Hinblick auf eine unterrichtspraktische Vermittlung Neuer Musik besonders bei Kompositionen mit expressivem Anspruch die Voraussetzung für ein erstes "Einfühlen" oder elementares Verstehen expressiver Ausdrucksqualitäten.

1.8 Autorenintention und Rezeption

In welchem Umfang sich die ursprüngliche Intention eines Komponisten dem Hörer überhaupt vermitteln lässt, ist schon seit längerem Gegenstand der hermeneutischen Diskussion. Roman Ingarden (1969) vertritt die grundsätzliche These, dass eine Komposition als intentionaler Gegenstand mit dem eigentlichen ästhetischen Erlebnis nicht kongruent ist. Diese These kann insofern unterstützt werden, als in den bisherigen Ausführungen deutlich wurde, dass Musik vom Hörer auf der Grundlage seiner durch musikalische Erfahrung konstituierten kognitiven Struktur wahrgenommen, interpretiert und verstanden wird. In der bisherigen Diskussion unberücksichtigt blieb bisher die Frage, inwieweit nicht noch andere Faktoren und Instanzen auf dem Vermittlungsweg ein Verstehen der kompositorischen Intention beeinflussen können. So bedarf es wohl keiner besonderen Erwähnung, dass bereits die technische Reproduktion von Musik auf Tonträgern zu subtilen bis gravierenden Verfälschungen führen kann.

In Anlehnung an ein von der Informationstheorie entworfenes Kommunikationsmodell (MOLES 1971) kann der Weg der Vermittlung zwischen Komponist und Hörer wie folgt beschrieben werden:

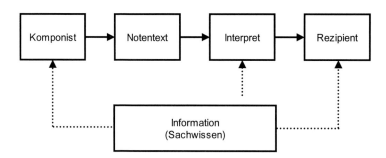

Abbildung 1.11: Die verschiedenen Instanzen des Vermittlungsweges.

Die ursprüngliche, zunächst nur in der Vorstellung des Komponisten existierende, musikalische Idee (Intention) wird von ihm in Form von Zeichen und Symbolen in einen Notentext übertragen. In Analogie zur Sprache kann im „Text" stets nur ein Teil der ursprünglichen Intention des Autors dargestellt werden. Wie die musikalische Praxis deutlich zeigt, lässt eine Notenvorlage eine Vielzahl an Interpretationsmöglichkeiten zu. Der Text selbst repräsentiert den „Struktursinn" einer Komposition, der *„den gesamten Sinn eines Werkes, den die musikalische Analyse unabhängig von einer Aufführungsperspektive freizulegen vermag"* (DANUSER 1997, 4) umschließt. Vom Struktursinn unterschieden werden kann der „Aufführungssinn". Er bezieht neben den explizit vorhandenen Vortragsbezeichnungen *„die nicht notierten bzw. nicht notierbaren Textdimensionen konstitutiv mit ein"* (ebd.). An dieser Stelle entsteht bereits eine weitere Differenzbildung zwischen Autorenintention und klanglicher Realisierung. Der Aufführungssinn kann nicht präzise und schon gar nicht endgültig definiert werden, weil seine Bedeutung in Abhängigkeit vom (pragmatischen) Kontext steht, in dem er realisiert wird. Und dieser Kontext wird wiederum von einer ganzen Reihe anderer Faktoren wie *„Raum... Publikum, Anzahl und Beschaffenheit der Instrumente bzw. der Vokalkräfte und weitere variable Faktoren"* (ebd. 5) beeinflusst.

Zu diesen variablen Faktoren zählt ebenso der Interpret, dessen technische Fähigkeiten, musikalisch-ästhetische Erfahrung, sein explizit musikalisches Wissen (auch über den Autor), die mit in die Auslegung des Notentextes einfließen. Am Ende des Vermittlungsweges steht der Hörer, dessen unterschiedliche Rezeptionsformen unterschiedliche Verstehenszugänge aufzeigen. Die Wahrnehmungskompetenz selbst wird, wie in den bisherigen Ausführungen detailliert dargelegt, maßgeblich von seinen produktiven und rezeptiven

Vorerfahrungen bestimmt. Darüber hinaus sind es soziokulturelle und individuelle Faktoren, die sich auf den Verstehensprozess auswirken.

In der Neuen Musik hat sich die oben beschriebene Situation in verschiedener Hinsicht verändert. Zur Überbrückung der Distanz zwischen Intention und Rezeption bemühen sich manche Komponisten der Gegenwart, z.B. Stockhausen, intensiv um eine *„auktoriale Aufführungstradition"*[36] (DANUSER 1997, 27), die bei verschiedenen Komponisten (Glass, Reich, Stockhausen u.a.) zur Gründung eigener Ensembles geführt hat. Eine ganz andere Möglichkeit, die Instanzen zwischen Intention und Rezeption zu verringern, stellen Tonbandkompositionen aus dem Bereich der Elektronischen Musik und der Musique concrète dar. Der Komponist ist in diesem Fall zugleich Interpret, und das auf einem Tonträger fixierte klangliche Resultat ist bei jeder Aufführung identisch. In anderen Bereichen der Neuen Musik existieren kunstphilosophische und kompositorische Entwürfe, die den Interpreten (z.B. E. Brown: *December 1952*) einen wesentlich größeren Spielraum einräumen. Geändert hat sich in der Neuen Musik demnach auch die Rolle des Interpreten. Er ist in vielen Stücken nicht nur Aufführender, sondern wird zugleich Mitwirkender bei der praktischen Realisation einer Komposition. So haben etwa Interpreten wie Vinko Globokar (Posaune) oder H. Holliger (Oboe) durch ihre erweiterten Spielmöglichkeiten den Komponisten überhaupt erst neue Ausdrucksmöglichkeiten erschlossen. Nicht nur die Rolle des Interpreten, sondern ebenso die der Rezipienten hat sich in einigen Bereichen der Neuen Musik geändert. Ein „Extremfall" stellt in diesem Zusammenhang das Tacet-Stück *4'33"* von John Cage dar. Der Hörer wird so zum Mitschöpfer einer Komposition.

Die verschiedenen Epochen der europäischen Kunsttradition sind durch relativ einheitliche Ästhetik gekennzeichnet, die der Rezipient als musikimplizites und explizites Wissen bis zu einem gewissen Grad assimiliert hat, und die ihm beim Hören von Musik (unbewusst) als Verstehenshilfe zu Verfügung steht. Eine solche Form ästhetischer Geschlossenheit ist in der Neuen Musik, wie bereits angeführt, nicht mehr gegeben, so dass der Hörer auf diese Art der Verstehenshilfe nicht zurückgreifen kann. Auch dieser Faktor kann letztendlich zur Distanzbildung zwischen Autorenintention und Rezeption beitragen.

---

[36] Unter „auktorial" versteht DANUSER (1997, 27) eine Interpretation einer Komposition, die der Intention des Autors so weit als möglich gerecht wird. Dass dies bei einer Interpretation nicht unbedingt so sein muss, zeigen die unterschiedlichen derzeit praktizierten Interpretationsmodi (vgl. ebd. 13).

Zusammenfassend lässt sich sagen, dass auf dem Vermittlungsweg zwischen Komponist und Hörer eine Reihe von Instanzen liegen, welche die Kongruenz von kompositorischer Intention und tatsächlicher Rezeption zum Idealfall werden lassen. Dabei können Interpret und Hörer als Parameter des Verstehens fungieren. Dies hat etwa zur Folge, dass selbst in Kompositionen der Neuen Musik, die sich durch eine größtmögliche rationale Kontrolle auszeichnen (z.B. Boulez: *Notations I*), vom Hörer expressive Qualitäten wahrgenommen werden können (vgl. KLEINEN 1994, 92).

1.9 Schlussfolgerungen

Im vorliegenden Kapitel wurde versucht, die aktuelle Forschungsergebnisse hinsichtlich der Wahrnehmung von Musik im allgemeinen und Neuer Musik im speziellen zu beleuchten. Die zentrale Aussage lautet, dass Musik infolge kognitiver Verarbeitungsprozesse auf der Grundlage von bereits vorhandenen musikalischen Erfahrungen (implizites Wissen) wahrgenommen und verstanden wird. Die ursprünglich rein physikalischen Reize erhalten durch diesen Verarbeitungsprozess eine musikalische Bedeutung. Wahrnehmen und Verstehen bedeutet in diesem Zusammenhang ein „Wahrnehmen von etwas als etwas". Im Rahmen dieser kognitiven Verarbeitung finden Kategorisierungs-, Strukturierungs- und Gruppierungsvorgänge statt, die wiederum größtenteils auf musikalische Vorerfahrungen basieren. Der gesamte Vorgang des Musikhörens kann somit als aktiver und konstruktiver Prozess der Informationsverarbeitung verstanden werden, bei dem produktiven und rezeptiven Erfahrungen für ein musikalisches Wahrnehmen und Verstehen eine grundlegende Bedeutung zukommt. Insofern ist auch die strukturelle Beschaffenheit (Qualität) der erfahrenen Reize für einen späteren Verstehensprozess von elementarer Bedeutung. Sind die musikalischen Reize wie in der populären Musik relativ einfach, werden entsprechend „simple" Rezeptionsmuster (Repräsentationen) ausgebildet, die ein Wahrnehmen und Verstehen komplexer musikalischer Strukturen erschweren.

Während der Beschäftigung mit den Befunden empirischer Rezeptionsforschung hat sich weiterhin herauskristallisiert, dass zumindest einige Teilbereiche der Neuen Musik (z.B. Aleatorik und Serialismus) im Hinblick auf Wahrnehmung und Verstehen einen gewissen Sonderstatus einnehmen. Dieser zeigt sich bisweilen im Zusammenhang mit musikbezogenen Gedächtnisleistungen. In diesen Teilbereichen findet aufgrund kunstphilosophischer und kompositionsästhetischer Vorgaben eine Wiederholung musikalischer Abschnitte, wie sie etwa in der traditionellen europäischen Kunstmusik vorzufinden ist, nicht statt. Dadurch können solche Inhalte aus gedächtnispsychologischen Gründen nur bedingt im Gedächtnis gespeichert werden. Bei sehr komplexen Erscheinungsformen der Neuen Musik (z.B. Komplexismus) verhindert eine begrenzte Gedächtnisspanne ebenso eine längerfristige Speicherung. Wahrgenommen werden können in diesen Fällen lediglich die sequenziellen Abfolgen unterschiedlicher Klangkonstellationen. Eine übergeordnete, auf eine längerfristige Entwicklung angelegte und beziehungsstiftende Wahrnehmung ist nicht möglich.

Der Sonderstatus einiger Bereiche der Neuen Musik ergibt sich ebenso vor dem Hintergrund der Gestalttheorie. Serielle und aleatorische Organisationsprinzipien verhindern das für die Bildung von musikalischen Gestalten notwendige Zusammenwirken verschiedener musikalischer Parameter. Der in der tonal und metrisch gebundenen Musik dadurch entstehende gestaltbildende Bezugsrahmen entfällt und schränkt darüber hinaus eine Verankerung entsprechender musikalischer Strukturen im Gedächtnis ebenfalls ein.

Die Wahrnehmung kann sich in Bereichen der Neuen Musik, die diesem Sonderstatus entsprechen, deshalb nur auf den einzelnen „Hörmoment" ausrichten, auf ein „Hier und Jetzt" im musikalischen Gesamtablauf. Es wäre jedoch in diesem Zusammenhang eine grundsätzlich falsche Annahme, dass eine auf den musikalischen Moment ausgerichtete Wahrnehmung nicht durch entsprechende Lernprozesse (Erfahrungen) weiter ausdifferenziert werden kann, bzw. dies nicht auch eine qualitative Form von Wahrnehmung ist.

Berücksichtigt man, dass die impliziten und expliziten musikalischen Vorerfahrungen des Hörers in den Wahrnehmungsprozess mit einfließen, ist davon auszugehen, dass der aktive und konstruktive Prozess kognitiver Informationsverarbeitung zumindest in einigen Teilbereichen der Neuen Musik eine wesentlich individuellere und subjektivere Bedeutungskonstituierung zulässt, als es in der traditionellen Kunstmusik der Fall ist. Der Rahmen, in dem sich dieser Verstehensprozess abspielt, steht wiederum in direktem Zusammenhang mit den impliziten und expliziten Vorerfahrungen des Hörers.

In der Neuen Musik gibt es Komponisten, die ganz bewusst die aktive und konstruktive Tätigkeit der Wahrnehmung in ihre Kompositionen mit einbeziehen, indem sie beispielsweise, wie etwa in der repetitiven Musik, sich graduell und individuell verändernde musikalische Bezugspunkte in ihre Kompositionen integrieren und dem Hörer einen hohen Anteil an subjektiver Interpretation erlauben, oder indem sie internalisierte „Hörgewohnheiten" durch eine entsprechend andere strukturelle Gestaltung (z.B. bei Spahlinger) ganz bewusst hinterfragen. Die von den Komponisten so intendierte, individuelle und subjektive Interpretationsmöglichkeit kann dadurch zur eigenen ästhetischen Qualität einer Komposition werden.

Ein Vermittlungsansatz Neuer Musik, der auf ein umfassendes Wahrnehmen und Verstehen Neuer Musik abzielt, hat neben den Forschungsbefunden zur musikalischen Wahrnehmung den hier in diesem Zusammenhang erläuterten Sonderstatus der Neuen Musik unbedingt zu berücksichtigen.

2. Lerntheoretische Grundlagen

In Kapitel 1 wurden grundlegende Theorien, Modelle und Untersuchungen zur Wahrnehmung von Musik dargelegt. Dabei konnte ein grundsätzlicher Zusammenhang zwischen musikalischen Wahrnehmungs- und Lernprozessen nachgewiesen werden. Musik wird vom Hörer stets auf der Grundlage bereits vorhandener musikalischer Erfahrungen wahrgenommen, interpretiert und verstanden. Die Psychologie hält eine große Anzahl von Theorien und Modellen (behavioristische, kognitive, neurophysiologische u.a.) bereit, die insgesamt als Versuch gedeutet werden können, den Prozess menschlichen Lernens in seiner umfassenden Komplexität systematisch zu beschreiben und zusammenzufassen. Im Folgenden werden solche Theorien und Modelle dargestellt, die für eine lerntheoretisch intendierte Vermittlung Neuer Musik von grundlegender Bedeutung sind.

Zu Beginn des vergangenen Jahrhunderts wurden Lernprozesse vor allem über die sogenannten „Verhaltenstheorien" (Reiz-Reaktions-Lernen) von Pawlow und später Skinner beschrieben. Im Rahmen der vielzitierten „kognitiven Wende" wurden diese Theorien von kognitionspsychologischen Ansätzen abgelöst, da man erkannte, dass die Verhaltenstheorien

> *weder der Komplexität der menschlichen Lernvorgänge gerecht werden*[1], *noch in der Lage sind, die Prozesse so zu analysieren, daß sie der Konzeption eines sinnvoll agierenden und verantwortlich-handlungsfähigen Subjekts entsprechen* (HOFER, 1994, 101).

2.1 Kognitive Theorien

Kognitive Ansätze interpretieren den Lernvorgang im Gegensatz zu den Verhaltenstheorien nicht als die Koppelung eines Reizes mit einer bestimmten Reaktion, sondern als *"Entstehung und Veränderung individueller Wissensstrukturen"* (HOFER 1994, 101). Zu den bedeutendsten Vertretern dieses Ansatzes zählen Jean Piaget, Hans Aebli, Jerome Bruner und Ulric Neisser.

---

[1] Verspätet auftretende Reaktionen, oder motivationspsychologische und bewusstseinspsychologische Aspekte bleiben in diesen Theorien weitgehend unberücksichtigt, zudem verhält sich der Organismus in diesen Theorien weitgehend reaktiv.

2.1.1 Jean Piaget: Die Entwicklung der Intelligenz

Der Schweizer Entwicklungspsychologe Jean Piaget[2] (1896-1980) geht in seinem Ansatz davon aus, dass Intelligenz und andere Formen höherer geistiger Aktivitäten aus einem organischen Selbstregulierungsprozess resultieren (vgl. PIAGET 1969, 27). Zentrale Begriffe in Piagets „Entwicklungs- und Denkpsychologie" sind „Assimilation", „Akkomodation" und „Äquilibration". Organismen stellen für Piaget „offene" Systeme dar, die in einer stetigen Interaktion mit der Umwelt stehen. Lernprozesse sind folglich als ein Zusammenwirken von äußeren (Umwelteinwirkung) und systeminternen Faktoren (innerorganische Prozesse) zu verstehen. Austauschprozesse mit der Umwelt erklärt Piaget nach dem Prinzip einer stetigen Anpassung oder Äquilibration (Gleichgewichtsherstellung) des Organismus an die Umwelt, die durch Assimilation und Akkommodation erreicht werden kann (vgl. PIAGET 1974).

In Anlehnung an die Biologie nennt Piaget die Aufnahme neuer Umweltinformationen in den Organismus Assimilation. Dabei handelt es sich nicht um eine reine Abbildung der Information, sondern um deren Verarbeitung auf der Grundlage bereits vorhandener Erfahrungen. Die Informationen werden in ein schon existierendes kognitives „Schema" oder eine „Struktur" integriert. Die Begriffe „Schema"[3] und „Struktur" sind für Piaget abstrahierte Handlungsweisen, die entweder angeboren sind (Reflex) oder durch Erfahrungsprozesse erworben werden. Treten mehrere kognitive Schemata miteinander in Verbindung, entsteht ein Schema höherer Ordnung (vgl. PIAGET 1969, 12ff; 1974, 5ff).

Den zur Assimilation gegenläufigen Mechanismus bezeichnet Piaget als Akkomodation. Darunter versteht Piaget die Anpassung eines Schemas oder einer Struktur an die Situation oder den Gegenstand (vgl. PIAGET 1974, 11). Assimilation und Akkomodation sollten stets in einem ausgewogenen Verhältnis zueinander stehen. Den ausgleichenden Faktor bezeichnet Piaget als Äquilibration (Gleichgewicht), die vor allem durch dynamische Selbstregulierungsprozesse des Organismus bestimmt wird. Die stetige Wechselwirkung

---

[2] Jean Piaget (1896-1980) versucht in seiner genetischen Epistemologie, klassische erkenntnistheoretische Fragestellungen biologisch zu erklären. Der für die damalige Zeit neue und interdisziplinäre Ausgangspunkt bedeutete eine Absage an rein behavioristische (PAWLOW und SKINNER) und empirisch-positivistische (COMTE) Theorien. In seinem ontogenetisch orientierten Ansatz hebt sich Piaget gleichfalls gegenüber Abbildungstheorien ab, wie sie etwa in der sensualistischen Philosophie (LOCKE, HUME, MILL) zu finden sind.
[3] Oerter (1974, 61) beschreibt das Schema als ein „*Verhaltens- und Orientierungsmuster mit wenigen, aber hervorstechenden Merkmalen*".

zwischen diesen beiden Prozessen führt zum Aufbau von immer leistungsfähigeren und komplexeren Strukturen (vgl. ebd. 12).

Die Entwicklung kognitiver Fähigkeiten beschreibt Piaget in einer spezifischen Abfolge von Gleichgewichtszuständen oder „Stadien":

Die sensomotorische Phase (Geburt bis 2. Lebensjahr):
Die von Piaget angenommene Interaktion zwischen Umwelt und Organismus findet in ihrer konkretesten und direktesten Form in der senso-motorischen Phase statt. Das Kind ist in diesem Stadium vor allem ein Handlungswesen. Es weiß etwas, indem es dies tut. Sein Denken kann nicht von der konkreten Handlung losgelöst werden (Handlungsdenken). Spezifische und konstant sukzessiv aufeinander folgende Merkmale kennzeichnen diese Phase. Nach der Übung angeborener und funktionsbereiter Reflexmechanismen (z.B. Saug-, Greif-, Schluckreflex), bilden sich erste „Gewohnheiten" aus, die zunächst noch an keine Intentionalität gebunden sind. Das Kind wiederholt Handlungen, die zu einem für das Kind angenehmen Ergebnis führen (Zirkulärreaktion). Die dadurch erworbenen Handlungsschemata werden auf neue Situationen übertragen und miteinander koordiniert. Auf diesem Wege erwirbt das Kind erste und unterschiedliche Formen „praktischer Intelligenz". Der Abschluss dieser Phase ist dadurch gekennzeichnet, dass ‚losgelöst von konkreten Handlungen, erste innere Vorstellungen (Repräsentationen) ausgebildet und miteinander kombiniert werden, die zu einem plötzlichen Verstehen führen (vgl. PIAGET/INHELDER 1977, 13ff).

Als einen Übergang von der „Aktion" zur „Operation" beschreibt Piaget die beiden folgenden Phasen (vgl. PIAGET/ INHELDER 1977, 71).

Die Phase des vorbegrifflichen und symbolischen Denkens (2.-4. Lebensjahr):
Sinnliche Wahrnehmungen können in dieser Phase in Vorstellungsinhalte (Repräsentationen) übertragen werden. Die Gegenstände existieren im Bewusstsein der Kinder unabhängig von ihrer physikalischen Existenz (Objektkonstanz). Weiterhin ist das Denken des Kindes in dieser Phase von *„animistischen Deutungen"* und einer *„egozentrischen Wahrnehmung"* geprägt (PIAGET 1974, 140ff). Gleichzeitig findet die Ausbildung von Symbolsystemen (z.B. Sprache) statt. Die Bildung von Symbolen steht für Piaget in enger Verbindung mit dem Prinzip der Nachahmung. Eine äußere Nachahmung wird allmählich durch eine innere (mentale) Nachahmung ersetzt (vgl. ebd.).

Die Phase des anschaulichen Denkens (4.-7. Lebensjahr):
Das Kind kann allmählich Vorstellungsinhalte miteinander koordinieren. Wie das vielzitierte Perlenexperiment[4] belegt, ist das Denken in diesem Alter noch im Bereich des Anschaulichen verhaftet. Das Kind besitzt *„zwar bereits die Vorstellung von der Erhaltung eines Gegenstandes aber noch nicht die der Erhaltung einer Sammlung von Gegenständen"* (PIAGET 1974, 147). Die Wahrnehmung ist in diesem Alter auf eine Dimension ausgerichtet, verschiedene Dimensionen können jedoch noch nicht miteinander gekoppelt werden. Ähnlich verhält es sich mit der Wahrnehmung von Zeit, sie ist noch anschaulich an Gegenstände oder Bewegungen gebunden (vgl. ebd. 154ff).

Die Phase der konkreten Operation (7.-12. Lebensjahr):
Auf diesem Entwicklungsstand ist das Kind in der Lage, Denkprozesse zu vollziehen, die von Piaget als „konkrete Operation" bezeichnet werden. Operationen sind für Piaget verinnerlichte und miteinander verknüpfte Handlungen (PIAGET 1974, 31 ff). Operationen sind zwar vom direkten Handeln losgelöst, beziehen sich aber trotzdem weiterhin auf eine ganz konkrete Handlung. Indem diese Handlungen mit Begriffen belegt werden, geben die Begriffe diesen eine logische Struktur (ebd. 165). Äußeres Kennzeichen dieser Phase ist die Fähigkeit des Kindes, anschauliche Beziehungen eines Systems zu „gruppieren". Dadurch werden umfassende Kategorisierungs- und Klassifizierungsvorgänge ermöglicht. Weiterhin ist das Kind in der Lage, sogenannte „Invarianzen" wahrzunehmen. Das Kind erkennt jetzt im Perlenexperiment, dass die Gesamtmenge der Perlen trotz des Umschüttens in einen anderen, von der Form her unterschiedlichen Behälter, konstant bleibt. Parallel dazu wird sich das Kind gedanklich der Möglichkeit der „Reversibilität" von Prozessen bewusst (vgl. ebd. 158ff).

---

[4] In diesem Experiment werden zunächst eine gleiche Anzahl von Perlen in zwei Gläser identischer Form und Größe gefüllt. Die Äquivalenz der Perlenzahl wird vom Kind erkannt, da es die Perlen mit beiden Händen gleichzeitig in die unterschiedlichen Gläser gefüllt hat. Anschließend wird der Inhalt des einen Glases in ein anderes Glas mit einer anderen Form geschüttet. Das erste Glas bleibt als Vergleichsgröße unverändert. Vier- bis fünfjährige Kinder behaupten in diesem Fall, dass sich die Menge der Perlen verändert habe (vgl. PIAGET 1974).

Die Phase der formalen Operation (ab dem 12. Lebensjahr):
Das Denken ist jetzt nicht mehr wie in der Phase der konkreten Operation an konkretes Material gebunden, sondern unabhängig von jeder Handlung. Denkprozesse sind nun nicht mehr nur auf die konkrete Gegenwart bezogen. Sie können ebenso auf die Zukunft, die Vergangenheit oder auf Gegebenheiten ausgerichtet sein, die in der Realität überhaupt nicht existieren. Der Jugendliche verfügt jetzt über die Fähigkeit, hypothetisch-deduktiv zu denken, d.h. er kann subjekt- und realitätsunabhängige Hypothesen bilden, deren Schlüsse unabhängig von seiner Erfahrung sind. Die Entwicklungsstufe der „formalen Operation" impliziert zudem die Möglichkeit, mit Operationen selbst wieder zu operieren und Operationen zweiten Grades zu vollziehen (vgl. PIAGET 1974, 167ff).

Jede dieser Phasen stellt eine unverzichtbare Basis für die folgenden dar. Demzufolge bilden die „Handlungen" der senso-motorischen Stufe das unentbehrliche Fundament für die in späteren Phasen auftretenden perzeptiven und kognitiven Prozesse. Was die verschiedenen Entwicklungsstufen miteinander verbindet, ist die generelle Tendenz einer Verlagerung der Organismus-Umwelt-Interaktion von einer konkreten auf eine abstrakt-formale Ebene. Piaget war der festen Überzeugung, dass das sukzessive Durchlaufen dieser Entwicklungsphasen unerlässlich sei. Zwar können Umwelteinflüsse oder Lernbedingungen diesen Entwicklungsprozess fördern oder hemmen, nicht jedoch ihre sequenzielle Abfolge verändern oder überflüssig machen (vgl. PIAGET 1974, 170ff).

Neben der Kritik an seinen Forschungsmethoden und an der geringen didaktischen Bedeutung seiner Arbeit (vgl. AEBLI 1971), wurde Piaget hauptsächlich wegen seiner starken Fixierung der geistigen Entwicklung an konkrete Altersstufen kritisiert. Sie berücksichtigen weder den Gegenstand, auf den sie sich beziehen, in angemessener Weise, noch interindividuelle Unterschiede (vgl. MONTADA 1995, 559f). Ebenso spricht Gardner (1996, 45ff) von „*problematischen Aspekten*" und „*Begrenzungen*" in Piagets Theorie. Neben der Kritik an der starken naturwissenschaftlichen Ausrichtung von Piaget, bezweifelt Gardner die Parallelität der Entwicklungsverläufe in den verschiedenen kognitiven Bereichen. Einen weiteren Kritikpunkt bildet die Grundannahme von Piaget, nach der die geistige Entwicklung aus einer Folge von qualitativen Sprüngen in der Repräsentation und im Verständnis bestünde. Gardner vertritt hingegen die Ansicht, dass zahlreiche grundlegende Arten des Verstehens schon bei oder kurz nach der Geburt vorhanden sind und keinem langwierigen Entwicklungsprozess unterliegen. Ein grundsätzlicher Fehler ist für Gardner auch die Behauptung Piagets, dass höhere Formen des Wissens und des Denkens (z.B. formale Operation), frühe Formen auslöschen würden. Diese Formen werden nach Gardners Ansicht weder ausgelöscht noch verändert, sondern bleiben neben den weiter entwickelten Formen existent, ohne jedoch zwingend in Erscheinung treten zu müssen (vgl. GARDNER 1996, 45f).

Ungeachtet dieser Kritik gehört das Entwicklungsmodell von Piaget im Bereich der kognitiven Psychologie zu den einflussreichsten und bekanntesten Modellen. Ab den sechziger Jahren haben Musikpädagogen damit begonnen, die Übertragbarkeit von Piagets Erkenntnissen auf musikalische Entwicklungsprozesse von Kindern zu überprüfen (PFLEDERER 1963, 1968; SERAFINE/SECHREST 1968), bzw. sie direkt auf den Erwerb musikalischer Kompetenzen zu übertragen (WEILAND 1987).

Wenngleich die oben formulierte Kritik an Piaget berechtigt erscheint, enthält seine Theorie der kognitiven Entwicklung Erkenntnisse, die für eine Vermittlung von Musik auf lerntheoretischer Basis von grundlegender Bedeutung sind. Nach diesen Erkenntnissen vollzieht sich die Entwicklung musikbezogener Fähigkeiten und Fertigkeiten über eine Folge von sequenziell aufeinander aufbauenden Entwicklungsstufen. Dabei darf die konkrete Abfolge der Stufen nicht verändert werden. Ebenso wenig können Stufen übersprungen oder weggelassen werden. Nach dem Verständnis von Piaget sollten musikalische Entwicklungs- und Lernprozesse und damit auch die Vermittlung Neuer Musik grundsählich auf einer körperlich-motorischen Ebene beginnen. Berücksichtigt man die Erkenntnisse von Piaget im Hinblick auf die Auswahl eines für die Vermittlung Neuer Musik geeigneten Hörrepertoires, so sind solche Kompositionen auszuwählen, die für Schüler einen mittleren Bekanntheitsgrad haben. Nach dem Verständnis von Piaget befinden sich dann Assimilations- und Akkomodationsvorgänge in einem ausgewogenen Verhältnis, so dass ein optimaler Äquilibrationsprozess möglich wird. Die Richtigkeit dieser These wurde durch eine Untersuchung von Brömse/Kötter (1971) bestätigt. Schüler nahmen in dieser Studie diejenigen Stücke am differenziertesten wahr, die für sie von mittlerer Bekanntheit waren. Unter Berücksichtigung der relativ niedrigen Hörerfahrung der Schüler mit Neuer Musik wären demzufolge solche Kompositionen auszuwählen, die dem musikalischen Erfahrungshorizont der Schüler entsprechende tonal und metrisch gebundene Elemente (z.B. A. Pärt) enthalten. Ein verstehendes Hören komplexer und für Schüler unbekannter Neue Musik würde einen umfangreichen und produktiv ausgerichteten Umgang mit Neuer Musik voraussetzen.

2.1.2 Jerome S. Bruner: Stufen kognitiver Entwicklung

Für den amerikanischen Kognitionspsychologen Jerome S. Bruner steht die Entwicklung kognitiver Fähigkeiten in enger Verbindung mit deren mentaler Repräsentation, die über „Handlungen", „Bilder" und „Symbole" erfolgen kann. Die Abfolge der verschiedenen Darstellungsformen und -ebenen (Repräsentationsmodi) stellt für Bruner somit Stadien kognitiver Entwicklung eines Menschen dar. Gleichzeitig sieht er sie in einer gewissen Analogie zur gesamten evolutionären Entwicklung des Menschen (BRUNER 1971, 27ff).

Die handlungsbezogene Darstellung:

Das Kleinkind erfasst seine Umwelt über bestimmte Handlungsweisen (Greifen, Festhalten, Zum-Munde-Führen usw.). Wahrnehmung und Handlung stehen in enger Beziehung zueinander. Zum Beispiel kann ein räumliches Bezugssystem nur über die visuelle Wahrnehmung und über Bewegung erworben werden. Einzelne Handlungen stehen zunächst isoliert nebeneinander. Allmählich werden sie miteinander verknüpft und zu sogenannten „Handlungsschemata" zusammengefasst. Das Ende der ersten Phase ist dadurch gekennzeichnet, dass das Schema sich von der konkreten Handlung allmählich löst. (vgl. BRUNER 1971, 33ff).

Die bildhafte Darstellung:

In dieser Phase ist das Kind dazu in der Lage, die Welt in Bildern und räumlichen Schemata, die in relativer Unabhängigkeit von einer Handlung stehen, zu repräsentieren. Wenn ein Objekt aus dem Gesichtsfeld verschwindet, bleibt es weiter in der Vorstellung präsent. Das Objekt existiert unabhängig von Handlung und Wahrnehmung (Objektpermanenz). Allerdings ist die Wahrnehmung in diesem Stadium noch nicht mit der eines Erwachsenen zu vergleichen, sondern scheint gewissen Beschränkungen zu unterliegen, die sich darin äußern, dass unvollständige Bilder nicht erkannt, d.h. gedanklich zu einem ganzen vervollständigt werden können. Überdies ist die Wahrnehmung in dieser Phase noch egozentrisch und sie richtet sich auf eine kleine Anzahl isolierter Reize. Im Verlaufe der weiteren Entwicklung kommt es zu einer deutlichen Trennung zwischen äußerer Handlung und innerer Vorstellung, während sich Wahrnehmung und Vorstellung zunehmend annähern (vgl. BRUNER 1971, 44).

Die symbolische Darstellung:
Die dritte Repräsentationsebene bezieht sich auf den Umgang mit Symbolen und auf das abstrakt-begriffliche Denken. Zu den spezialisiertesten Symbolsystemen zählt die Sprache. Daneben können auch Bilder oder motorische Fertigkeiten Züge des Symbolhaften annehmen. Der Umgang mit Symbolsystemen beinhaltet Aspekte wie Semantik, Kategorisierung und Grammatik. Symbole sind Träger von Informationen, die durch ihre Bedeutung (symbol reference) für das stehen, was sie symbolisieren (BRUNER 1971, 56). Die Bezeichnung der Symbole ist jedoch willkürlich gewählt und ihre Bedeutungen sind an bestimmte Konventionen gebunden. Deshalb müssen die Bedeutungen von Symbolen vor ihrem Gebrauch zunächst erlernt werden (vgl. ebd. 55ff).

Im Gegensatz zu anderen Symbolsystemen wird die Sprachfähigkeit bei Kindern relativ früh ausgebildet. Kinder erlernen die Sprache in verschiedenen Schritten und durch Interaktionsprozesse mit ihrer Umwelt (z.B. Eltern), die über eine reine Nachahmung deutlich hinausgehen. Wörter werden zunächst eher als Zeichen denn als Symbole aufgefasst. Allmählich ist das Kind in der Lage, aufbauend auf den ersten „Zwei-Wort-Sätzen", größere und komplexere Satzstrukturen zu bilden. Bruner geht davon aus, dass sich kognitive Prozesse wie sie beim Spracherwerb stattfinden ebenso auf andere Formen des Denkens übertragen lassen. Das heißt, das Kind lernt durch Austauschprozesse seine Gedanken auf eine bestimmte Art zu organisieren (vgl. ebd. 56f). Ähnlich wie Chomsky (1970) und Miller (1965) nimmt Bruner die Existenz einer sogenannten „Basisgrammatik" an (ebd. 58f). Ihr liegen drei universelle Eigenschaften zugrunde: Differenzierung in drei grundlegende Satzelemente wie Verb, Objekt bzw. Subjekt und Prädikat sowie deren Modifikationen; die Mittel der Sprache (Wortfolge, Prosodie, Intonation etc.) und die Möglichkeit der Transformation. Grammatikalische Fähigkeiten beinhalten nicht nur die Übersetzung von Vorgängen in ein regelhaftes symbolisches System, sondern in gleicher Weise die Fähigkeit, diese Darstellung zu transformieren und zu modifizieren. Bruner schließt daraus auf „unterliegende" kognitive Prozesse, die dem Bereich des abstrakten Denkens und Problemlösens zuzuordnen sind (vgl. ebd. 62ff).

Die drei hier beschriebenen Repräsentationsformen entwickeln sich nacheinander. Sie lösen einander jedoch nicht ab, sondern bleiben nebeneinander bestehen und stehen in einer gewissen Wechselwirkung zueinander (vgl. ebd. 21).

Ebenso wie bei Piaget wurde auch bei Bruner verschiedentlich versucht, seine Befunde auf die Entwicklung musikalischer Fähigkeiten und Fertigkeiten zu übertragen. Beck/Fröhlich (1992) ziehen aus Bruners Theorie folgendes Fazit:

> *Dies bedeutet für den Musikunterricht, daß zunächst durch musikalische Aktivitäten auf enaktivem Weg ein Grundverständnis hergestellt werden sollte, um anschließend über ikonische Repräsentationen zur symbolischen Repräsentation musikalischer Inhalte, das heißt zur abstrakten Rede über Musik fortzuschreiten* (BECK/ FRÖHLICH 1992, 64).

Während Beck/Fröhlichs Ausführungen eher allgemein gehalten werden, versuchen Boardman/Andress (1981) wesentlich konkreter den verschiedenen Darstellungsformen ganz bestimmte musikalische Handlungs- und Denkformen zuzuordnen. Die handlungsbezogene (enaktive) Darstellungsebene zeichnet sich durch folgende musikalische Aktivitäten aus:

- aktive Körperbewegungen;
- Imitation des Gehörten;
- Beschreibung des Gehörten in Form von Gesten oder Tanzbewegungen;
- Organisieren eigener musikalischer Ideen durch gesungene und oder instrumentale Improvisationen.

Den Abschluss der Entwicklung bildet die Ebene der symbolischen Darstellung, die folgenden Fähigkeiten entspricht:

- Gehörtes und Hörvorstellungen mit traditionellen Symbolen (Termini oder Notation) verknüpfen;
- Musik beschreiben, indem Klänge in Symbolen dargestellt oder indem Termini benutzt werden;
- Auf der Grundlage von Notensymbolen musizieren;
- eigene musikalische Ideen mit Hilfe der traditionellen Notenschrift organisieren und aufzeichnen (vgl. BOARDMAN/ANDRESS 1981).

Bruner (1974) versuchte seine Erkenntnisse auch auf die Unterrichtspraxis zu übertragen. In diesem Zusammenhang konzipierte er zur systematischen Vermittlung grundlegender Wissensstrukturen ein sogenanntes „Spiralcurriculum". Es kann dadurch charakterisiert werden, dass die Lerninhalte auf einem jeweils höheren kognitiven und sprachlichen Niveau wiederholt werden.

Kapitel 2: Lerntheoretische Grundlagen 79

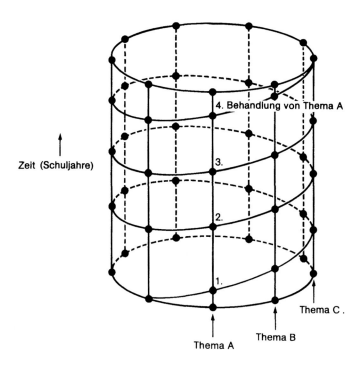

Abbildung 2.1: Spiralcurriculum, nach BRUNER (1962), aus: AEBLI 1976, 311

Die wesentlichen Inhalte einer Kultur sind auf dem ersten Spiralbogen angeordnet. Im Verlauf der Schulzeit wandern die Inhalte allmählich die Spirale aufwärts. Auf jeder Spiralebene werden die gleichen Inhalte auf einem jeweils höheren Niveau behandelt. Das Spiralmodell von Bruner blieb nicht ohne kritische Einwände. Aebli kritisierte an diesem Modell die Reduzierung der Curriculumsidee auf das Prinzip der Wiederholung. Denn für ihn stellt die kindliche Entwicklung einen schöpferischen Prozess dar, bei dem auch neue kognitive Strukturen ausgebildet werden können (AEBLI 1976, 312).

Im Hinblick auf eine lerntheoretisch intendierte Vermittlung Neuer Musik fordern die Befunde von Bruner, dass Vermittlungsprozesse auf einer handlungsbezogenen (enaktiven) Ebene zu beginnen haben, bevor sie über bildhaft (ikonische) zu symbolischen Umgangsweisen mit Neuer Musik führen können. In diesem Zusammenhang ist allerdings zu berücksichtigen, dass das von Bruner auf der sprachlich-symbolische Darstellungsebene angenommene

Vorhandensein grammatikalischer Fähigkeiten bzw. die von ihm formulierte Idee einer „Basisgrammatik" nur in einem äußerst begrenzten Umfang auf die Neue Musik übertragen werden kann. Was weiterhin von Bruner unter der Berücksichtigung von Aeblis Kritik übernommen werden kann, ist die Konzeption eines Spiralcurriculums, bei dem musikalische Inhalte auf einem zunehmend höheren musikalischen Entwicklungsniveau unterrichtspraktisch behandelt werden.

2.1.3 Hans Aebli: Denken - das Ordnen des Tuns

Der Schweizer Pädagoge und Piagetschüler Hans Aebli (1923-1990) hat Piagets Entwicklungstheorie in den Kontext der modernen Kognitionspsychologie gestellt (AEBLI 1980; 1981) und sie für die Didaktik nützlich gemacht (AEBLI 1973; 1976). Aebli übernimmt Piagets Grundthese, der zufolge sich das Denken aus dem Tun entwickelt, hebt aber die Bedeutung des Lernens als konstruktiven Prozess im schulischen Kontext hervor. Grundsätzlich wendet sich Aebli gegen jede Form dualistischen Denkens, das zwischen Handeln und Denken, Körper und Geist trennt. Beide Bereiche stehen für ihn untrennbar in einem unmittelbaren Zusammenhang.

> *Denken geht aus dem Handeln hervor und es trägt – als echtes, d.h. noch nicht dualistisch pervertiertes Denken - noch grundlegende Züge des Handelns, insbesondere seine Zielgerichtetheit und seine Konstruktivität* (AEBLI 1993, 26).

Denken entwickelt sich aus einer kontinuierlichen Wechselwirkung von Wahrnehmen und Handeln. Bereits im Handeln sind wesentliche Züge des Denkens – Funktion, Zielsetzung und Struktur – enthalten. Sowohl im Handeln als auch im Denken gibt es Prozesse der Beziehungsstiftung und der Differenzierung (AEBLI 1993, 13). Unter „Handlung" versteht Aebli die zeitliche Abfolge von Episoden mit gleicher (oder grundlegend ähnlicher) Struktur, die von einem hohen Grad an Bewusstheit und Zielgerichtetheit gekennzeichnet sind (vgl. AEBLI 1993, 20). Elemente einer Handlung können „*Sachen, Vorgänge, Personen, fremde Handlungen, eigene Handlungen sowie abstrakte Beziehungen innerhalb derselben*" (AEBLI 1993, 89) sein.

Handlungen gehen stufenweise in eine innere Vorstellung über und werden dabei auf ihr strukturelles Gerüst reduziert. Solche abstrakten, von ihrem eigentlichen Handlungscharakter losgelösten Prozesse werden als „Operationen" bezeichnet (vgl. AEBLI 1993, 116). Beide Handlungsformen weisen zwar gemeinsame Merkmale auf, etwa im Herstellen von Bezügen, unterscheiden sich jedoch voneinander durch ihre „*Abstraktheit*" und der „*Reinheit ihrer Konstruktion*" (AEBLI 1993, 214). Operationen sind damit abstrakte Handlungen, die entweder effektiv ausgeführt oder nur gedacht sein können. Durch das Bemühen um eine bestmögliche Strukturierung werden sie zu einem kognitiven Prozess (AEBLI 1993, 216).

Werden Handlungen mit gleicher Struktur wiederholt, bilden sich sogenannte Handlungsschemata aus, welche sich durch Wiederholbarkeit, Übertragbarkeit und invariante Merkmale auszeichnen (vgl. AEBLI 1993, 84). Über neue Handlungen und deren stetige Wiederholung werden immer neue Handlungsschemata aufgebaut, deren Summe das Handlungswissen (prozedurales Wissen) eines Menschen darstellt. Handlungen gehen stets mit kognitiven und reflexiven Prozessen einher. Diese übernehmen die Funktion, Handlungsabläufe zu sichern und zu optimieren. Aebli versteht solche Vorgänge als eine „Metatätigkeit", die über dem Handeln steht (AEBLI 1993, 22). Miller, Galanter & Pribram (1973) haben diesen Vorgang im Schema der TOTE-Einheiten (Test – Operation – Test – Exit) beschrieben.

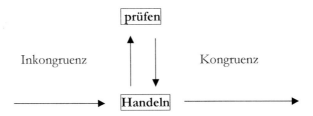

Abbildung 2.2: Die Abbildung zeigt die verschiedenen Stationen des TOTE-Schemas, nach MILLER, GALANTER & PRIBRAM 1973, 34.

Diesem Schema zufolge besteht jede zielgerichtete Handlung aus einer Rückkoppelungsschleife (Lernschleife), die sich aus einer Aktion und Prüfung dieser Aktion am Handlungsziel zusammensetzt. Die Schleife ist so lange in Bewegung, bis Ist- und Sollzustand miteinander kongruent sind (vgl. AEBLI 1993, 59).

Die Wahrnehmung ist eine Tätigkeit, die ihrer Rolle, Funktion und ihrem Wesen nach für Aebli zum Handeln gehört. Das gemeinsame Ziel beider Tätigkeiten ist die Herstellung von Beziehungen und die Bildung von Strukturen (vgl. AEBLI 1993, 164ff). Im Hinblick auf eine produktiv ausgerichtete künstlerische Handlung (z.B. Komponieren) kommt der Wahrnehmung eine Doppelfunktion zu: *„Sie steuert die Erzeugung und beurteilt das Ergebnis"* (AEBLI 1993, 164).

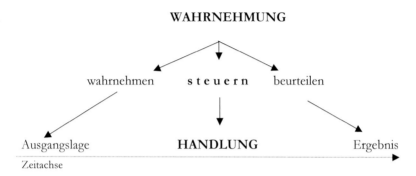

Abbildung 2.3: Die Steuerung einer Handlung durch die Wahrnehmung, nach AEBLI 1993, 165f.

Die Abbildung verdeutlicht die drei verschiedenen Phasen und Funktionen eines Wahrnehmungsprozesses: Wahrnehmung der Ausgangslage, Steuerung der eigentlichen Handlung und Beurteilung des Produktes der Handlung (vgl. AEBLI 1993, 165f).

Dem Handelnden ist die Intention seines Handelns stets bewusst. Dadurch kann er seine eigene Handlung verstehen, er weiß um die Beziehungen, welche die Handlung herstellen soll. Das Verstehen einer fremden Handlung ist hingegen wesentlich schwieriger, da die Ziele wenig oder gar nicht bekannt sind. Durch die Rekonstruktion einer fremden Handlung, d.h. durch die Beobachtung der einzelnen Handlungsschritte und dem Wissen um die Handlungsziele wird jedoch ein Verstehen möglich. Dieser Vorgang ist jedoch sehr komplex, denn die Beobachtung einer fremden Handlung umfasst

> *ein ständiges Hin und Her zwischen der Deutung der Absicht aus der Wahrnehmung des realisierten Teils und der Deutung der Teilhandlung aus der Kenntnis des angestrebten Ergebnisses* (AEBLI 1993, 168).

Die Nachkonstruktion einer Handlung stellt damit eine weitere Funktion der Wahrnehmung dar.

In Analogie zur Handlung gibt es auch in der Wahrnehmung Elemente niedriger und höherer Ordnung. Während Wahrnehmungseinheiten erster Ordnung („figürliche Wahrnehmung") einzelne Töne darstellen, kennzeichnet die Wahrnehmung zweiter Ordnung Folgen von zwei bis drei Tönen. Die nächsthöhere Ordnung stellen „Phrasen" dar, die sich aus ein bis drei Einheiten zweiter Ordnung zusammensetzen. Auf der nächsten Ordnungsebene stehen Vier- bzw. Achttaktgruppen und danach das ganze „Thema"[5] als Einheit. Die Fähigkeit zur Wahrnehmung elementarer Elemente hält Aebli „möglicherweise für angeboren, während die Wahrnehmung höherer Ordnungen nur über Lernprozesse möglich ist (vgl. AEBLI 1993, 171).

Die Ausführungen von Aebli bestätigen die Befunde von Piaget und Bruner, denen zufolge musikalische Lern- und Verstehensprozesse auf der Grundlage von „Handlungen" zu beginnen haben. Gleichzeitig verweist Aebli auf die enge Verknüpfung von Wahrnehmung und Handlung. Durch einen stetigen Rückkoppelungsprozess (Lernschleife) zwischen Handlung und Wahrnehmung werden beide Prozesse optimiert. Damit wird die Bedeutung eines produktiven und handelnden Umgangs mit Neuer Musik für ihr Wahrnehmen und Verstehen hervorgehoben. Darüber hinaus macht Aebli deutlich, dass die Rekonstruktion einer Komposition zu deren tieferem musikalischem Verständnis führt. Ein Wahrnehmen und Denken in Neuer Musik kann somit immer nur auf „Handlungen" basieren.

Bis in die 70er Jahre wurde die Lernforschung von kognitionspsychologischen Ansätzen dominiert, die sich mehrheitlich an informationstheoretischen Modellen (z.B. MOLES 1971) orientierten. Lernen wurde in diesem Zusammenhang als ein linear ausgerichteter Prozess der Informationsverarbeitung verstanden. Entwicklungen und Forschungen auf dem Gebiet der künstlichen Intelligenz (KI) bzw. die Möglichkeit, Informationen in zunehmendem Maße zu digitalisieren, machten es möglich, Lernprozesse am Computer über Netzwerkmodelle zu simulieren. Beeinflusst wurde die Vorstellung von sich in Netzwerken vollziehenden Lernprozessen von Rumelharts Theorie des „parallel distributed processing", auch PDP-Modell genannt (RUMELHART & MCCLELLAND 1986). Dieses Modell, das mitunter den (neuen) Konnektionismus beeinflusst hat, sagt aus, dass mentale Erkenntnisprozesse nicht als Summe nacheinander ablaufender Einzelentscheidungen zu verstehen sind,

---

[5] Aebli bezieht sich in seinem Beispiel auf den *Colonel-Bogey-Marsch* aus dem Film „Die Brücke am Kwai".

sondern dass infolge paralleler Vernetzungen gleichzeitig ein Vergleich verschiedener kognitiver Muster (pattern-matching) stattfinden kann. Dadurch wird der Erkenntnisvorgang selbst bei komplexen Mustern wesentlich schneller.

2.2 Neurobiologische Aspekte des Lernens

Durch neue Entwicklungen auf dem Gebiet der Hirnforschung wurde es möglich, Lernprozesse zunehmend auf der Basis hirnbiologischer Befunde zu untersuchen und zu beschreiben. Mittlerweile liefern die sogenannten Neurowissenschaften (Neuropsychologie, Neurobiologie, Neurophysiologie etc.) wichtige Aussagen über das Lernen und die Entwicklung spezieller Fähigkeiten. Die zentralen Aussagen kognitiver Theorien werden dadurch um die neurobiologischen Grundlagen des Lernens ergänzt und erweitert.

2.2.1 Die Architektur des Gehirns

Das periphere Nervensystem und das Zentralnervensystem bilden zusammen das menschliche Nervensystem. Das Gehirn, neben dem Rückenmark Bestandteil des Zentralnervensystems setzt sich aus verschiedenen Regionen wie Cortex, Kleinhirn, Thalamus, Hippocampus, Hirnstamm u.a. zusammen, die sich in phylogenetischer Hinsicht unterschiedlich entwickelt haben und jeweils spezifische Aufgaben übernehmen. Der Cortex (Großhirnrinde) ist für die Verarbeitung komplexer Sinnesreize sowie für kognitive Leistungen wie Sprechen Denken, Lernen zuständig. Allerdings wird der Cortex in dieser Funktion von anderen Regionen unterstützt. Der Thalamus dient als übergeordnete „Schaltstation" (THOMPSON 1990) für die wichtigsten sensorischen Reize, bevor sie in den Cortex gelangen. Der Hippocampus (limbisches System) ist mit dem Cortex eng verbunden und an Lernprozessen und Gedächtnisleistungen beteiligt. Er fungiert als „Trainer" des Cortex, d.h.

> *...er bietet die gespeicherte Information dem Kortex immer wieder dar und sorgt auf diese Weise für die vom Kortex benötigte repetitive Präsentation von neu zu lernenden Inputmustern* (SPITZER 1996, 221).

Ferner wird vermutet, dass bestimmte Regionen des limbischen Systems (einschl. Hippocampus) für emotionale Reaktionen (Freude, Wohlbefinden) verantwortlich sind (vgl. THOMPSON 1990, 26).

Der Cortex selbst ist eine stark gefaltete, ungefähr zwei Millimeter dicke Schicht. Sie besteht aus Neuronen sowie anderen Zelltypen und bildet die äußere Hülle der beiden Großhirnhemisphären mit einer Fläche von etwa 2200 cm². Ihre Oberfläche ist in mehrere Areale unterteilt.

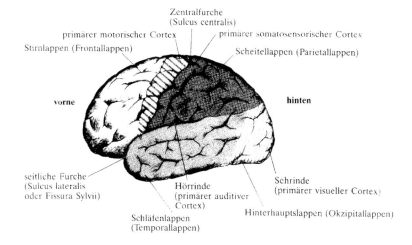

Abbildung 2.4: Darstellung der Großhirnrinde, aus: THOMPSON 1990, 30.

Die Abbildung zeigt die wichtigsten Unterteilungen der Großhirnrinde. In den sensorischen Feldern werden die entsprechenden Sinnesreize repräsentiert. Jedes der sensorischen Felder kann als eine „Karte" verstanden werden, d.h. als eine räumliche Projektion des Außenbereichs *„auf de[r] Eingangssignale ... nach Ähnlichkeit, Häufigkeit und Wichtigkeit (Relevanz) repräsentiert sind"* (SPITZER 1996, 116). Auch für die Wahrnehmung akustischer Reize existieren solche Projektionen, auf denen wie auf einer „Frequenzkarte" (SPITZER 1996) die einzelnen Töne räumlich angeordnet sind. Im Gegensatz zum visuellen Cortex, weist der auditive Cortex keine unproportionalen Projektionen auf. Alle Frequenzen sind daher gleichmäßig auf der entsprechenden Fläche verteilt. Dies bedeutet, dass es für bestimmte Frequenzen keine „Vorlieben" gibt. Die verschiedenen Frequenzen werden jedoch entsprechend räumlich kodiert. Tiefe Töne liegen auf der Cochlea bevorzugt vorne und hohe Töne eher hinten (vgl. MERZENICH et al. 1975).

Der menschliche Cortex besteht aus ca. 10^{11} (100 Milliarden) Nervenzellen (Neuronen). Diese sind über Axone und Dendriten miteinander verbunden und können sich gegenseitig über feinste Nervenfortsätze (Synapsen) erregen oder hemmen. Jedes Neuron verfügt ungefähr über 10 000 Synapsen, so dass ein dichtes Netz von etwa 200 Billionen Verbindungen entstehen kann. Mehrere Neuronen sind zu schmalen Säulen (Mini-Kolumnen) zusammengefasst, die sich wiederum zu „Makro-Kolumnen" bündeln und sich auf sechs Säulen erstrecken. Die Übermittlung und Verarbeitung von Informationen geschieht über elektrische Signale, welche über die Dendriten empfangen und längs an den Nervenzellen weitergeleitet werden. Am Ende des Axons wird durch das elektrische Potential im synaptischen Spalt eine Trägersubstanz (Transmitterstoff) freigesetzt, wodurch benachbarte Neuronen aktiviert werden können.

Jeder Bewusstseinsvorgang kann als ein Aktivitätsfluss innerhalb neuronaler Bahnen und Netze verstanden werden. Experimente des kanadischen Neuropsychologen Donald O. Hebb zwischen 1945 und 1949 ergaben, dass sich Zellen funktional zu Zellverbänden (cell assembly) zusammenschließen, die an der Wahrnehmung einer „Einheit" (z.B. eines Dreiecks) beteiligt sind (vgl. CALVIN 2000, 123). Bereits früher (1949) stellte Hebb Regeln über die Funktionsweise von Nervenzellen auf, die noch heute gültig sind. Eine dieser Regeln lautet, *„daß immer dann, wenn zwei miteinander verbundene Neuronen gleichzeitig aktiv sind, die Verbindung zwischen ihnen stärker wird"* (SPITZER 1996, 44). Durch gegenseitige Aktivierung der Neuronen bzw. durch deren Stimulation mit Sinnesreizen entstehen so neuronale Netzwerke, die als Verarbeitungseinheiten (Module) verstanden werden können und über viele Knoten miteinander verbunden sind. Solche Netzwerke oder „Verknüpfungsmuster" entstehen durch den adaptiven „Selbstorganisationsprozess" unseres Gehirns (MECHSNER 1992, 119). Die Musterstruktur steht dabei in direktem Zusammenhang mit der Qualität der aufgenommenen Umweltreize. Aus Computersimulationen weiß man, dass solche Netzwerke auch in der Lage sind zu „generalisieren", d.h. sie können als „Regelextraktionsmaschine" (SPITZER 1996) fungieren. Für diesen Vorgang bedarf es allerdings kleiner Lernschritte.

> *Damit sich in Netzwerken nicht nur einzelnes abbildet, sondern vielmehr allgemeine Strukturen des Input gelernt werden, ist das Lernen in kleinen Schritten unabdingbar* (SPITZER 1996, 54).

Die synaptischen Verbindungen zwischen den einzelnen Neuronen sind nur zu einem geringen Teil genetisch festgelegt. Sie bauen sich im frühen Kindesalter auf und nehmen bei entsprechend stimulierenden Umweltbedingungen rasch zu (vgl. Abb. 2.5). Möglichst intensive und vielfältige Erfahrungen führen so zu entsprechend komplex ausgebildeten neuronalen Verbindungen. Gerd Kempermann et al. (1997) konnten in diesem Zusammenhang zeigen, dass (erwachsene) Mäuse, die in einen mit stimulierenden Reizen angereicherten Käfig eingesperrt wurden, eine um ungefähr 15% höhere Anzahl von Nervenzellen im Hippocampus aufwiesen als Mäuse in einer Vergleichsgruppe mit einer reizarmen Umwelt. Aus Versuchen mit Ratten ist bekannt, dass während der ersten zwei Wochen nach der Geburt jede Nervenzelle im Sehzentrum über ungefähr vierzehn Kontakte mit benachbarten Zellen verfügt. Sobald die Ratten jedoch ihre Augen öffnen (Ratten kommen blind auf die Welt) steigt in den folgenden zwei Wochen die Zahl der synaptischen Verbindungen explosionsartig auf 8000 pro Zelle an. Diese beiden Befunde unterstreichen die hohe Bedeutung einer Stimulation durch Außenreize für den Aufbau und die Entwicklung neuronaler Verbindungen (zitiert in: VESTER 1997, 41).

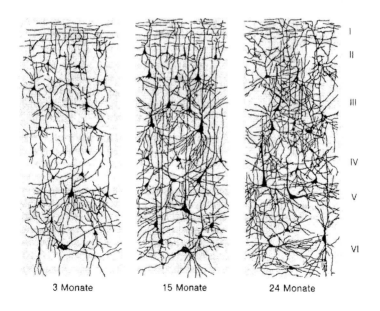

Abbildung 2.5: Die Entwicklung neuronaler Verbindungen während der ersten beiden Lebensjahre, aus: BIRBAUMER & SCHMIDT 1996, 576.

Die Abbildung zeigt sehr plastisch die Zunahme neuronaler Verbindungen zwischen dem dritten und fünfzehnten Monat.

Eine besondere Bedeutung kommt beim Aufbau neuronaler Strukturen dem kindlichen Spiel zu. Im Spiel werden bestimmte Verhaltensweisen antrainiert, indem sie wiederholt „durchgespielt" werden. Durch die stetige Wiederholung ändern sich langsam die Synapsenverbindungen im Netzwerk. Ebenso ist es in diesem Zusammenhang von Bedeutung, dass Kinder feste Strukturen brauchen, um überhaupt lernen zu können, denn von einem „chaotischen Input" können keine Regeln abgeleitet werden und es kann somit auch nichts gelernt werden (vgl. SPITZER 1996, 62f).

2.2.2 Neuroplastizität

Bis etwa Ende der 80er Jahre ging man davon aus, dass bestimmte Entwicklungsvorgänge im Gehirn einer biologisch bedingten und altersbezogenen Begrenzung unterliegen. Der kalifornische Ohrenarzt Michael Merzenich stieß bei der Behandlung hörgeschädigter Patienten durch Cochlea-Implantate (künstliches Innenohr) auf das allgemeine Prinzip der Neuroplastizität. Darunter wird die Fähigkeit des Gehirns verstanden,

> ...*sich ständig den Erfordernissen seines Gebrauchs anzupassen... Der Kortex erweist sich dabei als einzig anpassungsfähige und sich zugleich beständig selbst optimierende Struktur* (SPITZER 1996, 148).

Neuronale Umstrukturierungsvorgänge, die als Lernprozesse verstanden werden können, sind somit nicht auf ein bestimmtes Lebensalter beschränkt, sondern jederzeit möglich. Neuroplastische Veränderungen zeigten sich bei Patienten mit Cochlea-Implantaten darin, dass sie unmittelbar nach ihrer Operation nur seltsame rumpelnde und scheppernde Geräusche wahrnahmen. Nach etwa einem Jahr jedoch konnte ein beträchtlicher Teil der Patienten bereits Telefongespräche führen und somit die gesprochene Sprache verstehen. Im Gehirn haben in dieser Zeit demnach drastische „Umbauvorgänge" stattgefunden. Es hat gelernt, Geräusche zu entziffern, d.h. ihnen einen richtigen internen Code zuzuweisen (vgl. SPITZER 1996, 148f).

Inzwischen stehen entsprechende Forschungsarbeiten auch für den Bereich des Musiklernens zur Verfügung. Pascual-Leone et al. (1995) konnten in ihren Versuchen nachweisen, dass sich Hirnareale, auf denen die Beuge- und Streckmuskeln der Finger im motorischen Cortex projiziert sind, durch Übeprozesse in ihrer Plastizität verändern. Eine von insgesamt drei Versuchsgruppen erlernte auf dem Klavier ein Fünf-Finger-Übung, die über fünf Tage jeweils zwei Stunden praktiziert wurde. Die Probanden der zweiten Gruppe durften im gleichen zeitlichen Rahmen frei von Vorgaben auf dem Klavier spielen, was sie wollten. Die Mitglieder der dritten Gruppe, welche die Kontrollfunktion übernahm, spielten in dieser Zeit überhaupt nicht Klavier. Die Messungen zeigten in der ersten Gruppe nach fünf Tagen eine deutliche Vergrößerung der entsprechenden cortikalen Areale. Auch in der zweiten Gruppe konnte eine signifikante, wenn auch weniger drastische Zunahme nachgewiesen werden. In einem Folgeexperiment wurden zwei Gruppen verglichen, indem die eine Gruppe am Instrument und die andere ausschließlich mental übte. Überraschenderweise führten beide Trainingsarten zu den gleichen plastischen Veränderungen im motorischen Cortex. Diesem Experiment zufolge scheint eine rein mentale Anregung schon auszureichen, um Veränderungen neuronaler Aktivierungsmuster herbeizuführen. Analoge Untersuchungen (vgl. ELBERT et al. 1995), in denen die Repräsentation der Spielfinger (linke Hand) bei Geigern untersucht wurde, bestätigen diese Befunde.

2.2.3 Lateralisation

Der Cortex (Großhirnrinde) ist in zwei Hälften (Hemisphären) aufgeteilt. Die Mehrzahl der sensorischen und motorischen Regionen sind symmetrisch auf jeder der beiden Hemisphären angesiedelt, wobei sich die meisten Nervenbahnen überkreuzen. So wird etwa das rechte Gesichtsfeld beider Augen in der Sehrinde der linken Hemisphäre repräsentiert. Einige Funktionen unterliegen hingegen einer Lateralisation, d.h. sind asymmetrisch nur auf einer Hirnhälfte lokalisiert. Bewegungsbezogene, zeitliche Prozesse werden offenbar nur von neuronalen Prozessen der linken Gehirnhälfte gesteuert, während hingegen tonhöhenbezogene Aktivitäten überwiegend in der rechten Gehirnhälfte verankert sind (vgl. PÖPPEL 1993, 245). Eine solche lokal verteilte Funktionsrepräsentation zeigt sich mitunter bei Patienten mit Hirnverletzungen. Während ganz konkrete Leistungen des Gehirns (z.B. Farbsehen) Störungen aufweisen, bleiben die restlichen Bereiche voll funktionsfähig.

Bei nahezu allen Leistungen des Gehirns handelt es sich um ein höchst komplexes Zusammenspiel der verschiedenen Funktionsbereiche. Im sprachlich-musikalischen Bereich zeigt sich eine solche Verknüpfung etwa im Zusammenwirken der verschiedenen für das Sprechen und Singen notwendigen linguistischen Teilkompetenzen (lexikalische, syntaktische, semantische, phonetische und prosodische Kompetenzen). Menschen, die als Folge von Verletzungen ihre semantische Kompetenz verloren haben, können zwar unter Beachtung aller grammatischer Regeln flüssig sprechen, jedoch mangelt es dem Gesprochenen an Bedeutung. Ebenso ist die musikalische Wahrnehmung zwar in bestimmten Hemisphärenbezirken lokalisiert, sie ist jedoch mittels neuronaler Vernetzungen mit anderen Bereichen des Cortex verbunden. Eintreffende Reize (Klänge, Melodien, Rhythmen, Formverläufe etc.) erregen zunächst die zuständigen Bereiche des Gehirns (primärer auditiver Cortex), die aber sofort Informationen an andere Zellen weitergeben und andere Zell-Verbände erregen. Auf diese Weise werden bestimmte Ensembles aktiviert, die untereinander in Netzen zusammenwirken. Dies ist auch die Ursache dafür, dass das Hören von Musik stets mit anderen Wahrnehmungen, Erinnerungen, Gedanken, Assoziationen und Bildern verknüpft sein kann. Insofern werden im Cortex eine Vielzahl von Informationen miteinander in Beziehung gesetzt. Das menschliche Gehirn kann daher zutreffend auch als *„Informations-Mischmaschine"* (V. BRAITENBERG et al. 1992) beschrieben werden.

Eine Lateralisation scheint jedoch nicht nur in Zusammenhang mit Wahrnehmungsleistungen in Erscheinung zu treten, sondern ebenso die künstlerische Produktion zu beeinflussen. So spekuliert Pöppel (1993), dass emotional intendierte Bilder so gestaltet sind, dass die Aufmerksamkeit des Betrachters auf die linke Bildseite gezogen wird, denn die rechte Gehirnhälfte gilt als dominant für emotionale Bewertungen, die jedoch aufgrund der gekreuzten Nervenbahnen das linke Gesichtsfeld betreffen (vgl. PÖPPEL 1993, 234f).

Die verschiedenen auf dem Cortex verteilten elementaren Funktionsbereiche des Gehirns müssen, damit man sie als einheitliches (ästhetisches) Ereignis erlebt, miteinander koordiniert werden. Für die Koordination sind eine Reihe von Gehirnmechanismen verantwortlich, die sowohl auf die ästhetische Rezeption als auch auf die künstlerische Produktion einen Einfluss haben. Ein solcher Mechanismus tritt bei der Kontrolle des Tempos zutage. In der „Zeitkunst" Musik ist ein „richtiges" Tempo für das Verstehen eines Musikstücks maßgeblich. Ein falsches Tempo kann das Erkennen bestimmter Motive unmöglich machen. Die Kontrolle des Tempos ist jedoch nicht der Musik implizit, sondern wird von Mechanismen des Gehirns bestimmt, die insbesondere Bewegungsabläufe steuern. Vermutlich verbergen sich hinter solchen Mechanismen oszillatorische Prozesse (neuronale Schwingungen), die Neuronenpopulationen steuern. Untersuchungen im Rahmen der Anästhesieforschung haben ergeben, dass bei Patienten unter Narkose Tonreize zwar in den Sinneszellen des Ohres verarbeitet und diese an den Hirnstamm weitergeleitet werden, dass aber eine zeitliche Koordination der Aktivitäten nicht mehr möglich ist (vgl. PÖPPEL 1993, 238).

Ein ähnlicher Mechanismus ist für die Integration zeitlich aufeinander folgender Hirnaktivitäten verantwortlich. Dies ist notwenig, damit einzelne Ereignisse als Kontinuum erlebt werden. Zahlreiche Experimente (z.B. solche mit auditiven und visuellen Kippfiguren) haben ergeben, dass die zeitliche Integration von Ereignissen in einem Rahmen von bis zu drei Sekunden anzusiedeln ist. Innerhalb dieses Zeitintervalls werden alle mentalen Ereignisse miteinander verbunden. Ereignisse, die länger dauern, werden von diesem Mechanismus automatisch einer Segmentierung unterzogen. Gleichzeitig bekommt das Ereignis in diesem Zeitintervall aufgrund der Vernetzung neuronaler Aktivitäten ein emotionales „Etikett" (vgl. PÖPPEL 1993, 241).

Das neuronale „Gegenwartsfenster" von maximal drei Sekunden[6] beeinflusst damit nicht nur die ästhetische Wahrnehmung, sondern ebenso den künstlerisch-produktiven Bereich. In der Literatur finden sich zahlreiche Beispiele für eine zeitliche Segmentierung. Ebenso dauert die gesprochene Verszeile in vielen Sprachen bis zu drei Sekunden. Bei zahlreichen musikalischen Motiven dürfte eine entsprechende zeitliche Segmentierung ebenfalls nachzuweisen sein. Letztendlich kann dieser Mechanismus des Gehirns als eine universelle Rahmenbedingung angesehen werden, der sich unbewusst über Jahrhunderte hinweg auf einer syntaktischen Ebene das künstlerische Schaffen und das ästhetische Erleben untergeordnet haben (vgl. PÖPPEL 1993, 243).

2.2.4 Neuromusicology

Die neuen Möglichkeiten und Techniken hirnbiologischer Forschung, die Computertomographie (CRT), das Magnetresonanz-Verfahren (MRI) und das Elektroenzephalogramm (EEG) machen es mittlerweile möglich, musikalische Lern- und Verarbeitungsprozesse „direkt" zu untersuchen. Als Folge diese Entwicklung konnte sich ein neuer Wissenschaftsbereich mit der Be-

---

[6] Experimente zur Dauer des Kurzzeitgedächtnisses haben ergeben, dass neue Informationen nur bis zu einer Dauer von 3 Sekunden festgehalten werden können, es sei denn, diese Informationen werden „mental" wiederholt (PÖPPEL 1993, 245).

zeichnung „neuromusicology" etablieren, dessen Befunde im Folgenden präsentiert werden.

In vielen populären Darstellungen über die Funktionsweise des Gehirns wird behauptet, dass bestimmte Funktionen asymmetrisch nur einer Hirnhälfte (Hemisphäre) zugeordnet sind. Der rechte Hemisphärenbereich ist demzufolge für eine ganzheitliche und musikalische Verarbeitung der Sinnesreize verantwortlich und der linke Bereich für das sprachlich analytische Denken. Eine eindeutige rechte Lateralisation für die Verarbeitung musikalischer Reize konnte bislang jedoch nicht nachgewiesen werden. Als gesichert hingegen gilt, dass Sprache in mancher Hinsicht anders verarbeitet wird als Musik. Altenmüller (1992) konnte den Nachweis erbringen, dass bei einem nicht zielgerichteten Hören bei 40% der Teilnehmer eine rechtshemisphärische Aktivierung überwiegt, während bei 30% der Teilnehmer die linkshemisphärischen Gehirnaktivitäten dominieren. Bei einem analytisch ausgerichteten Hören (Melodie, Harmonik) reagierten beide Hemisphären ausgewogen. Insgesamt scheinen beide Hirnareale überwiegend asymmetrisch zusammenzuarbeiten.

Einen weiteren Unterschied konnte Altenmüller im Rahmen dieser Untersuchungen zwischen Laien und Musikern feststellen. Die musikalisch vorgebildeten Versuchspersonen nahmen die Melodien analytisch, im Sinne von aufeinander bezogenen Elementen wahr, während hingegen von den Versuchspersonen mit geringen musikalischen Vorerfahrungen die Melodien tendenziell gestalthaft gehört wurden. Musikalische Laien und Amateure zeigten folglich eine tendenziell rechtshemisphärische Lateralisation, während bei professionellen Musikern der linkshemisphärische Bereich der Großhirnrinde dominierte.

Kapitel 2: Lerntheoretische Grundlagen 93

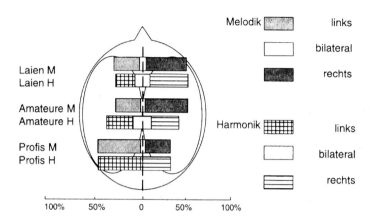

Abbildung 2.6: Unterschiede in der Lateralisation zwischen Laien und professionellen Musikern, aus: GRUHN 1995, 209.

Abbildung 2.6 zeigt die Unterschiede in der Lateralisation bei Laien, Amateuren und professionellen Musikern während der cortikalen Verarbeitung der musikalischen Aufgaben aus dem Bereich Melodik (M) und Harmonik (H). Musiker mit entsprechenden Erfahrungen und begrifflich-musikalischem Wissen (Profis) zeigen eine deutliche Verschiebung in den Aktivierungen auf die linke Hemisphäre (Altenmüller 1992, Manuskript, entnommen aus: GRUHN 1995, 209).

Das Ziel einer auf ein Wahrnehmen und Verstehen ausgerichteten musikalischen Vermittlung ist, diesen Versuchsergebnissen zufolge, nicht, wie aus pseudowissenschaftlicher Sicht zu vermuten ist, in einer Stärkung der rechten Gehirnhälfte zu sehen, sondern in der Aktivierung beider Hirnhälften. Die Verarbeitung musikalischer Reize ist damit idealerweise nie eindimensional ausgerichtet, sondern mehrdimensional. Dadurch wir ein „multiples Hören" möglich, dass sehr unterschiedliche Zugangsweisen zur Musik ermöglicht (vgl. GRUHN 1995, 211).

Nach dieser Studie von Altenmüller verlagert sich als Folge musikalischer Lernprozesse die cortikale Verarbeitung musikalischer Reize auf andere Hirnareale. Gegenstand einer auf dieser Studie aufbauenden Untersuchung von Gruhn und Altenmüller (1996) war die Hypothese, dass sich verschiedene

Lernzugänge in unterschiedlichen neuronalen Aktivierungsmustern widerspiegeln. Zu diesem Zweck wurde ein musiktheoretischer Sachverhalt mittels zweier sehr unterschiedlicher Zugangsweisen[7] erarbeitet.

An dieser Pilotstudie nahmen Schülerinnen und Schüler eines Freiburger Gymnasiums teil, deren musikalischer Kenntnisstand in etwa vergleichbar war. Den Schülern wurde während des Tests ein für sie bislang unbekanntes musikalisches Formprinzip - eine Periode - auf zwei unterschiedlichen Lernwegen vermittelt. Zur Durchführung des Experiments wurden die Probanden in eine Kontrollgruppe und zwei Lerngruppen unterteilt. Die erste Lerngruppe (L1) erhielt einen „traditionell" ausgerichteten Unterricht. Formen der Vermittlung waren hier: erklären, beschreiben, vergleichen, visualisieren und transferieren. Über genuin musikalische Tätigkeiten erfolgte die Erarbeitung des Formprinzips in der zweiten Gruppe (L2). Es wurde musiziert, improvisiert und Musik in Bewegung umgesetzt. Im Verlauf der Studie wurden insgesamt drei Tests bzw. Messungen durchgeführt, vor der Lernphase (t1), direkt nach der Lernphase (t2) und nach einem Jahr (t3).

In diesen Tests hatten die Schüler insgesamt sechzig Melodien zu beurteilen, ob sie „ausgewogen" und „abgeschlossen" sind. Während der Testphase wurden mittels EEG die negativen Aktivierungspotentiale der Teilnehmer gemessen. Sie gaben dem Versuchsleiter Aufschluss über mögliche Veränderungen neuronaler Aktivierungsmuster. Die Ergebnisse der Studie können wie folgt zusammenfasst werden: In beiden Lerngruppen (L1+L2) war der Wissenszuwachs nahezu identisch. Die Hirnstrombilder zeigen eine signifikante Zunahme der Aktivierungspotentiale, die jedoch je nach Lerngruppe in ganz unterschiedlichen Bereichen des Cortex lagen. Bei der ersten Lerngruppe (L1) konnte ein eindeutiger Anstieg an linkshemisphärischen Aktivierungen beobachtet werden. Die Lerngruppe L2 hatte eine Zunahme und Verdichtung an Aktivierungen in beiden Hemisphärenbereichen. Eine Testwiederholung nach einem Jahr (t3) ergab, dass die Langzeitwirkung der Lernleistung genauso mit den verschiedenen Aneignungsformen bzw. mit den cortikalen Aktivierungsmuster korrelierten. In beiden Lerngruppen (L1+L2) war zwar ein Leistungsabfall zu verzeichnen, er fiel jedoch in der Lerngruppe 2 (genuin musikalisches Lernen) deutlich geringer aus als in der Lerngruppe 1.

---

[7] Zur genauen Beschreibung des Unterrichtsverlaufs, siehe W. Gruhn: Wie Kinder Musik lernen, in: Musik und Unterricht, Heft 31, März 1995, S. 10 und 15.

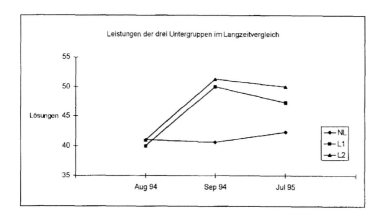

Abbildung 2.7: Leistungsänderung der drei Lerngruppen im Langzeitvergleich, aus: GRUHN 1998, 123.

Damit verifiziert sich die zu Beginn der Studie aufgestellte Hypothese und veranlasst Gruhn/Altenmüller zu folgendem Fazit:

>*‚Begriffliches Lernen', das zum Strukturwissen über Merkmale führt, verstärkt die Aktivitäten in den linkshemisphärischen Bereichen, während genuin musikalisches Lernen, das musikalische Repräsentationen aufbaut und so zu einem Handlungswissen darüber führt, wie eine Periode klingt, beidseitige Repräsentationen verstärkt* (GRUHN/ALTENMÜLLER 1996, 11).

Eine Folgestudie von Gruhn/Altenmüller (vgl. GRUHN 1998, 100ff) galt der Änderung cortikaler Aktivierungspotentiale während des Hörens und Lösens musikalischer Aufgaben[8]. Die Ausgangshypothese dieser Studie war, „*daß bestimmte Höraufgaben in klar definierten Bereichen der Hirnrinde verarbeitet werden, wobei rechte und linke Hirnhälfte zusammenarbeiten*" (GRUHN 1998, 100). Die 10 musikerfahrenen Versuchspersonen im Alter von 17 bis 40 Jahren sollten im Rahmen einer Höraufgabe bei insgesamt 60 Fünftonfolgen nach einmaligem Hören nur in ihrer Vorstellung den Krebs dieser Tonfolge bilden und mit einer

---

[8] Eine ausführliche Darstellung und Diskussion des Versuchs befindet sich in: GRUHN (1998, 100ff).

nachfolgend vorgespielten Fünftongruppe vergleichen. Dabei mussten sie entscheiden, ob sie einen „korrekten" oder „falschen" Krebs hörten. Während der Höraufgaben wurden den Probanten die Potentiale der Hirnaktivitäten (EEG) über sechs Elektroden auf der rechten und linken Hemisphäre gemessen. Der Messvorgang wurde in drei Phasen unterteilt:

Hören	Vorstellung	Entscheidung
stimulus phase	*audiation phase*	*decision phase*

In den Messergebnissen unterschieden sich die drei Verarbeitungsphasen deutlich voneinander. Die höchste Aktivierung konnte in der Entscheidungsphase beobachtet werden. Insgesamt ergaben die Messungen eine leichte Linkslateralisation in den Aktivierungen. Die Phase der inneren Vorstellung (audiation phase) hob sich deutlich von den beiden anderen ab. Sie aktivierte linkshemisphärisch stärker als die erste Phase (stimulus phase) und blieb - rechtshemisphärisch weitgehend unterhalb der Aktivierung in der ersten Hörphase. Der Sachverhalt, dass während der Vorstellungsphase (audiation phase) die linke Hemisphäre stärker aktiviert ist und beim bloßen Hören die rechte Gehirnhälfte eine stärkere Aktivierung aufweist, deutet darauf hin, dass bei diesen beiden Phasen jeweils andere Verarbeitungsmodi zum Tragen kommen. Die Auswertung der Einzelergebnisse ergab deutliche Unterschiede in den Hemisphärendominanzen in Abhängigkeit von den zur Lösung der Aufgabe verwendeten kognitiven Strategien. So zeigte etwa eine Versuchsperson eine leichte rechtshemisphärische Dominanz. Sie gab vor der Messung an, ihr instrumentales Musikrepertoire nach Gehör zu lernen, da sie keine Noten lesen könne.

Eine weitere in diesem Umfeld entstandene Studie (GRUHN 1998, 57) beinhaltet die Aneignung des dorischen Modus[9]. Zwei Lerngruppen (L1+L2) sollten über zwei unterschiedliche Aneignungsformen dieses Melodieprinzip erlernen. Ein weiteres Ziel lag darin, den dorischen Modus von „Moll" hörend unterscheiden zu lernen. Die erste Gruppe (L1) erwarb den Unterrichtsinhalt „dorisch" in Form von deklarativem Wissen über verbale Erläuterungen zum Aufbau der jeweiligen Tonleiter (nebst visueller Hilfen), die anschließend an-

---

[9] Es sei an dieser Stelle angemerkt, dass eine musiktheoretische Diskussion dessen, was von den Forschern als „dorisch" bzw. als „Periode" charakterisiert wurde, zwar unumgänglich erscheint, jedoch den thematischen Rahmen dieser Arbeit sprengen würde.

hand entsprechender Hörbeispiele verdeutlicht wurden. In der zweiten Gruppe (L2) erfolgte der Zugang „prozedural" über Singen, Spielen, Bewegen und Improvisieren. Die Lernphase in der zweiten Lerngruppe (L2) erstreckte sich insgesamt über ca. 5 Monate. Die Unterweisung erfolgte ein- bis zweimal wöchentlich jeweils eine Stunde und wurde durch Übungsmaterial auf Kassetten ergänzt. Bei beiden Lerngruppen fiel auf, dass sie zwar auf Grund ihres schulischen und instrumentalen Unterrichts wussten, wie beide Skalen bezüglich der Verteilung der Halbtonschritte aufgebaut sind, sie jedoch mit diesem Wissen keinerlei Klangvorstellungen verbinden konnten. Erst durch wiederholtes Hören, eigenes Musizieren und Improvisieren erwarben die Schüler der zweiten Lerngruppe allmählich eine klangliche Vorstellung von Dorisch und Moll.

Die Auswertung der Versuchsergebnisse ergab, dass trotz der verhältnismäßig langen Lernzeit (5 Monate) nicht alle Schüler entsprechende musikalische Repräsentationen ausgebildet hatten, um Dorisch von Moll unterscheiden zu können. In beiden Lerngruppen gab es jeweils 3 Versuchspersonen, deren Lösungsverhalten nahe legt, dass sie die nötigen Unterscheidungskriterien erworben hatten. Das bedeutet, dass nicht alle Schüler aufgrund ihrer Begabungshöhe in der Lage waren, entsprechende Repräsentationen auszubilden. Im Hinblick auf die neuronalen Aktivierungsmuster lassen sich zwischen beiden Messungen (jeweils vor und nach der Unterweisung) sowohl signifikante Veränderungen bezüglich der Lösung der Aufgaben als auch bezüglich der topographischen Verteilung und Lateralisation nachweisen.

Die Art des Lernens schlägt sich in den neuronalen Aktivierungspotentialen und topographischen Aktivierungskarten nieder, die unmittelbar mit der Art der Repräsentationen zusammenhängen, die im Lernen erworben wurden. Dies müsste für die Dauerhaftigkeit und Verfügbarkeit der erworbenen Lerninhalte nicht unerheblich sein (GRUHN 1998, 66).

Zusammenfassend lässt sich sagen, dass Wahrnehmen und Denken in neuronalen Bahnen und Netzen verlaufen. Lernprozesse können in diesem Zusammenhang als Auf- und Ausbau neuronaler Netze sowie Umstrukturierung neuronaler Aktivierungsmuster verstanden werden. Für den Lernerfolg ist der Lernmodus, das Lerntempo sowie die Struktur der dargebotenen Reize von elementarer Bedeutung. Die Vermittlung musikimpliziter Inhalte sollte über sehr unterschiedliche Darbietungsformen und handlungsbezogenen, d.h. praktischen Umgang (prozedurales Wissen) mit Musik vollzogen werden. Dabei ist es wichtig, dass die konkrete Vermittlung stets in kleinen, sich wiederholenden Schritten erfolgt und in inhaltlicher Hinsicht stets auf ganz bestimmte Strukturen und Prinzipien ausgerichtet ist. Längerfristig sollten die musikalischen Erfahrungen jedoch möglichst vielfältig und differenziert angelegt sein. Durch diese Form musikalischer Vermittlung wird eine „multiple" Musikrezeption möglich, d.h. die Wahrnehmung von Musik kann über sehr unterschiedliche Zugangsweisen erfolgen.

An dieser Stelle ist erneut zu fragen, ob der Sonderstatus der Neuen Musik im Hinblick auf ihre Vermittlung auch aus der Perspektive der Hirnforschung bestätigt wird. Diese Frage ist insofern zu bejahen, als dieser Sonderstatus dann zum Ausdruck kommt, wenn es um das Erlernen eines bestimmten musikalischen Prinzips („Grammatik") geht. Entsprechende Lernprozesse benötigen wie oben dargelegt einen verhältnismäßig langen Zeitraum. In der Neuen Musik sind oft mehrere dieser Prinzipien in einer einzelnen Komposition vorzufinden. Dadurch sind einer umfassenden Vermittlung Neuer Musik von Anfang bestimmte Einschränkungen auferlegt. Darüber kann eine nicht geringe Anzahl dieser Prinzipien rezeptiv gar nicht erfasst und somit auch nicht „erlernt" werden.

Der Sonderstatus Neuer Musik zeigt sich ebenso im Bereich der Wahrnehmung. Die neuronale Verarbeitung von Sinnesreizen arbeitet nach dem „Bottom-up" und „Top-Down"-Prinzip. Das hat zur Folge, dass das Wahrgenommene im Rahmen eines festen und erlernten mentalen Bezugssystems jeweils eine Bestätigung oder Zurückweisung einer Hypothese („Vor-Urteil") darstellt. Gleichzeitig bestimmt dieses Prinzip, was überhaupt wahrgenommen werden soll. Demzufolge ist die musikalische Wahrnehmung primär in auf Erfahrung beruhende Ordnungsstrukturen eingebettet. Sie versagen, wenn (wiederholt) neue und in mehrfacher Hinsicht unstrukturierte musikalische Reizmuster angeboten werden. Gleichzeitig verhindert die der Neuen
103
Musik implizite Heterogenität den Aufbau solch spezifischer Ordnungsstrukturen. Einer Vermittlung Neuer Musik werden damit aus der Sicht der Hirnforschung Grenzen aufgezeigt, deren Ursachen primär in der heterogenen Erscheinungsweise Neuer Musik (siehe oben) zu suchen sind. Trotz diesen Einschränkungen erscheint es jedoch möglich, durch ein nach den Befunden der Hirnforschung gestaltetes Lernangebot das Wahrnehmen und Verstehen Neuer Musik grundlegend zu verbessern.

2.3 Sprachliche Kodierung

Musik ist in ihrer klingenden Gestalt nicht begrifflich. Ein Wahrnehmen und Verstehen von Musik muss daher nicht unbedingt an Sprache gebunden sein. Um Musik beschreiben und über sie kommunizieren zu können, wird es jedoch notwendig, sie in Begriffe zu fassen, sie sprachlich (semantisch) zu kodieren. In der Praxis geschieht dies in aller Regel durch die Beschreibung musikalischer Eigenschaften und durch Verwendung spezieller Fachtermini. In der aktuellen Lernpsychologie ist es heute üblich, zwischen zwei Hauptklassen von Begriffen zu unterscheiden: den „Eigenschaftsbegriffen" und den „Erklärungsbegriffen" (EDELMANN 1994, 214). In einem engeren Sinne ist der „Eigenschaftsbegriff" als sprachliche Bezeichnung eines Kategorisierungsvorganges zu verstehen. *„Begriff bedeutet hier soviel wie Kategorisierung plus Begriffsname"* (ebd.). Eine erweiterte Bedeutung liegt im wissenschaftlichen Sprachgebrauch vor, hier sind „Kategorie" und „Begriff" nahezu identisch. Als „Erklärungsbegriffe" hingegen werden Begriffe bezeichnet, *„die zu der Kategorisierung noch eine Erklärung des beschriebenen Sachverhaltes anbieten"* (ebd., 215). Erklärungsbegriffe stehen dabei stets in Bezug zu einem theoretischen Modell.

2.3.1 Begriffsbildung in Aeblis „kognitiver Handlungstheorie"

Aebli hat sich im Rahmen seiner „Kognitiven Handlungstheorie" (1993/1994) grundlegend mit der Funktion von Begriffen und dem Begriffsaufbau auseinander gesetzt. Für Aebli ist der Begriff ein „Werkzeug des Denkens" (AEBLI 1994), der im Rahmen der Erkenntnisgewinnung vielfältige Funktionen einnehmen kann. Eine erste Funktion des begrifflichen Denkens liegt in der

Distanzierung von der Situation, Isolierung der in ihr enthaltenen Elemente und Beziehungen, reine durchsichtige Fassung der Struktur (der ‚Ordnung'), Abgrenzung derselben aus dem Kontext, bei gleichzeitiger Klärung der Beziehung zu diesem (AEBLI 1994, 84).

Dadurch erfährt die Wirklichkeit für den Begriffsbildner eine gewisse Objektivierung und wird für ihn gleichzeitig nicht nur handelnd, sondern jetzt auch begrifflich erfassbar. Die Zusammenhänge, die den Begriffsinhalt konstituieren, werden durch ihre begriffliche Darstellung „konsistent" und „transparent". Eine weitere Funktion des Begriffs ergibt sich in Zusammenhang mit den „Operationen" (siehe oben). Diese sind zwar von der konkreten Handlung losgelöst und abstrakt, jedoch immer noch an eine zeitliche Abfolge gebunden. Der Begriff ermöglicht es, die Struktur der Operation zu einer zeitlosen Struktur zu objektivieren. Gleichzeitig erhält der Betrachter durch die begriffliche Assimilation der Wirklichkeit ein aktives, dem jeweiligen Gegenstand nachgebautes „Bild" dieser Wirklichkeit. Aktiv in dem Sinne, dass die einzelnen, den Begriff konstituierenden Elemente aufgesucht und entsprechend der Begriffsstruktur miteinander in Beziehung gebracht werden. Dadurch wird dem Lerner die Struktur des Ganzen bewusst, d.h. er *"kann die Teile nennen, und er kann sagen wie sie zusammenhängen"* (AEBLI 1994, 86).

Ein Begriff ermöglicht zudem eine Einsicht in seinen Inhalt. Das umschließt zunächst die Einsicht in die selbstdachte gedankliche Struktur und in die Erscheinung, auf die der Begriff angewendet wird. Eine weitere Funktion des Begriffs liegt in der Repräsentation von „Invarianzen", die dann gegeben sind, wenn ein Begriff

> *eine Erscheinung erfasst, die sich in der Wirklichkeit zwar in verschiedener Weise manifestiert, wobei jedoch bei aller Veränderung (Transformation), ein gewisser Tatbestand, eine gewisse Größe, <u>invariant</u>*[10] *bleibt* (AEBLI 1994, 88).

„Begriff" und „Handlung" stehen für Aebli im Kontext seiner „Kognitiven Handlungstheorie" in enger Verbindung zueinander:

> *der Begriff ist zugleich Abkömmling und Werkzeug des Handelns. Er ist Abkömmling, des Handelns, insofern er aus dem Handeln und aus der Wahrnehmung hervorgeht, Werkzeug insofern er ihm als Instrument der Deutung von Gegebenheiten und der Zusammenfassung von Erkenntnissen dient* (AEBLI 1994, 97).

Insofern sind „Begriff" und „Handlung" durch gemeinsame Wesensmerkmale gekennzeichnet, Beide dienen der *"Assimilation der Wirklichkeit"* (AEBLI 1994, 85f), verfügen über eine gleiche kognitive Struktur als „Schema" (AEBLI 1994, 195) und werden konstruktiv aufgebaut. Trotz ihrer Gemeinsamkeiten sind zwischen Handlung und Begriff Unterschiede zu erkennen. Ein Unter-

---

[10] Die Hervorhebung stammt von Aebli (1994).

schied wird in der zeitlichen Dimension deutlich. Während die Handlung als eine zeitliche Abfolge von Teilhandlungen nur in einer konkreten sequenziellen Abfolge durchgeführt werden kann, ist der Begriff zeitlich (und örtlich) ungebunden. In seiner kognitiven Struktur als „Schema" kann er deshalb aus sehr unterschiedlichen Perspektiven beleuchtet werden und je nach Kontext können verschiedenen Merkmale in den Vordergrund treten. Es kristallisiert sich dabei heraus, dass Begriff und Begriffsbildung stets einen subjektiven Charakter annehmen. Ein weiterer Unterschied zwischen Handlung und Begriff zeigt sich in der Anschaulichkeit. In einer Handlung sind die einzelnen Handlungselemente und deren Beziehung deutlich erkennbar und nachvollziehbar. Der Begriff hingegen kann nur in einem begrenzten Umfang, d.h. nur bei konkreten Begriffen durch einen Referenten veranschaulicht werden (vgl. AEBLI 1994, 83ff).

Die Begriffsbildung versteht Aebli im Gegensatz zur aristotelisch-empirischen Tradition nicht als einen abstrahierenden, sondern in Anlehnung an Piaget (1947) als einen hierarchisch strukturierten und konstruktiven Prozess. *„Der Begriffsinhalt wird ... Schritt für Schritt aufgebaut, nicht aus „Exemplaren" abstrahiert oder extrahiert"* (AEBLI 1994, 98). Herkunft und Ursprung des begrifflichen Denkens liegen für Aebli in der Handlung. Insofern basieren alle Begriffe stets auf Handlungswissen, und der Aufbau von Begriffen erfolgt aus der konkreten Handlung heraus.

Für die eigentliche Konstruktion von Begriffen ist es notwendig, dass die aus dem Handeln hervorgegangenen und einen jeweiligen Begriff konstituierenden Ausgangselemente ausnahmslos im Wissensrepertoire des Begriffsbildners zur Verfügung stehen. Ein neuer Begriff ist für Aebli deshalb immer nur die Kombination bereits vorhandener Elemente (AEBLI 1994, 99). Dabei werden Einheiten höherer Ordnung gebildet und diese Ordnungen in neue Verknüpfungen eingebunden. Zu den grundlegenden Bedingungen für eine erfolgreiche Begriffsbildung zählt deshalb die richtige Verknüpfung derjenigen Elemente, die dem Begriffsaufbau dienen (AEBLI 1994, 99). Zunächst ist die Begriffsbildung hierarchisch angelegt. Aus verschiedenen Ausgangselementen wird ein Begriff gebildet, mehrere Begriffe werden zusammengefasst und bilden auf einer nächsthöheren Ebene einen die gemeinsamen Inhalte der untergeordneten Begriffe umschließenden Begriff. Dies impliziert eine zunehmende Komplexität des Begriffsinhaltes (vgl. „Komplexionshierarchie"; DÖRNER 1977). Im Zuge der Begriffsbildung entsteht auf diese Weise ein Netz von hierarchisch strukturierten Beziehungen. Indem der Begriffsbildner diese Beziehungen jedoch allmählich objektiviert, relativieren sie sich (vgl. AEBLI 1994, 103). Der Begriff bezeichnet ein Objekt innerhalb dieses Beziehungsgeflechtes, wobei „*der Kern des Begriffs eigentlich nicht das Objekt ist, das dem Begriff den Namen gibt, sondern die Beziehung, in der dieses Objekt auftritt*" (AEBLI 1994, 106). Damit resultiert die Bedeutungskonstitution letztendlich aus dem kontextuellen Bezug der Objekte zueinander. Die ursprünglich vorhandene Hierarchie spiegelt sich nur noch in der „Ausrichtung" des untergeordneten Begriffs auf den übergeordneten Begriff. Gleichzeitig offenbart sich darin die „Abhängigkeit" der Begriffsspitze von der Handlungsbasis (vgl. AEBLI 1994, 107). Bezogen auf den „handelnden" Ursprung des begrifflichen Denkens kann dieses Beziehungsgeflecht auch als ein Netz „kumulativen Handlungswissens" verstanden werden (AEBLI 1994, 104).

Die Erkenntnisse von Aebli, denen zufolge der Erwerb eines Begriffsrepertoires handlungsbezogen, d.h. über den Erwerb von prozeduralem Wissen zu erfolgen habe, werden durch aktuelle Befunde neurophysiologischer Untersuchungen (siehe oben) bestätigt. So folgern Altenmüller und Gruhn aus einer Studie (siehe oben), in der das Erlernen eines musiktheoretischen Sachverhaltes (Periode) einmal auf prozeduralem Wege und einmal auf deklarativem Wege untersucht wurde, dass

> ...*der Erwerb musikalischer Vorstellungen ... an körperlich durch Bewegen, Singen und Spielen erworbenen Mustern ansetzen [muss], bevor begriffliche Benennung, symbolische Übertragung (Notation) und theoretische Erklärung sinnvoll hinzutreten können. Musik kann nur musikalisch und nicht über Begriffe und Regeln gelernt werden* (ALTENMÜLLER/GRUHN 1997, 112).

2.3.2 Semantische Netzwerke

Eine Möglichkeit die Repräsentation von Wissen darzustellen sind (semantische) Netzwerkmodelle (z.B. RUMELHART, LINDSAY & NORMAN 1978). Diese Modelle gehen davon aus, dass die grundlegenden Elemente, aus denen sich unser Wissen zusammensetzt, sogenannte „Propositionen" sind, die als kleinste Bedeutungseinheiten verstanden werden. Eine Proposition besteht stets aus mindestens zwei Elementen, einem Begriff und einer „Relation". In der Relation der verschiedenen Objekte spiegelt sich die Begriffshierarchie. Die eigentliche Bedeutung eines Begriffs ergibt sich aus den Beziehungen zu den anderen Begriffen. Mehrere Propositionen sind über „Knoten" zu Netzwerken miteinander verknüpft. Komplexere Wissenseinheiten werden in solchen Netzwerktheorien als „Schemata" oder „Skripte" bezeichnet. Ein weiteres Merkmal solcher Netzwerkmodelle ist, dass sich die Knoten einer Netzstruktur hinsichtlich ihres „Aktionsniveaus" unterscheiden. Das Niveau ist umso höher, je häufiger ein Wissenselement aktiviert wird (siehe auch Hebbsche Regel). Die Erregung geht dabei von bestimmten Knoten aus, die durch Wahrnehmung äußerer Reize (z.B. Musik) aktiviert werden. Der Vorteil[11] solcher Netzwerkmodelle ist darin zu sehen, dass sie eine differenzierte Repräsentation der Struktur eines Begriffs sowie dessen Beziehungen zu anderen Begriffen ermöglichen.

In Anlehnung an solche Netzwerkmodelle hat Gruhn (1998, 36) ein semantisches Netz des Tritonusklangs erstellt.

---

[11] Ein Nachteil von Netzwerkmodellen ist darin zu sehen, dass die Darstellung einer „multiplen Repräsentation" von Wissensinhalten in solchen Modellen nicht möglich ist. Eine grundlegende Diskussion von Netzwerkmodellen würde jedoch den thematischen Rahmen dieser Arbeit sprengen. Es sei deshalb auf entsprechende Diskussionen in der Fachliteratur verwiesen (z.B. EDELMANN 1994, 260f).

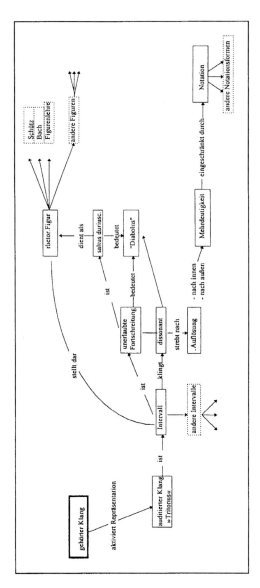

Abbildung 2.8: Semantisches Netz des Klanges „Tritonus", aus: GRUHN 1998, 36.

Abbildung 2.8 zeigt die zahlreichen, mit dem Begriff „Tritonus" vernetzen Wissenselemente bzw. Begriffe. Der Ausgangspunkt der Netzstruktur bildet hierbei die aus der musikalischen Erfahrung (prozeduralem Wissen) resultierende mentale Repräsentation des Klanges. Durch die Verknüpfung dieses Begriffs mit musiktheoretischem und musikhistorischem Wissen entsteht ein zunehmend dichter werdendes und weit verzweigtes semantisches Netz, das wiederum mit anderen Netzen verbunden ist. Durch musikalische Reize wird das Netz bzw. werden einzelne Wissenselemente aktiviert und fließen so in den Rezeptionsprozess mit ein (vgl. GRUHN 1998, 35).

Im Hinblick auf den Erwerb musikalischer Fachbegriffe in der Unterrichtspraxis können aus den oben dargelegten Befunden folgende Konsequenzen gezogen werden: Die Begriffsbildung dient hier der Klärung von Strukturen, dem Erfassen von Bezügen sowie der besseren Verankerung der Inhalte im Gedächtnis. Obwohl Musik, um sie wahrnehmen und verstehen zu können, nicht des Mediums Sprache bedarf, führt ihre sprachliche Kodierung zu einem tieferen Verständnis. Begriffe sollten im Musikunterricht nach Möglichkeit vom Lehrer nicht vermittelt, sondern von den Schülern selbst gebildet werden, was gleichzeitig auf den subjektiven Charakter einer Begriffsbildung verweist. Die Bildung eines Begriffsrepertoires ist als Aufbauprozess zu verstehen, an dessen Anfang stets eine Handlung steht. Alle Elemente, aus denen sich der Begriffsinhalt zusammensetzt, müssen dabei im Wissensrepertoire des Begriffsbildners vorhanden sein. Die verschiedenen Elemente stehen in einer gewissen Beziehung zueinander, aus der sich die eigentliche Bedeutung des Begriffes ergibt. Zwischen der Handlung und dem eigentlichen Fachbegriff kann als wichtiges und sinnvolles Zwischenglied auch die umgangssprachliche Bezeichnung oder Beschreibung eines Begriffsinhaltes stehen. Ein umfassendes musikalisches Begriffsrepertoire ist nicht als eine isolierte Ansammlung verschiedener Begriffe, sondern als ein Netzwerk von miteinander in Beziehung stehenden Begriffen zu verstehen.

Betrachtet man die Begriffsbildung im Zusammenhang mit der hier intendierten Vermittlung Neuer Musik, so deutet sich ebenso ein gewisser Sonderstatus an. Viele in der Neuen Musik verwendeten Fachtermini beziehen sich auf einen ganz konkreten musikalischen Kontext, einen speziellen musikalischen Sachverhalt oder einen ganz bestimmten Bereich der Neuen Musik. So sind etwa die „Klangtypen" von Lachenmann (1996) nur für einen speziellen Bereich der Neuen Musik anwendbar. Das bedeutet jedoch nicht, dass sich an den grundlegenden Prinzipien der Begriffsbildung etwas ändert.

2.4 Symbolische Kodierung

Musik wird nicht nur begrifflich kodiert, sondern zu ihrer Tradierung, Reproduktion und Analyse zumindest in großen Teilen der westlichen Kultur anhand konventioneller Notensymbole schriftlich dargestellt. Ebenso wie die sprachliche Kodierung muss die symbolische Kodierung erlernt werden. Studien, bei denen Kinder Musik in selbsterfundene Notationsformen übertrugen, besagen, dass die konkrete Gestaltung der Notation Auskunft darüber gibt, in welcher Form Musik von den Kindern mental repräsentiert wird. Somit besteht ein direkter Zusammenhang zwischen Notationsform und musikalischem Entwicklungsstand.

Davidson und Scripp stellten in einer Langzeitstudie (1988) bei Kindern im Alter zwischen fünf und sieben Jahren eine Hierarchie in der Repräsentation musikalischer Merkmale fest.

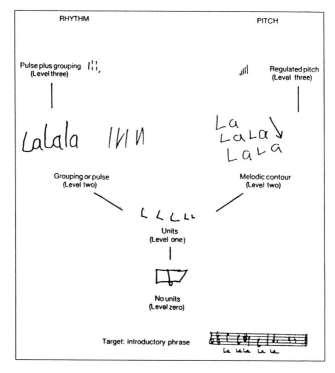

Abbildung 2.9: Notationsversuche des Liedes „Row, row, row your boat", aus: DAVIDSON & SCRIPP 1988, 213.

Abbildung 2.9 zeigt die verschiedenen Ebenen der Rhythmus- und Tonhöhendarstellung des Liedes „Row, row, row your boat". Die Langzeitstudie ließ die generelle Tendenz erkennen, dass Kinder zwischen fünf und sechs Jahren das Lied lediglich auf der Ebene musikalischer Einheiten (Gestalten) notieren können. Im Alter von sieben Jahren zeigte sich ein dramatischer Anstieg im Vermögen, sowohl rhythmische (Puls, Gruppierung) als auch melodische (Tonhöhenbeziehungen) Aspekte zu berücksichtigen (vgl. DAVIDSON & SCRIPP 1988, 214).

Bamberger (1982; 1991) untersuchte insgesamt 186 Kindernotate von vier bis achtjährigen Kindern. Im Rahmen der Untersuchung wurden die Kinder aufgefordert, einen gemeinsam über Klatschen erfundenen Rhythmus (class piece) so zu notieren, dass die Notation am folgenden Tag hilft, sich wieder an den Rhythmus zu erinnern oder es einem Schüler, der nicht anwesend war, am folgenden Tag ermöglicht, den Rhythmus nach der Notenvorlage zu reproduzieren.

Bei der Auswertung der Kindernotate konnte Bamberger die folgende Typologie einer mentalen Repräsentation rhythmischer Strukturen erkennen.

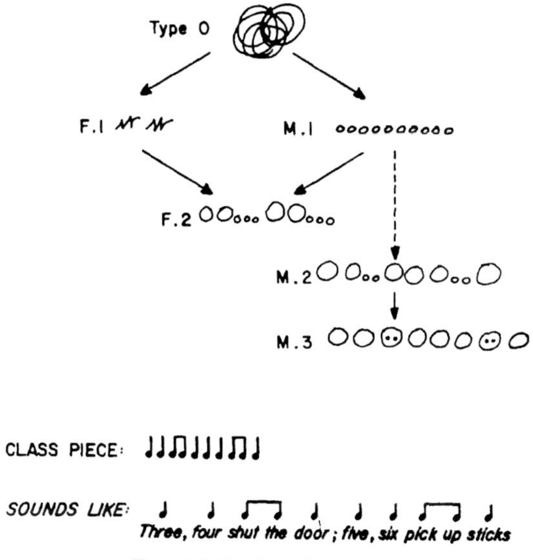

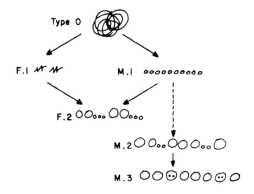

Figure 8.1. Typology of drawings.

Abbildung 2.10: Verschiedene Typen der Repräsentation rhythmischer Strukturen, aus: BAMBERGER 1982, 194.

Beim ersten Typus (type 0) handelt es sich um Kritzelzeichnungen (rhythmic scribbles) von vier bis fünfjährigen Kindern. Die für Kinder typische spiralförmige Struktur repräsentiert den motorischen Bewegungsablauf, der beim Klatschen des Rhythmus entsteht. In den Untersuchungen konnte Bamberger zudem beobachten, dass die Kinder ihre Zeichnungen in einer gleichmäßigen und fließenden Bewegung anfertigten.

I saw the children moving their hands continuously but also with a regular pulsing motion – each circular scribble keeping a steady beat. That is, as the children moved there hands, they did not copy the rhythm of the Class Piece – the longs and shorts they had previously clapped; instead the seemed to be responding to the pulse that was going on the backround (BAMBERGER 1991, 48).

Die Spiralzeichnungen stellen somit nicht die ikonische Abbildung des konkret geklatschten Rhythmus dar, sondern sind als Umsetzung der Körperbewegungen beim Klatschen zu verstehen. Die Punkte (siehe type 0) stellen zwar eine andere Form der Abbildung dar, betreffen jedoch den gleichen musikalischen Entwicklungsstand. Der Rhythmus wurde hier unmittelbar mit dem Bleistift auf das Papier geklopft, ohne dass dabei die metrischen Verhältnisse berücksichtigt wurden. Bamberger spricht bei beiden Darstellungsformen von einer „reflection-in-action" (BAMBERGER 1991, 45ff).

Auf der nächsten Stufe (type 1) orientieren sich die beiden Darstellungsweisen „figurale Gruppierung" (F.1) und „metrische Reihung" (M.1) am tatsächlichen Rhythmus des Klassenstückes (class piece). Die Form der Darstellung ist auf diejenigen Eigenschaften des Rhythmus ausgerichtet, denen die Kinder ihre Aufmerksamkeit zuwenden. Bei der ersten Darstellungsweise (F.1) konnte Bamberger beobachten, dass der Rhythmus in den unterschiedlich schnellen Bewegungen der Auf- und Abstriche selbst repräsentiert wird: zunächst langsam (λ), dann schnell (λ/), und vor der Wiederholung der ersten Rhythmusgruppe (siehe Klassenstück) wurde der Bleistift kurz abgesetzt. In der zweiten Notationsweise (M.1) wurde der Rhythmus als Folge einzelner metrischer Impulse dargestellt. Der zweite Notationstypus (type 1) stellt damit eine grundlegende Weiterentwicklung des ersten dar und ist durch folgende Merkmale gekennzeichnet:

- die korrekte Anzahl der metrischen Ereignisse;
- die konventionelle Ausrichtung der Darstellung, die von links nach rechts führt;

- die zwei klar artikulierten mit dem Rhythmus (class piece) korrespondierenden graphischen Figuren (vgl. BAMBERGER 1991, 52).

Die „reflection-in-action" ist in eine „reflection-of-action" übergegangen (BAMBERGER 1991, 54ff). Ein weiterer Entwicklungsschritt (type 2) zeigt sich in den Darstellungen F.2 und M.2. In beiden Fällen ist die Abfolge der einzelnen metrischen Impulse korrekt wiedergegeben. Jedoch unterscheiden sie sich voneinander durch die Art ihrer Gruppierung. Im ersten Beispiel (F.2) bilden die ersten zwei Impulse und die nächsten drei jeweils eine Einheit. Das Kind nimmt den Rhythmus als eine Gruppe mit zwei Schlägen, die relativ weit auseinander liegen, und als eine zweite Gruppe mit drei dicht aufeinanderfolgenden Schlägen wahr und notiert dies entsprechend. In musikalischer Hinsicht ist diese Darstellungsweise, obwohl sie sich nicht mit der konventionellen Notationsform deckt, vollkommen korrekt. Die zweite Notationsart (M.2) entspricht der konventionellen Darstellungsweise. Hier wird der zeitliche Abstand der verschiedenen metrischen Impulse voneinander dargestellt. Bamberger erkennt in diesen beiden Darstellungsformen zwei grundsätzlich voneinander verschiedene Repräsentationsformen, eine „figurale" (auch motivische) und eine „metrische". In beiden Formen wird der Rhythmus jetzt ikonisch wiedergegeben. Die Abbildung entspricht dem wahrgenommenen Klangverlauf.

Auf der letzten Entwicklungsstufe (type 3) geht die vormals graphische in eine symbolische Darstellungsweise über. In der Abbildung wird der Rhythmus durch eine Folge von Kreisen dargestellt, von denen zwei mit jeweils zwei Punkten versehen sind. Diese Form der Notation entspricht dadurch dem Prinzip der konventionellen Notationsweise, bei der unterschiedliche Dauern durch unterschiedliche Symbole dargestellt werden. Die Repräsentation des Rhythmus ist jetzt von einer „figuralen" oder „metrischen" in eine „formale" (symbolische) übergegangen.

Die von Bamberger aufgestellte Typologie einer „figuralen" und „formalen" Repräsentation rhythmischer Strukturen wurde in späteren Untersuchungen durch Upitis (1987) im Wesentlichen bestätigt.

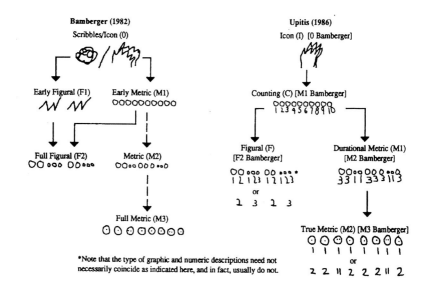

Abbildung 2.11: Typologie des Aufbaus mentaler Repräsentationsformen, aus: UPITIS 1987, 50.

Upitis fand im Rahmen ihrer Untersuchungen heraus, dass der figurale Modus auf allen Altersstufen und bei den verschiedenen Begabungsformen deutlich vertreten ist. Upitis erkennt darin eine parallele Entwicklung des figuralen und formalen Typus. Dies impliziert die Möglichkeit, dass Kinder mit zunehmender musikalischer Erfahrung zwischen beiden Formen hin und her wechseln können (vgl. UPITIS 1987, 55). Upitis weist in diesem Zusammenhang darauf hin, dass, obwohl der figurale Aspekt einen wichtigen Bestandteil der musikalischen Entwicklung darstellt, dieser in der Unterrichtspraxis häufig vernachlässigt wird.

> *By stressing the metric mode, teachers not only underplay the equally important figural aspect, but may also be speaking to children in terms that they cannot really understand* (UPITIS 1987, 59).

Die Studien von Bamberger (1982, 1991), Upitis (1987) sowie Davidson und Sripp (1988) zeigen insgesamt, dass die Auswertung von selbst erfundenen Notationen ein mögliches Verfahren darstellt, den musikalischen Entwicklungsstand von Kindern zu beurteilen. Aufbauend auf diese Studien suchte Gromko (1994) in einer differenziert angelegten Untersuchung nach möglichen Zusammenhängen zwischen der Rezeptions- und Reproduktionsfähigkeit, dem Alter und der Darstellungsform in den Notationsversuchen. Die an dieser Studie teilnehmenden Schüler (N = 60) amerikanischer Vor- und Elementarschulen sollten zunächst zwei kurze, sich wiederholende Viertonphrasen (g', a', g', e') aus einem Folk-Song (*Bounce High* ...) über das Prinzip von Darbietung und Imitation erlernen. Anschließend wurden die Kinder darin unterwiesen, die Tonfolgen auf Glocken[12] zu spielen. Sowohl der vokale als auch der instrumentale Vortrag der einzelnen Kinder wurde aufgenommen, transkribiert und im Hinblick auf die Präzision des Vortrages einer Kategorisierung unterzogen. Nachdem die Kinder den Folksong gesungen und gespielt hatten, wurden sie aufgefordert, die Melodietöne so zu notieren, dass sie sich am nächsten Tag wieder an den Song erinnern können, und dass ein Kind, welches beim Erlernen des Songs nicht anwesend war, weiß wie er klingt, wenn es die Notation sieht (vgl. BAMBERGER 1982, 194).

Die Ergebnisse der Studien zeigten, dass die Fähigkeit, melodische und rhythmische Unterschiede[13] wahrzunehmen und die Fähigkeit Tonfolgen (vokal und instrumental) zu reproduzieren, signifikant miteinander korrelierten. Weiterhin standen die Wahrnehmungsleistungen und die auf den Glocken gespielte Wiedergabe des Songs mit der Reife oder dem Alter der Kinder in Beziehung. Dieser Faktor kristallisierte sich jedoch als schwächster von insgesamt fünf Einflussfaktoren heraus. Ebenso scheint sich in den selbsterfundenen Notationen, in die rhythmische und melodische Gesichtspunkte mit einbezogen wurden, die Fähigkeit der Kinder widerzuspiegeln, Tonhöhen und Rhythmen differenziert wahrzunehmen und zu reproduzieren. Auf der Grundlage der Ergebnisse dieser Studie von Gromko kann von einem grundsätzlichen Zusammenhang zwischen den rezeptiven und reproduktiven Fähigkeiten, dem Alter der Kinder und der Darstellungsweise der Tonfolgen ausgegangen werden.

Aus den oben dargelegten Untersuchungen über Kindernotationen kann folgendes Fazit gezogen werden: Grundsätzlich sind die Notationsversuche der Kinder stets an eine bestimmte Wahrnehmungsperspektive gebunden. Gleichzeitig lassen sich anhand der Notationen gewisse Rückschlüsse auf den

---

[12] Wahrscheinlich handelt es sich bei diesen Glocken um Montessori-Glocken, konkrete Angaben fehlen jedoch.
[13] Diese Fähigkeit wurde über den Test „Primary Measures of Musical Audiation"(PMMA) von Gordon (1979) erhoben.

musikalischen Entwicklungsstand der Kinder ziehen. Gromko konnte in diesem Zusammenhang ferner eine Wechselbeziehung zwischen den rezeptiven sowie den reproduktiven Kompetenzen und dem Darstellungsmodus nachweisen. Darüber hinaus legen es die Untersuchungsergebnisse nahe, dass die verschiedenen Repräsentationsformen einer sequenziellen Abfolge unterliegen. Für Davidson und Scripp führen sie von einer kinästhetischen über eine ikonische auf eine symbolische Ebene. Für Bamberger führt diese Entwicklung von einem figuralen zu einem formalen Repräsentationstypus, wobei Bamberger die Möglichkeit verschiedener Repräsentationsformen (multiple Repräsentation) betont.

Setzt man voraus, dass verschiedene Formen der Notation mit einem bestimmten musikalischen Entwicklungsstand korrelieren, so ist bei der unterrichtspraktischen Behandlung verschiedener Formen musikalischer Notation der musikalische Entwicklungsstand der Schüler zu berücksichtigen. Daher sollte die Notation von Musik zunächst auf einer „figuralen" Ebene beginnen und auf einen ganz bestimmten musikalischen Parameter ausgerichtet sein. Zu einem späteren, dem musikalischen Entwicklungsstand des Schülers angemessenen Zeitpunkt, kann auf einen „formalen" Notationsmodus übergegangen werden.

Bei der Notation von Neuer Musik auf einer formalen, d.h. symbolischen Ebene tritt in manchen Bereichen ihr Sonderstatus erneut in den Vordergrund. Bei dieser Form der Notation wird ein einheitliches Symbolssystem vorausgesetzt, das bei der Neuen Musik nicht immer gegeben ist. Dadurch sind den Möglichkeiten einer formal-symbolischen Notation von Neuer Musik bestimmte Grenzen gesetzt.

2.5 Exkurs: Musikalische Entwicklung

Aufgabe der musikalischen Entwicklungspsychologie ist es, die Entfaltung musikalischer Fähigkeiten und Fertigkeiten zu beschreiben. Derzeit befindet sich diese Fachdisziplin in einer Umbruchsituation, da neue lerntheoretische Erkenntnisse, etwa aus der Hirnforschung, eine wesentlich differenziertere Beschreibung musikalischer Entwicklungsvorgänge fordern als es bisher der Fall war. Teilweise führte dies zu neuen Theorie – und Modellbildungen (siehe Überblick in: GEMBRIS 1995, 1987 u. 1993; BRUHN/OERTER & RÖSING 1993; HARGREAVES 1986).

In engem Zusammenhang mit der Beschreibung musikalischer Entwicklungsprozesse steht der Begriff der „Musikalität". Nahezu alle aktuellen Definitionsversuche stimmen darin überein, dass Musikalität in ihrer Komplexität nur schwer fassbar ist und sich aus sehr unterschiedlichen Fähigkeiten zusammensetzt, welche sich gegenseitig bedingen können. Gembris (1987) beispielsweise beschreibt Musikalität wie folgt:

Der Begriff Musikalität spiegelt die Vielfalt von Verhaltensweisen, die darunter subsumiert sind, nicht wider. Musikalität ist ein Konstrukt und keine Entität. Sie läßt sich nicht direkt beobachten. Das Konstrukt Musikalität dient dazu, von der Vielfalt der musikalischen Verhaltensweisen zu abstrahieren und diese Fähigkeiten vereinfachend auf einen Begriff zu bringen. Wir beobachten verschiedene musikalische Verhaltensweisen (z.B. Hörfähigkeiten, Singen, Instrumentalspiel etc.) und schließen daraus auf das Vorhandensein und den Ausprägungsgrad des Merkmals Musikalität (welches in Wirklichkeit ein ganzes Bündel von Fähigkeiten umfaßt) (GEMBRIS 1987, 125).

Musikalität ist genauso wie Intelligenz unter der Bevölkerung „normal" verteilt. Die meisten Menschen besitzen entsprechend der „Gauß'schen Normalverteilung" ein mittleres Maß an musikalischer Begabung, die sich in vielen Abstufungen und Erscheinungsformen äußern kann. Eine relativ niedrige musikalische Begabung ist daher ebenso selten anzutreffen wie eine Hochbegabung. Für die Unterrichtspraxis bedeutet das, *„daß grundsätzlich jeder von musikalischer Unterweisung profitieren kann. Ungleich ist lediglich der Umfang, innerhalb dessen dies beim Einzelnen gewährleistet ist"* (GORDON 1986, 21). Vielfach werden musikalische Begabung und andere Formen der Intelligenz (akademische, soziale, emotionale usw.) miteinander in Verbindung gebracht. Verfügt jemand über ein hohes Maß an akademischer Intelligenz, so wird daraus abgeleitet, dass sich auch die übrigen Intelligenzformen auf einem analogen Niveau befinden.

Nach dem Konzept der „multiplen Intelligenzen" von Gardner (1991) treten die verschiedenen Erscheinungsformen der Intelligenz jedoch in relativer Unabhängigkeit voneinander auf. Dies ist eine Position, welche auch von Gordon[14] vertreten wird: *„There is virtually no relationship between music aptitude and*

---

[14] Edwin Gordon ist einer der prominentesten Musikpsychologen in Nordamerika. 1979 übernahm er den Carl Seashore Lehrstuhl für Musikerziehung und Musikpsychologie an der Temple University in Philadelphia (PA). Im Zusammenhang mit seinen wissenschaftli-

academic intelligence" (GORDON 1990, 16). Kinder mit einer hohen musikalischen Begabung müssen daher nicht unbedingt über eine hohe akademische Intelligenz verfügen. Auch umgekehrt gibt es keinen signifikanten Zusammenhang zwischen akademischer Intelligenz und musikalischer Begabung. Es wäre daher völlig falsch, die musikalische Begabung eines Kindes über einen Intelligenztest zu erheben, oder sie von der besuchten Schulart ableiten zu wollen. Weiterhin können die verschiedenen musikalischen Kompetenzen sehr unterschiedlich ausgebildet sein. Beispielweise kann ein Schüler über eine relativ hohe melodische[15] (*tonal*) Begabung verfügen, während hingegen seine rhythmische (*rhythm*) Begabung weniger stark ausgeprägt ist. Extremwerte, d.h. eine sehr hohe oder eine sehr niedrige melodische und rhythmische Begabung sind nur selten beobachtbar (GORDON 1990, 11).

2.5.1 „Multiple Intelligenzen"

Wichtige Impulse für eine neue Sichtweise der musikalischen und künstlerischen Entwicklung eines Kindes kommen von Howard Gardner. Durch die kritische Auseinandersetzung mit Piagets Entwicklungstheorie (vgl. GARDNER 1993, 72ff) entwickelte er auf der Basis empirischer Untersuchungen seinen sogenannten „Symbolsystem-Ansatz" und damit zusammenhängend das Prinzip der „multiplen Intelligenzen" (GARDNER 1993). Demgemäß verfügt der Mensch nicht über eine globale Intelligenz, sondern über ein Bündel voneinander relativ unabhängiger Intelligenzen, zu denen neben der linguistischen, der logisch-mathematischen, der körperlich-kinästhetischen u.a. die musikalische Intelligenz (vgl. GARDNER 1993, 29) gehört. Den Kern von Gardners Entwicklungstheorie und seiner Symbolsystemforschung bildet der Erwerb von Kompetenzen zum Umgang mit Symbolen und Symbolsystemen (vgl. GARDNER 1993, 76ff). In jedem der von Gardner genannten Intelligenzbereiche werden Symbole und Symbolsysteme verwendet, deren Gebrauch das Kind im Verlaufe seiner Entwicklung erlernen muss. Musikalische Ent-

---

chen Aktivitäten im Bereich des Musiklernens gründete er ein privates Institut, das „Gordon Institut for Music Learning".

[15] Im anglo-amerikanischen Sprachraum versteht man unter „tonal" im Unterschied zu „rhythm" alle musikalischen Bereiche, die mit dem Parameter Tonhöhe in Verbindung stehen, z.B. Tonhöhenunterscheidung, Intonation, Melodiegedächtnis, harmonisches Hören u.a. Eine adäquate Übersetzung liegt im deutschsprachigen Raum nicht vor. Der Begriff „tonal" wird deshalb im Zusammenhang mit der Lerntheorie von Gordon mit „melodisch" übersetzt.

wicklung heißt somit Erwerb musikalischer Symbole (z.B. Tonhöhen und Rhythmen)[16], wobei sich diese Entwicklung in den einzelnen Bereichen in relativer Unabhängigkeit voneinander vollzieht.

Nach Gardner umschließt die ästhetische Entwicklung eines Kindes zwei Perioden:

In der „präsymbolischen" Periode (18. Monat – 2. Lebensjahr) dominieren sensumotorische Aktivitäten. Diese Phase entspricht mit einigen wichtigen Unterschieden der Entwicklungstheorie Piagets. Während Piaget davon ausgeht, dass sensumotorische Erfahrungen die Grundlage für die universalen Entwicklungsprozesse bilden, vertritt Gardner die Ansicht, dass nicht für jeden Bereich sensumotorische Erfahrungen eine notwendige Voraussetzung bilden. Gegenüber der Theorie Piagets werden zudem individuelle Unterschiede im Temperament, in der Persönlichkeit, im kognitiven Bereich, sowie in der sensorischen und motorischen Leistungsfähigkeit stärker berücksichtigt (vgl. GARDNER 1993, 72ff).

Es folgt die Periode des Symbolgebrauchs (2.-7. Lebensjahr). Hier wird die Basis für die „Symbolisation" gelegt. Das Kind erlernt durch kulturelle Sozialisation den Umgang mit Symbolen und Symbolsystemen, das Wichtigste darunter ist die Sprache. Innerhalb der Symbolentwicklung gibt es sogenannte Entwicklungsströme, mit denen spezifische Kennzeichen der Entwicklung innerhalb eines Symbolsystems beschrieben werden.

Wir definieren Strom als einen Aspekt, der untrennbar mit einem bestimmten Symbolsystem zusammenzuhängen scheint und keine erkennbare Verbindung mit einem anderen Symbolsystem aufweist (GARDNER 1993, 98).

Zu einem Strom im musikalischen Bereich gehört beispielsweise die Entdeckung eines Kindes, dass einem Tonhöhenverlauf eine bestimmte Struktur zugrunde liegt, hinter der ein hierarchisch angeordnetes musikalisches Ordnungsprinzip (Tonalität) steht. Innerhalb jedes Stroms gibt es eine Reihe von Entwicklungsabschnitten, die Gardner als „Wellen" bezeichnet. Die erste Symbolisierungswelle, nennt Gardner „Ereignis- oder Rollenstrukturierung". Sie zeichnet sich dadurch aus, dass das Kind in der Lage ist, Wissen über

---

[16] An dieser Stelle unterscheidet sich Gardner von Gordon. Während Gardner das klangliche Ereignis an sich bereits als Symbol bezeichnet, wird es bei Gordon hingegen erst durch seine Notierung zum Symbol. Ein Klangereignis bezeichnet Gordon als Zeichen (sign).

Handlungen in Symbolen (z.B. Sprache) zu repräsentieren. In der nachfolgenden Welle lässt sich die „topologische Abbildung" beobachten.

Bei der topologischen Abbildung greift das Symbol auf gewisse vorherrschende Beziehungen in der Größe oder der Gestalt über, die vom Bezugsfeld übernommen wurden (GARDNER 1993, 100).

Das Kind reduziert dabei eine Beziehung auf grundlegende Aspekte und lässt Einzelheiten oder Feinheiten unberücksichtigt. Wenn ein Kind etwa versucht, ein im Tonhöhenverlauf komplexes Lied zu erlernen, werden in dieser Phase nur die groben Intervallfolgen und metrischen Strukturen gesungen. Während die Welle der topologischen Abbildungen zeitlich-räumliche Anordnungen betrifft, erfasst die nächste Welle („Abbildung in Ziffern") zahlenbezogene Größen und deren Beziehungen. Die letzte und wichtigste Welle der frühen Symbolisierung zeichnet sich durch die Hinwendung der Kinder zur „notationalen" Symbolisierung oder zu Symbolen „zweiter Ordnung" aus. Kinder entwerfen beispielsweise eigene Zeichensysteme, um sich das Memorieren zu erleichtern. Allmählich differenzieren sich etwa im Alter zwischen fünf und sechs Jahren innerhalb der Entwicklungsströme verschiedene Kanäle aus. Das Kind beginnt zunehmend, zwischen verschiedenen Genres von Symbolsystemen zu differenzieren, dabei sind Auswahl und Ausbildung der einzelnen Systeme von der jeweiligen Kultur und deren Bildungssystem abhängig.

Gardner konnte in diesem Zusammenhang beobachten, dass sich selbst künstlerisch ausgebildete Studenten in ihren ästhetischen Werturteilen an Klischees und Prototypen am „volkstümlichen" Geschmack und an der Massenkultur orientieren. Den Ursprung dieser Vorlieben sieht Gardner im Umgang mit ästhetischen Symbolen und Symbolsystemen des Kleinkindes. Obwohl die Vorstellungskraft und Subtilität der Kinder in dieser Zeit beachtlich ist, favorisieren sie doch einfache und anschauliche Ausdrucksformen. Frühe Erfahrungen sind folglich prägend und beeinflussen das ästhetische Urteilsvermögen bis in das Erwachsenenalter; dazu Gardner:

Musik sollte harmonisch sein und einen regelmäßigen Takt haben; Gemälde sollten frohe Farben verwenden und die Welt der schönen natürlichen Phänomene und Menschen einfangen. Abstrakte, ungeordnete oder experimentelle Werke werden kaum geduldet, selbst dann, wenn offensichtlich ist, daß der Künstler wußte was er tat, und wenn bekannt ist, daß Kunstliebhaber seine Erzeugnisse schätzen (GARDNER - 1993, 224; desgl. 1990).

Gardner weist in diesem Zusammenhang darauf hin, dass Studenten und Erwachsene nur unter großen Schwierigkeiten diese Klischees überwinden. Es gelingt ihnen erst dann, wenn sie auf diesem Gebiet eigene Erfahrungen gesammelt haben. Die Ursachen für diese Entwicklungen liegen für Gardner in einem Verständnis von Schule, das auf die Reproduktion von Wissen und nicht auf ein Verstehen ausgerichtet ist. Deshalb wies er in seinem Buch „Der ungeschulte Kopf" (1993) wiederholt auf die Diskrepanz zwischen „intuitivem" Eigenlernen und institutionell organisiertem „schulischen Lernen" hin. Die Lösung liegt für ihn in einer Umgestaltung der Bildungseinrichtungen.

Der Schlüssel dazu liegt meiner Ansicht nach darin, daß man Lernumgebungen entwirft, in denen die Schüler auf natürliche Weise auf ihren früheren Arten des Wissens aufbauen können; diese Lernumgebungen müßten so gebaut werden, daß die Schüler diese Wissenformen mit den Formen früheren Wissens verbinden können, die in der Schule notwendig und angemessen sind. Lernumgebungen, die sensumotorische und symbolische Formen des Wissens miteinander verbinden können, müßten das Verständnis fördern (GARDNER 1993, 227).

2.5.2 Musikalische Entwicklung als Aufbau mentaler Repräsentationen

Einen guten Einblick in den musikalischen Entwicklungsverlauf von Kindern geben die Forschungsarbeiten der amerikanischen Musikpsychologin Jeanne Bamberger (1982; 1991; 1995). Ihre Beobachtungen über das musikalische Lernverhalten von Kindern führte sie zu wichtigen Aussagen über die Bildung musikalischer Repräsentationen. Äußerst aufschlussreich sind in diesem Zusammenhang Bambergers Versuche mit „Jeff", einem achtjährigen Jungen aus Boston. Mit ihm arbeitete Bamberger zweimal pro Woche im Lernlabor des „Massachusetts Institute of Technology" (MIT) an Montessori-Glocken. Diese sind chromatisch gestimmt und sehen äußerlich völlig gleich aus. Dadurch lässt sich die Tonhöhe nicht an der Glockengröße erkennen, sondern kann nur über das Gehör durch den Vergleich mit anderen Glocken bestimmt werden.

Jeff bekam die Aufgabe gestellt, die Melodie von *Twinkle, twinkle little star* („Ah, vous dirais-je maman" oder „Morgen kommt der Weihnachtsmann") auf den Montessori-Glocken zu spielen. Zur Verfügung standen acht Glocken mit den Tönen der C-Dur Tonleiter (mit braunem Fuß) und zusätzlich ein doppeltes c, e und g (mit weißem Fuß). Jeff erhielt von Bamberger den Grundton (= Anfangston) und die erste Glocke. Da er mit der Melodie bereits vertraut war, sang er den zweiten Ton, suchte die entsprechende Glocke dazu und stellte sie neben die erste Glocke. So verfuhr er mit allen weiteren Tönen, bis er den ersten Teil der Melodie mit den Glocken vor sich aufgestellt hatte. Dabei verwendete er für jeden Ton eine neue Glocke, nur wenn zwei benachbarte Töne gleich waren, schlug er die Glocke zweimal an. Die Reihenfolge der Glocken entsprach der konkreten Tonfolge der Melodie und somit auch der Reihenfolge des Anschlagens.

```
 XX    XX    XX    X         XX    XX    XX    X
 ⌒     ⌒     ⌒     ⌒    C    ⌒     ⌒     ⌒     ⌒
 ⊥     ⊥     ⊥     ⊥         ⊥     ⊥     ⊥     ⊥

 C  →  G  →  A  →  G  ────→  F  →  E  →  D  →  C
```

Abbildung 2.12 (a-c): Aufstellung der Montessori-Glocken, nach BAMBERGER 1991, 177f.

Glockenaufstellung a):
Tonfolge der Melodie = Aufstellung der Glocken = Reihenfolge des Anschlagens

Als nächstes bekam Jeff die Aufgabe gestellt, diese Melodie ohne die doppelten Glocken (c und g) zu spielen. Er begann wie vorhin, bis er den zweiten Ton „g" benötigte. Jeff bat um eine neue Glocke, da es ohne sie unmöglich wäre weiterzuspielen. Der Hinweis von Bamberger, man könne die Melodie auch mit den Glocken auf dem Tisch spielen, ließ ihn weiter suchen. Er begann die Melodie nochmals von vorne, schlug das „g" an, und erinnerte sich dabei, dass das die gesuchte Glocke war. Er nahm sie aus der bisherigen Abfolge der Glocken heraus und stellte sie an ihren neuen Platz. Das verursachte jedoch weitere Schwierigkeiten. Nach langem Ausprobieren (über mehrere Wochen) fand er plötzlich heraus, dass er beim Spielen vor und zurückspringen muss, da er für beide Töne nur eine Glocke hat. Schnell bekam er auch heraus, dass er für den Schlusston die erste Glocke verwenden kann. Jetzt entsprach die Aufstellung der Glocken nicht mehr genau der Tonfolge der Melodie und der Reihenfolge des Anschlagens.

Kapitel 2: Lerntheoretische Grundlagen 119

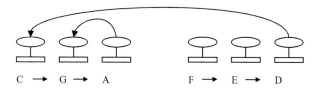

C → G → A   F → E → D

Glockenaufstellung b):

Tonfolge der Melodie ≅ Aufstellung der Glocken ≅ Reihenfolge des Anschlagens

Noch größere Schwierigkeiten bereitete Jeff der anschließende Versuch, die Melodie aus der Tonleiteraufstellung heraus zu spielen. Bereits das Finden der Tonleiteranordnung war für ihn nicht einfach. Die sinnvollste und beste Ordnung der Glocken schien Jeff die Ordnung der Melodie zu sein. Die abstrakte Ordnung von Tonhöhen zu einer Tonleiter war ihm völlig fremd. Eine andere Ordnung der Töne existierte für ihn allenfalls wieder in einer neuen Melodie. Erst ganz allmählich entdeckte Jeff, dass jede Glocke bezüglich ihrer Tonhöhe eine eigene Eigenschaft, d.h. eine eigene Tonhöhenqualität hat und dass man sie nach ihrer „Tonhöhe" ordnen kann. Dadurch erfuhr er, dass hohe Töne weiter rechts liegen und die tiefen Töne auf der linken Seite zu finden sind. Die Tonfolge der Melodie war jetzt nicht mehr mit der Aufstellung der Glocken identisch, die Reihenfolge des Anschlagens orientierte sich an der (abstrakten) Ordnung der Glocken.

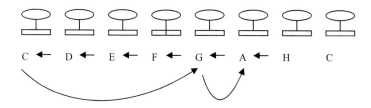

C ← D ← E ← F ← G ← A ← H   C

Glockenaufstellung c):

Tonfolge der Melodie ≠ Aufstellung der Glocken ≠ Reihenfolge des Anschlagens

Jeff hatte sehr lange für die Entdeckung benötigt, dass jeder Ton eine eigene Tonhöhenqualität besitzt und dass er dadurch mit ein und derselben Glockenaufstellung viele Melodien spielen konnte. Zu Beginn des Lernprozesses war die Melodie in Jeffs Vorstellung nur als Folge von Tönen repräsentiert. Jeder Ton hatte eine bestimmte Funktion im Verlauf der Melodie: er war Anfangston oder Schlusston, Höhepunkt oder Durchgangston. Gleichzeitig bezog sich jeder Ton auf eine eigene Textsilbe, daher benötigte er für jeden Ton eine neue Glocke und folglich konnte seiner Vorstellung nach, die zweite Glocke nicht zugleich der vierte Melodieton sein. Diese Art der musikalischen Repräsentation, bei der der Tonhöhenverlauf noch eng mit dem musikalischen Bewegungsablauf verknüpft war, nennt Bamberger „figurale" Repräsentation .

Nachdem Jeff durch das Hören, Vergleichen und folgerichtiges Überlegen erkannt hatte, dass man die Töne einer einzigen Glocke an verschiedenen Stellen der Melodie verwenden kann, und dass die Glocke nicht nur einen einzigen Melodiebaustein oder eine Textsilbe vertritt, sondern ebenso eine davon unabhängige Eigenschaft (Qualität) besitzt, konnte er mit dem Tonvorrat der sechs Montessoriglocken die ganze Melodie spielen. Bamberger bezeichnet diese Repräsentationsart als „formal" (BAMBERGER 1991, 177ff; siehe auch GRUHN 1995, 4ff).

Aus dem Lernweg von Jeff lassen sich grundlegende Aussagen über musikalische Lern- und Entwicklungsprozesse ableiten: Musiklernen beruht auf mentalen Veränderungen, die als Umkodierung einer *figuralen* in eine *formale* Repräsentation beschrieben werden können. Vermutlich scheint die *figurale* Repräsentation eine Voraussetzung zur Etablierung einer *formalen* Repräsentation zu sein. Musikalische Lernprozesse benötigen eine ihnen angemessene Zeit, sie verlaufen nicht linear, sondern in sprunghaften Schüben (vgl. GRUHN 1995, 7).

Bezüglich einer lerntheoretisch intendierten Vermittlung Neuer Musik lassen sich aus den Befunden von Bamberger folgende Konsequenzen ziehen. Bamberger erläutert den Aufbau und die Umkodierung musikalischer Repräsentation am Beispiel tonal- und metrisch gebundener Musik. Eine Übertragung ihrer Befunde auf Materialformen und Strukturprinzipien der Neuen Musik ist nur mit Einschränkungen möglich. Auch im Bereich der Neuen Musik sollte der Aufbau musikalischer Repräsentationen zunächst auf einer „figuralen" Ebene beginnen. Eine demgemäße Vermittlung Neuer Musik würde bedeuten, dass sich der praktische Umgang mit Neuer Musik nicht auf abstrakte

Inhalte (z.B. *„Strukturelle Organisation des Klangmaterials"*, vgl. MEYER- DENKMANN 1970, 46), sondern zunächst auf ganz konkrete Inhalte bezieht (z.B. Verklanglichung einer Skulptur, vgl. PAYNTER/ASTON 1972, 32f) auch wenn dies noch keine Neue Musik im engeren Sinne darstellt. Der Aufbau „formaler" Repräsentationen ist jedoch nur in Teilbereichen der Neuen Musik denkbar, da dieser Repräsentationsmodus bestimmte musikalische Prinzipien (z.b. Modalität) impliziert, die nicht in allen Bereichen der Neuen Musik (z.b. Aleatorik) gegeben sind.

2.5.3 Swanwick/Tillmans: „Spiralmodell" musikalischer Entwicklung

Während Bamberger ihre Typologie der „figuralen" und „formalen" Repräsentation auf eine reine Beobachtung musikalischer Lernprozesse stützt, basiert die musikalische Entwicklungstheorie von Swanwick und Tillman (1986) auf der Auswertung kreativ-musikalischer Tätigkeiten. Empirische Grundlage ihrer Theorie bildet die Analyse von 745 transkribierten „Kompositionen"[17]. An dieser Untersuchung hatten 48 Schulkinder im Alter von drei bis neun Jahren teilgenommen. Der Beobachtungszeitraum erstreckte sich über eine Dauer von vier Jahren. Bei der statistischen Auswertung der Transkriptionen konnten die Autoren alterstypische Merkmale erkennen, auf deren Grundlage sie ein „Spiralmodell der musikalischen Entwicklung" (SWANWICK/TILLMANN 1986) konzipierten.

---

[17] Die Autoren sprechen in ihren Ausführungen von „Kompositionen", obwohl es sich eigentlich um Improvisationsaufgaben von unterschiedlicher Komplexität handelt. Sie bestehen aus dem Vortrag rhythmischer Patterns auf Maracas oder einem Tambourin, aus einer freien Liedimprovisation und einer instrumentalen Improvisation, die auf kurzen Phrasen und Perioden basiert.

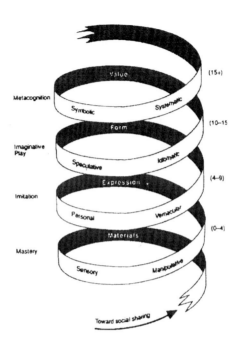

Abbildung 2.13: Spiralmodell der musikalischen Entwicklung von Swanwick/ Tillmann (1986), aus: HARGREAVES/ZIMMERMANN 1992, 380.

Das Modell von Swanwick/Tillmann repräsentiert drei unterschiedliche Prinzipien der musikalischen Entwicklung. Die vertikale Ausrichtung der Spirale zeigt als erstes Prinzip die verschiedenen Aspekte der kindlichen Produktion (mastery, imitation, imaginative play und metacognition), bezogen auf eine bestimmte Altersstufe. Auf den inneren Spiralbögen (schwarzer Hintergrund) sind als zweites Prinzip die musikalischen Phänomene (materials, expressions, form, value) angeordnet, an denen sich die Kinder bevorzugt orientieren. Das dritte Prinzip betrifft die „Akkulturation in sozialen Aspekten der Musik" (GEMBRIS 1995, 293) und wird auf dem äußeren Spiralbogen (weißer Hintergrund) dargestellt. Diese Entwicklung führt vom persönlich individuellen Ausdruck (sensory, manipulative), über die zunehmende Übernahme musikalischer Konventionen (personal, vernacular), z.B. Phrasenbildung, rhythmische Gruppierung, stilistische Merkmale, zur Ausbildung eines eigenen musikalischen Idioms (speculative, idiomatic) sowie zu dessen Bewertung auf einer Metaebene (symbolic, systematic).

1. Phase: „Mastery" (bis 4 Jahre):
In der ersten Phase (phase of mastery) lernt das Kind die Kontrolle des eigenen Körpers (Sensumotorik) und reagiert sensorisch auf die Klänge seiner Umwelt. Spontane „Improvisationen" dienen dazu, die eigene Stimme und Klänge zu erproben, um sie zunehmend unter Kontrolle zu bekommen. Die produktive Tätigkeit des Kindes ist in dieser Phase auf das Material ausgerichtet.

2. Phase: „Imitation" (4-9 Jahre):
In der Phase der Imitation versuchen die Kinder, Aspekte ihrer Umwelt mit musikalischen Mitteln zu imitieren und zu kommentieren. Dabei übernehmen sie allmählich die in der Kultur etablierten Konventionen. Das (musikalische) Denken des Kindes ist jetzt auf den Ausdruck (expression) ausgerichtet.

3. Phase: "Imaginative Play" (10-15 Jahre):
Bei der Phase des imaginativen Spiels geht es, im Gegensatz zur zweiten Stufe, weniger um das Imitieren der Umwelt, sondern um ein erweitertes, über die erlernten musikalischen Konventionen hinaus führendes Erfinden eigener musikalischer Ausdrucksformen. Der von den Kindern bevorzugte musikalische Bereich ist die Form.

4. Phase „Metacognition" (ab 15 Jahre):
In der letzten Phase, der „Metacognition" beginnt eine zunehmende Reflexion der eigenen musikalischen Erfahrungen und ein Bewusstwerden des eigenen musikalischen Denkens. Es ist teilweise auch auf eine (ästhetische) Bewertung des Produzierten ausgerichtet.

Im Jahre 1991 wurde die Studie von Swanwick auf der Insel Zypern wiederholt. Als empirische Grundlage dienten dieses Mal über 600 Kompositionen von 28 Kindern im Alter zwischen vier und fünfzehn Jahren. Die Auswahl der Kinder erfolgte nach dem Zufallsprinzip. Aus Gründen einer objektiven Bewertung ließ Swanwick diese Kompositionen von sieben unabhängigen Juroren analysieren. Die Abfolge der im Spiralmodell beschriebenen Entwicklungsphasen wurde durch die Untersuchungsergebnisse bestätigt. Abweichungen gab es lediglich bei der Gegenüberstellung von Alter und musikalischem Entwicklungsstand. Die englischen Kinder waren den Kindern aus Zypern in der Entwicklung voraus. Hier machte sich offenbar der Einfluss musikalischer Unterweisung bemerkbar.

Obwohl dieses Modell nicht ohne Kritik geblieben ist (vgl. COLWELL 1992, 379ff), lassen sich daraus doch einige bedeutsame Gesichtspunkte für eine lerntheoretisch intendierte Vermittlung Neuer Musik ableiten. Bezüglich des produktiven Umgangs mit Neuer Musik (Exploration und Improvisation) ist das Interesse der Kinder altersabhängig auf ganz spezifische musikalische Aspekte ausgerichtet. Übertragen auf die Unterrichtspraxis würde demzufolge eine Vermittlung auf der Ebene des Materials beginnen und über die Bereiche Ausdruck und Form (Struktur) auf eine ästhetisch-reflexive Ebene führen. Gleichzeitig ist aus dem Spiralmodell eine Entwicklung des musikalischen Denkens vom Konkreten zum Abstrakten abzuleiten.

2.5.3 Die musikalische Entwicklungstheorie von Gordon

Wissenschaftliche Diskussionen um den Begabungsbegriff werden schon seit geraumer Zeit vor dem Hintergrund der sogenannten „Anlage-Umwelt-Kontroverse" geführt. Hierbei geht es um die Frage, inwieweit musikalische Fähigkeiten und Fertigkeiten genetisch bedingt oder auf Lernprozesse zurückzuführen sind. In diesem Zusammenhang unterscheidet der amerikanische Musikpsychologe Edwin E. Gordon in seiner musikalischen Entwicklungstheorie (vgl. GORDON 1990) zwischen einem angeborenen musikalischen Begabungspotential (music aptitude) und einer durch Lernprozesse erreichbaren musikalischen Leistung (achievement).

> *Music aptitude is a child's potential to learn music; it represents 'inner possibilities'. Music achievement ist what a child has learned relative to his music aptitude; it represents 'outer actuality'* (GORDON 1990, 9).

Nach der Theorie von Gordon ist das musikalische Begabungspotential (music aptitude) zum Zeitpunkt der Geburt am höchsten. Durch eine frühe und angemessene Förderung bleibt dieses Potenzial erhalten, es kann allerdings nicht über das angeborene Maß hinaus entwickelt werden. Bleibt eine Förderung aus, nimmt das Potenzial ab. Je höher das Maß an musikalischer Begabung ist, mit der ein Kind geboren wird, desto umfangreicher, vielfältiger und differenzierter müssen die Fördermaßnahmen sein, um dieses Niveau aufrechtzuerhalten. (vgl. GORDON 1990, 331; 1986, 15ff). Aufgrund solcher Förderungsmöglichkeiten bezeichnet Gordon das angeborene musikalische Potenzial (aptitude) auch als „entwicklungsfähige musikalische Begabung" (developemental music aptitude). Ab dem neunten Lebensjahr konsolidiert sich die entwicklungsfähige musikalische Begabung zur „gefestigten musikalischen Begabung" (stabilized music aptitude) (GORDON 1990, 10). Sie kann nicht mehr weiter ausgebaut werden und bleibt etwa auf dem bisher erreichten Niveau. Bei vielen Kindern wird infolge mangelnder Förderung das Niveau an musikalischer Leistung nicht erreicht, das sie aufgrund ihres angeborenen Potenzials hätten erreichen können. Eine möglichst umfassende musikalische Förderung von Kindern in der Phase der entwicklungsfähigen musikalischen Begabung (developemental music aptitude) ist deshalb von fundamentaler Bedeutung.

> *Es kann nicht oft genug wiederholt werden, daß die frühe umgangsmäßige und geplante Unterweisung in Musik, also besonders vom Säuglingsalter bis zum Alter von neun Jahren, eine größere Wirkung zeitigt als förmlicher Musikunterricht, der nach dem 9. Lebensjahr stattfindet. Je geeigneter die frühen umgangsmäßigen musikalischen Erfahrungen oder der geplante Musikunterricht sind, desto höher wird die Stufe liegen, auf der sich die musikalische Begabung des Lernenden stabilisieren wird* (GORDON 1986, 17).

Die Stabilisierung der musikalischen Begabung ab dem neunten Lebensjahr bedeutet jedoch keinesfalls, dass eine musikalische Unterweisung nach diesem Zeitpunkt keinen Erfolg mehr hat. Die Stabilisierung bedeutet nur, dass eine musikalische Leistung über das Maß dieser Stabilisierung hinaus nicht mehr möglich ist. Nach dem neunten Lebensjahr zielt die musikalische Unterweisung darauf ab, die bei vielen Menschen vorhandenen Kapazitätsreserven auszuschöpfen, die in der Differenz zwischen der vom Begabungspotenzial her möglichen und der derzeit tatsächlichen musikalischen Leistung liegen.

Beide Entwicklungsphasen sind durch eine ganze Reihe von Unterschieden und Gemeinsamkeiten gekennzeichnet (vgl. GORDON 1990, 12). In der „entwicklungsfähigen" Phase tritt primär eine rhythmische und melodische Ausrichtung in den Vordergrund. Trotzdem hält es Gordon für möglich, dass noch weitere Begabungsausrichtungen (Harmonie, Ästhetik) latent vorhanden sind. Gleichzeitig können sich Kinder in diesem Entwicklungsstadium immer nur auf einen dieser beiden Bereiche konzentrieren. Das stabilisierte Stadium hingegen lässt weitere Begabungsausrichtungen erkennen. Es können sich bis zu zwei Dutzend Begabungsarten ausbilden. Jetzt kann das Kind seine Aufmerksamkeit auf mehrere musikalische Parameter gleichzeitig ausrichten. Im „entwickelnden" Stadium können Kinder auch keine verlässlichen Urteile fällen, d.h. sie können beispielsweise nicht eindeutig entscheiden, welche von zwei ihnen dargebotenen Phrasen ihnen besser gefällt. Sie interessieren sich in diesem Entwicklungsstadium mehr für Bauweise der Musik (*„how music is constructed"*), als für deren Ausdruck. Überdies sind Kinder in diesem Stadium, außer bei Extremen, nicht fähig, dynamische und klangfarbenbezogene Unterschiede wahrzunehmen.

Nach Gordons Verständnis absolvieren Kinder im Verlaufe ihrer musikalischen Entwicklung in Analogie zum Sprechenlernen eine sogenannte „Lallphase" (bubble stage), die durch eine entsprechende musikalische Unterweisung überwunden werden kann. Die musikalische „Lallphase" stellt eine ganz spezifische und niedrige Phase der musikalischen Entwicklung dar und kann nicht auf ein bestimmtes Lebensalter fixiert werden. Musikalisches Alter und biologisches Alter müssen nicht notwendigerweise übereinstimmen. So ist es möglich, dass auch ältere Kinder, Jugendliche und sogar Erwachsene aufgrund einer mangelnden musikalischen Förderung sich immer noch in dieser „Lallphase" befinden. Speziell im Erwachsenenalter ist es aus verschiedenen Gründen sehr schwierig, dieses niedrige musikalische Entwicklungsstadium zu überwinden (vgl. GORDON 1990, 30 u. 17). Kinder mit einer relativ hohen musikalischen Begabung absolvieren ihre „Lallphase" bei einer entsprechenden musikalischen Förderung schneller als Kinder mit einer geringeren Begabung. Allerdings sollte das primäre Ziel einer solchen Förderung nicht darin liegen, das Durchlaufen dieses Stadiums ohne Berücksichtigung der psychischen und physischen Entwicklung des Kindes zu forcieren. Nur durch diejenige Form der Unterweisung, die den jeweiligen Entwicklungsstand des Kindes berücksichtigt, kann die musikalische „Lallphase" sicher absolviert werden (GORDON 1990, 14).

Im Rahmen seiner mehrjährigen Beobachtung des frühkindlichen Lernens konnte Gordon deutlich voneinander unterscheidbare Phasen und Stufen feststellen, welche ein Kind während seiner musikalischen Entwicklung durchläuft (vgl. GORDON 1997, 236 ff). Dieses musikalische Entwicklungsstadium wird von Gordon als Stadium der „vorbereitenden Audiation" (ebd.) bezeichnet, da die Fähigkeit zu Audiation erst noch ausgebildet werden muss. Gordon unterscheidet hierbei drei verschiedene Entwicklungsphasen mit aufeinander aufbauenden Stufen. Obwohl er bei den einzelnen Phasen ungefähre

Altersangaben vornimmt, beziehen sich diese Angaben eher auf das „musikalische" Alter als auf das biologische.

Akkulturation (Geburt bis 2.-4. Lebensjahr):
In dieser ersten Phase beschäftigt sich das Kind nur in sehr begrenztem Umfang mit seiner Außenwelt. Auf der ersten Stufe dieser Phase (absorption) reagiert das Kind auf seine musikalische Umgebung, indem es auf sie hört. Idealerweise sollte dieser Abschnitt in der Zeit zwischen der Geburt und dem achtzehnten Lebensmonat stattfinden. Die Qualität der musikalischen Akkulturation steht in direkter Abhängigkeit zur musikalischen Umwelt der Kinder, die entweder von Medien oder von Darbietungen Erwachsener geprägt wird. Gordon empfiehlt hier Instrumentalmusik, da sich das Kind bei Vokalmusik zu sehr auf den Text konzentriert. Die Musik sollte in vielerlei Hinsicht (Tonalität, Modalität, Harmonik, Metrum und Tempo) sehr verschiedenartig sein. Daher sollten Kinder Musik in Dur und Moll, in mixolydisch und dorisch bzw. mit Zweier- und Dreiermetren oder kombinierte, symmetrische bzw. asymmetrische Metren hören. Von speziellen Musikkassetten für Kinder rät Gordon ab, besonders, wenn sie mit Texten versehen sind. Aufgrund der monotonen Wiederholung simpler melodischer und rhythmischer Muster hält Gordon populäre Musik für wenig geeignet (GORDON 1990, 39 ff). Auf der zweiten Stufe (random response) reagiert das Kind durch „Brabbeln" und Körperbewegungen mehr oder weniger zufällig auf Musik. Dabei zeigen die Reaktionen noch keinen direkten musikalischen Bezug. Die dritte Stufe (purposeful response) beschreibt ein Entwicklungsstadium, bei dem die vokalen und körperlichen Reaktionen jetzt in direkter Beziehung zur Musik stehen (GORDON 1990, 39).

Imitation (2. und 4. Lebensjahr bis 3. und 5. Lebensjahr):
In der zweiten Phase richtet das Kind bewusst und bevorzugt seine Aufmerksamkeit auf seine Umgebung und versucht sie zu imitieren. Unabhängig davon, ob das Kind die Klänge seiner Umgebung bereits genau oder noch ungenau imitieren kann, profitiert es im Hinblick auf das Musiklernen von dieser Tätigkeit. Die vierte Stufe (shedding egocentricity) beschreibt einen Stand der musikalischen Entwicklung, auf dem sich das Kind plötzlich bewusst wird, dass seine Bewegung und sein „Brabbeln" nicht zur Musik passen. Das Kind nimmt durch Vergleiche wahr, dass das, was es singt oder rezitiert, nicht dem entspricht, was ein anderes Kind, ein Lehrer oder die Eltern vortragen. Es verlässt somit seine Egozentrik. Die folgende fünfte Stufe (breaking the code)

zeichnet sich dadurch aus, dass das Kind mit zunehmender Präzision melodische und rhythmische Pattern aus seiner Umgebung imitiert. Das spezifische Merkmal dieser Stufe ist, dass die Kinder zunehmend in der Lage sind, verschiedene rhythmische und tonale Muster zu erkennen und zwischen ihnen zu unterscheiden, indem sie sie nachzuahmen versuchen. Hierbei kommt der Qualität der melodischen und rhythmischen Pattern eine besondere Bedeutung zu. Über den Weg der Imitation lernen die Kinder gleichzeitig deren Tonalität und Metrum kennen (GORDON 1990, 34ff).

Assimilation (vom 3.-5. bis zum 4.-6. Lebensjahr):
Das Kind richtet in dieser Phase seine Aufmerksamkeit nicht wie bei der „Imitation" auf seine Umgebung, sondern bevorzugt auf sich selbst. Auf der sechsten Stufe (introspection) wird sich das Kind zunehmend der mangelnden Koordination zwischen Gesang und Atmung d.h. zwischen „Rezitation" (singing and chanting)[18], Bewegung und Atmung bewusst. Die letzte und siebte Stufe (coordination), ist diejenige Stufe, auf der das Kind schließlich die Koordination zwischen Patternvortrag, Atmung und Bewegung beherrscht.

Zur Diagnose des musikalischen Entwicklungsstandes hat Gordon verschiedene Tests entwickelt, die sich an den beiden großen Begabungszuständen orientieren und auf verschiedene Altersstufen (5-8 Jahre; 6-11 Jahre; 15-20 Jahre) ausgerichtet sind:
- Primary Measures of Music Audiation (PMMA, 1979)
- Intermediate Measures of Music Audiation (IMMA, 1982)
- Advanced Measure of Music Audiation (AMMA, 1989)

Diese bestehen jeweils aus melodisch (tonal) und rhythmisch (rhythm) ausgerichteten Aufgaben, auf deren Grundlage die Audiationsfähigkeit (siehe 7.1) bestimmt wird. In den Aufgaben geht es darum, zwei nacheinander gespielte Patterns miteinander zu vergleichen, ob sie „gleich" oder „verschieden" sind. Außerdem gibt es noch den Test „Music Aptitude Profil" (MAP, 1965; 1988) für Schüler im Alter von 10-18 Jahren. Der umfangreiche Test besteht aus drei Teilen mit je zwei oder drei Untertests (4 Nonpräferenz-, 3 Präferenz-

---

[18] Gordon (1990) unterscheidet in seinen Ausführungen zwischen „singing" und „chanting", Letzteres ist im Sinne eines rhythmischen Rezitierens zu verstehen.

tests) und betrifft die Bereiche Tonvorstellung (tonal imagery), Rhythmusvorstellung (rhythm imagery) und musikalische Sensitivität (musical sensitivity).

Im vorangegangenen Abschnitt dieser Arbeit wurden wesentliche Aspekte aktueller musikalischer Entwicklungstheorien dargelegt. Alle hier aufgeführten Theorien und Modelle gehen davon aus, dass die musikalische Entwicklung eines Kindes als eine Folge von Entwicklungsschritten beschrieben werden kann. Die konkrete Abfolge der einzelnen Entwicklungsschritte ist nicht veränderbar. Gleichzeit verläuft die musikalische Entwicklung eines Kindes in relativer Unabhängigkeit von dessen biologischem Alter. Ebensowenig ist die musikalische Entwicklung an die Entwicklung anderer, nicht musikpezifischer Kompetenzen gebunden. Von zentraler Bedeutung für die gesamte Entwicklung musikalischer Fähigkeiten und Fertigkeiten ist eine möglichst frühe und der jeweiligen Begabung des Kindes angemessene musikalische Unterweisung. In diesem Zusammenhang ist darauf zu achten, dass Kinder aus ihrer (musikalischen) Umwelt möglichst vielfältige und komplexe Hörangebote aus sehr unterschiedlichen musikalischen Bereichen bekommen.

Es wurde bereits mehrfach darauf hingewiesen, dass die Neue Musik in Zusammenhang mit dem Musiklernen einen Sonderstatus einnimmt. Dieser Sonderstatus äußert sich gleichfalls in Zusammenhang mit der Beschreibung musikalischer Entwicklungsprozesse. So orientiert sich der in den Entwicklungstheorien verwendete Musikalitätsbegriff ausschließlich am klassischen Idiom (vgl. KLEINEN 1985), das heißt an tonal und metrisch gebundener Musik. Andere musikalische Teilkulturen, denen dieses Idiom nicht oder nur in begrenztem Umfang zugrunde liegt, finden im derzeit diskutieren Musikalitätsbegriff nur in sehr beschränkten Maße ihre Berücksichtigung. Das Konstrukt „Musikalität" wäre im Hinblick auf die vielfältigen Erscheinungsformen Neuer Musik unbedingt um weitere Aspekte, beispielsweise den der Klangfarbe zu ergänzen. Eine der wesentlichen Aussagen musikalischer Entwicklungstheorien, insbesondere der von Bamberger und Gordon ist es, dass in einem fortgeschrittenen Stadium musikalischer Entwicklung musikimmanente Prinzipien (z.B. Tonalität) erlernt werden. Dies ist aus den bereits ausführlich dargelegten Argumenten (siehe oben), bei Neuer Musik nur in sehr eingeschränkter Form möglich. Ungeachtet dieser Beschränkungen zeigen die hier dargelegten Entwicklungstheorien jedoch auch, dass eine Vermittlung Neuer Musik in jeder Altersstufe, Schulstufe und vor allem in jeder Schulart grundsätzlich möglich ist.

2.6 Edwin Gordons Theorie des Musiklernens

Bei der musikalischen Lerntheorie (Music Learning Theory) von Edwin Gordon (1980) handelt es sich um einen langjährig entwickelten, in der Praxis erprobten sowie empirisch abgesicherten Ansatz (vgl. GEMBRIS 1995, 309).

2.6.1 Audiation

Zentrale Bedeutung in Gordons Lerntheorie kommt der inneren musikalischen Vorstellungsbildung zu, die er als „Audiation"[19] (audiation) bezeichnet (GORDON 1990, 18ff; 1997, 4ff). Dieser Begriff steht bei Gordon für eine ganz spezifische Art des musikalischen Denkens. In Analogie zum Denken in Sprache versteht Gordon Audiation als ein Denken in Musik.

> *Audiation is to music, as thinking is to language. Audiation while performing is like thinking while speaking* (GORDON 1990, 11).

Den eigentlichen Prozess des Auditierens beschreibt Gordon wie folgt:

> *Throug the process of audiation, we sing and move in our minds, without ever having to sing and move physically* (GORDON 1997, 6).

> *Audiation takes place when we assimilate and comprehend in our minds music, that we have just heard performed or have heard perfomed sometime in the past. We also audiate when we assimilate and comprehend in our minds music that we may or may not have heard but are reading in notation or are composing or improvising* (GORDON 1997, 4).

Für Gordon beinhaltet Audiation zweierlei: erstens die Fähigkeit, sich musikalische Ereignisse innerlich vorstellen zu können, und zweitens die Fähigkeit, diesem Klang eine musikalische Bedeutung zu geben, ihn implizit musikalisch zu verstehen. Dies ist etwa dann gegeben, wenn während des

---

[19] Dieser Übersetzungsvorschlag stammt von Gruhn (1990). Gembris übersetzt das entsprechende Verb „to audiate" mit „imaginativ vorstellen" (GEMBRIS 1995, 308). Im weiteren Verlauf wird dieser Begriff „audiation", der vom lateinischen Wort audire (hören) abgeleitet ist, direkt in die deutsche Sprache als Audiation, bzw. auditieren übernommen. Er bezieht sich hier nur auf den Bereich Musik und darf keinesfalls mit bestimmten Praktiken der Scientology-Kirche verwechselt werden.

inneren Hörens gleichzeitig die Tonalität oder das Metrum einer Melodiefolge erkannt wird. Audiation darf keinesfalls mit reiner Nachahmung verwechselt werden; diese ist jedoch eine wichtige Voraussetzung für das Auditieren. Die Fähigkeit Musik auditieren zu können, bildet neben einem implizit musikalischen Hören die unabdingbare Basis für den kreativen Umgang (creativity/improvisation) mit Musik (vgl. GORDON 1997, 12).

Gordon unterscheidet sechs Stufen und acht Typen des Auditierens. Die verschiedenen Typen decken jeweils unterschiedliche Formen der Vorstellungsbildung ab. Obwohl einige Audiationstypen als Basis für andere dienen, sind sie selbst untereinander nicht hierarchisch angeordnet und nicht jede Form beinhaltet alle sechs Audiationsstufen (GORDON 1997, 13).

TYPES OF AUDIATION

Type 1	listening	to familiar and unfamiliar music
Type 2	reading	familiar and unfamiliar music
Type 3	writing	familiar and unfamiliar music from dictation
Type 4	recalling and performing	familiar music from memory
Type 5	recalling and writing	familiar music from memory
Type 6	creating and improvising	unfamiliar music while performing or in silence
Type 7	creating and Improvising	unfamiliar music while reading
Type 8	creating and improvising	unfamiliar music while writing

Die Aufstellung zeigt die acht verschiedenen Typen des Auditierens (GORDON 1997, 14)

Der erste Typus „listening to music" beschreibt die Fähigkeit, während des Hörens eines bekannten oder unbekannten Musikstückes, seinen rhythmischen oder melodischen Strukturen eine syntaktische Bedeutung oder musikalischen Sinn zu geben. Ähnlich wie in der Sprache richtet sich die Aufmerksamkeit während des Musikhörens bewusst und selektiv auf jene Tonhöhen oder Tondauern eines Patterns, die für seinen musikalischen Sinn konstitutiv sind. Je nach musikalischer Begabung und Leistung sowie kultureller Herkunft kann die Auswahl dieser Patterns sehr verschieden sein. Gleichzeitig begründen die ausgewählten Patterns die Funktion der restlichen Patterns im musikalischen Gesamtkontext und geben der gehörten Musik ihren Sinn (GORDON 1997, 19f).

Die Fähigkeit, Musik aus Notensymbolen auditieren zu können, zeichnet den zweiten Typus aus. Notensymbole können so mit einer entsprechenden Klangvorstellung verbunden werden. Über das Erkennen der für eine Tonalität oder ein Metrum grundlegenden Patterns wird den Symbolen eine musikalische Bedeutung gegeben. Dadurch wird es möglich, mit musikalischem Verständnis „Vom-Blatt" zu spielen oder nach einer vorliegenden Partitur dirigieren zu können.

Der umgekehrte Vorgang wird durch den dritten Audiationstyp beschrieben. Gerade erklungene Musik kann auditiert und in Notensymbole umgewandelt werden. Die für die musikalische Bedeutung grundlegenden Patterns werden dabei durch den Vorgang des Auditierens von weniger bedeutungsvollen unterschieden und in den jeweiligen musikalischen Kontext eingeordnet.

Der vierte Audiationstyp tritt in Erscheinung, wenn bereits bekannte Musik innerlich gehört oder Musik aus dem Gedächtnis vokal oder instrumental vorgetragen bzw. dirigiert werden kann. Dieser Typus darf nicht mit einem reinen Memorieren gleichgesetzt werden. Denn genau wie alle anderen Typen beinhaltet auch dieser gleichzeitig das Erkennen der für die musikalische Bedeutung grundlegenden Elemente sowie deren Bedeutung im musikalischen Gesamtkontext.

Der fünfte Audiationstyp beschreibt die Fähigkeit, bereits gehörte, über das Auditieren nach ihrer musikalischen Bedeutung organisierte Patterns, aus dem Gedächtnis zurückzurufen und in Notensymbolen darzustellen.

Die Fähigkeit durch einen (mentalen) Rückgriff auf bereits bekannte melodische oder rhythmische Patterns zu improvisieren oder zu komponieren, wird durch den sechsten Audiationstyp (creating and improvising music) beschrieben. Dieser Vorgang kann sich sowohl während eines Vortrages ereignen als auch nur mental stattfinden.

Eine Form der Audiation, bei der bekannte und unbekannte Patterns „gelesen" werden und gleichzeitig während eines musikalischen Vortrags mental improvisiert oder kreiert werden beschreibt der siebte Audiationstyp.

Der achte Typus ist dann gegeben, wenn sowohl bekannte als auch unbekannte Patterns zur gleichen Zeit aufgeschrieben werden, in der Musik kreiert oder improvisiert wird.

Die allmähliche Entwicklung der Audiationsfähigkeit erfolgt für Gordon über sechs aufeinander aufbauende Stufen (GORDON 1997, 18):

Stufe 1: Flüchtiges Behalten kurzer Ton- und Rhythmusfolgen;

Stufe 2: Imitieren und Auditieren melodischer und rhythmischer Patterns sowie Erkennen und Identifizieren eines tonalen Zentrums oder eines Grundmetrums;

Stufe 3: Etablierung einer objektiven oder subjektiven Tonalität und eines Grundmetrums;

Stufe 4: Im-Gedächtnis-Behalten bereits (mental) organisierter melodischer und rhythmischer Patterns mittels Audiation;

Stufe 5: Sich-ins-Gedächtnis-rufen melodischer oder rhythmischer Patterns, die bereits aus anderen Musikstücken (mental) organisiert und auditiert wurden;

Stufe 6: Voraushören und -ahnen möglicher tonaler und rhythmischer Patterns

Erste Stufe: Kurze Ton- oder Rhythmusfolgen, die einige Sekunden zuvor gehört wurden, bleiben unbewusst für kurze Zeit als eine Art "Nachklang" (aftersound) im Echogedächtnis, jedoch ohne diesen Folgen zunächst eine musikalische Bedeutung zu geben. Der Vorgang lässt sich auf visueller Ebene mit einem "Nachbild" (afterimage) vergleichen, das man mit geschlossenen Augen noch einige Zeit sehen kann. Obwohl dieser Vorgang noch keine Audiation im eigentlichen Sinne darstellt, dient er als wichtige Vorstufe um später die für die musikalische Bedeutung grundlegenden Tondauern und Tonlängen, bzw. melodischen und rhythmischen Patterns auditieren zu können

Zweite Stufe: Melodische oder rhythmische Pattern werden auf dieser Stufe imitiert und durch Audiation können die grundlegenden Tonhöhen und Tondauern, tonale Zentren bzw. Grundmetren (macrobeats) erkannt und identifiziert werden. Indem während des Hörvorgangs zwischen bekannten und unbekannten Pattern unterschieden wird, kommt es zu einer kontinuierlichen (kognitiven) Wechselwirkung zwischen dem Erkennen und Bestimmen tonaler Zentren und Grundmetren und der Organisation musikalisch grundlegender Elemente. Je vertrauter ein Schüler mit diesen Elementen wird, desto besser können neue Pattern im Hinblick auf ihren musikalischen Sinn eingeordnet werden.

Dritte Stufe: Hier erfolgt die Etablierung einer objektiven oder subjektiv empfundenen Tonalität oder eines Metrums mittels Audiation. Durch die Unterscheidung zwischen einer subjektiven und objektiven Form beider Patternformen weist Gordon auf mögliche Diskrepanzen zwischen einer theoretisch festgelegten und einer individuell wahrgenommenen Tonalität oder eines Metrums hin. Dies macht sich vor allem im rhythmischen Bereich bemerkbar, da dort die Längen der metrischen Einheiten oft sehr unterschiedlich empfunden werden. Der Wahrnehmungsprozess ist auf dieser Stufe als eine kontinuierliche Wechselwirkung zwischen etablierter Tonalität und Grundmetrum bzw. zwischen den grundlegenden musikalischen Elementen zu beschreiben. Je besser diese grundlegenden musikalischen Elemente kognitiv organisiert werden können, desto sicherer können Tonalität und Grundmetrum erkannt werden. Gleichzeitig trägt diese Wechselbeziehung dazu bei, bereits bekannte und identifizierte Tonalitäten und Grundmetren näher zu klären und genauer zu bestimmen.

Vierte Stufe: Die grundlegenden Tonhöhen und Dauern, melodischen und rhythmischen Patterns, die bereits früher organisiert wurden, sind jetzt durch Audiation simultan im Gedächtnis verfügbar. Dadurch kommt es zu einem zyklischen Prozess, in dem die ersten vier Audiationsstufen miteinander in eine Wechselbeziehung treten. Musikalische Strukturen werden somit besser erkannt und eingeordnet.

Fünfte Stufe: Die grundlegenden Patterns, die bereits früher auditiert wurden, können aus dem Gedächtnis zurückgerufen werden, um sie auf Gemeinsamkeiten (similarities) und Unterschiede hin mit Musik zu vergleichen, die gegenwärtig auditiert wird. Auf dieser Stufe tritt die grundlegende Bedeutung eines möglichst umfangreichen Hörrepertoires in Erscheinung. Denn je größer dieses Repertoire ist, desto größer ist das etablierte Vokabular an grundlegenden musikalischen Elementen, das zum Vergleich zur Verfügung steht. Es wird dadurch möglich, auf sehr unterschiedliche Musik zu reagieren bzw. sie zu auditieren.

Die sechste Stufe erweitert den über das Auditieren möglich gewordenen zyklischen Prozess zwischen vergangenen und gegenwärtigen musikalischen Strukturen auf ein mögliches (auch mentales) Voraushören nachfolgender Strukturen. Gordon differenziert hier zwischen „anticipation" und „prediction" (GORDON 1997, 22). Unter „anticipation" versteht Gordon ein Voraushören bekannter Musik. Als „prediction" bezeichnet er das Voraushören dessen, was in fremder Musik mög-licherweise gehört werden könnte. Dieser Vorgang basiert auf Kenntnissen, die aus bekannter Musik abgeleitet wurden. Ein Voraushören musikalischer Strukturen steht wiederum eng in Zusammenhang mit dem bereits vorhandenen Repertoire grundlegender melodischer und rhythmischer Patterns. Je größer der Vorrat dieser Patterns ist, der für das Auditieren zu Verfügung steht, desto besser kann Musik vorausgehört und umso besser kann sie verstanden werden.

Die verschiedenen Audiationstypen und –stufen stellen ein rein theoretisches Konstrukt dar, das empirisch nicht belegt werden kann. Die Grenzen zwischen den einzelnen Typen und Stufen sind fließend und die auf den jeweiligen Stufen stattfindenden mentalen Prozesse laufen unbewusst ab. Logik und Vernunft legen es für Gordon jedoch nahe, dass, wenn die Lernbedingungen für einen bestimmten Audiationstyp im Sinne seiner Lerntheorie ideal sind, alle Audiationsstufen in irgendeiner Form in ihm enthalten sind und in einer komplexen zirkulären Sequenz mentaler Prozesse miteinander agieren. Ein Vor- und Zurückgehen auf dieser zirkulären Sequenz bereitet auf die Art von Audiationsaktivität vor, welche für die nächste bzw. für die weiteren Stufen erforderlich ist, so dass, nachdem alle Audiationsstufen absolviert wurden, alle Stufen nebeneinander wirksam sind. Von einem idealen musikalischen Lernprozess kann im Sinne Gordons dann die Rede sein, wenn einerseits die verschiedenen Audiationsstufen sequenziell aufeinander folgen und andererseits auf jeder Stufe alle möglichen Formen der Audiation ausgebildet werden. Wird eine Stufe oder ein Audiationstyp ausgelassen, findet zwar ein Lernprozess statt, der jedoch als weniger ideal anzusehen ist (vgl. GORDON 1997, 17).

2.6.2 Musikalische Lernsequenzen

Gordons „Learning Sequences in Music" (1980) können als Versuch gewertet werden, den komplexen Vorgang des Musiklernens in einem Lehrgang (learning sequences) zu systematisieren. Der Prozess des Musiklernens konzentriert sich bei Gordon um den zentralen Begriff der „Audiation" (siehe oben). Die Fähigkeit, Musik auditieren zu können, kann jedoch nur dann wirkungsvoll ausgebildet werden, wenn die musikalischen Elemente (melodische und rhythmische Patterns) vom einzelnen Schüler wiederholt wahrgenommen und produziert werden. Die mit der Produktion verbundene Speicherung im Langzeitgedächtnis ermöglicht es, dass diese Vorstellungsinhalte beim Hören, Musizieren und Lesen wieder aktiviert werden können.

Stepwise and Bridging Movement in Skill Learning Sequence

DISCRIMINATION LEARNING	INFERENCE LEARNING
AURAL/ORAL	GENERALIZATION Aural/Oral CREATIVITY/IMPROVISATION Aural/Oral (without verbal association)
VERBAL ASSOCIATION	GENERALIZATION Verbal CREATIVITY/IMPROVISATION Aural/Oral (with verbal association) THEORETICAL UNDERSTANDING Aural/Oral THEORETICAL UNDERSTANDING Verbal
PARTIAL SYNTHESIS	

SYMBOLIC ASSOCIATION
Reading-Writing
	GENERALIZATION
	Symbolic
	    Reading-Writing
	CREATIVITY/IMPROVISATION
	Symbolic
	    Reading-Writing

COMPOSITE SYNTHESIS Reading-Writing	
GENERALIZATION Aural/Oral Verbal-Symbolic Reading-Writing	
CREATIVITY/IMPROVISATION Aural/Oral (with or without verbal association) – Symbolic Reading-Writing	
THEORETICAL UNDERSTANDING Aural/Oral Verbal-Symbolic Reading-Writing	

Abbildung 2.14: Stepwise and Bridging Movement in Skill Learning Sequence[20], aus: GORDON 1997, 216.

---

[20] In der Ausgabe von 1993 überschreibt Gordon die schematische Darstellung seiner Lerntheorie noch mit „Skill Learning Sequence Stepwise Spiralmovement" (GORDON 1993), um den spiralförmigen Charakter seines Curriculums hervorzuheben.

Abbildung 2.14 verdeutlicht den spiralförmigen und systematischen Aufbau von Gordons Lernsequenz. Die linke Spalte entspricht dabei dem Prinzip des „Unterscheidungslernens" (discrimination learning)[21], die rechte Spalte dem Prinzip des „Übertragungslernens" (inference learning). Beide Lerntypen sind eng miteinander verknüpft und werden auf verschiedenen Lernstufen repräsentiert.

Unterscheidungslernen

Das „Unterscheidungslernen" (discrimination learning) beinhaltet das Lernen von immer feineren Unterscheidungen und Differenzierungen zwischen verschiedenen melodischen und rhythmischen Patterns. Die Aneignung dieser Patterns erfolgt über das Verfahren von Darbietung und Nachahmung (learning by rote). Das „schlussfolgernde Lernen" (inference learning) beschreibt die Fähigkeit zur selbstständigen Übertragung und Anwendung des Gelernten, sowie die Fähigkeit zur Generalisierung, d.h. die Fähigkeit neues Wissen aus dem bereits vorhandenen Wissen und Können ableiten zu können. Das erste Lernprinzip bildet dabei die unabdingbare Basis für das zweite. Je weiter das Unterscheidungslernen entwickelt ist, desto besser kann sich die Fähigkeit zur Übertragung, Anwendung und Ableitung ausbilden. Richtig angewandt beginnt der Lehrgang auf der ersten Stufe (AURAL/ORAL)[22], führt von links (discrimination learning) nach rechts (inference learning) und innerhalb einer Spalte von oben nach unten. Erst wenn auf einer Stufe beide Lernprinzipien beherrscht werden, ist es sinnvoll, zur nächsten Stufe weiterzugehen. Erst wenn beispielsweise auf der ersten Stufe des Unterscheidungslernens der Bereich „AURAL/ORAL" und des Übertragungslernens die Bereiche „GENERALISATION" und „CREATIVITY/IMPROVISATION" erfolgreich absolviert wurden, d.h. eine entsprechende Audiationsfähigkeit ausgebildet ist, kann auf die nächste Stufe des Unterscheidungslernens in den Bereich „VERBAL ASSOCIATION" gewechselt werden.

---

[21] Für Gruhn (1998,194) ist „inference learning" durch ein selbstständiges und schlussfolgerndes Denken sowie kreatives Eigenlernen gekennzeichnet.
[22] Bei Gordon wird der Terminus „aural/oral" mit zweierlei Bedeutungen verwendet und deshalb auch unterschiedlich geschrieben. Mit „AURAL/ORAL" (in Großbuchstaben) bezeichnet Gordon die erste Stufe seiner Lernsequenz. Der Vorgang des responsorischen Erarbeitens wird als „Aural/Oral" gekennzeichnet. Im Übrigen werden in den folgenden Ausführungen zur besseren Differenzierung die Originalschreibweisen von Gordon (1997) verwendet.

Wie schon bei Bamberger deutlich wurde, benötigen musikalische Lernprozesse einen dem jeweiligen Lerninhalt angemessenen Zeitraum. Auch Gordon weist darauf hin, dass ein forciertes Vorangehen auf der Spirale und eine zu frühe Auseinandersetzung mit musiktheoretischen Fragestellungen den Lernprozess beeinträchtigt:

> *Forward bridging movement should not be rushed, however. When forward bridging movement is forced, the results could be damaging to students' learning. It is particularly important that forward bridging movement not be undertaken prematurely from a level of learning lower than* PARTIAL SYNTHESIS *to the* THEORETICAL UNDERSTANDING-Aural/Oral *or* THEORETICAL UNDERSTANDING *Verbal levels of learning* (GORDON 1997, 217).

Die erste und konstitutive Stufe des Unterscheidungslernens bezeichnet Gordon als „AURAL/ORAL". Im Wechselspiel zwischen Wahrnehmung und Wiedergabe, zwischen Gehör (aural) und Stimme (oral) erwirbt der Schüler in seiner Vorstellung ein Repertoire an verschiedenen rhythmischen und melodischen Patterns. Gleichzeitig lernt der Schüler über den Weg der Imitation diese Patterns zu produzieren. Sowohl die Darbietung der Patterns durch den Lehrer als auch ihre Imitation durch den Schüler erfolgen auf dieser Stufe über die neutrale Silbe „bah". Bei der Wiedergabe der Patterns sollte sich die Produktion nicht auf die Stimme beschränken, sondern möglichst der ganze Körper (Finger, Lippen, Beine etc.) mit einbezogen werden. Darüber hinaus ist für eine erfolgreiche Ausbildung der Audiation von Bedeutung, dass die Imitation des jeweiligen Patterns vom Schüler alleine vollzogen wird. Ein fortwährender Übeprozess lässt eine „Lernschleife" (learning loop) entstehen. Sie bewirkt, dass die vom Lehrer dargebotenen Patterns mit immer größerer Präzision wahrgenommen (aural discrimination) und vorgetragen (oral discrimination) werden können. Da an dieser Stelle die Grundlagen für alle Stufen des „Unterscheidungslernens" und des „schlussfolgernden Lernens" erarbeitet werden, ist es von größter Bedeutung, dass bereits auf dieser elementaren Stufe auf eine sehr präzise Ausführung im Hinblick auf die Phrasierung, Dynamik und Tonqualität der Patterns geachtet wird.

Auf der zweiten Stufe (VERBAL ASSOCIATION) lernen die Schüler, die bisher erworbenen und auditierten melodischen und rhythmischen Patterns mit Solmisationssilben und Rhythmussilben zu verbinden. Für den melodischen Bereich verwendet Gordon relative Solmisationssilben (movable tonic solfa). Für den rhythmischen Bereich hat er ein eigenes System von Silben (rhythm syllables) entwickelt, die im Gegensatz zu anderen Rhythmussilben nicht die Dauer einzelner Werte, sondern ihre Funktion im Metrum repräsentieren. Die Aneignung der Silben erfolgt über das bereits näher beschriebene Prinzip von Darbietung und Imitation. Die Bezeichnung der Patterns erlaubt es den Schülern, ihr Patternrepertoire zu vergrößern, da die Patterns durch eine semantische Kodierung besser im Gedächtnis bleiben. Gleichzeitig ermöglicht es die Kodierung, die bereits auditierten Pattern zu kategorisieren, voneinander zu unterscheiden und zunehmend ihre immanent musikalischen Gesetzmäßigkeiten zu verstehen. Auf diese Stufe lernen die Schüler darüber hinaus die Namen der Tonarten, Metrumsbezeichnungen (Zweier, Dreiermetrum) sowie harmonische (Tonika, Dominante) und rhythmische (macrobeat, microbeat) Funktionsbezeichnungen. Allerdings handelt es sich hierbei nicht um die Vermittlung musiktheoretischer Kenntnisse, sondern ausschließlich um die spachliche Kodierung eines musikalischen Phänomens mit dessen Fachbegriff. Somit ist die musiktheoretische Begriffsbildung bei Gordon stets an die unmittelbare musikalische Erfahrung gebunden.

Die Stufe „PARTIAL SYNTHESIS" beschreibt die Kombination oder Angleichung (assimilation) der Bereiche „AURAL/ORAL" und „VERBAL ASSOCIATION". Dieser Vorgang ist durch zwei Merkmale gekennzeichnet: erstens werden sich die Schüler der inneren Logik der Solmisations- bzw. der Rhythmussilben bewusst, und zweitens sind sie zunehmend in der Lage, einzelne Patterns zu ganzen Patternfolgen musikalisch sinnvoll zu kombinieren. Die Schüler haben auf diese Weise einen Sinn für die musikalische Syntax entwickelt, denn sie haben die Regeln internalisiert, nach denen die verschiedenen rhythmischen und melodischen Patterns miteinander kombiniert werden können.

Die Notation des bereits erarbeiteten Patternvokabulars erfolgt auf der Stufe der „SYMBOLIC ASSOCIATION". In diesem Zusammenhang unterscheidet Gordon zwischen Zeichen (sign) und dem eigentlichen Notensymbol (symbol). Zeichen sind für Gordon musikalische Klänge, die auditiert werden können und durch Symbole repräsentiert werden. Zunächst lernen die Schüler, aus der Notation ihnen bekannter und auditierter Patterns entsprechende Klangvorstellungen zu entwickeln (notational audiation). Anschließend erfolgt der umgekehrte Weg, musikalische Vorstellungsinhalte werden in Notensymbole umgesetzt. Der Umgang mit Noten ermöglicht den Schülern, das zu notieren, was sie bereits auditieren können und das besser zu verstehen, was sie sich innerlich vorstellen können. „COMPOSITE SYNTHESIS" stellt die höchste Stufe des Lernprinzips „discrimination-learning" dar. Alle bisher im Rahmen der Lernsequenzen erworbenen Fähigkeiten und Fertigkeiten werden auf dieser Stufe miteinander kombiniert.

Auf dieser Lernstufe sind die Schüler mittels Audiation in der Lage, aus notierter Musik das Metrum oder die Tonalität unwillkürlich abzuleiten und sie können auf dieser Stufe Tonalität und Metrum gleichzeitig auditieren. Dadurch entsteht ein simultanes Bewusstsein für Tonalität und Metrum. Während es auf der Ebene der „SYMBOLIC ASSOCIATION" nur um ein reines Dechiffrieren von Notensymbolen ging, können die Schüler auf dieser Stufe mit musikalischem Verstand lesen, d.h. sie können die musikalische Bedeutung der Noten erfassen. Es findet so etwas wie ein musikalisch intelligentes Lesen und Schreiben statt.

Schlussfolgerndes Lernen
Während innerhalb des Unterscheidungslernens (discrimination learning) die Inhalte vom Lehrer vorgegeben sind, muss im schlussfolgernden Lernen (inference learning) die Übertragung von den Schülern selbst geleistet werden. Der Lehrer kann nur den äußeren Rahmen vorgeben, in dem diese Übertragung stattfinden kann.

Beim „schlussfolgernden Lernen" ist jede der drei bereits bekannten Stufen (siehe Unterscheidungslernen) nnerhalb der „Lernsequenzen" in verschie-ene Bereiche unterteilt: „GENERALIZATION", „CREATIVITY/ MPROVISATION" und „THEORETICAL UNDERSTANDING". In diesen Bereichen geht es darum, bereits gelernte und damit auditierte melodische und rhythmische Patterns mit neuen Inhalten zu verknüpfen oder in einen neuen musikalischen Kontext zu übertragen.

Auf der ersten Stufe (AURAL/ORAL) in der Aneignungsform „Aural/Oral" lernen die Schüler auf die ihnen dargebotenen Patterns in Form eines Dialogs mit neuen oder veränderten Patterns zu antworten. Dies ist nur möglich, wenn sich beim Schüler durch Audiation eine bestimmte Tonalität oder ein bestimmtes Metrum bereits etabliert hat. Auf der zweiten Sequenzstufe (VERBAL ASSOCIATION) werden vom Lehrer neutral vorgegebene melodische oder rhythmische Patterns vom Schüler eigenständig in die entsprechenden Solmisations- oder Rhythmussilben übertragen (GENERALIZATION Verbal). Die Fähigkeit Tonalität und Metrum mittels Audiation aus einem Notentext abzuleiten, ist ein Kennzeichen der Stufe „SYMBOLIC ASSOCIATION".

Der Bereich „CREATIVITY/IMPROVISATION" betrifft den freien Umgang mit verschiedenen bereits auditierten melodischen oder rhythmischen Patterns. Gordon unterscheidet in diesem Zusammenhang zwischen „IMPROVISATION", als spontane musikalische Reaktion und „CREATIVITY" als eine nach bestimmten Vorgaben vollzogene musikalische Handlung. Voraussetzung für diesen Bereich ist, dass der Schüler zwischen „gleichen" und „verschiedenen" Patterns unterscheiden kann (vgl. Unterscheidungslernen) und dass der Schüler ebenso über ein reiches Patternvokabular verfügt. Letzteres ermöglicht ihm beim kreativen Umgang mit Musik die Produktion einer in sich sehr differenzierten Syntax (vgl. GORDON 1997, 129). Auf der Stufe „SYMBOLIC ASSOCIACION" lernen die Schüler in diesem Bereich etwa über vorgegebene Akkordsymbole oder bezifferte Bässe zu improvisieren. Dazu müssen die Schüler in der Lage sein, aus den schriftlichen Vorgaben mittels Audiation die Tonalität und das Metrum, worin sie improvisieren, abzuleiten.

Die theoretische Auseinandersetzung (THEORETICAL UNDERSTANDING) mit Musik stellt bei Gordon die zeitlich letzte Stufe seiner musikalischen Lernsequenzen dar. Erst wenn die Schüler über ein großes Repertoire an auditierten melodischen und rhythmischen Patterns verfügen und diese mit Solmisationssilben sowie Symbolen verknüpfen können, ist es für Gordon sinnvoll, sich mit musiktheoretischen Themen und musikästhetischen Fragestellungen auseinander zu setzen (vgl. GORDON 1997, 132f). Somit ist für Gordon ein musiktheoretisches Verstehen nichts anderes als eine intellektuelle Auseinandersetzung mit dem, was Schüler bereits musikalisch erfahren haben und auditieren können. Die zentrale Bedeutung des theoretischen Verstehens von Musik kreist für Gordon um die Frage, warum Musik gerade in dieser vorliegenden Form wahrgenommen, empfunden, auditiert, vorgetragen, gelesen, geschrieben, kreiert und improvisiert wird (vgl. GORDON 1997, 132). Gordon nennt dabei insgesamt 23 Bereiche, die seiner Ansicht nach innerhalb des theoretischen Verstehens eine bedeutsame Rolle spielen. Einige dieser Bereiche sind: Musikästhetik; strukturelle Basis und Typen musikalischer Syntax; Beschaffenheit der Oberflächen- und Tiefenstruktur der Musik und deren Beziehung zueinander; Unterschiede in den Skalen der verschiedenen Kulturen, der Unterschied zwischen Modalität (keyality) und Tonalität (tonality) und die Beziehungen zwischen ihnen; der Unterschied zwischen konventionellen und unkonventionellen Metren; der Unterschied zwischen dem Begriff „modal" und „Modus"; die Definition von Tonalität; die Unterschiede zwischen „atonal, pantonal, multitonal, multikeyal, polytonal, polykeyal"; die Beziehung zwischen dem, was ametrische und atonale Musik genannt werden könnte usw. (GORDON 1997, 132).

Der konsequente Gang durch Gordons Lernsequenzen führt dazu, dass die Schüler Musik in zunehmendem Maße auditieren und musikimmanent verstehen können. Gleichzeitig erwerben die Schüler systematisch vielfältige und umfangreiche musikalische Fähigkeiten (skills), die im Verlaufe der Lernsequenz graduell miteinander vernetzt werden.

2.6.3 Musikalische Inhalte

Im Zentrum von Gordons Theorie des Musiklernens steht neben der Aneignung umfassender musikalischer Kompetenzen die Vermittlung melodischer und rhythmischer Inhalte Auch diese wurde von Gordon einer Systematisierung unterzogen.

In der „TONAL CONTENT LEARNING SEQUENCE" legt Gordon die sequenzielle Abfolge fest, in der die verschiedenen „melodischen" Inhalte (siehe Abbildung) vermittelt werden.

Stepwise and Bridging Movement in Tonal Content Learning Sequence

MAJOR AND HARMONIC MINOR Pitch Center	
MAJOR AND HARMONIC MINOR Tonic-Dominant	MULTITONAL AND MULTIKEYAL Unitonal and Multikeyal Multitonal and Multikeyal Multitonal and Unikeyal
MAJOR AND HARMONIC MINOR Subdominant	MONOTONAL AND MONOKEYAL
MAJOR AND HARMONIC MINOR All Functions	POLYTONAL AND POLYKEYAL
MIXOLYDIAN Tonic-Dominant DORIAN Tonic-Subdominant-Subtonic LYDIAN Tonic-Supertonic PHRYGIAN Tonic-Supertonic-Subtonic AEOLIAN Tonic-Dominant LOCRIAN Tonic-Subdominant-Mediant	
MIXOLYDIAN DORIAN LYDIAN PHRYGIAN AEOLIAN LOCRIAN All Functions	
MULTITONAL AND MULTIKEYAL Unitonal and Multikeyal Multitonal and Multikeyal Multitonal and Unikeyal	
MONOTONAL AND MONOKEYAL	
POLYTONAL AND POLYKEYAL	

Abbildung 2.15 verdeutlicht die Abfolge und Verbindung der verschiedenen melodischen Inhalte, aus: GORDON 1997, 219.

Das Curriculum beginnt mit Übungen zur Festigung des tonalen Zentrums. Die Etablierung eines tonalen Zentrums stellt für Gordon die Basis dar, von der aus sich die Fähigkeit zur Audiation weiter entfalten kann. Nach den Dur- und Mollskalen und deren Akkorden und Akkordverbindungen, Modulationen sowie Erweiterungen, führt das Curriculum weiter zu den Kirchentonarten bis hin zu komplexen Skalenformen. Gordon differenziert hier zwischen „MULTITONAL" und „MULTIKEYAL" sowie zwischen „POLYTONAL" und „POLYKEYAL". Die Bezeichnung „tonality" ist mit unserem Verständnis von Tonalität identisch und beinhaltet das Verhältnis der einzelnen Skalentöne zueinander und zum Grundton. Modalität (keyality) bezieht sich nur auf den Tonvorrat einer Skala. Das Auditieren von „Tonalität" ist daher ein wesentlich komplexerer Vorgang zu verstehen als das Auditieren eines Modus (vgl. GORDON 1997, 218ff).

Die Präfixe „uni" und „multi" betreffen den horizontalen Verlauf von Tonhöhen, während sich „mono" und „poly" sowohl auf horizontale als auch auf vertikale Tonhöhenverläufe beziehen. Polytonale Musik beinhaltet insofern zwei oder mehrere erklingende Tonalitäten nebeneinander, während es hingegen bei polymodaler Musik zwei oder mehrere Modalitäten sind. "Atonalität", einen heute gebräuchlichen Topos der Musikwissenschaft, lehnt Gordon unter Berufung auf ein Schönbergzitat[23] ab. Er bezeichnet solche Strukturen als „multitonal"[24] oder „pantonal" (GORDON 1997, 143). Die Gründe, weshalb „multitonale" Musik als „atonal" bezeichnet wird, liegen für Gordon in der mangelnden Audiationsfähigkeit der Hörer, bzw. in der fehlenden Fähigkeit, diese Musik auf verschiedene Grundtöne beziehen zu können.

---

[23] Schönberg schreibt in einem Brief: „ ... *ich verüble ihnen Ihre Ausführungen über „Atonalität" (ein Begriff, den ich nie verwendet habe"* (zitiert in: GORDON 1997, 143; siehe auch STEIN 1958).
[24] Gordons Begriffsbestimmung von „Atonalität" bzw. *Multitonalität* ist diskussionswürdig. Aus konnektionistischer Perspektive muss man Gordon zustimmen, denn das konstruierende Bewusstsein setzt während des Hörvorgangs zwei oder mehrere Töne miteinander in Beziehung und bringt sie dadurch in eine gewisse Hierarchie zueinander. Dies genau möchte jedoch sogenannte „atonale" Musik (theoretisch) vermeiden. Es wäre empirisch zu überprüfen, inwieweit solche Beziehungen nicht nur in der dodekaphonen Musik, sondern auch bei anderen Skalenformen (z.B. mikrotonale) konstruiert werden. Wahrscheinlich wird auch hier ein mit Tonalität vertrauter Hörer gewisse Beziehungen zu einem Basis- bzw. Zentralton herstellen.

Extensive multitonal music includes many rapidly changing tonalities, usually in association with many rapidly changing keyalities, so that this music probably sounds atonal only to persons who cannot audiate rapidly changing tonalities and keyalities (GORDON 1997, 142f).

Im Zusammenhang mit der Audiation multitonaler Musik weist Gordon auf den subjektiven Charakter dieses Vorgangs hin. Die Subjektivität des Hörers tritt umso mehr in den Vordergrund, je mehr verschiedene Tonalitäten ein Musikstück enthält. Dabei ist die musikalische Bedeutung, welche mittels Audiation vom Hörer den multitonalen Strukturen gegeben wird, vom kulturellen Hintergrund und von der Beschaffenheit der musikalischen Vorerfahrung des Hörers abhängig. Mit zunehmender Vertrautheit mit einer multitonal angelegten Komposition entwickelt sich beim Hörer eine Art subjektive „Tonalität". Der Komponist kann somit nur begrenzt kontrollieren, was der Hörer tatsächlich auditieren wird. Infolgedessen generiert sich die musikalische Bedeutung letztendlich im Hörer. Selbst wenn ein Komponist in seinem Stück Tonalität vermeiden möchte, wird ein Hörer mit einem Sinn für Tonalität eine oder mehrere Tonalitäten auditieren können (vgl. GORDON 1997, 142). Je mehr verschiedene Tonalitäten ein Hörer nach Gordon auditieren kann, desto besser wird sein Verständnis für Neue Musik werden.

The more tonalities students can audiate, the better they will understand any one of them and the better they will understand multitonal and polytonal (contemporary) music (GORDON 1997, 220).

Die sequenzielle Abfolge, in der die verschiedenen rhythmusbezogenen Inhalte (vgl. Abbildung) vermittelt werden, ist in der „RHYTHM CONTENT LEARNING SEQUENCE" festgelegt.

Stepwise and Bridging Movement in Rhythm Content Learning Sequence

USUAL DUPLE AND TRIPLE Movement	
USUAL DUPLE AND TRIPLE Macro/Microbeats	
USUAL DUPLE AND TRIPLE Divisions	
USUAL DUPLE AND TRIPLE Elongations	
USUAL PAIRED AND UNPAIRED Macro/Microbeats	MULTIMETRIC AND MULTITEMPORAL
USUAL COMBINED Macro/Microbeats-Divisions-Divisions-Elongations-Elongations	MONOMETRIC AND MONOTEMPORAL
USUAL DUPLE AND TRIPLE	POLYMETRIC AND POLYTEMPORAL
UNUSUAL COMBINED All Functions	
UNUSUAL PAIRED INTACT AND UNPAIRED INTACT Macro/Microbeats	
UNUSUAL PAIRED AND UN-PAIRED	
UNUSUAL PAIRED INTACT AND UNUSUAL UNPAIRED INTACT All Functions	
MULTIMETRIC AND MULTITEMPORAL	
MONOMETRIC AND MONOTEMPORAL	
POLYMETRIC AND POLYMODAL	

Abbildung 2.16 verdeutlicht die Abfolge und Verbindung der verschiedenen rhythmusbezogenen Inhalte, aus: GORDON 1997, 222.

Grundlegende Voraussetzung für einen erfolgreichen Lernprozess im rhythmisch-metrischen Bereich ist die Fähigkeit des Schülers, sich frei, fließend und flexibel bewegen zu können. Deshalb steht die körperliche Bewegung bei Gordon auf der ersten Stufe seiner Sequenz. Ist dies gegeben, wird auf einer zweiten Stufe der Grundpuls (macrobeat) und dessen Unterteilungen (microbeat) etabliert. Sind diese elementaren Fertigkeiten und Fähigkeiten vorhanden, führt die Sequenz von einfachen und gewöhnlichen Zweier- und Dreiermetren[25], bzw. deren Unterteilungen sowie Erweiterungen, über kombinierte Metren bis hin zu komplexen metrischen Formen: „MULTIMETRIC" und „MULTITEMPORAL" sowie „POLYMETRIC" und „POLYTEMPORAL" (GORDON 1997, 222). In Analogie zum melodischen Bereich beziehen sich die Präfixe „multi" und „poly" hier auf horizontale bzw. auf horizontale und vertikale Tondauernverläufe (vgl. GORDON 1997, 198).

Wie bei den melodischen Inhalten wird bei der Audiation metrischer Strukturen dieser Prozess durch das konstruktive und subjektive Bewusstsein des Hörers gesteuert. Der Anteil an Subjektivität während des Audiationsvorganges vergrößert sich dabei mit zunehmender Komplexität der metrischen Strukturen. Bei polymetrischer und polytemporaler Musik werden durch Audiation alle Metren und Tempi miteinander kombiniert, und es entsteht eine Art „zwingendes" (compelling) subjektives Metrum und bzw. oder Tempo. Schließlich können multimetrische, multitemporale, multitonale und multimodale Abschnitte so komplex werden, dass eine Audiation dieser Strukturen nicht mehr möglich wird (vgl. GORDON 1997, 198). Schwierigkeiten mit der Audiation metrisch komplexer Musik können bei deren Notation in Erscheinung treten. Viele der subjektiv auditierten Metren können nicht adäquat notiert werden. Umgekehrt ist es ebenso schwierig, ein vom Komponisten intendiertes (komplexes) Metrum aus der von ihm erstellten Notation zu auditieren (vgl. GORDON 1997, 199). Hingegen sind musikalische Strukturen leichter zu auditieren, wenn sie bereits in der eigenen Sprache enthalten sind (GORDON 1997, 201).

In Analogie zum Bereich Tonhöhe liegt für Gordon der Zugang zu zeitgenössischen musikalischen Erscheinungsformen in der Fähigkeit, möglichst vielfältige und komplexe metrische Strukturen auditieren zu können. Je weiter ein Schüler auf dem Curriculum vorangeschritten ist, je größer, vielfältiger und komplexer die Patterns sind, welche er auditieren kann, desto besser wird er

---

[25] Für Gordon sind nur zwei Grundmetren existent, ein Zweier- und ein Dreiermetrum. Bei allen anderen taktmetrischen Erscheinungsformen handelt es sich um eine Addition dieser Metren.

in der Lage sein, die metrisch komplexen Strukturen der Neuen Musik wahrzunehmen und sie musikalisch zu verstehen.

The more meters students can audiate, the better they will unterstanding any one of them, and so the better they will understand multimetric and polymetric (contemporary) music (GORDON 1997, 223).

Die Vermittlung melodischer und rhythmischer Inhalte (tonal and rhythm sequence) bei Gordon lassen bei näherer Betrachtung zwei grundlegende Prinzipien erkennen. Ein erstes Prinzip ist darin zu sehen, dass die Vermittlung musikalischer Inhalte bei einfachen Stukturen beginnt und allmählich zu immer komplexeren führt. Das zweite damit eng verbundene Prinzip ist darin zu erkennen, dass die Vermittlung neuer Inhalte stets von bereits bekannten Inhalten ausgeht. Diese Vorgehensweise von Gordon impliziert, dass weder die sequenzielle Abfolge der Vermittlungsschritte geändert, noch einer oder einige dieser Schritte weggelassen werden können.

2.6.4 Diskussion: Gordons Theorie des Musiklernens

Gordons „Learning Sequences in Music" (1997) ist auf amerikanische Verhältnisse ausgerichtet und daher nur mit Einschränkungen auf den deutschen bzw. europäischen Musikunterricht übertragbar. Eine dieser Einschränkungen besteht darin, dass Gordons Ansatz primär auf die Aneignung musikalischer Kompetenzen ausgerichtet ist, während hingegen in den hiesigen Bildungsplänen die Vermittlung von kulturkundlichem Sachwissen (Musikgeschichte oder Musiktheorie) besonders im gymnasialen Bereich im Vordergrund steht. Weitere Einschränkungen entstehen durch die knappen zeitlichen Ressourcen des Faches Musik; sie verhindern von vornherein die vollständige Umsetzung von Gordons Curriculum und insofern auch die Aneignung umfassender musikalischer Kompetenzen. In der Unterrichtspraxis selbst verhindern oft motivationale Gründe die direkte Anwendung von Gordons Lernsequenzen. Insbesondere sein Patterntraining ist in Haupt- und Realschulen häufig nur in modifizierter Form einsetzbar (z.B. WEBER 1997).

Gordons Theorie des Musiklernens gilt allgemein als empirisch abgesichert, allerdings liegen genau in einem solchen Forschungsparadigma weitere Einschränkungen begründet. Empirisch ausgerichtete Ansätze führen aus wissenschaftstheoretischen Gründen (z.B. intersubjektive Überprüfbarkeit) von vornherein, quasi „sui generis" zu Reduzierungen des „Forschungsgegenstandes" auf verifizierbare und quantitativ erfassbare Variable. Eine dieser Reduzierungen zeigt sich im Musikverständnis von Gordon. Seine Theorie ist auf eine tonal- und metrisch gebundene Musik ausgerichtet, welche sich in einem engen historischen Raum von etwa 250 Jahren abendländischer Kultur bewegt. In diesem Rahmen werden rhythmische und melodische Modelle festgelegt, die im Hinblick auf die Vielfalt musikalischer Erscheinungsformen wiederum eine Begrenzung darstellen. So ist Gordons Verständnis von Kirchentonarten eingeschränkt „funktional" geprägt. Gordon spricht beispielsweise bei Dorisch von Tonika (tonic), Subtonika (subtonic) und Subdominante (subdominant). Dieses Verständnis von Dorisch deckt sich weder mit den ästhetischen und rezeptionsästhetischen Implikationen mittelalterlicher oder vorbarocker Musik noch mit der Anwendung dieses Modus im modalen Jazz oder im popmusikalischen Bereich.

Eine weitere Reduzierung zeigt sich im Lernbegriff von Gordon. Man muss in diesem Zusammenhang Gruhn zustimmen, der an Gordon kritisiert, dass seine „*Auffassung ... einem sehr positivistischen, mechanistischen Begriff des Lernens*" entspricht (GRUHN 1990, 333). Die Kritik von Gruhn zielt zum einen auf die „*Schwächen*" des „*starren methodischen skill training*" und zum anderen auf die bei Gordon sehr deutlich werdende Diskrepanz zwischen dem „*klinisch reinen Raum von Labors*" und dem tatsächlichen „*realen Lebensraum*" der Schüler (ebd.). Weitere Kritik ist aus kognitionspsychologischer Sicht anzubringen. Gordon geht in Analogie zur Sprache davon aus, dass die einzelnen melodischen und rhythmischen Patterns kleinste funktionale Bedeutungselemente darstellen, die nach implizit musikalischen Prinzipien auf der Syntaxebene zu größeren Bedeutungseinheiten zusammengefügt werden. Neisser (1974) hingegen lehnt es ab, dass bei der Sprachwahrnehmung und beim Sprachverständnis die funktionalen Elemente ausschließlich auf kleinste bedeutungstragende Einheiten (Phoneme) reduziert werden sollen.

> *Die Auffassung, daß Sprache anhand von Phonemen verstanden werde, erinnert unangenehm an die Behauptung, daß Lesen in der Identifizierung von Buchstaben geschehe ... Wir werden bald finden, daß die Sprachwahrnehmung durch eine ähnliche [wie Lesen] Beweglichkeit gekennzeichnet ist. Phoneme, Silben, Wörter, Morpheme, Ausdrücke und linguistische Konstituenten können alle unter jeweils passenden Umständen als funktionale Elemente dienen* (NEISSER 1974, 234).

Neissers Einwände würden gegen eine Verwendung prinzipiell festgelegter Bedeutungseinheiten (Patterns) sprechen. Es wäre vielmehr auf in ihrem Umfang variable Elemente zurückzugreifen, deren Bedeutung sich aus dem jeweiligen musikalischen Kontext ergeben würde. Im Übrigen existieren im Bereich der Neuen Musik kunstphilosophische Entwürfe (z.B. sogenannte „Sprachkompositionen"), die den „Sprachcharakter" von Musik auf deren Syntaxebene mittels Dekomposition bewusst zerstören. Eine unterrichtspraktische Vermittlung solcher Kompositionen in Orientierung am „Sprachmodell" ist hier keinesfalls möglich.

Wie bereits angedeutet, ist der Ansatz von Gordon auf ein musiksprachliches Idiom ausgerichtet, das sich in einem begrenzten historischen Raum bewegt. Zwar wird von Gordon ein erweiterter melodischer und rhythmischer Rahmen intendiert (siehe „tonal and rhythm content learning sequences"), allerdings aus einem primär historischen Blickwinkel heraus. Dies hat zur Konsequenz, dass auf Neue Musik verweisende Inhalte (z.B. Polytonalität) auf einer relativ hohen Curriculumsstufe angesiedelt sind, einer Stufe also, die für die meisten Schüler im Hinblick auf ihren musikalischen Entwicklungsstand und ihr Schulalter nicht mehr relevant sein dürfte. Ein, im Hinblick auf die Vermittlung von Neuer Musik gestalteter Ansatz, müsste hingegen bereits auf einer elementaren Stufe des Curriculums entsprechende Inhalte aufweisen.

Zentraler Begriff in Gordons musikalischer Lerntheorie ist der der „Audiation". Dem Verständnis Gordons zufolge impliziert der Begriff neben einer rein klanglichen Vorstellung melodischer und rhythmischer Inhalte gleichzeitig auch deren implizite musikalische Bedeutung. Gordon setzt dabei voraus, dass die Prinzipien, auf denen die musikalische Syntax (Struktur) beruht, in seinen Patterns (Material) selbst begründet liegen. Dies ist jedoch speziell bei Neuer Musik keineswegs der Fall. Es gehört im Gegenteil zu den spezifischen Kennzeichen der Neuen Musik, dass ihre musikalische Struktur dem Material gerade nicht implizit ist, sondern das Material erst vom Komponisten selbst durch bestimmte ihm zur Verfügung stehende oder von ihm entwickelte Organisationsprinzipien einer zeitlichen Strukturierung unterzogen wird. Dies führt zu Erscheinungsweisen Neuer Musik, die mitunter gerade auf der Ebene der Syntax (aber auch auf anderen) als heterogen zu bezeichnen wären und sich deshalb keinen allgemein verbindlichen und damit vermittelbaren musikalischen Prinzipien unterordnen lassen. Der Begriff der Audiation kann daher, wenn überhaupt, nur mit deutlichen Einschränkungen auf den Bereich der Neuen Musik übertragen werden.

Eng verbunden mit dieser Problematik ist die von Gordon vorgenommene semantische Kodierung (VERBAL ASSOCIATION) rhythmischer und melodischer Patterns mittels Solmisationssilben. Eine begriffliche Belegung der Patterns impliziert zugleich auch eine musikalische Bedeutung, die, wie bereits dargelegt, bei Neuer Musik nicht allgemein verbindlich gegeben ist. Ganz allgemein ergibt sich eine sprachliche Kodierung musikalischer Erscheinungsformen der Neuen Musik aus dem jeweiligen musikalischen Kontext und kann nur im beschränkten Umfang (z.B. bei dem Begriff „Cluster") auf einer allgemeinen und exemplarischen Ebene vermittelt werden. Zudem fehlen bei Gordon für die musikalische Wahrnehmung wichtige Formen der Verbalisierung, wie beispielsweise eine sprachliche Kategorisierung wahrgenommener Klänge. Eine analoge Situation zeigt sich auf der Stufe der symbolischen Kodierung (SYMBOLIC ASSOCIATION). Die Verknüpfung musikalischer Erscheinungsformen mit diese repäsentierenden Zeichen und Symbolen setzt ebenfalls die Existenz allgemeingültiger Notationstechniken voraus, die bei Neuer Musik nur in eingeschränktem Maße gegeben sind.

Eine weitere Einschränkung im Hinblick auf die Übertragbarkeit von Gordons Ansatz auf die Vermittlung Neuer Musik ergibt sich in Zusammenhang mit der Form der Aneignung musikalischer Inhalte. Bei Gordon erfolgt dies über ein responsorisches (Aural/Oral) Prinzip und beschränkt sich ausschließlich auf den vokalen Bereich. Die Neue Musik zeichnet sich u.a. jedoch gerade dadurch aus, dass das musikalische Material nicht einem vorgegebenen Repertoire entstammt, sondern durch den Komponisten über explorative und experimentelle Vorgehensweisen selbst erarbeitet wird. Folglich wären bei einer Vermittlung Neuer Musik responsorische Aneignungsformen um explorative und experimentelle zu erweitern. Ebenso dürfte sich der Materialbereich nicht nur auf die Stimme beschränken, sondern müsste alle möglichen Materialfomen integrieren.

Bezogen auf die musikalischen Inhalte fällt bei Gordon auf, dass der für die Neue Musik bedeutsame Parameter Klangfarbe nicht explizit berücksichtigt wird. Gordon begründet dies damit, dass der Bereich der Klangfarben bei Kindern entwicklungspsychologisch bedingt, erst zu einem späteren Zeitpunkt an Bedeutung gewinnt[26]. Bereits bestehende und praktizierte Vermittlungsansätze Neuer Musik, insbesondere derjenige von V. Flusser (siehe Kapitel 3) zeigen jedoch, dass Kinder sehr wohl für Klangfarben und damit auch für die Klangwelten der Neuen Musik interessiert und sensibilisiert werden können. Es kann also davon ausgegangen werden, dass Kinder ebenso in der Lage sind, innere Vorstellungen für Klangfarben und Klangkonstellationen

---

[26] Diese Position wird auch von anderen Autoren vertreten (siehe Überblick bei GEMBRIS 1995, 281).

auszubilden. Weitere Einschränkungen in inhaltlicher Sicht ergeben sich darüber hinaus im melodischen und rhythmischen Bereich (vgl. tonal and rhythm sequence). Tonal und metrisch ungebundene Skalen bzw. Rhythmen, sowie Skalen im mikrotonalen Bereich sind bei Gordon bezeichnenderweise nicht aufgeführt.

Insgesamt würde ein ausschließlich auf die Anwendung von Gordons Lerntheorie reduzierter Musikunterricht den Einsatz möglichst vielfältiger und abwechslungsreicher Unterrichtsmethoden, die der Musikdidaktik mittlerweile zur Verfügung stehen, drastisch einschränken. Dies ist eine Einschränkung, die unter den derzeitigen Bedingungen des Musikunterrichts aus sozialpsychologischen, motivationalen und weiteren Gründen nicht vertretbar ist. Abschließend wären speziell gegen das Patterntraining auch musikästhetische Vorbehalte zu formulieren, deren grundsätzliche Diskussion jedoch den inhaltlichen Rahmen dieser Arbeit überschreiten würde.

Die hier dargelegten Kritikpunkte[27] machen u.a. deutlich, dass Gordons Theorie des Musiklernens nur in beschränktem Maße auf die Vermittlung Neuer Musik übertragen werden kann und auch bei der Vermittlung konventioneller Musik ihre Grenzen hat. Dabei muss relativierend angemerkt werden, dass diese Kritikpunkte keineswegs den Ansatz von Gordon und seine effiziente Anwendbarkeit auf tonal- und metrisch gebundene Musik generell in Frage stellen. Im Übrigen erhebt Gordon nicht den Anspruch, eine universelle Theorie des Musiklernens erstellt zu haben.

In der oben geführten Diskussion von Gordons musikalischer Lerntheorie wurden einige wesentliche Kritikpunkte formuliert. Folgende Elemente und Prinzipien seiner Theorie lassen sich jedoch mit den jeweils erforderlichen Einschränkungen und Erweiterungen in einen lerntheoretisch orientierten Vermittlungsansatz Neuer Musik integrieren:

- der Aufbau innerer Klangvorstellungen als Ziel einer umfassenden Vermittlung Neuer Musik;
- die systematische und langfristig angelegte Aneignung musikalischer Kompetenzen und Inhalte;
- der in Bezug auf die musikalischen Inhalte und Lernprinzipien spiralförmige und sequenzielle Aufbau seines Curriculums;

---

[27] Zur weiteren Kritik, siehe Bluestine 1995.

- die Anwendung der beiden Lernprinzipien „Unterscheidungslernen" und „Übertragungslernen";
- das Prinzip, dass Lernprozesse in inhaltlicher Hinsicht vom Einfachen zum Komplexen führen;
- das Prinzip, dass Lernprozesse bezogen auf die Umgangsweisen mit Musik vom Konkreten zum Abstrakten führen;
- die Etablierung eines Grundtons und –metrums als elementare Basis und Ausgangspunkt für die Vermittlung musikalischer Kompetenzen und Inhalte;
- der konkrete Aufbau einer Lernsequenz sowie die sequenzielle Abfolge der einzelnen Lernschritte, die beim praktischen Umgang mit Musik (Produktion und Rezeption) beginnen und über eine verbale sowie symbolische Kodierung zur ästhetischen Reflexion führen;
- das Prinzip einer Lernschleife als Wechselspiel zwischen Rezeption und Produktion.

7. Zusammenfassung

Im vorliegenden Kapitel 2 wurde versucht, die für eine Vermittlung Neuer Musik relevanten „lerntheoretischen Grundlagen" darzustellen. Zusammenfassend lässt sich sagen, dass durch die Beachtung grundätzlicher Erkenntnisse und Prinzipien lerntheoretischer Forschung, der Vermittlungs-prozess im Hinblick auf ein Wahrnehmen und Verstehen von Neuer Musik optimiert werden kann. Geichzeitig wurde jedoch auch deutlich, dass aufgrund der heterogenen Erscheinungsweise Neuer Musik einer vollständigen Systematisierung des Vermittlungsprozesses Grenzen gesetzt sind.

3. Vermittlungsansätze Neuer Musik nach 1970

Das folgende Kapitel beinhaltet die Diskussion bisheriger Vermittlungsansätze Neuer Musik. Hierbei wurde berücksichtigt, dass musikpädagogische Konzeptionen stets mit den naturwissenschaftlichen, geisteswissenschaftlichen und gesellschaftlichen Strömungen der Zeitgeschichte korrelieren. Eine umfassende Untersuchung dieses Themenkomplexes kann in dieser Arbeit jedoch nicht geleistet werden, da ihre Zielsetzung auf einen anderen inhaltlichen Schwerpunkt ausgerichtet ist. Für die folgende Diskussion werden deshalb auch nur diejenigen Ansätze ausgewählt, denen eine umfassende didaktische Konzeption zugrunde liegt. Gleichzeitig wurde der historische Rahmen auf einen Zeitraum zwischen 1970 und 2000 festgelegt, ohne jedoch die Geschichte der Schulmusik zwischen 1945 und 1970 unberücksichtigt zu lassen. Viele didaktische und inhaltliche Konzeptionen der Vermittlungsansätze nach 1970 erklären sich aus der historischen Entwicklung der Schulmusik.

In systematischer Hinsicht orientieren sich die folgenden Untersuchungen an dem in der Einleitung skizzierten Vermittlungsmodell Neuer Musik. In diesem Zusammenhang erscheint es überdies erforderlich, die didaktischen Aspekte des jeweiligen Vermittlungsansatzes näher zu beleuchten. In diesem Zusammenhang ergeben sich vier zentrale Fragenkomplexe:

- Didaktik:
  Auf welcher didaktischen Konzeption und Legitimation basiert der Vermittlungsansatz?
- Neue Musik (Objektseite):
  Welches Kunst- und Musikverständnis liegt dem jeweiligen Vermittlungsansatz zugrunde?
- Die Schüler (Subjektseite):
  Werden im Vermittlungsansatz die musikalischen und außermusikalischen Vorerfahrungen der Schüler berücksichtigt?
- Die Vermittlungspraxis:
  Wie wird der Vermittlungsansatz unterrichtspraktisch umgesetzt?

Obwohl ein Großteil der untersuchten Ansätze nicht lerntheoretisch ausgerichtet ist, fließen in die nachfolgenden Untersuchungen entsprechende Fragestellungen mit ein. Dies erscheint insofern sinnvoll, als sich daraus mögliche Erkenntnisse für den in Kapitel 4 zu konzipierenden, lerntheoretisch basierten Vermittlungsansatz des Autors ergeben könnten.

3.1 Zur Situation der Musikpädagogik nach 1945

Die Vermittlungsproblematik Neuer Musik steht nach dem Zweiten Weltkrieg in direktem Zusammenhang mit der allgemeinen Situation der Musikpädagogik. Versuche, diese Phase als „*Stunde Null*" der Musikpädagogik und somit als einen Zeitpunkt des Neubeginns zu beschreiben, wurden inzwischen als „*Märchen*" (GIESELER 1986, 176) zurückgewiesen.

> *Die Stunde Null im Jahre 1945 ist auch für die Musikpädagogik nie da gewesen. Sie war für die einen ein vermeintlicher Neubeginn, für andere ein Anknüpfen an die ‚unterbrochene' Kestenberg-Reform, in Wirklichkeit bei den meisten ein einfaches ‚Weitermachen' da, wo der Krieg ein Aufhören erzwungen hat* (ebd. 178).

Insofern stand die Musikpädagogik nach 1945, bisweilen personell bedingt, erneut unter dem Einfluss der „Jugendmusikbewegung". Trotz deren politischen Verstrickungen in der Nazizeit orientierte man sich beim Wiederaufbau der Schulmusik an der Idee des Musischen (vgl. GIESELER 1986, 174ff; GRUHN 1993, 279ff). Im Musikunterricht selbst griff man auf das alte, vor und während des Krieges entstandene Lied- und Musiziergut[1] der Singbewegung zurück. Der direkte Einfluss der Musischen Erziehung auf die Schulmusik setzte sich bis zur Mitte der sechziger Jahre fort und „*Erinnerungsschriften in jenem Geist*" drangen noch bis zu Beginn der achtziger Jahre in die Öffentlichkeit (vgl. GÜNTHER 1986, 155 und 162ff).

Ein erster ideologischer und musikdidaktischer Gegenimpuls zur Musischen Erziehung erfolgte in Zusammenhang mit der Gründung des „Instituts für Neue Musik und Musikerziehung"[2] im Jahre 1948. Zur ersten Arbeitstagung

---

[1] Eine erste kritische Analyse des musikalischen Repertoires erfolgte durch Abraham und Segler (1966).
[2] Allerdings stand auch das Institut zunächst noch teilweise unter dem Einfluss der Jugendmusikmusikbewegung. Dies hing u.a. mit Erich Doflein zusammen, der von 1948 bis 1956 zweiter Vorsitzender und von 1956 bis 1960 erster Vorsitzender des Instituts war. Gruhn spricht in diesem Zusammenhang unter dem Verweis auf eine für L.U. Abraham

nach Bayreuth kamen Abel-Struth zufolge etwa 800 Musikerzieher mit dem Bedürfnis „*Neue Musik nachzuholen und eine erste Hilfe für ihre unterrichtliche Methodik zu gewinnen"* (MiU 50/1959, 221). Es wurden damals Kompositionen von Strawinsky, Bartók, Hindemith, Genzmer, Fortner u.a. vorgestellt.

Ein "Generalangriff" auf die Jugendmusikbewegung erfolgte durch Theodor W. Adorno. Adorno wurde 1952 von Doflein als Referent zu einer Tagung des Instituts nach Darmstadt eingeladen und referierte dort über das Thema "Musikpädagogik und Kunstwerk". Adorno stellte dabei mit *"unerbittlicher Schärfe ... die Eigengesetzlichkeit des 'verdinglichten Kunstwerkes' und seine Ansprüche an die Erziehung"* einer musikpädagogischen Vorstellung gegenüber, *"die durch ihr Wirken 'irgendwelche' Gemeinschaft zu bilden vorgebe"* (MiU 45/1954, 228[3]).

Die zweite Attacke Adornos erfolgte 1954, als er erneut auf einer Arbeitstagung in Darmstadt seine „Thesen" gegen die musikpädagogische Musik formulierte. Die anschließenden Repliken und Stellungnahmen von W. Twittenhoff und S. Borris aus den Reihen der Jugendbewegung zeugten mitunter von einem völligen Unverständnis der Kritik Adornos. (vgl. GRUHN 1993, 290). Auf der Basis dieses nachdrücklich geführten Dialogs entwarf Adorno 1956 einen Rundfunkvortrag mit dem Titel "Kritik des Musikanten", den er im selben Jahr in den "Dissonanzen" (1956) veröffentlichte.

Aus den Ausführungen Adornos kristallisiert Gruhn (1993) vier wesentliche Kritikpunkte an der Jugendbewegung heraus:

... falsche Gemeinschaftsideologie der Jugend- und Singbewegung, ... ästhetische und künstlerische Regression, ..., Zurückweisung des Primats des Tuns, womit er zugleich den Typus des Musikanten in Frage stellte, ... Vorwurf der latenten Gemeinsamkeit mit dem Faschismus ... (GRUHN 1993, 291).

Adornos scharfe und teilweise wohl überzogene Kritik führte zu einer jahrzehntelang andauernden Kontroverse[4] zwischen ihm und den Vertretern der Jugendmusikbewegung und bewirkte innerhalb der Schulmusik einen Prozess des Umdenkens. Die Folgen dieser Kontroverse sind insbesondere in einigen Vermittlungsansätzen nachzuweisen (vgl. WARNER 1964, MEYER-DENKMANN 1970; 1972 und KLÜPPELHOLZ 1981). Sie beeinflussten dort nachhaltig die didaktische Konzeption sowie die Wahl der Inhalte und Vermittlungsformen.

---

von Doflein verfasste „Festschrift zum 70. Geburtstag " von der „*partiellen Nähe"* Dofleins zur Jugendmusikbewegung (vgl. GRUHN 1993, 288).
[3] Aus einem Bericht über die VII. Arbeitstagung.
[4] Eine ausführliche Darstellung der Kontroverse findet man bei Gieseler (1986).

Abseits dieser Kontroverse bildete sich in Deutschland Ende der fünfziger Jahre eine vom Rock'n' Roll und vereinzelt vom Jazz bestimmte neue jugendliche Teilkultur heraus. Ihre Ideologie offenbarte sich in der Kritik an der Kriegsgeneration und deren Verhalten im Dritten Reich sowie in der radikalen Abkehr von den kulturellen und moralischen Wertvorstellungen des Bürgertums. Da die Musik dieser Teilkultur ausschließlich außerschulisch rezipiert wurde, entstanden zwei *"prinzipiell verschiedene Sphären"*, die sich nicht nur in musikalischer Hinsicht, sondern auch im Hinblick auf ihre Rezeptionsformen grundsätzlich voneinander unterschieden: *"Musik in der Schule und Musik im Leben"* (GRUHN 1993, 283). Der hohe Stellenwert der außerschulischen Beschäftigung Jugendlicher mit Musik wurde auch zunehmend von den Musikpädagogen erkannt, auf musikpädagogischen Kongressen problematisiert und in Fachzeitschriften diskutiert (z.B. WISMEYER 1958, 376). Verantwortlich für die immer bedeutender werdende außerschulische Musikrezeption war die zunehmende Ausbreitung „neuer" Medien, zunächst Rundfunk, Plattenspieler sowie Tonbandgerät (Magnetophon) und ab 1952 das Fernsehen.

Vor dem Hintergrund der Kontroverse um die inhaltlichen Zielsetzungen des Musikunterrichts zwischen Adorno und den Vertretern der Jugendmusikbewegung, erscheint es als ein Paradoxon, dass der erste ausführlich formulierte Vermittlungsansatz Neuer Musik vom Geist der Jugendbewegung bestimmt ist. Theodor Warner[5], einst Mitglied dieser Bewegung, veröffentlichte im Jahre 1964 in Martens-Münnichs Reihe „Beiträge zur Schulmusik" ein Heft mit dem Titel „Neue Musik im Unterricht". Lässt dieser Titel die Bereitstellung didaktischer und methodischer Hilfestellungen für eine Vermittlung der tatsächlich „neuen" Musik nach 1945 (Stockhausen, Boulez etc.) vermuten, so reduziert sich Warners Musikauswahl auf die sogenannte „zeitgenössische pädagogische Musik" (WARNER 1964, 33)[6]. Zu diesem Genre zählt Warner Kompositionen von Kodály, Bartók, Orff, Weber, Marx, Pepping, Distler, Dreißler und Killmayer.

Insgesamt steht Warners Ansatz ganz im Zeichen der bereits dargelegten Kontroverse um die Inhalte der Schulmusik. Warner sieht sich selbst in einer Vermittlerrolle, der sich mit seiner Schrift *„zwischen alle Stühle"* setzt und da-

---

[5] Theodor Warner (1903-1980) hat mit seiner Schrift „Musische Erziehung zwischen Kult und Kunst" (Berlin 1954) zu einer didaktischen Neuorientierung des Musikunterrichts beigetragen, darüber hinaus war Warner als Komponist tätig.
[6] Wenn nicht anders aufgeführt, beziehen sich die folgenden Seitenangaben auf Warner (1964).

durch in Gefahr gerät, den Repräsentanten einer autonomen Musik (Dodekaphonie, Serialismus) als „*lästiger Kompromißler*" und den Protagonisten einer pädagogischen Musik als „*Nörgler und Besserwisser*" zu erscheinen (76). Warner intendiert eine Annäherung beider Positionen, indem er versucht die „zeitgenössische pädagogische Musik" aus einer fachdidaktischen Begründung heraus aufzuwerten, ohne jedoch ihre musikalisch-ästhetische Problematik und ihre regressive Komponente unerwähnt zu lassen (vgl. 52). Gleichzeitig unterzieht er die autonome Musik einer, nicht ganz frei von Polemik geführten, kritischen Hinterfragung. Dabei stellt er ihren ästhetischen Anspruch nicht grundsätzlich in Frage. Seine Kritik zielt vielmehr auf jene Werke serieller Musik, in denen sich Epigonenhaftes offenbart (vgl. 48f), oder auf solche Kompositionen, welche durch die Verwendung von „*Modernismen*" im „*avantgardistischen Mäntelchen*" beim Publikum Erfolg haben möchten (11). Eine gewisse Annäherung von autonomer und pädagogischer Musik versucht Warner über das Aufzeigen von Gemeinsamkeiten beider musikalischer bzw. ideologischer Positionen (vgl. 6). In diesem Rahmen leistet Warner gleichzeitig eine äußerst subjektive Form der Vergangenheitsbewältigung (vgl. 5; siehe auch GIESELER 1986; GRUHN 1993).

Warner verfolgt mit seiner Arbeit zweierlei Zielsetzungen, die auch die inhaltliche Ausrichtung seines Heftes bestimmen. Ein erstes Ziel liegt in der Untersuchung von „Schulmusikwerken" und diesen ideologisch und musikalisch nahestehenden Werken, die auf melodischer, harmonischer und rhythmischer Ebene Impulse des Jahrhunderts verarbeitet haben. Ein zweites Ziel liegt im Aufzeigen „methodischer Anregungen", wie diese zeitgenössischen musikalischen Elemente unterrichtspraktisch vermittelt werden können. Zielgruppe seiner Schrift sind „*Musikerzieher der allgemein bildenden Schulen*", die es mit Gruppen „*verschiedenster musikalischer Vorbildung*" zu tun haben (vgl. 4).

In didaktischer Hinsicht fordert Warner „*das jeweilig Neue aus dem Potential des bereits Vorhandenen zu entfalten*"(65). Allerdings bezieht sich diese Forderung nur auf den schulischen Bereich. Die außerschulischen Musikerfahrungen der Schüler - „*Kommerzielle Musik für den Massenkonsum*" (48) bleiben unberücksichtigt. Weiterhin hält es Warner für sinnvoll, in der Unterrichtspraxis Aspekte wie Schülermotivation und Methodenwahl zu berücksichtigen. Im Unterricht gefördert werden sollen ihrem Schwerpunkt nach die gesanglichen Fähigkeiten der Schüler, da sie die Wahrnehmung positiv beeinflussen.

Die grundsätzliche Methode, der sich Warner bedient, um die neue pädagogische Musik unterrichtspraktisch zu erschließen, ist die Verwendung von Tonika-Do-Silben und –Zeichen (66ff). Dadurch soll ein Bewusstsein für den Unterschied zwischen Halbton und Ganzton entwickelt werden. Da die Tonika-Do-Methode in ihrem ursprünglichen Sinne für den Umgang mit diatonischem Material konzipiert wurde, ist diese Methode jedoch nur begrenzt applizierbar. Daher erweitert Warner sie um die „Ti-Modulation" mit folgender Zielsetzung:

> *Bewußtmachung von Ganz- und Halbton mittels der Spaltung der Ganztöne anhand der sogenannten ‚Ti-Modulation', die wiederum die Umdeutung der Stufen voraussetzt* (66).

Insgesamt ist der Vermittlungsansatz von Warner deutlich von der ideologischen Programmatik der Jugendmusikbewegung geprägt. Dies äußert sich in inhaltlicher Hinsicht in der Reduzierung des musikalischen Repertoires auf eine rein zeitgenössische pädagogische Musik. Die Aneignungsformen beschränken sich weitgehend auf reproduktive Praktiken. Dies steht im Einklang mit der Idee der Musischen Erziehung, in der das gemeinschaftsbildende Musizieren im Vordergrund steht und deshalb dem einzelnen Individuum keine Spielräume für experimentelle und improvisatorische Erfahrungen eröffnet. Überdies spiegelt sich im Ansatz von Warner ein grundlegendes Problem musikalischer Vermittlung wider. Warner versucht die Vermittlungsproblematik durch eine in musikalischer und ästhetischer Hinsicht einseitige didaktische Reduzierung - wenn nicht Simplifizierung - der Musik zu lösen. Alternative Möglichkeiten werden von ihm nicht anvisiert.

3.1.1 Neuorientierung der Schulmusik

Die maßgeblich von Adorno ausgelöste Kontroverse um die inhaltlichen Zielsetzungen des Faches Musik führten zu einer grundlegenden Neuorientierung der Schulmusik, die Mitte der sechziger Jahre ihren Anfang nahm. Eine erste Auseinandersetzung mit neuen Zielsetzungen, anfangs noch in enger Verbindung mit dem „Schulgesang", erfolgte in der Publikation „Musik als Schulfach" (1966) von Helmut Segler und Lars Ulrich Abraham.

Die erste systematisch aufgebaute und in sich geschlossene „Didaktik der Musik" folgte 1968 von Michael Alt. Alt bezog sich in seiner didaktischen Theorie auf Theodor Wilhelms „Theorie der Schule" (1967)[7]. Sein verste-

---

[7] Wilhelm versuchte dort, ausgehend von der Kritik an der Bildungstradition des 19. Jahrhunderts aus einer erziehungswissenschaftlichen Perspektive die Position von Schule und Erziehung neu zu bestimmen (vgl. GRUHN 1993, 295).

henstheoretischer Ansatz, der sich deutlich vom geisteswissenschaftlichen Verstehensbegriff Diltheys unterschied, erteilte der musischen Bildungsideologie eine deutliche Absage (vgl. GRUHN 1993, 295). Insofern distanzierte sich Alt auch in seiner Didaktik von der Ideologie des Musischen und ersetzte den vorbelasteten Begriff „Musikerziehung" im Kontext einer wissenschaftlichen Reflexion durch den Begriff „Musikpädagogik" und in unterrichtspraktischer Hinsicht durch den Begriff „Musikunterricht".

Alt hebt in seiner Didaktik deutlich hervor, dass er ein ideologisch motiviertes Ausgrenzen bestimmter musikalischer Bereiche im schulischen Musikunterricht vermeiden möchte (vgl. ALT 1968, 5). In diesem Zusammenhang plädiert er auch für die Integration von Neuer Musik in den Unterricht. Zu deren Vertretern zählt er Komponisten wie Strawinsky, Bartók, Hindemith, Schönberg, Berg, Honegger und Schostakowitsch, ferner auch Stockhausen, Boulez, Ligeti und Kagel u.a.. Insgesamt trug Alts didaktischer Ansatz jedoch keineswegs dazu bei, den Stellenwert der Neuen Musik in der Schule maßgeblich zu verbessern (ALT 1973, 222ff; 235).

Das veränderte didaktische Denken spiegelte sich zugleich in einer Erweiterung der musikalischen Umgangsweisen. Das ursprünglich im Musikunterricht ausschließlich praktizierte Singen, von Alt als „Reproduktion" bezeichnet, wird von ihm um die Funktionsfelder „Theorie"(musikalische Handwerkslehre), „Interpretation" (Werkhören), „Information" (Orientierungswissen, Umweltlehre) erweitert (vgl. ALT 1973, 43). Alt misst der Interpretation als „Hauptfeld des Musikunterrichts" einen besonderen Stellenwert zu, da der *„Interpretation der Welt durch die sprachlichen und künstlerischen Fächer"* eine *„integrative Bedeutung"* zukommt (ALT 1973, 45).

Weitere grundlegende Impulse für eine Neuorientierung der Schulmusik in Deutschland kamen aus den USA. Dort wurde im Bildungswesen bereits wesentlich früher eine erste Diskussionswelle durch William Heard Kilpatrick (1871-1965) und John Dewey (1869-1952)[8] und ihrem lernpsychologisch geprägten Erfahrungsbegriff der *„progressive education"* (DEWEY/KILPATRICK 1935) in Bewegung gesetzt.

---

[8] Beide Pädagogen haben bereits um 1900 die europäische Reformpädagogik beeinflusst (Projektunterricht, Gesamtschulgedanke). Ihre Theorien orientieren sich an den philosophischen Prämissen des amerikanischen Pragmatismus.

Maßgeblich für eine grundlegende Bildungsreform in den USA war jedoch der sogenannte „Sputnik-Schock"[9] im Jahre 1957. Die Amerikaner wurden sich dadurch plötzlich der Gefahr eines nationalen Bildungsnotstandes bewusst, was in der Folgezeit zu einer mit großem finanziellem Einsatz betriebenen Förderung der Intelligenz- und Kreativitätsforschung führte. Insbesondere der Bereich der Kreativitätsforschung (siehe Exkurs) hat in Deutschland innerhalb der Musikpädagogik zu einer deutlichen Öffnung gegenüber der Neuen Musik geführt.

Eine wirkliche Schlüsselfunktion innerhalb der Bildungsdiskussion nahm die Schrift „Bildungsreform als Revision des Curriculums" von Saul B. Robinsohn (1967) ein. Robinsohn forderte darin eine grundlegende Reform und Auswahl der Bildungsinhalte auf der Grundlage wissenschaftlicher Kriterien:

- *die Bedeutung eines Gegenstandes im Gefüge der Wissenschaft,*
- *die Leistung eines Gegenstandes für Weltverstehen und*
- *die Funktion eines Gegenstandes in spezifischen Verwendungssituationen des privaten und öffentlichen Lebens* (ROBINSOHN 1967, 47).

Zur Darstellung der Inhalte führte Robinsohn aus dem angloamerikanischen Sprachraum den Begriff des „Curriculums"[10] ein. Ein Curriculum beschreibt die organisierte Abfolge von Inhalten und Lernformen, die auf nach wissenschaftlichen Kriterien erstellte Zielsetzungen ausgerichtet sind.

Walter Gieseler (1986) hat die von Robinsohn formulierten Kriterien im Hinblick auf die Situation des Musikunterrichts umformuliert. Im Musikunterricht geht es

um die Bedeutung eines Gegenstandes im Gefüge der Musik für Weltverstehen also für die Orientierung innerhalb einer Kultur, und um die Funktion von Musik im privaten und öffentlichen Leben (GIESELER 1986, 222).

---

[9] Die Sowjetunion hatte 1957 völlig unvermutet den ersten Satelliten „Sputnik" in den Orbit geschossen und damit das Zeitalter der Raumfahrt eingeleitet.
[10] Ursprünglich stammt dieser Begriff aus Europa, war dort allerdings ab dem 18. Jahrhundert nicht mehr gebräuchlich.

3.1.2 Exkurs: Kreativität

Der Gedanke, dass Schüler nicht nur Musik reproduzieren, sondern auch selbst schöpferisch tätig sein können, ist in der Musikpädagogik relativ neu. Erste Impulse hierfür stammen aus der Reformpädagogik und gingen im Rahmen der Kestenberg-Reform in das Fach Musik ein[11]. Neue Impulse kamen in den 60er und 70er Jahren aus den USA. Als Folge des „Sputnik-Schocks" hatte sich dort eine intensive Kreativitätsforschung entwickelt, deren Erkenntnisse auch die Pädagogik und die Pädagogische Psychologie im deutschsprachigen Raum maßgeblich beeinflussten (vgl. MÜHLE/SCHELL 1970). In diesem Zusammenhang wurde der überalterte Begriff des „Schöpferischen" von dem der „Kreativität" ersetzt, was jedoch keineswegs zu einer Begriffsklärung beitrug. Vielmehr geht der Begriff „Kreativität" von seiner Bedeutung her weit über den des Künstlerisch-Schöpferischen hinaus[12]. Gleichzeitig heben sich die den Kreativitätsbegriff definierenden Kriterien wie „Originalität", „Einfallsreichtum" und „Flexibilität" des Produzierenden, „Offenheit" und „Flüssigkeit" des Produktionsprozesses vom Grundverständnis des „Schöpferischen" ab (vgl. ebd. 7). In den Folgejahren wurden in den einzelnen Fachdisziplinen relativ unabhängig voneinander unterschiedliche Kreativitätskonzepte entwickelt bzw. eingeführt (vgl. ULMANN 1968).

In der kognitiven Psychologie tritt der Terminus „Kreativität" im Kontext mit verschiedenen Formen des „problemlösenden Denkens" (Problemlösetheorien) in Erscheinung. Die bereits zitierten Vertreter kognitionspsychologischer Ansätze wie Piaget, Bruner und Aebli behandeln diesen Aspekt jeweils im Kontext ihrer Theorien. Piaget erläutert den Prozess des Problemlösens (z.B. Perlenexperiment) auf dem Hintergrund seiner Äquilibrationstheorie (PIAGET 1974). Für Bruner stehen Problemlösungen in enger Verbindung mit *„entdeckenden"* und *„heuristischen"* Lernverfahren (BRUNER 1973), in denen es darum geht, ein Verständnis für die grundlegenden Strukturen des Unterrichtsgegenstandes zu entwickeln, das heißt zu lernen, *„wie die Dinge aufeinander bezogen sind"* (BRUNER 1973, 22). Aebli beschreibt den Prozess des Problemlösens im Rahmen seiner Handlungstheorie. Ein „Problem" ist für ihn dann gegeben, wenn eine Lücke zwischen einem Ausgangspunkt (Intention) und einem Handlungsziel überbrückt werden muss (vgl. AEBLI 1994, 17).

---

[11] Unter diesem Einfluss entstand vermutlich das Buch „Theorie des Schaffens" von Fritz Jöde (1928). Jöde beschreibt darin, wie er mit seinen Schülern Lieder und Kanons im Unterricht komponiert.

[12] Trotzdem wurde in vielen Übersetzungen englischsprachiger Vermittlungsansätze der Begriff „creative" mit „schöpferisch" übersetzt.

Der Begriff „Kreativität" tritt in der aktuellen Lernpsychologie im Zusammenhang mit dem „problemlösenden Denken" (Problemlösetheorien) in Erscheinung. Kreatives Handeln stellt hier eine Form verschiedener Problemlösungsmöglichkeiten dar. Edelmann (1994, 331) unterscheidet fünf Formen problemlösenden Denkens (Problemslösetheorien):

- Problemlösen durch Versuch und Irrtum;
- Problemlösen durch Umstrukturierung;
- Problemlösen durch Anwendung von Strategien;
- Problemlösen durch Kreativität und
- Problemlösen durch Systemdenken.

Das Problemlösen durch „Versuch und Irrtum" beschreibt ein Verfahren, bei dem die Lösung nicht durch ein reines Nachdenken, sondern durch „Ausprobieren" gefunden wird. Beim Problemlösen durch „Umstrukturierung" (Umwandlung) wird eine bereits bestehende jedoch unbefriedigende Struktur in eine im Sinne der Gestaltpsychologie „gute" Struktur umgewandelt. Bei der Anwendung von Strategien wird auf sogenannte Heuristiken (epistemische Regeln) zurückgegriffen, bei denen die sequenzielle Abfolge bestimmter Handlungsschritte (Algorithmus) festgelegt ist. Das „Systemdenken" kennzeichnet ein Problemlösungsverfahren, bei dem das Problemfeld als ein *„komplexes, teilweise intransparentes, vernetztes, eigendynamisches, offenes und polythelisches System"* verstanden wird, das durch geplante „Eingriffe" verändert werden kann (EDELMANN 1994, 331ff).

Kreative Problemlösungen sind vielfach durch *„Ideenfülle"* und durch *„seltene (originelle, ungewöhnliche) Einfälle"* gekennzeichnet (EDELMANN 1994, 338). Der Prozess kreativer Problemlösungen lässt sich in verschiedene Phasen gliedern:

- Problematisierung: das Problem wird erkannt und formuliert;
- Exploration: das Problemfeld wird von verschiedenen Punkten aus erforscht;
- Inkubation: von emotionaler Entspannung begleitetes Vergessen des Problems, Neuorganisation von Erfahrungen und Versuchen;
- Heuristische Regression: spontan auftauchende Lösungsmöglichkeiten, Auswahl der aussichtsreichsten Lösungsmöglichkeit;
- Elaboration: Ausarbeitung des unfertigen Lösungsansatzes;
- Diffusion: Ausbreitung und Durchsetzung (Popularisierung) der kreativen Leistung (vgl. HASELOFF 1971,89ff).

Ein charakteristisches Merkmal kreativen Problemlösens ist das „divergente" Denken. Diese Denkform steht im Gegensatz zum „konvergenten" Denken, das als reproduzierendes und linear ausgerichtetes Denken zu beschreiben ist und bei dem ein Ziel nur über eine ganz bestimmte Lösung erreicht werden kann. Das divergente oder produktive Denken hingegen weicht von den üblichen Denkgewohnheiten ab, lässt mehrere Lösungswege zu und kann unter Umständen sogar zu einer Veränderung der Zielsetzung führen. Weiterhin zeichnen sich kreative Lösungen dadurch aus, dass gedanklich weit entfernte Elemente in einer subjektiv neuen Form miteinander verknüpft werden (vgl. EDELMANN 1994, 338).

3.1.2.1 Das Kreativitätskonzept Mihaly Csikszentmihalyi

Das derzeit bekannteste Kreativitätskonzept stammt von Mihaly Csikszentmihalyi (1991). Er versteht Kreativität als *„eine Form von geistiger Aktivität, ein Erkenntnisvorgang, der in den Köpfen einiger außergewöhnlicher Menschen stattfindet"* (CSIKSZENTMIHALYI 1997, 41). Gleichwohl ist Kreativität nicht ein individuelles, sondern ein systemisches Phänomen. *„Insofern findet Kreativität nicht im Kopf des Individuums statt, sondern in der Interaktion zwischen dem individuellen Denken und einem soziokulturellen Kontext"* (ebd.). Kreativität tritt daher immer nur in den Wechselbeziehungen eines Systems in Erscheinung, das sich aus den Komponenten Domäne, Feld und Individuum zusammensetzt.

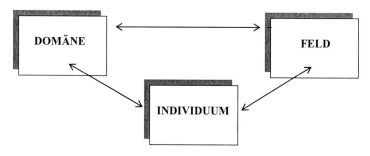

Abbildung 3.2: Das Systemmodell der Kreativität, nach CSIKSZENTMIHALYI 1997, 46ff.

Eine „Domäne" (z.B. Musik) beinhaltet eine Reihe von symbolischen Regeln und Verfahrensweisen einer jeweiligen Kultur. Darunter versteht Csikszentmihalyi eine Gemeinschaft, in der das symbolische Wissen einer bestimmten Gesellschaft oder der gesamten Menschheit geteilt wird. Im „Feld" agieren die jeweiligen Fachvertreter einer Domäne. Ihnen obliegt die Entscheidung, inwieweit eine neue Idee oder ein neues Produkt eines „Individuums" in die Domäne aufgenommen wird und welche dieser Ideen und Produkte so bedeutsam sind, dass sie anerkannt, erhalten und späteren Generationen überliefert werden sollen.

Kreativität findet demzufolge dann statt,

> *wenn ein Mensch, der mit den Symbolen einer bestehenden Domäne ... arbeitet, eine neue Idee oder Muster entwickelt, und wenn diese Neuentwicklung von dem entsprechenden Feld ausgewählt und in die relevante Domäne aufgenommen wird".* Kreativität ist also *„jede Handlung, Idee oder Sache, die eine bestehende Domäne verändert oder eine bestehende Domäne in eine neue verwandelt* (CSIKSZENTMIHALYI 1997, 47f).

Kinder können nach Csikszentmihalyi somit zwar „Talente" in einer bestimmten Domäne zeigen, jedoch nicht „kreativ" sein, denn Kreativität beinhaltet für ihn, *„daß man gewisse neue Denk- und Handlungsweisen entwickelt, was wiederum voraussetzt, daß man mit den bestehenden Denk- und Handlungsweisen bestens vertraut ist"* (CSIKSZENTMIHALYI 1997, 222). Voraussetzung, um im Erwachsenenalter Kreatives zu leisten, ist offensichtlich eine frühe und überdurchschnittliche Neugier gegenüber der Umwelt, die von der sozialen Umgebung (Eltern, Schule, Geschwister) ausgelöst sowie gefördert werden kann. Obwohl nach dem Verständnis von Csikszentmihalyi nur wenige Menschen wirklich kreativ sein können, kann die persönliche „Kreativität" durch eine Reihe von Maßnahmen (z.B. anregende Umgebung) gefördert werden (vgl. CSIKSZENTMIHALYI 1997, 489ff).

Den Untersuchungen von Csikszentmihalyi zufolge, verlaufen kreative Arbeitsprozesse über insgesamt 5 Phasen, die sich gegenseitig bedingen (vgl. ebd. 119ff):

- Vorbereitungsphase;
- Inkubations- und Reifephase;
- Einsicht – das „Aha"-Erlebnis;
- Bewertung und
- Ausarbeitung.

Kreative Menschen zeichnen sich durch eine Reihe von antithetischen Paaren von Persönlichkeitsmerkmalen aus, zu denen u.a. die Fähigkeit gehört, zwei gegensätzliche Denkformen – konvergent und divergent – effektiv zu nutzen.

3.1.2.2 Kreatives Denken in Musik

Während in Deutschland bezüglich der Eingliederung kreativer Unterrichtsansätze im Musikunterricht nach einer anfänglichen Euphorie eine allgemeine Ernüchterung folgte (siehe auch Kapitel 4.2.1), wurde in den USA die Kreativität im musikpädagogischen Bereich weiter erforscht. Eine der grundlegenden Arbeiten in diesem Bereich stammt von Peter Webster (1989; 1990). Auf der Basis empirischer Untersuchungen konzipierte er ein Modell kreativen Denkens in Musik und übertrug es auf Lehr- und Lernprozesse.

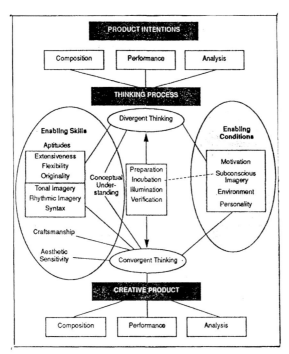

Abbildung 3.3: Modell kreativen Denkens in Musik, entnommen aus: WEBSTER 1990, 23.

Websters Kreativitätsmodell betrifft die Bereiche Komposition, Vortrag und Analyse. Den Verlauf kreativer Prozesse gliedert Webster in drei Abschnitte: die Intention (product intention), der kreative Denkprozess (thinking process) und das kreative Endprodukt (creative product). Der eigentliche Prozess kreativen Denkens ist in Anlehnung an Guilford (1966) in die Phasen „*preparation, incubation, illumination, verification*" unterteilt. Zunächst ist der kreative Prozess von einem divergenten Denken geprägt, das in seiner Endphase in ein konvergentes Denken mündet.

Kreatives Denken ist für Webster an bestimmte Bedingungen und Fähigkeiten geknüpft. Zu den Bedingungen, die nicht speziell an Musik gebunden sind, gehören Motivation, unterbewusste mentale Aktivität, Umgebung und Persönlichkeit. Zu den musikbezogenen Variablen zählen u.a. verschiedene Ausprägungen musikalischer Begabung. In diesem Zusammenhang betont Webster die grundlegende Bedeutung eines melodischen, rhythmischen und auf die Syntax bezogenen musikalischen Vorstellungsvermögens[13]:

> *Musical imagination, viewed in terms of inner hearing, may play an important role ... in fact, be the most important factor* (WEBSTER 1989, 58).

Zu den weiteren Variablen, die ein kreatives Denken beeinflussen, gehören die Zeit, die in kreative Denkprozesse investiert wird (extensiveness) sowie Flexibilität und Originalität. Darüber hinaus gibt es Fähigkeiten, die mit dem Alter zunehmen können. Dazu zählt das konzeptionelle Verstehen, fachbezogenes Anwendungsvermögen und ästhetische Sensibilität. Das Modell von Webster macht deutlich, dass ein Teil der Variablen über Lernprozesse veränderbar sind.

Im Gefolge von Webster untersuchten zahlreiche Forscher aus Europa, Australien und den Vereinigten Staaten kreative Prozesse bei Kindern. Hierbei lagen Kinderkompositionen im Zentrum des Forschungsinteresses. Bertil Sunden (1998) analysierte zahlreiche von Vorschulkindern erfundene Melodien. Dabei kristallisierte sich heraus, dass bei der Produktion solcher Melodien akkulturierte Muster und Phrasen aufgegriffen und weiterverarbeitet wurden. Die Qualität kreativen Handelns liegt in der Art des Umgangs mit diesen Mustern und Phrasen. Gleichzeitig wurde in diesem Zusammenhang deutlich, dass für die Kinder der kreative Prozess an sich eine wesentlich größere Bedeutung einnimmt als das eigentliche Endprodukt (vgl. KRATUS 1985, 94).

---

[13] Webster bezieht sich hier u.a. auch auf Gordon (1979), siehe WEBSTER 1989, 68.

Nach Csikszentmihalyi steht der Begriff „Kreativität" als Synonym für außergewöhnliche, innovative und herausragende Leistungen, die nur von wenigen Menschen hervorgebracht werden können. Die Eignung dieses Begriffs in Zusammenhang mit produktiv ausgerichteten Arbeitsformen im Musikunterricht ist deshalb zu hinterfragen. Wesentlich sinnvoller erscheint es, in Anlehnung an Webster (1990) im musikpädagogischen Kontext von einem kreativen Denken (und Handeln) in Musik zu sprechen. Die Ausführungen von Webster machen deutlich, dass einige der Faktoren, die für kreative Leistungen verantwortlich sind, auf musikalische Lernprozesse basieren. Die musikalische (und ästhetische) Qualität kreativer Produkte steht damit in Zusammenhang mit implizit musikalischem Wissen. Kreative Leistungen ohne vorangegangen Lernprozesse, quasi „ex nihilo", sind daher nicht möglich. Das viel zitierte Argument der Voraussetzungslosigkeit beim produktiven Umgang mit Neuer Musik wird damit zur uneinlösbaren Fiktion. Kreatives Denken und Handeln muss daher zu einem integrativen Bestandteil jedes Musikunterrichts werden.

3.2 Vermittlungsansätze Neuer Musik in den siebziger Jahren

Insgesamt führte die von Adorno initiierte Kontroverse um die Inhalte der Schulmusik sowie die aus den Reformdiskussionen in den USA hervorgegangenen Impulse zu einer radikalen Umorientierung der Schulmusik, die in eine wissenschaftliche Grundlegung der Bildungsinhalte und in eine empirisch ausgerichtete Unterrichtsforschung mündete. Insbesondere die Wissenschaftsorientierung der Musikpädagogik, verbunden mit einem gesellschaftspolitischen und musikalischen Wandel (Avantgarde und Popkultur) außerhalb der Schule, führte zu einer grundlegenden Curriculumsreform um 1970 und zu einer endgültigen Abwendung der Musikpädagogik von der Idee des Musischen (vgl. GRUHN 1993, 306).

Im Rahmen dieses Wandels entstand eine Reihe heterogener und wissenschaftlich legitimierter Konzepte für den Musikunterricht. Hans Heinrich Eggebrecht forderte eine „wissenschaftsorientierte Schulmusik" (1972, 29-31); Helmut Segler vertrat einen sozialwissenschaftlichen Ansatz (1972); Ulrich Günther orientierte sich an den Grundlagen der Kommunikationstheorie, die den Musikunterricht als „Auditive Kommunikation" interpretierte (1972, 12-22) und Hartmut von Hentig (1969) entwarf ein „Leben in der Aisthesis" (Ästhetische Erziehung). Im Gefolge dieser Reformbemühungen entstand eine grundlegende und systematische Methodik des Musikhörens von Dankmar

Venus (1969) sowie eine neue Musikdidaktik für die Volksschule „Unterricht in Musik" von Heinz Antholz (1970). Ferner übernahm die Musikpädagogik im Rahmen dieses Wandels Unterrichtsprinzipien aus der allgemeinen Didaktik und integrierte sie in ihre fachdidaktischen Ansätze. Dabei hatten folgende Prinzipien eine besondere Bedeutung: „Schülerorientierung", „Handlungsorientierung" und „Kreativitätserziehung" (W. JANK/J. MEYER 1990; GRUHN 1993).

Im Hinblick auf die Vermittlung Neuer Musik kam der Kreativitätserziehung eine besondere Bedeutung zu. Mittels Klang- und Materialexperimenten bot sie den notwendigen Raum für neue Formen des produktiven Umgangs mit Musik. In diesem Zusammenhang entstanden zahlreiche Improvisationsmodelle, Unterrichtsmaterialien, Schulbuchkonzepte sowie didaktisch fundierte Ansätze zur unterrichtspraktischen Vermittlung Neuer Musik.

Die Universal Edition publizierte eine spezielle Reihe mit Materialien zur Neuen Musik (rote reihe), die 1969 programmatisch mit Selfs „neue klangwelten für die jugend" eröffnet wurde. Auch der Schott-Verlag folgte bald mit einer ähnlichen Konzeption (workshop-Reihe). Bei dem Musikbuch „Sequenzen" (1972a) ging man erstmals von der „modernen" Musik und *„ihrer Theorie sowie von ihren Kompositions- und Produktionsverfahren"* (ebd. 4) aus. Damit stand eine *„neue, umfassende und zugleich fundamentale Definition von Musik"* (ebd.) im Zentrum des Musikunterrichts. Aber auch andere Musikbücher wie „Resonanzen" (1973) sowie „Klang und Zeichen" orientierten sich in ihrer didaktischen Konzeption an den damaligen Erscheinungsformen Neuer Musik.

Einer der Komponisten, die sich in den siebziger Jahren mit großem Engagement um eine Vermittlung Neuer Musik bemühten, war Dieter Schnebel. Gemäß seinem Leitsatz *„Kunst machen und Kunst vermitteln, das muß eng verbunden sein"* (SCHNEBEL 1974, in: Tielebier-Langenscheidt 1980, 74) hat sich Schnebel in zweierlei Hinsicht in seiner Vermittlungsarbeit Verdienste erworben: Schnebel leitete ab 1972 über sieben Jahre die Arbeitsgemeinschaft Neue Musik am Oskar-von-Miller-Gymnasium München. Im Rahmen dieser Arbeit kam es zu über 70 Konzerten, Rundfunk- und Fernsehaufnahmen in 26 europäischen Städten (vgl. TIELEBIER-LANGENSCHEIDT 1980, 80). Gleichzeitig entstanden während dieser Arbeit auch Kompositionen für Schüler, insbesondere die Reihe „Schulmusik" (1973-). Aber auch andere Werke Schnebels, wie etwa seine „Maulwerke" (1968-1974) wurden von Schülern aufgeführt.

Neben Komponisten gab es auch vereinzelt Musikologen, die sich grundlegend und nachhaltig für eine Vermittlung Neuer Musik in der Schule einsetzten. Zu diesem Personenkreis zählt sicherlich Rudolf Frisius. In zahlreichen

Publikationen, Schulbuchkonzptionen („Sequenzen") und in von ihm erstellten Unterrichtsmaterialien (1980) bemüht sich Frisius bis heute um einen Musikunterricht, den er als „auditive Wahrnehmungserziehung" (1973) versteht. Frisius didaktischer Ansatz zu Vermittlung Neuer Musik in der Schule zeichnet sich u.a. dadurch aus, dass er der Neuen Musik in der Schule zwar einen großen Stellenwert einräumt, ihn jedoch nie zum exklusiven Gegenstand des Unterrichts werden läßt. Frisius stellt stets Bezüge zwischen der Neuen Musik zur abendländischen Kunstmusik oder populären musikalischen Erscheinungsformen her.

Eine der ersten Publikationen, die sich aus einem „kreativen"[14] Ansatz heraus der Vermittlung Neuer Musik widmete, stammte von Lilli Friedemann. Im Jahre 1969 veröffentlichte sie in der „roten reihe" (UE Wien) das Heft „Kollektivimprovisation als Studium und Gestaltung Neuer Musik". Vier Jahre später erschienen ihre „Einstiege in neue Klangbereiche durch Gruppenimprovisationen" (1973). Obwohl chronologisch später erschienen, ist dieses Heft als Vorstufe des ersten Heftes gedacht.

Neben der Einführung ihrer Schüler in unbekannte Musizierformen und Bereiche der Neuen Musik, möchte Friedemann bei den Improvisierenden *„Selbständigkeit, Kreativität, und musikalisches Bewußtsein"* (FRIEDEMANN 1973, 7) sowie die Wahrnehmung entwickeln. Friedemann geht davon aus, dass durch Improvisationsübungen in einem speziellen Bereich der Neuen Musik dieser Bereich besser *„verstanden und beurteilt"* werden kann (FRIEDEMANN 1969, 31).

In musikalischer Hinsicht orientiert sie sich an der Musik von *„von Bartók bis Webern"* (FRIEDEMANN 1969, 4) sowie an elektronischer Musik. Dabei werden ametrische Rhythmen und Klangfarben besonders thematisiert (vgl. FRIEDEMANN 1969, 5ff). Das verwendete Instrumentarium setzt sich aus traditionellen Instrumenten, bevorzugt Schlaginstrumenten, und anderen Klangerzeugern zusammen. In diesem Zusammenhang werden spezielle Instrumentaltechniken erarbeitet.

Die methodische Vorgehensweise von Friedemann basiert auf einem gruppen-improvisatorischen Konzept, das sie bereits in den 60er Jahren entwickelt hatte (vgl. FRIEDEMANN 1964). Den äußeren Rahmen solcher Improvisationen bilden sogenannte „Spielregeln", die neben musikspezifischen

---

[14] Vor dem Hintergrund der bereits geführten Problematisierung des Kreativitätsbegriffes erscheint es als interessant, dass Friedemann in ihrer ersten auf Neue Musik bezogenen Publikation noch von den „schöpferischen" Kräften der Kinder ausgeht (vgl. 1969, 6), während sie hingegen in der Folgepublikation von „Kreativität" (1973, 7) spricht.

auch gruppendynamische Funktionen einnehmen können (vgl. ebd. 1973, 110). Aus einer anderen Perspektive heraus können die Regeln auch als kollektive Gestaltungsaufgaben verstanden werden, die auf eine bestimmte musikalische Zielsetzung ausgerichtet sind, deren konkreter Ablauf bestimmten Regeln unterliegt, welche aber mit zunehmender Erfahrung gelockert werden können (vgl. ebd. 10). Zumeist wird in den Improvisationen den Gruppenmitgliedern ein bestimmtes musikalisches Element (z.B. ein Rhythmus) vorgegeben, das zunächst von allen Mitgliedern imitiert und anschließend improvisatorisch erweitert wird (vgl. ebd. 19). Über einen längeren Zeitraum betrachtet, beginnen die Improvisationen in der Regel mit verschiedenen Klangmaterialien (vgl. ebd. 1969, 17ff) und führen über *„Klangstrukturen"* bis zum *„Umgang mit Formelementen"* (ebd. 22).

3.2.1 Meyer-Denkmann: „Struktur und Praxis Neuer Musik"

Die Oldenburger Musikpädagogin Gertrud Meyer-Denkmann (MD)[15] hat sich im deutschsprachigen Gebiet wohl am eingehendsten mit der Vermittlungsproblematik Neuer Musik[16] auseinander gesetzt. Ihr Ansatz basiert auf einer eigenen, umfang-reichen theoretischen (Kompositions- und Analyseseminare in Köln und Darmstadt) und interpretatorischen (u.a. mit Cage, Tudor und Kagel) Beschäftigung mit Neuer Musik, sowie auf einer mehrjährigen Unterrichtspraxis (vgl. 1972, 13). Aus diesen Erfahrungen hat MD einen Vermittlungsansatz Neuer Musik entwickelt, den sie zu Beginn der 70er Jahre in zwei Publikationen der „roten reihe" (UE Wien) dargelegt hat. Ihre erste, 1970 erschienene Veröffentlichung „Klangexperimente und Gestaltungsversuche im Kindesalter" ist, wie im Titel ausgewiesen, für die Primarstufe gedacht. Die zweite, umfassendere Schrift „Struktur und Praxis neuer Musik im Unterricht", ist für *„jede Art musikalischen Unterrichts"* (1972, 13) konzipiert. Neben der Zielgruppe unterscheiden sich beide Arbeiten hinsichtlich ihrer inhaltlichen Ausrichtung. Während die erste Publikation hauptsächlich auf die verschiedenen Klangbereiche der Neuen Musik eingeht, thematisiert die Folgeschrift weitgehend den strukturellen Bereich. Auch nach diesen beiden Veröffentlichungen hat sich MD mehrfach (zuletzt 1998) zum Thema „Vermittlung Neuer Musik" zu Wort gemeldet.

---

[15] Die folgende Ausführungen beziehen sich, wenn nicht anders vermerkt ausschliesslich auf Publikationen von Meyer-Denkmann.
[16] Meyer-Denkmann schreibt entgegen der heute allgemein verbreiteten Schreibweise, „neue Musik" mit kleinem Anfangsbuchstaben.

Insgesamt versteht MD ihren Vermittlungsansatz aufgrund seiner „*offenen, experimentellen Situationen*" nicht als „*didaktisches Konzept*" im Sinne eines in sich abgeschlossenen Lehrsystems (vgl. 1984, 79; 1988, 12). Gleichwohl liegt ihrem Ansatz eine didaktisch sowie lernpsychologisch reflektierte Gesamtkonzeption zugrunde.

3.2.1.1 Didaktische Legitimation und Konzeption

MDs musikdidaktischer Ansatz basiert nicht nur auf ihrer ausgiebigen Beschäftigung mit Neuer Musik, sondern ist ebenso von der bereits erörterten Kontroverse um die Inhalte der Schulmusik beeinflusst. Somit stellt ihr Ansatz zugleich eine kritische Auseinandersetzung mit der Idee des Musischen und der damit verbundenen Praxis des Musikunterrichts dar. Ihre Kritik wendet sich u.a. gegen eine extrem simplifizierte pädagogische Musik einer „*neumusischen Bewegung*" sowie deren „*Klangbasteleien*" (1972, 14, 24; siehe auch 1996). Ihre kritische Haltung, die sich wie ein roter Faden bis heute (1998) durch ihre Publikationen zieht, wirkt aus heutiger Sicht indessen pauschal und nicht immer frei von Widersprüchen.

Während ihre Vorbehalte gegenüber einer „pädagogischen Musik"[17] der Nachkriegszeit zumindest partiell gerechtfertigt sind, gibt es doch in jüngster Vergangenheit Kompositionen von de la Motte, Flammer, Henze, Mack, Schnebel u.a., für die eine solche Kritik unangebracht ist. Diese Stücke sind im Vergleich zu Kompositionen für professionelle Interpreten, zwar in aufführungspraktischer Hinsicht spieltechnisch einfacher, wurden jedoch hinsichtlich ihres ästhetischen Anspruchs keineswegs einer Elementarisierung bzw. Simplifizierung unterzogen. Gleichzeitig darf das motivationspsychologische und lernpsychologische Potenzial solcher Stücke nicht unterschätzt werden.

Tendenziell pragmatisch ist MD's Umgang mit Adornos Kritik der „pädagogischen Musik" (1956). Obwohl MD wiederholt auf Adorno rekurriert, bleibt sein vielzitierter Satz *"daß einer fidelt, soll wichtiger sein, als was er geigt"* (ADORNO 1957, 111) unerwähnt. Adorno wendet sich, mit Ausnahme des reproduzierenden Umgangs mit dem authentischen Werk selbst, gegen jede Art von musikalischem Aktionismus.

---

[17] Überhaupt erscheinen Bezeichnungen wie „neumusisch" oder „neue pädagogische" Musik heute nicht mehr zweckmäßig, da ihre ursprünglich ideologische Anbindung heute nicht mehr gegeben ist. Es wird deshalb vorgeschlagen diese Termini aus der musikpädagogischen Sprache zu suspendieren.

Sein Vermittlungsansatz ist vielmehr rezeptiv, das heißt auf die Entwicklung eines *"strukturellen Hörens"* (ADORNO 1992, 18) ausgerichtet. Um insgesamt der Gefahr einer musischen Simplifizierung zu entgehen, möchte sich MD im Musikunterricht möglichst mit *„objektiver Musik"* (1970, 11; vgl. ADORNO 1976) beschäftigen. Dies erfolgt auf rezeptiver Ebene über das Hören originaler Kompositionen und Kompositionsausschnitte (vgl. 1970, 17). Auf der Ebene der Produktion geschieht dies durch eine Interpretation der Ergebnisse musikalischer Gestaltungsaufgaben als *„Objektivierung der vitalen Selbstäußerung"* des Kindes, in denen von den *„kindereigenen Voraussetzungen von Klang und Gestalt"* ausgegangen wird (1970, 11). Eine weitere Form möglicher Objektivität möchte MD durch eine modellhafte Reduzierung der musikalischen Inhalte auf die Strukturprinzipien Neuer Musik erreichen, die im Musikunterricht in Form von „Modellen" vermittelt werden.

Ihre Kritik richtet MD weiterhin gegen einen inhaltlich und methodisch begrenzten Musikunterricht:

> *Dem Unterricht erwächst die Aufgabe, die Musik aus jeder Enge und Einseitigkeit herauszuführen, sei es aus der Beschränkung auf Singen und Spiel, aus der Trennung von Schul- oder ‚pädagogischer' Musik und autonomer Musik oder aus der Trennung von traditioneller und autonomer Musik* (1970, 5).

Für die Erschließung dieser Inhalte fordert MD die Berücksichtigung entwicklungs- und motivationspsychologischer Aspekte sowie eine differenzierte Unterrichtsgestaltung. Ebenso sind entdeckende Lehr- und Lernverfahren in den Musikunterricht zu integrieren (vgl. 1970, 6).

Ausgehend von ihrer Kritik fordert MD deshalb einen *"konsequenten Neuansatz, der sich an der kulturellen und sozialen Realität und am fortgeschrittensten Denken und Bewußtsein der Gegenwart orientiert"* (1972, 16) und nachstehende Zielsetzungen verfolgt:

- *Intensivierung der Wahrnehmungsfähigkeit und der künstlerischen Sensibilität"* (1972, 63);
- *„Aktivierung und Selbstverwirklichung im Spannungsfeld individuellen und sozialen Verhaltens* (1972, 66);
- *Förderung kreativer Fähigkeiten und produktiven Denkens* (1972, 69);
- *Befähigung zur kritischen und bewußten Differenzierung des musikalischen Angebots* (1972, 86).

Es deutet sich an, dass derartige Zielsetzungen über den musikalischen Bereich hinaus führen, da sie neben implizit musikalischen ebenso allgemein pädagogische Aspekte beinhalten (vgl. 1972, 16ff). An anderer Stelle wird diese Tendenz deutlicher. Dort möchte MD im Tenor der Kritischen Theorie der Frankfurter Schule, deren Ideologie sie offensichtlich vertritt, mittels der Beschäftigung mit Neuer Musik den Schülern ein kritisches Bewusstsein und eine kritische Haltung vermitteln, um so den *„kommerziellen Interessen der Musikindustrie und den protektionistischen Manipulationen des Konzertbetriebes"* (1972, 16) kritisch begegnen zu können. Gleichzeitig beabsichtigt MD den Widerspruch zwischen einer Erziehung „durch" Musik oder „zur" Musik aufzuheben:

...durch die Intensivierung der Wahrnehmungssensibilität, durch Aktivierung produktiver Fähigkeiten wird der Weg zur Musik geöffnet, wird eine kritische Beurteilung der musikalischen Umwelt ermöglicht (1972, 26).

Ferner soll die Musikpädagogik eine persönlichkeitsbildende und soziale Funktion erfüllen, indem durch die Vermittlung Neuer Musik *„dem Bedürfnis nach Selbstverwirklichung und Selbstdarstellung"* (1972, 19) des Schülers Rechnung getragen und *„soziales Verhalten"* (1972, 20) eingeübt wird.
Derartige Zielsetzungen bergen allerdings die Gefahr in sich, Neue Musik zu pädagogisieren. Dies wird beispielsweise an der Stelle deutlich, an der MD im Zusammenhang mit dem „Instrumentalen Theater" soziales Verhalten einüben möchte.

Weil sich soziales Verhalten in keiner Weise unmittelbarer realisieren bzw. erlernen läßt als mit musikalischen und szenischen Spielvorgängen, sollte sich besonders die Musikerziehung damit befassen (1972, 20).

Neben der Tatsache, dass soziales Verhalten auch über andere „Fächer" eingeübt werden kann, scheint hier die soziale Dimension des Instrumentalen Theaters deutlich überbewertet zu sein.

3.2.1.2 Das Kunst- und Musikverständnis von Meyer-Denkmann

Kunst und Musik sind für MD *„Zeugnisse eines Welt- und Selbstverständnisses des Menschen"* (1972, 27). Das künstlerisch und musikalisch Neue versteht MD vor dem Hintergrund Hegelscher Dialektik als *„Negation des Verbrauchten"* (1972, 28) dessen Objektivierung sich auf der strukturellen Ebene artikuliert.

> *Zu versuchen wäre hingegen, die Essenz neuer Musik in ihren Strukturprinzipien aufzuspüren. Die Wandlung musikalischen Bewußtseins wird an solchen Phänomenen zu untersuchen sein ... wovon neue Musik sich absetzt ... die Veränderungen des formalen Klangraums und der Klangzeit, das veränderte Verhalten zum Klangmaterial und – damit zusammenhängend – zur Klangorganisation* (1972, 28).

Diese ästhetische Position basiert auf dem Kunstverständnis der Darmstädter und Kölner Schule[18]. Ihre theoretische Fundierung erhielt sie vor allem in der auf Hegel[19] rekurrierenden „Philosophie der Neuen Musik" (1948) Adornos. Daher finden sich bei MD in erster Linie Vertreter dieser Schule, wie zum Beispiel Boulez, Ligeti oder Stockhausen. Weiterhin spielt Cage eine Rolle. Er ist zwar in ästhetischer Hinsicht nicht der Darmstädter bzw. Kölner Schule zuzuordnen, wurde aber durch seine Darmstädter Auftritte Ende der 50er Jahre in Deutschland bekannt und hatte beträchtlichen Einfluss. Ferner wird Messiaen erwähnt. Auch er ist durch seine viel zitierte serielle Komposition *Modes de valeurs et d'intensités* (1949/50) in Darmstadt im deutschen Sprachraum bekannt geworden. Im Zusammenhang mit materialbezogenen Aktionsformen (vgl. 1972, 100ff) geht MD weiterhin auf Kompositionen von Christian Wolff und La Monte Young sowie auf Aktionen der Happening- und Fluxusbewegung ein. Zwar haben diese Stücke auf struktureller Ebene nichts mit der Darmstädter und Kölner Schule gemeinsam, jedoch sind gewisse Affinitäten in deren antibürgerlicher Haltung nachzuweisen. Nicht erwähnenswert findet MD Werke von Strawinsky oder Bartók, da Strawinskys Kompositionen von Adorno diskreditiert wurden (ADORNO 1976, 127ff) und die Musik Bartóks als zeitgenössische pädagogische Musik galt (vgl. WARNER 1964).

Obwohl in späteren Publikationen eine zunehmende Öffnung gegenüber anderen zeitgenössischen Musikgenres zu verzeichnen ist, bleibt MD doch insgesamt ihrer ur-sprünglichen musikästhetischen Ideologie verpflichtet. So gilt ihr Augenmerk in den neunziger Jahren Kompositionen aus dem Bereich der "low culture" und zwar besonders jenen, die sich durch eine *"Grenzüberschreitung zwischen unterschiedlichen Stilen und Gattungen"*(1998,70) ausweisen. In ihnen erkennt sie *"Neue Spielräume der Wahrnehmung"* (1998, 66). Hingegen assoziiert MDs Gebrauch des Vokabulars von Adorno bei anderen stilistischen Ausprägungen der Neuen Musik deutliche Vorbehalte gegenüber einer *"wohligen Neuen Einfachheit'* "und einem *"Urklangfetischismus"* (siehe 1998, 61f, vgl. ADORNO 1963).

---

[18] Siehe dazu auch die Ausführungen von Dieter Schnebel (die reihe 4, 119).
[19] Vgl. Hegel: Phänomenologie des Geistes (1807).

Diesem generellen Kunstverständnis entsprechend, beschränkt sich der Vermittlungsansatz von MD wesentlich auf die Materialqualitäten und Strukturprinzipien der Neuen Musik. Dies hat zur Konsequenz, dass in den unterrichtspraktischen Gestaltungsaufgaben die Lösung musikalischer Probleme mit der Lösung struktureller Probleme gleichgesetzt wird. MD reduziert damit die Vermittlungsproblematik Neuer Musik auf eine rein abstrakte und strukturelle Ebene. Dies käme in der traditionellen Kunstmusik einer Reduzierung auf die reine Syntaxebene (z.B. T-D-Verhältnisse oder Sonatenhauptsatzform) gleich. Der Bereich des musikalischen Ausdrucks nimmt bei MD eine sekundäre Stellung ein. Empfindungsqualitäten werden bei MD als eine von mehreren Klangdimensionen behandelt (vgl. 1970, 34) oder als Teil-aspekt des Instrumentalen Theaters (vgl. 1972, 117). Aufgrund der inhaltlichen Ausrichtung auf die Klangqualitäten und Strukturprinzipien Neuer Musik bleibt ebenso der Bereich Ästhetik (Intention) unberücksichtigt. Weder findet eine unterrichts-spraktische Auseinandersetzung mit den ästhetischen Implikationen der Darmstädter und Kölner Schule statt, noch werden kunstphilosophische Aspekte der Happening- und Fluxusbewegung thematisiert.

Vor dem Hintergrund dieser ästhetischen Position vollzieht sich die *"substantielle Erweiterung der Künste"* (1998, 77) ebenfalls auf struktureller Ebene. Folglich formuliert sie 1997 in Darmstadt:

...hier geht es weder um eine Produktion neuer Synthesen ... noch geht es um parallele Übertragungen von Chaostheorien in Kompositionstechniken... es geht eher um den Versuch, in Kunst, Philosophie und in den Natur-wissenschaften analoge Strukturprinzipien zu entdecken, die sich mit jenen der grenzüberschreitenden Künste vergleichen lassen (ebd.).

Aus den bisherigen Ausführungen wurde deutlich, dass das Kunst- und Musikverständnis von MD ideologisch behaftet ist und sich die Vermittlung Neuer Musik auf eine rein klanglich-strukturelle Ebene reduziert. Damit wird MD der schon Mitte der sechziger Jahre in Erscheinung tretende Heterogenität der Neuen Musik nicht gerecht, obgleich sie sich dieses Phänomens möglicherweise bewusst war. Mehrfach spricht sie von der *„Relativität musikalischer Systeme"* und von den *„vielfältigen Erscheinungsweisen neuer Musik",* die *„nicht auf einen Nenner gebracht werden können, ohne sie zu verfälschen"* (1972, 25). In ihrem Vermittlungsansatz bleibt dies indessen unberücksichtigt.

3.2.1.3 Der musikalische Erfahrungshorizont der Schüler

MD möchte sich in ihrem Vermittlungsansatz sowohl am Erfahrungshorizont der Kinder (vgl. 1970, 5ff) als auch an den *"anthropologischen und sozialen Verhältnissen"* (1972, 13) der Schüler orientieren. Inwieweit ihr dies tatsächlich gelingt, bleibt zu hinterfragen. Gegenüber der von den Schülern rezipierten Musik (damals Rock'n Roll, Beatmusik und vereinzelt Jazz) nimmt MD eine kritische Position ein. So möchte sie im aufklärerischen Tonfall der „Kritischen Theorie" den Jugendlichen

> *die im Beat sich darstellenden Verhaltensstile allmählich bewußt machen"* und sieht es als Aufgabe der Musikpädagogik an, *„ihrem Protest auf den Grund zu gehen und zwar durch kritische Auseinandersetzung mit den gesellschaftlichen Voraussetzungen sowie mit den Schul- und Bildungssystemen, durch die Jugendliche geprägt werden* (1972, 18).

In den Modellen selbst bleibt der musikalische Erfahrungshorizont der Schüler unberücksichtigt. Somit wird MD ihrem Anspruch, die anthropologischen und soziokulturellen Bedingungen der Lebenswelt Jugendlicher zu berücksichtigen, nur in einem sehr begrenzten Maße gerecht.

3.2.1.4 Vermittlungspraxis

Hinsichtlich seiner unterrichtspraktischen Umsetzung ist im Ansatz von MD das didaktische Prinzip der Analogiebildung beobachtbar. Konkrete Situationen aus der Erfahrungswelt der Kinder werden auf Klänge und Strukturen der Neuen Musik übertragen. Sind für spezifische Bereiche der Neuen Musik (z.B. Instrumentales Theater) keine entsprechenden Erfahrungen vorhanden, werden sie zunächst unterrichtspraktisch initiiert.

Beispielsweise werden durch eine für Kinder anschauliche Erlebnissituation bestimmte Verhaltensarten ausgelöst.

> *Wir patschen in eine Pfütze und bespritzen uns. Aktionen: Auf dem Fußboden patschen. Vokale Äußerung: ih, ba, ä, igittigittigitt...* (1970, 23).

Die Äußerungen dazu werden mit einer Höraufgabe verbunden:

> *Wir horchen auf die Tonhöhenlagen der Klanglaute (ih = hoch, uh = tief, ah = mittel) und vergleichen die Lage der Klanglaute mit ähnlich klingenden Instrumenten und der entsprechenden Klangwirkung* (ebd.).

Danach werden mit verschiedenen Instrumenten oder Klangmaterialien klangliche Analogien gebildet:

ih: scharf angeschlagene Cluster in hoher Lage; 2 kleine Becken ineinander reiben; Glocken am Rand mit einem Bogen streichen; Flöten oder Rohr schrill blasen usw. (ebd.).

Die Ausgangspunkte für die Bildung klanglicher und struktureller Analogien können hierbei sehr unterschiedlich sein. Häufig geht MD von Bewegungen aus. Über Bewegungen werden etwa bestimmte Artikulationsformen (schleichen = legato etc.) verdeutlicht oder durch die Übertragung von Bewegungen auf Instrumente musikalische Strukturen entwickelt.

Vögel fliegen, gleiten: Glissando an Xylophonen, Glockenspielen, Zithern, Klavier (1970, 27).

Weiterhin werden musikalische Analogien zu visuellen Eindrücken hergestellt. So wird das Zusammenfließen verschiedener Farben in einem Wasserglas auf den Bereich der Klangfarben übertragen (vgl. 1970, 28). Wiederholt verwendet MD Sprachrhythmen, dabei werden z.B. Abzählreime - „*Ene bene dunke funke ...*" auf eine rhythmische Gruppierung von Klangdauern übertragen (1972, 159f).

Solche Analogiebildungen übernehmen bei MD die Aufgabe, die Klangwelt der Neuen Musik für Schüler zu erschließen und sie für sie verständlich zu machen. Dementsprechend möchte MD die Vermittlungsproblematik Neuer Musik dadurch lösen, dass sie in ihren Modellen von einer „*konkreten Anschaulichkeit*" ausgeht und die Gestaltungsversuche der Schüler auf die Erfahrung „*objektiver musikalischer Prinzipien*" ausrichtet (1970, 19). Diesem didaktischen Grundprinzip sind gewisse Grenzen gesetzt, als hier zwei sehr unterschiedliche Abstraktionsniveaus – die konkrete Erfahrungswelt der Kinder und die abstrakten Strukturprinzipien der Neuen Musik – aufeinander treffen. Diese Problematik tritt vor allem bei der Formulierung der Klang- und Gestaltungsaufgaben in den Vordergrund. Einige der Aufgaben werden dabei durchaus dem Anspruch nach Anschaulichkeit gerecht:

Wir schmecken unsere Lieblingsspeise (welche?). Aktion: Wir reiben uns genießerisch den Magen. Vokale Äußerung durch Empfindungslaute, Lautgebärden, Klangwörter: hm, ah, lecker-lecker ... (1970, 23).

Nicht wenige Aufgaben hingegen wirken äußerst abstrakt:

> *Klinger schweben leise frei umher – sie werden manchmal von einzelnen Punktklängen ein wenig gestört, manchmal auch von dichten Punktgruppen. Wie verhalten sich die Klinger hierzu?* (1970, 19).
>
> *Es werden drei Spielgruppen gebildet: die erste spielt ein Klangband, die zweite Punktfelder und die dritte Klinger. In jeder Gruppe ist ein Spieler der führende, der die Art der Gruppierung und ihren Wechsel bestimmt. Jede Spielgruppe kann die Gruppierung einer anderen Gruppe übernehmen, aber dann hat diese zu wechseln, da stets drei Gruppierungen zu hören sein sollten. Sich vermischende Übergänge von einer Gruppe in die andere sind natürlich* (1970, 47).

In derartigen Aufgabenstellungen wird bereits in der Primarstufe ein Abstraktionsniveau erreicht, dessen unterrichtspraktischer Grenzen sich MD bewusst ist (vgl. 1970, 46). Entsprechende Konsequenzen werden in der für die Sekundarstufe ausgelegten Publikation (1972) aber nicht gezogen. Der Umgang mit „Variabilitäten" in Zusammenhang mit der strukturellen Organisation von Klängen (vgl. 1972, 238) wird Schülern dieser Schulstufe gleichermaßen schwer fallen. Das Problem eines für Schüler zu hohen Abstraktionsniveaus wird häufig dadurch verstärkt, dass den Schülern der kunstphilosophische Hintergrund verschlossen bleibt. Die Schüler lösen lediglich eine isolierte Gestaltungsaufgabe, während ihnen der musikalische Sinn nicht vermittelt wird.

Die Bildung musikalischer Analogien ist ein weiterer kritischer Punkt, denn die Bildung musikalischer Analogien impliziert stets eine semantische Dimension. Die von den Kindern gestalteten Klänge und Strukturen verweisen stets auf etwas Außermusikalisches, auf die konkrete Erfahrungswelt der Kinder. Dies ist insofern nicht ganz unproblematisch, als gerade die von MD bevorzugte Neue Musik der Kölner und Darmstädter Schule, zumindest teilweise, gerade diese außermusikalischen Bezüge vermeiden möchte. Genau genommen ist eine Analogiebildung nur dann sinnvoll, wenn die unterrichtspraktisch behandelte Neue Musik ebenfalls auf Außermusikalisches verweist.

Bei der unterrichtspraktischen Umsetzung ihres Ansatzes sollen verschiedene musikalische Umgangsweisen (kreatives Gestalten, Definieren, Notieren, Hören und Bewegen) einander abwechseln. Trotz dieser Forderung dominieren bei MD kreativ-produzierende Aneignungsformen, die auf der klanglichen Ebene als *„Klangaufgabe"* und auf der strukturellen Ebene als *„Gestaltungsaufgabe"* ausgewiesen werden. Beide Aufgabenformen nehmen einen nahezu identischen Phasenverlauf ein (vgl. 1970, 20; 1972, 82):

Unterrichtsgespräch
In einem Unterrichtsgespräch wird die eigentliche Problemstellung der Klangaufgabe durch *"Befragen, Besprechen und Bedenken"* (1970, ebd.) artikuliert. In einem fortgeschrittenen Stadium erfolgt dies über das Entdecken musikalischer bzw. struktureller Prinzipien mittels eines gelenkten Unterrichtsgesprächs (Denkfragen). Entsprechende Fragen können sich auf eine Komposition oder auf akustische Ereignisse beziehen (vgl. 1972, ebd.).

Experiment
Über ein *"experimentelles Probieren"* werden zu bestimmten Teilaufgaben der Problemstellung *"produktive funktionelle Lösungen"* erarbeitet (ebd.).

Übung
Eine Phase des Übens dient nicht, wie der Terminus eventuell vermuten lässt, der mechanischen Wiederholung gleicher Abschnitte, sondern der Erarbeitung *"variabler Möglichkeiten"* einer gleichen Problemstellung (1970, ebd.). Im fortgeschrittenen Stadium entfällt die Übungsphase (vgl. 1972, ebd.).

Gestaltung
Diese Phase dient der Zusammenfassung des bisher Erarbeiteten. Durch die *"produktive Realisation von Gestaltungsaufgaben"* auf der Grundlage bisheriger Ergebnisse werden *"produktive konkrete Lösungen"* erarbeitet, die durch eine Tonbandaufnahme dokumentiert werden (1970; 1972, ebd.).

Kritische Beurteilung
Auf der Grundlage der Tonbandaufnahme erfolgt eine kritische Beurteilung der Arbeitsergebnisse. Das Ergebnis kann mit einem Kompositionsausschnitt verglichen werden, *"dem ein ähnliches musikalisches Problem zugrunde liegt"* (1970 ebd.)

Der von MD vorgenommene formale Aufbau der Gestaltungsaufgabe entspricht dem Grundschema der in jener Zeit rezipierten „problemlösenden" oder „entdeckenden" Unterrichtsverfahren, die u.a. von der amerikanischen Kreativitätsforschung beeinflusst sind. Nach dem heutigen Stand der Lernforschung führen solche Aufgabenstellungen allerdings erst dann zu einem deutlichen Lernerfolg, wenn sie in einen zirkulären Rückkoppelungsprozess von Produktion, Rezeption und Reflexion eingebunden werden. Der von MD aufgezeigte Phasenverlauf müsste somit erneut, wenn nicht sogar mehrfach absolviert werden. Erst dadurch könnte annähernd gewährleistet sein, dass für das Wahrnehmen und Verstehen von Neuer Musik bedeutsame innere Klangvorstellungen aufgebaut werden (vgl. Kapitel 2).

Wenn MD in Bezug auf Gestaltungsaufgaben ferner anführt, dass das Ergebnis einer Aufgabe mit einem Kompositionsausschnitt verglichen wird, *„dem ein ähnliches musikalisches Problem zugrunde liegt"* (1970, 82), setzt MD ein spezifisches kompositorisches Denken voraus, das nicht pauschaliert werden darf.

Eine *„Intensivierung der Wahrnehmungsfähigkeit"* (1970, 25) möchte MD auf produktivem Wege erreichen. Lerntheoretisch begründet beschränkt sich dabei die Wahrnehmung nicht nur auf das Hören, sondern sie wird um weitere Wahrnehmungsbereiche (haptisch, motorisch, taktil) erweitert. Diese Erweiterung ist im Zusammenhang mit der Vermittlung Neuer Musik als weiterer bedeutender Schritt zu werten. Allerdings erscheinen auch hier einige Ausführungen MDs kritikwürdig.

Im Kapitel *'Wahrnehmung und Auffassung von Klang und Gestalt"* (1970, 8) beschreibt MD die altersabhängige Wahrnehmungsfähigkeit des Kindes. Die direkte Zuordnung musikalischer Kompetenzen zu einem bestimmten Alter ist jedoch auf der Grundlage kognitiver Forschungsbefunde problematisch. Wie in Kapitel 1 ausgeführt, ist die Fähigkeit zur strukturellen Wahrnehmung nicht so sehr vom biologischen, sondern weit mehr vom „musikalischen" Alter[20] abhängig. Es erscheint daher heikel, die (innere) Vorstellung von Intervallverhältnissen oder die Fähigkeit zum "Takt halten" an ein konkretes Alter binden zu wollen (vgl. 1970, 9).

Unstimmigkeiten finden sich ferner bei MDs Diskussion unterschiedlicher Rezeptionsformen. Bezugnehmend auf Reineckes Aussage, dass Musik auf verschiedenen Bedeutungsebenen (nichtverbale, emotionale und physiognomische) erschlossen werden kann (vgl. Reinecke 1969), plädiert MD dafür „ ... *Kinder schon frühzeitig ‚schwere' musikalische Werke hören zu lassen* ..."; ein Anliegen, das von Gordon im Übrigen bestätigt wird (siehe Kapitel 2). Diese Rezeptionsform allerdings als *„qualifiziert"* zu bezeichnen, wobei „...*allgemeine gestalthafte Dimensionen der Ruhe und Bewegung, der Klangwirkung oder der zeit-räumlichen Ordnung*..."(1970, 5) wahrgenommen werden, hieße jedoch die Qualität solcher kindlichen Wahrnehmungsprozesse deutlich überzubewerten. Trotz Kenntnis dieser unterschiedlichen Bedeutungsebenen fordert MD, dass beim Hören bestimmter Kompositionsabschnitte die Wahrnehmung von Anfang

---

[20] Siehe dazu auch Kritik an Piaget in Kapitel 2.

an „ *...zielbewußt auf das Erfassen bereits bekannter musikalischer Phänomene ...*" (1970, 18) ausgerichtet sein soll. Eine anfangs propagierte Offenheit wird damit zugunsten eines strukturbezogenen Hörens aufgeben.

Im Hinblick auf rezeptive Vermittlungsformen beabsichtigt MD überdies „*... die eigene praktische Erfahrung in ihrer Unvollkommenheit durch Hörbeispiele aus Kompositionen ...*" (1970, 17) zu ergänzen. Dies erscheint insofern problematisch, als hier der qualitative Vergleich mit einer „vollkommeneren" Komposition gesucht wird. Kinder messen auf diese Weise ihr „klangliches Resultat" an professionellen Kompositionen. Grundsätzlich ist gegen das Hören professioneller Kompositionen nichts einzuwenden. Allerdings wäre einem wertfreien Vergleich der Vorrang zu geben. Mögliche Grenzen einer Rezeption Neuer Musik dürften in erster Linie in den musikalischen Präferenzen der Kinder und nicht in entwicklungspsychologischen Aspekten liegen.

Über eine Begriffsbildung (sprachliche Kodierung) möchte MD das musikalische Vorstellungsvermögen fördern und ein musikalisches Bewusstsein ausbilden. Denn „*erst durch das Benennen der musikalischen Komponenten, durch Namen[21] werden diese für ein Kind zu individuellen Objekten*" (1970, 15). In diesem Rahmen sollen die von den Kindern experimentell erarbeiteten und wahrgenommenen Inhalte „*geordnet, verglichen, differenziert, begründet und benannt werden*" (ebd.). Dabei lehnt MD die Verwendung von „*kindertümelnden Umschreibungen*" im Musikunterricht ab und plädiert dafür, von Beginn an Fachtermini zu verwenden (ebd.).

Aus der Perspektive der aktuellen musikalischen Lernforschung (vgl. Kapitel 2) ist dieser Vorgehensweise insofern zuzustimmen, als die Verbalisierung eines Phänomens grundsätzlich dem Verstehen dienen kann. Von besonderer Bedeutung ist allerdings der konkrete, auf die musikalische Entwicklung bezogene Zeitpunkt, an dem die Begriffsbildung erfolgt. Aktuelle Theorien des Musiklernens gehen davon aus, dass über musikalische Erfahrungsprozesse ein musikalisches Vorstellungsvermögen ausgebildet wird, dessen Inhalte dann sprachlich kodiert werden. MD intendiert hingegen den umgekehrten Weg. Sie möchte über eine sprachliche Kodierung ein musikalisches Vorstellungsvermögen ausbilden.

Darüber hinaus spricht sich Wagenschein dafür aus, dass bei der Beschreibung oder Bezeichnung bestimmter Phänomene der objektiven Fachsprache die subjektive Umgangssprache des Kindes vorangestellt werden sollte (WAGENSCHEIN 1965; 1970). Ganz am Rande wäre zu fragen, ob die von MD

---

[21] Hervorhebung von Meyer-Denkmann.

verwendeten Termini (z.B. Klinger) tatsächlich dem musikwissenschaftlichen Fachvokabular entstammen.

In Analogie zur Begriffsbildung übernimmt die Notation die Aufgabe, das musikalische Vorstellungsvermögen und Bewusstsein auszubilden (vgl. 1970, 15). In diesem Zusammenhang sollen sowohl traditionelle wie auch graphische Notationsformen kennen gelernt werden (vgl. 1970, 17). Darüber hinaus fungieren bestimmte Notationsformen als Mittel zur Veranschaulichung. Sie dienen dem *„Erkennen der Klangeigenschaften und ihrer Funktionen"* (1970, 16). Zudem ist ebenso eine umgekehrte Vorgehensweise denkbar. Von Schülern erstellte Notate werden durch deren Reproduktion auf ihre präzise Gestaltung hin überprüft.

Dabei möchte MD vom *„kindlichen Abstraktionsvermögen"* ausgehen (ebd.). Bei der Notation von Tonhöhen scheinen sich jedoch Anspruch und Umsetzung zu widersprechen:

> *Bis zum Alter von 6 Jahren unterteilt ein Kind seinen Raum kaum in rechts und links oder oben und unten. Soll letzteres z.B. bei Tonhöhennotationen berücksichtigt werden, setzen wir bestimmte Zeichen dafür ein (z.B. Sonne = oben; Haus oder Baum = unten)* (1970, 16).

Aus entwicklungspsychologischer Sichtweise nimmt ein Kind den (Klang-)Raum nicht über abstrahierte Raumdimensionen wahr. Die Raumwahrnehmung ist hier noch eng an Bewegungsabläufe geknüpft. Eine zweidimensionale Abbildung des realen Raumes auf den Tonraum bedarf deshalb der Vereinbarung. Dieser Vorgabe folgt auch MD. Ihre Vereinbarungen scheinen allerdings eher willkürlich zu sein.

Wahrnehmungspsychologischen Erkenntnissen zufolge (siehe Kapitel 1) empfinden und bezeichnen Kinder hohe Töne als „hell" und tiefe Töne als „dunkel". Es wäre deshalb nahe liegend, Tonhöhenunterschiede über Helligkeitsunterschiede zu verdeutlichen und nicht, wie MD, hohe oder tiefe Töne über die Zeichen „Sonne" (= oben) oder „Baum" (= unten) zu repräsentieren. Eine Analoge Vorgehensweise ist bei den Übungen zur *"Unterscheidung der Tonhelligkeit"* (1970, 37) zu beobachten.

Ebenso wie bei der Begriffsbildung ist anzumerken, dass bei der Einführung spezifischer Notationsformen der musikalische Entwicklungsstand der Kinder zu beachten ist, dies gilt insbesondere bei traditionellen Notationsformen (symbolische Kodierung).

3.2.1.5 Lerntheoretische Implikationen

Die bei MD festgestellten didaktischen Grundprinzipien stehen in Beziehung zu spezifischen Formen der Aneignung, die sich laut MD an den Erkenntnissen "moderner" Lernpsychologie orientieren (vgl. 1970, 8; 1972,76). Deshalb widmet MD mehrere Abschnitte ihrer Publikation der Darstellung wahrnehmungs- und lernpsychologischer Aspekte (vgl. 1970, 8ff; 1972, 63ff u. 69ff), denen sie auch rückblickend eine zentrale Bedeutung beimisst (vgl. 1996, 32). In ihren ersten Veröffentlichungen (1970; 1972) orientiert sich MD noch an gestalttheoretischen Ansätzen. Der Lernprozess hat daher:

... sowohl vom Umfassenden als auch von dessen Gliederung, vom Neben- und Nacheinander einfacher Gestalten wie auch von deren Differenzierung auszugehen und dann erst im Sinne des Zusammenschlusses zu umfassenderen, reicheren und verwickelteren Gestalten und Bezugssystemen fortzuschreiten (1970, 10).

Zu einem späteren Zeitpunkt werden zunehmend kognitive und neurophysiologische Modelle berücksichtigt:

Es ist hingegen ein Musiklernen zu entwickeln, das sich auf Ergebnisse der entwicklungspsychologischen Lernforschung und eines 'strukturellen Lernens' bezieht. Ihre Übertragung auf den entwicklungspsychologischen Aufbau der 'wahrnehmungspsychologischen und neurophysiologischen Aspekte des Musiklernens', bedingt ein Denkhandeln in 'strukturellen Netzen', bei dem nicht das additive Aneinanderreihen einzelner Elemente und Fakten entscheidend ist - vergleichbar den Parameter- oder Kuckuckersterzbasteleien -, sondern die Art der Beziehungen zwischen den Elementen sowie das Erfassen und Herstellen struktureller Züge innerhalb eines problemlösenden Denkens (1988, 16).

Die Berücksichtigung lern- und wahrnehmungstheoretischer Theorien im Rahmen einer unterrichtspraktischen Vermittlung Neuer Musik muss im Nachhinein als äußerst bedeutsamer und innovativer Schritt gewürdigt werden. Gleichwohl müssen hinsichtlich der konkreten Übertragung dieser Theorien in die Praxis gewisse Einwände formuliert werden. Einige der Umsetzungsversuche erscheinen nach dem heutigen Stand der Lernforschung (vgl. Kapitel 2) schemenhaft, künstlich und sachlogisch nicht immer nachvollziehbar.

Einwände lassen sich beispielsweise in Zusammenhang mit den unterrichtspraktischen Konsequenzen artikulieren, die MD aus dem kindlichen „Zeitempfinden" (vgl. 1970, 9) zieht. Es ist nachvollziehbar, dass (aperiodische)

„*natürliche Sprach- und Bewegungsimpulse*" (ebd.) dem musikalischen Entwicklungsstand des Kindes eher gerecht werden könnten, als periodische Zeitverhältnisse. Zweifel erheben sich jedoch, ob durch die Berücksichtigung dieses Aspektes das „*Zeitverständnis einer neuen Musik*" (ebd.) tatsächlich vermittelt wird. Aperiodizität entwickelte sich in in manchen Kompositionen aus einer bewussten und ästhetisch reflektierten Abkehr von der metrisch gebundenen Musik. Der Unterschied zwischen beiden Formen der musikalischen Zeitstrukturierung kann nur über einen Vergleich deutlich gemacht werden. Im Übrigen sind bei Kindern auch periodische Bewegungsimpulse zu beobachten. Von MD wird an dieser Stelle eine Beziehung zwischen entwicklungspsychologischen Aspekten und strukturellen Erscheinungsformen der Neuen Musik hergestellt, die in dieser Form eigentlich nicht gegeben ist. Weiterhin ist zu beobachten, dass psychologische Erkenntnisse dahin gehend interpretiert werden, als wären sie ausschließlich auf Neue Musik anwendbar (siehe 1970, 10; 1972, 10).

Im Rahmen ihrer kritischen Auseinandersetzung mit der Praxis des Musikunterrichts in den sechziger Jahren, beanstandet MD ergebnisorientierte Unterrichtsmethoden, die durch ein „*lineares Fortschreiten vom Leichten zum Schweren sowie durch die Reduktion auf kleine und kleinste Lernschritte*" (1970, 5) gekennzeichnet sind. MD selbst tritt dagegen für entdeckende und prozessorientierte Lehr- und Lernverfahren ein.

> *Nicht durch Vereinfachung, die auf das* Resultat[22] *gerichtet ist, wird ein intelligentes Verhalten erreicht, sondern durch die Komplexität von Um- und Rückwegen, die Umschreitung von musikalischen Problemen, die Herstellung von Beziehungen, die die* Gestalt[23] *der musikalischen Handlung betreffen und durch Initiative, Kreativität und Reaktionsfähigkeit charakterisiert sind* (1970, 10).

Zu kritisieren sind diese beiden Aussagen aus zwei Gründen. Erstens arbeitet MD selbst auf einer elementaren, vereinfachten und damit reduzierten Ebene. Zweitens fordern bei produktiv ausgerichteten Vermittlungsformen aktuelle Theorien des Musiklernens (vgl. Kapitel 2), eine Vorgehensweise, die vom Einfachen zum Komplexen führt, wobei dieses Prinzip sowohl offene als auch ergebnisorientierte Unterrichtsprozesse zulässt.

In ihrem Vermittlungsansatz möchte MD durch eine „*kreative Gestaltung nach objektiven musikalischen Prinzipien*" (1970, 6) ein musikalischen Bewusstsein aus-

---

[22] Hervorhebung von Meyer-Denkmann.
[23] Dto.

bilden. Dabei sollen die in jedem Kind vorhandenen kreativen bzw. schöpferischen Kräfte angesprochen werden. MD geht in diesem Zusammenhang von damals üblichen Kreativitätskonzepten aus, denen zufolge jedes Individuum kreativ sein kann. Dabei

> *wird Kreativität nicht als eine besondere Begabung angesehen, sondern als eine Fähigkeit, die in jedem Menschen in verschiedener Weise vorhanden ist. Sie bedarf wie alle anderen Fähigkeiten einer besonderen Ausbildung, die sich auf ganz konkrete Dimensionen bezieht* (1972, 21).

Gleichzeitig implizieren solche Konzepte eine Transferwirkung, das heißt eine Übertragbarkeit des Gelernten auf strukturähnliche Phänomene. Sowohl das von MD verwendete Kreativitätskonzept, als auch die darin enthaltene Vorstellung eines möglichen Transfers wird von aktuellen Kreativitätskonzepten eher in Frage gestellt.

Im Vermittlungsansatz von MD finden sich darüber hinaus lernpsychologische Argumente, die sich gegen einen reproduzierenden Umgang mit Musik richten, da dieser der natürlichen Lernfähigkeit des Kindes nicht gerecht werden (vgl. 1972, 5). Eine solche Argumentation, die vermutlich durch MDs kontroverse Haltung gegenüber dem Musischen motiviert ist, muss auf der Basis aktueller musikalischer Lerntheorien hinterfragt werden. Bedeutend für den Lernerfolg ist nicht die Präferenz bestimmter Aneignungsformen gegenüber anderen, sondern die Einbindung der verschiedenen Lernformen in das Prinzip eines sequenziellen Lernens (vgl. Kapitel 2).

3.2.1.6 Fazit und Kritik

Der Vermittlungsansatz Neuer Musik von MD ist nachdrücklich von den ästhetischen und musikpädagogischen Postulaten Adornos (Kritische Theorie), den damit verbundenen kunstphilosophischen Ideen der Darmstädter und Kölner Schule sowie der Fachdiskussion um die Inhalte, Zielsetzungen und Methoden der Schulmusik geprägt. Dies impliziert zugleich eine deutlich kritische Haltung gegenüber der Idee einer Musischen Erziehung und ihrer Unterrichtsprinzipien, was zu nachweisbaren Einschränkungen des musikalischen Repertoires und zu einer Reduzierung der Vermittlungsformen führt. Musikalischer Ausdruck sowie kunstphilosophische Implikationen werden nur am Rande behandelt.

Des Weiteren intendiert MD in ihrem Vermittlungsansatz Neuer Musik wahrnehmungs- und lerntheoretische Erkenntnisse zu berücksichtigen. Dies ist für die damalige Zeit ein bemerkenswerter didaktischer Schritt, obgleich die Übertragung der Forschungsbefunde auf die Unterrichtspraxis nicht in allen Fällen plausibel erscheint. Desgleichen müssen nach dem aktuellen Stand der Lernforschung einige der von MD in die Praxis übertragenen Erkenntnisse revidiert werden. Es ist heute möglich, musikalische Wahrnehmungs- und Lernprozesse wesentlich differenzierter zu beschreiben. Ebenso entspricht das von MD verwendete Kreativitätskonzept nicht mehr dem aktuellen Stand der Forschung. Insgesamt muss jedoch der Vermittlungsansatz Neuer Musik von MD aus heutiger Perspektive als ein für die damalige Zeit bedeutender und innovativer Schritt gewürdigt werden.

3.2.2 John Paynter und Peter Aston: „Klang und Ausdruck"

Der Wandel in der Schulmusik und die damit verbundenen Fachdiskussionen waren nicht nur auf Deutschland beschränkt, sondern führten auch in England zu einer fundamentalen Neukonzeption des Musikunterrichts. Zwei wesentliche Faktoren waren dafür verantwortlich:

An erster Stelle stehen die positiven Auswirkungen eines bereits im Jahre 1944 erlassenen Erziehungsgesetzes (education act). Darin wird die Notwendigkeit hervorgehoben „*Kinder, gemäß ihrem Alter, ihrer Neigung und ihren Fähigkeiten*" (PAYNTER 1992a, 327) zu erziehen. In der Folgezeit führte dieses Gesetz zur Bereitstellung von Instrumentalunterricht für alle lernwilligen Schüler. Mit zunehmendem Interesse wurden örtliche Jugendorchester gegründet, was dazu führte, dass Ende der sechziger Jahre die instrumentalen Fähigkeiten der Schüler ein beachtliches Niveau aufwiesen. Allerdings waren in der Lehrerausbildung noch keine Methoden entwickelt worden, dieses musikalische Potential in den täglichen Musikunterricht zu integrieren (vgl. ebd.). Diese Entwicklung führte ferner zu einer Änderung der Prüfungsinhalte des Musikunterrichts an allgemein bildenden Schulen. Statt musikhistorischem und musiktheoretischem Wissen wurden Instrumentalspiel und Komponieren zum Gegenstand der Musikprüfungen erklärt. Die Betonung musikpraktischer Kompetenzen wurde von der Erkenntnis geleitet,

daß das Wesen der Musik ihre Praxis ist; und daß Informationen über Musik keinen Wert haben, wenn sie nicht ins Musikmachen (als Aufführen oder Komponieren von Musik) eingeschlossen ist (PAYNTER 1992b, 327).

Der zweite Faktor stand in Zusammenhang mit der musikalischen Kreativitätsforschung. Ab Mitte der 50er Jahre begann man auch in England, sich mit den kreativen Fähigkeiten von Kindern wissenschaftlich auseinander zu setzen. Einige Schulmusiker, die zugleich Komponisten waren, begannen im Musikunterricht Klangexperimente und Gruppenkompositionen durchzuführen, die sie in der Folge zu grundsätzlichen Ausbildungsmethoden ausarbeiteten. Dazu zählten Peter Maxwell Davies, George Self, Brian Dennis, Bernard Rands sowie John Paynter und Peter Aston.

Vor dem Hintergrund einer Neukonzeption des englischen Musikunterrichts entstand der Vermittlungsansatz Neuer Musik von John Paynter[24] und Peter Aston[25]. Die schriftliche Darlegung ihres Ansatzes trägt den Titel „Klang und Ausdruck" (im engl. Original: „Sound and Silence", Cambridge 1970)[26] und wurde 1972 ebenso in der „roten reihe" (UE Wien) veröffentlicht.

3.2.2.1 Didaktische Legitimation und Konzeption

Dem Vermittlungsansatz von Paynter/Aston liegt ein grundlegender pädagogischer Gedanke zugrunde. Demzufolge liegt die primäre Aufgabe eines Lehrers nicht darin, ein „Spezialfach" zu unterrichten, sondern den ganzen Menschen zu erziehen (vgl. Humboldt). Zu dieser umfassenden Erziehung trägt der einzelne Lehrer insofern bei, als er sich der Inhalte seines Faches als Medium bedient. Gleichzeitig darf er sein Fachwissen nicht nur den begabten Schülern zukommen lassen, sondern muss Methoden (Mittel und Wege) entwickeln, sein Fachwissen zum Vorteil aller Schüler einzusetzen. Dabei muss

---

[24] John Paynter, 1931 in London geboren, lehrte nach seinem Studium am Trinity College of Music an Primar- und Sekundarschulen sowie Lehrerausbildungsanstalten. Sein derzeitiges Lehramt als Musikinstitut der Universität York ist mit einem Sonderauftrag für das Fach Musikerziehung und für die Zusammenarbeit mit den Schulen verbunden. Unter seinen Werken befinden sich auch zahlreiche Kompositionen für Kinder und Jugendliche, z. B. die Kinderoper *The Tell-Tale Harp*.
[25] Peter Aston, 1938 in Birmingham geboren, studierte in der dortigen School of Music und unterrichtete an verschiedenen Schulen sowie an einer Lehrerausbildungsanstalt. Seit 1964 gehört er dem Musikinstitut der Universität York an. Neben seiner Tätigkeit als Dirigent arbeitet er als Komponist und Musikwissenschaftler.
[26] Wenn nicht anders angegeben beziehen sich die folgenden Ausführungen auf das Buch „Klang und Ausdruck" (1972) von John Paynter und Peter Aston.

die Erziehungsaufgabe auf das Kind ausgerichtet sein und von den Bedürfnissen des einzelnen Schülers ausgehen (vgl. PAYNTOR/ASTON 1972, 14)[27].

An dieser Erziehungsaufgabe wirken auch die künstlerischen Fächer mit, deren Ursprünge für Paynter/Aston im Bedürfnis des Menschen zu suchen sind, sich anderen mitzuteilen. Der Wert dessen, was im Kunstunterricht gelernt wird, ist deshalb daran zu messen, inwieweit es dem einzelnen Individuum hilft, in einen offenen Dialog mit seiner „Mitwelt" (nicht Umwelt!) zu treten (15).

Demgemäß ist Musik eine Art Sprache und die Fähigkeit zum Ausdruck sowie zur Kommunikation ist bis zu einem gewissen Maß in jedem Menschen angelegt. Sie muss im Musikunterricht über eine Wechselwirkung von Produktion und Rezeption weiter entwickelt bzw. kultiviert werden.

Denn das Wahrnehmungsvermögen wächst mit dem Ausdrucksvermögen (16).

Diese musikdidaktischen Überlegungen münden in die Konzeption einer „schöpferischen Musikpflege"[28] (20), die Paynter/Aston folgendermaßen beschreiben:

Es ist zuallererst die Form einer Mitteilung ganz persönlicher Dinge. Dazu gehört auch die Freiheit, ein selbstgewähltes Material auszuwerten. Diese Arbeit sollte womöglich nicht von einem Lehrer beeinflußt werden. Seine Sache ist es, die Gedanken in Bewegung zu setzen und dem Schüler bei der Entwicklung seines Wahrnehmungsvermögens und seiner Kritikfähigkeit zu helfen. Der Kompositionsvorgang ist in jeder Kunst und in jeder seiner Phasen ein Vorgang der Auslese und der Zusammensetzung von Material, im wesentlichen also ein Vorgang experimenteller Natur (20).

In der Unterrichtspraxis konkretisiert sich die Idee eines schöpferischen Musizierens in der Gestalt von „Modellen", die auf sehr unterschiedliche Altersstufen ausgerichtet sind. Manche Modelle können mit achtjährigen Kindern erarbeitet werden, andere sind für Schüler im Alter von achtzehn bis zwanzig Jahren konzipiert. Notenkenntnisse und instrumentale Fertigkeiten werden von Paynter/Aston zwar nicht grundsätzlich vorausgesetzt, sind jedoch für einige musiktheoretisch ausgerichtete Modelle (z.B. Modell 29: Hauptdreiklänge) von Vorteil. Die musikpraktische Arbeit kann in Abhängigkeit von

---

[27] Alle folgenden Seitenangaben beziehen sich, wenn nicht anders angemerkt, auf Paynter/Aston (1972).
[28] Im englischen Original als „creativity" bezeichnet.

den jeweiligen Modellen in unterschiedlichen Sozialformen (Einzelarbeit und Gruppenarbeit) durchgeführt werden.

3.2.2.2 Das Kunst- und Musikverständnis von Paynter/Aston

Für Paynter/Aston liegt eine wesentliche Funktion von Musik neben ihrem möglichen Unterhaltungswert auf einer kommunikativen Ebene. Musik ist für sie Sprache und Mittel zum Ausdruck. *„Musik ist eine Sprache. Durch sie können wir ausdrücken, was wir denken und empfinden"* (39). Dabei gehen sie davon aus, dass insbesondere die Kunst der Gegenwart von maßgebender Relevanz ist. *„Die Kunst, die uns am meisten angeht, ist natürlich die Kunst unserer Zeit"* (17).

Aufgrund eines solchen primär kommunikativ ausgerichteten Kunstverständnisses findet bei Paynter/Aston keine ästhetische Bewertung von Musik statt. Dies wird unter anderem darin sichtbar, dass die in den Modellen angeführten Musikbeispiele aus allen musikalischen Bereichen stammen. Daher finden sich neben Kompositionen von Stockhausen und Cage ebenso Stücke von den Rolling Stones oder den Beatles. Darüber hinaus beinhaltet das musikalische Repertoire außereuropäische Musik, Jazz sowie traditionelle Kunstmusik. Ausschlaggebend scheinen im Wesentlichen musikdidaktische Gründe gewesen zu sein.

3.2.2.3 Der musikalische Erfahrungshorizont der Schüler

Durch die musikdidaktisch motivierte Auswahl der Hörbeispiele wird der (damalige) musikalische Erfahrungshorizont der Schüler (z.B. Beatles) zumindest teilweise eingebunden. Allerdings bleibt die Lebenswelt der Schüler an sich unberücksichtigt. In diesem Zusammenhang kann die von Paynter/Aston artikulierte didaktische Leitidee einer auf den ganzen Menschen ausgerichteten Musikerziehung nicht in vollem Umfang ihrem Anspruch gerecht werden, da diese Leitidee auch die Integration der musikalischen und außermusikalischen Lebenswelt des Schülers implizieren würde.

3.2.2.4 Die Vermittlungspraxis

In unterrichtspraktischer Hinsicht werden die von Paynter/Aston ausgewählten Inhalte in „Unterrichtsmodellen" erarbeitet, die auf Klangmaterialien und musikalische Gestaltungsprinzipien des 20. Jahrhunderts ausgerichtet sind (vgl. 20). Die insgesamt 36 Modelle lassen zwei Gruppierungen erkennen.

Die Modelle 1 bis 24 beziehen sich überwiegend auf verschiedene „*Formen der Instrumentalpflege*" und sind „*auf Entwicklungstendenzen dieses Jahrhunderts abgestimmt*" (23). In thematischer Hinsicht sind diese Modelle sehr weit gefächert. Am Beginn der Modellreihe werden verschiedene Klangmaterialien wie Instrumentalklänge (Becken, Streichinstrumente, Klavier), Naturklänge (Steine, Holz, Atemgeräusche), Obertöne, Sprachklänge, konkretes Material usw. erarbeitet, aus denen über außermusikalische Vorlagen (Bilder, Gedichte, grafische Notationen etc.) musikalische Strukturen entwickelt werden. Die Modelle tragen Titel wie: „*Was die Musik ‚sagt'*", „*Die Musik in uns*", „*Musik und Mystik*", „*Musik und Wort*", „*Stille*" usw. Dadurch wirken die Modelle sehr anschaulich, und die thematischen Inhalte sind für die Schüler konkret nachvollziehbar.

Paynter/Aston charakterisieren solche Materialformen folgendermaßen:
> *In den ersten Modellen ... deckt sich die Art des Materials sehr oft mit den technischen Mitteln der primitiven Musik. Sie sind der natürlichen Neigung der Kinder ... am angemessensten, haben aber auch in der Musik vieler zeitgenössischer Komponisten auf die Entwicklung neuer Ausdrucksformen entscheidenden Einfluß gehabt* (20).

Die Modelle 18 bis 24 beziehen sich (mit Ausnahme von Modell 20) auf den unterrichtspraktischen Umgang mit Tonmaterial. Diese Modelle thematisieren Verfahren der Melodiebildung aus unterschiedlichen Skalen (Pentatonik, Modi und Reihen) sowie reihentechnische und aleatorische Verfahren.

Die zweite Modellgruppe (25-36) beinhaltet hauptsächlich „*Probleme der Vokalmusik sowie der Melodie- und Harmoniebildung*"(24).

Die Inhalte der Modelle sind hier weitgehend musiktheoretisch ausgerichtet:

- Heterophonie (1+2);
- Wie Harmonie zustande kommt;
- Akkordaufbau;

- Die Hauptdreiklänge;
- Dur und Moll;
- Durchgangstöne und Wechselnoten (1+2);
- Die Nebendreiklänge und
- Vorhaltstöne.

Die letzen beiden Modelle führen in Bereiche des Theaters: „Nachtmusik" (Modell 35) und „Musikalisches Theater" (Modell 36).

Im Hinblick auf die Abfolge der Modelle fällt auf, dass die ersten Modelle auf einer für Schüler konkreten und anschaulichen Ebene angesiedelt sind. Musiktheoretisch ausgerichtete und damit abstrakte musikalische Inhalte stehen am Ende des Buches. Der Bereich des musikalischen Ausdrucks wird im Rahmen der verschiedenen Modelle abgehandelt. Dabei fungieren bereits verschiedene Materialformen als musikalische Bedeutungsträger (41). Ästhetische Diskussion und Reflexion werden in den Modellen nicht behandelt.

Das unterrichtspraktische Verfahren, das Paynter/Aston zur konkreten Umsetzung ihres auf ein schöpferisches Musizieren ausgerichteten Vermittlungsansatzes wählen, ist das der „empirischen Komposition". Der Ausgangspunkt für dieses Verfahren bildet das „Material", das sich aus verschiedenen Klängen oder aus einer (abstrakten) musikalischen Idee generieren kann. Mit diesem Material wird im Unterricht so lange experimentiert, bis ein abgeschlossenes Musikstück entstanden ist. Insgesamt wird dieses Verfahren als ein Prozess der Auswahl und Ausdifferenzierung verstanden,

in seinem Verlauf werden die verschiedensten Details auf ihre Verwendbarkeit untersucht und entweder ausgeschieden oder im Geist festgehalten, so daß man ... eine Vorstellung davon bekommt, was in welcher Reihenfolge zu geschehen hat, und das Stück mit einiger Genauigkeit reproduzieren kann. Es ist eine experimentelles Stück, ein Probierverfahren (27).

Nahezu alle Modelle folgen demselben formalen Aufbau und sind in vier Abschnitte angeordnet:

Einführung

Die Idee (Gedanke) des Modells wird vorgestellt, die damit verbundenen „*technischen Probleme*" werden diskutiert und Fragen der Materialauswahl geklärt. Diese Aspekte können möglicherweise in ein kurzes Vorbereitungsgespräch münden (vgl. 25).

Aufgabenstellung
Die eigentliche schöpferische Arbeit wird durch eine Aufgabe oder über eine Folge graduell differenzierter Aufgabenstellungen angeregt. In Abhängigkeit von den Erfordernissen des Materials und dessen Bearbeitungsmöglichkeiten kann die Ausführung der Arbeit entweder in unterschiedlichen Gruppengrößen oder von einem Schüler alleine ausgeführt werden (ebd.).

Orientierung für den Lehrer
Der dritte Abschnitt dient als Orientierungshilfe für den Lehrer. Er beinhaltet einzelne oder mehrere notierte, vereinzelt auch klingende Beispiele (Schallplattenbeilage) von bereits früher ausgeführten Gestaltungsaufgaben. Dadurch kann sich der Lehrer eine Vorstellung davon machen, welche Ergebnisse bei den jeweiligen Aufgaben erwartet werden können (26).

Zusätzliche Informationsmöglichkeiten
Der letzte Modellabschnitt verweist auf zusätzliche Informationsmöglichkeiten für Schüler. Für Paynter/Aston ist grundlegend, dass die Schüler nicht nur schöpferisch tätig sind, sondern darüber hinaus die Möglichkeit bekommen, aus den Musikstücken anderer Komponisten zu lernen.

Um Nachahmungen zu vermeiden, legen Paynter/Aston großen Wert darauf, dass das Hören professioneller Kompositionen erst nach der produktiven Phase erfolgt:

Wenn das Hören und das Studium fremder Arbeiten den Schülerarbeiten vorausgehen, werden jene wahrscheinlich einfach als Muster verstanden werden. Beschäftigt man die Schüler erst nach dem Versuch damit („hier ist ein Komponist, der auch solche Musik macht wie ihr"), werden sie eine Bestätigung und Bereicherung darin sehen. Das Beispiel wird auch leichter verstanden werden, weil die Schüler durch die praktische Erfahrung bei der Arbeit an ihrer Aufgabe manche Einsicht gewonnen haben werden. Und darin besteht das Wesen des Musikverständnisses' (26).

Der zeitliche Aufwand für die unterrichtspraktische Umsetzung einzelner Modelle kann sehr unterschiedlich sein. Einige Modelle benötigen nur eine halbe Stunde, andere hingehen können Monate dauern (z.B. bei Musique concrète). Die erforderliche Zeit hängt in erster Linie von der Themenstellung des Modells und den jeweiligen Gegebenheiten des Musikunterrichts ab.

Trotzdem empfehlen Paynter/Aston, sich an einem Grundraster von vier Unterrichtsstunden zu orientieren (vgl. 30).

Die Methode der empirischen Komposition ist ferner an gewisse Rahmenbedingungen gebunden. Dazu zählen zunächst die räumlichen Voraussetzungen, da jede Kleingruppe für ihre Ausarbeitungsphase einen eigenen Raum benötigt (vgl. 31). Zu den weiteren notwendigen Voraussetzungen gehören vielfältige und qualitativ hochwertige Instrumente, denn nur solche Instrumente bieten „*eine Fülle von Ausdrucksmöglichkeiten*" (21).

Darüber hinaus stellt diese Methode besondere Anforderungen an den Musiklehrer. Er muss von Anfang an seine Schüler bei der Ausarbeitung der Aufgabe begleiten. Die dafür notwendige Urteilskraft kann er sich allerdings nur auf Grund praktischer Kenntnisse der angewandten technischen Mittel und durch einen grundlegenden Einblick in die Musik des jeweiligen Komponisten aneignen. Das bedeutet, dass der Lehrer selbst vieles erprobt haben muss und über ein umfangreiches Hörrepertoire verfügen sollte.

> *Wer Schülern helfen will, die Sprache der Neuen Musik zu erlernen und zu verstehen, muß das zuerst selbst gelernt haben ... er muß an der Sache teilhaben, nicht bloß darüber lesen, ...nur dann wird er in der Lage sein, seine Schüler mit künstlerischen Techniken vertraut zu machen und auf diesem Weg in die Ideenwelt dieser Kunst einführen* (28).

„*Einen kürzeren Weg gibt es nicht*", so das Fazit von Paynter/Aston (1972, 28). Erst die eigene musikpraktische Erfahrung ermöglicht es dem Lehrer, die Schüler bei ihrer schöpferischen Arbeit zu begleiten und ihnen bei der Beurteilung der eigenen Kompositionsversuche zu helfen. Dabei sind die Kriterien für eine Beurteilung nicht auf ein „richtig" oder „falsch" ausgerichtet, sondern auf die „Kohärenz" des jeweiligen Stückes, die der Musiklehrer über spezifische Fragen in der Klasse thematisieren kann.

> *Hat dieses Stück einen Zusammenhang? Stellt es sich als ein Ganzes dar? Drückt es das aus, was ich ausdrücken möchte? Ist etwas drin, was nicht hineingehört, weil es den musikalischen Zusammenhang stört?* (28).

Über solche Fragen hilft der Lehrer den Schülern zudem, ihr Material zu verfeinern um damit allmählich selbst einen Sinn für Kohärenz zu entwickeln. Von zentraler Bedeutung ist für Paynter/Aston dabei das Gleichgewicht von Einheit und Vielheit (29).

Bezüglich der Notation von Musik schlagen Paynter/Aston vor, die Stücke aus pragmatischen Gründen zunächst auf Tonträgern zu dokumentieren. Denn „*Notation ist nicht Musik. Zuerst kommt der Klang*" (29). Erst wenn bei den Schülern selbst der Wunsch entsteht, Musik aufzuschreiben, sollen sie mit den konventionellen Methoden vertraut gemacht werden. Im Hinblick auf die individuellen Notationsformen der Neuen Musik plädieren Paynter/Aston dafür, die Schüler ihre eigenen Notationsformen erfinden zu lassen. Im Modell 16 (Projektionen) gehen Paynter/Aston speziell auf verschiedene Formen graphischer Notation ein. Dabei geht es um zweidimensionale Projektionen von Einrichtungsgegenständen (z.b. Schlüssel) oder geometrischen Formen (z.B. Dreiecke) auf das Liniensystem eines Notenblattes. Die daraus entstehenden Abbildungen dienen den Schülern als Improvisationsgrundlage. Eine weiter führende Möglichkeit liegt in der Übertragung der graphischen Abbildungen in die konventionelle Notenschrift (vgl. 149ff).

3.2.2.5 Lerntheoretische Implikationen

Das Vermittlungskonzept von Paynter/Aston ist weitgehend von ihrem pädagogischen und künstlerischen Denken geprägt. Daher sind lerntheoretische Implikationen, wenn überhaupt, nur indirekt und unterschwellig vorhanden. Lerntheoretische Aspekte treten bei Paynter/Aston dann in Erscheinung, wenn bei der Konzeption der einzelnen Modelle altersbezogene Faktoren berücksichtigt werden. Das bedeutet, dass sich die Aufgabenstellungen durch eine zunehmende Differenzierung und Komplexität auszeichnen. (vgl. 24f). Gleichzeitig gehen sie bei einer künstlerisch-produktiven Tätigkeit davon aus, dass sich ein Altersunterschied nicht in der Einstellung, sondern im Produkt und in der Verfahrensweise bemerkbar macht.

Im Bereich der schöpferischen Arbeit ist die geistige Arbeit bei Jung und Alt dieselbe; die Unterschiede im Ansatz und Ergebnis beruhen auf dem Grad der Erfahrung und auf der Art des geistigen Hintergrunds, die sich bei jedem einzelnen auswirken (25).

Lerntheoretische Implikationen werden weiterhin am Prinzip der empirischen Komposition deutlich. Dieses Aufgabenprinzip ist sicher auf eine Auseinandersetzung mit den kreativen Lernformen der damaligen Zeit zurückzuführen (siehe oben).

...die Entdeckungen der europäischen Nachkriegs-Avantgarde schufen eine Atmosphäre des Experiments, das wir [die engl. Musikpädagogen] leicht in den Musikunterricht übertragen konnten (PAYNTER 1992a, 329).

3.2.2.6 Fazit und Kritik

John Paynter und Peter Aston versuchen in ihrem Ansatz die Vermittlungsproblematik Neuer Musik über eine schöpferische Musizierpraxis zu lösen. Als Methode bedienen sie sich der so genannten „empirischen Komposition". Hinter ihrem Ansatz steht das Ideal einer ganzheitlich ausgerichteten Erziehung, an der sich alle Schulfächer zu beteiligen haben. Ihr Kunst- und Musikverständnis basiert auf der Idee eines anthropologisch begründeten Dialoges zwischen dem Menschen und seiner Mitwelt. Ein solcher Dialog entspricht dem elementaren Bedürfnis des Menschen nach Ausdruck und kann über verschiedene Medien, das heißt Kunstformen erfolgen. Die Kunstsprache, die den Menschen am meisten betrifft, ist dabei stets die der Gegenwart. Vor diesem Hintergrund fällt der schöpferischen Musikpraxis die Aufgabe zu, das Wahrnehmungsvermögen über das Ausdrucksvermögen Neuer Musik zu erhöhen um, damit diesen Dialog zunehmend auszudifferenzieren und zu optimieren.

Der Ansatz von Paynter/Aston ist genauso wie der Ansatz von MD als grundlegender Beitrag der 70er Jahre zur Vermittlungsproblematik Neuer Musik zu würdigen. Der Ansatz wirkt in sich stimmig und ist deutlich von einem künstlerisch-kompositorischen Denken geprägt. Weiterhin fällt auf, dass die Auswahl der verwendeten Musikbeispiele im Gegensatz zu MD von keiner kunstphilosophischen Ideologie beeinflusst ist. Die Auswahl erfolgt nach rein didaktischen Erwägungen. Als kritikwürdig erscheint die von Paynter/Aston verwendete Sprachmetapher der Neuen Musik. Wie noch zu zeigen ist (siehe Kapitel 4) stellt Musik im engeren Sinne keine Sprache dar.

Weitere Kritik ist aus lerntheoretischer Sicht einzubringen. Paynter/Aston konzentrieren sich in ihrem Konzept eines schöpferischen Musizierens auf produktiv ausgerichtete Aneignungsformen der empirischen Komposition. Alternative Aneignungsformen wie beispielsweise die Imitation sowie eine sequenzielle Verknüpfung verschiedener Formen der Aneignung bleiben unberücksichtigt.

Paynter/Aston orientieren sich in ihrem Konzept in inhaltlicher Hinsicht an den Materialformen und Strukturprinzipien der Neuen Musik. Diese Ausrichtung deckt sich mit jener von Meyer-Denkmann. Bei ihr werden zwar bestimmte Inhalte (z.B. Klangmaterial) weit systematischer und umfangreicher erarbeitet als bei Paynter/Aston. Dies führt allerdings dazu, dass bei MD die Erarbeitung der Inhalte zuweilen auf einer sehr abstrakten Ebene und musikalisch isoliert stattfindet. Bei Paynter/Aston hingegen sind alle Gestaltungsaufgaben auf ein tatsächliches musikalisches Problem oder eine Idee ausgerichtet. Ein weiterer Vergleich beider Ansätze zeigt, dass die bei MD vorgenommene systematische Beschreibung und Kategorisierung von Materialqualitäten bei Paynter/Aston fehlen.

Im weiteren Vergleich zum Vermittlungsansatz von Meyer-Denkmann ist das Konzept von Paynter/Aston weniger systematisch, dafür jedoch künstlerischer ausgerichtet. Die Gestaltungsaufgaben sind weniger abstrakt und stets auf einen übergeordneten musikalischen Aspekt ausgerichtet. Äußerst vorteilhaft ist für die unterrichtspraktische Umsetzung ein Musikverständnis, das sich nicht wie bei MD an den abstrakten Strukturprinzipien verschiedener Vertreter der Kölner und Darmstädter Schule orientiert, sondern Musik primär als ein Ausdrucksmittel versteht, dem sich Material, Struktur und Technik unterzuordnen haben. Insgesamt überzeugt der Ansatz von Paynter/Aston durch seine innere Logik und Geschlossenheit, die in diesem Umfang bei Meyer-Denkmann nicht vorzufinden sind.

3.2.3 Raymond Murray Schafer: „schöpferisches Musizieren"

Schafer, eigentlich Komponist, begann Mitte der sechziger Jahre sich mit Fragen einer schulischen Vermittlung Neuer Musik auseinander zu setzen. Nach ersten Unterrichtserfahrungen nahm er als einer von insgesamt vierzehn kanadischen Komponisten an einem staatlich geförderten Projekt teil, das den Kontakt zwischen zeitgenössischen Komponisten und Schülern fördern sollte. Aus dieser Arbeit entstanden zahlreiche Schriften, die im deutschsprachigen Gebiet in insgesamt vier Heften der „roten reihe" (UE Wien) veröffentlicht wurden. Schafers erste Schrift „schöpferisches musizieren" (1971a)[29] thematisiert die produktive Beschäftigung mit Neuer Musik. Seine „schule des hörens" (1972a)[30] enthält Diskussionsbeiträge, Übungen und Aufgaben zur Entwicklung der Wahrnehmungsfähigkeit. Das dritte Heft „die schallwelt in der wir leben" (1971b)[31] ist eine kritische Reflexion der sich rasch verändernden akustischen Umwelt. Die vielfältigen Facetten der menschlichen

---

[29] Engl.: The Composer in the Classroom" (1965).
[30] Engl.: Ear Cleaning, Ontario (1967).
[31] Engl.: The New Soundscape (1969).

Stimme werden in „...wenn wörter klingen" (1972b)[32] beleuchtet. Die Schriften sind jedoch nicht im Sinne eines systematisierten Ansatzes aufeinander abgestimmt.

Ferner sind aus seiner musikpädagogischen Arbeit einige Kompositionen für Schüler entstanden, die ebenfalls in der „roten reihe" erschienen sind. Ihre Titel lauten *minimusic für spielgruppen* (1971), *miniwanka, für chor in beliebiger besetzung* (1974, *Epitaph For Moonlight*, für Jugendchor und Metallinstrumente" (1971).

Angaben hinsichtlich des Alters oder der Schulstufe für die diese Schriften gedacht sind, fallen vage aus, und in zwei Heften fehlen sie völlig. In „schöpferisches musizieren" und „schule des hörens" führt Schafer seine unterrichtspraktischen „Diskussionen" neben Elementarschülern (public school students) überwiegend mit Schülern der Sekundarstufe (high school students) im Alter von dreizehn bis 18 Jahren durch, die über sehr unterschiedliche musikalische Vorkenntnisse im instrumentalen und vokalen Bereich verfügen (vgl. 1971a, 4 u. 10; 1972a, 37)[33].

3.2.3.1 Didaktische Legitimation und Konzeption

Schafer vertritt grundsätzlich die Überzeugung, dass eine erfolgreiche Vermittlung von Musik nur über die Praxis möglich ist:

> *Als ausübender Musiker bin ich zu der Einsicht gelangt, daß man über den Klang nur dann etwas in Erfahrung bringt, wenn man selbst Klänge erzeugt, und daß man in der Musik nur dann etwas lernt, wenn man selbst musiziert. Was immer wir in der Natur der Klänge suchen, ist auf empirischem Weg zu suchen, das heißt: wir müssen die Klänge erst einmal produzieren, selbst produzieren, und dann mit eigenen Ohren hören, was dabei herauskommt* (1972a, 5).

Daraus leitet Schafer die zentralen didaktischen Zielsetzungen seines Vermittlungsansatzes ab, die darin bestehen „*das Gehör zu verfeinern ... latente schöpferische Energie freizusetzten, oder beides zugleich zu bewirken*" (ebd., 53). In diesem Kontext hat für ihn die Ausbildung der Wahrnehmung einen besonderen

---

[32] Engl.: When Words Sing (1970).
[33] Alle nachfolgenden Ausführungen beziehen sich, wenn nicht anders angegeben auf Publikationen von Schafer.

Stellenwert. Mehrfach weist er darauf hin, dass die zentrale Aufgabe des Musikunterrichts darin besteht „*den Menschen die Ohren zu öffnen..., sie auf Klänge aufmerksam zu machen, die sie bis dahin nie wirklich aufmerksam, wenn überhaupt, gehört haben...*" (ebd. 5; siehe auch 1971b, 8).

Schafers didaktische Legitimation ist primär musikalisch ausgerichtet. Er möchte mittels „*schöpferischen Musizierens*"[34], die Wahrnehmungsfähigkeit der Schüler erhöhen. Gleichzeitig ist es sein Anliegen, eine allgemeine musikalische Neugierde auszulösen sowie Offenheit gegenüber Neuem zu erzeugen und den musikalischen Horizont seiner Schüler zu erweitern. Dabei soll ihr eher traditionell und konventionell ausgerichtetes Musikverständnis zur Diskussion gestellt werden (vgl. 1971a, 16f). Ein weiteres Anliegen liegt für Schafer darin, auf der einen Seite die individuellen musikalischen Präferenzen der Schüler weiter zu entwickeln und auszudifferenzieren und auf der anderen Seite sozial bedingte Präferenzen zu relativieren (vgl. ebd. 8).

Die Verantwortung und Aufgabe, diese didaktischen Zielsetzungen in die Unterrichtspraxis umzusetzen, darf für Schafer nicht den Musiklehrern alleine überlassen werden. Er hält es sogar für die "Pflicht" jedes Komponisten, sich für eine *"schöpferische Musizierpraxis"* zu engagieren.

3.2.3.2 Das Kunst- und Musikverständnis von Schafer

Schafer tritt in seinem Vermittlungskonzept für eine radikal neue musikalische Denkweise ein. Unter Bezug auf John Cage definiert er Musik als:

ein Gefüge von (rhythmisch, melodisch) geordneten Klängen, die gehört werden sollen (1971a, 21).

Um Musik von reinen Alltagsgeräuschen abzugrenzen, ist für Schafer neben dem strukturellen Aspekt die Intention des Komponisten von grundsätzlicher Bedeutung. Erst durch diesen intentionalen Aspekt wird aus einem rein physikalischen ein musikalisches Klangereignis.

Es ist ein wesentlicher Unterschied, ob die mit der Erzeugung eines Klanges verbundene Absicht die ist, daß dieser Klang gehört werde, oder eine andere. Die Klänge, die man auf der Straße hört, werden nicht produziert damit sie gehört werden... (1971a, 19f).

---

[34] Im englischen Original als „kreatives Musizieren" bezeichnet.

Hinter diesem Aspekt verbirgt sich der Wille des Komponisten, etwas Außermusikalisches auszudrücken, zu beschreiben oder die Natur nachzuahmen (vgl. 1971a, 22).

Insgesamt stellt die Neue Musik für Schafer eine Weiterentwicklung der traditionellen Musik dar, was sich u.a. darin äußert, dass sich die „*Vorstellung was Musik ist ... im Verlaufe der jüngsten Musikgeschichte erweitert*" hat (1971b, 7). Daher ist Musik nicht länger ein von der akustischen Umwelt abgegrenzter und isolierter Bereich, sondern unter Bezug auf Cage[35] integrativer Bestandteil einer „*Weltsymphonie*" (vgl. 1971b, 62ff). Infolgedessen misst Schafer dem traditionellen Instrumentarium einen zunehmend untergeordneten Stellenwert bei.

Wir haben das Klavier weit hinter uns gelassen... Der 'Spielraum' unserer Musik ist das Universum (ebd., 68).

Insbesondere der Bereich konkreter Klangereignisse ist für Schafer in mehrfacher Hinsicht von Interesse. Zunächst führt die kompositorische Verwendung konkreter Materialien zu einem neuen Verständnis von Lärm. Die Empfindung eines akustischen Phänomens als Lärm ist nicht mehr nur physikalisch (aperiodische Schwingungsverhältnisse), sondern kontext- und subjektabhängig. Schafer verweist diesbezüglich auf die Geräuschkunst (L'arte dei rumori) des italienischen Futuristen Luigi Russolo (vgl. 1971b 18ff).

Zudem führt Schafers kompositorische Beschäftigung mit konkreten Schallereignissen (Schallwelt) zu einem zunehmenden Bewusstsein für klangökologische Fragestellungen. Schafer konstatiert eine bis dahin beispiellose „*Überflutung unserer Umwelt mit Klangmüll*" (1971b, 8). Diese Entwicklung führt für ihn zu einem neuen Bewusstsein für die Stille (1971b, 14) und zur Frage nach der „*Grenze des Erträglichen*" (1971b, 30) sowie den medizinischen Folgen einer zu hohen Lärmbelastung (vgl. 1971b 24f; 29f). Aus diesem Grund hat sich Schafer im Heft „die schallwelt in der wir leben" (1971) grundlegend mit diesem Themenkomplex auseinander gesetzt. Schafer behandelt darin zudem Gesichtspunkte und Fragestellungen in Zusammenhang mit medial vermittelter Musik. Schafer bezeichnet sie als „*Schizophonie*" (1971b, 49), da der Klang bei dieser Form der Übertragung von seine Quelle abgeschnitten ist (vgl. ebd. 8; 49ff).

---

[35] Laut Schafer entstammt die Definition von Cage aus einem Briefwechsel zwischen ihm und Cage. Cage bezieht sich dort auf Thoreaus „Walden" und definiert Musik als „*Klang, der uns umgibt, gleichgültig ob wir uns im Konzertsaal aufhalten oder sonstwo* (Cage in: SCHAFER 1971b).

Infolge des „*wachsenden Ausstoßes an Schallenergie*" und der „*totalen Technisierung*" der Umwelt, sieht Schafer die menschliche Stimme „*der Gefahr eines raschen Verschleißes ausgesetzt*" (1972b, 5). Daher hält Schafer es für notwendig, im Unterricht auch verschiedene Aspekte der menschlichen Stimme zu thematisieren.

Das in jeder Hinsicht offene Musikverständnis führt für Schafer zu grundlegenden und weit reichenden Konsequenzen für Musikwissenschaft, Musikpädagogik und Unterrichtspraxis. So müssen die Studieninhalte um die „*Disziplinen Akustik, Psychoakustik, Elektronik, Theorie der Spiele, Informationstheorie*" erweitert werden (1971b, 8). Gleichzeitig muss sich die Musiktheorie einschließlich ihres Fachvokabulars weiterentwickeln (ebd. 7ff). Im Hinblick auf die Unterrichtspraxis ist mit den Schülern über ihr Musikverständnis und über ihre musikalischen Präferenzen zu diskutieren (vgl. ebd. 35f). Ebenso sind klangökologische Aspekte in den Musikunterricht zu integrieren (vgl. 1971b, 3). In diesem Zusammenhang ist die menschliche Stimme unter verschiedenen Aspekten und Themenstellungen, wie beispielsweise Wahrnehmung der eigenen Stimme, Melismatik, Imitation von Naturklängen, Experimente mit Onomatopöien und Phonemen, Psychologie und Physiologie des Flüsterns, Lautgedichte, Sprache und Musik sowie die vokale Verklanglichung von Texten (Haiku) und grafischen Vorlagen (vgl. 1972b) im Musikunterricht zu behandeln. Zu den klangökologischen Inhalten des Unterrichts zählen für Schafer darüber hinaus Fragen, die sich in Zusammenhang mit der medialen Übertragung von Musik (Schizophonie) stellen (vgl. 1972b, 49ff).

Schafers offenes Musikverständnis, das sich überdies auch in der Verschiedenheit seiner Kompositionen abzeichnet, steht in Analogie zu seinen in den verschiedenen Heften verwendeten Musikbeispielen. Die Beispiele stehen stets in Zusammenhang mit bestimmten Themenstellungen. So veranschaulicht Schafer etwa das Phänomen der musikalischen Perspektive an dem zweiten Satz („Putnam's Camp") der Komposition *Three Places in New England* von Charles Ives (vgl. 1972a, 37). Darüber hinaus finden sich zeitgenössische Komponisten wie Cage, Strawinsky, Stockhausen Marinetti, Russolo, Schönberg sowie Vertreter der Musiktradition (Bach, Beethoven und Berlioz). Eine musikideologisch motivierte Auswahl, bzw. eine ästhetische Bewertung von Musik ist bei Schafer nicht anzutreffen. Vielmehr geht es ihm darum, die Musik im Sinne Cages „*für sich selbst sprechen [zu] lassen*" (1971, 8).

3.2.3.3 Der musikalische Erfahrungshorizont der Schüler

Die Musikerfahrungen der Schüler werden von Schafer im Zusammenhang mit der Problematisierung musikalischer Präferenzen berücksichtigt. Dazu versucht Schafer zunächst über eine Kategorisierung in „OK-MUSIK" und „NON-OK-MUSIK"[36] (1971a, 5) die musikalischen Interessen der Schüler zu erschließen, sie in ihrem Recht auf persönliche Präferenzen zu bestärken, diese aber zugleich im Rahmen von Diskussionen zu hinterfragen. Danach versucht Schafer über Experimente, Übungen, Improvisationen, Gestaltungsaufgaben und Hörbeispiele die musikalischen Erfahrungen der Schüler zu erweitern. Insgesamt tritt Schafer für eine offene und durch Neugierde geprägte Einstellung zu Musik ein (vgl. 1971a, 7ff).

3.2.3.4 Die Vermittlungspraxis

In der Unterrichtspraxis geht Schafer jeweils von übergeordneten Themenstellungen, z.B. „Was ist Musik?" (vgl. 1971a, 10) aus. Über verschiedene Gestaltungs- und Höraufgaben sowie über entsprechende Sachinformationen wird das Thema mit den Schülern gemeinsam erarbeitet. Oft sind diese Aneignungsformen in sogenannte „Diskussionen" eingebettet (vgl. 1971a), die in einigen Fällen im Rahmen eines sokratischen Dialogs (Mäeutik) durchgeführt werden.

Über ein „schöpferisches Musizieren"[37] möchte Schafer den Schülern die Neue Musik näher bringen und ihre diesbezüglichen Wahrnehmungskompetenzen erhöhen. Dabei ist es ein zentrales Anliegen Schafers, dass es sich bei den Schülerproduktionen nicht um eine Nachschöpfung, sondern um eine tatsächliche Neuschöpfung handelt (vgl. 1971a).

Einen geeigneten Weg, um Schüler für den produktiven Umgang mit Musik zu motivieren, ihr Improvisationstalent zu wecken und sie in *„die Bedeutung musikalischer Gestaltqualitäten"* einzuführen, erkennt Schafer in der unterrichtspraktischen Beschäftigung mit Programmmusik (vgl. 1971b, 22; 1972a 5f). Dabei beginnt Schafer mit der Nachahmung einfacher Naturphänomene (z.B. Wasserfall), in deren Zusammenhang auch klangfarbliche Aspekte (Instrumentenwahl) behandelt werden. Der Vergleich mit professionellen Kompositionen wird in dieser Phase noch nicht gesucht, da Schafers Schwerpunkt zunächst in der experimentellen Erforschung und Kategorisierung des Klang-

---

[36] Die Schreibweise wurde von Schafer übernommen.
[37] Im englischen Original als „kreativ" bezeichnet.

materials liegt. Über diesen Weg möchte Schafer eine Sensibilisierung und Differenzierung der Wahrnehmung erreichen (vgl. 1971a 22f).

Zu einem späteren Zeitpunkt wird das erarbeitete Klangmaterial nach den bereits vorgegebenen Themenstellungen zusammengesetzt und mit professionellen Kompositionen, beispielsweise *Die Nacht auf dem Kahlen Berge* von Mussorgsky, verglichen. Schafer geht es dabei nicht um einen qualitativen Vergleich, vielmehr möchte er Zusammenhänge zwischen dem Charakter des Stückes, dessen emotionaler Wirkung und den dafür verwendeten musikalischen Mitteln und Kompositionstechniken offen legen (vgl. 1971a 30ff).

Eine weitere Möglichkeit mit Schülern auf einer elementaren Ebene schöpferisch zu musizieren, liegt für Schafer in der musikalischen Nachgestaltung einer „Unterhaltung". Schafer reduziert hierbei das Material auf zwei Töne und versucht durch Veränderungen einzelner Parameter verschiedene Ausdrucks- und Variations- oder auch Kommunikationsformen zu erarbeiten (vgl. 1971a, 36ff). Darüber hinaus werden bei Schafer in diesem Zusammenhang Gedichte (z.B. B.Brecht: *Die Maske des Bösen*) vertont und Ausschnitte davon szenisch dargestellt (1971a, 43).

Im Heft "wenn Wörter klingen" (1972b) erarbeitet Schafer mit seinen Schülern die vielfältigen Ausdrucksmöglichkeiten der menschlichen Stimme. Schafer orientiert sich hierbei nicht am Kunstgesang, sondern beginnt auf einer sehr elementaren Ebene (ebd. 6). Am Anfang steht deshalb die grundlegende und körperliche Erfahrung der eigenen Stimme als „Mantra" (ebd. 7). Im weiteren Verlauf werden die verschiedenen Facetten der menschlichen Stimme und deren Ausdrucksformen erarbeitet. Die entsprechenden Kapitel beinhalten Themenbereiche wie „Melismatik", „Onomatopöie", „Vokale", „Sprache und Musik" und „Haiku". In jedem Kapitel werden bestimmte Informationen mit entsprechend darauf abgestimmten Gestaltungsaufgaben kombiniert, die zunächst auf der Materialebene beginnen und über zusammengesetzte Lautformen bis hin zur Vertonung eines Haikus und einer Grafik („Monitoba") führen.

Neben einer schöpferischen Musikpraxis misst Schafer der Sensibilisierung der Wahrnehmung eine grundlegende Bedeutung bei (vgl. 1972a, 5). Deshalb hat Schafer dieser Thematik ein ganzes Heft gewidmet, das den Titel „schule des hörens" (1972b) trägt. Die insgesamt neun Vorträge thematisieren verschiedene musikalische Parameter (Timbre, Amplitude etc.) und Strukturen (Melodie, Rhythmus usw.) (vgl. ebd. 15ff). Zuvor versucht Schafer seine Schüler für die Wahrnehmung der akustischen Umwelt (Lärm und Stille) zu sensibilisieren (vgl. ebd. 9ff). Die einzelnen Vorträge bestehen aus jeweils zwei Teilen, einem theoretischen Teil, aus Sachinformationen, Reflexionen und „Spekulationen" und einem überwiegend praktischen Teil, der „*Übungsbeispiele, Diskussionsbeiträge, Aufgaben"* (vgl. ebd. 10) enthält. Beispielsweise wird im Vortrag „Rhythmus" der Begriff „Polyrhythmus" über unterschiedliche Sprachrhythmen in Kombination mit Körperinstrumenten erarbeitet (vgl. ebd. 27ff). In dieser methodischen Vorgehensweise wird deutlich, dass Schafer auch die von ihm intendierte Sensibilisierung der Wahrnehmung über einen praktischen Zugang erreichen möchte.

3.2.3.5 Lerntheoretische Implikationen

Der Ansatz von Schafer zu Vermittlung Neuer Musik ist weitgehend künstlerisch-kompositorisch ausgerichtet. Wenn Schafer daher davon ausgeht, dass entsprechende Wahrnehmungskompetenzen nur über den praktischen Umgang mit Musik erhöht werden können (vgl. 1972a, 5), so steht hinter diesem Ausgangspunkt primär das Denken eines Komponisten, wenngleich dieser Denkansatz ebenfalls dem Stand aktueller Lernforschung entspricht. Indes wird an mehreren Stellen von Schafers Ausführungen deutlich, dass er sich auch mit diesbezüglichen Fragestellungen auseinander gesetzt haben muss.

Das Aufzeigen von Analogien zwischen einer akustischen und einer optischen „*Figur-Grund-Beziehung"* (vgl. 1971b, 16) sowie Verweise auf Moles (1971) lassen auf eine grundsätzliche Beschäftigung mit gestalttheoretischen und informationstheoretischen Fragestellungen schließen. Ebenso spricht die Idee einer „schöpferisch" orientierten Vermittlung Neuer Musik für die Rezeption damals aktueller Kreativitätskonzepte. Insgesamt zeigt der Vermittlungsansatz von Schafer, dass aus lerntheoretischer Sicht sehr unterschiedliche Aneignungsformen (Experimente, Improvisationen, Gestaltungsaufgaben, Hörübungen etc.) und Wissensformen (prozedurales und deklaratives Wissen) miteinander kombiniert werden, die in den meisten Fällen mit Phasen der Reflexion verknüpft sind. Dies stellt eine besondere lerntheoretische Qualität von Schafers Ansatz dar, wenngleich er nicht mehr dem aktuellen Forschungsstand (vgl. Kapitel 2) entspricht.

3.2.3.6 Fazit und Kritik

Den Ausgangspunkt von Schafers Ansatz bildet die These, dass eine adäquate Wahrnehmung Neuer Musik über einen erfahrungsbezogenen, empirisch ausgerichteten Ausbildungsweg möglich ist. Deshalb weist sein Ansatz vielfältige Formen eines produktiven Umgangs mit Materialien und Strukturen der Neuen Musik auf, die stets im Zusammenhang mit bestimmten Höraufgaben stehen, durch entsprechende Sachinformationen ergänzt und im Rahmen von Diskussionen unter vielfältigen Perspektiven reflektiert werden. Die produktiven Tätigkeiten der Schüler beginnen bei einfachen Experimenten auf der Materialebene und führen allmählich in den strukturellen Bereich. Dabei sind alle Gestaltungsaufgaben stets auf ganz konkrete Inhalte (z.B. Verklanglichung eines Haiku) ausgerichtet.

Schafer geht in seinem Ansatz von einem sehr offenen Kunst- und Musikverständnis aus, das keiner ästhetischen Wertung unterliegt und damit auch nicht auf bestimmte Bereiche der Neuen Musik beschränkt ist. Ferner ist die Musikanschauung Schafers eng mit klangökologischen Überlegungen verknüpft, eine Tendenz im kompositorischen Denken Schafers, die sich im Laufe der Zeit noch verstärken wird (siehe SCHAFER 1988). Die Berücksichtigung des musikalischen Wahrnehmungshorizontes der Schüler ist insoweit gegeben, als er diesen in Zusammenhang mit der Problematisierung musikalischer Präferenzen und des Musikverständnisses der Schüler zum Diskussionsgegenstand werden lässt.

Insgesamt ist Schafers Ansatz in gewisser Hinsicht immer noch aktuell, da sein Musikverständnis kompositorische Entwicklungen grundsätzlich mit einschließt. Auch die zahlreichen und vielfältigen Gestaltungsaufgaben haben in keiner Weise ihre Eignung für die Praxis verloren, vor allem dann, wenn sie idealerweise in einen lerntheoretischen Kontext (sequenzielles Lernen) eingebunden werden (vgl. Kapitel 2). Was die allgemeine Anwendbarkeit von Schafers Ansatz möglicherweise einschränkt, ist seine enge Anbindung an die Persönlichkeit des Lehrers.

3.2.4 „Perspektiven" und „Themenkreise" Neuer Musik

Mitte der 70er Jahre erschienen zwei weitere didaktisch ausgerichtete Publikationen im Bereich Neuer Musik. Beide Veröffentlichungen stehen deutlich unter dem Einfluss einer wissenschaftsorientierten Pädagogik.

Dieter Zimmerschied veröffentlichte als Herausgeber 1974 seine „Perspektiven Neuer Musik" (1974). Darin werden den Musiklehrern Materialien und didaktische Informationen zu verschiedenen Kompositionen bereitgestellt, die nach folgendem didaktischen Konzept ausgewählt wurden.

> *Es sollen Informationen, Materialien und nicht zuletzt das Werk selbst vorgestellt und dadurch sachimmanente Motivationen geweckt werden, aus denen wohl die Ahnung eines Kunstwerkes erwachsen kann, aber nicht muß* (ZIMMERSCHIED 1974, 7).

Das musikalische Repertoire deckt sehr unterschiedliche Bereiche der Neuen Musik ab (Klangfarben, Serialismus, Aleatorik, konkretes Material, Sprachkompositionen etc.) und bewegt sich in einem historischen Rahmen zwischen 1911/13 (Webern: *Fünf Stücke für Orchester*) und 1968 (B.A. Zimmermann: *Photoptosis*).

Die einzelnen Beiträge können einzeln im Musikunterricht behandelt werden, es können aber auch mehrere Beiträge unter übergeordnete Themenstellungen (z.B. „Sprache und Musik") zusammengefasst werden. Ebenso sind interdisziplinäre Arbeitsweisen möglich (vgl. ebd. 11).

Die Beiträge unterschiedlicher Autoren über die verschiedenen Kompositionen verfolgen alle den gleichen formalen Aufbau:

- Kurzinformationen über die Komposition;
- Analyse;
- Material (verstanden als Unterrichtsmaterial) und
- didaktischer Teil (vgl. ebd. 8).

Der didaktische Teil orientiert sich an der Curriculumstheorie von Robinsohn und den darin geforderten „Verhaltensdispositionen". Dementsprechend sind die unterrichtlichen Zielsetzungen auf die Aspekte *„sozio-kulturell, kognitiv, kritisch-historisch, individuell-affektiv"* (ebd. 9) ausgerichtet. Obwohl Zimmerschied seine Publikationen unterschiedlichen *„Alters- und Erfahrungsstufen"* (7) zugeordnet hat, dürften die verschiedenen Beiträge bei realistischer Sichtweise nur für die gymnasiale Oberstufe geeignet sein.

Die zweite Publikation stammt von Manfred Sievritts (1976). Wie im Titel „Neue Musik im Kurssystem der Oberstufe" bereits angedeutet, ist diese Schrift für die Sekundarstufe II ausgelegt. Sievritts versteht die dort aufgeführten Inhalte als eine *„Zusammenfassung der verschiedenen Kompositionsrichtungen seit dem 2. Weltkrieg und die Zuordnung zu Stilrichtungen"* (SIEVRITTS 1976, 8). Diese Inhalte sind folgenden „Themenkreisen" untergeordnet:

1. Themenkreis: Musik und Gesellschaft
2. Themenkreis: Klangfarbe
3. Themenkreis: Tonhöhenverläufe und Zeitverhältnisse
4. Themenkreis: Zusammenklang (vom Akkord zum Cluster)
5. Themenkreis: Formverläufe, Stilrichtungen

Für ihre unterrichtspraktische Umsetzung sind die verschiedenen Themenkreise in Unterrichtseinheiten eingebettet, die auf eine oder mehrere Stunden ausgerichtet sind. Aufgrund der Wissenschaftsorientierung sind alle Unterrichtsprozesse der Kurse auf so genannte „operationalisierbare" Lernziele ausgerichtet.

Die Aneignung der Inhalte erfolgt über verschiedene Lernformen (Konditionierung, Imitation, Versuch und Irrtum u. Lernen durch Einsicht), die sich auf musikalischer Ebene über verschiedene bereits größtenteils von Alt (1973) vorgegebene „Verhaltensweisen" (Operationen) der Schüler konkretisieren:

- *Produktion: spielen (improvisieren, experimentieren) und aufzeichnen (komponieren),*
- *Reproduktion: spielen (realisieren, klanglich interpretieren), aufzeichnen,*
- *Transposition: verbalisieren (beschreiben, Text lesen), agieren (in Bewegung, Aktionen umsetzen), aufzeichnen (in Notation und Graphik umsetzen),*
- *Rezeption/Konsumption: hören, lesen (Notation lesen),*
- *Reflexion: verstehen, analysieren, interpretieren, werten* (ebd. 21).

Sievritts leitet aus den Verhaltensweisen sechs methodische Modelle ab (Spielen, Aufzeichnen, Hören, Lesen, Verbalisieren, Bewegungen), die im Kontext der einzelnen Kurse durch vielfältige Varianten weiter differenziert werden können (siehe Abbildung 3.4).

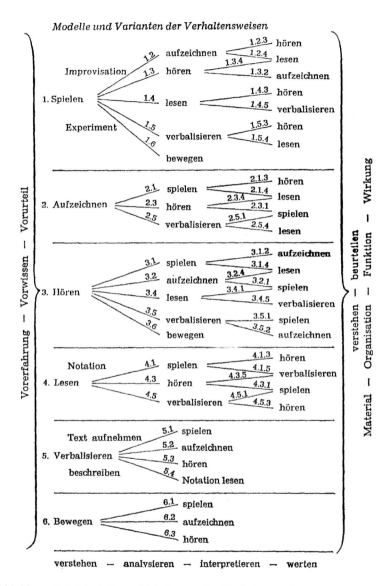

Abbildung 3.4: Modelle und Varianten der Verhaltensweisen, aus: SIEVRITTS 1976, 23.

Obwohl diese Verhaltensweisen auch zahlreiche Möglichkeiten des praktischen Umgangs mit Musik eröffnen, erfolgt der konkrete Zugang zu den einzelnen Themen und Kompositionen weitgehend auf einem intellektuell-informatorischen Weg.

3.3 Vermittlungsansätze Neuer Musik in den achtziger Jahren

Zu Beginn der achtziger Jahre erscheinen gleich zwei Publikationen zur Neuen Musik (GRUHN 1981; KLÜPPELHOLZ 1981). Gruhn möchte in seinen „Reflexionen über Musik heute" (1981) *„einen Überblick über zentrale Tendenzen der Neuen Musik seit 1960"* (ebd. 7) geben. Diese „Reflexionen" können als Versuch gewertet werden, die heterogenen Erscheinungsformen der Musik des untersuchten historischen Zeitraums in vier Kategorien zu unterteilen: *„Strukturelle Musik"*, *„Musik der Reduktion"*, *„Musik für Stimmen"* und *„Musik über Musik"* (ebd. 14f). Ein didaktisches Konzept liegt dieser Publikation nicht zugrunde, allerdings bietet sie dem Musiklehrer umfangreiches Material für den Unterricht.

3.3.1 Werner Klüppelholz: Modelle zur Didaktik der Neuen Musik

Jeder neue Ansatz zur Vermittlung Neuer Musik beinhaltet zumindest teilweise eine kritische Diskussion bisheriger Ansätze. Die im Ansatz von Klüppelholz artikulierten Kritikpunkte, in die die Kritik von Fachkollegen (z.B. NOLL 1975) mit einfließt, konzentrieren sich im Wesentlichen auf drei Aspekte:

- Bisherige Ansätze orientieren sich weitgehend nur an der *„materialen Oberfläche"* und berücksichtigen damit nicht die *„ganze Komplexität Neuer Musik"* (KLÜPPELHOLZ 1981, 16; desgl. NOLL 1975, 39f).

- Das nach didaktischen Gesichtspunkten ausgewählte Repertoire der Neuen Musik beschränkt sich überwiegend auf Klangfarbenkompositionen (KLÜPPELHOLZ ebd.) .

- Die Darstellung der Neuen Musik ist *„oberflächlich"* sowie *„unsachlich"* und das *„kritische Wesen der Neuen Musik"* wird nur vereinzelt diskutiert (ebd.).

Darüber hinaus kritisiert Klüppelholz unter Bezug auf Abel-Struth (1973, 103), dass „*die Neuartigkeit der zeitgenössischen Musik nicht zu einer didaktischen Erneuerung des Musikunterrichts geführt habe*". Weiterhin erscheint Klüppelholz der Zugang über Fakturanalysen besonders in Zusammenhang mit postserieller Musik als „*problematisch*", da für den Laien der „*Sinn*" eines Werkes von größerem Interesse sei als dessen „*Struktur*" (KLÜPPELHOLZ[38] 1981, 16)[39].

Ferner setzt sich Klüppelholz mit der damals in der Schulmusik vorherrschenden Wissenschaftsorientierung[40] auseinander. Er selbst hält diesen Ansatz für „*zwiespältig*". Vorteile liegen für ihn in einer Objektivierung und Rationalisierung des Unterrichts, die diesen vom „*musischen Muff*"[41] befreien. Andererseits werden operationalisierte Lernziele der umfassenden Komplexität Neuer Musik nicht gerecht. Besonders die postserielle Musik überschreitet „*die ihr innewohnende Rationalität, indem sie die Regeln mit ‚irrationalen' Ausnahmen immer wieder übertritt*" (vgl. 21). Gleichzeitig bleiben die affektiven Beziehungen der Schüler zur Musik nahezu unberücksichtigt (vgl. 22).

Auf der Grundlage dieser Kritik entwirft Klüppelholz „*Modelle zur Didaktik der Neuen Musik*" (1981). Er beschreibt diese Modelle als „*vier in konkrete Unterrichtsphasen gegliederte Sequenzen für die Sekundarstufe, die in sich selbständig und abgeschlossen sind*" (9). Offen ist der Ansatz jedoch insofern, als die Modelle aufgrund ihrer musikdidaktischen Ausrichtung (siehe unten) kein „*geschlossenes Curriculum*" darstellen, sondern als „*Vorschläge für musikpädagogisches Handeln*" anzusehen sind. Alle vier Modelle wurden an sechs Schulen des Sekundärbereichs unterrichtspraktisch erprobt und sind für den unmittelbaren Einsatz im Musikunterricht vorgesehen (vgl. 9 u. 25).

3.3.1.1 Didaktische Konzeption und Legitimation

Die Musikdidaktik orientiert sich für Klüppelholz zunehmend nicht mehr an den Inhalten des Faches, sondern an den allgemeinen Theorien schulischen Unterrichts und insofern an den „*Bedingungen*" und „*Bedürfnissen*" des Schülers (11). Klüppelholz plädiert daher für eine Gleichberechtigung von Subjekt (Schüler) und Objekt (Musik), die er in der „Didaktischen Interpretation" von

---

[38] Wenn nicht anders angegeben, beziehen sich die Seitenangaben auf KLÜPPELHOLZ 1981.
[39] Dabei lehnt Klüppelholz eine Fakturanalyse als mögliche Vermittlungsform nicht generell ab, da es ihm nur um die konkrete Abfolge – zuerst Sinngebung, dann Analyse – geht.
[40] Siehe dazu auch Beiträge von GIESELER 1975; DE LA MOTTE-HABER 1975; RAUHE, REINECKE U. RIBKE 1975.
[41] Man beachte hier Klüppelholz' „rhetorischen" Seitenhieb gegen die Musische Erziehung.

Ehrenforth und Richter (1971; 1976) verwirklicht sieht. Aus diesem didaktischen Modell extrahiert er den Aspekt der „Erfahrung" als einen für ihn wesentlichen Begriff. Auf dieser Basis verbindet Klüppelholz verschiedene (musik-) didaktische Modelle und Methoden, in denen der subjektorientierte und erfahrungsbezogene Umgang mit den Unterrichtsinhalten eine zentrale Rolle spielt.

Klüppelholz beruft sich zunächst auf Rauhe, Reinecke und Ribke, bei denen der „*lebendige , handelnde, gleichermaßen kognitive, affektive, psychomotorische Umgang*" mit dem Musikwerk im Zentrum des Unterrichts steht (RAUHE, REINECKE, RIBKE 1975, 197). Des Weiteren rekurriert Klüppelholz auf die „Erfahrungserschließende Musikerziehung" von Rudolf Nykrin (1978). Dessen musikdidaktischer Ansatz definiert Erfahrung als „*von einer Person zum individuellen (personalen) Handlungs- und Deutungshintergrund verarbeitete Wahrnehmungen von Reizen, Situationen und Geschehnissen, an denen sie beteiligt war*" (NYKRIN 1978, 96). Bei Nykrin findet Klüppelholz gleichzeitig einen für seine Modelle grundlegenden Hinweis darauf, wie „Erfahrung" konkret zugänglich gemacht werden kann. „*Erschließung*" meint hier „*Rekonstruktion und Deutung von lebensgeschichtlich 'gemachter' Erfahrung als ... Grundlage aktueller Erfahrung*" (ebd.).

Der Erfahrungs- bzw. Erschließungsbegriff von Nykrin steht für Klüppelholz in einer gewissen Affinität mit dem didaktischen Konzept eines „offenen Unterrichts" von Jörg Ramsegger (1977), das nicht nur die Vorerfahrungen der Schüler in den Unterrichtsprozess integriert, sondern ihn auch gegenüber neuen „*Realitätserfahrungen*" unter Orientierung an der „*künftigen Lebenssituation*" öffnet (RAMSEGGER 1977, 21f).

Bezüglich Sinn gebender bzw. motivationaler Aspekte bezieht sich Klüppelholz auf Rogers (1977), der im Zusammenhang mit der Übertragung seines Therapieansatzes auf den pädagogischen Sektor das Konzept des „signifikanten Lernens" formuliert hat. Klüppelholz hält diese, auf eine Sinngebung hinführende Lernform für grundlegend, da sie eine Primärmotivation gewährleistet, die sich an einer „*verantwortungsvollen Autonomie*" des Schülers orientiert und der Vorstellung eines „*nichtautoritären, demokratischen Unterrichts*" entspricht. Gleichzeitig decken sich diese Vorgaben mit seinen Praxiserfahrungen, denn sie zeigen „*daß die intellektuelle Kraftanstrengung des Lernens nur dann nicht mühsam und letztlich ergebnislos verläuft, wenn ihr Sinn zuvor einsichtig wurde*" (KLÜPPELHOLZ 1981, 13).

Das ideale Ziel dieses neuen Unterrichtsansatzes sieht Klüppelholz darin, den subjektiven Sinn und die primäre Motivation miteinander in Kongruenz zu bringen (vgl. ebd.). Lernziele können folglich nicht länger von rein fachspezi-

Kapitel 3: Vermittlungsansätze Neuer Musik nach 1970

fischen Aspekten abgeleitet werden, sondern müssen auf der Grundlage subjektiven Sinns und primärer Motivation erstellt werden (vgl. 13). Dies impliziert eine Veränderung der Lehrerrolle. Unter Rekurs auf Grell (1978), *"hat der Lehrer die Aufgabe, zu helfen und Lernprozesse zu erleichtern, aber nicht Schüler zum Lernen zu verführen oder zu zwingen"* (GRELL 1978, 81). Der Lehrer tritt jetzt in einen *"partnerschaftlichen Dialog"* mit seinen Schülern, mit denen er gemeinsam *"nach dem Sinn eines musikalischen Gegenstandes und des Lernens an und mit ihm fragt"* (ebd.). Dies führt in letzter Konsequenz zu einem sogenannten „Meta-Unterricht" (vgl. HEINZ et al. 1975), der Inhalte und Ergebnisse des Unterrichts selbst zu seinem Gegenstand macht.

Die bisherigen Darlegungen machen deutlich, dass Klüppelholz sein Vermittlungskonzept Neuer Musik umfassend wissenschaftlich absichern möchte. Die nachfolgende Grafik zeigt nochmals im Überblick die unterschiedlichen Legitimationsquellen, derer sich Klüppelholz bedient.

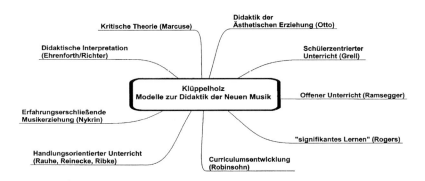

Abbildung 3.5: Didaktische Theorien und Modelle, mit denen Klüppelholz (1982) seinen Ansatz legitimiert.

Die didaktische Konzeption der Unterrichtsmodelle von Klüppelholz ist unter Berücksichtigung seiner bisher dargelegten vielfältigen Bezugspunkte dadurch charakterisiert, dass sie:

- *bei den umfassenden Realitätserfahrungen der Schüler ansetzt*
- *neue und zukunftsbezogene Realitätserfahrungen anstrebt*
- *versucht, signifikantes, als sinnvoll empfundenes Lernen zu ermöglichen*
- *Lernziele sowohl unter objektiven als auch subjektiven Gesichtspunkten aufstellt*
- *dem Lehrer die Rolle eines partnerschaftlichen Anregers und Beraters von Lernsituationen zuweist*
- *die Bewertung und Auswertung des Unterrichts im Unterricht selbst durch Schüler und Lehrer gemeinsam vornimmt* (14).

Zusammenfassend entspricht die musikdidaktische Konzeption von Klüppelholz der Idee eines „*handlungsorientierten*" und „*schülerzentrierten*" Unterrichts (vgl. 9). Infolgedessen intendiert Klüppelholz, Neue Musik über zwei Wege zu vermitteln:

- *zum einen soll der Gehalt gesellschaftlicher Realität der ausgewählten Kompositionen mit den Realitätserfahrungen der Schüler verknüpft,*
- *zum anderen soll die den Werken innewohnende Geschichtlichkeit mit zusätzlichen Materialien aktualisiert werden* (ebd.).

Es ist deutlich, dass Klüppelholz den Begriff der „Erfahrung" nicht in einem implizit musikalischen, sondern in einem rein rationalen und informativen Sinn interpretiert. Wesentlich deutlicher wird dies in den Zielsetzungen seiner Modelle:

Ziel aller Vorschläge ist es, durch einen rationalen Zugang zur Neuen Musik deren kritisches Wesen zu erschließen, um damit einen Beitrag zu leisten zur Rationalisierung des musikalischen Bewußtseins von Schülern überhaupt (ebd.).

In einem auf „Rationalisierung" ausgerichteten Vermittlungsansatz erkennt Klüppelholz die Chance, die bereits zitierten „Hörbarrieren" Jugendlicher gegenüber Neuer Musik abzubauen (vgl. 17). In der Praxis geschieht dies „*durch ein Zusammentragen all dessen, was sie [die Neue Musik] wenn nicht dem Ohr angenehmer, so doch dem Verstand einsichtiger macht*" (ebd.).

Darüber hinaus übernimmt eine Rationalisierung des Vermittlungsprozesses für Klüppelholz noch weitere Funktionen. Klüppelholz möchte damit unter Rekurs auf Gieseler (1975) eine „*Rationalisierung der Hörbereitschaft*" erreichen, um damit den „*Aberglauben*" an eine musikalische Unmittelbarkeit abzubauen (vgl. 17). Hinsichtlich des musikalischen Rezeptionsverhaltens beabsichtigt Klüppelholz, in den Schülern ein Bewusstsein dafür zu erwecken,

> *daß der Sinn mancher Musik weniger in unmittelbar sinnlichem Lustgewinn liegt, als vielmehr in bestimmten rational erkennbaren und interpretierbaren Bedeutungen* (17f).

Die von Klüppelholz intendierte Rationalisierung des Rezeptionsverhaltens basiert auf einem psychoanalytisch ausgerichteten Motivationskonzept:

> *wenn also, ... weder vom Es noch vom Über-Ich Antriebskräfte zu erwarten sind, bleibt die Vermittlung Neuer Musik allein über das wache Ich-Bewußtsein der Schüler* (KLÜPPELHOLZ 1981, 18; siehe auch 1979).

Die objekt- und modellbezogenen Lernziele von Klüppelholz beinhalten stets einen musikalischen und einen pädagogischen Aspekt.

In musikalischer Hinsicht möchte Klüppelholz anhand von Schnebels *Glossolalie „in das Gebiet Sprache und Musik"* einführen, eine *„Rationalisierung des Musikhörens durch Aufnahme von Wissen"* initiieren und das *„historische und soziokulturelle Wesen"* von Musik bewusst machen (46). Pädagogische Zielsetzungen verfolgt Klüppelholz in Zusammenhang mit *El Cimarrón* von Henze. Hier möchte er den Schülern

> *Einsicht in das Problem von Differenzierung und Wirkung politisch engagierter Musik wie auch im allgemeinen Kommunikationsverhalten* und *Einsicht in die kritische Haltung Neuer Musik* geben (vgl. 117ff).

Wenn auch die von Klüppelholz genannten Zielsetzungen (siehe auch 163ff) allgemein als musikbezogen beschrieben werden können, so sind sie im engeren Sinne nicht implizit musikalisch. Sie beziehen sich bei genauerer Betrachtung nahezu ausnahmslos auf außermusikalische Aspekte.

Hinsichtlich der Notwendigkeit einer speziellen Didaktik Neuer Musik ist die Position von Klüppelholz ambivalent. Einerseits stimmt er Gruhn zu, dass die Vermittlung Neuer Musik *"keiner eigenständigen Spezialdidaktik"* bedarf (GRUHN 1979, 115), andererseits beklagt er, dass zu einer *"Didaktik der N. M. die diesen Namen verdient"*, bisher nur *"Ansätze"* vorhanden sind (KLÜPPELHOLZ 1994, 205).

3.3.1.2 Das Kunst- und Musikverständnis von Klüppelholz

Klüppelholz' didaktische Konzeption einer erfahrungs- und schülerbezogenen sowie auf eine Rationalisierung des Rezeptionsverhaltens ausgerichteten Vermittlung Neuer Musik fließt in die Auswahl seiner Musikbeispiele mit ein. Von didaktischer Relevanz sind Kompositionen, in denen *„analysierbare Berührungspunkte zwischen Kunst und Gesellschaft"* nachzuweisen sind (19). Dabei hält Klüppelholz Adornos Prinzip der Analogiebildung zwischen künstlerischer und allgemeiner „Produktion" für unergiebig (19; siehe auch 1979, 45). Marcuses Verständnis von „autonomer Kunst" erscheint ihm hier wesentlich zweckdienlicher zu sein. Daraus kristallisiert Klüppelholz drei für die Neue Musik relevante Aspekte - *„Stoff, geschichtliches Material, Engagement"* - heraus (19; siehe auch MARCUSE 1977). Diese Aspekte müssen jedoch im Hinblick auf ihre unterrichtspraktische Verwendbarkeit insofern *„didaktisch aktualisiert werden, daß der gemeinsame Nenner zwischen der Werkwelt und der Schülerwelt zu erkennen ist"* (KLÜPPELHOLZ 1981, 19). Die daraus resultierende Repertoireauswahl beschreibt Klüppelholz als einen Versuch,

- *eine didaktische Auswahl von Werken nicht auf vermeintlich ‚leichte' zu beschränken, sondern - ohne verfälschte Konzessionen – auch auf unbequeme und gerade daher typische Stücke der Neuen Musik auszudehnen;*
- *deren Komplexität so weit wie möglich ohne Reduktion in den Unterricht einzubringen;*
- *das kritische Wesen Neuer Musik nicht zu ignorieren, sondern in ihr angemessener Weise darzustellen;*
- *auf rationalem Weg einen Zugang zur Neuen Musik zu schaffen, bei dem die Analyse nicht Selbstzweck ist, sondern lediglich als Hilfsmittel dient;*
- *eine Aktualisierung des Notentextes durch „Verflüssigung" seines Realitätsgehaltes und seiner aufgespeicherten Geschichtlichkeit zu erzielen,*
- *den Realitätsgehalt der zeitgenössischen Musik mit den Realitätserfahrungen der Schüler zu vermitteln* (20).

Darüber hinaus versucht Klüppelholz die Auswahl seines musikalischen Repertoires auf der Grundlage der Curriculumtheorie von Robinsohn (1975) bildungstheoretisch zu legitimieren (vgl. 22).

Die auf vier Kompositionen beschränkte Musikauswahl versucht Klüppelholz damit zu rechtfertigen, dass die von ihm ausgewählten Beispiele *„repräsentative Konkregationen Neuer Musik"* (23) in dem von ihm genannten Sinn (siehe oben) darstellen. Eine insgesamt repräsentative Auswahl ist für Klüppelholz aufgrund der vielfältigen und komplexen Erscheinungsformen Neuer Musik nicht möglich (vgl. ebd.).

Folgende Kompositionen hat Klüppelholz für seine Modelle ausgewählt:

Dieter Schnebel: *Glossolalie* (1961)
György Ligeti: *Aventures* (1962)
Hans Werner Henze: *El Cimarron* (1969/70)
Mauricio Kagel: *Variationen ohne Fuge für großes Orchester* (1971/72)

Für Klüppelholz macht es die *„stilistische Vielfalt und Komplexität"* (23) der Neuen Musik unmöglich, die konkrete Auswahl seiner Musikbeispiele objektiv zu begründen. Eine solche Vorgehensweise ist insofern legitim, als sich Klüppelholz seiner subjektiven und selektiven Auswahl bewusst ist (vgl. 23). Indessen orientieren sich seine Auswahlkriterien an den Leitgedanken der „kritischen Ästhetik" der Frankfurter Schule, insbesondere der Ästhetik von Marcuse, was sie dadurch ideologisch behaftet macht.

3.3.1.3 Der musikalische Erfahrungshorizont der Schüler

Eine wesentliche Prämisse der didaktischen Konzeption von Klüppelholz ist die Orientierung am Erfahrungshorizont der Schüler (Subjekt). Sie wird unter Rekurs auf die Ästhetische Theorie von Adorno (1970) einerseits durch die *„Subjekt und Objekt verbindende Zeitgenossenschaft und ihre Geschichtlichkeit"* hergestellt (18) und andererseits dadurch, dass er *„Realitätsgehalt"* des Objekts mit den *„Realitätserfahrungen"* des Subjekts in Bezug bringt (19f). Eine derartige Subjektbezogenheit, in die gleichfalls Erkenntnisse über die *„psychischen Bedingungen"* (11) der Schüler mit einfließen sollen, lässt vermuten, dass insbesondere der musikalische Erfahrungshorizont der Schüler in den Unterrichtsmodellen einen grundlegenden Stellenwert einnimmt. Aus den Darlegungen von Klüppelholz (1981) ist jedoch unzweifelhaft zu erkennen, dass die musikalischen Erfahrungen der Schüler in den Unterrichtsmodellen nicht einmal ansatzweise berücksichtigt werden. Vielmehr beschränkt sich der Erfahrungsbegriff von Klüppelholz auf rein außermusikalische Gesichtspunkte.

3.4.1.4 Die Vermittlungspraxis

Die Intention des Komponisten und die in die Komposition einfließenden geschichtlichen sowie gesellschaftlichen Determinanten sind für Klüppelholz nicht direkt erkennbar, sondern „verschlüsselt" im Notentext fixiert (vgl. 22). Infolgedessen versteht Klüppelholz Vermittlung als „*Rezeption eines ästhetischen 'Textes' und seine Interpretation*" (22). Der Prozess der ästhetischen Kommunikation ist für Klüppelholz unter Bezug auf Otto (1974) als „*kritisch, vorurteilsfrei, autonom und differenziert*" zu beschreiben (22).

Gemäß den bereits dargelegten didaktischen Aspekten sowie der Vorgabe, eine Komposition „*mit den Augen eines Komponisten*" sehen zu lassen, sind die Modelle in folgende Phasen unterteilt:

1. *Definition des Problems, Einbringen eigener Erfahrungen der Schüler*
2. *Praktischer Umgang der Schüler mit dem Material einer Komposition/Rekonstruktion und Präzisierung der kompositorischen Problemstellung*
3. *Analytische Arbeit an exemplarischen Ausschnitten*
4. *Reflexion (24).*

Trotz dieser vorgegebenen Struktur bezeichnet Klüppelholz seine Unterrichtsverläufe als „*unter allen denkbaren Gesichtspunkten offen*" (24).

In Kapitel 2 dieser Arbeit konnte gezeigt werden, dass eine lerntheoretisch fundierte, sequenzielle Abfolge unterschiedlicher Aneignungsformen für ein Wahrnehmen und Verstehen Neuer Musik grundlegend ist. Um diese lerntheoretischen Vorgaben mit der Vorgehensweise von Klüppelholz zu vergleichen, werden die in den Modellen eingesetzten Aneignungsformen sowie deren Abfolge als Matrix im Überblick dargestellt.

	Schnebel: *Glossolalie*	Ligeti: *Aventures*	Henze: *El Cimarrón*	Kagel: *Variationen...*
Aneignungsformen	Information	Information	Information	Information
	Produktion: Materialebene	Rezeption	Analyse	Rezeption
	Rezeption	Produktion: Materialebene	Rezeption	Reflexion
	Analyse	Analyse	Reflexion	Analyse
	Reflexion	Reflexion	Produktion: Strukturebene	Produktion: Strukturebene
	Vorerfahrungen der Schüler: außermusikalisch	Vorerfahrung der Schüler: außermusikalisch	Vorerfahrung der Schüler: keine	Vorerfahrung der Schüler: keine

Abbildung 3.6: Vermittlungsmatrix

In der hier dargebotenen „Vermittlungsmatrix" wird die von Klüppelholz musikdidaktisch intendierte „Rationalisierung" des Rezeptionsprozesses deutlich erkennbar. Alle Modelle beginnen mit einem informierenden Unterrichtseinstieg, bei dem den Schülern die Intention der jeweiligen Komponisten (z.B. Sprachproblematik bei Schnebel) vermittelt wird. Klüppelholz versucht dabei, an die Vorerfahrungen der Schüler anzuknüpfen. Bei den Kompositionen von Henze und Kagel fehlt ein solcher didaktischer Schritt. Klüppelholz gerät an dieser Stelle erneut in Widerspruch zu seiner eingangs geforderten Schülerorientierung.

Die Schülerproduktionen beziehen sich bei Klüppelholz im Wesentlichen auf spezifische material- und strukturbezogene Teilaspekte (z.B. Umgang mit Expressemen bei Ligeti) der Komposition. Dies kollidiert mit seiner didaktischen Vorgabe, der zufolge sich die Schüler in die Rolle des Komponisten versetzen sollten. Diese Vorgabe konsequent umzusetzen hieße, den Produktionsprozess der Schüler wesentlich früher beginnen zu lassen und zwar an der Stelle, an der eine kompositorische Intention auf klanglicher Ebene über bestimmte Materialformen und Strukturprinzipien realisiert wird. Bei Klüppelholz hingegen können die Schüler keine eigenen und vollständigen musikalischen Realisierungsmöglichkeiten entwickeln, sondern bewegen sich im Rahmen zumeist eng gefasster Aufgabenstellungen in einem partikulären Bereich einer vorgegebenen Komposition.

3.3.1.5 Lerntheoretische Implikationen

Klüppelholz begründet seine Unterrichtsmodelle eingehend didaktisch und bildungstheoretisch. Lerntheoretische Aspekte werden hingegen nur beiläufig angesprochen.

In seiner didaktischen Legitimation verweist Klüppelholz auf das Konzept des „signifikanten Lernens" von Rogers (1977). Rogers, der im Zusammenhang mit der Übertragung seines Therapieansatzes auf den pädagogischen Sektor (siehe ROGERS 1942, 1951 u. 1969) den Begriff des „signifikanten Lernens" geprägt hat, beschreibt eine solche Form des Lernens wie folgt:

> *Es schließt persönliches Engagement mit ein... ist selbst-initiiert... Es durchdringt den ganzen Menschen - es ändert das Verhalten, die Einstellungen, vielleicht sogar die Persönlichkeit des Lernenden... Sein wesentlichstes Merkmal ist der Sinn - wenn derartiges Lernen stattfindet, dann ist in der Erfahrung enthalten, daß der Lernende Sinn darin sieht* (ROGERS 1977, 13).

Ein solches Konzept betont damit weniger den formalen Aufbau von Lernprozessen, sondern stellt den Gedanken der Selbststeuerung in den Vordergrund. Das Konzept propagiert Lernen im Wesentlichen als eigenverantwortliches, planvolles Handeln, das im Unterricht gefördert werden sollte.

In Zusammenhang mit der altersadäquaten Vermittlung weiterführender Informationen (Literatur) verweist Klüppelholz vage auf Bruner:

> *Für welche Stufe sie [die Informationen] schließlich geeignet sind, läßt sich generell kaum angeben, Bruners These, alles sei auf allen Stufen vermittelbar, bedürfte einer Modifikation* (25).

Aufgrund einer solchen Aussage sind Zweifel hinsichtlich der akkuraten Kenntnis von Bruners Lerntheorie angebracht. Dafür spricht ferner der Sachverhalt, dass Klüppelholz es nicht für notwendig erachtet, Bruner in seinem Literaturverzeichnis aufzuführen.

Konform mit aktuellen Lerntheorien (vgl. Kapitel 2) geht Klüppelholz' Aussage, dass wenn, „*Erfahrung das Medium der Didaktik*" ist, sie auch deren „*Grenzen*" festlegt (25). Allerdings ist, wie bereits erläutert (siehe oben), der Erfahrungsbegriff von Klüppelholz explizit musikalisch definiert.

3.3.1.6 Fazit und Kritik

Klüppelholz hat seine „Modelle zur Didaktik der Neuen Musik" (1981) auf der Grundlage damals aktueller didaktischer Theorien und Konzepte sowie bildungstheoretischer Modelle umfassend legitimiert. Vereinzelt wurden auch psychoanalytische und lerntheoretische Gesichtspunkte berücksichtigt. Innerhalb dieses konzeptionellen Rahmens hat der Begriff „Erfahrung" eine zentrale Bedeutung. Klüppelholz extrahiert diesen Begriff aus verschiedenen didaktischen Ansätzen (siehe oben). Eine solche Vorgehensweise ist insofern nicht unproblematisch, als der Erfahrungsbegriff in den verschiedenen Ansätzen eine unterschiedliche Bedeutung annimmt und der wissenschaftstheoretische Kontext, worin sich die Bedeutung des Begriffs entwickelt hat, unberücksichtigt bleibt. So gesehen können die Erfahrungsbegriffe von Ehrenforth und Richter (1971; 1976), der von Nykrin (1978) und der von Rauhe, Reinecke und Ribke (1975) nicht miteinander gleichgesetzt werden.

Klüppelholz verwendet den Erfahrungsbegriff zunächst in Zusammenhang mit dem von ihm intendierten schülerzentrierten Unterricht, das heißt, Klüppelholz möchte die Erfahrungen der Schüler in den Vermittlungsprozess integrieren. Dies geschieht in seinen Unterrichtsmodellen allerdings nur in reduzierter Form, da sich Klüppelholz auf rein außermusikalische Erfahrungen beschränkt und diese auch nicht in allen Modellen berücksichtigt. Die musikalischen Erfahrungen der Schüler bleiben folglich unbeachtet.

Weiterhin bezieht Klüppelholz den Erfahrungsbegriff auf den produktiven Bereich. Auch hier reduziert Klüppelholz die Erfahrungsmöglichkeiten der Schüler auf die Realisierung spezifischer und eng definierter Teilaspekte einer Komposition. Eine solche Vorgehensweise ist insofern legitim, als jede Vermittlung stets mit einer Reduzierung der Inhalte einhergeht. Allerdings macht es im Hinblick auf das Gesamtverständnis einer Komposition einen wesentlichen Unterschied, ob eine Gestaltungsaufgabe nur auf einen Teilaspekt einer Komposition ausgerichtet, oder die gesamte Komposition im Blickfeld liegt.

Eine weitere zentrale Komponente seiner didaktischen Konzeption ist die Rationalisierung des Rezeptionsprozesses. Dahinter verbirgt sich die Idee eines analytisch-rationalen und informativen Zugangs zu einer Komposition, in dessen Rahmen produktive Aneignungsformen nur einen sekundären Stellenwert einnehmen. Obwohl eine solche Konzeption in sich schlüssig und theoretisch nachvollziehbar ist, führt sie aus lerntheoretischer Sicht lediglich zu einem rein rationalen und weit weniger zu einem implizit musikalischen Verstehen der behandelten Kompositionen.

Klüppelholz stellt die Neue Musik als eigenständigen Motivationsfaktor in Frage. Eine solche These scheint sich zwar in der Unterrichtspraxis zunächst zu bestätigen, allerdings wäre es ein voreiliger Schluss, motivationale Probleme grundsätzlich auf die Neue Musik an sich zurückführen zu wollen. Was Klüppelholz letztendlich versucht, ist mittels rationalisierten Rezeptionverhaltens die Neue Musik zum unmittelbaren Gegenstand der Schülerinteressen werden zu lassen.

Grundsätzlich zum Scheitern verurteilt ist für Klüppelholz der Versuch, vier repräsentative Werke Neuer Musik für seine Unterrichtsmodelle auszuwählen. Seine Auswahlkriterien sind deutlich ideologisch behaftet, insofern aber legitim, da Klüppelholz seine Kriterien zu erkennen gibt. Der Existenz heterogen ausgeprägter Personalstile wird Klüppelholz allerdings dadurch ebenso wenig gerecht wie auch den daraus resultierenden Vermittlungsproblemen Neuer Musik.

3.4 Vermittlungsansätze Neuer Musik in den neunziger Jahren

Nach der anfänglichen Euphorie in den siebziger Jahren, verlor die Neue Musik in den Achtzigern in der Praxis des Musikunterrichts zunehmend an Bedeutung. Diese Tendenz setzte sich im vergangenen Jahrzehnt fort. Ungeachtet dessen erschienen auch in diesem Dezennium didaktisch fundierte Ansätze zu Vermittlung Neuer Musik in der Schule.

3.4.1 A. Schwan: „...Komposition im Musikunterricht"

Zu Beginn der neunziger Jahre veröffentlichte Alexander Schwan seine Untersuchung: „Improvisation und Komposition im Musikunterricht allgemeinbildender Schulen der Sekundarstufe 1" (1991). Gegenstand dieser Arbeit ist die Frage, ob sich die in den *„exemplarischen Ansätzen und Werken gefundenen Kompositionsprinzipien"* in pädagogischer Hinsicht so elementarisieren lassen, dass auch Schüler mit einer geringen musikalischen Vorbildung in die „*Anfänge der Musik-Erfindung*" eingeführt werden können (SCHWAN 1991, 126)[42].

Ein möglicher Ansatz zur Lösung dieser didaktischen Fragestellung ist für Schwan der Einsatz neuer Medien (Kassettenrekorder, Tonbandgeräte und Synthesizer), deren unterrichtspraktisches Potenzial seiner Meinung nach von der Schulmusik bisher viel zu wenig beachtet wurde (ebd. 125). Diese Medien implizieren für Schwan „*Möglichkeiten der Einführung in das Kompositorische für Laien, ohne langwieriges Propädeutikum des Instrumentalen und der Musiklehre*" (ebd.). Daher entstammt auch ein Großteil der aufgeführten Musikbeispiele aus der elektronischen Musik, der Musique concrète sowie dem Hörspiel.

Im Rahmen seiner didaktischen Konzeption geht Schwan von der Zielvorstellung aus, dass Musik eine „*erlernbare Sprache*" ist (ebd. 128). Vor dem Hintergrund der in der Musikwissenschaft geführten Diskussion um den vermeintlichen Sprachcharakter von Musik und der diesbezüglichen besonderen Problematik der Neuen Musik, scheinen Schwans Ausführungen nicht frei von Widersprüchen zu sein. Zunächst erkennt er die Heterogenität Neuer Musik:

> *Der Musikpädagoge kann Musik heute nicht mehr wie eine Sprache vermitteln, die sich auf der Basis allgemein verbindlicher Normen und Regeln vom einfachen Element aufbauend Schritt für Schritt erschließen läßt* (ebd.).

Dessen ungeachtet kann man sich das Komponieren[43] Neuer Musik als „Sprache" aneignen:

> *Wird Komponieren als erlernbare Sprache aufgefaßt und geht es von der gegenwärtigen Realität aus, so besteht die Möglichkeit, daß es nicht ein Exklusivrecht Weniger bleibt* (ebd. 129).

In der Unterrichtspraxis realisiert Schwan seine didaktische Konzeption über einen „kompositorischen" Umgang der Schüler mit diesen Medien. Die Unterrichtsprojekte bzw. Untersuchungen nehmen dabei folgende Struktur an:

---

[42] Alle nachfolgenden Seitenangaben beziehen sich, wenn nicht anders angegeben auf Schwan 1991.
[43] Auf die grundsätzliche Frage, inwieweit Komponieren überhaupt erlernbar ist, kann an dieser Stelle nicht eingegangen werden.

- Den Schülern werden „*Materialien, Ideen und Ansatzpunkte (klanglicher oder anderer Art)*"(ebd. 133) vorgegeben.
- Diese Vorlagen werden von den Schülern in vielfältiger Form einer weiteren Bearbeitung unterzogen, die Schwan in vier Kategorien unterteilt:
    1. *Von Komponisten bzw. deren kompositorischen Ideen oder Teilideen angeregte Ansätze* (135);
    2. *Eigengestaltungen, angeregt durch eine vorgegebene bzw. an vorgegebenen Beispielen ermittelte Kompositionsidee* (152);
    3. *Eigengestaltungen als Ergebnis der Weiterentwicklung oder Veränderung vorgegebener kompositorischer Ideen* (193);
    4. *Von musikimmanenten, musikpraktischen oder musikübergreifenden Modellen bzw. Aspekten angeregte Ansätze* (236).

Die Auswertung der Ergebnisse durch Schwan erfolgt analytisch beschreibend und in wissenschaftlicher Hinsicht stellenweise indifferent und vage. Wenn Schwan manche Schülerresultate als „kreativ" beschreibt, sollten die Variablen dieses Begriffs offen gelegt werden.

Die Unterrichtsergebnisse beantworten die eingangs von Schwan artikulierte didaktische Fragestellung einer möglichen Elementarisierung von Kompositionsprinzipien positiv. Ausgehend von diesen Ergebnissen entwickelt Schwan im Schlussteil seiner Arbeit weitere „*Ausweitungsmöglichkeiten*" seines Konzepts (314ff). Insgesamt überzeugt die Arbeit von Schwan durch die darin enthaltenen gut strukturierten, praxisgeeigneten Ideen für den kompositorischen und medial ausgerichteten Umgang mit Neuer Musik.

3.4.2 John Paynter: Sound & Structure

Zwanzig Jahre nach dem Erscheinen der deutschen Übersetzung von „Sound and Silence" (dt. Klang und Ausdruck 1972), veröffentlichte John Paynter[44] mit dem Titel „Sound & Structure" (1992b) ein weiteres Buch zum Themenkomplex Neue Musik in der Schule. Einige der bereits in „Klang und Ausdruck" abgehandelten Aspekte wurden nochmals aufgegriffen und umfassender erörtert, neue Aspekte kamen hinzu. Zudem floss auch die mittlerweile

---

[44] Wenn nicht anders angegeben, beziehen sich die folgenden Ausführungen auf Paynters Buch: „Sound & Structure" (1992b).

langjährige Praxiserfahrung Paynters mit ein. Dies hat überwiegend in methodischer Hinsicht zu Modifizierungen, Differenzierungen und Erweiterungen geführt. Nach wie vor nimmt jedoch die Idee eines kreativen Umgangs mit Musik eine zentrale Stellung ein.

3.4.2.1 Didaktische Legitimation und Konzeption

Kreativität bewegt sich für Paynter in einem Kontext von musikalischer Vorstellung, Produktion, Erfindung sowie Interpretation und individueller Imitation. Kreatives Lernen stellt für ihn eine Form des Wissenserwerbs dar, die sich grundlegend von anderen Lernformen (z.B. Begriffs- und Regellernen) unterscheidet. Kreative Prozesse beinhalten weit mehr als andere Denkformen die Notwendigkeit, im Hinblick auf einen übergeordneten Zusammenhang Präferenzen zu setzen und Entscheidungen zu fällen.

Gleichzeitig stellen solche Aneignungsformen insofern einen besonders wichtigen Weg des Wissenserwerbs dar, da sie zu unabhängigen und innovativen Antworten auf Ideen und zu verschiedenen Bedeutungen von Ausdruck führen (vgl. 10). Darüber hinaus steht für Paynter die künstlerische Kreativität im Kontext von Bildung für eine auf die Zukunft ausgerichtete, innovative Sichtweise der Welt (vgl. 11).

Im Hinblick auf die Umgangsweisen mit Musik wendet sich Paynter gegen ein gängiges Klischee, dem zufolge der vordringlichste Zweck von Musik in der Unterhaltung liegt. Entgegen diesem Klischee ist Musik für Paynter sowohl eine *„kreative"* als auch eine *„re-kreative"* Kunst (11). Das bedeutet, dass auch die Interpretation einen kreativen Vorgang darstellt, bei dem musikalische Vorstellungskraft und ein präzises und aufmerksames Gehör von besonderer Bedeutung sind (12). Dies betrifft ebenso den Vorgang des Hörens. Zwar akzeptiert Paynter das so genannte „passive Hören" als soziales Phänomen, hält es aber in künstlerischer Hinsicht für nur wenig sinnvoll. Der Zugang zu tieferen musikalischen Bedeutungsebenen ist nur über ein *„kreatives Hören"* zu erreichen (ebd.).

Die Verantwortung, den Hörer in solche Schaffensprozesse einzubinden, obliegt zunächst den Komponisten. Darüber hinaus kommt der Schule eine große Verantwortung zu. Sie hat dafür zu sorgen, dass aus der unterrichtlichen Begegnung mit Musik mehr als nur eine zufällige Bekanntschaft wird. Speziell die Befähigung zum kreativen Hören kann für Paynter nur über den Weg einer bewussten musikalischen Erfahrung erreicht werden. Folglich sollte den Bereichen Komposition, Interpretation und Hören in der musikalischen Ausbildung eine maßgebende Bedeutung zuerkannt werden (vgl. 13). Bezüglich der Unterrichtspraxis versteht Paynter seinen Vermittlungsansatz weder als „Kurs" noch als „Methode", sondern als praktischen Führer, wie das Komponieren in der Schule gelehrt werden kann (vgl. 23).

3.4.2.2 Das Kunst- und Musikverständnis von John Paynter

Das Kunst- und Musikverständnis Paynters ist anthropologisch-existenziell orientiert. Dem menschlichen Bewusstsein fällt es schwer, Unsicherheit zu ertragen, insofern stellt die Unbeständigkeit der menschlichen Existenz ein dauerhaftes Problem dar. Diesem Zustand begegnet der Mensch mit perfekten „Modellen", die seiner Existenz Bedeutung verleihen und ihm die Illusion vermitteln, der unkontrollierbaren Expansion des Raumes und dem unaufhaltsamen Fluss der Zeit zu widerstehen (vgl. 15). Auf einer anderen Ebene ist dies ein Problem der Orientierungen. Der Mensch fühlt sich in der Weite seiner Existenz verloren und sucht deshalb nach offensichtlichen Mustern und Ordnungen im Kosmos. Solche vollkommen abstrakten und symbolischen Formen suggerieren eine versteckte Welt reiner Ordnungen jenseits irdischer Darstellungen, wie sie gewöhnlich die meisten unserer Modelle und Vorstellungen prägen.

Vor diesem Hintergrund kann die weitläufige Bedeutung von Mustern und Strukturen nicht hoch genug eingeschätzt werden. Sie nehmen deshalb in der künstlerischen Arbeit eine grundlegende Stellung ein. Auch die Künste scheinen sich durch eine gewisse Unbeständigkeit auszuzeichnen, gleichzeitig verweisen ihre Strukturen auf verschiedene Formen der Existenz außerhalb eines kontinuierlichen Flusses von Raum und Zeit (vgl. 16).

Weiterhin liegt die zentrale intrinsische Legitimation, auf die alle künstlerische Technik ausgerichtet ist, in der Herstellung eines einzigartigen Zusammenhangs, eines Modells das dem Menschen etwas beachtlich Neues über die Existenz von Zeit und Raum offenbart und ihm zu einer größeren Sinngebung verhilft (vgl. 16).

Indessen hat eine solche Betrachtungsweise für Paynter mit dem gewöhnlichen Denken über Kunst und die Befriedigung, die man durch sie erfährt, nur wenig zu tun. Obgleich manche einzelnen musikalischen Elemente durch die von ihnen ausgelösten Assoziationen einen Genuss bereiten können, ist es unwahrscheinlich, dass man jemals eine tiefere Befriedigung finden könnte, als in der strukturellen Logik eines in sich geschlossenen Kunstwerkes (vgl. 17).

Jede Form von Kunst ist für Paynter eine Abstraktion der realen Welt und darin ist auch ihre primäre Rechtfertigung zu sehen. Kunst stellt eine formalisierte Konstruktion dar, die aus der Vorstellungskraft ihres Schöpfers entstanden ist. Ihre Hauptfunktion liegt darin, ihre eigene Struktur zu beschreiben. Ihre strukturellen Komponenten sind dazu da, dass wir eine Einsicht in deren Interaktion erhalten eine emotionale Befriedigung erfahren. Jeder einzelne musikalische Vorgang hat zwar seine eigene Bedeutung, aber der Gesamtkontext, in dem diese Vorgänge sich ereignen, ist wesentlich bedeutungsvoller (vgl. 17f).

Bereits 1972 betonen Paynter/Aston die kommunikative Funktion von Musik. Paynter verfolgt in „Sound & Structure" diesen Aspekt weiter und versucht außerdem, sein musiksprachliches Modell historisch und phänomenologisch zu begründen. Paynter geht davon aus, dass Musik über quintessenzielle Erscheinungsformen verfügt, die jeder Art von Musik gemeinsam sind. Es wäre für ihn unplausibel, dass sich etwas von solcher Komplexität und Variabilität über Tausende von Jahren entwickelt und getragen haben könnte, das nicht eine Bedeutung enthält, die alle seine Funktionen und Interpretationen mit einschließt (vgl. 15). Analog zur Sprache verfügt der Mensch über einen über die Jahrhunderte entwickelten und im Gedächtnis vorhandenen Vorrat an gemeinsamen und *„umgangssprachlichen"* melodischen Floskeln, die die Konstitution musikalischer Ideen und die Rezeption von Musik beeinflusst haben (vgl. 77ff). Dies bedingt, dass einfache Strukturen leicht erkannt werden, während sich hingegen die Hörer beispielsweise komplexer Sinfonieausschnitte verwirrt fühlen (vgl. 83).

Speziell die Neue Musik verfügt nur über einen geringen Anteil solcher gemeinsamer melodischer Floskeln. Die Schwierigkeiten im Umgang mit Neuer Musik sind deshalb darin zu suchen, dass zwischen ihr und dem was musiksprachlich bekannt ist und grammatikalisch erwartet wird, keine Beziehung hergestellt werden kann. Erschwerend kommt hinzu, dass es sich bei der Neuen Musik nicht um eine einzige Musiksprache handelt, sondern um verschiedene „Grammatiken".

We tend to talk about the[45] *theory of music as though there were one theoretical basis for all music. It would be more accurate to say the theory of a music because...there are many different musics, each with its own theory* (104).

Im Hinblick auf eine Vermittlung Neuer Musik müssen dem musiksprachlichen Modell Paynters zufolge diese neuen Musiksprachen erlernt werden. Für Paynter kann dies nur über den praktischen Umgang mit Neuer Musik erfolgen. Das Vorhandensein unterschiedlicher Musiksprachen wird von Paynter in mehreren Projekten thematisiert (vgl. "A common store of melody", 77ff; „Re-inviting the grammar", 97ff).

Damit geht Paynter von der Existenz unterschiedlicher Musiksprachen aus, die nebeneinander bestehen. Dieses wertneutrale Musikverständnis wird von Paynter nicht nur theoretisch formuliert, sondern in Unterrichtsprojekten praktisch umgesetzt. Beispielsweise werden im Projekt „Windsong" (vgl. 39ff), in dem es um die Darstellung von Naturklängen geht, Kompositionen aus sehr unterschiedlichen Stilepochen zum Vergleich herangezogen:

Partch: *Wind Song* (aus einer Filmmusik); Cowell: *The banshee*; Delius: *On hearing the Cuckoo in spring*; des Weiteren Stücke von Couperin, Beethoven (Sechste Symphonie, 2. Satz), Janequin, Händel, Vivaldi, Liszt, Vaughan William, Respighi und Messiaen (vgl. 39f).

Obgleich diese musikalische Offenheit und die Forderung Paynters, seine Projekte auf das Alter, die jeweiligen Umstände und die speziellen Interessen der Studenten abzustimmen, zu begrüßen ist (vgl. 25), bleiben speziell die musikalischen Lebenswelten der Schüler unberücksichtigt.

Insgesamt ist der Ansatz von Paynter an bestimmte räumliche, ausstattungsbezogene, personelle und vor allem institutionelle Rahmenbedingungen gebunden, die zur Folge haben, dass nicht alle seine Projekte im hiesigen Musikunterricht unmittelbar umgesetzt werden können. Zu den wesentlichen und grundlegenden Rahmenbedingungen zählen in diesem Zusammenhang die Integration des Instrumentalunterrichts für alle lernwilligen Schüler in den Stundenplan der Schule und Kompositionsaufgaben in den Aufgabenkanon des Musikabiturs.

---

[45] Die Hervorhebungen stammen von Paynter.

3.4.2.4 Die Vermittlungspraxis

Im Gegensatz zur ersten, gemeinsam mit Aston erstellten Veröffentlichung „Klang und Ausdruck" (1972), löst sich Paynter vom starren Artikulationsschema der dort skizzierten Unterrichtsmodelle. Er verfolgt nun das Konzept eines Netzwerkes, das aus verschiedenen, miteinander in „Resonanz" befindlichen Interaktionsfeldern besteht. Im Zentrum des Netzwerkes, durch das jede Interaktion führen sollte, steht die wahrnehmungsbezogene Reaktion, welche Produktion, Vortrag und Hören miteinander verbindet und es ermöglicht, anregende und zufriedenstellende musikalische Strukturen zu erschaffen. Um das Zentrum ordnen sich die Interaktionsfelder Klang, musikalische Bildung, Technik, musikalisches Denken (Ideen und Kunstfertigkeit), Ideen, musikalisches Erbe, Struktur und musikalisches Denken (Klänge und Strukturen). Das Konzept von Paynter intendiert die Erforschung dieser Beziehungen (vgl. 23f).

Sound & Structure

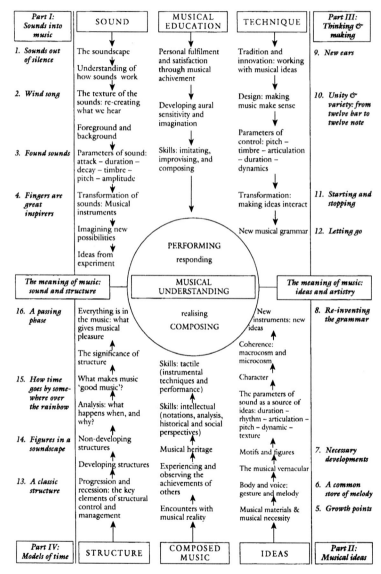

Abbildung 3.7: Musikalische Interaktionsfelder, aus: PAYNTER 1992, 24.

Abbildung 3.7 zeigt die verschiedenen Interaktionsfelder und die damit zusammenhängenden Inhalte und Fähigkeiten, die in der Unterrichtspraxis im Rahmen von Projekten (siehe linke und rechte Spalte) erarbeitet werden. Alle Interaktionen sind auf ein musikalisches Verstehen ausgerichtet. Die möglichen Interaktionswege sind nicht fest vorgegeben, sondern frei wählbar. Allerdings hält es Paynter für nahe liegend, zunächst auf klanglicher Ebene, das heißt mit klanglichem „*Rohmaterial*" (25) zu beginnen, um von dort aus nach Möglichkeiten zu suchen, wie daraus musikalische Ideen entwickelt werden können. In diesem Rahmen kann die Bedeutung der künstlerischen Kontrolle entdeckt werden, die Paynter als Voraussetzung dafür ansieht, ein in sich geschlossenes Musikstück komponieren zu können. Alternative Interaktionswege sind ebenso denkbar. Die nachfolgenden Abbildungen zeigen einige dieser Möglichkeiten.

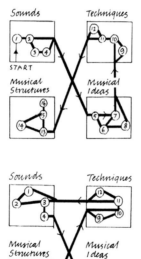

Abbildung 3.8: Verschiedene, von Paynter vorgeschlagene Interaktionswege, aus: PAYNTER 1992, 24.

Das Hauptziel einer solchen Vorgehensweise liegt darin, diese Interaktionsprozesse zu erforschen, wodurch eine große Vielfalt an Formen entstehen kann. Jede davon beinhaltet eine bestimmte Sichtweise der musikalischen Welt, durch die sich andere Sichtweisen relativieren. Jedes Projekt repräsentiert Wege, über diese Beziehungen nachzudenken und will möglicherweise Lehrer dazu anregen, eigene Beispiele musikalischer Strukturen zu erforschen oder eigene Projekte zu ersinnen (vgl. 25).

Um die Interaktionsfelder und -wege unterrichtspraktisch zu erschließen hat Paynter insgesamt 16 Projekte entwickelt, die sich in thematischer Hinsicht in vier Bereiche untergliedern lassen.

Part I: Sounds into music (Projekt 1-4)
Part II: Musical ideas (Projekt 5-8)
Part III: Thinking & making (Projekt 9-12)
Part IV: Models of Time (Projekt 13-16)

In jedem Projekt werden spezielle Kenntnisse und Fähigkeiten vermittelt (vgl. 24; siehe auch Abbildung 3.7). Obwohl Paynter die konkrete Abfolge der Projekte nicht vorschreibt, werden zunehmend höhere musikalische Kompetenzen (z.B. Notenlesen) erforderlich. Gleichzeitig sind ranghöhere Projekte für ältere Schüler ausgelegt.

Im Hinblick auf den Einsatz unterschiedlicher Vermittlungsformen ist Paynters jüngste Konzeption (1992) im Vergleich zu seinem älteren, zusammen mit Aston entwickelten Ansatz (1972), wesentlich offener angelegt. Daher kommen in den verschiedenen Projekten alle möglichen Formen der Vermittlung zum Einsatz. Allerdings sind auch weiterhin alle Projekte maßgeblich von der Idee einer kreativ ausgerichteten Musikerziehung geleitet. Insofern dominieren nach wie vor kreative und produktive Umgangsformen mit Musik (Exploration, Improvisation, Komposition).

Die Improvisation stellt für Paynter eine Form des Musizierens dar, die es um ihrer selbst willen zu kultivieren gilt. Gleichzeitig bedeutet sie eine wichtige Trainingsgrundlage für spätere Kompositionen. Alle Kompositionen beginnen für ihn mit irgendeiner Form der Improvisation und sei es nur in der inneren Vorstellung. Unter einer Improvisation versteht Paynter beispielsweise: hören und imitieren, hören und (musikalisch) antworten, das Kanalisieren von Ideen und die Gestaltung einer musikalischen Entwicklung. Über die Improvisation sollen die Schüler lernen, dass die ersten musikalischen Gedanken nicht unbedingt diejenigen sind, die letztendlich zum Abschluss gebracht werden. Oft ist es notwendig, verschiedene neue Anläufe zu unternehmen, bevor nützliche Ideen entdeckt und weiterentwickelt werden können. Dies bedeutet keinesfalls ein vergeudeter Kraftaufwand. Vielmehr benötigt der menschliche Geist Möglichkeiten der Aussonderung und des Sortierens (vgl. 28).

Das eigentliche Komponieren basiert für Paynter unabhängig davon, ob es individuell oder von einer Gruppe vollzogen wird, auf den gleichen Prinzipien. Am Anfang stehen zumindest ein paar Ideen bezüglich der Gesamtrichtung und der Dauer der Musik (vgl. 21). Diese Ausgangspunkte werden in einer längeren und vielschichtigen Phase künstlerisch ausgearbeitet.

Die in diesem Zusammenhang zum Einsatz kommenden Aneigungsformen (Produktion, Reproduktion, Rezeption, verbale und symbolische Kodierung) gleichen dem bereits beschriebenen Ansatz von 1970, so dass sich deren erneute Darlegung erübrigt.

3.4.2.5 Lerntheoretische Implikationen

Der Vermittlungsansatz wurde von Paynter aus einer anthropologischen und künstlerischen Perspektive entworfen. Insofern bezieht sich Paynter in seinen Darlegungen nicht explizit auf lerntheoretische Grundlagen. Die formale Gestaltung seiner Projekte, die Bevorzugung kreativer Unterrichtsverfahren (Exploration, Improvisation, Komposition) sowie weitere Darlegungen (vgl. PAYNTER/ASTON 1972; PAYNTER 1992a) lassen jedoch darauf schließen, dass sich Paynter grundlegend mit Kreativitätskonzepten auseinander gesetzt haben dürfte.

Weiterhin verweisen die von Paynter aufgezeigten Zusammenhänge zwischen Rezeption und Produktion sowie der Hinweis, dass ein Musikverstehen nicht über rein informative Zugänge möglich ist (vgl. 20), auf die Kenntnis lerntheoretischer Grundlagen. Auch Paynters Modell eines unterrichtspraktischen „Interaktionsnetzes" (vgl. 23) lässt auf lerntheoretische Kenntnisse schließen.

Aus der Sicht der Lernforschung kann folgender Kritikpunkt angemerkt werden. Die von Paynter in seinen Projekten verwendeten Aneigungsverfahren wären nach aktuellen Theorien des Musiklernens in ein Prinzip sequenziellen Lernens einzubinden, das auch eine systematische semantische und symbolische Kodierung der erworbenen Inhalte implizieren würde.

3.4.2.6 Fazit und Kritik

Der Vermittlungsansatz Neuer Musik von Paynter ist seinem Schwerpunkt nach künstlerisch motiviert und legitimiert. Für Paynter stellt Kunst einen wesentlichen und notwendigen Bestandteil menschlicher Existenz dar. Dabei misst er Musik als künstlerische Ausdrucksform auf struktureller und auf kommunikativer Ebene eine symbolhafte Funktion bei. In diesem Kontext versteht er Musik als eine „Sprache", was im Hinblick auf die bereits mehrfach erörterte Sprachproblematik von Musik bzw. von Neuer Musik problematisch bleibt. Insgesamt ist Paynters Musikanschauung frei von jeder ideologischen Behaftung, so dass seine Musikbeispiele aus sehr unterschiedlichen Kulturen, Teilkulturen und Ethnien entstammen. Wenn Paynter dabei den musikalischen Erfahrungshorizont seiner Schüler nicht explizit berücksichtigt, so ist dies aus seinem kreativen Vermittlungsansatz heraus zu erklären.

Zur praktischen Umsetzung seines Vermittlungsansatzes bevorzugt Paynter „problemlösende" Unterrichtsverfahren, die auf in den 60er Jahren rezipierte amerikanische Kreativitätskonzepte zurückzuführen sind. Ebenso sind lerntheoretische Implikationen erkennbar. Beide Bereiche entsprechen nicht mehr im vollen Umfang dem Stand aktueller Forschung. Relativierend muss an dieser Stelle jedoch angemerkt werden, dass der Ansatz von Paynter von einem kompositorischen Denken geprägt ist und sich lerntheoretisch orientierte Kritikpunkte durch die Schlüssigkeit seines Ansatzes relativieren.

3.4.3 Victor Flusser: Komponieren mit Kindern

Ebenfalls in die neunziger Jahre fällt der Vermittlungsansatz Neuer Musik des französischen Musikpädagogen Victor Flusser. Flusser selbst versteht seinen *„pädagogischen Entwurf"* als Versuch, *„eine Arbeit zu systematisieren, die Kinder über das praktische Komponieren an das Verstehen von Musik heranführt"* (MS[46] 3). Diesem Entwurf zugrunde liegen Flussers interpretatorische Tätigkeiten hinsichtlich zeitgenössischer Musik für Kinder und Jugendliche, seine pädagogischen Erfahrungen in der Arbeit mit Kindern und zukünftigen Pädagogen, seine Auseinandersetzung mit bisherigen Vermittlungsansätzen Neuer Musik sowie

---

[46] Wenn nicht anders vermerkt beziehen sich alle folgenden Seitenangaben auf ein unveröffentlichtes und undatiertes Manuskript (MS) von Flusser mit dem Titel „UNE APPROCHE DE LA COMPOSITION AVEC LES ENFANTS" (tome 1). Das Manuskript enthält die theoretische Fundierung seines Ansatzes und dient als Begleitlektüre für den Studiengang zukünftiger Musiklehrer am „Centre de formation de musiciens intervenantes" (Universität Straßburg).

seine Beschäftigung mit zahlreichen pädagogischen und ästhetischen Schriften[47], auf die sich Flusser ausdrücklich und mehrfach bezieht.

3.4.3.1 Didaktische Legitimation und Konzeption

Flussers Vermittlungsansatz und Musikverständnis geht von der Prämisse aus, der zufolge Musik und Wirklichkeit in einem dialektischen Verhältnis zueinander stehen. In der Schule ist diese Wechselbeziehung in einem breitgefächerten Spektrum vorzufinden, beispielsweise:

- *zwischen künstlerischer Sprachentwicklung und dominierendem kulturellen Umfeld;*
- *zwischen konzeptueller Ordnung und Aspekten psychologisch-physiologischer Evolution;*
- *zwischen technischer Notwendigkeit und Produktionsbedingungen* (FLUSSER 1992, 11).

Das dialektische Verhältnis von Musik und Wirklichkeit wurde in der Vergangenheit schon mehrfach aus unterschiedlichen Perspektiven eingehenden Betrachtungen unterzogen, von denen Flusser die Analysen von Theodor W. Adorno und Hannah Arendt[48] besonders thematisiert, da sie zur gleichen Zeit und im gleichen kulturellen Raum verfasst wurden.

Verkürzt fasst Flusser Adornos ästhetische Reflexionen wie folgt zusammen:

Die Konfliktbeziehung zwischen künstlerischem Schaffen und sozialer Realität findet ihren Ausdruck in der konzeptionellen Übersetzung, die der Musiksprache eigen ist. Die Musik, so wie sie gemacht ist, spiegelt die sozialen Verhältnisse wieder. Die musikalische Ordnung ist der darstellende Raum, die musikalische Syntax ihre Semantik (FLUSSER 1992, 11).

---

[47] Unter anderem nennt Flusser Autoren wie MEYER-DENKMANN (1970; 1972), FRIEDEMANN (1969; 1973), SCHAFER (1972A; 1972B), HANSEN (1975), PANYTER (1992), PAYNTER/ASTON (1970), COPE (1977), DENNIS (1975), MARSAYAS (1993) und MANEVEAU (1977).

[48] Hannah Arendt (*1906) studierte Philosophie, Theologie und Griechisch u.a. bei Heidegger, Bultmann und Jaspers, bei dem sie 1928 promovierte. Nach ihrer Emigration zunächst nach Paris, später nach Amerika, war sie als freie Schriftstellerin und Professorin tätig. Im Jahre 1958 veröffentlichte sie das Buch „The Human Condition", auf das sich Flusser in seinen Texten bezieht.

In den Untersuchungen von Arendt erkennt Flusser einen diesbezüglich weiterführenden Gedanken. In ihrem Buch „Vita activa oder vom tätigen Leben" (1981; engl. „The Human Condition" 1958), teilt Arendt die „vita activa", als Gegenbegriff zur „vita contemplativa", in die Bereiche „Arbeit", „Schaffen" und „Handeln" ein (vgl. ARENDT 1999, 16 ff). Ziel der Arbeit ist das Überleben und die Erhaltung der Art. Das Schaffen impliziert die Veränderung der Welt, durch welche Kultur als „Text" hervorgebracht wird. Notwendige Bedingung hierfür ist das Vorhandensein eines menschlichen Gegenübers. Der Bereich des Handelns beschreibt das Tun von Menschen mit anderen Menschen. Erst durch diese Tätigkeit erlangt der Mensch sein ganzes Menschsein. Für Flusser konkretisiert sich das Handeln fundamental im verbalen und nonverbalen Dialog und zwar in dem Maße, wie im Dialog das eigentliche Tun der Menschen unter- und miteinander dargestellt wird.

Wenn Schaffen Kultur als Text hervorbringt, lassen Handeln und Dialog sie als Kontext entstehen (FLUSSER 1992, 11).

Während Adorno im Bereich des Schaffens verbleibt, da er Musik als Produkt des Schaffens, als kulturelles Objekt und Text versteht, artikuliert Arendt ein erweitertes kunstphilosophisches Denken, welches über den Weg des Dialoges einen Kontext ermöglicht. Insofern hat sich die Musik neben ihren sozialen Bezügen (Adorno) um einen zweiten semantischen Bereich, den des Handelns, erweitert.

...daß, nicht mehr nur in der Syntax, sondern auch in den Bedingungen des musikalischen Schaffens an sich die Semantik der Musik liegt, in dem diese Bedingungen zum unmittelbaren Bestandteil des Sinns musikalischer Objekte werden (ebd.).

Auf der Grundlage dieser Untersuchungen formuliert Flusser sein Konzept einer Vermittlung Neuer Musik für die Schule. Für ihn ist Schule derzeit ein Ort des Schaffens, an dem die Vermittlung von Informationen anstatt deren Gestaltung weitgehend im Vordergrund steht. Somit verkörpert die Schule statt einer Welt des Dialoges eine Welt des Diskurses. Den Unterschied zwischen beiden Kommunikationsformen erkennt Flusser darin, dass im Diskurs, im Gegensatz zum Dialog, die Kommunikation eindimensional ausgerichtet ist und daher kein Feedback, kein Austausch von Informationen und keine Antwort stattfinden. Eine dialogisierende Gestaltung von Informationen sollte für die Schule jedoch zur conditio sine qua non werden.

> *Musik in der Schule muß meiner Meinung nach diesen Raum der Freiheit zum Dialog bieten, des Handelns im Gegensatz zum Schaffen, der Verantwortung im Gegensatz zur Verantwortungslosigkeit, einen Raum, in dem lärmende Kreativität dem Schweigenden Lernen gegenübergestellt wird* (FLUSSER 1992, 12).

Dementsprechend ist die Musik des 21. Jahrhunderts nicht nur „neue" Musik an sich, sondern überdies eine neue Art, sie zu produzieren. Aus diesem Verständnis von Musik und schulischer Wirklichkeit, sowie deren Dialektik entfaltet er die didaktische Legitimation seines Konzeptes in vier Begründungskomplexen (vgl. MS 3):

- pädagogische Motive;
- neue Überlieferungspraxis (nouvelle oralité);
- Beurteilung und Kritik von Schülerkompositionen;
- die wechselseitigen und weiterführenden Bezüge kreativer Handlungen.

Im Kontext seiner pädagogischen Motivation differenziert Flusser zwischen drei Wissensebenen, die sich gegenseitig bedingen: das (Sach-)Wissen (savoir), das Wissen um das Tun (savoir-faire) und dem Wissen um das Sein (savoir-être). Das musikalische Wissen äußert sich konkret im „Wissen um das Tun" und im „Wissen um das Sein". Flusser betont hier unter Bezug auf Schönbergs „Harmonielehre" (1911), dass das Musikmachen (im Sinne von komponieren) nur über die musikalische Praxis möglich ist. Auf der anderen Seite distanziert sich Flusser von jeder Form eines musikalischen Aktionismus, denn er versteht die musikalische Aktion als eine *„Ganzheit von Fordern, Freude, Spontaneität, Denken und Arbeit"* (ebd.).

Die Vermittlung Neuer Musik steht für Flusser in Zusammenhang mit einer neuen Überlieferungspraxis, der *„nouvelle oralité"*, deren Grundidee er von J.C. François übernimmt. Eine neue Form der Tradierung wird u.a. durch die Fokussierung der Neuen Musik auf einen rein klanglichen Aspekt notwendig (vgl. MS 3f).

> *Durch das Eintauchen in das Zentrum des Tonmaterials, d.h. den Klang besteht die Notwendigkeit eine neue Notation anzustreben, 'wie eine andere Notation, wie eine langsame Notation auf den eigenen Körper des Instrumentalisten, wie eine vollkommene Notation, die nicht vermittelt wird durch Zeichen auf Papier'* (FRANÇOIS, in: MS 4).

Nach François muss die Vermittlung „heutiger Musik" zwei Zielsetzungen verfolgen: das Aufrechterhalten der bisherigen Schreibtradition und die Weiterentwicklung einer neuen Art der (oralen) Kommunikation, die er als eine radikale Form der Improvisation versteht. Allerdings ist für Flusser diese neue Form oraler Tradierung in ihrer radikalen Art in der Schule derzeit nicht praktizierbar. Sie stellt für ihn nur eine unter vielen innovativen Möglichkeiten der Vermittlung zeitgenössischer Musik dar (vgl. ebd.).

Bei der Beurteilung und Kritik der im Unterricht entstandenen Schülerkompositionen sollte unter Bezug auf Maneveau (1977) jede Art der autoritären Beurteilung von Seiten der Kinder oder des Lehrers vermieden werden. Aus diesem Grunde dürfen die verschiedenen Beurteilungsperspektiven (technische, moralische) nicht miteinander vermischt werden. Dadurch, dass der Lehrer sein Handeln unter die Reflexion des „Wissens um das Tun" und des „Wissens um das Sein" stellt, verliert er seine repressive Autorität. Auf der anderen Seite entwickeln die Kinder ihre kritische Hörweise über den praktischen Umgang mit Musik, der sowohl die musikalische Struktur als auch das persönliche Engagement jedes einzelnen Kindes im Blickfeld hat. Dadurch entstehen zwei Qualitäten von Kritik: eine musikalisch-technische, die auf *„die Angemessenheit des Werkes, auf die Kohärenz zwischen der Methode und der Idee"* (ebd.) ausgerichtet ist und eine moralische Kritik, die das Engagement der Kinder, das Sich-Einbringen im Sinne eines *„wirklichen Partners des musikalischen Aktes"* betrifft (vgl. ebd.).

Ferner verweist Flusser auf die systematischen, vielseitigen Bezüge kreativer Handlungen. Ausgehend von ihrer kompositorischen Arbeit sollen die Kinder auch zu Interpreten und Hörern andersartiger Musik werden. Denn im Kontext von Kodierung und Dekodierung erwirbt das Kind Informationen (Klangfarben, Methoden, formale Modelle), die es kopieren, verändern, erweitern und wieder miteinander verbinden kann (vgl. MS 5).

3.4.3.2 Das Kunst- und Musikverständnis von Flusser

Für Flusser ist Musik „*ein symbolischer Ort des Lebens*" (MS 81). Daher weist Flussers Musikverständnis soziale und existenzielle Bezüge auf (siehe oben). Solche Bezüge objektivieren sich als „Text" bzw. als „Kontext" in der Gestalt eines Dialoges. Daher ist es evident, dass Flusser Musik als eine „Sprache" versteht, deren Syntax sich aus verschiedenen bedeutungstragenden Komponenten (z.B. Signale und Zeichen) zusammensetzt (vgl. MS 7).

In Analogie zur Sprache beginnt der Aufbau eines „*phonetischen Repertoires*" zunächst bei bedeutungslosen Phonemen. Auf einer höheren Stufe artikulieren Morpheme die Welt, sie drücken etwas aus „*sie sagen ‚etwas'*" (MS 67). Daher bezeichnet Flusser diese Sprachkomponenten als „*Ausdruckseinheiten*" (ebd.). Durch ein Zusammenfügen (composer) verschiedener Ausdruckseinheiten entstehen schließlich vollständige und in sich geschlossene Kompositionen. Damit impliziert Flussers Verständnis immer eine semantische Dimension, sie ist stets Träger von Ausdruck.

Eine weitere semantische Dimension Neuer Musik eröffnet sich auf der Ebene des Dialoges. Daher sind die Beziehungen der Interpreten untereinander und das Verhältnis der Interpreten zum Publikum (vgl. MS 101) integrativer Bestandteil seines Musikverständnisses. Der Aspekt des Dialogs betrifft ferner den Bereich der Notation im bereits angedeuteten Verständnis einer „*nouvelle oralité*" (siehe oben; vgl. MS 104).

Das Musikverständnis basiert auf den kunstphilosophischen Postulaten von Adorno (Frankfurter Schule) und auf den sozial-anthropologischen Untersuchungen von Arendt. Trotzdem führt diese Ausrichtung nicht zu einer ästhetischen Bewertung von Musik.

Alle Klänge haben den gleichen ‚Wert', es gibt keine Klänge, die wichtiger sind als andere (MS 32).

Diese wertneutrale Einstellung Flussers bestätigt sich in den aufgeführten Hörbeispielen. Dort finden sich Namen wie Bach, Stockhausen, Berberian, Globokar, Mozart, Kagel, Crumb, Nono u.v.a. Die Auswahl der Komponisten erfolgt nach rein didaktischen Erwägungen. Insofern wird Flusser, wenn auch nicht ausdrücklich formuliert, der Heterogenität Neuer Musik gerecht.

Der musikalische Erfahrungshorizont der Kinder wird im Vermittlungsansatz von Flusser mittelbar berücksichtigt. Flusser weiß um das „*dominierende kulturelle Umfeld*" (vgl. Flusser 1992, 11) der Kinder, welches, wenn auch indirekt, ihr musikalisches Denken beeinflusst. Ausdrücklich thematisiert wird dieser Bereich in seinem Ansatz jedoch nicht. Dies ist dadurch erklärbar, dass Flusser primär über den Weg des Komponierens neue musikalische Erfahrungsräume erschließen möchte.

3.4.3.3 Die Vermittlungspraxis

Der Vermittlungsprozess Neuer Musik läuft bei Flusser in drei Phasen ab:

1. *Die Umwelt beobachten[49] (zuhören, anfassen, anschauen) und Klangeinheiten (Unités Sonores) auswählen/erfinden. Dies ist die Phase, in der das Material erfunden wird, in der an den Signalen, an den Phonemen und an der Aktion im Klang gearbeitet wird.*

2. *Klangeinheiten erforschen (entwickeln) und Ausdruckseinheiten (Unités Expressives) erschaffen. Dies ist die Phase, in der mit den verschiedenen Verfahrensweisen umgegangen wird, in der an den Zeichen, an den Morphemen, an der Aktion in der Zeit gearbeitet wird.*

3. *Komponieren (com-poser) zusammenstellen, aufbauen, verändern der Ausdrucks-einheiten und Vortragseinheiten („Unités Discursives"), artikulieren. Dies ist die Phase, in der die Formen ausgearbeitet werden, in der an der Syntax, der Phrase, der Aktion in der Sprache/Ausdrucksweise gearbeitet wird* (MS 7).

Als Klangeinheiten (unités sonores) bezeichnet Flusser unter Bezug auf Paynters (1992) Begriff der „Idee" erste Elemente von weiterführenden Entwicklungsmöglichkeiten. Eine einzelne Klangeinheit kann ein Ton sein, ein Verbund von Tönen, eine Geste, ein polyphoner Moment (klingend oder gestisch). Eine Klangeinheit hat immer eine kurze Dauer (vgl. MS 7).

Unter Ausdruckseinheiten (unités expressives) versteht Flusser eine Klangeinheit, deren innere Informationen über Ableitungsverfahren und Variation entwickelt wurden. Eine Klangeinheit kann als Komponente von sehr verschiedenen Ausdruckseinheiten dienen (ebd.).

Als Vortragseinheiten[50] (unités discursives) bezeichnet Flusser die erste Stufe einer Komposition, die aus der bedeutungstragenden, kohärenten und persönlichen Gliederung einer oder mehrerer Ideen (Klangeinheiten) sowie de-

---

[49] Die folgenden Hervorhebungen stammen von Flusser.
[50] Die direkte Übertragung dieses Begriffs in die deutsche Sprache gestaltet sich als schwierig. Das Adjektiv „discursiv" bedeutet übersetzt „diskursiv" oder „logisch" (Weis/Mattutat 1973). In seinem Manuskript verwendet Flusser den „Diskurs" in der Bedeutung einer eindimensional ausgerichteten Kommunikation als Antonym zum „Dialog". Der Dialog artikuliert sich nach Flusser auf der Ebene des „Schaffens" von Musik. Vor diesem Hintergrund wird hier der Begriff „Unité Discursive" als eine, in sich logisch gestaltete musikalische „Vortragseinheit" verstanden.

ren Weiterentwicklungen in Ausdruckseinheiten bestehen kann. Die Kompositionen der Kinder bestehen häufig aus einer Vortragseinheit, komplexe Werke hingegen beinhalten mehrere verschiedene Vortragseinheiten (ebd.).

Der Vermittlungsprozess beginnt bei Flusser auf einer elementaren Ebene, die er als „*Prätext*" (MS 29) bezeichnet, mit der Beobachtung der (akustischen) Umwelt. Sukzessiv werden dann die einzelnen Stufen von der Klangeinheit bis zu eigentlichen Komposition durchlaufen.

> *Das hier vorgeschlagene Verfahren hat seinen Ausgangspunkt in der <u>Beobachtung</u>[51] und geht dann weiter zur <u>Erforschung</u> und <u>Aneignung</u> und zur <u>Komposition</u>; es geht von der <u>Materialfindung</u> zum <u>Umgang mit den Verfahrensweisen</u> und zur <u>Ausarbeitung der Form</u>; es geht vom <u>Phonem</u> zum <u>Morphem</u>, zur <u>Sprache</u>, es geht vom <u>Signal</u> zum <u>Zeichen</u> und zur <u>Syntax</u>* (MS 7).

Als notwendige Voraussetzung für das spätere Erfinden von Klangeinheiten, beginnen die Kinder auf einer elementaren Ebene, in einer „*epistologischen Vorgehensweise*" (MS 28) mit der genauen Beobachtung der akustischen Umwelt. Diese vorbereitende Phase dient einerseits der Sensibilisierung der Wahrnehmung und andererseits einer (pädagogischen) Hinführung zu den Klangkomplexen der Neuen Musik. Entsprechende Aktivitäten „*sollen von Kindern und Lehrern frei erfunden sein, die Erfindung selbst ist das Zentrale der Arbeit*" (MS 28f).

Unter Bezug auf „*multisensorielle Aspekte*"[52] werden bei der Beobachtung drei verschiedene Wahrnehmungskanäle mit einbezogen:

- Klänge <u>anhören</u>[53], die der natürlichen, künstlichen oder kulturellen Umgebung entnommen worden sind;
- Materialien und Objekte <u>berühren</u> und mit ihnen hantieren, sie können ebenfalls einer natürlichen, künstlichen oder kulturellen Umgebung entstammen;
- <u>Beobachten</u> von natürlichen, künstlichen und kulturellen Bewegungen und Gesten (vgl. ebd.).

Jede dieser drei Rezeptionsformen wird nochmals einer weiteren Differenzierung unterzogen. So unterscheidet Flusser etwa zwischen einem „*zielgerichte-*

---

[51] Hervorhebungen von Flusser.
[52] Flusser bezieht sich in diesem Zusammenhang auf J. Dalcroze (vgl. MS 52).
[53] Hervorhebungen des Autors.

ten" sowie einem *„nicht zielgerichteten Hören",* einem *„kriteriellen Hören"* (z.B. Klangeigenschaften) und einem *„polyphonen Hören"* (vgl. MS 32).

Die musikalischen Kompetenzen, die Flusser auf dieser ersten Ebene vermitteln möchte, stehen in engem Bezug zu seinen drei, bereits näher erläuterten Wissensbereichen:

- Erstes Vokabular (Klang, Geste, Material) kennen lernen (savoir) und fähig sein, eine elementare Analyse eines Klangs, einer Klanglandschaft, einer Geste, einer visuell bewegten Landschaft, eines Materials oder eines Objektes durchzuführen (MS 28);

- Klangeinheiten produzieren können (savoir-faire), d.h. *„fähig sein, sich Klänge, Momente von Klanglandschaften, Gesten, Momente von choreographischen Landschaften, imaginäre Klangobjekte vorzustellen und zu realisieren, sie durch das Gehör kontrollieren zu können und die notwendige grundlegend benötigte Beherrschung der Gesten zu besitzen"* (ebd.);

- Ein vollständiges Einbringen in die Aktivitäten (savoir-être), *„d.h. erstaunt sein vor dem Gehörten, Berührten, Gesehenen, neugierig sein, bei seinen Erforschungen und bei seiner Informationssuche, erfinderisch sein bei seinen Vorschlägen und seine Wahl und seine Erfindungen rechtfertigen und sich dazu bekennen"* (ebd.)

Die Erarbeitung von Klang-, Ausdrucks- und Vortragseinheiten

Beim Durchlaufen der verschiedenen Vermittlungsebenen (Prätext, Klangeinheiten, Ausdruckseinheiten, Vortragseinheiten) greift Flusser auf ein nahezu gleichbleibendes und systematisiertes Aktionsschema zurück, das im Folgenden zur besseren Übersicht tabellarisch dargestellt wird.

"Prätext"		"Text"			
Klang		Klangeinheit		Ausdrucks-einheit	Komposition
hören	hören	berühren	beobachten		
nicht zielgerichtet			nicht zielgerichtet		
zielgerichtet			zielgerichtet		
kriteriell		kriteriell			
polyphon		nicht kriteriell			
isolieren + begründen	isolieren	isolieren + begründen	isolieren + begründen	improvisieren	komponieren
				beschreiben	
				isolieren	
				improvisieren	
beschreiben	beschreiben	beschreiben	beschreiben	beschreiben	beschreiben
kategorisieren	kategorisieren	kategorisieren	kategorisieren	kategorisieren	kategorisieren
imitieren	imitieren	imitieren	imitieren	entwickeln + improvisieren	
abstrahieren	informieren + analysieren				analysieren
erfinden	erfinden	variieren	experimentieren	erfinden	rekomponieren

Abb. 3.9: Musikalisches Aktionsschema von Flusser.

Von links nach rechts sind die verschiedenen Inhalte angeordnet, die Flusser in Prätext (Klang) und Text (Klangeinheit, Ausdruckseinheit, Komposition) unterteilt. Die Vermittlungsformen sind auf der Vertikalen vorgegeben. Der tabellarische Überblick macht eine gewisse Systematik in der Abfolge der einzelnen Vermittlungsschritte deutlich.

Auf der Ebene des Prätextes (vgl. MS 32ff) beginnt der Vermittlungsprozess mit einem nicht zielgerichteten Hören, das in ein zielgerichtetes Hören (einem speziellen Ereignis zuhören) mündet. Es folgt das kriterielle Hören (z.B. beobachten, wie die Klänge klingen und ein polyphones Hören (simultanen Klängen zuhören). Danach wählt das Kind einen Klang aus, den es besonders mag und dessen Auswahl es subjektiv begründet. Anschließend wird der ausgewählte Klang nach vorgegebenen Kriterien beschrieben. Nun versucht das Kind einen ausgewählten Klang und weitere Klänge mit der Stimme oder mit

Kind einen ausgewählten Klang und weitere Klänge mit der Stimme oder mit Klangobjekten, alleine oder zusammen mit anderen Kindern zu imitieren. Im nächsten Schritt werden die ausgewählten Klänge abstrahiert, das heißt es werden zu diesen Klängen formale und expressive Analogien gebildet. Abschließend werden Klänge mit gleicher (innerer) Form oder gleichem Ausdruck erfunden.

Auf der Ebene des Textes (vgl. MS 38ff) wird im Bereich der Klangeinheiten die Wahrnehmung um weitere Wahrnehmungskanäle (haptisch und visuell) erweitert und die bisherigen Vermittlungsformen um Variation und Experiment ergänzt.

Der Übergang von Klangeinheiten zu Ausdruckseinheiten ist für die Kinder ein anspruchsvoller Schritt, da er „*die Fähigkeit eines künstlichen, abstrakten Erinnerungsvermögens und ein (intuitives) Verständnis des organischen Wachstums*" (MS 67) voraussetzt.

> *Wenn die Erschaffung der Klangeinheiten verbunden ist mit der Einrichtung eines ‚phonetischen' Repertoires der Kompositionen, handelt es sich jetzt darum, das Repertoire der ‚Wörter' aufzubauen. Der Übergang vom Phonem zum Morphem ist ein gewichtigerer Schritt als vom Wort zur Rede überzugehen, weil wir uns auf dem Niveau der Morpheme in dem <u>Vorgang befinden, die Welt zu artikulieren, wir sagen ‚etwas</u>*[54] (ebd.).

Die Vorgehensweise ähnelt der Produktion von Klangeinheiten. Allerdings gewinnt jetzt die offene und gebundene Improvisation zunehmend an Bedeutung. In der Improvisation wird jeweils ein konkreter Sachverhalt (z.B. tropfende Wasserhähne) in Bezug zu einer musikalischen Struktur (z.B. polyrhythmische Umgebung) gesetzt (vgl. MS 67f). Analog zur Herstellung von Klangeinheiten wird das Prinzip von einfachen zu komplexen Strukturen weiter verfolgt.

Der Übergang von den Ausdruckseinheiten zu den Vortragseinheiten, d.h. zum eigentlichen Komponieren geschieht bei Flusser durch das Zusammenführen („com-poser") mehrerer und verschiedener Ausdruckseinheiten. Durch führende Fragestellungen werden die Schüler in ihren ersten Kompositionsarbeiten durch den Lehrer unterstützt...

---

[54] Die Hervorhebung stammt von Flusser.

- wie fängt man ein Stück an und wie beendet man es?
- wird es viele Klänge/Gesten geben? (im Zeitablauf und simultan?)
- welchen Gesamteindruck sollen die Hörer bekommen?
- wird es einen oder mehrere Höhepunkte geben?
- wie sollen die Musiker was tun können? (MS 81).

Diese Arbeitsphase wird mit einer kritischen Reflexion der entstandenen Kompositionen abgeschlossen, in der es etwa um die Frage geht, inwieweit die Intention des oder der Komponisten (Schüler) deutlich ausgedrückt wurde.

Im Anschluss an diese ersten Kompositionserfahrungen werden die Kinder mit verschiedenen musikalischen Organisations- und Formprinzipien vertraut gemacht (vgl. MS 82):

– Klassische Formen: verschiedene ABA-Formen, verschiedene Kanonformen;

– Aleatorik[55] (in einem erweiterten Sinne): Zufallsprinzipien (Würfelspiel); außermusikalische Vorlagen (z.B. Sockenfarbe, Uhrzeit etc.); visuelle Informationen (z.B. Skyline von New York); „das offene Werk" (der Interpret bestimmt die Auswahl und die Reihenfolge der Notenvorlagen);

– Improvisation und Entwicklung;

– Metaphorische Vorlagen: Gedichte (Cummings, Schwitters), Bilder (Kandinsky, Calder).

Die neuen Kompositionsverfahren werden von den Schülern in eigenen Kompositionen umgesetzt. Flusser schlägt hier vor, bei gleichen Ausdruckseinheiten verschiedene Kompositionsverfahren zu erproben, um damit die Eignung der Verfahren zu überprüfen. Alle endgültigen Fassungen werden dann hinsichtlich der Klang- und Ausdruckseinheiten sowie ihrer endgültigen Form analysiert und einer kritischen Diskussion unterzogen, bei der sowohl subjektive als auch objektive Aspekte zum Tragen kommen (vgl. MS 96f). Im weiteren Verlauf der Vermittlungsarbeit werden zunehmend komplexere

---

[55] Für Flusser ist der Unterschied zwischen den verschiedenen Ausprägungen der Aleatorik lediglich ein gradueller.

Kompositionen erstellt (siehe MS 97ff) und bei entsprechenden Anlässen vorgeführt. In allen Phasen der Vermittlung wird der musikalische Erfahrungshorizont der Schüler durch entsprechende Musikbeispiele (Information) ergänzt.

Im Einklang mit Flussers Musikverständnis, stellt die Präsentation einer Komposition aus dem Blickwinkel des Kontextes und des Dialoges eine wesentliche Komponente seines Ansatzes dar. Alle diesbezüglichen Aspekte werden bereits während des Kompositionsprozesses thematisiert. Zu den relevanten Aspekten gehören der Aufführungsort, das Verhältnis zum Publikum und die Beziehung zwischen den Interpreten. Flusser schlägt in diesem Zusammenhang vor, verschiedene Formen der Präsentation mit bereits bestehenden Kompositionen zu erproben, um dadurch die für ein bestimmtes Stück kohärenteste Aufführungsform herauszufinden.

Ebenso wie die Präsentation nimmt die Notation für Flusser eigentlich nicht eine technische, sondern unter dem Gesichtspunkt der „nouvelle oralité" eine didaktische Funktion ein. In diesem Kontext bezieht sich Flusser auf die Schrift „Phaidros" von Platon, in der es u.a. um eine Gegenüberstellung von schriftlicher und mündlicher Überlieferung[56] geht. Der Text steht für Flusser in direktem Bezug zu dem Begriff der „nouvelle oralité" von J. Charles François, der Notation u.a. als *„das langsame Schreiben auf dem Körper des Instrumentalisten"* versteht (FRANÇOIS in: MS 104). Flusser identifiziert darin das sokratische Denken über die Eingebung der Weisheit: *„Nicht mit Tinte geschrieben, sondern in die Seele der Menschen"* (ebd). Vor diesem Hintergrund sieht Flusser die Notation *„nicht als Erkenntnisquelle ... sondern als Mittel, Wissen zu erlangen"* (ebd.).

Im Rahmen der Vermittlungspraxis kann die Notation neben ihrer traditionellen Aufgabe weitere Funktionen haben (vgl. MS 105ff):

- als unterstützendes Element bei der Beobachtung, im Experiment und der Klangbeschreibung;
- als „Enthüller" bei der Beobachtung, im Experiment und der Klangbeschreibung;
- als beschreibende und symbolhafte Notation im traditionellen Verständnis.

---

[56] In dem dort aufgeführten Dialog zwischen „Theuth" (ägyptischer Gott und Erfinder der Schrift) und „Thamus" (ägyptischer König), wird die schriftliche Form der Überlieferung der mündlichen gegenübergestellt. Bei der schriftlichen Überlieferung mutmaßt Thamus die Gefahr, dass die Schüler Wissen nur besitzen, jedoch nicht verstehen (vgl. *Phaidros* von Platon 274 C, 275 A).

3.4.3.4 Lerntheoretische Implikationen

Flussers Vermittlungsansatz Neuer Musik ist deutlich dialektisch und pädagogisch ausgerichtet. Lerntheoretische Bezüge werden von Flusser nicht ausdrücklich aufgeführt. Dennoch lässt seine Vermittlungspraxis eine konzeptionelle Vorgehensweise erkennen, die auch unter einem lerntheoretischen Blickwinkel sinnvoll erscheint. Zunächst zeigt die formale Anordnung (vgl. Aktionsschema) seiner Vermittlungsschritte in allen Inhaltsbereichen (Klangeinheiten, Ausdruckseinheiten, Kompositionen) eine Systematik, die sich auf folgende Schritte reduzieren lässt:

- Rezeption
- Beschreibung
- Kategorisierung
- Imitation
- Produktion (Abstraktion, Variation, Improvisation, Komposition)

Obwohl dieser Ablauf nicht dem Schema des in Kapitel 2 dargelegten sequenziellen Musiklernens entspricht, ist davon auszugehen, dass dennoch durch die ausführliche und vielseitige Beschäftigung mit Klängen, grundlegende musikalische Repräsentationen aufgebaut werden. Dabei kommt sicherlich der Verbalisierung der Klänge (beschreiben und kategorisieren) eine besondere Bedeutung zu. Darüber hinaus führen seine Vermittlungsschritte in inhaltlicher Hinsicht vom Einfachen zum Komplexen und vom Konkreten zum Abstrakten. Diese zwei Vermittlungsprinzipien sind auch aus lerntheoretischer Perspektive als sinnvoll zu bewerten.

3.4.3.5 Fazit und Kritik

Flussers Vermittlungsansatz Neuer Musik basiert auf den ästhetischen Prämissen Adornos sowie auf den soziologischen und anthropologischen Untersuchungen von Arendt. Weiterhin orientiert sich Flusser an der Idee einer „nouvelle oralité" von François sowie den musikpädagogischen Thesen von Maneveau. Aus diesen Vorgaben entwickelt Flusser ein systematisiertes Konzept, das Kindern über den Weg des Hörens, Beschreibens und in erster Linie des Produzierens die Neue Musik näher bringt. Dabei werden lerntheoretische Implikationen nicht explizit sichtbar, dennoch stehen viele Formen der Aneignung in Einklang mit aktuellen Ergebnissen der Lernforschung.

Besonders durch die Art der schriftlichen Darlegung gerät das Vermittlungskonzept von Flusser in Gefahr einen sehr schematischen Eindruck zu hinterlassen. Dieser Eindruck wird indessen der eigentlichen Intention Flussers nicht gerecht:

> *Die Methodik, mit der ich die verschiedenen Aktionen durchführe, soll nicht zu der Annahme verleiten, dass die Arbeit mit Kindern aus isolierten Einzelelementen besteht, vielmehr sind „Abenteuer" möglich und notwendig, und Abschweifungen sind sinnvoll und erforderlich, damit die Gesamtheit (Globalität) der Vorgehensweise nicht verloren geht* (MS 7).

Die Heterogenität Neuer Musik wird von Flusser nicht ausdrücklich thematisiert. Seine Ausführungen lassen jedoch erkennen, dass Flusser sehr vielfältige Bereiche und Aspekte der Neuen Musik behandelt und damit der Heterogenität auf indirekte Weise gerecht wird. Flussers Verständnis bezüglich musikalischer Strukturen orientiert sich am Sprachmodell, dessen begrenzte Übertragungsmöglichkeit auf Musik in seinem Ansatz nicht von Bedeutung ist. Was Flusser in seinem Konzept nur indirekt berücksichtigt, ist der musikalische Erfahrungshorizont der Schüler. Dies ist vermutlich dadurch erklärbar, dass sein Ansatz im Wesentlichen auf Kinder ausgerichtet ist und deshalb auch die Frage offen lässt, wie Neue Musik Jugendlichen mit ihren bereits feststehenden musikalischen Präferenzen vermittelt werden kann. Alles in allem überzeugt der Ansatz von Flusser neben seiner in vielerlei Hinsicht alternativen Vorgehensweise gegenüber populären didaktischen Ansätzen vor allem durch seine überzeugenden Ergebnisse in der Unterrichtspraxis.

3.4.4 Konzepte und Materialien an der Schwelle des 21. Jahrhunderts

In den neunziger Jahren dominierte im Unterricht weitgehend das musiksprachliche Idiom der Jugendkulturen. Damit reduzierte sich der Bedarf geeigneter Materialien zur Vermittlung Neuer Musik. Diesem Trend entgegen werden in Frankreich die Hefte der „roten reihe" unter dem Titel „jeunes musiques" (Noten und CD-Einspielungen) neu aufgelegt. In Spanien beginnt man die Spielmaterialien der siebziger Jahre hingegen erst zu entdecken (vgl. GRUHN 2001, 8). Gerade aktuell für den deutschsprachigen Raum sind die Materialien für „Instrumentales Ensemblespiel" von Nimczik und Rüdiger (1997).

Etwa ab Mitte der achtziger Jahre war bei einigen Komponisten ein zunehmendes Interesse zu beobachten, für Schüler bzw. Laien Kompositionen und Spiel- und Improvisationskonzepte zu erstellen. Die folgende Auswahl wurde in der CD-Reihe des Deutschen Musikrates „Musik in Deutschland 1950-2000" (Erziehung zur Musik) dokumentiert: Dieter Mack, *Karya 1*, Rituelle Szene für variable Ensembleformen (1983); Hans-Joachim Hespos, *nykayé* für gemischten Chor von mindestens 30 Sprechakteuren (1987); Reiner Bredemeyer, *Kennst du das Land...?* für gemischten, schlagfertigen Chor (1989); Ernst Helmuth Flammer, *glasperlenspiel*, eine Schulmusik (1990); Mathias Spahlinger: *„vorschläge zur ver(über)flüssigung der funktion des komponisten"* (1993).

Spahlinger versteht seine „Vorschläge" als einen Beitrag *„zur verallgemeinerung des einstweilen einseitigen rechts, sich etwas einfallen zu lassen"* (SPAHLINGER 1993, 5). Dazu zählt für Spahlinger auch das Recht zur *„muße"*, das heißt *„gespräche, langsamkeit, verzug, müßiggang, saumseligkeit"*(6). Es handelt sich bei diesem Material um insgesamt achtundzwanzig schriftlich dargelegte und offen gedachte musikalische „Spielregeln" die von den einzelnen Spielern variiert bzw. weiterentwickelt und auch insgesamt zur Diskussion sowie Disposition gestellt werden können. Denn *„was diese musik darstellt, ausdrückt, ist, bestimmen die ausführenden und zwar jede/r von ihnen"* (5). Diese Freiheit erfordert indessen ein *„kritisches verhältnis zum eigenen willen"* (6).

In inhaltlicher Hinsicht werden in diesem Heft verschiedene Aspekte der Neuen Musik thematisiert, die weitgehend auf einer strukturellen, individuellen und sozialen Ebene angesiedelt sind. Infolgedessen tragen die Vorschläge Titel wie „eigenzeit", „heterophonie" „individuation I" oder „nostalgie". Auf einen ersten Blick erscheinen diese programmatischen Titel plakativ. Es würde jedoch dem kompositorischen Selbstverständnis Spahlingers äußerst widersprechen, würde sich nicht hinter jedem Vorschlag eine musikästhetische, -historische oder soziale Thematik verbergen.

Spahlinger hat seine Spielanweisungen so konzipiert, *„daß sie auf jeder stufe der bildung möglich sind"* (5). Diese Intention ist indes in der Praxis nicht realisierbar, denn der wesentliche Gehalt seiner „Spielregeln" liegt neben ihrer klanglichen Realisierung in deren ästhetischer Reflexion, welche unabdingbar grundlegende ästhetische Erfahrungen voraussetzt.

Einen neuen Impuls für einen didaktisch orientierten Verstehenszugang zur Neuen Musik gab Gruhn (1994) auf der 48. Arbeitstagung des Instituts für Neue Musik und Musikerziehung. Gruhn stellte dort zwei „Perspektiven" einer didaktischen Interpretation Neuer Musik vor: „*Sprachzerfall oder Sprachverlust?*" und „*das Alte im Neuen*" (GRUHN 1994, 68). Besonders in der zweiten Perspektive eröffnen sich unterrichtspraktische Möglichkeiten, obgleich Gruhns Untersuchungen primär auf eine kompositorische Ebene abzielen. Gegenstand seiner Analysen sind Zenders komponierte Interpretation – Zender selbst spricht von einer „lecture" (ZENDER 1993) - von Schuberts *Winterreise* und sein *Dialog mit Haydn für 2 Klaviere und 3 Orchestergruppen* (1983). Gruhn kommt zu dem Ergebnis, dass sich durch die „*komponierten interpretatorischen Eingriffe*" in ein bereits vorhandenes Werk, eine „*neue Bedeutungsdimension*" eröffnet. (GRUHN 1994, 77). Abschließend führt Gruhn aus:

> *Es ist die besondere Art, wie das Alte im Neuen erscheint, wie im Alten das Neue, im Vertrauten das Fremde aufgedeckt wird und in einen imaginären Dialog tritt, der nicht nur im Kopf und auf dem Papier des Komponisten stattfindet, sondern immer auch im Kopf des Hörers angeregt wird, damit dieser in der Wahrnehmung plötzlich ‚etwas als etwas' erkennt und damit ein Verstehen in Gang kommt* (GRUHN 1994, 80).

Für einen unterrichtspraktischen Verstehenszugang ergibt sich aus Gruhns Untersuchungen folgender Impuls: Die von Zender „interpretierten" Kompositionen zählen zu Standardwerken deutscher Bildungspläne und dürften den meisten Schülern bekannt sein. Zu diesem Bekannten, möglicherweise sogar Vertrauten, tritt schrittweise Neues hinzu. Der musikalische Erfahrungshorizont der Schüler bildet die Basis für neue Erfahrungen.

Vielleicht nur ein Zufall, möglicherweise ein Reflex auf die Untersuchungen von Gruhn oder dem postmodernen Zeitgeist entsprechend, widmete sich ein Materialheft von Nimczik (1998, hg. von H. BÄßLER) mit dem Untertitel „Neues im Alten – Altes im Neuen" ebenfalls der Traditionsbindung Neuer Musik. Der didaktische Ertrag dieses Ansatzes liegt für Nimczik in der Interdependenz von Tradition und Gegenwart:

> *Neu und alt, alt und neu stehen in einem unaufhebbaren Spannungsbezug – das eine ist ohne das andere nicht existent* (NIMCZIK 1998, 3).

> *Aus der Wechselperspektive alt-neu/ neu-alt zeigt sich vielmehr die Besonderheit der Haltungen und Ansichten von Komponisten im Umgang mit dem ‚Alten', zeigt sich eine jeweils verschiedene Qualität des Neuen* (ebd.).

Diesem Ansatz entsprechend finden sich im Heft Kompositionen wie *Musiccircus* (1967) von Cage, *moz-art à la haydn, spiel mit musik* (1977) von Schnittke, *Sankt-Bach-Passion* (1981-85; Stück Nr. 22 und 23) von Kagel und weitere.

Den Abschluss der hier vorgenommenen Untersuchungen bilden zwei Dissertationen:

Ditter-Stolz konnte in ihrer empirisch angelegten Studie (1999) den Nachweis erbringen, dass durch unterrichtspraktische Maßnahmen, die auf *„unmittelbare, gegenwartsnahe, ganzheitliche und emanzipatorische"* Unterrichtsprinzipien (ebd., 265ff) beruhen, positive, wenn auch nur geringfügige Effekte in der Bewertung folgender Hörbeispiele zu beobachten sind: Kagel: „*... den 24. Xii 1931*"; Raecke: *das Mecklenburger Pferd* sowie Bap: *Kristallnacht* und Arno Steffen: *Arsch huh-Zäng ussenander II* (ebd. 203, 208). Wenngleich Ditter-Stolz' Ergebnisse in rezeptionspsychologischer Hinsicht von Bedeutung sind, da sie partiell im Widerspruch zu den Befunden von Bastian (1980) stehen, wird in dieser Arbeit ein grundlegendes Vermittlungsproblem Neuer Musik, ihre immanente Heterogenität, nicht berührt.

Christian Winkler entwickelte in seiner Arbeit „Die Kunst der Stunde" (1999) ein Modell zur Vermittlung von Musik aus systemisch-konstruktivistischer Sicht. Der Lehrer stellt den Schülern musikalische Aktionsräume zur Verfügung, in denen die Schüler Wahrnehmungen, kognitive und emotionale Erfahrungen machen können. Dadurch ändert sich auch die Rolle des Lehrers in zweifacher Hinsicht. Er benötigt ein Wissen um die Pluralität musikalischer Wirklichkeiten und er wird vom *„Belehrer"* zum *„Ermöglicher und Begleiter von Lernprozessen"* (WINKLER 1999, 234). Im Verlauf dieses Prozesses erhöhen die Kinder durch ihre eigenen Wahrnehmungen und Handlungen ihre musikalischen Kompetenzen.

3.5 Schlussfolgerungen

Gegenstand dieses Kapitels war die Diskussion von Vermittlungsansätzen Neuer Musik nach 1970. Im Rahmen dieser Diskussion wurden die didaktische Grundlegung der Ansätze, das Kunst- und Musikverständnis der Autoren, die Berücksichtigung des musikalischen und außermusikalischen Erfahrungshorizontes der Schüler, die Vermittlungspraxis sowie mögliche lerntheoretische Implikationen einer näheren Untersuchung unterzogen.

Alle diskutierten Vermittlungsansätze Neuer Musik legitimieren sich weitgehend außermusikalisch. Das heißt, sie beziehen sich auf ein philosophisches, soziologisches bisweilen ideologisches Modell. Diese Anbindung ist in zwei Ansätzen (MEYER-DENKMANN 1970; 1972 und KLÜPPELHOLZ 1981) so weit ausgeprägt, dass sie zur bewussten Ausgrenzung bestimmter Erscheinungsformen der Neuen Musik führt, deren Ästhetik nicht der jeweiligen Weltanschauung entsprechen. Die Gründe für diese einseitige ideologische Anbindung ist aus den historischen Entwicklungen der Musikpädagogik des vergangenen Jahrhunderts erklärbar.

Die heterogene Erscheinungsweise der Neuen Musik wurde zwar von einigen Autoren wahrgenommen, allerdings nicht als zentrales Vermittlungsproblem Neuer Musik erkannt, thematisiert und konzeptionell berücksichtigt. Bezüglich des musikalischen und außermusikalischen Erfahrungshorizonts der Schüler ergaben die Untersuchungen, dass dieser in allen Vermittlungsansätzen Neuer Musik weitgehend unberücksichtigt bleibt. Selbst im Vermittlungsansatz von Klüppelholz (1982), der ausdrücklich die Berücksichtigung dieses Horizontes intendiert, bleibt der Erfahrungsbegriff auf rein außermusikalische Aspekte beschränkt.

In der Unterrichtspraxis dominieren eindeutig produktiv ausgerichtete Vermittlungsansätze. Insbesondere die Ansätze der siebziger Jahre orientieren sich an aus den USA stammenden Kreativitätskonzepten, die jedoch nicht mehr in vollem Umfang dem aktuellen Stand der Kreativitätsforschung entsprechen. Obwohl die Mehrheit der Vermittlungsansätze nicht lerntheoretisch motiviert ist, lassen sich doch in einigen Ansätzen entsprechende Implikationen nachweisen. Nur Meyer-Denkmann beruft sich ausdrücklich auf lernpsychologische Befunde, wobei deren unterrichtspraktische Übertragung nicht in jedem Fall als schlüssig erscheint und die verwendeten Erkenntnisse mittlerweile nicht mehr dem aktuellen Stand der Lernforschung entsprechen.

Nichts an Aktualität haben hingegen viele der in den einzelnen Ansätzen aufgeführten Gestaltungsaufgaben verloren. Unter der Berücksichtigung der Entwicklungen und Tendenzen in der Neuen Musik sind diese Gestaltungsaufgaben auch in der heutigen Unterrichtspraxis einsetzbar. Dabei könnte ihre Effizienz im Hinblick auf ein Wahrnehmen und Verstehen Neuer Musik erhöht werden, wenn sie in das Konzept eines sequenziellen Musiklernens eingebunden würden (vgl. Kapitel 2).

In einem neu zu konzipierenden Vermittlungsmodell sind die oben dargelegten Untersuchungsergebnisse bzw. Kritikpunkte zu berücksichtigen. Insbesondere müssen die heterogenen Erscheinungsformen der Neuen Musik den didaktischen Ausgangspunkt dieses Konzeptes bilden. Ferner sollte darin der musikalische Erfahrungshorizont der Jugendlichen in einem angemessenen Umfang berücksichtigt werden. Zugleich sind in dieses Modell aktuelle Befunde der Lernforschung mit einzubeziehen.

4. Die Vermittlung Neuer Musik im Unterricht
Pädagogische Grundlagen

Auf der Basis der wahrnehmungs- und lerntheoretischen Erkenntnisse, wie sie in Kapitel 1 und 2 dargestellt wurden und unter der Berücksichtigung der in Kapitel 3 geführten Diskussion bereits bestehender Vermittlungsansätze Neuer Musik, wird im Folgenden ein eigener Vermittlungsansatz Neuer Musik vorgestellt. Die Darstellung dieses Ansatzes erfolgt in zwei Teilen. Der erste Teil (Kapitel 4) beinhaltet die pädagogischen Grundlagen einer schulischen Vermittlung Neuer Musik. Der zweite Teil (Kapitel 5) widmet sich der didaktischen Umsetzung des Vermittlungsansatzes.

In diesem Kapitel wird ein Modell beschrieben und daraus eine Vermittlungssequenz abgeleitet, die auf ein Wahrnehmen und Verstehen Neuer Musik ausgerichtet ist. Zuvor bedürfen zwei Aspekte einer grundsätzlichen Klärung:

1. Was legitimiert gerade Neue Musik als Unterrichtsgegenstand gegenüber anderen musikalischen Teilkulturen?
2. Was bedeutet Wahrnehmen und Verstehen von Neuer Musik?

Kapitel 4: Die Vermittlung Neuer Musik im Unterricht 255

4.1. Das Vermittlungsmodell Neuer Musik

Um den Vermittlungsprozess Neuer Musik aus unterschiedlichen Perspektiven systematisch und differenziert zu beschreiben, wurde in der Einführung dieser Arbeit ein Vermittlungsmodell entworfen. In den beiden folgenden Kapiteln bildet es die Grundlage für eine lerntheoretisch ausgerichtete Vermittlung Neuer Musik.

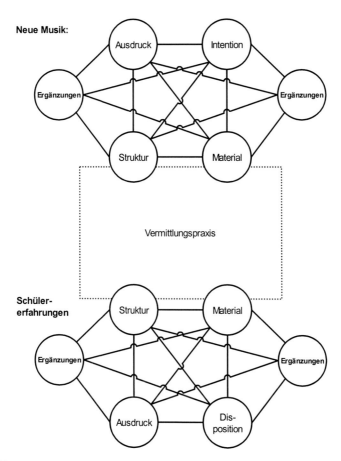

Abbildung 4.1: Das Vermittlungsmodell Neuer Musik.

Im Vermittlungsmodell stehen sich die Neue Musik (Objektseite) als Vermittlungsgegenstand und der Schüler (Subjektseite) als Adressat der Vermittlung gegenüber. Auf der Objektseite wird die Neue Musik unter den Aspekten „Material", „Ausdruck", „Struktur" und „Intention" betrachtet. Der Erfahrungshorizont der Schüler wird dementsprechend auf der Subjektseite beleuchtet.

Die Bereiche „Material", „Ausdruck", „Struktur" beinhalten damit die bereits vorhandenen musikalischen Vorerfahrungen (z.B. Ausdruckserfahrungen). Der Bereich der „Disposition" (Subjektseite) repräsentiert das gesamte bereits vorhandene und deshalb für eine Vermittlung Neuer Musik zur „Disposition" stehende Wissen der Schüler. Bei Bedarf können beide Seiten des Modells um weitere Aspekte (z.B. Bewegung, Klangerzeugung, Raum u.a.) erweitert werden. Zwischen Objekt- und Subjektseite liegt das so genannte Vermittlungsfeld, wo sich über verschiedene Umgangsweisen mit Neuer Musik (Rezeption, Produktion u.a.) die eigentliche Vermittlung vollzieht. Der Grundidee dieses Modells zufolge kann eine Vermittlung grundsätzlich nur zwischen den sich jeweils auf beiden Seiten entsprechenden Inhaltsbereichen stattfinden.

Es sei nochmals darauf hingewiesen, dass dieses Modell in jeder Hinsicht offen ist und ihm der Gedanke einer Vernetzung der verschiedenen Inhaltsbereiche von Objekt- und Subjektseite zugrunde liegt.

4.1.1 Die Objektseite: Neue Musik

Wie in der „Einführung" (Seite 1) dargelegt, geht der hier intendierte Vermittlungsansatz Neuer Musik von der Existenz verschiedener, zeitlich nebeneinander bestehender Musikkulturen aus. Jede Musikkultur sowie deren Teilkulturen zeichnet sich auf struktureller Ebene (Syntax) durch ein jeweils ganz spezifisches musikalisches Ordnungsprinzip („Sprachlichkeit") aus. Die Neue Musik wird somit in gleicher Weise als eine musikalische Teilkultur verstanden, die in unterrichtspraktischer Hinsicht gleichberechtigt neben anderen, etwa der Musik der Jugendkulturen, steht.

Spezifisches Kennzeichen der Neuen Musik, ist im Vergleich zu früheren Epochen der Kunstmusik ihre immanente Heterogenität, die unter anderem aus der Existenz eines pluralistischen Nebeneinanders unterschiedlicher Personalstile bzw. Individualkulturen resultiert.

Die Musikwissenschaft versteht Neue Musik als eine „*plurale Kategorie für die Musik und Musikgeschichte des 20 Jh.*" (DANUSER 1997, 76):

> *Neue Musik des 20. Jh. ist weder eine Stilrichtung noch eine ästhetische Idee noch auch eine zusammenhängende Epoche. Als Fundamentalkategorie entfaltet sie vielmehr nicht nur verschiedenartige, sondern gegensätzliche Bedeutungen und läßt sich in einer Vielzahl von Antinomien formulieren, denn Neue Musik ist immer eines und sein Gegenteil. Ein Aufweisen dieser Antinomien soll eine vereinfachende Sicht, einen monomythischen Zugriff auf die Kategorie* Neue Musik[1] *in Zukunft erschweren oder verunmöglichen* (ebd. 77)[2].

Für den Komponisten Wolfgang Rihm charakterisiert sich Kunst bzw. Neue Musik zunächst durch eine „*Gleichzeitigkeit von Heterogenem*" (vgl. RIHM 1986, 160f u. 171).

> *Daß nichts etwas ist und etwas nichts, daß nichts gleich bleibt, wenn es ähnlich ist oder ... daß es überhaupt nichts Deckungsgleiches gibt, daß alles in der Verschiedenartigkeit seiner selbst und in der daraus folgenden Verschiedenartigkeit der Verbindungsmöglichkeiten aufgelöst existiert und ein absolut unhierarchischer, anarchischer Kosmos existiert* (RIHM 1985, 54).

Selbst Komponisten, die von der Musikwissenschaft mit dem Etikett „Neue Einfachheit" versehen wurden, zeichnen sich für Rihm durch ganz „*unterschiedliche, individuelle Ansätze*" aus (vgl. RIHM 1986, 170). Infolgedessen lehnt er ästhetischen Dogmatismus kategorisch ab. Musikalische Ordnungen unterliegen für ihn keinen von außen herangetragenen ästhetischen Gesetzmäßigkeiten, sondern legitmieren sich aus der Sache selbst:

> *Nicht eine Ordnung, die woanders ihre Gültigkeit abholt, sondern nur eine Ordnung, die in der Sache selbst gilt* (RIHM 1986, 159).

Ebenso vertritt der Freiburger Komponist Mathias Spahlinger die These,

> *... daß die Neue Musik keine Konventionen mehr ausbildet, ... daß Neue Musik keine Sprache darstellt, keine Musiksprache mehr darstellt im engeren Sinn* (SPAHLINGER 1996).

---

[1] Hervorhebung von Danuser.
[2] Zur Kritik dieser Definition, siehe 4.1.4

Weiterhin ist in diesem Kontext zu beachten, dass die plurale und heterogene Erscheinungsweise der Neuen Musik nicht erst ein Kennzeichen der sogenannten Postmoderne, sondern bereits der Moderne war (vgl. WELSCH 1998, 86ff). Nur wurden die heterogenen Erscheinungsweisen der Neuen Musik von der Musikwissenschaft und teilweise auch von Komponisten aus verschiedenen Gründen noch nicht wahrgenommen, bzw. man wollte sie aus einem ideologisch behafteten Kunstverständnis (vgl. Kölner und Darmstädter Schule) heraus nicht wahrnehmen oder nicht wahrhaben.

Der Versuch, spezielle Erscheinungsformen der Neuen Musik mittels philosophisch-ästhetischer Rekurse gegenüber anderen Erscheinungsformen zu legitimieren, ist heute noch beobachtbar. Claus-Steffen Mahnkopf, ein Apologet der komplexistischen und dekonstruktivistischen Avantgarde, versucht die Neue Musik auf drei Tendenzen und deren Vertreter (Kurtàg, Lachenmann, Ferneyhough, ferner auch Spahlinger) zu reduzieren (MAHNKOPF 1998). Obwohl die Diskussion unterschiedlicher ästhetischer Positionen nicht zu den Aufgabenstellungen dieser Arbeit zählt, sei angemerkt, dass der Absolutheitsanspruch einer einzigen Kunstrichtung, bei Mahnkopf sind es drei, die zudem noch einen hohen Grad an Affinität vorweisen, aus vielerlei Gründen fragwürdig ist.

Die Heterogenität der Neuen Musik ist in allen Bereichen des Vermittlungsmodells nachweisbar. Die folgenden Konkretisierungen übernehmen ausschließlich eine Beispielfunktion. Gleichzeitig stellen die nachfolgend ausgewählten Kompositionen keinen Anspruch, repräsentativ zu sein. Dies ist in der Neuen Musik nicht möglich und könnte allenfalls nur zu einer (neuen) Art „Hitliste" führen.

4.1.1.1 Materialformen der Neuen Musik:

In der Neuen Musik sind sehr vielfältige und unterschiedliche Materialformen zu finden. Sie zeichnen sich durch eine ganze Reihe von Besonderheiten aus, die sie deutlich von traditionellen Materialformen unterscheiden. Insgesamt muss jedoch grundsätzlich zwischen dem reinen physikalisch-akustischen Klang (oder Geräusch) und dem eigentlichen musikalischen Material unterschieden werden. Erst der Subjektbezug sowie die Einbindung des Materials in einen historischen und ästhetischen Kontext lassen ein ursprünglich neutrales Frequenzgemisch zum musikalischen Material werden (vgl. ADORNO 1978; LACHENMANN 1996). Diese Differenzierung äußert sich darin, dass ein akustisch völlig identisch klingender Materialvorrat eine unterschiedliche strukturelle Bedeutung haben kann. Beispielsweise stellen die zwölf Töne der chromatischen Skala, wie sie zu Beginn der *h-Moll Fuge* von J.S. Bach (Wohltemperiertes Klavier, Bd. 1) vorkommen, ein völlig anderes „Material" dar, als die objektiv gleichen Töne in Schönbergs *Suite für Klavier opus 25* oder Feldmans *Coptic Light* für Orchester.

Etwa ab Mitte des 19. Jahrhunderts hat sich aufgrund verschiedener historischer Entwicklungen das ursprüngliche Tonmaterial zunehmend ausdifferenziert und erweitert. Zudem traten neue Materialien hinzu.

Verschiedener Materialformen (Auswahl):
- Sprachmaterial
- konkretes Material
- elektronisches Material
- historisches Material (z.B. Zitate)

Schon seit Beginn des 20. Jahrhunderts war ein wesentlicher Aspekt des Materialbegriffs in der Neuen Musik die Suche nach neuen Tonsystemen oder Skalen. In nicht wenigen Kompositionen (in neuerer Zeit z.B. bei Nono) wurde die konventionelle temperierte Stimmung um mikrotonale Skalen erweitert. Einen weiteren Bereich stellt konkretes Material dar, das beispielsweise in der „Musique concrète", in der „Musique concrète instrumentale" (bei Lachenmann) und in Sprachkompositionen (z.B. bei Schnebel oder Berio) verwendet wird. Das Materialverständnis in der Neuen Musik impliziert darüber hinaus Zitate aus der Tradition, etwa bei Berio, Kagel, Schnittke, Zender u.v.a. Technische Entwicklungen ermöglichten in den 50er Jahren eine Erweiterung des Materialbegriffs um elektronisches Material. Durch die grundsätzliche Öffnung des Materialverständnisses der Komponisten wurde nun theoretisch jede Art von Klangmaterial (auch Geräusche) als Ausgangspunkt einer Komposition denkbar.

Insgesamt führten diese Entwicklungen dazu, dass sich die Klangfarbe zunehmend als eigenständiger Parameter emanzipierte und insbesondere in den Klangkompositionen der sechziger Jahre *„die übrigen Dimensionen als Funktion des Klangs behandelt wurden"* (DANUSER 1996, 421). Aus einem historischen Blickwinkel heraus erreichte der Materialstand der Neuen Musik nach Meinung vieler Musikologen Ende der sechziger Jahre einen gewissen Höhepunkt und führte in der Folgezeit zu einem *„Ende des Materialfortschritts"* (DE LA

MOTTE-HABER 2000, 16). Gleichzeitig expandierte das Material über den rein akustischen Bereich hinaus. In nicht wenigen Kompositionen ist es eng mit anderen Ausdrucksmedien wie Licht, Bewegung, Videoinstallationen u.a. verknüpft (z.B. bei Walter Haupt). Ein bekanntes Beispiel für eine Kombination von auditivem und visuellem „Material" (Videosequenzen) ist *The Cave* von Steve Reich. Zu den Protagonisten dieses neuen Genres zählen Nam Yune Paik sowie Wolf Vostell.

Die zunehmende Ausdifferenzierung und Erweiterung des Materials führte in Teilbereichen der Neuen Musik dazu, dass die musikalische Struktur, im Gegensatz zur traditionellen tonal und metrisch gebundenen Musik, dem Material nicht mehr inhärent ist. Das heißt, aus den verschiedenen Qualitäten des Materials resultieren nicht gleichzeitig bestimmte Prinzipien für dessen strukturelle Organisation. Manche Komponisten versuchen sogar ganz bewusst, spezifische Eigenschaften des Materials zu umgehen. So spricht Karlheinz Stockhausen in diesem Zusammenhang von der *„Vermeidung der natürlichen Eigenwilligkeit des Materials"* (STOCKHAUSEN 1963, 23).

Im Gegensatz zur Tradition ist in der Neuen Musik das Material dem Komponisten nicht fest vorgegeben, sondern es muss von ihm in einem schöpferischen Prozess „entdeckt" und ausgearbeitet werden. Dies führt in vielen Fällen dazu, dass der Materialbegriff der Neuen Musik weit mehr als früher von Aspekten wie Klangerzeugung, -bearbeitung und -verfremdung nicht mehr zu trennen ist. Weiterhin ist in vielen Kompositionen das Material nicht auf eine einzige Qualität beschränkt, so dass bereits in einer einzelnen Komposition verschiedene Materialbestände in Erscheinung treten (z.B. *Telemusik* von Stockhausen).

4.1.1.2 Ausdrucksqualitäten der Neuen Musik

Der Terminus „Ausdruck" beschreibt in diesem Modell die Außenwirkung von Musik, die sich in in Form von physiologischen und psychologischen Reaktionen beim Hörer äußert. Durch die vielfältigen Materialformen und Strukturprinzipen bietet die Neue Musik (zumindest theoretisch) ein weit größeres, differenzierteres und subtileres Potential an Ausdrucksmöglichkeiten als die traditionelle Kunstmusik sowie andere Musikformen. Gleichzeitig ermöglicht dieses Potenzial eine wesentlich individuellere und subjektivere Form der Ausdruckswahrnehmung und -deutung. Daher können in der Neuen Musik kompositorisch intendierter Ausdruck und tatsächlich rezipierter Eindruck in höchstem Maße divergieren (siehe auch Kapitel 1.8). Ebenso können bei den Hörern Neuer Musik sehr unterschiedliche, mitunter konträre Deutungsmuster in Erscheinung treten.

Mögliche Divergenzen zwischen kompositorischer Intention und tatsächlicher Rezeption werden in der Geschichte der Neuen Musik sichtbar. Selbst in den seriellen Kompositionen der fünfziger Jahre, die sich durch eine größtmögliche rationale Kontrolle auszeichnen, wird vom Hörer ein gewisser Ausdruck wahrgenommen (vgl. DANUSER 1996, 305). Kompositionsgeschichtlich ist in der Neuen Musik nach dieser Phase der bewussten Vermeidung von intendiertem Ausdruck ab den 70er Jahren in Deutschland[3] eine Tendenz zu beobachten, bei der bewusst dramatisch-expressive musiksprachliche Topoi (z.B. bei Rihm) aufgegriffen und wieder neu ästhetisch legitimiert werden.

Musikalischer Ausdruck wird stets direkt und unmittelbar wahrgenommen. Um Ausdruck zu verbalisieren greift der Hörer auf ihm zur Verfügung stehende semantische Modelle zurück. Solche Modelle sind erfahrungsbezogen und zudem vom individuellen sowie sozio-kulturellen Umfeld geprägt. In den Darlegungen von Kapitel 1 (1.7) wurde bereits deutlich, dass die semantische Dimension von Musik eine besondere Problematik in sich birgt, die bei Neuer Musik aufgrund ihres differenzierteren Ausdruckspotenzials sicherlich verschärft wird. Im Zusammenhang mit der Verbalisierung von Ausdruck ist es naheliegend, dass der Hörer auch hier die gleichen, bereits vorhandenen Ausdrucksmodelle verwendet. Gleichzeitig wird die Verbalisierung von Ausdruck ebenso wie dessen Rezeption subjektiv geprägt sein.

Es ist offenkundig, dass bereits in einer Komposition mehre Ausdrucksqualitäten enthalten sein können und dass diese Qualitäten an sich in der Neuen Musik von analoger Pluralität sind wie deren Materialformen oder Strukturprinzipien.

4.1.1.3 Strukturprinzipien der Neuen Musik

Infolge einer kompositorisch intendierten raum-zeitlichen Bearbeitung des Materials bilden sich musikalische Strukturen, die vom Hörer als Klangverläufe wahrgenommen werden. Lachenmann verwendet für den Strukturbegriff folgende Metapher:

---

[3] In anderen Ländern war diese Polarisierung zwischen Ausdruck und intendierter Ausdruckslosigkeit nie so ausgeprägt.

> *Dem Strukturbegriff liegt die schematische Vorstellung eines charakteristischen Gefüges, einer Art Polyphonie von Anordnungen, einer Zuordnung von wie auch immer zu charakterisierenden ‚Familien' zugrunde, deren einzelne Familienglieder bei verschiedengradiger Individualität im Hinblick auf den ihnen übergeordneten Charakter als dessen Komponenten oder Varianten zusammenwirken* (LACHENMANN 1996, 36).

Dibelius (1972, 349) beschreibt die Struktur als einen „*Beziehungszusammenhang, der jeweils individuell abgeleitet und neu gestiftet werden muss*". Das bedeutet, dass den musikalischen Strukturen Neuer Musik sehr unterschiedliche und subjektiv formulierte Organisationsprinzipien (tonale, determinierte, indeterminierte usw.) zugrunde liegen, deren Ausprägungen, wie die Materialformen und Ausdrucksqualitäten, sehr vielfältig und teilweise gegensätzlich sein können. Gleichzeitig können in einzelnen Kompositionen mehrere Strukturprinzipien gleichzeitig beobachtet werden.

Auswahl[4] von Strukturprinzipien der Neuen Musik, die zu den traditionellen hinzutreten:

- Serialismus
- Komplexismus
- Aleatorik
- Collage
- Dekomposition

In diesen Strukturprinzipien treten zum Teil spezifische Satztechniken in Erscheinung, etwa Wiederholungsverbot (Serialismus) oder Wiederholungszwang (repetitive Musik), die sich grundsätzlich von traditionellen unterscheiden.

---

[4] Es sei darauf hingewiesen, dass sich die sehr vielfältigen strukturellen Organisationsformen keineswegs in dieser Auswahl erschöpfen.

4.1.1.4 Kompositorische Intentionen

Musik verweist[5] nach Meinung vieler Komponisten auf Außermusikalisches:
Musik hat Sinn doch nur, wenn sie über ihre eigene Struktur hinausweist auf Strukturen – das heißt: auf Wirklichkeiten und Möglichkeiten – um uns und in uns selbst
(LACHENMANN 1996, 47; siehe auch 213ff).

Dieser Gesichtspunkt wird im Inhaltsbereich „Intention" des Vermittlungsmodells entfaltet. Er beschreibt alle außermusikalischen Aspekte, die über den unbewussten oder bewussten Ausdruckswillen eines Komponisten in die Komposition mit einfließen und eine bestimmte Form der Materialbehandlung hervorrufen. Die Ergänzung der rein musikalischen Inhalte des Modells mit außermusikalischen ist zudem im Hinblick auf ein ästhetisches Verstehen Neuer Musik unumgänglich.

Während in der traditionellen Kunstmusik der Ausdruckswille der Komponisten mehr oder weniger von einem gemeinsamen epochenbezogenen ästhetischen Paradigma geleitet wurde, ist dies in der Neuen Musik infolge eines pluralistischen Nebeneinanders unterschiedlicher Personalstile nicht mehr der Fall. Es gehört sogar zu den wesentlichen und grundlegenden ästhetischen Prämissen der Neuen Musik, dass jeder Komponist eine, sich von anderen Komponisten deutlich abhebende, individuelle und eigenständige kunstphilosophische Position entwickelt und vertritt.

Zur besseren Differenzierung wird der Bereich „Intention" in die Teilbereiche *individuell-anthropologisch, sozio-kulturell* und *ästhetisch-historisch* untergliedert. Weitere, für das Verstehen einer Komposition notwendige Gesichtspunkte (z.B. interdisziplinäre) können gegebenenfalls hinzutreten.

Individuell-anthropologische Aspekte
Dieser Teilbereich reflektiert individuelle und anthropologische Aspekte, die möglicherweise in eine Komposition mit einfließen. Individuelle Bezüge zeigen sich beispielsweise bei John Cage, dessen grundlegende Erfahrungen mit dem Zen-Buddhismus sein kompositorisches Denken beeinflusst haben. Ferner äußern sich solche Verbindungen, wenn beispielsweise außereuropäische Musikerfahrungen in den Kompositionen nachweisbar werden (z.B. bei Hamel oder Riley).

---

[5] In diesem Zusammenhang werden auch andere Positionen vertreten (z.B. Strawinsky, in: CRAFT 1961; oder Mahnkopf 1998). Eine grundlegende Diskussion dieses Aspektes ist nicht Gegenstand dieser Arbeit.

Sozio-kulturelle Aspekte:
Neue Musik fungiert in diesem Zusammenhang als Initiator, Begleiter und Reflex gesellschaftlicher Ereignisse. Sie wird zum Initiator sozialer Prozesse, etwa wenn die (in vielerlei Hinsicht nicht unproblematische)[6] Kommunikation zwischen Neuer Musik und Publikum angesprochen ist, wenn Neue Musik also selbst Vermittlungsprozesse in Gang bringen möchte. Als Begleiter sozialer Prozesse fungiert die Neue Musik insgesamt sehr selten, sieht man einmal von vereinzelten Versuchen etwa der Fluxus- sowie Happeningbewegung (z.B. *Vision*[7] von LaMonte Young) ab. Deutlich in den Vordergrund rückt der soziokulturelle Aspekt der Neuen Musik jedoch dann, wenn es um ihre *„Politisierung"* (DIBELIUS 1988, 58) geht.

Ästhetisch-historische Aspekte:
Dieser Teilbereich des Vermittlungsmodells beschreibt zweierlei. Ein erster „ästhetischer" Komplex setzt sich mit dem Kunstverständnis oder der ästhetischen Position eines Komponisten auseinander, der zweite historische Themenkomplex reflektiert die im Bereich der Neuen Musik teilweise sehr unterschiedlich ausgeprägten Bezüge von Komposition zur Musiktradition.

Neben den bisher aufgeführten drei Teilbereichen impliziert der Bereich Intention darüber hinaus die Auseinandersetzung mit übergeordneten und interdisziplinären Kunsttheorien wie Moderne und Postmoderne. Die von diesen Theorien offengelegten ästhetischen Spezifika der Neuen Musik wie etwa Heterogenität (Moderne) und Transversalität[8] (Postmoderne) (vgl. WELSCH 1998, 71) sind vor dem Hintergrund bisheriger Erfahrungen zu diskutieren und zu reflektieren.

---

[6] Der kommunikative Anspruch Neuer Musik ist in zweifacher Weise zu hinterfragen; erstens aufgrund der ihr immanenten Heterogenität und zweitens aufgrund ihrer Exklusivität.

[7] Über *Vision* schreibt La Monte Young: „Some *of the other pieces involved the audience. Those grew out of a performance of "Vision" (1959), which I wrote immediately after my return from Darmstadt and the exposure to chance music and so on. I took thirteen minutes of time and organized that period with eleven sounds, the longest of which was over four minutes. During the first performance, the audience carried on at such a rate of speed - at such a level - simply because I turned out the lights for the duration of the performance and they were involved with these weird sounds coming from strange spacings. In that period, I was really intrigued with the audience as a social situation"* (LaMonte Young 1969).

[8] Unter „Transversalität" versteht Welsch (1998) den Bezug pluraler Kunstformen untereinander. *„Während die Moderne das Plurale erprobt hat, erobert die Postmoderne das Transversale"* (ebd. 72; siehe auch WELSCH 1995).

Es ist offenkundig, dass die Intentionen der Komponisten von einer analogen Heterogenität geprägt sind wie die klingenden Erscheinungsformen der Neuen Musik selbst. Zur Verdeutlichung werden nachfolgend die kunstphilosophischen Positionen dreier Vertreter der Neuen Musik dargelegt.

Im kompositorischen Ansatz von Mathias Spahlinger spielt der Begriff der „Ordnung" eine zentrale Rolle. In seinen Stücken versucht Spahlinger bewusst, musikalische Ordnungen „ *...zu kritisieren, zu unterlaufen, zu übersteigern und damit als absurd zu entlarven...*" (WILSON 1994, 2). Spahlinger möchte damit konventionelle und konditionierte Hörweisen kritisch hinterfragen. Sein kunstphilosophisches Denken wurzelt in der Auseinandersetzung mit Hölderlin, Hegel, Adorno und dem Frankfurter Sprachphilosophen Bruno Liebrucks. Insofern versteht Spahlinger sein Komponieren erkenntniskritisch als Negation, jedoch wie er betont, in einem positiven Sinne, d.h. als *„liebevoll sezierende Durchdringung von Ordnungsprinzipien"* (SPAHLINGER, zitiert in: Wilson 1994, 2).

> *Die Wahrheit erscheint nie als sie selbst, sondern nur als bestimmte Negation einer bestimmten Unwahrheit ihrer Zeit"*(ebd. 3).

Spahlingers kompositorisches Denken ist gleichermaßen politisch[9] motiviert. Musikalische Ordnungen stehen für ihn in Analogie zu gesellschaftlichen Ordnungen, deren Konventionen und Verabsolutierungen er ebenso wie die musi-kalischen kritisch hinterfragt.

> *Es ist eine Lieblingsvorstellung von mir, daß ein bewußt gewordenes ästhetisches Verhalten zugleich ein politisches ist* (ebd. 6).

Wolfgang Rihm zählt zu denjenigen Komponisten, die sich nach einer Phase *„exklusiver Spezialisierung"* aus der rational kontrollierten *„Buchhaltung"* des Serialismus und dessen emotionaler und struktureller Begrenztheit lösten. In dieser neu oder wiedergewonnenen *„Freiheit der Setzung"* definiert sich Rihm selbst als Ausdrucksmusiker, der seinen musikalisch-ästhetischen Subjektivismus ganz ausdrücklich reflektiert und legitimiert (vgl. RIHM 1986, 159). Sein künstlerisches Selbstbild steht daher in vielerlei Hinsicht in einer gewissen Affinität zur romantischen Tradition.

---

[9] Zwei Kompositionen, in denen Spahlingers politische Ambitionen eminent in Erscheinung treten sind *in dem ganzen ozean von empfindungen eine welle absondern, sie anhalten* (1985) und *verfluchung* (1983/85).

> *Ich will bewegen und bewegt sein. Alles an Musik ist pathetisch. Ich will einer Bewegung auch eine Richtung geben, aber ich will auch gehen lassen – mich und andere* (RIHM 1979, 7).

In seinen Kompositionen verfolgt Rihm bewusst ein expressives, dramaturgisches und dialektisch ausgerichtetes Konzept (vgl. RIHM 1985; 1986). Infolge seiner intensiven literarischen Beschäftigung begreift Rihm Musik als ein *„Spiel mit Sprachgestalten"*, in dem sich seine musikalische Sprache als *„Dialekt"* an konkreten Objekten geformt hat. Mitunter ist für Rihm daher auch der *„sensualistische Moment"* bei der Kunstproduktion von großer Bedeutung (RIHM 1985, 17f). Rihms Affinität zur romantisch-expressiven Tradition spiegelt sich in seinem künstlerischen Selbstbild eines *„Genies"*, das an seinem *„Lebenswerk"* arbeitet und dessen Aufgabe darin liegt, das *„Substantielle"* der Tradition weiterzutreiben (vgl. RIHM 1985, 50).

Das musikalische Denken von LaMonte Young entstammt weder einem ideologisch behafteten Kunstverständnis, noch sieht er sich unmittelbar in einer konkreten kunstphilosophischen Tradition. Die Kompositionen von LaMonte Young sind vielmehr von Naturerlebnissen inspiriert.

> *I was on my way to Mount Tamalpais, the biggest mountain in the Marin County area, and I started thinking about the butterfly. Alone, it made a very beautiful piece. Being very young, I could still take something so highly poetic and use it without the fear I would have now - that it would be trampled on. Now, I would offer something quite a bit more substantial than a butterfly or a fire - something that can't be so easily walked on. After all, a butterfly is only a butterfly. No matter how much I write about the fact that a butterfly does make a sound - that is potentially a composition - anyone that wants to can say, "Well it's only a butterfly.*

> *Another important point was that a person should listen to what he ordinarily just looks, or look at things he would ordinarily just hear. In the first piece, I definitely considered the sounds, although the fire is, to me, one of the outstanding visual images. I'm very fascinated by the form of fires, as I am fascinated by the form of the wind. In fact, during my entire Berkeley period, I was constantly talking to people about the form of the wind and the form of fires* (LAMONTE YOUNG 1969[10]).

---

[10] Das zitierte Buch „Selected Writings" von La Monte Young (1969) ist ohne Seitenangaben.

Diese naturorientierte kunstphilosophische Haltung schließt dabei Gemeinsamkeiten mit künstlerischen Denken anderer Komponisten, die bereits zur „Tradition" gehören nicht grundsätzlich aus: *"I feel, in fact, Debussy is... my most important influence"* (ebd.).

Ebenso heterogen sind die im Kunstverständnis vieler Komponisten enthaltenen Bezüge zur „Tradition" ausgebildet. Nicht wenige Kompositionen der Neuen Musik sind nur über die Berücksichtigung ihrer musikgeschichtlichen Verflechtungen adäquat verstehbar.

Im Folgenden werden einige unterschiedliche Ausprägungen des historischen Bezugs Neuer Musik dargestellt:

1. Neue Musik als dialektisch entwickelte Fortführung der Tradition (z.B. bei Spahlinger, Lachenmann u.a.);
2. Direkte Rückgriffe auf die Tradition durch die Verwendung musikgeschichtlicher „Zitate" (z.B. Berio: *Sinfonia*; Hölzky: *Hängebrücken an Schubert*; Kagel: *St. Bach Passion* u.a.);
3. Rückgriff auf einen spezifischen (expressiv-dramatischen) Gestus der Tradition (z.B. Rihm, von Bose, von Dadelsen, Müller-Siemens, von Schweinitz, Stranz und Trojahn u.a.).

Schließlich betrifft der historische Aspekt die Geschichte der Neuen Musik selbst, die aus einem adäquaten historischen Abstand erst noch geschrieben werden muss. Bisherige Versuche sind in vielerlei Hinsicht durch einen (reduktiven) Subjektivismus geprägt, welcher den heterogenen Erscheinungsformen Neuer Musik unzureichend gerecht wird. Was heute schon über die Geschichte der Neuen Musik gesagt werden kann, ist, dass es zu bestimmten verifizierbaren Zeitpunkten Erscheinungsformen in der Neuen Musik gab - z.b. Sprachkompositionen in der 60er Jahren -, die in qualitativer Hinsicht einen gewissen Fortschritt bedeuteten, die jedoch keineswegs andere Formen Neuer Musik ablösten oder deren ästhetische Bedeutung relativierten.

Es versteht sich von selbst und bedarf deshalb keiner weiteren Erläuterung, dass nicht nur die Neue Musik in ihrer klanglichen Erscheinung und kunstphilosophischen Begründung von heterogener Wesensart ist, sondern ebenso ihre Terminologie sowie ihre Notationsformen. Bestimmte Fachbegriffe bzw. Notationstechniken haben nur für bestimmte Bereiche der Neuen Musik ihre Gültigkeit und können demzufolge nicht auf andere Bereiche übertragen werden.

4.1.2 Unterrichtspraktische Konsequenzen

Die bisherigen Darlegungen lassen deutlich erkennen, dass eines der wesentlichen Probleme[11] einer schulischen Vermittlung Neuer Musik neben ihrem wahrnehmungstheoretischen und lerntheoretischen Sonderstatus (vgl. Kapitel 1 und 2) in ihrer Heterogenität begründet liegt. Das didaktische Prinzip des „exemplarischen Lernens" (KLAFKI 1962; WAGENSCHEIN 1965) ist in seiner bisher gebräuchlichen Form auf Neue Musik nicht anwendbar. Neue Musik kann nicht umfassend repräsentativ anhand weniger „Exemplare" vermittelt werden. Das tatsächlich Exemplarische und Repräsentative an ihr ist ihre Heterogenität. Von den verschiedenen Vertretern der Neuen Musik (z.b. RIHM 1986; SPAHLINGER 1996, ZENDER 1991) und Musikologen (z.b. DANUSER 1997) wurde dieser Sachverhalt erkannt und mittlerweile einer ästhetischen Reflexion unterzogen (vgl. WELSCH 1998). Von der Fachdidaktik allerdings scheint dieses spezifische Kennzeichen Neuer Musik und die damit verbundenen unterrichtspraktischen Problemstellungen bislang nur unzureichend erkannt und diskutiert worden zu sein.

Aufgrund der spezifischen Erscheinungsweise Neuer Musik macht es keinen Sinn, sie in der Schule nur punktuell zu vermitteln. Sie muss zum permanenten (jedoch nicht exklusiven) Gegenstand des Musikunterrichts werden. Die Vermittlung Neuer Musik sollte deshalb in der Grundschule (am besten noch früher) beginnen und sich bis in die oberen Klassenstufen des Gymnasiums fortsetzen. Am Beginn einer schulischen Auseinandersetzung mit Neuer Musik sollte zunächst die wertneutrale Beschäftigung mit möglichst vielen und verschieden klingenden Materialien stehen. Dadurch lässt sich auf einer natürlichen und spielerischen Ebene vermitteln, dass Neue Musik nicht a priori auf einer fixierten Sprache beruht. Im Anschluss daran erfolgt die unterrichtspraktische Beschäftigung mit zahlreichen und möglichst unterschiedlichen Kompositionen. Erst dann kann von einer tatsächlichen Vermittlung Neuer Musik im Sinne ihrer Heterogenität gesprochen werden.

Eine umfassende und alle Tendenzen berücksichtigende Auseinandersetzung mit Neuer Musik in der Schule ist aufgrund der (derzeit) knapp bemessenen zeitlichen Ressourcen des Faches nicht möglich. Dadurch wird eine Auswahl unumgänglich, die sich an folgenden Kriterien orientieren könnte:

Ein denkbarer Ansatz wäre eine historisch-lineare Vorgehensweise. Einwände dagegen formulieren sich allerdings aus der Wesensart der Neuen Musik selbst. Zwar gibt es in ihr musikalische Erscheinungsformen, die linear aufeinander aufbauen, wie etwa das Weiterdenken der Dodekaphonie hin zur

---

[11] Fachspezifische Probleme können an dieser Stelle nicht erörtert werden.

Serialität. Aber aufgrund ihrer spezifischen Heterogenität, die sich u.a. auch aus der „Negativität" (Antinomien) bestimmter Erscheinungsformen der Neuen Musik herausgebildet hat, erscheint eine solche Vorgehensweise als problematisch. Im Übrigen wird der historisch-lineare Ansatz mittlerweile auch von der Musikwissenschaft[12] hinterfragt. Ein weiterer Einwand gegen eine solche Vorgehensweise ergibt sich aus der Sichtweise des Schülers. Für ihn entfällt aus verschiedenen Gründen (z.b. entwicklungspsychologischer Natur) die historische Perspektive. Schüler kategorisieren Musik nicht primär in „alt" oder „neu", sondern in „bekannt" oder „unbekannt" bzw. in „vertraut" oder „fremd". Eine Komposition von Mozart kann für einen Schüler genau so fremd wirken wie ein Stück von Philip Glass. Zudem wird in der Neuen Musik das Kriterium des vermeintlich Neuen häufig insofern ad absurdum geführt, als historisch weiter zurückliegende Neue Musik für Schüler fremd und daher „neu" klingen kann (z.B. Varèse oder Ives u.a.) während hingegen historisch aktuelle Neue Musik vertraut und infolgedessen als „alt" erscheinen kann (z.B. Pärt, Schnittke oder Rihm). Die Berücksichtigung musikhistorischer Aspekte im Rahmen der Vermittlung Neuer Musik ergibt erst dann einen Sinn, wenn Schüler über entsprechende rezeptive Kompetenzen verfügen, um Neue Musik in ihrer Vielfalt differenziert wahrnehmen zu können. Andererseits sollten die Schüler zugleich über musiktheoretische, -historische und -ästhetische Kenntnisse verfügen. Denn das jeweils „Neue" der Neuen Musik erschliesst sich in vielen Kompositionen[13] nicht ausschließlich über ihre Rezeption.

Ein sich dem heterogenen Wesen der Neuen Musik annähernder Ansatz wäre eine Auswahl von Kompositionen, die zu einem bestimmten historischen Zeitpunkt in einem spezifischen Bereich ein ästhetisches Novum aufweisen. Bei diesem Ansatz stellt sich allerdings die Problematik eines geringen historischen Abstandes und einer daraus resultierenden zu subjektiven Vorgehensweise (siehe historischer Ansatz).

Ein sich aus der Perspektive der Neuen Musik anbietendes und vertretbares Auswahlkriterium, das ihrem heterogenen Charakter gerecht werden würde, wäre das Kriterium von „Verschiedenartigkeit" und „Gegensätzlichkeit" (vgl. DANUSER 1997, 77). Es ist insofern legitim, als es sich dem lerntheoretisch fundierten Kriterium von „Gleichheit", „Verschiedenheit" und „Variation" (vgl. GRUHN 1998, 1999) annähern würde.

---

[12] „Auch die linear-teleologische Auffassung von geschichtlichen Verläufen wird im Kontext der Globalisierung problematisch" (DE LA MOTTE-HABER 2000, 59).
[13] Z.B. *Accanto* von Helmut Lachenmann.

In Bezug auf das Repertoire Neuer Musik im Unterricht ist noch ein weiterer Aspekt zu berücksichtigen. Insgesamt nimmt der Parameter Klangfarbe in der Neuen Musik im Verhältnis zur traditionellen Kunstmusik eine herausragende Bedeutung ein. Dieser historischen Entwicklung sollte im Rahmen einer unterrichtspraktischen Behandlung Neuer Musik unbedingt Rechnung getragen werden.

Eine letzte unterrichtspraktische Konsequenz aus der heterogenen Erscheinungsweise Neuer Musik ergibt sich in Zusammenhang mit den Erkenntnissen aus dem 1. Kapitel der hier vorliegenden Arbeit. Diese Befunde sagen aus, dass bestimmte Erscheinungsformen der Neuen Musik (z.B. Serialismus oder Aleatorik) nicht im konventionellen Sinne einer Wahrnehmung über Hypothesenbildung und deren Bestätigung (vgl. Kapitel 1.3-1.6) rezipiert werden können. Dies bedeutet, dass die derzeit praktizierten Methoden des Musikhörens nicht anwendbar sind und neue methodische Ansätze der Musikrezeption entwickelt werden müssen.

4.1.3 Exkurs: Der musikalische Erfahrungshorizont der Schüler

Die Diskussion bisheriger Vermittlungsansätze Neuer Musik (Kapitel 3) führte zum Ergebnis, dass in diesen Ansätzen der musikalische Erfahrungshorizont der Schüler nur unzureichend berücksichtigt wurde. Parallel dazu ergaben die Untersuchungen musikalischer Wahrnehmungs- und Lernprozesse (Kapitel 1 und 2), dass sich eine Vermittlung Neuer Musik am musikalischen Erfahrungshorizont der Schüler orientieren sollte. Demgemäß soll in den nachfolgenden Ausführungen im Rahmen eines Exkurses dieser Erfahrungshorizont konkreter beleuchtet werden. Ein weiteres Ziel der Untersuchungen besteht darin, mögliche Divergenzen und Konvergenzen zwischen jugendkultureller und Neuer Musik offen zu legen.

Die nachfolgenden Darlegungen orientieren sich an der Objektseite (Neue Musik) des bereits skizzierten Vermittlungsmodells. Aufgrund der *„psycho-physiologischen Intensität und [der] Bedeutung des Körpergefühls"* (BAACKE 1998, 35) und der besonderen psychologisch-emotionalen Bedeutung des „Sounds" (vgl. MAEMPEL 2001 wurden die Ausführungen um die Aspekte „Körperlichkeit" und „Sound" erweitert. Die dabei ausgewählten Beispiele jugendkultureller Musik erheben weder einen Anspruch auf Vollständigkeit noch auf Exemplarität, sondern übernehmen wiederum ausschließlich eine Beispielfunktion.

Jugendkulturen werden ganz allgemein als „*freizeitbezogene Absetzbewegungen*" charakterisiert, deren „*Auffassung von Stil in der Musik, Kleidung, Körpersprache ... nicht in den etablierten kulturellen Stilen aufgehen*" (RATHGEBER 1996, 8). Weiterhin bestehen verschiedene „Stile" (Mode, Musik usw.) „*gleichwertig*" nebeneinander und „*können sich miteinander verbinden*" oder „*vermischen*" (ebd. 7).

Aus soziologischer Sichtweise ist die Jugendzeit nicht mehr als Phase eines „*biographischen Übergangs*" zwischen der Kindheit und dem Erwachsenenalter zu verstehen, sondern sie ist zur eigenständigen Lebensphase geworden, „*mit eigener Prägung und spezifischen Möglichkeiten und Belastungen der Lebensführung*" (REINHOLD 1997, 319). Entwicklungspsychologisch befinden sich die Mitglieder der Jugendkulturen in einer Phase der Identitätsfindung und Entwicklung. Zentrale Entwicklungsaufgabe dieser Phase ist es, „*einen Standpunkt zu sich selbst, zu den Werten [ihrer] Kultur und zum anderen Geschlecht zu finden*" (HERNEGGER 1994, 129). Dieser Vorgang äußert sich zunächst in einer gewissen Abgrenzung und Unterscheidung von der Welt der Erwachsenen:

> *Das Hauptinteresse besteht gerade darin, ihren eigenen Stil unabhängig von den Kriterien der Erwachsenenwelt auszuprägen* (NOLTEERNSTING 1998, 276).

Gleichzeitig unterliegt die Identitätsbildung dem Einfluss der kulturellen und sozialen Umwelt. Einen besonderen Stellenwert haben dabei Vorbilder, feststehende Rollen und verbindliche Verhaltensmuster. Jugendliche sind auf "*vertraute, überschaubare und greifbare Identifikationsangebote... Feste, Werte, Bräuche und Sitten, Gruppen und Institutionen*" (ebd.) angewiesen, die in diesem Zusammenhang als Orientierungspunkte fungieren. Bedingt durch den sozialen Wandel haben sich diese Identifikationsangebote verschoben. Als Folge davon veränderten sich in gleichem Maße die sozialen Strukturen der Jugendkulturen:

> *Die Lebensstile der Menschen sind ebenso wie ihr alltägliches Handeln und Denken nicht mehr so stark von äußeren, objektiven sozialen Zwängen bzw. Klassen oder Schichtzugehörigkeit geprägt, sondern sind insgesamt offener, heterogener, differenzierter, polyvalenter, d.h. individualisierter und selbstbestimmter geworden* (VESTER, zitiert in: Ferchoff et al. 1995, 54f).

Es ist daher offensichtlich, dass die kulturelle Wirklichkeit von einer analogen Pluralität gekennzeichnet ist:

> *Die moderne Kultur hat eine gewisse Ähnlichkeit mit einen Flickenteppich; sie setzt sich aus einer großen Zahl einander teils ergänzender, teils auch einander widersprechender Werte, Normen und Bedeutungen zusammen* (VAN DER LOO/VAN REIJEN 1997, 215).
>
> *Diese Widersprüchlichkeit zwischen Business, Show, Selbstpräsentation, Narzißmus und Sexualität auf der einen, Gemeinschaft, Aufbruchstimmung, Veränderungsekstasen, Hoffnung auf der anderen Seite bestimmte von Anfang an das Spannungsfeld der Jugend und ihrer Musik* (BAACKE 1998, 256).

Als Folge dieser Pluralisierung verhalten sich Jugendliche in kultureller Hinsicht „multioptional". Der Soziologe Clarke (1993) beschreibt mit diesem Terminus einen Prozess der „*Transformation und Umgruppierung des Gegebenen in ein Muster, das eine neue Bedeutung vermittelt; eine Übersetzung des Gegebenen in einen neuen Kontext und seine Adaption*" (CLARKE, zitiert in: Baacke et al. 1993, 427). Der Jugendliche wird somit zum Schöpfer seines eigenen kulturellen Ambientes.

Das Merkmal der Pluralität lässt sich ebenso in der Musik der Jugendlichen nachweisen:

> *Die Zeiten, als (relative) Einheit herrschte in den jugendlichen Subkulturen, sind lange vorbei. Kaum jemand kann noch all die Zeichen entziffern im Szene-Dschungel von Trash Metal bis Cyperpunk mit all den verschiedenen Szene-Outfits, ihren jeweiligen In-Medien ... und den nicht mehr selbstverständlichen ‚progressiven' Philosophien* (VOLLBRECHT 1995, 30).

Ansgar Jerrentrup differenziert und kategorisiert die Popularmusik zu Beginn der 80er Jahren in zehn „stilistische Hauptströmungen":

> *Folk-Pop/Rock, Mainstream Pop, Rockstilarten, HM[14]-Spielarten, Punk, ‚New Wave', Computerpop, Synthie-Musik, Soul, Reggae* (JERRENTRUP, 1996, 23).

---

[14] „HM" ist eine gebräuchliche Abkürzung für Heavy Metal.

Kapitel 4: Die Vermittlung Neuer Musik im Unterricht 273

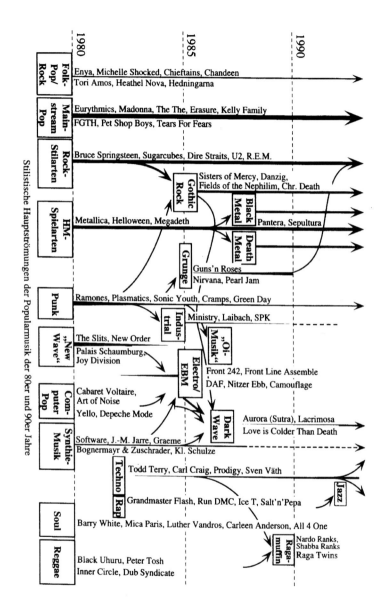

Abbildung 4.3: Die stilistischen Hauptströmungen musikalischer Jugendkulturen in den 80er und 90er Jahren, aus: JERRENTRUP 1996, 23.

Die ursprünglichen Hauptströmungen der 80er Jahre (vgl. Abbildung) spalteten sich in der Folge entweder weiter auf (siehe Metal-Bereich) oder es entstanden aus der Verbindung zweier Strömungen neue Stile. Aus einer Verknüpfung von Techno und Reggae entwickelte sich etwa der sogenannte „Ragamuffin". Als Folge dieser Ausdifferenzierungen entstanden zahlreiche Unterstilarten. Allein im Bereich des Techno existieren beispielsweise mehr als 50 Unterstilarten (vgl. JERRENTRUP 1996, 21), so dass Jerrentrup resümierend feststellt:

> *Eine solche Ausdifferenzierung hat es m. E. in der Geschichte der musikorientierten Teilkulturen (zumindest, wie wir sie in der BRD erlebt haben) noch nicht gegeben* (JERRENTRUP 1996, 23).

Mag die von Jerrentrup vorgenommene Kategorisierung diskussionswürdig erscheinen, so entspricht die von ihm aufgezeigte Pluralität musikalischer Jugendkulturen dennoch der kulturellen Wirklichkeit. Allerdings sind manche dieser Ausdifferenzierungen für Musikpädagogen und Musikologen[15] nur schwer wahrnehmbar bzw. nachvollziehbar. Die Unterrichtspraxis zeigt hingegen, dass selbst kleine, unbedeutend erscheinende musikalische Unterschiede, besonders klanglicher Art (Sound), von Jugendlichen wahrgenommen und als stilistisch bedeutsam erachtet werden. Überhaupt zählt der Sound zu den wesentlichen stilistischen Unterscheidungsmerkmalen dieser Musik. Ferner belegen aktuelle Studien von Maempel (2001), dass die Klanggestaltung von Popmusik wesentlich das Kaufinteresse beeinflussen kann.

Musik ist das wichtigste Medium in der Lebenswelt der Jugendlichen. In einer Umfrage unter 13- bis 18jährigen gaben fast 80% Prozent aller Befragten an, dass das Musikhören ihre Hauptaktivität[16] sei (vgl. STIELER/KARIG 1993, 94). Der hohe Stellenwert von Musik ist nicht zuletzt auf ihre Allgegenwart und die leichte Zugriffsmöglichkeit über die Medien zurückzuführen. Musik widerfährt heute jedem, unabhängig davon, ob man sie hören möchte oder nicht. Die dadurch verursachte Konditionierung ist so stark, dass sich Jugendliche (und nicht nur sie) häufig vor einer „akustischen Leere" fürchten und sich selbst in Situationen, die ein Höchstmaß an Konzentration erfordern

---

[15] Soweit sich die Musikologie überhaupt mit den musikalischen Jugendkulturen beschäftigt.
[16] Diesem Trend entgegen steht der Wunsch der Jugendlichen nach Musikunterricht. Von 3085 14- bis 18jährigen, die befragt wurden, in welchem Fach sie gerne mehr bzw. weniger Unterricht hätten schnitt das Fach Musik nicht so gut ab. 25% der Beteiligten hätten gerne weniger Musikunterricht, nur 16% dagegen mehr (Generation Bravo, Umfrage bei 14-18jährigen, in: „Frankfurter Rundschau" vom 22.07.99.

(z.B. Hausaufgaben) von Musik „begleiten" lassen (vgl. BAACKE 1998, 9). Als Folge dieser Omnipräsenz von Musik ändert(e) sich das Rezeptionsverhalten grundlegend. Musik wird überwiegend passiv wahrgenommen und somit zur Gebrauchs- und „*Verbrauchsmusik*" (ebd).

Während die sogenannte E-Musik letztendlich doch die Auseinandersetzung mit Musik als einer spezifischen Kunstgattung voraussetzt, sind Rock und Pop derart selbstverständlich geworden, daß sie weniger als musikalische Genres erfahren werden, denn als Wegbegleiter (BAACKE 1998, 12).

Musik hat im Leben der Jugendlichen nicht nur einen hohen individuellen Stellenwert, sondern weist zudem noch eine Vielzahl sozialer Bezüge auf:

Musik ist die Sprache der Zeit in Noten ... und deswegen lassen sich die Entwicklungen der „Jugendmusik-Szene" auch nicht von jenen der modernen Gesellschaft trennen (HETTLAGE 1992, 334).

Diese Bezüge artikulieren sich etwa im Bereich sozialer Bindungen und im Zusammenhang mit politischen Aktivitäten. Musik oder spezifisches Wissen über Musik (Biografien von Stars etc.) öffnet dabei dem Jugendlichen den Zugang in die soziale Gemeinschaft der Gleichaltrigen und Gleichinteressierten, der sogenannten „Peer-Group".

Es ist geradezu ihr Eintrittsbillet in die Gleichaltrigengruppe, wenn sie sich mit bestimmter Musik auskennen ... (RATHGEBER 1996, 12).

Gemeinsame musikalische Präferenzen festigen die Beziehungen innerhalb der Gruppe von Gleichaltrigen und führen zu gemeinsamen Aktivitäten, beispielsweise dem Besuch von Discos, CD-Geschäften und Konzerten (vgl. ebd.). Ebenso vermittelt Musik ein Gemeinschaftsgefühl, das über das Musikhören und das gemeinsame Tanzen, bis hin zum Erleben von „Trance" entsteht. Diese soziale Abhängigkeit kann jedoch auch in ihr Gegenteil umschlagen. Um in die soziale Bindung einer bestimmten Peer-Group zu gelangen, schließt man sich kritiklos dem Musikgeschmack der Gruppe an.

Besonders in den Medien wird oftmals pauschal die Politikverdrossenheit der Jugendlichen kritisiert. Bei genauerer Betrachtung ergibt sich jedoch ein differenzierteres Bild. Nach dem Verständnis von Rathgeber (1996) sind Jugendkulturen von ihrem Ursprung her gesehen unpolitisch:

Wenn Jugendkulturen die Ausdrucksweisen von Bedürfnissen, Interessen und Problemen Gefühlen und Perspektiven von Jugendlichen sind, dann sind sie von ihrer individuellen Entstehungsgeschichte her erst mal nicht politisch (RATHGEBER 1996, 18).

Inwieweit eine Gruppe in der Öffentlichkeit als politisch erscheint, hängt unter anderem von der Beurteilung durch die Medien (Journalisten, Politiker etc.) ab, vor allem jedoch davon, welches Verständnis von Politik die Öffentlichkeit hat. Bei den Jugendlichen selbst stößt der Vorwurf der Politikverdrossenheit auf Frustration und Unverständnis.

Wenn ich höre, die heutige Jugend sei politikverdrossen, könnte ich kotzen ... Genau das Gegenteil ist der Fall. Uns ist es gerade nicht scheißegal, was mit unserer Mutter Erde passiert, und Dinge wie Fremdenhaß und Intoleranz lassen uns gerade nicht kalt (JOE CHIALO, zitiert in: Nolteernsting 1998, 279).

Die Themenfelder, in denen sich Jugendliche politisch artikulieren, sind sehr weitgefächert. Im HipHop werden politische und soziale Missstände angeprangert. In den Texten der Rapper geht es um Arbeitslosigkeit, Wohnprobleme, Kriminalität, Rassenprobleme zwischen Schwarz und Weiß sowie den aggressiven Stellen- und Warenmarkt (vgl. JERRENTRUP 1996, 22; NOLTEERNSTING 1997, 284). Für Jerrentrup hat sich der Rap *„zu der[17] politischen Musik der 80er Jahre"* etabliert (JERRENTRUP ebd.).

Politische Ambitionen artikulieren sich in der Technoszene auf einer anderen Ebene. Hier fungiert die Techno-Party als *„politisches Instrument"* (NOLTEERNSTING 1998, 281). Mit ihrem Love-Parade-Slogan „Love, Peace and Unity"[18] propagiert sie öffentlich ihren Anspruch der Toleranz und Gewaltlosigkeit.

Von Gewalt ist in dieser Szene nichts zu spüren. Wenn ich mir die anderen angucke, die in ganz normale Mainstream-Discos gehen, sich totsaufen müssen und blöde Anmache, dann ist Techno tausendmal besser (MIRIAM, TECHNOFAN, in: Hunfeld/Scheible 1994, 21).

---

[17] Hervorhebung von Jerrentrup.
[18] Eigentlich handelt es sich um eine Abwandlung der auf die franz. Revolution zurückgehenden Forderung nach Freiheit, Gleichheit und Brüderlichkeit (vgl. PORSCHARDT 1999, 201).

Techno ist die erste Jugendkultur der neunziger Jahre, die primär nicht nationalistisch, - rassistisch, - sexistisch und gewalttätig ist (WALDER, in: Fricke/Groß 1995).

Kulturkritisch sind die politischen Anliegen der Punks. In ihnen spiegelt sich die Auseinandersetzung mit dem gesellschaftlichen Normenkodex wider. Punk als der *„kulturelle Beitrag der siebziger und achtziger Jahre"* (BAACKE 1998, 260) ist gleichzusetzen mit *„Antinorm"* als typische Punkhaltung, die sich in der Musik und im Verhalten der Musiker und Fans zeigt (vgl. NOLTE-ERNSTING 1998, 286). Damit wendet sich der Punk *„gegen jede Form intellektueller oder akademischer Vereinnahmung, die schließlich nur darin bestand, Rock und Pop mit der vorhandenen Kulturwelt zu amalgamieren"* (vgl. BAACKE 1998, 261).

Das ‚Kulturelle' des Punk liegt gerade darin, daß jede Art von bürgerlich anerkannter ‚Kultur' abgelehnt wird; das musikalische Material war im (wörtlichen Sinne) primitiv, vielleicht manchmal dilettantisch gehandhabt, aber es drückte ein neues kulturelles Selbstbewußtsein aus für eine Szene (ebd.).

Darüber hinaus artikulieren sich politische Positionen in der neofaschistischen „Oi-Musik" (Musik der Skinheads bzw. Rechtsradikalen). *„(Vor)-faschistoide Elemente"* erkennt Jerrentrup partiell auch in der *„manchmal an extreme Marschmusik erinnernden Rhythmik"* des EBM (JERRENTRUP 1996, 27). Politische Themen werden ebenso bei den zum Hardcore-Bereich zählenden Gruppen „Biohazard" und „Rage against the Machine" aufgegriffen (vgl. NOLTEERNSTING 1998, 288).

In musikalischer Hinsicht und im Hinblick auf das Rezeptionsverhalten Jugendlicher ist es sinnvoll die Musik der Jugendkulturen in zwei Bereiche aufzugliedern:

1. Ein populärer und stark kommerziell ausgerichteter „Mainstream"-Bereich (Populäre Musik). Er zeichnet sich durch einfache, leicht rezipierbare musikalische Strukturen aus und wird vom überwiegenden Teil der Jugendlichen rezipiert bzw. konsumiert (vgl. BEHNE 1986).

2. Ein eher als „alternativ"[19] oder „subkulturell"[20] zu beschreibender Bereich, dem auch die sogenannte „Independent-Szene" angehört (vgl. JERRENTRUP 1998, 81ff; WERNER 1998, 305ff). Dieser Bereich ist in musikalischer Hinsicht durch ein relatives Maß an Kreativität und Komplexität gekennzeichnet. Dazu gehören beispielsweise einige Unterstilarten des Technos, wie „Intelligent" „Trance" oder „Arm Chair Techno", die eine *„gestalterische Originalität"* aufweisen, die für den popmusikalischen Bereich *„beachtlich"* ist (JERRENTRUP 1996, 30). Diese Alternativen zeichnen sich in ihrer extremsten Ausprägung durch den Gebrauch unkonventioneller Skalen und asymmetrischer Rhythmen oder vereinzelt durch eine völlige Loslösung von festen Metren oder Tempi aus. Typisch sind ferner ein erweitertes emotionales Ausdrucksspektrum, der Einsatz konkreter Klänge, ein ungewöhnliches Instrumentarium sowie unkonventionelle Spielarten, erweiterte Formen (Konzeptstücke mit unterschiedlichen Sätzen), alternative Stimmbehandlung und ein bewusst *„schmutziges"*, *„schiefes"* und *„untransparentes"* Klangbild (vgl. JERRENTRUP 1998, 93ff). Aufgrund der relativ komplexen und nonkonformen bzw. unkonventionellen Erscheinungsweise wird dieser alternative Bereich musikalischer Jugendkulturen von verhältnismäßig wenigen Jugendlichen rezipiert und steht deshalb in den Präferenzlisten am Ende (vgl. BEHNE 1986). Innerhalb jugend-kultureller Musik weist gerade dieser Bereich eine der Neuen Musik ähnliche Exklusivität auf. Dadurch bietet er hinsichtlich einer schülerorientierten Vermittlung Neuer Musik grundsätzliche Berührungspunkte und wird in den nachfolgenden Ausführungen bevorzugt betrachtet. Der Übergang zwischen beiden Bereichen ist nicht eindeutig fixierbar, sondern fließend.

4.1.3.1 Das „Material" jugendkultureller Musik

Im populären Bereich musikalischer Jugendkulturen basiert das verwendete Tonmaterial nahezu ausschließlich auf Dur- oder Moll- (z.B. Techno) und Blues-Skalen (z.B. HipHop oder Heavy-Metal). Modale Skalen, meist phrygische, jedoch auch äolische oder dorische, kommen überwiegend im Dark

---

[19] Einen sehr guten Überblick über die Independent- Szene bietet der Artikel „Randerscheinungen? Ja, aber mit ästhetischer Power! Alternative Musik im Umfeld von Pop- und Rock" von Ansgar Jerrentrup, in: Johannes Fritsch (Hg.): Alternativen, Veröffentlichungen des Instituts für Neue Musik und Musikerziehung Darmstadt, Bd. 38, Mainz 1998.
[20] „Subkulturell" versteht sich hier als ein in Opposition zur konventionellen Kultur und teilweise zum Mainstream stehendes Verständnis von Musik.

Wave oder im Gothic vor. Im alternativen Bereich sind sehr vereinzelt mikrotonale Anleihen (*Dancing* von OMD) und atonales Material (*Contrazoom* von Spacer) vorzufinden. Weiterhin ermöglicht es die Sampling-Technik[21], neben reinem Tonmaterial konkretes Material unterschiedlicher Provenienz (Nachrichtensendungen, Reden, Spielautomaten usw.) sowie Zitate und Fragmente aus ganz verschieden musikalischen Bereichen (Pop/Rock, Klassik, Neue Musik etc.) aufzugreifen und meist in modifizierter Form weiterzuverwenden. Manche Stücke (etwa von This Heat und Numb) erinnern auch an „Studien" elektronischer und elektroakustischer Musik (vgl. JERRENTRUP 1998, 95 u. 97; SHUSTERMAN 1994, 163).

Seit geraumer Zeit sind zudem (wieder)[22] Fusionsversuche zwischen Pop/Rock und der Neuen Musik beobachtbar. Dazu scheint sich besonders die repetitive Musik als Materialgrundlage zu eignen. Die HipHop-Formation „Der Freundeskreis" verwendete 1997 Musik von Steve Reich als Intro für ihre erste CD. Auf einem anderen Tonträger mit dem Titel *Steve Reich Remixed* wurden 10 Stücke (u.a. *Piano Phase; Music For 18 Musicians*) des amerikanischen Komponisten Steve Reich von bekannten DJs der Technoszene einer Bearbeitung unterzogen (vgl. JERRENTRUP 1999, 148ff).

4.1.3.2 Die Bedeutung des Sounds

In der Musik der Jugendkulturen kommt dem Sound eine besondere Bedeutung zu. Er gehört zu den grundlegenden Gestaltungsmitteln dieses Genres. Der Sound dient dem Hörer nicht nur als wichtiges stilistisches Identifizierungsmerkmal, sondern beinhaltet neben dem Aspekt der Klangfarbe eine psychologisch-emotionale Dimension. Auf die mehrschichtige Bedeutung des Sound-Begriffs weist auch Joachim Ernst Berendt hin:

> *Das englische Wort ‚Sound' hat eine umfassendere Bedeutung als das deutsche Wort ‚Klang'. Es umfaßt Hörbares schlechthin, tönt aber auch hinüber in den Bereich des Geräusches. Auch impliziert es Klangvorstellen, die junge Hörer unmittelbar angehen – Vorstellungen, die durch das Wort ‚Klang' nur unzureichend abgedeckt werden ...*

---

[21] Klänge und Geräusche werden über einen Digital-Analog-Wandler in eine digitale Datenmenge umgewandelt und können so mit entsprechenden Programmen im Computer weiterverarbeitet werden.
[22] Solche Fusionsversuche gab es schon in den 70er Jahren, etwa bei Frank Zappa.

Das Wort ‚Klang' ist viel stärker auf abendländische Tradition, das Wort Sound stärker auf das Lebensgefühl junger heutiger Menschen bezogen. Diesen Bezug hält es auch dort, wo es sich auf eine Gruppe bezieht. ... der Sound einer Rockgruppe – ist ein Körper, der ein musikalisches Geschehen in sich aufnimmt und in den Hörer einzudringen hat (BERENDT, Manuskript 51f).

Cosmic Baby, Begründer des Trance (Understilart des Techno) beschreibt die psychologisch-emotionale Wirkung bestimmter Sounds folgendermaßen:

Trance-Sounds können als Transmitter funktionieren, die dich in dieses Bewußtsein erheben (COSMIC BABY, zitiert in: Anz 1999, 46).

Das Instrumentarium bzw. dessen Sound dient als wichtiges Unterscheidungsmerkmal zwischen den verschiedenen stilistischen Ausprägungen jugendkultureller Musik. Typisches Merkmal der Technomusik ist die bewusste Verwendung „analoger"[23] Klangquellen, deren Klangcharakteristik „synthetisch" und „künstlich" wirken. Beim HipHop hingegen gehören die Scratching-Geräusche zu den stiltypischen Merkmalen. Charakteristisch für beide Stilarten ist die Verwendung von Klangzitaten (siehe oben), sogenannte Samples. Moderne Bearbeitungsverfahren (z.B. looping, time-streching und filtern) sowie der Einsatz von Geräten zur Klangmodifikation und -verfremdung ermöglichen ein großes Spektrum an unterschiedlichen Sounds.

Neben dem Instrumentarium beeinflussen die verschiedenen Spieltechniken den Sound einer Gruppe bzw. eines Stilbereichs. Im Heavy-Metal (HM) unterscheiden sich die Unterbereiche „Death Metal" sowie „Doom Metal" vom „Blackmetal" wesentlich durch *„ihre schärferen Sounds... und durch eine stark ‚schreddernde' und monotone Gitarrenspielweise"* (JERRENTRUP 1996, 31). Gleichzeitig dient der Sound als Mittel zur stilistischen Abgrenzung. Im „Industrial" und überwiegend auch in der „Electronic Body Music"(EBM), setzen die wüsten, brutalen und stark verzerrten Klänge, die mitunter an den Produktionslärm von Industriehallen erinnern, einen totalen Kontrapunkt zur Ästhetik des Schönklangs des „Hitparadenpops" (vgl. JERRENTRUP 1996, 27). Manche dieser Stücke liegen bereits im Stilbereich des „Noise". In klanglicher Hinsicht eine *„Ästhetik des Hässlichen"* (BAACKE 1998, 268) ist im „Punk" zu fin-

---

[23] Der Begriff „analog" bezieht sich im diesem Zusammenhang auf eine spezifische Art der Klangerzeugung. Bei analogen Synthesizern werden die verschiedenen Klangfarben durch die Filterung (z.B. Hochpassfilter) eines bestimmten Grundklangs erzeugt. Die Filterung bewirkt eine Veränderung des Obertonspektrums dieses Grundklangs.

den. Sein verzerrter Sound übernimmt neben der Rolle eines vordergründigen Ausdrucks zugleich eine antibürgerliche und abschreckende Funktion (BAACKE 1998, 262).

Unkonventionelle Klangerzeuger findet man in der alternativen Szene. Eisenstangen, Stahlspiralen, Blecheimer, Elektromotoren zählen zum Instrumentarium der Berliner Gruppe „Einstürzende Neubauten". Selbst hergestellte Instrumente verwendet desgleichen A.K. Klosowski, die er in Anlehnung an Luigi Russolos „intonarumori" als *„selbstkonstruierte Lärmtöner"* bezeichnet (vgl. JERRENTRUP 1998, 96).

Durch verschiedene Formen des Stimmeinsatzes und der Stimmbehandlung ergeben sich weitere klangliche bzw. allgemein stilistische Unterschiede. Zunächst fällt auf, dass im Techno mit Ausnahme des kommerzialisierten Technopops (z.B. Marusha) nahezu keine Vokalparts zu finden sind. Im HipHop ist hingegen der stark rhythmisierte Sprechgesang (Rap) ein zentrales stilistisches Merkmal. Einige Vokalisten im alternativen Bereich fallen durch ihren unkonventionellen Stimmeinsatz auf (z.B. Nina Hagen, John Lydon bei der Gruppe „Père Ubu"). Weit mehr haben sich jedoch die durch verschiedene technische Geräte möglich gewordenen Formen der Stimmmodifizierung etabliert. In der Electronic Body Music(EBM) beispielsweise wirkt der Gesang durch ausgiebige elektronische Verfremdung über Filter und Verzerrer oft *„unnatürlich", z.T. sehr ‚angeschärft' und weist keinen melodischen Duktus auf"* (JERRENTRUP 1996, 27). Im Dark Wave werden von den Männerstimmen *„Mönchschöre in dunkelster Lage"* imitiert, die häufig mittels Pitchshifter und Harmonizer künstlich in die entsprechende Tonlage transponiert werden. Ihre Artikulationsweise zeichnet sich nicht selten durch einen *„theatralischen"*, *„manierierten"* und *„pathetischen Duktus"* aus. Als Kontrast werden in diesem Stilbereich Frauenstimmen eingesetzt, die mit ihren „sauberen" Stimmen und ihrem hellen *„engelhaften"* Gesang (heavenly voices) einen klaren Kontrast zu dem sonst düsteren Klangbild setzen (vgl. JERRENTRUP 1996, 28).

Das Klangbild (Sounddesign) fungiert auf einer klanglichen Ebene als stiltypisches Merkmal. Der Industrial etwa hebt sich von der EBM durch ein fülligeres und bassbetonteres Klangbild ab. Das Sounddesign des Dark charakerisiert sich durch ein düsteres und basschweres und von tragenden Tiefklängen gezeichnetes Klangbild. In seiner speziellen Ausprägung, dem Dark Ambient finden sich tiefe, *„unergründliche"* Klänge, die ohne ein festes Metrum im Raum schweben, sich verändern und eine intensive *„dunkle"*, *„schwarze"* und geradezu *„kontemplative"* Atmosphäre schaffen (JERRENTRUP 1996, 27ff). Ebenso zeichnet sich das Klangbild der Goten (Gothic) durch eine dunkle und hallige Charakteristik aus. Aufgrund seines hohen Stellenwertes kann innerhalb der musikalischen Jugendkulturen das Sounddesign als eigenständiges musikalisches Gestaltungsmittel angesehen werden, mit dem in der Szene sehr vielfältig experimentiert und improvisiert wird (vgl. ebd.).

4.1.3.3 Die „Strukturen" jugendkultureller Musik

Auf struktureller Ebene ist der populäre Bereich musikalischer Jugendkulturen nahezu ausnahmslos tonal und metrisch gebunden mit einer weitgehend symmetrischen (2er und 4er) Taktgliederung. Vereinzelt gibt es insbesondere im Ambient oder Dark Ambient Stücke, die als metrisch frei wahrgenommen werden. Ebenso selten sind ungerade Taktarten (in *Zone 30* von Sensorama) oder asymmetrische Taktgliederungen (z.B. *I hung my head* von Sting) zu beobachten. Der amerikanische HipHop hingegen, zeichnet sich durch relativ komplexe Sprachrhythmen (z.B. *Fight the Power* von Public Enemy) und auf Patternebene durch polymetrisch angelegte Strukturen aus.

Charakteristische und stiltypische Erkennungsmerkmale treten auf Grund der besonders im populären Bereich anzutreffenden, relativ einfachen und konformen rhythmischen Strukturen nicht in Erscheinung. Diese zeigen sich vielmehr auf der Ebene einer metrisch-rhythmischen Binnendifferenzierung (als Variation des Immergleichen) und werden weiterhin durch das Tempo sowie die einen speziellen Rhythmus kennzeichnenden Sounds bestimmt. Techno und HipHop unterscheiden sich beispielsweise durch ihre metrische Binnengliederung. Während beim HipHop eine ternäre Rhythmik geradezu stiltypisch ist, konstituieren sich die Rhythmen des Technos nahezu ausschließlich aus binären Strukturen. Eine tempobezogene Unterscheidung verschiedener Unterstilarten ist besonders im Techno beobachtbar. Dem sehr langsamen und ruhig fließenden Ambient und Chill Out mit ca. 45 BPM steht der „Hardcore" oder „Gabber" mit Extremwerten von bis zu 250 BPM gegenüber (vgl. ACKERKNECHT 1999, 164f). Ein Extrembeispiel im Metal-Bereich ist in diesem Zusammenhang sogenannte „Speed-Metal". Auf klanglicher Ebene unterscheidet sich der „Jungle" von anderen Technounterstilarten mitunter durch seine exotischen Drum- bzw. Percussion-Sounds.

Untersucht man die Musik der Jugendkulturen in formaler Hinsicht, so sind im populären Bereich bevorzugt einfache Lied- oder Bluesformen zu finden. Speziell im Techno und im HipHop werden die formalen Strukturen wesentlich durch deren (digitale) Produktionsweise beeinflusst. Mit Hilfe von Sequenzer-Programmen werden von Basispattern mehrere Kopien hergestellt und in originaler oder leicht modifizierter Form zu „Sequenzen" aneinandergehängt. Deshalb liegen diesen Rhythmus-Pattern weitgehend invariante Reihungen (Sequenzen) von 2er-, 4er-, 8er-, 16er- und 32er-Einheiten zugrunde. Diese Sequenzen werden übereinander geschichtet und erinnern auf Grund ihrer repetitiven Elemente an Minimal-Music. In manchen Unterstilarten des Techno, etwa dem Trance, ist die Verwendung repetitiver Elemente besonders ausgeprägt (vgl. JERRENTRUP 1996, 29).

Mit Ausnahme des „Hitparaden-Techno" werden in diesem Stilbereich keine Gesangsstimmen eingesetzt und viele dieser Stücke haben nach traditionellem Verständnis keine Melodie. Dies führt in gestalterisch-formaler Hinsicht zu gewissen Freiräumen, die in Vokalstücken aufgrund der Bezüge von Text und Musik nicht möglich sind. Zwar sind im Techno oft musikalische Elemente enthalten, die im übertragenen Sinne an eine Art Refrain erinnern, doch darf ihre Bedeutung in formaler Hinsicht nicht überbewertet werden. Vielmehr geht es im Techno um eine empirisch gefundene Aneinanderreihung und Schichtung ornamentaler Sequenzen, die ein permanentes Auf- und Abbauen musikalischer Spannung[24] intendieren (vgl. KELLER 1999, 170f).

Das Prinzip des dialogischen Musizierens (call & response) ist auf Grund seiner schwarzafrikanischen Wurzeln ein spezifisches Stilmerkmal des HipHop. Ein weiteres strukturelles Merkmal dieses Genres sind die collageartigen Aneinanderreihungen von bereits in früheren Stücken anderer Stilbereiche (z.B. Rock) verwendeten Rhythmuspattern (samples). Dadurch zitiert sich diese Musik teilweise selbst, in dem Altes aufgegriffen, den veränderten Gegebenheiten angepasst wird und in einem neuen musikalischen Kontext (Rekontextualisierung) wieder erscheint (NOLTEERNSTING, 1998, 290).

Der Rückgriff auf klassische Kompositionen aus dem Bereich der europäischen Kunstmusik, bzw. deren Wiederaufbereitung oder Weiterverarbeitung (Remix) ist sowohl im HipHop als auch im Techno beobachtbar. Neben verschiedenen anderen Modifikationen, wird diesen Stücken meist ein Schlagzeugrhythmus unterlegt. Prominente Beispiele dafür sind A. Arlens *Somewhere over the Rainbow* (aus dem *Zauberer von Oz*) in einer Bearbeitung von Marusha oder Pachelbels *Kanon in D* in einer Bearbeitung von Coolio.

---

[24] Vgl. dazu die Analyse des Technos-Stückes *Red In* (Dave Clarke) von Manuela Keller (1999, 171f).

4.1.3.4 Jugendkulturelle Musik und Körperlichkeit

Körperlichkeit ist in der Musik der Jugendkulturen von grundlegender Bedeutung. Neben rein bewegungsbezogenen Aspekten beinhaltet sie auch sozial-psychologische Implikationen. Gleichzeitig berührt dieser Aspekt spezifische Formen musikalischer Rezeption und Produktion.

In der Musik der Jugendkulturen zeigt sich Körperlichkeit zunächst in der Verbindung von Musik und Bewegung, die in ihrer extremsten Ausprägung, dem „Trance" bis in andere Bewusstseinszustände, eben einer Art Trance führen kann.

Trance ist das Gefühl zu schweben, bestimmte Situationen auf einer anderen, höheren Bewußtseinsstufe zu erleben (COSMIC BABY, zitiert in: Anz 1999, 46).

Einen völlig anderen, ebenfalls extremen und fast artistischen Körpereinsatz verlangen die verschiedenen Tanzfiguren des „Breakdance", wie „Headspin" oder „Windmill". Ein weiteres Bewegungsmerkmal des HipHop sind die rudernden Armbewegungen der Rapper während ihres Vortrags. Eine körperbezogene Form der Musikrezeption stellt der „Pogo" der Punker oder das „Headbanging" der Heavy-Metal-Szene dar. *„Ruhig und gefaßt"* dagegen, erscheinen die Bewegungen der Goten (Gothic). *„Man schreitet lieber einher, als daß man ausgiebig zu tanzen pflegt"* (JERRENTRUP 1996, 26). In anderen Stilen, zum Beispiel dem Industrial ist die Tanzstimulation von *„untergeordneter Bedeutung"* (vgl. JERRENTRUP in: Schütz 1996, 27). Eine andere Form „körperlicher" Musikrezeption ist das Musikhören mit großer Lautstärke. Zinnecker (1987) vermutet hinter diesem Phänomen das Bedürfnis vieler Jugendlicher, Musik intensiv körperlich hören und erfahren zu wollen.

Körperbezogene Aspekte treten weiterhin beim Bühnenvortrag in den Vordergrund, beispielsweise in der theatralischen und pathetischen Bühnenshow des Dark Wave oder in den blutrünstigen und gewalttätigen Bühnenszenarien des Doom-Metal (JERRENTRUP 1996, 28f; 31).

Körperlichkeit ist in einigen musikalischen Jugendkulturen ferner als eine spezifische Form des sozialen Kontaktes zu begreifen. Diese Kontaktform ist in der Punkszene besonders auffallend. Sie zeigt sich beim „Stagediving" (von der Bühne in das Publikum springen) oder beim „Moshen" (kreisförmig angeordnete Gruppe, dabei werden de Arme auf die Schultern der Nachbarn gelegt). Eine extreme Form stellt das „Gobbing" (gegenseitiges sich Anspucken) dar.

4.1.3.5 Musikalischer Ausdruck

Musikalischer Ausdruck als expressiv-emotionale Dimension hat für die Jugendlichen eine annähernd große Bedeutung wie der oben beschriebene Aspekt der Körperlichkeit. Musikalischer Ausdruck und die Funktion von Musik sind bei Jugendlichen sehr eng miteinander verbunden (vgl. JERRENTRUP 1998, 103f). Das heißt, musikalischer Ausdruck steht nie für sich alleine, sondern stets in unmittelbarem Zusammenhang mit der gesamten Grundbefindlichkeit und den Bedürfnissen der Jugendlichen.

Musik zu hören oder zu machen bietet besonders Jugendlichen die Möglichkeit, sich den Vorgaben der Gesellschaft zu entziehen, sich gegenüber deren Normen kritisch bis ablehnend zu verhalten, <u>seinen persönlichen Gefühlen wie Freude oder Wut Ausdruck zu verleihen</u>[25], seinen Träumen nachzugehen oder sich zu anderen Menschen in sonst schwer vollziehbare räumlich Distanz zu begeben (NOLTEERNSTING 1998, 276).

Darüber hinaus repräsentiert die Musik der Jugendkulturen weit mehr als andere Ausdrucksformen die Lebenswelt und das Lebenskonzept der Jugendlichen.

Die verschiedenen Musikstile repräsentieren den unterschiedlichen Umgang mit dem Leben und dessen Anforderungen an die Jugendlichen, sie spiegeln ihren Alltag wider und unterscheiden sich dadurch voneinander, ob die Jugendlichen phantasievoll nach neuen Ideen suchen oder sich eher resigniert in der Musik verlieren, ob sie optimistisch an die Zukunft glauben oder jede Hoffnung aufgegeben zu haben scheinen (NOLTEERNSTING, in: Baacke 1998, 276).

Eine weitere Funktion jugendkultureller Musik liegt darin, momentane Stimmungen mitunter ganz bewusst zu intensivieren.

Musik dient den Jugendlichen zum Ausagieren von Phantasien, Tagträumen, Wünschen, Sehnsüchten. Sie reichern den monoton empfundenen Alltag mit Musik an, z.B. das Erledigen von Hausaufgaben für die Schule. Sie entwickeln mit ihrem spezifischen Musikwissen, mit ihren Kenntnissen über Stile, Genres, Stücke, Stars, ein gewisses Selbstwertgefühl, sie werden für ihre Medienkompetenz von den gleichaltrigen anerkannt und bewundert. Durch gemeinsamen Musikgeschmack festigen sich die Beziehungen innerhalb der Peer-Groups (JERRENTRUP 1996, 12).

---

[25] Hervorhebung vom Verfasser.

Bestimmte, mit Musik verbundene emotionale Reaktionen haben ferner einen symbolischen Charakter. *„Krach, Wut, rotzige Anmache"* und der typische *„Punkrocksound"* legen etwas bei der deutschen Punkrockband ZZZ-Hacker offen, *„daß es nicht um den virtuosen Umgang mit Instrumenten oder Texten, sondern um die impulsive, z.T. zerstörerische Behandlung der Geräte, symbolisch der Gesellschaft geht"* (NOLTEERNSTING 1998, 287).

Das musikalische Ausdrucksspektrum reicht von der ruhigen, entspannten und gelösten Atmosphäre des Ambient bzw. Chill Out bis hin zur Ekstase des Trance oder zur Aggression in den verschiedenen Ausprägungen des Heavy-Metal. Dazwischen existieren eine Vielzahl von Stimmungen und Ausdrucksqualitäten: Leid, Wut und Klage, Einsamkeit, Trauer, Zerrissenheit, Verzweiflung, Depressives, Feierliches, Unemotionales („Cooles") usw., die der „Happy"-Stimmung der Popkultur gegenüber stehen (vgl. JERRENTRUP 1998, 104; NOLTEERNSTING 1998, 288).

Ein weiterer emotionaler Aspekt ist die Sexualität. Sie artikuliert sich in unterschiedlichen Ausdrucksformen. Viele Texte des HipHop etwa beinhalten sexuelle Protzereien (boasting) und verletzen damit penetrant sexuelle Tabus (vgl. FUCHS 1994, 25). Besonders ausgeprägt ist dies im „Hard Core-Rap". Andere sexuelle Ausdrucksformen finden sich im Dark Wave oder Dark und im Techno. Zunehmend sind dort SM-Mode bzw. SM-orientierte Bühnenshows zu beobachten (vgl. JERRENTRUP 1996, 28; WALDER 1999; 266ff).

4.1.3.6 Ästhetisches Verstehen und Reflexion

Untersuchungen, inwieweit Jugendliche ihre Musik in ästhetischer Hinsicht verstehen und reflektieren, sind nicht bekannt. Im Alltag ist zu beobachten, dass Schüler ihre Musik ganz bewusst auswählen, beurteilen und sich mit ihren Mitschülern darüber austauschen. Dabei dürfte die Klanggestaltung (Sound) der Musik von zentraler Bedeutung sein. Aktuelle Studien von Maempel (2001) zeigen, dass bei der Beurteilung eines unbekannten Musikstückes (Popmusik) eine hochsignifikante Beeinflussung durch die Klanggestaltung nachzuweisen ist. Bei bekannten Stücken (Top-Ten-Hits) übt die Klanggestaltung keinen statistisch bedeutsamen Einfluss auf das Hörerurteil aus. Hier tritt für Maempel der *„'Effekt des gefestigten Urteils' infolge der hohen Bekanntheit und der Musikstücke"* in den Vordergrund (ebd. 219).

Es dürfte Einvernehmen darüber bestehen, dass ein ästhetisches Verstehen und Reflektieren ihrer Musik bei Jugendlichen zwar stattfindet, sich jedoch auf einer elementaren Ebene und im Rahmen eines relativ engen altersbedingten musikalischen Erfahrungshorizontes bewegt.

Auf einem vermeintlich anderen Niveau ist, wie nachfolgende Darlegungen aus dem Bereich des Techno belegen, die ästhetische Reflexion bei den Produzenten jugendkultureller Musik angesiedelt. Für sie konstituiert und reflektiert sich die Ästhetik des Techno im Kontext einer umfassenden Technisierung und Digitalisierung der musikalischen Produktionsmittel (Synthesizer, Computer, Sampling- und MIDI-Techniken etc.). Infolge dieser Entwicklungen wurde es möglich, Klang- und Geräuschfragmente (Samples) mit Hilfe der sogenannten Sampling-Technik (siehe oben) zu speichern, zu verändern und in einem neuen musikalischen Kontext (Rekontextualisierung) wiederzugeben. Gleichzeitig bilden die so entstandenen Technostücke wiederum die Quelle für neue Samples, so dass eine Art musikalisches „Recycling" zustande kommt (vgl. ROSE 1999, 223). Die Vertreter des Technos erheben den Anspruch, die künstlerischen Möglichkeiten dieser Form der Musikbearbeitung und –verarbeitung als erste erkannt und umgesetzt zu haben.

> *mit der verwendung von sampling war techno die <u>erste ekstatische digitale musikbewegung</u>. techno hat als erste künstlerische Bewegung die möglichkeiten digitaler datenbanken erkannt: ein riesiger schritt in der <u>evolution</u>*[26] (ROSE 1999, 222).

Das Prinzip des Samplings im Sinne einer Rekontextualisierung bereits bestehenden Materials weitete sich im Laufe der Zeit auf andere Bereiche wie Grafik, Mode, Design etc. aus. So bestanden beispielsweise in den achtziger Jahren die meisten „Flyer" (Handzettel) aus gesampelter Popart der Sechziger (vgl. ebd. 228).

Die „*Digitalisierung der Kultur*" (ROSE 1999, 223) führt in vielerlei Hinsicht zu einem völlig neuen Verständnis von Kunst bzw. Musik. Die Authentizität des Materials rückt als ästhetisches Kriterium in den Hintergrund. Durch die infolge der Digitalisierung möglich gewordene Omnipräsenz musikalischer Materialien entsteht ein Zustand der „*echtzeit*", in dem „*kultur-puzzleteilchen*"[27] aus Vergangenem, Gegenwärtigem und Zukünftigem eine differente und neue ästhetische Ebene der Kommunikation bilden (vgl. ebd, 224).

Mit der Genese des Techno bilden sich neben einer ästhetischen weitere, insbesondere soziale Kommunikationsformen aus. Auf den „Raves" tanzt man nicht mit- sondern füreinander. Der eigene Körper wird selbstverliebt zur Schau gestellt und gefeiert. Die Kommunikation vollzieht sich auf einer höhe-

---

[26] Die Hervorhebungen und Kleinschreibungen stammen von Rose.
[27] dto.

ren, kollektiven Ebene. Der digitale Puls des Techno bildet dabei die kommunikative Basis. Er macht aus den Ravern einen einzigen

> ...*Organismus, der sich hebt und senkt, aufsteigt und fällt, überschwappt und vibriert ...zwischen den tanzenden Körpern verliert sich die Haut als Grenze. Die Poren werden durchlässig. Wärme und Schweiß weichen allmählich die Glieder auf, und bald beginnen sich diese im Rhythmus gegenseitig zu durchdringen und als Abgegrenztes und Abgrenzbares aufzulösen* (WALDER 1999, 268).

Gleichzeitig bildet sich im Cyperspace, über die verschiedenen Plattformen der Websites eine alternative und entpersonifizierte Form der Kommunikation aus. Sie stellt „*eine neu, ortsungebundene form der digitalen zusammengehörigkeit, des gemeinsamen vernetztseins*"[28] (ROSE 1999, 230) dar. An diesen Kommunikationspunkten werden Internetlabels gegründet, "Datenraves" veranstaltet und in virtuellen Räumen hypermediale Live-Performances (z.B. Station Rose) initiiert. Der naheliegende Vorwurf einer Entsinnlichung der Künste wird nicht akzeptiert:

> *entgegen der allgemeinen vorstellung vom 'verschwinden der sinne' durch die virtualisierung schafft die entmaterialisierung des kunstwerkes im cyperspace neue formen der sinnlichkeit* (Rose 1999, 230).

Neben neuen Kommunikationsformen entsteht im Kontext von Technologisierung und Digitalisierung ein neuer Musikertypus. Der DJ ist Komponist, Interpret und Toningenieur zugleich. Ihre Musik verstehen die DJs im Gegensatz zur alten, mit *"kunstfertigen Händen"* hergestellte, als reine *"Gehirnmusik"* (POSCHARDT 1999, 202). Die cerebrale (Gehirn) und excerebrale „Festplatte" verschmelzen dabei zu einer großen Datenbank. Es ensteht so eine *"Poesie aus den Schaltkreisen"* (ebd. 200), die neue künstlerische Möglichkeiten eröffnet. Die Person des DJ ist eine neue Art von Autorenfigur und erlaubt eine neue „*Kompositionsarbeit, die selbst-reflexiver, avantgardistischer, komplexer und moderner war und ist als jede Form der Popmusik bisher*" (POSCHARDT 1999, 206).

Die sogenannte "DJ-Culture" lässt das Musikerkollektiv verschwinden. Gleichzeitig verlieren traditionelle Instrumente ihre Bedeutung und dienen höchstens noch als Klangquellen. Das neue Instrumetarium besteht aus Turntables, Drummachines, Synthesizer, Sampler, Computer und Sequencerprogrammen.

---

[28] dto.

Die Technoszene formuliert nicht nur selbstbewusst ihre eigene Ästhetik, sondern reflektiert in gleicher Weise ihre fortschreitende Kommerzialisierung und musi-kalische Stagnation. Aus der ursprünglich reinen Technokultur wurde eine Popkultur. Die Popularisierung des Techno ging auf Kosten der Komplexität und Sperrigkeit. Die „*Traditionalisierung bestimmter Klänge*" (stiltypische Sounds) war gleichzeitig der Weg zur *"Banalisierung"* des Techno (vgl. POSCHARDT 1999, 204). Neben dem popularisierten Techno existieren jedoch immer noch Erscheinungsformen mit einem gewissen musikalischen Anspruch, wie etwa der sogenannte Arm-Chair Techno oder Intelligent (vgl. JERRENTRUP 1996, 30; ANZ 1996, 231).

In historischer Hinsicht ist die Musik des Techno auf die Zukunft ausgerichtet: *"We had always be into futurism"* (ATKINS, in: Porschardt 1999, 201). In diesem Zusammenhang bezieht man sich mitunter auch auf Schönberg [sic!]: *"Kunst heißt neue Kunst"* (SCHÖNBERG zitiert in: Poschardt 1999, 206. Gleichzeitig betont der Techno jedoch stets seine Rückbindung an die Musiktradition (Historismus). *"Die Reise in die noch unentdeckten Galaxien 'möglicher Musik' wird mit alten Geräten angetreten ..."* (ebd. 204). Weiterhin hat der Techno von seinem ästhetisch-historischen Anspruch her, zumindest ideell, in der Tradition der Neuen Musik, neben der *"Rückeroberung der Geräusche"* mitunter auch einen gewissen Vermittlungsanspruch (vgl. ANZ U. MEYER 1999, 10; POSCHARDT 1999, 205f.).

> *Die Musique concrète, Dada-Gedichte, John Cage, Fluxus und die Graphismen von Bauhaus-Künstlern – allesamt heilige Kühe avant-gardistischer Kunst dieses Jahrhunderts – sind vom DJ <u>ohne Kenntnis</u>[29] aber mit mehr Selbstverständlichkeit und mit einer Leichtigkeit umgesetzt worden, die sie massenkompatibel und damit massenverständlich macht* (POSCHARDT 1999, 205).

Die Darlegungen über den Versuch einer ästhetischen Selbstreflexion und historischen Legitimation der Technoszene, in die bewusst das technikorientierte Sprachidiom des Techno mit eingeflossen ist, offenbaren einen gewissen Intellektualismus der Szene bzw. den krampfhaften Versuch einer elitären Legitimation, deren Schein sich allerdings genau in der Artikulierung dieses Anspruches offenbart. Dieser Schein-Intellektualismus wird dann auf eine Spitze getrieben, wenn im Zusammenhang mit der Frage, inwieweit die Technik im Techno reiner Selbstzweck geworden ist, der Technikbegriff (Gestell)[30]

---

[29] Hervorhebung vom Verfasser.
[30] Zum Technikbegriff von M. Heidegger, siehe „Die Technik und die Kehre" (1962). Heidegger bezeichnet dort die Technik als „Gestell".

des „*Philosophie-Rappers*" Martin Heidegger aufgegriffen wird (vgl. POSCHARDT 1999, 204). Der vermeintliche Intellektualismus offenbart sich ferner, wenn Techno in die Tradition der europäischen Avantgarde gestellt wird (vgl. ANZ U. MEYER 1999, 13). Diese pseudo-intellektuelle Form einer ästhetischen Reflexion und Legitimation wird vermutlich durch die soziale Provenienz der DJ-Culture bedingt, die überwiegend ein Produkt der „*mittelständischen Jugend*" ist und damit über ein bestimmtes Bildungsniveau verfügt (vgl. POSCHARDT 1999, 201). Alles in allem verweisen die Reflexions- und Legitimationsversuche der Technoszene auf eine große Disparität zwischen ästhetischem Anspruch, historischer Legitimation und musikalischer Wirklichkeit.

Der HipHop-Szene, von ihrem Ursprung her eine reine Ghettokultur, fällt es schwer, sich auf ästhetischer Ebene zu artikulieren. Die vielzitierte „verbale Virtuosität" der Rapper hat sich auf einer anderen Sprachebene ausgebildet. Der Versuch einer ästhetischen Reflexion dieses Genres findet von Seiten Dritter statt. Der amerikanische Philosoph Richard Shusterman[31] versucht im Kontext einer von John Dewey abgeleiteten „Ästhetik des Pragmatismus" (1994) dem Rap als zeitgenössischer Kunstform (siehe 153ff) eine ästhetische Grundlage zu geben. Shusterman versteht den Rap als eine „*postmoderne populäre Kunst, die einige unserer tief eingebürgerten ästhetischen Konventionen herausfordert* ..." (SHUSTERMANN 1994, 158)[32].

Typische postmoderne stilistische Charakteristika, die mit unterschiedlicher Gewichtung auch in der Moderne auftreten können, sind für Shusterman:

> ... *das aneignende Recycling statt der einzigartigen originären Schöpfung, die eklektische Mischung von Stilen, die enthusiastische Aufnahme neuer Technologie und der Massenkultur, die Herausforderung der modernen Begriffe ästhetischer Autonomie und künstlerischer Reinheit und die Betonung des Lokalen und zeitlich Bedingten statt des vermeintlich Universalen und Ewigen* (ebd. 158f).

Die nachfolgenden Ausführungen konzentrieren sich auf den Aspekt der Aneignung durch Recycling bzw. Sampling (vgl. ebd. 159ff), da es im Rahmen dieser Arbeit nicht möglich ist, alle von Shusterman aufgezeigten Charakte-

---

[31] Richard Shusterman ist Professor für Philosophie an der Temple University, Philadelphia, und der New School for Social Research, New York.
[32] Wenn nicht anders angemerkt, beziehen sich die folgenden Ausführungen auf Shustermans Buch „Kunst Leben, Die Ästhetik des Pragmatismus, Frankfurt 1994.

ristika zu diskutieren und musikalisch zu belegen. Ferner misst Shusterman diesem Aspekt in ästhetischer Hinsicht eine besondere Bedeutung zu.

Künstlerische Aneignung ist der historische Entstehungsgrund von Hiphop und bleibt auch zentrales Merkmal seiner ästhetischen Form und Botschaft" (ebd. 159).

Ferner ist die künstlerische Aneignung über Sampling im Sinne einer Rekontextualisierung gleichermaßen in einigen Bereichen der Neuen Musik, jedoch in einem anderen Verständnis (z.B. in der Musique concrète) beobachtbar.

Im HipHop wird ähnlich wie im Techno (siehe oben) durch eine Auswahl und Kombination von Klang- und Geräuschfragmenten ein neuer Soundtrack produziert. Er wird entweder mittels Samplingtechnik oder live von DJs auf sogenannten „Turntables" (Kombination von zwei Plattenspielern und Mischpult) hergestellt und bildet in Form von sich wiederholenden Pattern die musikalische Basis für die Texte des Rap. Die künstlerische Virtuosität des DJ liegt in der spontanen Fähigkeit, aus den verschiedenen Samples ein neues Musikstück zu kreieren bzw. zu „improvisieren". Für Shusterman stellt diese Technik eine typisch „schwarze Aneignungskunst" dar, der sich u.a. schon der Jazz bediente (vgl. 160). Im Gegensatz zum Jazz bedarf es beim HipHop jedoch keinerlei instrumentaler Fähigkeiten. Die Kreativität entfaltet sich im kombinatorischen (Schneide- und Überblendtechniken) und manipulativen Umgang mit dem musikalischen Ausgangsmaterial, das sehr unterschiedlicher Provenienz sein kann (siehe SHUSTERMAN 1994, 163).

Die ästhetischen Implikationen dieser Form künstlerischer Aneignung sind für Shusterman vielschichtig:

- *Erstens fordert sie das traditionelle Ideal der Originalität und Einzigartigkeit heraus ...".*

- *„Weiterhin legt sie nahe, daß das vermeintliche Originalkunstwerk selbst stets ein Produkt uneingestandenen Ausleihens ist ..."* (163f).

- Das Sampling stellt das traditionelle Kunstideal von *„Einheit und Integrität"* in Frage. *„Im Gegensatz dazu spiegelt das Schneiden und Samplen des Rap die ‚schizophrene Fragmentisierung' und den „Collageeffekt" wieder, wie er die postmoderne Ästhetik kennzeichnet"* (164).

- *Die Samplingtechnik hinterfrägt die Finalität des künstlerischen Schaffensprozesses. Denn die Rap-Ästhetik verkörpert das Deweysche Diktum, „daß die Kunst viel eigentlicher einen Prozeß darstellt und nicht ein fertiges Produkt ...* (165).

> - *Indem er sich der zum Fetisch gewordenen Unantastbarkeit der Kunstwerke widersetzt, stellt der Rap auch die traditionellen Vorstellungen von deren Monumentalität, Allgemeingültigkeit und Dauerhaftigkeit in Frage* (ebd.).

Shustermans Ausführungen können als Versuch gewertet werden, den HipHop über eine vermeintliche Antiästhetik zu legitimieren. Inwieweit Shustermans ästhetische Theorie des HipHop tatsächlich mit dem Selbstverständnis der Szene konvergiert, ist fraglich und bedarf an anderer Stelle einer grundsätzlichen Klärung. Im Übrigen ist eine solche Antihaltung nicht nur für den HipHop, sondern für alle musikalischen Jugendkulturen typisch. Allerdings äußern sie sich in den verschiedenen Genres unterschiedlich. So setzt beispielsweise der Industrial einer „*Ästhetik des Schönen oder Schönklangs*" eine „*brutale und wüste*" Klangästhetik gegenüber (vgl. JERRENTRUP 1996, 27). Der Punk artikuliert seine Opposition in seinem primitiven Material und seiner provokanten „*Ästhetisierung der Hässlichkeit*" (BAACKE 1998, 262).

> *Punk war insofern philosophisch, weil er radikal und unversöhnlich blieb und eine Ausdruckssprache suchte, die sich nicht vereinnahmen ließ. Auch dies ist eine kulturelle Option* (ebd. 261).

Zusammenfassend lässt sich feststellen, dass die Lebenswelt der Jugendlichen und das damit verbundene teilkulturelle Ambiente mit den Begriffen Individualisierung, Pluralisierung, Differenzierung, und Multioptionalität beschrieben werden kann. Diese Prädikate lassen sich genauso in der jugendkulturellen Musik nachweisen. Die vorangegangenen Untersuchungen zeigten, dass diese Musik in allen hier untersuchten Bereichen als pluralistisch, wenn nicht heterogen zu charakterisieren ist.

In den Untersuchungen kristallisierte sich weiter heraus, dass der körperliche und emotionale Aspekt sowie die Bedeutung des Sounds in Zusammenhang mit der Rezeption musikalischer Jugendkulturen eine grundlegende Bedeutung hat. Dieser Befund ist für die hier intendierte Vermittlung Neuer Musik zu berücksichtigen.

Im Hinblick auf das Rezeptionsverhalten jugendlicher Hörer (und nicht nur dort) ist weiterhin die Tendenz beobachtbar, dass mit zunehmender musikalischer Komplexität, die Anzahl der Hörer abnimmt. Diese Tendenz könnte durch wahrnehmungspsychologische Aspekte (vgl. Kapitel 1) verursacht sein. Musik wird gewöhnlich auf dem Komplexitätsniveau rezipiert, auf dem sie wahrgenommen und (musikimmanent) verstanden werden kann. Daraus ergibt sich die musikdidaktische Konsequenz, dass ein grundlegendes Ziel der Unterrichtspraxis darin besteht, die Schüler über die Ausbildung rezeptiver Kompetenzen jenseits von „U" und „E" zur Wahrnehmung von zunehmend komplexeren musikalischen Strukturen zu befähigen.

Sucht man im Bereich musikalischer Jugendkulturen nach konkreten Stücken, die, hinsichtlich einer sich am Wahrnehmungshorizont orientierenden Vermittlung Neuer Musik, eine gewisse „Brückenfunktion" einnehmen könnten, so sind diese Stücke vornehmlich im „Independent"-Bereich zu suchen. Dieser Bereich wird allerdings von relativ wenigen Jugendlichen rezipiert.

4.1.4 Gegenüberstellung: Neue und jugendkulturelle Musik

Nach diesem Exkurs in den Bereich jugendkultureller Musik soll nun eine Gegenüberstellung beider Musikkulturen erfolgen. In diesem Zusammenhang werden eine Reihe von Konvergenzen und Divergenzen aufgezeigt, die im Hinblick auf eine lerntheoretisch intendierte Vermittlung Neuer Musik berücksichtigt werden sollten.

Ein Vergleich auf der Materialebene macht deutlich, dass das Material der Neuen Musik wesentlich vielfältiger und differenzierter ausgebildet ist, als in der jugendkulturellen Musik. Gleichwohl ergeben sich auf dieser Ebene Berührungspunkte hinsichtlich der übergeordneten Bedeutung von Klangfarben („Sound"), der Klangmodifikation und der Rekontextualisierung von Ton-, Klang- oder Geräuschmaterial.

Auf der strukturellen Ebene zeichnet sich die Musik der Jugendkulturen durch eine nahezu ausschließliche tonale und metrische Gebundenheit aus. Eine mögliche Annäherung zwischen beiden Teilkulturen könnte auf dieser Ebene mittels Kompositionen Neuer Musik stattfinden, die auf ein tonal- und metrisch gebundenes Sprachidiom zurückgreifen. Ein weiterer möglicher Bezugspunkt bietet sich ansatzweise und auf einer elementaren Ebene zwischen der repetitiven Musik und dem Techno.

Der körperliche Aspekt ist in der jugendkulturellen Musik wesentlich deutlicher und vielfältiger ausgeprägt als in der Neuen Musik. Mitunter sind auch ritualisierte Formen einer körperbezogenen Musikrezeption beobachtbar. In der Neuen Musik ist der körperliche Bezug zu Musik wesentlich subtiler ausgeprägt und nimmt nur in einigen Bereichen (z.B. Instrumentales Theater) und Kompositionen (z.B. Lachenmann: *Pression*) eine grundlegende Stellung ein. Vor allem handelt es sich dabei nicht um spontane, sondern um geplante, das heißt komponierte Aktionen. Eine mögliche Annäherung beider musikalischer Teilkulturen wäre hier, wenn überhaupt, im Bereich des Balletts, des Musiktheaters oder speziell des instrumentalen Theaters denkbar.

Ebenso bedeutend wie der körperliche ist der emotional-expressive Bereich musikalischer Jugendkulturen. Musik ist Ausdruck und gleichzeitig auch Katalysator der Gefühlswelt jugendlicher Hörer. Das Verhältnis der Jugendlichen zu ihrer Musik ist stets emotional geprägt. Eine rationale Auseinandersetzung mit (Neuer) Musik ist dem Jugendlichen eigentlich fremd. Eine Annäherung zwischen Neuer und jugendkultureller Musik wäre dort möglich, wo Neue Musik sich bewusst und gleichsam vordergründig dem musikalischen Ausdruck verpflichtet fühlt.

Insgesamt wurde bei den Untersuchungen der oben genannten Bereiche deutlich, dass Pluralität bzw. Heterogenität kein exklusives Merkmal der Neuen Musik darstellt, sondern ebenso, wenn auch in anderer Form, ein Merkmal musikalischer Jugendkulturen ist. In diesem Zusammenhang wäre auch der von Danuser (1997, 77; siehe auch 4.1.1) vorgenommene Definitionsversuch Neuer Musik kritisch zu hinterfragen. Einschränkend ist jedoch anzumerken, dass sich die Heterogenität in der jugendkulturellen Musik in einem wesentlich begrenzteren Rahmen artikuliert als in der Neuen Musik.

Speziell für musikalisches Sachwissen interessieren sich Jugendliche in aller Regel nur, wenn es biografische Daten von Popidolen betrifft. In vereinzelten Fällen richtet sich das Interesse auch auf das technische Equipment einer Pop- oder Rockformation oder auf die Möglichkeiten, diese Musik mit dem Computer zu produzieren. Ein historisches Bewusstsein ist bei den Jugendlichen im musikalischen Bereich in den meisten Fällen noch nicht ausgebildet und ist ferner im Bereich des Rock und Pop nicht relevant (vgl. KNEIF 1982). Das „Neue" in der Neuen Musik kann jedoch in vielen Fällen nur aus historischen Entwicklungen heraus verstanden werden. Dass bei den Jugendlichen eine ästhetische Reflexion des Gehörten auf einer anderen Ebene stattfindet, als es beim Hören Neuer Musik idealerweise angestrebt wird, ist offensichtlich.

Bezüglich der Interessenfelder Jugendlicher ist noch anzumerken, dass Jugendliche in dieser Lebensphase ihre „Entwicklungsaufgabe" (OERTER/DREHER 1995, 326) zu lösen haben und sich deshalb für ganz andere Themenbereiche (z.B. Sexualität, Identitätsbildung usw.) interessieren, als für die Inhalte der Neuen Musik.

Mögliche Berührungspunkte zwischen beiden Teilkulturen ergeben sich auf politischer Ebene. Dabei ist zu berücksichtigen, dass sich politische Positionen der Jugendlichen in anderer Form artikulieren als die politisch ambitionierten Kompositionen der Neuen Musik. Gleichzeitig ist zu beachten, dass eine auf rationaler Ebene stattfindende Auseinandersetzung mit politischen Themenstellungen nicht gleichzeitig ein musikimmanentes Wahrnehmen des politischen Gehalts bedeutet. Dies gilt u.a. auch deshalb, weil funktionale bzw. programmatisch ambitionierte Musik ihre eigene Rezeptionsproblematik aufweist. Ein Berührungspunkt könnte möglicherweise bei der in beiden Teilkulturen beobachtbaren antibürgerliche Haltung zu suchen sein.

Die hier vorgenommene Gegenüberstellung von Neuer und jugendkultureller Musik macht deutlich, dass zwischen beiden Bereichen Berührungspunkte vorhanden sind, dass diese jedoch bis auf wenige vernachlässigbare Beispiele (siehe oben) auf einer außermusikalischen Ebene angesiedelt sind. Daher dürfen sie hinsichtlich ihrer vermittlungsbezogenen Effizienz nicht überbewertet werden. Außermusikalische Berührungspunkte stellen noch kein Wahrnehmen und Verstehen Neuer Musik an sich dar, sondern bilden lediglich den Anfang einer längerfristigen Vermittlungsbemühung. Aufgrund der starken emotionalen Bindung Jugendlicher an ihre Musik kann die Neue Musik, wie es teilweise in den Vermittlungsansätzen der 70er Jahren versucht wurde, nicht mit jugendkultureller Musik in Konkurrenz treten. Vielmehr könnte die Neue Musik vor dem Hintergrund der Multioptionalität Jugendicher neben ihrer Musik stehen. Neue Musik sollte daher im Rahmen ihrer unterichtspraktischen Vermittlung nicht „nach" oder „an Stelle von" jugendkultureller Musik, sondern gleichberechtigt neben ihr stehen. Dabei könnten anhand konkreter Beispiele Unterschiede und Gemeinsamkeiten zwischen beiden Teilkulturen aufgezeigt und diskutiert werden.

4.2. Didaktische Legitimation Neuer Musik im Unterricht
4.2.1 Erste Reflexionen

In den 70er Jahren war innerhalb des musikpädagogischen Schrifttums[33] eine allgemeine Öffnung gegenüber der Neuen Musik zu verzeichnen. Dies bedeutete jedoch keineswegs, dass sich im gleichen Zuge die Praxis des Musikunterrichts selbst in vollem Umfang der Neuen Musik öffnete. Eine erste fachinterne Reflexion dieses Öffnungsversuches folgte ab den 80er Jahren. (vgl. GRUHN 1979/1980; KLÜPPELHOLZ 1988; SCHMIDT 1986; ZIMMER-

---

[33] Klüppelholz spricht von über 150 musikpädagogische Veröffentlichungen, *„in denen Neue Musik mehr oder weniger ausführlich zur Sprache kommt"* (KLÜPPELHOLZ 1988, 323).

SCHIED 1986; MEYER-DENKMANN 1988). Gegenstand dieser Reflexion war es einerseits, die „*Gründe des Scheiterns Neuer Musik im Unterricht*" (MEYER-DENKMANN 1992, 4) aufzuzeigen bzw. deren „*Verweigerung*" (ZIMMERSCHIED 1986, 444) durch die Schüler und weiterhin die bisherigen didaktischen Legitimationsversuche Neuer Musik im Unterricht kritisch zu überdenken.

Verabschieden musste sich die Musikpädagogik im Rahmen dieser Diskussion von der Erwartung kurzfristiger motivationaler Effekte durch den Reiz des Neuen und Aktuellen (FRIEDEMANN 1974; MEYER-DENKMANN 1972, 25). Denn

> ...*nicht der Neuigkeitseffekt schafft allein schon die Motivation, sondern diese ist erst das Ergebnis eines Interaktionsprozesses, der Aktualität als Aktualität ‚für jemand' deutlich macht* (GRUHN 1980, 230).

Vor dem Hintergrund sozialpsychologischer Forschungsergebnisse musste auch das Argument einer rezeptiven Voraussetzungslosigkeit bezüglich Neuer Musik, das vielfach mit der Vorstellung der Chancengleichheit in Verbindung gebracht wurde, aufgegeben werden. Rezeptionsbarrieren und damit Einstellungsänderungen konnten am ehesten bei einer möglichst großen Indifferenz überwunden werden, das heißt durch Musik, die sich am Erfahrungshorizont der Schüler orientierte (vgl. BEHNE 1976). Das Argument der Voraussetzungslosigkeit wurde vielfach auch im Zusammenhang mit einem voraussetzungslosen Einstieg der Schüler in die Klangproduktion ohne musikalische Vorerfahrung in die Legitimationsversuche Neuer Musik mit eingebracht. Auch dieses Argument wurde aus lerntheoretischer Sicht widerlegt, denn „*... Erwartungen kreativer Leistungen ex nihilo sind eine pure Illusion*" (GRUHN 1980, 172).

Gewarnt wurde überdies vor der Gefahr, dass aus der durch den produktiven Umgang mit Neuer Musik heraus notwendig werdenden Elementarisierung eine „*Simplifizierung*" werden könnte (GRUHN 1980, 231). Schmidt beschreibt diese Phase der Musikpädagogik als „*Zeit der Clusterbustler*" deren produktive Ergebnisse „*tief unterhalb des Niveaus von Orffschen Klapperetüden*" (SCHMIDT 1986, 50f) liegen.

> ...*im gleichen Augenblick, wo die tatsächliche gegenwärtige Musik didaktisch rezipiert wurde, kam sie gänzlich auf den Hund insofern, als sie – wenn ich das Wort vom „Kritzelstadium" aufgreife - mit infantilem Gekritzel gleichgesetzt wurde* (SCHMIDT 1986, 51).

Eine rezeptionspsychologische Studie von Schmidt (1975) beantwortete zudem die bereits in den 50er Jahren diskutierte Frage, ob *„neueste Musik Ausgang oder Ziel der Musikerziehung"* (DAUBE 1950, 3ff) sein sollte. Die empirische Untersuchung über die *„Auswirkungen von Lernprozessen auf die Beurteilung neuer Musik"* von Schmidt kam zum Ergebnis, dass beim Vergleich unterschiedlicher methodischer Ansätze, Informationen (deklaratives Wissen) über eine bestimmte Komposition und deren gesamtkulturellen Hintergrund am wahrscheinlichsten zu deren positiver Einschätzung und zu Erkenntnisprozessen führen.

Die Alternative heißt nicht: mehr Neue Musik oder mehr alte Musik; sie heißt Vermittlung gründlicher Musikkenntnisse und optimale Entwicklung der Hörfähigkeit oder nicht (SCHMIDT 1975, 180).

Die Idee, eine Vermittlung Neuer Musik mit außermusikalischen Lernzielen (Selbstverwirklichung, Selbstdarstellung, Demokratisierung und Widerstand gegen den Massenkonsum) zu verbinden, wie sie besonders von Meyer-Denkmann (1972), in Pütz (1971) sowie in den „Lehrerinformationen" des Musikbuches „Resonanzen" (NEUHÄUSER, REUSCH, WEBER 1973) verfolgt wurde, stieß besonders bei Schmidt unter direktem Bezug auf Meyer-Denkmann (1972) auf heftige und polemische Kritik.

Weil nun jeder Simpel fähig war, den Unterschied zwischen laut und leise auf dem Waschbrett zu realisieren; weil plötzlich alle Schulkinder laut und leise konnten ohne das soziale Privilegium einer Klavierstunde; weil zudem mit Vaters Rasierapparat crescendo und decrescendo gebrummt werden konnte und weil das ganze Boing-Pamg-Sirr-Hui-Spektakel mit häßlicher Popmusik auch nicht das geringste zu tun hat, war alles differenziert, sozial chancengerecht, selbstdarstellend (gar umweltverändernd) und antikonsumptiv (SCHMIDT 1986, 50).

Angesichts dieser allgemein zu verzeichnenden Ernüchterung schlägt Schmidt sogar vor (mit gewissen Ausnahmen) *„...die Neue Musik musikpädagogisch zu dispensionieren"* (SCHMIDT 1986, 64). Zum einen, weil für das Verständnis Neuer Musik *„ein stabiles Fundament, gebildet aus historischem Wissen und ebenso umfänglicher instrumentaler Praxis"* (SCHMIDT 1986, 64) notwendig ist, und zum anderen weil sich die Neue Musik nicht mit dem Harmoniebedürfnis der Jugendlichen während ihres *„psychosozialen Moratoriums"* vereinbaren lässt (ebd.).

So sehr manche der oben aufgeführten Argumente einleuchten, so erfordern sie aus verschiedenen Gründen eine Differenzierung. Es ist grundsätzlich zu unterscheiden zwischen einer (unterrichtspraktischen) Erstbegegnung mit Neuer Musik und einer auf ein grundlegendes Wahrnehmen und Verstehen ausgerichteten und deshalb längerfristig angelegten Vermittlung Neuer Musik. Mögen im Falle einer ersten Begegnung mit Neuer Musik Argumente wie Motivation, Voraussetzungslosigkeit usw. aus der Sicht der Praxis durchaus ins Gewicht fallen, verlieren sie bei einer weiterführenden und grundlegenden Beschäftigung mit Neuer Musik zunehmend an Relevanz.

4.2.2 Didaktik der Neuen Musik oder neue Didaktik der Musik?

Im Rahmen dieser ersten intradisziplinären Reflexion wurde ferner der Frage nachgegangen, inwieweit die Vermittlung Neuer Musik einer speziellen Didaktik bedarf. Die bisherigen Positionen zeichnen sich durch eine große Divergenz aus. Für Schmidt (1986) ist die Vermittlungsproblematik weniger durch die didaktische und methodische Dimension des Unterrichts als durch dessen personale Dimension zu lösen. So wünscht sich Schmidt *„eine Art Harry Belafonte der Neuen Musik"* (SCHMIDT 1986, 66). Denn, *„die Betroffenheit der Jugendlichen... entzündet sich in den wenigsten Fällen am ästhetischen Gegenstand, sondern an der Betroffenheit anderer Personen"* (SCHMIDT 1986, 66). Ist diese Voraussetzung nicht gegeben, läge der geeignetste Ort für eine Vermittlung Neuer Musik nicht innerhalb, sondern außerhalb der Schule (ebd.).

Aus der Kritik bisheriger Veröffentlichungen bleibt für Klüppelholz die *„Frage nach dem didaktischen Wert und Stellenwert der Neuen Musik... offen"* (KLÜPPELHOLZ 1988, 324). Seine Einwände gegenüber der bisherigen Vermittlungspraxis Neuer Musik richten sich gegen die *„Hitlisten"* avantgardistischer Musik, gegen die *„oberflächliche und globale Behandlung der Werke"*, gegen eine *„unsachliche Darstellungsweise"* und gegen den Versuch *„Neue Musik wie einen Konsumartikel anzupreisen"* (KLÜPPELHOLZ 1988, 324 ff). Er hält es für notwendig, dass dem *„kritischen Wesen"* der Neuen Musik im Rahmen der didaktischen Legitimationen ein größerer Stellenwert beigemessen wird (KLÜPPELHOLZ 1988, 326; siehe auch KLÜPPELHOLZ 1981). Insgesamt spricht er sich für eine Didaktik der Neuen Musik aus, die er bislang, trotz eigener Versuche, noch nicht verwirklicht sieht (vgl. KLÜPPELHOLZ 1981).

Kapitel 4: Die Vermittlung Neuer Musik im Unterricht

Zu einer Didaktik der Neuen Musik, die diesen Namen verdiente, existieren bislang nichts als Ansätze (KLÜPPELHOLZ 1994, 205).

Während Schmidt die Neue Musik aus dem Musikunterricht eliminieren möchte und die Frage nach einer Didaktik der Neuen Musik auf seine Weise löst, tritt Klüppelholz eindeutig für eine Didaktik der Neuen Musik ein. Hingegen vertritt Gruhn (1980) die Meinung, dass die Vermittlung Neuer Musik keiner Spezialdidaktik bedarf.

Neue Musik löst nicht aus sich heraus die Ansatzproblematik ..., sondern es gilt, didaktische Modelle und Methoden zu verwirklichen, die einen geeigneten Zugang zu den verschiedenen Denk- und Verstehenskategorien von Musik ermöglichen (GRUHN 1980, 232).

Ein erstes Argument, das für eine Spezialdidaktik Neuer Musik spräche, wäre ihre implizite Heterogenität. Diesem Argument kann jedoch insofern entgegengetreten werden, als das Phänomen musikalischer Heterogenität ein Spezifikum unserer gesamten gegenwärtigen musikalischen bzw. kulturellen Wirklichkeit darstellt. Eine Didaktik der Musik, die diese kulturelle Gesamtsituation berücksichtigen möchte, darf keine exklusiv auf Neue Musik bezogenen Ansätze bereitstellen, sondern müsste Ansätze entwickeln, die der Heterogenität unserer kulturellen Wirklichkeit gerecht werden.

Bestimmte Strukturprinzipien der Neuen Musik (z.B. Aleatorik) verhindern mangels fehlender Wiederholung bestimmter musikalischer Komponenten deren Verankerung im Gedächtnis. Eine Wahrnehmung dieser Musik auf der Basis von Hypothesenbildung und Bestätigung, wie sie beispielsweise in der tonal- und metrisch gebundenen Musik stattfindet, ist hier nicht möglich. Zur Wahrnehmung einer auf diesen Strukturprinzipien beruhenden Musik sind alternative Rezeptionsformen erforderlich. In dieser Erkenntnis läge ein weiteres Argument für eine spezielle Didaktik der Neuen Musik. Jedoch stellt auch dieses Phänomen kein exklusives Merkmal der Neuen Musik dar. Viele außereuropäische und aktuelle musikalische Teilkulturen (z.B. Techno) jedoch auch Bereiche der traditionellen europäischen Kunstmusik sind nicht im Sinne der oben genannten Hypothesenbildung auf eine strukturelle Entwicklung und deren Wahrnehmung angelegt, sie benötigen ebenfalls alternative Rezeptionsformen.

Vor dem Hintergrund der bisher geführten Diskussion scheint es weder sinnvoll, sich für eine spezielle Didaktik der Neuen Musik auszusprechen, noch bisherige didaktische Ansätze direkt in den Bereich der Vermittlung Neuer Musik zu übernehmen. Es ist vielmehr notwendig die derzeitigen didaktischen Ansätze unter Berücksichtigung wahrnehmungs- und lerntheoretischer Aspekte (siehe Kapitel 1 u. 2) sowie unter Berücksichtigung der gegenwärtig beobachtbaren musikalischen Heterogenität zu erweitern. Das Ausmaß dieser Erweiterung müsste dabei einen Umfang einnehmen, der es berechtigt erscheinen lässt, von einem musikdidaktischen Paradigmenwechsel zu sprechen. Mögliche Komponenten einer solchen erweiterten Didaktik werden im nachfolgend skizzierten Vermittlungsmodell aufgezeigt. In diesem Zusammenhang wird gleichzeitig deutlich, dass die Vermittlungsproblematik Neuer Musik nicht von der allgemeinen *„Krise des Musikunterrichts"* (GRUHN 1995) losgelöst werden kann.

4.2.3 Didaktische Legitimation

Die folgenden Überlegungen beschäftigen sich mit der Frage, was insbesondere die Neue Musik als Gegenstand des Musikunterrichts gegenüber anderen musikalischen Teilkulturen legitimiert.

In diesem Zusammenhang konnte in einigen der in Kapitel 3 untersuchten Vermittlungsansätzen Neuer Musik beobachtet werden, dass die Neue Musik mitunter dazu benutzt wurde, primär erzieherische und soziale Zielsetzungen zu verfolgen. Somit wurde die Erziehung „durch" Neue Musik statt einer Erziehung „zur" Neuen Musik in den Vordergrund gestellt. In einigen Fällen führte dies bis hin zu einer Instrumentalisierung der Neuen Musik zugunsten ideologisch behafteter Legitimationsversuche.

In den derzeitigen allgemeinen Begründungsversuchen des Musikunterrichts ist eine ähnliche Tendenz beobachtbar. Man versucht die Notwendigkeit des Musikunterrichts an öffentlichen Schulen wesentlich über den Erwerb außermusikalische Kompetenzen[34] (soziales Lernen, Intelligenzförderung) zu legitimieren. Neben der Tatsache, dass solche Transfereffekte bislang nicht eindeutig nachweisbar sind, bergen solche Begründungsversuche zusätzliche Gefahren in sich. Dazu zählt etwa das Argument, dass solche Kompetenzen außerhalb des Musikunterrichts in anderen Fächern gefördert werden können. Die Notwendigkeit eines Musikunterrichts könnte dadurch grundsätzlich in Frage gestellt werden.

Nach dem Verständnis des Autors hat sich jedoch die Neue Musik als Gegenstand des Musikunterrichts (und der Musikunterricht selbst natürlich auch)

---

[34] Siehe populärwissenschaftliche Auslegung der Bastian-Studie von 1992 und 1998.

zunächst ausschließlich aus sich selbst zu legitimieren. Deshalb werden in den nachfolgenden Legitimationsversuchen die verschiedenen Begründungsdimensionen voneinander getrennt dargestellt, wissend, dass in der Unterrichtspraxis eine solche Trennung nicht (immer) möglich ist.

4.2.3.1 Musikimmanente Legitimation

Neue Musik ist ein fester Bestandteil unserer gegenwärtigen kulturellen Wirklichkeit. Insofern muss Neue Musik in einem Musikunterricht, der den Anspruch erhebt, sich mit den aktuellen musikalischen Teilkulturen auseinander zu setzen, zum permanenten und unersetzbaren Bestandteil werden. Im Rahmen der unterrichtspraktischen Auseinandersetzung mit Neuer Musik können die Schüler differenzierte, verschiedenartige und gegensätzliche musikalische und ästhetische Erfahrungen machen, die ausschließlich mit Neuer Musik möglich sind und zu einer deutlichen Erweiterung ihres musikalischen Erfahrungshorizontes führen.

Durch eine kontinuierliche unterrichtspraktische Beschäftigung kann Neue Musik letztendlich als Objekt ästhetischer Erfahrung und als *„Modell ästhetischen Denkens"* (WELSCH 1998, 68) fungieren, das durch eine *„Koexistenz des Heterogenen, des radikal Verschiedenen"* (ebd. 69) gekennzeichnet ist. Vor diesem Hintergrund lernen die Schüler die Neue Musik als aktuelle Kunstsprache kennen, deren spezielles Kennzeichen – ihre Heterogenität – auch in anderen aktuellen Kunstsprachen (Literatur, bildende Kunst ect.) vorzufinden ist. Dies kann zu einer ästhetischen Werthaltung führen, die normative und hierarchisch gestaltete ästhetische Positionen hinterfragt und für eine Gleichberechtigung aller musikalischen Teilkulturen eintritt. Darüber hinaus kann dadurch ein ästhetisches Urteilsvermögen entwickelt werden, das weniger an persönliche Werturteile bzw. musikalische Präferenzen, Ideologien und Attitüden gebunden ist, sondern sich an objektivierbaren Kriterien orientiert. In diesem Rahmen erkennen die Schüler durch die Auseinandersetzung mit unterschiedlichen ästhetischen und kunstphilosophischen Denkweisen die Grenzen ihres eigenen (Werte-) Bewusstseins und die Relativität ihres eigenen Denkens.

Ferner kann die unterrichtspraktische Auseinandersetzung mit Neuer Musik allgemein musikalische Aspekte betreffen, beispielsweise die ästhetische bzw. qualitative Bewertung von Musik im Spannungsfeld zwischen Komplexität und Simplizität, zwischen Ökonomie und künstlerischer Autonomie, zwischen Popularität und Individualität etc. In diesem Zusammenhang sind im

Musikunterricht Wertediskussionen zu initiieren, die sich an Kriterien wie Hörhaltung, Komplexität der Musik, ästhetische Theorien (Kunstphilosophie), ökonomische Gesichtspunkte, ethische Ansätze usw. orientieren könnten. Vor dem Hintergrund der Tatsache, dass die Musikrezeption der Schüler weitgehend medienorientiert ist, könnte insbesondere der produktive Umgang mit Neuer Musik der Kompensation formatierter, virtueller und medial erzeugter musikalischer Wirklichkeiten dienen.

Weitere musikimmanente Gründe für eine didaktische Legitimation Neuer Musik ergeben sich aus der unterrichtpraktischen Auseinandersetzung mit den unterschiedlichen kompositorischen Intentionen.

4.2.3.2 Musikalische Kompetenzen

Infolge einer kontinuierlichen unterrichtspraktischen Beschäftigung mit Neuer Musik erwerben die Schüler umfangreiche musikalische Kompetenzen.

Im Bereich der Musikrezeption führt die Beschäftigung mit Neuer Musik zu einer zunehmend differenzierteren Wahrnehmung unterschiedlicher Materialformen, Ausdrucksqualitäten und musikalischer Strukturen. Gleichzeitig lernen die Schüler erweiterte und alternative Formen des Musikhörens kennen.

Produktive Kompetenzen erwerben die Schüler über eine explorative, improvisatorische und kompositorische Beschäftigung mit Neuer Musik. In diesem Zusammenhang wird ein kreatives Denken und Gestalten von Musik initiiert und gefördert.

Durch die Interpretation von zunächst nur graphisch notierter Neuer Musik erhalten die Schüler einen Einblick in verschiedene Notationsformen Neuer Musik und lernen in diesem Zusammenhang, Neue Musik auf der Basis einer Notenvorlage zu interpretieren und zu präsentieren.

Neben dem Erwerb rein musikalischer Kompetenzen (Handlungswissen) erhalten die Schüler Informationen (Sachwissen) über Neue Musik. In diesem Zusammenhang bekommen sie einen Einblick in die *individuell-anthropologischen, die sozio-kulturellen und ästhetisch-historischen* Hintergründe Neuer Musik.

In einem fortgeschrittenen Vermittlungsstadium werden sich die Schüler der Interdependenz der verschiedenen musikalischen Inhaltsbereiche (siehe Vermittlungsmodell) bewusst und können die wechselseitige Abhängigkeit der Bereiche in zunehmendem Maße reflektieren und diskutieren.

Insgesamt führt eine lerntheoretisch orientierte Vermittlung Neuer Musik zu einem systematischen (soweit in Neuer Musik möglich) Auf- und Ausbau umfangreicher und qualitativ unterschiedlicher musikalischer Repräsentationen, die ein umfassendes Wahrnehmen und Verstehen Neuer Musik ermöglichen. Dies impliziert, dass nicht Lernziele, sondern primär Lernprozesse zum zentralen Gegenstand des Vermittlungsprozesses werden.

4.2.3.3 Allgemein pädagogische Legitimation

Die Erfahrung der heterogenen Erscheinungsformen Neuer Musik stellt exemplarisch eine *„Einübung in Pluralität"* (WELSCH 1998, 70) dar. In diesem Zusammenhang kann die Beschäftigung mit Neuer Musik bei Schülern zu einem Bewusstsein führen, das normative und hierarchisch ausgerichtete Werthaltungen sowie die Verbindlichkeit von Regeln, Modellen und Normen grundsätzlich hinterfragt. Dadurch können sich die Schüler der Relativität eigener Standpunkte bewusst werden und zugleich ein umfassendes Demokratieverständnis entwickeln, indem sie die Gleichberechtigung (nicht ästhetische Gleichwertigkeit) aller musikalischer Teilkulturen akzeptieren lernen. Ferner kann eine Auseinandersetzung mit dem Aspekt der Heterogenität zu einer Problematisierung des allgemein bei Schülern beobachtbaren (musikalischen) „Markenbewusstseins" führen.

Eine Beschäftigung mit Neuer Musik beinhaltet immer zugleich eine Konfrontation mit für Schüler neuer, unbekannter und damit fremder Musik. Hier kann diese Konfrontation als Paradigma für den Umgang mit dem Fremden schlechthin dienen. Daraus kann sich eine grundsätzliche Bereitschaft entwickeln, sich mit Neuem und Fremdem auseinander setzen zu wollen. Ferner sind weitere pädagogisch ausgerichtete Legitimationen in der Neuen Musik selbst zu finden, beispielsweise in solchen Kompositionen, in denen politische Ambitionen verfolgt werden.

Die oben aufgeführten Legitimationsversuche zeigen, dass zahlreiche musikimmanente, lerntheoretische und pädagogische Gründe vorhanden sind, um die Neue Musik in ihrer Funktion als aktuelle musikalische Teilkultur als einen unersetzbaren Bestandteil des Musikunterrichts zu legitimieren. Bei dem Versuch einer didaktischen Legitimation Neuer Musik wurde jedoch auch deutlich, dass ein Teil der angeführten Gründe nur dann relevant werden kann, wenn der Stellenwert Neuer Musik in der Schule erhöht, bzw. die derzeitigen Bedingungen des Unterrichts von administrativer Seite aus wesentlich verbessert werden.

4.3 Wahrnehmen und Verstehen von Neuer Musik

Musik bedarf aus verschiedenen Gründen der Vermittlung. Dieser Begriff kann als ein Umgang mit Musik beschrieben werden, der auf ein „Verstehen" von Musik ausgerichtet ist. Dies kann sich dabei auf der Ebene des musikalischen Materials und der Syntax, auf der Ebene des Ausdrucks sowie auf der Ebene des „Gehalts" (musikalische Hermeneutik) vollziehen.

Was heißt Neue Musik „verstehen"?

Die verschiedenen Disziplinen der Natur- und Geisteswissenschaften halten zahlreiche Theorien und Modelle bereit (verhaltensbiologische, kognitionspsychologische, hirnphysiologische, phänomenologische, hermeneutisch-philosophische, semiotische etc.), die den Prozess des Verstehens aus unterschiedlichen Perspektiven zu beleuchten versuchen. Es würde allerdings weit über den inhaltlichen Rahmen dieser Arbeit hinausführen, alle Verstehensmodelle umfassend abhandeln zu wollen. Deshalb beschränken sich die nachfolgenden Untersuchungen auf die für die Themenstellung dieser Arbeit relevanten Aspekte.

Etymologisch wird der Verstehensbegriff vom Mittelhochdeutschen „verstēn, verstān (ahd., firstān) abgeleitet und bedeutet *„wahrnehmen, geistig auffassen, erkennen"* (DRODOWSKI 1989, 786). Insofern ist der geistige Akt des Verstehens bereits von seiner etymologischen Seite her eng mit dem körperlichen Prozess des Wahrnehmens verbunden.

Auch aus erkenntnistheoretischer Sicht wird seit geraumer Zeit die grundlegende Bedeutung der sinnlichen Erfahrung für das geistige Verstehen betont.

> *Ohne Sinnlichkeit würde uns kein Gegenstand gegeben, und ohne Verstand keiner gedacht werden. Gedanken ohne Inhalt sind leer, Anschauungen ohne Begriffe sind blind. Daher ist es eben so notwendig, seine Begriffe sinnlich zu machen (d.i. ihnen den Gegenstand in der Anschauung beizufügen), als, seine Anschauungen sich verständlich zu machen (d.i. sie unter Begriffe zu bringen). Beide Vermögen, oder Fähigkeiten, können auch ihre Funktionen nicht vertauschen* (KANT, KdrV, B 75).

Verstehensvorgänge sind diesen Ausführungen zufolge eng mit Wahrnehmungsprozessen verknüpft. Ein „Verstehen" ohne ein Wahrnehmen ist damit nicht möglich[35]. Da in Kapitel 1 die Wahrnehmung von Musik und Neuer

---

[35] Gleichwohl sind in der Unterrichtspraxis immer wieder Versuche zu beobachten, ein „Verstehen" ohne „Wahrnehmen" anzubahnen, indem „Bedeutung" auf einer sprachlich-rationalen Ebene zu vermitteln versucht wird.

Musik bereits einer umfassenden Untersuchung unterzogen wurde, sind die weiteren Ausführungen auf den Verstehensbegriff ausgerichtet. Zusammenfassend lässt sich noch einmal sagen, dass aus wahrnehmungstheoretischer Sicht der Mensch nicht in der Lage ist, (musikalische) Phänomene direkt und unmittelbar zu erfassen (Problematik des Subjekt-Objektbezugs), sondern nur mittelbar über ihre Wirkungen auf unsere Sinnesorgane. Wahrnehmungs- und somit auch Verstehensprozesse sind daher bereits à priori stets *„perspektiv"*, *„selektiv"* und *„konstruktiv"* (VOLLMER 1994, 43).

4.3.1 Sinn und Gehalt

Hans Heinrich Eggebrecht unterscheidet zwischen zwei verschiedenen Stufen des Verstehens, dem *„Sinn"* und dem *„Gehalt"* (EGGEBRECHT 1998). Sinn als erste Verstehensstufe dient dem Erfassen von Strukturbeziehungen und des darin innewohnenden musikalischen Sinns (Struktursinn). Der Sinn als solcher existiert nur immanent musikalisch, kann jedoch in vielen Fällen durch Verbalisierung auf einen Begriff gebracht werden, *„...ohne daß die Verbalisierung mit dem musikalischen Sinn identisch ist"* (EGGEBRECHT 1998, 23). Insofern gibt es eine *„Bedeutung ohne Bezeichnung"* (GRUHN 1989, 185) und ein Verstehen ohne Sprache.

Die nächste Stufe des Verstehens dient dem Erfassen des Gehalts, der nach Eggebrecht

> *nicht nur alles, was sich der Musik bei ihrer Entstehung an Intention, historischer Situation, gesellschaftlicher Wirklichkeit einwohnt"* beinhaltet, *"sondern auch, was sich in der Geschichte ihrer Rezeption entfaltet und auf ihr ablagert* (EGGEBRECHT 1998. 27).

Der musikalische Gehalt umschließt somit all diejenigen explizit musikalischen Aspekte, die in den Produktions- und Rezeptionsprozess mit einfließen und für ein weiterführendes sowie tieferes Verständnis einer Komposition notwendig sind.

Für Eggebrecht besteht ein musikalisches Verstehen aus dem Erfassen von Sinn und Gehalt einer Komposition. Beide Stufen des Verstehens sind dabei *„unauflöslich aufeinander bezogen"* (EGGEBRECHT 1998, 22), wobei die erste Stufe die unbedingte Grundlage der zweiten bildet.

Sowohl auf der Stufe des Sinns als auch auf der des Gehalts offenbart sich der Sonderstatus der Neuen Musik. Bereits auf der Ebene des Materials setzen sich im Hinblick auf ein Musikverstehen die verschiedenen Materialformen der Neuen Musik vom traditionellen Tonmaterial ab. Denn dem (meisten) Material Neuer Musik sind musikalische Prinzipien und Modelle nicht implizit. Der musikalische Sinn des Materials (Materialsinn) erschließt sich erst aus dem Bezug von Material und kompositorischer Intention. Auf der Ebene der Struktur wird der Sonderstatus Neuer Musik dort deutlich, wo der Musik sprachanaloge Qualitäten zugewiesen werden. Dies geschieht etwa in vielen populärwissenschaftlichen Veröffentlichungen. Auch für einige Komponisten (z.B. Stockhausen[36]) weisen Musik und Sprache Analogien auf. Aus musikologischer und musikpsychologischer Sicht ist die Frage nach dem Sprachcharakter von Musik bereits ausreichend diskutiert und beantwortet worden. Trotz einiger Parallelen von Musik und Sprache (etwa beim Erlernen beider Symbolsysteme) können weder auf semantischer noch auf syntaktischer Ebene Musik und Sprache gleichgesetzt werden (vgl. DE LA MOTTE-HABER 1996, 11ff; vgl. WALKER 1996). Spekulationen um eine vermeintliche Sprachanalogie von Musik werden erst recht obsolet, wenn sie im Zusammenhang mit Neuer Musik angeführt werden. In der Neuen Musik gibt es Bereiche, in denen die *"konstituierenden Prinzipien keine sprachähnlichen syntaktischen Strukturen mehr aufweisen, die als Norm verbindlich sind"* (GRUHN 1989, 191). In diesen Bereich fallen beispielsweise sogenannte "Sprachkompositionen", in denen der Sprachcharakter der Musik von kompositorischer Seite her bewusst „dekomponiert" wurde. Dazu zählen weiterhin Kompositionen aus dem Bereich des Serialismus, der Aleatorik sowie stochastischer Verfahren (Xenakis) oder Kompositionen aus dem Bereich der elektronischen Musik (Stockhausen), deren Strukturgesetze rein physikalischen Transformationsregeln unterliegen. Musik verweist in diesem Falle weder auf Außermusikalisches[37] noch auf sprachliche Analogien, sondern bildet lediglich die ihr zugrunde liegenden Strukturgesetze unmittelbar ab.

Die Verstehensproblematik Neuer Musik beginnt damit bereits im rezeptiven Bereich. Ein Wahrnehmen dieser Musik auf der Basis von Musterbildung (kognitives Schema) und Mustervergleich, von Hypothesenbildung und Bestätigung ist nicht möglich (siehe Kapitel 1).

---

[36] *„Mir ist schlagartig bewußt geworden, daß alle Unterschiede von Kulturen und Sprachen und von Kompositionen einzelner Komponisten D i a l e k t e* [Hervorhebung von Kurtz] *sind, daß die Grundmaße für alle die gleichen sind, die Intervalle"* (STOCKHAUSEN, zitiert in: Kurtz 1988, 18).
[37] Bzw. verweist nur auf ihre außermusikalischen Strukturgesetze.

Musikalisches Verstehen vollzieht sich nach Gruhn (1989) bei solchen Kompositionen in anderer Form.

Ihre Bedeutung liegt dann im Vorweisen dieser Strukturgesetze, ihr Sinn in der Transformation in den ästhetisch intendierten, funktionsfreien musi-kalischen Strukturzusammenhang. Verstehen hieße in diesem Fall das Wissen darum, welche außermusikalischen Strukturgesetze innermusikalisch in Erscheinung treten (GRUHN 1989, 191f).

Ein Verstehen von Neuer Musik ohne sprachanaloge Züge liegt somit in einem direkten In-Bezug-Setzen von Wahrnehmung und Strukturgesetz, bzw. eine An-äherung an deren Übereinstimmung, während es beim Verstehen von sprachanalogen Kompositionen um die *"Differenz"* zwischen Muster und Erwartung geht (vgl. GRUHN 1989, 192).

Auf der Verstehensstufe des Gehalts geht Eggebrecht von der Prämisse aus, dass im kompositorischen Schaffensprozess der vom Komponisten ursprünglich intendierte Gehalt in ein klingendes Musikstück transformiert wird. Das primäre Ziel des Komponisten liegt dementsprechend in der klanglichen Realisierung seiner Intention. In diesem Zusammenhang deutet sich erneut ein Sonderstatus der Neuen Musik an. Eggebrechts Prämisse muss insofern relativiert werden, als in Teilbereichen der Neuen Musik kunstphilosophische Entwürfe vorzufinden sind, deren primäre Bedeutung nicht in der akustischen Realisierung, sondern in der Schlüssigkeit des Konzepts (z.B. concept art) selbst liegen. Für den Hörer geht es hier um eine "Denkbare Musik" (SCHNEBEL 1972) oder um "Musik zum Lesen" (ebd. 1969). Ein Verstehen des musikalischen Gehalts bedeutet in diesem Zusammenhang das geistige Erfassen des jeweiligen Konzepts, wobei ein Hörer mit einer umfangreichen musikalischen Erfahrung Neue Musik in einer anderen Qualität "denken" und somit auch verstehen wird, als ein Hörer mit geringer Erfahrung.

4.3.2 Emotionales Verstehen von Musik

Im Hinblick auf ein emotionales Verstehen von Musik scheinen sich Theorie und Praxis in einem gewissen Widerspruch zu befinden. Während in Musikwissenschaft und Musikdidaktik allzu häufig analytisch-rationale Aspekte dominieren, werden Unterrichtsprozesse und damit auch die Musikrezeption weitgehend von emotionalen Faktoren bestimmt. Eine solche Polarisierung ist aus der Sicht der Musikpsychologie jedoch unsinnig, da bei Wahrnehmungsprozessen emotionale und rationale Faktoren miteinander korrelieren.

Emotionale Identifikation verstärkt die rationale Verarbeitung; diese kann wiederum die emotionale Zuwendung und affektive Betroffenheit beeinflussen (vgl. GRUHN 1989, 179).

Auch für de la Motte-Haber ist jedes Verstehen in letzter Konsequenz mit Emotionen verbunden (vgl. DE LA MOTTE-HABER 1996, 18). Darüber hinaus wird aus diesen Zusammenhängen deutlich, dass die musikalischen Präferenzen der Schüler einen nachhaltigen Einfluss auf das Wahrnehmen und Verstehen Neuer Musik haben.

Aufgrund der Korrelation emotionaler und rationaler Faktoren schlägt Gruhn (1989) deshalb vor, beide Pole miteinander in Beziehung zu bringen:

Jeder Verstehensprozess verläuft auf einer doppelpoligen Skala, deren eine Seite durch rationale Verarbeitung von Erfahrung und Wissen und durch die analytische Zuwendung zum Detail gekennzeichnet ist, deren andere Seite dagegen eher durch ganzheitliches Wahrnehmen als Grundlage für emotionale Betroffenheit bestimmt ist (GRUHN 1989, 189).

In Anlehnung an die Schichtentheorie von Nicolai Hartmann (1953) entwirft Gruhn ein eigenes Verstehensmodell. Gruhn unterscheidet dabei zwischen der strukurellen *„Innenschicht"* (konstruktives und syntaktisches System), der *„Tiefenschicht"* (Gehalt) und der sinnlich erfahrbaren *„Außenschicht"*[38] eines Werkes (vgl. GRUHN 1989, 189). Nach Hartmann kann diese Außenschicht als *„Vollzug tonlicher Gesten"* (HARTMANN 1935) beschrieben werden. Den Ausdrucksgehalt der Gesten kann der Hörer über ein emotionales Miterleben (E-Motion) erfahren und innerlich miterleben. Ein emotional-gestisches Verstehen bezieht sich auf dieser Ebene primär auf den Ausdrucksgehalt von Musik und vollzieht sich auf der elementaren Ebene der Klänge und ihrer Bewegungen (vgl. GRUHN 1989, 190).

Gruhn (1989) gestaltet seinVerstehensmodell folgendermaßen:

---

[38] Die Terminologie übernimmt Gruhn von Hartmann (1953).

Ganzheitlich-emotional:

1. einfühlendes Verstehen, das eine innere Nachbildung der musikalischen Ausdrucksbewegungen darstellt;

2. assoziative Reaktionen, bei der wir die wahrgenommenen Klangbilder mit außermusikalischen Vorstellungsinhalten in Verbindung bringen;

3. pauschales Erfassen charakteristischer Form-, Stil und Gattungsmerkmale;

4. begriffloses Erfassen des ästhetisch intendierten Sinns im Akt der ‚ästhetischen Identifikation' (Eggebrecht), durch die ein Allgemeines erfahrbar wird, was wir als ästhetische Evidenz empfinden (GRUHN 1989, 193).

Analytisch-reflektierend:

1. bewußte Wahrnehmung musikalischer Gestalten aufgrund ihrer vorstellungsmäßigen Repräsentation;

2. Auflösung einzelner musikalischer Symbole, die auf einen außermusikalischen Inhalt als deren Bedeutung verweisen;

3. Identifizierung von Strukturelementen durch das Wiedererkennen gespeicherter Muster;

4. Aktivierung eines Schemas, das durch die Erfahrung erworben wurde. Wir verstehen dabei einen musikalischen Vorgang (die musikalische Grammatik), weil wir wissen, nach welcher Regel er funktioniert;

5. Feststellung der Differenz zwischen Erwartung und Erscheinung, indem wir eine musikalische Gestalt auf die ihr zugrunde liegende Norm beziehen;

6. Erkennen einer kompositorischen Intention;

7. Deutung des musikalischen Gehalts im Prozeß der Horizontverschmelzung (Gadamer) (GRUHN 1989, 193f).

Ein umfassendes musikalisches Verstehen konstituiert sich bei Gruhn aus einem analytisch-rationalen (strukturbezogenen) und einem ganzheitlich-emotionalen (ausdrucksbezogenen) Verstehen. Beide Pole wirken für Gruhn im Verstehensprozess zusammen und beeinflussen sich wechselseitig. Die Abstufungen innerhalb beider Verstehensmodi stellen keine zwingende Reihenfolge dar, sondern sind integrativ gedacht. Jede Stufe ist in der vorhergehenden enthalten. Die Stufenfolge repräsentiert die

Zunahme der rationalen Kontrolle, Erklärung und Begründung und damit die Zunahme an Bewußtheit im verstehenden Umgang mit Musik (GRUHN 1989, 194).

Erneut muss im Zusammenhang mit dem emotionalen Verstehen von Musik auf den Sonderstatus der Neuen Musik hingewiesen werden. In der Neuen Musik bestehen kunstphilosophische Entwürfe, die durch ein Höchstmaß an rationaler Kontrolle, Ausdruck als emotional-expressive Qualität von Musik zu vermeiden versuchen[39]. Darüber hinaus gibt es Bereiche der Neuen Musik, die sich auf Grund ihrer besonderen strukturellen Organisation einem rein analytisch-rationalen Zugang verweigern.

Obwohl sich der Sonderstatus Neue Musik auch hier bestätigt, könnte doch gerade der emotionale Bereich der Vermittlung Neuer Musik einige Verstehenshilfen bieten. Im Zusammenhang mit der Vermittlung emotional-expressiver Inhalte ist eine bereits ausführlich erwähnte Untersuchung von Clynes (1977; siehe auch BEHNE 1982; des Weiteren auch Kapitel 1.7) von Bedeutung. Clynes konnte darin zeigen, dass bestimmte gestische Grundmuster allgemeiner Gefühle (Freude, Angst, Wut, Erstaunen), interkulturell und intersubjektiv eine relative hohe Konstanz aufzeigen. In diesem Falle wäre bei eher gestischen Kompositionen der Neuen Musik ein elementares und unvermitteltes Verstehen möglich.

4.3.3 Der Verstehensbegriff in der Musikdidaktik

Gegenwärtige musikdidaktische Konzeptionen bewegen sich im Spannungsfeld zwischen philosophisch-hermeneutisch und psychologisch-lerntheoretisch ausgerichteten Verstehensansätzen.

Auf philosophischer Seite stehen die Konzepte der „Didaktischen Interpretation" (EHRENFORTH 1971; RICHTER 1976) und das „Lebensweltkonzept" (RICHTER 1993; SCHNEIDER 1993; WALDENFELS 1994). Das Konzept der „Didaktischen Interpretation" deutet den Verstehensbegriff in der Tradition Schleiermachers, Diltheys, Heideggers und Gadamers als ein hermeneutisches Verstehen und betont in diesem Zusammenhang den anthropologischen und ontologischen Aspekt des Verstehensbegriffs.

---

[39] Inwieweit der Hörer nicht trotzdem einen subjektiven „Ausdruck" wahrnehmen kann, kann im Rahmen dieser Arbeit nicht weiter diskutiert werden.

Die Beschäftigung mit Musik zielt auf ein Verstehen und auf Erfahrung, die ein Musikstück als individuelle Schöpfung und Wirkung, ferner als Deutung ihrer „Welthaftigkeit" und ihrer Weltgebundenheit und schließlich als Möglichkeit zum Selbstverstehen erfassen möchte (RICHTER 1976, 17).

Der zentrale Schlüsselbegriff der Didaktischen Interpretation, aus dem sich Verstehen konstituiert, ist „Erfahrung". *„Verstehen im hermeneutischen Sinne ist Hilfe und Initiation für Erfahrung..."* (RICHTER 1976, 36). Dabei wird zwischen drei unterschiedlichen Erfahrungsbereichen unterschieden:

1. *musikalisch-materiale und musikalisch-technische Erfahrungen des Gegenstandes*
   - *das wissende Verstehen und Erkennen, wie die Sache gemacht wird oder zu machen ist, der Sachverhalt;*
2. *allgemein-musikalische Erfahrungen*
   - *das Wesen von Musik; an der Sache erfahren, was Musik ist und bewirkt;*
3. *allgemeine Erfahrungen*
   - *etwa philosophischer, kulturgeschichtlicher, geschichtlicher, gesellschaftlicher, psychologischer und privater Art; Erfahrung von der Welt der Sache; Erfahrung von meiner Welt; worauf die Sache verweist; was die Sache repräsentiert (im wörtlichsten Sinne!)* (RICHTER 1976, 39).

In gleicher Weise hat Erfahrung, allerdings unter einer stärkeren Berücksichtigung der „Lebenswelt" der Schüler (Subjektbezug) im Konzept einer lebensweltlichen Orientierung eine grundlegende Bedeutung:

Die notwendige Nähe zur eigenen Person erfordert einen vielfältigen Umgang mit Musik im Unterricht, der vor allem eigene, unmittelbar erlebbare, primäre Erfahrungen fördert (SCHNEIDER 1993, 7).

Die „Lebenswelt", ein zentraler Begriff der Phänomenologie Edmund Husserls, beinhaltet im Zusammenhang mit seiner musikdidaktischen Anwendung drei mögliche Erfahrungsbereiche.

1. *Die lebendigen, subjektiv geprägten Erfahrungen, die SchülerInnen wie alle Menschen in der Regel unreflektiert und selbstverständlich an und in ihrer Alltagswelt machen;*

2. *Die allgemeinen Grunderfahrungen des Menschen, die den Erfahrungen der einzelnen Personen zugrunde liegen wie z.B. das Erleben von Raum und Zeit, von Ordnung und Unordnung, von Einsamkeit, Trauer oder Freude, wie das Miteinander im Gespräch oder im Spiel u.v.a.m.;*
3. *Die Musik als Möglichkeit der Gestaltung und als Spiegel von Leben* (SCHNEIDER 1993, 5).

Dieses Verständnis von Erfahrung zeigt, dass ein philosophisch-hermeneutisches Verstehen neben einer rein musikalischen Dimension stets auf Außermusikalisches verweist. In empirisch-psychologischen Ansätzen (vgl. Kapitel 1) hingegen, konzentriert sich der Verstehensbegriff auf musikimplizite Aspekte. Verstehen heißt hier die Bedeutungsgenierung eines wahrgenommenen akustischen Reizes auf der Grundlage bisher gemachter Erfahrungen (vgl. OERTER 1974, 18). Beide Positionen beleuchten damit eine jeweils andere Qualität des Verstehens. Ihr gemeinsamer Nenner liegt in der Definition des Verstehensvorgangs als ein „*Erkennen von etwas als etwas*" (GRUHN/RICHTER 1994, 12). Zudem weisen beide Verstehensansätze weitere Gemeinsamkeiten auf. In beiden Verstehensbegriffen hat die Erfahrung eine grundlegende Bedeutung, und beide Modelle verweisen auf eine Interdependenz von Wahrnehmung und Verstehen. Weiterhin beschreiben beide Ansätze den Verstehensprozess als progressiv, graduell und infinit.

Ein Verstehen „von etwas als etwas" setzt immer ein Wahrnehmen „von etwas als etwas" voraus, insofern beginnen alle Verstehensprozesse bei der Ausbildung rezeptiver Kompetenzen.

> *...zunächst muß man etwas erkennen und im selben Akt dieses Etwas als etwas identifizieren (sonst könnte man das Etwas gar nicht als distinktes Gebilde identifizieren)* (GRUHN in: Gruhn/Richter 1994, 12).

Erst wenn der Hörer auf einer ersten Verstehensstufe in der Lage ist, die Struktur einer Komposition wahrzunehmen und sie musikimmanent zu verstehen, ist es sinnvoll, dass er sich auf einer nächsten Verstehensstufe mit den über diese Musik hinausweisenden und auf außermusikalische Inhalte verweisenden Aspekten auseinander setzt. Erst auf dieser Ebene kann der Gehalt im Sinne Eggebrechts erschlossen werden.

4.3.4 Wahrnehmen und Verstehen von Neuer Musik

Die bisherigen Ausführungen machen deutlich, dass das Verstehen von Musik, insbesondere von Neuer Musik, einen komplexen und vielschichtigen Prozess darstellt.

Zusammenfassend lässt sich sagen, dass sich ein Verstehen auf verschiedenen Stufen (Sinn und Gehalt) vollzieht, verschiedene Verstehensmodi (rational und emotional) betrifft und auf verschiedene Konstituenten (Material, zeitlich- metrische Organisation etc.) des musikalischen Gefüges ausgerichtet sein kann. Ein Verstehen beinhaltet stets eine Zunahme an rationaler Kontrolle sowie einen bewussten, verbalisierbaren und reflexiven Umgang mit Neuer Musik. Gleichzeitig setzt ein Verstehen die Ausbildung rezeptiver Kompetenzen voraus, da ein Verstehen ohne Wahrnehmen nicht möglich ist. In diesem Zusammenhang fällt auf, dass in den verschiedenen erkenntnistheoretischen Modellen die Wahrnehmung in aller Regel auf ein rein gehörsmäßiges Erfassen von Musik reduziert ist. Aus der Sicht der Wahrnehmungspsychologie ebenso wie aus musikpraktischen Gründen ist eine solche Beschränkung nicht gerechtfertigt. Musik kann körperlich über Bewegung (z.B. durch Tanzen) wahrgenommen, bei Aufführungen „gesehen" und ferner auch körperlich-taktil (z.B. über die Vibrationen eines Klangerzeugers) erfahren werden. Diese verschiedenen Wahrnehmungsmöglichkeiten fließen im Sinne einer intermodalen Wahrnehmung in den Verstehensprozess mit ein. Sie beeinflussen sich gegenseitig und können in letzter Konsequenz zu einem ganzheitlichen Wahrnehmen und Verstehen von Musik hinführen. Darüber hinaus zeigen die bisherigen Ausführungen auch, dass sich im Hinblick auf den Verstehensbegriff der Sonderstatus Neuer Musik erneut bestätigt.

Nach dem in diesem Kapitel bereits näher erläuterten Vermittlungsmodell Neuer Musik kann sich ein Verstehen von Neuer Musik in allen Bereichen des Modells (Material, Ausdruck, Struktur und Intention) vollziehen. Theoretisch und optional könnte das Verstehen von Neuer Musik in allen Bereichen des Modells beginnen. Wahrnehmungspsychologische, lerntheoretische (siehe unten) und sachlogische Gründe legen es jedoch nahe, dass ein Verstehen von Neuer Musik in inhaltlicher Hinsicht im Bereich des musikalischen Materials beginnen sollte.

Ein Verstehen im Bereich des Materials beginnt mit der Wahrnehmung unterschiedlicher Materialformen nach dem Kriterium von „gleich" und „verschieden". Mit der Zunahme rezeptiver Kompetenzen stellt sich ein vertieftes Verstehen ein. Dies impliziert gleichzeitig ein reflexives „In-Bezug-Setzen" von Material und Intention, woraus sich der jeweilige Materialsinn einer Komposition erschließt. Ebenso verhält es sich mit den Bereichen Struktur und Ausdruck. Ein Verstehen dieser Bereiche beinhaltet neben der Ausbildung entsprechender rezeptiver Kompetenzen ein „In-Bezug-Setzen" aller Verstehensbereiche.

Der Bereich Intention umschließt alle explizit musikalischen Aspekte des Kompositions- und Rezeptionsprozesses eines Musikstückes. Verstehen beginnt dabei mit dem Wissen (deklaratives Wissen) um solche Aspekte. Mit Wissenszunahme kann eine Komposition in letzter Konsequenz hinsichtlich all ihrer *individuell-anthropologischen, sozio-kulturellen* sowie *ästhetisch- historischen* Implikationen verstanden werden. Dieses Wissen ergibt jedoch nur dann einen Sinn, wenn es mit den Bereichen Material, Struktur und Ausdruck in Beziehung gebracht und einer Reflexion unterzogen wird. Es wurde bereits darauf hingewiesen (vgl. Kapitel 1), dass aus wahrnehmungspsychologischen Gründen, jedoch ebenso auf Grund der heterogenen Beschaffenheit Neuer Musik, die kompositorisch intendierte Bedeutung und die vom Hörer tatsächlich wahrgenommene Bedeutung nur bis zu einem gewissen Maße kongruent sind, was auf dieser Verstehensebene ebenfalls reflektiert werden kann.

Infolge der heterogenen Beschaffenheit Neuer Musik ist ein ästhetisches Verstehen am Anfang einer unterrichtspraktischen Vermittlung kaum möglich. Durch ein reflexives In-Bezug-Setzen der verschiedenen Inhaltsbereiche des Vermittlungsmodells kann zunächst nur eine einzelne Komposition Schritt für Schritt verstanden werden. Ein umfassendes ästhetisches Verstehen Neuer Musik kann sich erst nach einer Beschäftigung mit möglichst vielen und musikalisch verschiedenartigen Kompositionen einstellen. Erst dadurch wird es möglich, Neue Musik in ihrer Heterogenität wahrzunehmen und diese Qualität als ein ästhetisches Paradigma zu verstehen. An dieser Stelle muss allerdings einschränkend darauf hingewiesen werden, dass ein Erreichen dieser Verstehensebene unter den derzeitigen Bedingungen des Musikunterrichts nicht möglich ist.

Rezeptive Kompetenzen sind, wie in Kapitel 1 dargelegt wurde, nur über produktive Wege (Handlungswissen) und den dadurch bedingten Aufbau entsprechender musikalischer Repräsentationen zu erwerben. Entgegen dieser Erkenntnisse ist in der Unterrichtspraxis (siehe auch Kapitel 3) und in der Musikpraxis (z.B. Komponistenkommentare)[40] immer wieder zu beobachten, dass dem Hörer ein Verstehenszugang mittels umfangreicher Informationen

---

[40] In diesem Zusammenhang wäre auch einmal nach dem tatsächlichen Sinn einführender Kommentare bei Aufführungen Neuer Musik zu fragen.

(Sachwissen) zu eröffnen versucht wird. Diese Vorgehensweise ergibt vor dem Hintergrund der bereits ausgeführten Erkenntnisse über das Musiklernen (vgl. Kapitel 2) wenig Sinn. Was nützt es dem Hörer, wenn er zwar etwas über Neue Musik weiß, dies jedoch gar nicht musikalisch wahrnehmen und somit auch nicht musikimmanent verstehen kann? Am Beginn einer auf Verstehen ausgerichteten Vermittlung Neuer Musik kann deshalb immer nur ein auf produktiver Erfahrung beruhender Umgang mit Neuer Musik stehen.

4.4 Die Vermittlung Neuer Musik auf lerntheoretischer Grundlage

Eine Vermittlung Neuer Musik auf lerntheoretischer Basis ist an gewisse Voraussetzungen gebunden, die zunächst noch nicht spezifisch für die Neue Musik sind. Im Bereich Tonhöhe beginnen entsprechende Lernprozesse dort, wo Schüler unter-schiedliche Töne wahrnehmen und sie imitatorisch von einer Klangquelle (anfangs die Stimme des Lehrers) abnehmen können. Im rhythmisch-metrischen Bereich beginnt musikalisches Lernen an der Stelle, an der Schüler sich frei und fließend (zunächst noch ohne Musik) bewegen können. In einem zweiten Schritt sind dann die Bewegungen mit metrisch gebundener oder ungebundener Musik zu koordinieren. Bei metrisch gebundener Musik wird vorausgesetzt, dass die Schüler das Grundmetrum wahrnehmen und es körperlich-motorisch übernehmen können. Bei metrisch ungebundener Musik wird vorausgesetzt, dass musikalische Bewegungen (z.B. Klanggesten) körperlich-motorisch nachvollzogen werden können. Im Bereich der Klangfarben beginnen diesbezügliche Lernvorgänge dort, wo Schüler ihre Aufmerksamkeit zunächst auf vokale Klänge richten und sie imitatorisch in Bezug auf Klangfärbung, -qualität und akustische Nuancen reproduzieren können[41].

4.4.1 Inhaltsbezogene und lerntheoretische Implikationen

Der hier formulierte Vermittlungsansatz Neuer Musik leitet sich aus den in Kapitel 1 und 2 dargestellten Erkenntnissen über musikalische Wahrnehmungs- und Lernprozesse ab. Eine Zusammfassung dieser Erkenntnisse wird im Folgenden in Form von Prinzipien dargelegt. Sie beziehen sich erstens auf

---

[41] Die Praxis zeigt, dass bei Eintritt in die Grundschule diese Fähigkeiten nicht grundsätzlich vorausgesetzt werden können.

die Auswahl der Inhalte (inhaltsbezogene Implikationen) und zweitens auf die Beschaffenheit der Lernprozesse (lerntheoretische Im-plikationen) selbst.

Inhaltsbezogene Implikationen

- Von grundlegender Bedeutung für eine lerntheoretisch fundierte Vermittlung Neuer Musik ist die Ausbildung umfangreicher musikalischer Kompetenzen. Am Beginn einer unterrichtspraktischen Vermittlung steht damit nicht die Aneignung von Sachwissen (deklarativem Wissen), sondern die Aneignung von Handlungswissen (prozeduralem Wissen).

- Produktiv ausgerichtete Vermittlungsprozesse führen in jedem Bereich des Vermittlungsmodells (Material, Struktur, Ausdruck und Intention) von einfachen zu immer komplexeren Inhalten.

- Rezeptiv ausgerichtete Vermittlungsprozesse beginnen in einem möglichst frühen Lebensalter mit vielen verschiedenartigen und gegensätzlichen sowie relativ komplexen musikalischen Erfahrungen.

- Die Inhalte des Vermittlungsmodells führen stets vom Konkreten zum Abstrakten.

- In jedem Bereich des Vermittlungsmodells orientiert sich die Auswahl der Inhalte am Prinzip der Balance zwischen Gleichheit, Verschiedenheit und Variation.

- Aufgrund der knapp bemessenen zeitlichen Ressourcen des Faches Musik orientiert sich die Repertoireauswahl auf einer höheren Ebene am Prinzip der Exemplarität und Globalität. Anhand exemplarischer Inhalte, deren Auswahl nach dem voran gegangenen Prinzip erfolgt, erhalten die Schüler schrittweise einen globalen Überblick über die heterogenen Erscheinungsformen Neuer Musik.

Insgesamt führt eine Vermittlung Neuer Musik, welche die bisher dargelegten lerntheoretischen Implikationen berücksichtigt, im Idealfall in jedem Inhaltsbereich des Vermittlungsmodells zu einer Vernetzung heterogener musikalischer Erfahrungen und dadurch zu einem quasi übergeordneten, das heißt nicht auf einen konkreten Bereich bezogenen Wahrnehmen und Verstehen Neuer Musik.

Kapitel 4: Die Vermittlung Neuer Musik im Unterricht

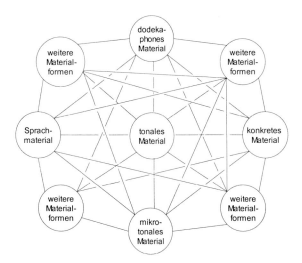

Abbildung 4.4: Die Vernetzung heterogener Materialbereiche.

Abbildung 4.4 veranschaulicht die Vernetzung verschiedener Materialbereiche. Im Hinblick auf den musikalischen Erfahrungshorizont der Schüler tonal ausgerichtete Materialformen nicht fehlen.

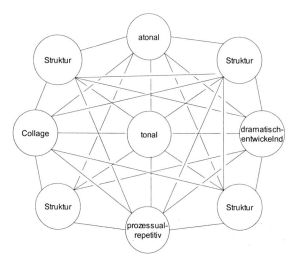

Abbildung 4.5: Die Vernetzung heterogener Strukturprinzipien.

Abbildung 4.5 zeigt in Analogie zum Bereich „Material", die Vernetzung heterogener musikalischer Strukturprinzipien. Entsprechend gestalten sich die Netzwerke der Inhaltsbereiche „Ausdruck" und Intention" des Vermittlungsmodells. Auch insgesamt kann aus inhaltsbezogener Sichtweise der Vermittlungsgegenstand Neue Musik als umfassendes Vermittlungsnetz dargestellt werden.

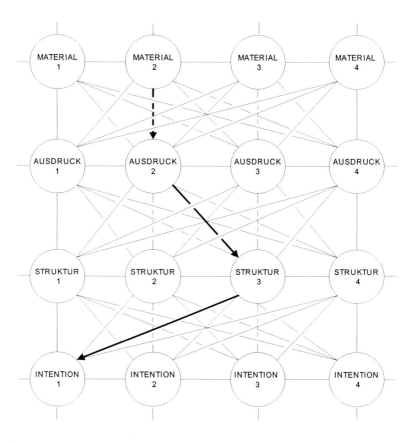

Abbildung 4.6 zeigt die verschiedenen miteinander vernetzten Inhaltsbereiche des Vermittlungsgegenstandes Neue Musik.

Am Beginn des Vermittlungsprozesses steht die unterrichtspraktische Auseinandersetzung mit den in der Abbildung oben aufgeführten Bereichen (Materialformen) des Netzwerkes. Im weiteren Verlauf der Vermittlung folgen sukzessive die Bereiche Ausdruck, Struktur und Intention. Das in jeder Richtung offene Netz verweist auf mögliche Erweiterungen. Die Vernetzungen zwischen den verschiedenen Bereichen stellen inhaltliche Bezüge, jedoch auch mögliche Abläufe einer Vermittlung dar, die sich aufgrund der heterogenen Wesensart Neuer Musik ergeben. Beispielsweise kann konkretes Material (Musique concrète) auf der strukturellen Ebene unterschiedlich organisiert werden (etwa als Collage oder seriell) und aufgrund dessen zu einer spezifischen Ausdrucksqualität führen, der eine bestimmte kompositorische Intention zugrunde liegt. Um der Heterogenität Neuer Musik gerecht zu werden, ist es sinnvoll, die curriculare Planung längerfristig auf eine Vernetzung aller Inhaltsbereiche auszurichten.

Die systematisierte zeitliche Abfolge der verschiedenen Inhaltsbereiche lässt sich modellhaft anhand einer „Vermittlungsspirale" beschreiben. Das Spiralmodell intendiert, lerntheoretische und inhaltliche Aspekte miteinander in Beziehung zu setzen.

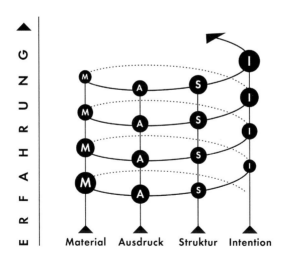

Abbildung 4.7: Die Vermittlungsspirale Neuer Musik.

Auf den Spiralbögen sind die einzelnen Vermittlungsbereiche (Inhalte) in unterschiedlicher Größe angeordnet. Die Größe der jeweiligen Bereiche verdeutlicht ihre inhaltliche Gewichtung. Die konkrete Abfolge der Bereiche innerhalb der Spirale begründet sich aus den lerntheoretischen Vorgaben von Kapitel 2. Umfangreiche Materialerfahrungen stehen damit am Beginn jedes Vermittlungsprozesses. Im weiteren Spiralverlauf, das heißt mit zunehmender musikalischer Erfahrung (in der Abbildung verdeutlicht durch den nach oben geführten Pfeil), verlagert sich allmählich die inhaltliche Gewichtung auf die übrigen Vermittlungsbereiche. Ein wiederholtes Erscheinen der gleichen Inhalte auf der nächst höheren Ebene der Spirale repräsentiert das Prinzip des Zyklischen und verweist auf eine von zunehmender Vertiefung, Differenzierung und Abstrahierung geprägte unterrichtspraktische Auseinandersetzung. Auf der obersten Spiralebene, das heißt erst dann, wenn bereits umfangreiche Erfahrungen in den Bereichen „Material", „Ausdruck" und „Struktur" vorliegen, wird sich der inhaltlich Schwerpunkt des Unterrichts auf den Bereich „Intention" verlagern. Bei der unterrichtspraktischen Umsetzung der Vermittlungsspirale darf die gegenseitige Interdependenz der einzelnen Bereiche jedoch nicht vernachlässigt werden. Die beidseitige Öffnung der Spirale veranschaulicht die Offenheit und Prozesshaftigkeit des Vermittlungsvorgangs.

Analog zum gesamten Vermittlungsmodell hat die hier skizzierte Vermittlungsspirale vorwiegend eine heuristische und idealtypische Funktion. Die Vermittlung Neuer Musik wird aus lerntheoretischer Sicht dann als ideal angesehen, wenn sie sich am Modell der Vermittlungsspirale orientiert. Es wird jedoch in der Unterrichtspraxis musikalische und situative Gründe geben, die eine Abweichung von diesem Modell fordern bzw. legitimieren. In diesem Fall übernimmt die Vermittlungsspirale die Funktion einer grundsätzlichen Orientierung.

Lerntheoretische Implikationen

- Von grundlegender Bedeutung für ein Wahrnehmen und Verstehen Neuer Musik ist der Auf- und Ausbau musikalischer Repräsentationen.
- Neue Musik wird auf der Basis vorangegangener musikalischer Erfahrungen wahrgenommen und verstanden. Dementsprechend kommt dem erfahrungsbezogenen Umgang mit Neuer Musik eine grundlegende Bedeutung zu.

- Eine schulische Vermittlung Neuer Musik orientiert sich entweder am musikalischen Erfahrungshorizont der Schüler, bzw. muss die für ein Wahrnehmen und Verstehen Neuer Musik notwendigen musikalischen Erfahrungen erst schaffen.

- Eine Vermittlung Neuer Musik beginnt aus lerntheoretischen (und motivationalen) Gründen mit einem produktiven, zunächst imitatorischen Umgang mit Neuer Musik.

- Die Vermittlung Neuer Musik darf sich auf rezeptiver Ebene nicht auf die rein gehörsmäßige Erfassung Neuer Musik beschränken. Weitere Erfahrungsformen im Sinne einer intermodalen Wahrnehmung (mehrkanaliges Lernen) sind mit einzubeziehen.

- Musikalische Lernprozesse sollten zunächst auf einer konkreten figuralen Ebene beginnen und erst nach einem auf den jeweiligen Lerninhalt bezogenen, angemessenen Zeitraum auf eine abstrakte formale Ebene führen.

- Musikalische Lernprozesse benötigen einen dem jeweiligen Lernprozess angemessenen Zeitraum, der weder durch Lernhilfen noch durch musikalisches Sachwissen (deklaratives Wissen) verkürzt werden kann. Es macht daher keinen Sinn, Neue Musik nur punktuell zu vermitteln oder durch Informationen über Neue Musik umfangreiche musikalische Erfahrungen (prozedurales Wissen) kompensieren zu wollen.

- Musikalische Lernprozesse sind dann am effektivsten, wenn sie vom einzelnen Schüler allein vollzogen werden können.

- Idealerweise beginnen musikalische Lernprozesse (soweit bei Neuer Musik möglich) beim produktiven Umgang mit Körper und Stimme.

- Von grundsätzlicher Bedeutung beim Erwerb musikalischer Kompetenzen ist die lerntheoretisch richtige Abfolge und Gestaltung der einzelnen Vermittlungsschritte (siehe nachfolgende Vermittlungssequenz).

- Musikalische Lernprozesse sind nach dem Prinzip von Wiederholung und Variation zu organisieren. Dabei ist zu beachten, dass die Erfahrung von Verschiedenheit von größerer Bedeutung ist als die Wiederholung des Gleichen (vgl. GRUHN 1999, 68).

4.4.2 Vermittlungssequenz Neuer Musik

Während die Vermittlungsspirale die zeitliche Abfolge sowie Gewichtung der einzelnen Vermittlungsbereiche (Material, Struktur, Ausdruck und Intention) darstellt, beschreibt die nachfolgende Vermittlungssequenz modellhaft die lerntheoretisch fundierte Abfolge und Strukturierung des Vermittlungsprozesses. Das Ziel einer Vermittlungssequenz liegt im Auf- und Ausbau „*genuin musikalischer Repräsentationen*" (GRUHN 1998, 55), die in Anlehnung an Bamberger (1991) und Piaget (1974) in zwei Typen unterteilt werden: eine figurale und eine formale Repräsentation. Bei figuralen Repräsentationen bezieht sich ein musikalischer Sachverhalt auf eine konkrete (ganzheitlich-körperliche) musikalische Handlung (auch mentales Probehandeln), eine musikalische Aktion („figure") oder einen musikalischen Ablauf. Bei der formalen Repräsentation im Sinne Piagets, ist der musikalische Sachverhalt in einer generalisierten Form in der Vorstellung enthalten. Dadurch werden verschiedene Formen einer klanglichen Realisierung möglich. Ein musikalischer Sachverhalt wird somit beliebig abrufbar und reproduzierbar. Im engeren Sinne geht es dabei um den Auf- und Ausbau von zunächst figuralen Reprä-sentationen, die durch wiederholte und weiterführende Lernprozesse in formale umgebildet (umcodiert) werden. Am Ende eines solchen Lernprozesses stehen beide Repräsentationstypen im Sinne einer multiplen Repräsentation zu Verfügung (vgl. GRUHN 1998, 54; 1999, 63). Einschränkend muss hinzugefügt werden, dass aufgrund der heterogenen Erscheinungsweise Neuer Musik und dem damit verbundenen Sachverhalt, dass Neue Musik keine Konventionen ausbildet, nur in sehr begrenztem Maße formale Repräsentationen ausgebildet werden können.

Die konkreten Inhalte der Vermittlungssequenz stehen aus musikalisch-ästhetischen Gründen möglichst in direktem Bezug zur Neuen Musik. Das heißt, sie beziehen sich entweder auf einen bestimmten Aspekt (z.B. konkrete Materialformen), auf eine konkrete Komposition bzw. einen Ausschnitt davon oder auf einen ganz speziellen Bereich (z.B. Sprachkompositionen). Diese Anspruch betrifft auch musikalische Gestaltungsaufgaben. Isolierte, vom Vermittlungsgegenstand Neue Musik losgelöste oder auf einer abstrakten Ebene formulierte Übungen, wie sie teilweise in den „Klangfunktionen" von Meyer-Denkmann (1970) praktiziert werden (siehe Kapitel 3), sind nach Möglichkeit zu vermeiden[42].

---

[42] Siehe auch entsprechende Kritik in Kapitel 2 und Kapitel 3.

Darüber hinaus sei angemerkt, dass unter den derzeitigen Rahmenbedingungen des Musikunterrichts und der heterogenen Erscheinungsweise der Neuen Musik die nachfolgend skizzierte Vermittlungssequenz nicht in ihrem vollen Umfang realisiert werden kann. Es sind daher Einschränkungen notwendig, die an entsprechender Stelle formuliert werden. Aus Gründen einer hier angestrebten konzeptionellen Vollständigkeit wird die Vermittlungssequenz dennoch komplett dargestellt.

Die Vermittlungssequenz umfasst in Orientierung an Gordon (1997) zwei grundsätzlich voneinander verschiedene Lernprinzipien, das „Unterscheidungslernen" und das „schlussfolgernde Lernen". Unterscheidungslernen zeichnet sich durch zwei unterschiedliche Aneignungsformen aus. Eine erste Form der Aneignung stellt die „Imitation" dar. Sie vollzieht sich in der Interaktion zwischen Lehrer (Darbietung) und Schüler (Nachahmung). In der zweiten Aneignungsform, der „Exploration", werden die musikalischen Inhalte nicht vom Lehrer vorgegeben, sondern von den Schülern selbst empirisch erarbeitet. Die im Unterscheidungslernen erworbenen musikalischen Kompetenzen bilden die unabdingbare Basis für das schlussfolgernde Lernen. Denn die im ersten Lerntyp erworbenen musikimmanenten Repräsentationen befähigen die Schüler, bereits bekannte Inhalte in einen neuen musikalischen Kontext zu übertragen, neue Inhalte auf der Grundlage bisheriger musikalischer Erfahrungen wahrzunehmen und zu verstehen sowie mit bekannten Inhalten im Rahmen einer Improvisation, einer Gestaltungsaufgabe oder einer „Komposition"[43] frei umzugehen.

4.4.2.1 Das Unterscheidungslernen

Das Unterscheidungslernen vollzieht sich in vier sequenziell aufeinander aufbauenden Stufen:

PRODUKTION & REZEPTION

SPRACHLICHE KODIERUNG

(SYNTHESE I)

SYMBOLISCHE KODIERUNG

(SYNTHESE II)

ÄSTHETISCHES VERSTEHEN

---

[43] Der Begriff „Komposition" wird hier im Sinne einer dem musikalischen Entwicklungsstand eines Schülers entsprechenden reflektierten musikalischen Artikulation verstanden.

Auf der ersten Stufe der Vermittlungssequenz „Produktion & Rezeption" entwickeln die Schüler durch Imitation und Exploration ein eigenes Repertoire an Materialformen, musikalischen Strukturen und Ausdrucksqualitäten[44]. Im Rahmen dieser Lernprozesse bilden sich musikimmanente und zunächst figurale Repräsentationen aus, welche die unabdingbare Voraussetzung für die nächste Stufe der Vermittlungssequenz bilden. Grundsätzlich sollte jede weitere Stufe erst angegangen werden, wenn die dafür notwendigen Kompetenzen vorhanden, das heißt, die entsprechenden Repräsentationen ausgebildet sind.

Auf der Stufe „Sprachliche Kodierung" werden die repräsentierten Lerninhalte sprachlich kodiert, d.h. mit Sprachsymbolen verknüpft. Die Inhalte werden in ihrem jeweiligen musikalischen Kontext beschrieben, kategorisiert und mit den entsprechenden Begriffen versehen.

Die Stufe der „Symbolischen Kodierung" beschreibt die Verknüpfung bekannter Lerninhalte mit entsprechenden Zeichen und Notensymbolen. Die Schüler können sich über Zeichen und Symbole fixierte musikalische Inhalte zunehmend innerlich vorstellen und real reproduzieren. Das Repertoire an notwendigen Zeichen und Symbolen führt dabei weit über den traditionellen Bereich hinaus. Neben den konventionellen Notationsformen lernen die Schüler weitere, spezifische Notationstechniken der Neuen Musik kennen.

Die Stufe des Ästhetischen Verstehens beschreibt die Verknüpfung von immanent musikalischem Wissen (prozedurales Wissen) der Inhaltsbereiche Material, Struktur und Ausdruck mit explizit musikalischem Wissen (deklaratives Wissen) des Bereichs Intention. Erst die Verknüpfung aller vier Inhaltsbereiche des Vermittlungsmodells gewährleistet ein umfassendes Verstehen einer einzelnen Komposition und ein beginnendes ästhetisches Verstehen Neuer Musik.

Zwischen den einzelnen Vermittlungsstufen finden jeweils verschiedene Formen von Synthesen statt, die als rein mentale Prozesse verstanden werden können. „Synthese I" verknüpft die Vermittlungsstufen „Produktion & Rezeption" und „Sprachliche Kodierung" auf zwei unterschiedliche Arten miteinander. Erstens können die Schüler allmählich nicht nur einzelne Materialformen und Ausdrucksqualitäten, sondern auch Materialkonstellationen und musikalische Strukturen repräsentieren und miteinander vergleichen. Zweitens werden sich die Schüler der Eigengesetzlichkeit und immanenten Beziehungen verschiedener Materialformen, soweit vorhanden, bewusst. Die „Syn-

---

[44] Diese drei unterschiedlichen Bereiche werden im Folgenden zusammenfassend als „musikalische Inhalte", „Lerninhalte" oder „Inhalte" bezeichnet.

these II" verbindet die Kompetenzen von „Synthese I" mit denen der „Symbolischen Kodierung". Die Schüler sind nun in der Lage, auf der Grundlage von Zeichen und Symbolen nicht nur einzelne und isolierte Klangvorstellungen zu entwickeln, sondern sich zunehmend Materialkonstellationen und musikalische Strukturen mental vorzustellen und syntaktische Beziehungen (soweit gegeben) zu erkennen.

4.4.2.2 Schlussfolgerndes Lernen

Im schlussfolgernden Lernen wird die im Unterscheidungslernen erworbene Fähigkeit zur musikimmanenten Repräsentation von den Schülern aktiv und produktiv umgesetzt. Materialformen, Ausdrucksqualitäten und musikalische Strukturen (Lerninhalte) werden jetzt nicht mehr vom Lehrer ausgewählt, sondern von den Schülern selbst bestimmt. Insgesamt ist das schlussfolgernde Lernen durch ein offenes, eigenständiges, produktives und auf Verstehen ausgerichtetes Denken geprägt. In Analogie zum Unterscheidungslernen findet dieses Lernprinzip auf mehreren, sequenziell aufeinander aufbauenden Stufen statt. Das schlussfolgernde Lernen ist in drei Lernbereiche „Generalisierung", „Anwendung" und „Verstehen" untergliedert, wobei es sich beim ersten und dritten Bereich um rein mentale, d.h. nicht unmittelbar sichtbare Vorgänge handelt.

Der Bereich „Generalisierung" beschreibt die selbstständige Übertragung von im Unterscheidungslernen erworbenen Kompetenzen auf einen neuen musikalischen Kontext. Das bedeutet auf der untersten Vermittlungsstufe „Produktion & Rezeption", dass neue Materialformen auf der Grundlage bereits vorhandener Klangvorstellungen (Repräsentationen) als „gleich" oder „verschieden" erkannt werden. Auf der höchsten Vermittlungsstufe, dem „Ästhetischen Verstehen" können die Schüler das aus der Verknüpfung von musikimmanentem Wissen der Inhaltsbereiche Material, Struktur und Ausdruck mit musikexplizitem Wissen des Bereichs Intention entstandene Gesamtwissen auf einen neuen musikalischen Kontext übertragen.

Die von den Schülern im Unterscheidungslernen angeeigneten musikalischen Inhalte werden im Bereich Anwendung vielfältig produktiv umgesetzt. Das Spektrum an Inhalten steht dabei in direkter Abhängigkeit zum Umfang der im Unterscheidungslernen gemachten musikalischen Erfahrungen. Je umfangreicher, vielfältiger und differenzierter die von Schülern repräsentierten Materialformen sind, desto höher wird der Materialstand sein, der den Schülern bei eigenen Produktionen zur Verfügung steht.

Der Bereich „Verstehen" stellt das Höchstmaß an auf Musik bezogenen Kompetenzen dar. Auf der Stufe der „Rezeption & Produktion" beschreibt dieser Bereich ein intellektuelles Verstehen dessen, was musikimmanent repräsentiert werden kann. Auf der höchsten Stufe dem „Ästhetischen Verstehen" sind die Schüler in der Lage, musikimmanentes Wissen (Materialformen, musikalische Strukturen und Ausdrucksqualitäten) und explizit musikalisches Wissen (siehe Intention) miteinander zu verknüpfen. Erst auf dieser Stufe macht es Sinn, sich im Musikunterricht mit tiefergehenden und weiterführenden musiktheoretischen, musikhistorischen, kunstphilosophischen sowie ästhetischen Fragestellungen auseinander zu setzen. Durch ein wiederholtes Absolvieren einer Vermittlungssequenz mit möglichst unterschiedlichen und gegensätzlichen Erscheinungsformen der Neuen Musik stellt sich zunehmend ein bewusstes Wahrnehmen und ästhetisches Verstehen Neuer Musik ein.

Unterscheidungslernen und schlussfolgerndes Lernen werden in der in Abbildung 4.8 dargestellten Weise miteinander verknüpft.

Kapitel 4: Die Vermittlung Neuer Musik im Unterricht 327

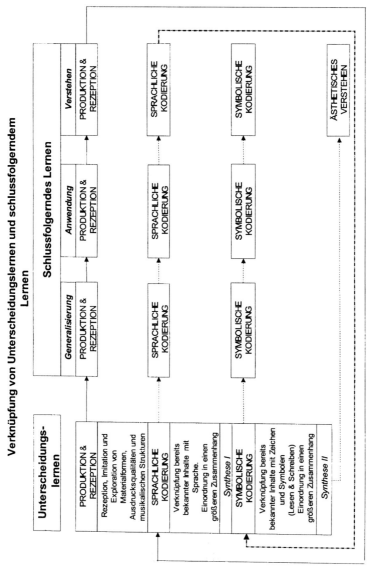

Abbildung 4.8: Verknüpfung von Unterscheidungslernen und schlussfolgerndem Lernen.

Abbildung 4.8 verdeutlicht die lerntheoretisch ideale Verbindung beider Lernprinzipien und -stufen. Eine Vermittlungssequenz beginnt jeweils auf der ersten Stufe (Produktion & Rezeption) des Unterscheidungslernens und führt zur analogen Stufe des schlussfolgernden Lernens. Ist diese erste Stufe erfolgreich abgeschlossen, erfolgt eine Vermittlung auf der nächsthöheren Stufe (Verbalisierung) des Unterscheidungslernens und führt von dort wiederum auf die entsprechende Stufe des schlussfolgernden Lernens. Nach diesem Prinzip werden im Verlauf der Vermittlungssequenz alle Lernprinzipien und Vermittlungsstufen durchlaufen. Obwohl in diesen Ausführungen zum allgemeinen Verständnis streng zwischen dem Unterscheidungslernen und dem schlussfolgernden Lernen unterschieden wird, ist in der Praxis eine Abgrenzung zwischen beiden Lernprinzipien weniger deutlich, das heißt, es herrscht ein fließender Übergang zwischen beiden Lernarten.

Die hier theoretisch und modellhaft dargestellte Vermittlungssequenz stellt aus lerntheoretischer Sicht eine ideale Form der Vermittlung Neuer Musik dar. Jede Vermittlungsstufe repräsentiert den jeweils lerntheoretisch idealen Zeitpunkt zur Vermittlung der entsprechenden musikalischen Kompetenzen. Andere Vorgehensweisen sind denkbar, lassen den Vermittlungsprozess im Hinblick auf den musikalischen Kompetenzerwerb jedoch als weniger effektiv erscheinen. Je höher das Maß an genuin musikalischen Repräsentationen, desto eher kann das Grundschema der Vermittlungssequenz verlassen werden. Es versteht sich von selbst, dass bei der konkreten praktischen Umsetzung der Sequenz die jeweiligen Bedingungen des Unterrichts vom einzelnen Lehrer zu berücksichtigen sind.

4.4.3 Vermittlungsformen Neuer Musik

In der jüngeren Geschichte der Musikpädagogik wurde infolge umfangreicher interdisziplinärer Einflüsse (z.B. der Sozialwissenschaften in den 70er Jahren) ein vielfältiges und differenziertes Methodenrepertoire entwickelt, das bis heute, häufig lerntheoretisch und didaktisch unreflektiert, in der Unterrichtspraxis seine Anwendung findet. Die oben skizzierte Vermittlungssequenz als Verknüpfung von Unterscheidungslernen und schlussfolgerndem Lernen bietet die Möglichkeit, diese methodischen Handlungsweisen und Aneignungsformen in einen lerntheoretisch sinnvollen Kontext zu stellen, das heißt, sie in eine entsprechende sequenzielle Abfolge einzubinden. Die Vermittlungssequenz gibt vor, welche Formen der Aneignung auf welchen Sequenzstufen in lerntheoretischer Hinsicht einen Sinn ergeben. So geht etwa aus der Sequenz deutlich hervor, dass der musikalische Kompetenzerwerb (prozedurales Wissen) der reinen Sachinformation (deklaratives Wissen) voranzustellen ist. Vor diesem Hintergrund sind für die entsprechenden Vermittlungsstufen und Lernbereiche die folgenden Umgangsweisen und Aneignungsformen bezüglich Neuer Musik sinnvoll.

4.4.3.1 Vermittlungsstufe 1: PRODUKTION & REZEPTION

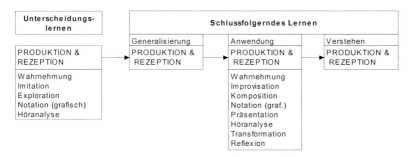

Abbildung 4.9: Die verschiedenen Lerntypen und -bereiche sowie Aneignungsformen der Vermittlungsstufe „PRODUKTION & REZEPTION".

Unterscheidungslernen

Die erste und konstitutive Stufe der Vermittlung beinhaltet die Aneignung von Materialformen, Ausdrucksqualitäten und musikalischen Strukturen im Wechselspiel[45] von Produktion und Rezeption. Durch einen zirkulären Rückkoppelungsprozess (Lernschleife) von klanglicher Produktion und gehörsmäßiger Kontrolle des Produzierten werden innere Vorstellungen (Repräsentationen) ausgebildet (vgl. GRUHN 1998). Die konkrete Aneignung der musikalischen Inhalte (zunächst Materialformen) kann über Imitation oder Exploration erfolgen.Die Auswahl der Inhalte erfolgt nach dem Prinzip von Gleichheit, Verschiedenheit und Variation. Mit Zunahme der Fähigkeit zur musikimmanenten Repräsentation sind die musikalischen Inhalte in quantitativer und qualitativer Hinsicht zu erweitern. Die Zielsetzung liegt auf dieser Vermittlungsstufe in der Erarbeitung eines möglichst vielfältigen und umfangreichen Klangrepertoires und entsprechender Klangvorstellungen. Da hier die

---

[45] Neben lerntheoretischen Implikationen berührt ein responsorisches Erarbeiten in einem erweiterten Sinne auch den Aspekt musikalischer Kommunikation.

Grundlagen für alle weiteren Vermittlungsstufen gelegt werden, sollte sowohl auf Lehrerseite als auch auf Schülerseite auf eine in jeder Hinsicht möglichst präzise und differenzierte Artikulation der musikalischen Inhalte geachtet werden.

Über die Rezeption eignen sich die Schüler ein vielfältiges Hörrepertoire an. Auf einer elementaren Ebene erfolgt dies in Zusammenhang mit einer (unbewussten) Kategorisierung des Gehörten nach „gleich" und „verschieden". Dabei darf sich dieser Vorgang nicht auf eine rein gehörsmäßige Wahrnehmung beschränken. Weitere Wahrnehmungskanäle (haptische oder visuelle) sind im Sinne einer intermodalen Wahrnehmung in den Rezeptionsprozess zu integrieren:

- Klangverläufe oder Klanggesten[46] können körperlich-motorisch mit vollzogen werden;

- Klangerzeuger können haptisch erfasst, d.h. berührt, ertastet, erfühlt usw. werden;

- Klänge können bei deren Produktion visuell wahrgenommen, d.h. „gesehen" werden.

Die Produktion der Inhalte kann durch imitatorische oder durch explorative Verfahren erfolgen. Anfangs sollte die Aneignung nur auf einen Parameter (Tonhöhe, Tondauer oder Klangfarbe) ausgerichtet und falls möglich mit der Stimme produzierbar sein. Bei anderen Materialformen (z.B. konkretem Material) werden entsprechende Tonquellen verwendet. Im Falle der Imitation erfolgt die Aneignung der Inhalte über die Darbietung durch den Lehrer oder mittels anderer Tonquellen (Instrumente, Klangobjekte, Medien usw.) und die folgende, möglichst vokale Imitation durch die Schüler. Explorative Verfahren[47] beinhalten alle möglichen Formen eines erforschenden und experimentellen Umgangs mit verschiedenen Materialformen. Als Ausgangspunkt können traditionelle, elektroakustische, elektronische Instrumente oder andere Klangerzeuger dienen. Innerhalb des Vermittlungsprozesses nehmen explorative Verfahren zwei verschiedene Funktionen ein.

Erstens bilden sich die für die adäquate Wahrnehmung einer konkreten Komposition (oder eines Ausschnittes) notwendigen inneren Klangvorstel-

---

[46] Der Einbezug von Körpergesten ist nicht nur lerntheoretisch begründet, sondern verweist gleichzeitig auf das experimentelle Musiktheater.
[47] Diesbezügliche Anregungen für die Gestaltung des Unterrichts finden sich bei MEYER-DENKMANN (1970), SCHAFER (1971) PAYNTER/ASTON (1972) und PAYNTER (1992).

lungen (Repräsentationen) aus. Zweitens werden in diesem Zusammenhang weitere, über die jeweilige Komposition hinausgehende Klangerfahrungen gewonnen.

Je nach Aufgabenstellung kann zwischen verschiedenen explorativen Verfahren wie Klangexperiment, Abstrahierung, Verfremdung (Paraphrase, Parodie usw.) unterschieden werden.

Das Klangexperiment stellt eine offene Form der Materialerkundung dar. Je nach Zielsetzung des Klangexperiments kann die Aufgabenstellung auf bestimmte Aspekte fokussiert werden. Durch eine weitere Ausdifferenzierung bereits erarbeiteter Klänge kann das Repertoire erweitert werden. Eine weitere Möglichkeit der Ausdifferenzierung ist die Variation von Klängen. Dieses Verfahren sollte zunächst auf nur einen Parameter (z.B. dynamischer Verlauf) ausgerichtet sein und kann zu einem späteren Zeitpunkt auf weitere Parameter ausgeweitet werden.

Eine Abstrahierung geschieht über die Bildung formaler und expressiver Analogien eines Klanges. Eine formale Analogie ist dann gegeben, wenn die Eigenschaften (z.B. Verlauf der Hüllkurve) konkreter Klänge (z.B. Regentropfen) auf andere Klangerzeuger (z.B. Perkussionsinstrumente) übertragen werden. Unter expressiver Analogie wird das Übertragen einer konkreten Ausdrucksqualität (z.B. Freude) von einem auf einen anderen Klangerzeuger verstanden.

Bei der Paraphrase wird von einem Ausgangsklang keine genaue Analogie gebildet, sondern er wird mit anderen Klangerzeugern verdeutlichend oder ausschmückend umschrieben. Bei der Parodie werden vorgegebene Klänge verfremdet.

Denkbar ist weiterhin eine Kombination von Imitation und Exploration. Beispielsweise kann über eine Imitation zunächst ein Grundrepertoire an Klangmaterialien erarbeitet und anschließend durch Exploration einer weiteren Differenzierung unterzogen werden.

In der Unterrichtspraxis beginnen explorative Formen der Aneignung mit einer vorgegebenen Aufgabenstellung, die möglichst in einen konkreten musikalischen Kontext eingebunden werden sollte (siehe oben). Die Ausführung der Aufgabe kann in unterschiedlichen Sozialformen, Einzel-, Partner- oder Gruppenarbeit erfolgen. In der Praxis hat sich für diesen Beginn die Arbeit in Kleingruppen bewährt.

Im Hinblick auf die konkrete Unterrichtsgestaltung wurden mit folgendem Ablauf gute Ergebnisse erzielt:

- Aufgabenstellung durch den Lehrer;
- Arbeit in der Kleingruppe (evtl. grafische oder schriftliche Dokumentation);
- Präsentation der Klangmaterialien vor der Klasse (evt. Dokumentation auf Tonträger);
- Diskussion und Reflexion[48];
- erneute und verbesserte Produktion, evtl. nochmals Diskussion und Reflexion.

Aus lerntheoretischer Perspektive sei an dieser Stelle nochmals darauf hingewiesen, dass der Lerneffekt, d.h. die Fähigkeit zur Repräsentation solcher Klänge, dann am besten ausgebildet wird, wenn die Klänge von jedem Schüler individuell produziert werden.

Zum besseren Verständnis können die bisher erarbeiteten musikalischen Inhalte in andere Ausdrucksmedien transformiert werden. Auf dieser Stufe der Vermittlung eignet sich besonders die Umsetzung der Inhalte in Bewegung oder grafische Darstellungen. In diesem Zusammenhang sind erste Notationsversuche möglich. Beispielsweise können zunächst Tonhöhenverläufe sowie Klanggesten grafisch nachgezeichnet, oder Tonhöhen- und Tondauerunterschiede relativ über deren räumlichen Abstand notiert werden. Zudem wäre dies die Vermittlungsstufe, auf der die Schüler mit grundsätzlichen Konventionen musikalischer Notation, etwa die Zuordnung von Tonhöhe zur räumlichen Höhe, vertraut gemacht werden können. Hierbei ist darauf hinzuweisen, dass diese für die Musiklehrer oft so selbstverständlichen Vereinbarungen für Schüler keineswegs logisch (siehe Violoncello[49]) erscheinen, sondern im Unterricht vereinbart werden sollten. Darüber hinaus kann sich eine Visualisierung von Musik neben der grafischen Darstellung auch in Form von Farben, Skizzen, Bildern, Collagen usw. äußern.

---

[48] Die Reflexion ist dem jeweiligen musikalischen und geistigen Entwicklungsstand des Schülers anzupassen. Selbst mit einem jüngeren Schüler kann über die Konsequenzen hinsichtlich des Verständnisses von Texten reflektiert werden, wenn im Bereich Sprachkompositionen einzelne Wörter durch „Dekomposition" ihre Bedeutung verlieren.
[49] Beim Violoncello und dem Kontrabaß wird unsere gängige Vorstellung, hohe Töne immer mit räumlicher Höhe zu assoziieren ad absurdum geführt. Hohe Töne liegen bei diesem Instrument „unten".

Schlussfolgerndes Lernen

Die durch das erste Lernprinzip (unbewusst) mittels musikimpliziter Lernprozesse erworbenen Kompetenzen werden im Bereich „Generalisierung" in einen neuen musikalischen Kontext übertragen. Die Schüler sind dadurch in der Lage, in einer bis dahin unbekannten Komposition Materialformen, Ausdrucksqualitäten und musikalische Strukturen auf der Grundlage der bisher erlernten Kriterien wahrzunehmen und voneinander zu unterscheiden.

Der Bereich Anwendung beinhaltet den selbstständigen und produktiven Umgang mit allen im bisherigen Unterscheidungslernen erworbenen und repräsentierten Inhalten. Grundsätzlich ist in diesem Zusammenhang zwischen Improvisation und Komposition zu unterscheiden. Bei der Improvisation wird in aller Regel auf bereits repräsentierte Inhalte zurückgegriffen. Das schließt jedoch keineswegs aus, dass über diesen Weg auch neue Strukturen entwickelt oder gefunden werden können, insbesondere bei Gruppenimprovisationen. Nach dem Ausmaß ihrer formal-strukturellen Bindung (Syntax) können sie als „freie" oder „gebundene" Improvisationen bezeichnet und sowohl im Ensemble als auch solistisch durchgeführt werden. Ensembleimprovisationen eignen sich zu Beginn in besonderem Maße, da gewisse psychologische Hemmschwellen, verursacht durch ein solistisches Auftreten vor der Klasse, deutlich reduziert werden können. Ein praxiserprobter Zwischenschritt liegt in der allmählichen Verkleinerung des Ensembles.

Im Gegensatz zu explorativen Verfahren, die sich ihrem Schwerpunkt nach auf den Materialbereich beziehen, realisieren die Schüler im Bereich der „Anwendung" ihre eigenen „Kompositionen". Solche Kompositionen entstehen durch eine auf eine konkrete Themenstellung ausgerichtete und im Gegensatz zur Improvisation geplante Kombination von bisher im Vorstellungsrepertoire der Schüler enthaltenen Materialformen und Ausdrucksqualitäten.

Alle Formen des produktiven Umgangs mit Neuer Musik bedürfen nach Abschluss der Produktion jeweils einer Phase der Reflexion. Dort sind die Ergebnisse unter Bezug auf die vorangegangene Aufgabenstellung und unter Beachtung musikalisch-ästhetischer Aspekte im Klassenplenum einer kritischen Diskussion zu unterziehen.

Produktiv ausgerichtete Unterrichtsphasen weisen deswegen folgenden Ablauf auf:

- Aufgabenstellung (offen oder geschlossen) durch den Lehrer, evtl. ergänzende Informationen oder Hörbeispiele, Klärung grundsätzlicher Fragen;
- Weiterarbeit in Kleingruppen, Entwicklung möglichst zahlreicher und vielfältiger Lösungsmöglichkeiten; erste Diskussion in der Gruppe;
- Präsentation und Dokumentation (siehe unten) der Schülerproduktionen;
- Reflexion, d.h. kritisch-konstruktive Diskussion der Ergebnisse auf der Grundlage vorgegebener (z.B. mittels Fragenkatalog) oder gemeinsam erarbeiteter Kriterien (z.b. Kohärenz) im Klassenplenum;
- Fokussierung auf bestimmte Abschnitte bzw. Ausdifferenzierung der Ergebnisse in der Kleingruppe auf der Basis der vorangegangenen Reflexion;
- Erneute Präsentation und Reflexion im Plenum, ggf. erneute Produktion.

Die Praxis zeigt, dass diese Arbeitsform zunächst in der Großgruppe durchgeführt werden sollte. Im Laufe der Zeit divergieren jedoch die musikalischen Vorstellungen der Schüler teilweise so erheblich, dass es sinnvoll erscheint, die Gruppen weiter zu verkleinern, bzw. manchmal nur einen Schüler mit einer konkreten Kompositionsaufgabe zu betrauen.

Eine wertvolle Hilfe ist bei produktiven Arbeitsweisen eine Dokumentation der Ergebnisse oder Teilergebnisse auf Tonträgern. Sie kann mehrere Funktionen einnehmen:

- die Dokumentation ermöglicht den Schülern ein distanziertes Hören ihrer eigenen Produktion;
- die Kompositionen (oder Teilabschnitte) können zur Diskussion im Plenum wiederholt angehört werden;
- werden die verschiedenen Arbeitsphasen über mehrere Tage oder Wochen verteilt, kann das Stück durch erneutes Anhören wieder in das Gedächtnis gerufen werden;
- ein Mitschnitt honoriert und motiviert indirekt (als Dokumentation) die kreativen Leistungen und Fortschritte der Schüler.

Die Präsentation bzw. Interpretation der Schülerkompositionen ist selbst ein kreativer Akt und deshalb im Rahmen der Vermittlung Neuer Musik als eigenes Themenfeld zu behandeln. Ein grundlegendes Thema wäre beispielsweise die Kohärenz von kompositorischer Intention und möglicher Interpretation. Verschiedene Interpretationen werden einander gegenüber gestellt. Im Anschluss daran ist zu diskutieren, welche der erstellten Interpretationen der Intention des Komponisten am nächsten kommt. Entsprechende Hörbeispiele (verschiedene Interpretationen eines Stückes) aus dem Bereich der Neuen Musik sind zur Verdeutlichung heranzuziehen. In diesen Bereich fallen auch Fragen der Präsentation Neuer Musik (siehe unten).

Bei der Vorstellung der Schülerproduktionen ist auf einen adäquaten Vortrag zu achten. Die folgenden Aspekte sollten dabei berücksichtigt und mit den Ausführenden diskutiert werden:

- Kommunikativer Aspekt zwischen den Ausführenden und zwischen den Ausführenden und dem Publikum;
- Einstellung der Schüler zur Präsentation;
- Aufführungsort (sollte bereits bei der Produktion mit berücksichtigt werden) und Rahmenbedingungen;
- Einbezug weiterer Präsentationsmedien (z.B. Licht, Multimedia usw.)

Ebenso wie beim Unterscheidungslernen dient bei diesem Lerntyp die Transformation der Inhalte in andere Ausdrucksmedien (körperlich-motorische und visuelle) dem tieferen musikalischen Verständnis. Auch der umgekehrte Weg wäre hier sinnvoll und denkbar, wenn die Schüler beispielsweise auf der Grundlage graphischer Vorlagen eigene musikalische Strukturen produzieren.

Bei der Vermittlung Neuer Musik gerät besonders der Bereich der Produktion in die Gefahr, sich dem Vorwurf[50] einer „neomusischen" Simplifizierung auszusetzen (vgl. Kapitel 3.1). Hier ist jedoch sehr genau zu differenzieren zwischen einem subjektiv-individuellen und einem künstlerisch-ästhetischen Anspruch. Aus der Perspektive der Schüler hat jeder das Recht, sich musikalisch zu artikulieren (vgl. FLUSSER M1). Insofern ist die Verwendung des Terminus Komposition für eine Schülerproduktion durchaus legitim. Obwohl manche der Schülerproduktionen sehr interessant klingen, stellen sie nicht den Anspruch, eine Komposition im Sinne einer handwerklich-professionellen Produktionsweise und einer sich im historischen Kontext vollziehenden ästheti-

---

[50] Dies scheint unter Berücksichtigung der in dieser Arbeit untersuchten französischen und englischen Ansätze ein ausschließlich deutsches Phänomen zu sein.

schen Reflexion zu sein. Der Unterschied zwischen beiden Qualitäten ist letztendlich ein gradueller. Ferner nehmen solche Schülerkompositionen in erster Linie nicht eine gesellschaftliche (obwohl dies nicht grundsätzlich auszuschließen ist), sondern zunächst eine lerntheoretisch-didaktische Funktion ein.

Verstehen bedeutet auf dieser Vermittlungsstufe, dass die von den Schülern repräsentierten Inhalte zunehmend theoretisch-intellektuell (zunächst noch unbewusst) verstanden werden. Die Schüler erkennen allmählich mögliche musikimmanente Zusammenhänge zwischen Materialformen, musikalischen Strukturen und Ausdrucksqualitäten. Sie bemerken beispielsweise, welche Materialformen im Kontext einer jeweiligen musikalischen Gestaltungsaufgabe zueinander passen bzw. welche nicht.

4.4.3.2 Vermittlungsstufe 2: SPRACHLICHE KODIERUNG

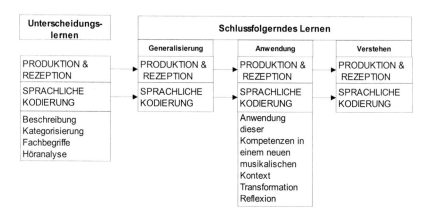

Abbildung 4.10: Die verschiedenen Lerntypen und -bereiche sowie Aneignungsformen der Vermittlungsstufe „Sprachliche Kodierung".

Unterscheidendes Lernen

Die auf der ersten Vermittlungsstufe (Produktion & Rezeption) angeeigneten und repräsentierten Materialformen, Ausdrucksqualitäten sowie musikalischen Strukturen werden auf der zweiten Stufe der „Sprachlichen Kodierung"[51] semantisch kodiert, d.h. mit entsprechenden Begriffen versehen. Gleichzeitig kann auf dieser Vermittlungsstufe mit dem Aufbau sogenannter semantischer Netzwerke begonnen werden. Sprachlich kodierte und musikimmanent repräsentierte Inhalte werden dabei, soweit an dieser Stelle sinnvoll und notwendig, mit kontextbezogenem musikalischem Sachwissen verknüpft. Die Schüler können beispielsweise darüber informiert werden, dass der „Cluster" zu Beginn des vergangenen Jahrhunderts von Henry Cowell und Charles Ives kompositorisch entwickelt wurde. Ferner stellt Verbalisierung die Transformation musikalischer Inhalte in ein anderes Ausdrucksmedium (hier Sprache) dar.

Ganz allgemein zeugt die Praxis von einer gewissen Sprachlosigkeit[52] der Schüler, wenn sie sich über (Neue) Musik äußern sollen. Der Mangel an musikbezogenem Vokabular kann durch die nachfolgend aufgezeigten Möglichkeiten des sukzessiven Aufbaus eines entsprechenden Wortschatzes behoben werden.

- die Schüler wählen zunächst im Sinne des Unterscheidungslernens zwischen zwei Begriffspaaren (z.B. hoch und tief) aus;
- die Begriffspaare werden im nächsten Schritt in mehreren graduellen Abstufungen (z.B. sehr hoch, hoch, mittel, tief, sehr tief) unterteilt, als Orientierung kann bei diesem Beispiel die eigene Stimme (Mittellage = eigene Stimmlage) dienen;
- die Schüler wählen aus einem vorgegebenen Vokabular (z.B. Adjektivfeld) ihnen passend erscheinende Wörter aus.

Weiterhin kann das Vokabular über Analogiebildungen, Metaphern und Assoziationen (siehe unten) erweitert werden.

Konkret sind folgende Formen der sprachlichen Kodierung Neuer Musik möglich:

---

[51] Eine Kodierung der repräsentierten Inhalte mit melodischen und rhythmischen Solmisationssilben, wie sie beispielsweise Gordon (1997) vornimmt, ist bei Neuer Musik nicht sinnvoll, da Solmisationssilben immer gleichzeitig eine bestimmte musikalische „Grammatik" implizieren.
[52] Diese Sprachlosigkeit ist z.B. nach Konzerten Neuer Musik zu beobachten. Das Vokabular zur Beschreibung der persönlichen Eindrücke beschränkt sich oft auf den Begriff „interessant". Die Ursachen für die generelle Sprachlosigkeit im Umgang mit Musik, sind häufig sozial bedingt und können hier nicht weiter verfolgt werden.

Beschreibung von Materialformen und musikalischen Strukturen.
- Beschreibung einzelner isolierter Parameter (z.B. Klangfarbe) zunächst nach dem Kriterium von „gleich" und „verschieden";
- Beschreibung einzelner isolierter Parameter nach graduellen Kriterien (zunächst relativ, später falls möglich absolut, z.b. konkrete Intervalle);
- Beschreibung horizontaler Klangverläufe über deren äußere Konturen (Gestalt, Hüllkurve);
- Beschreibung des vertikalen Klangaufbaus (z.B. über Klangschichten; siehe auch Beschreibung von Klängen);
- Beschreibung isolierter Klänge und Klangkomplexe zunächst nach dem Kriterium von „gleich" und „verschieden";
- Beschreibung einzelner Klänge und Klangkomplexe über ihre Eigenschaften (oder Morphologie): Helligkeit (hell–dunkel), Rauheit (stumpf-spitz, scharf-weich, glatt-rau), Volumen (voll-leer); horizontale und vertikale Felddichte (dick-dünn); Stabilität (stabil-instabil), Dynamik, energetische Eigenschaften, Hüllkurve, Klangschichten (einschichtig-mehrschichtig usw.); Klangmischung (Mischverhältnis);
- Beschreibung einzelner Klänge und Klangkomplexe über deren räumliches Verhältnis zueinander (Vordergrund, Hintergrund, Abstand, Überlagerung, Durchdringung usw.);
- deren räumliche Bewegung (Mobilität, Immobilität) und
- deren Produktionsweise (z.B. gezupft, geblasen usw.);

Die hier dargestellte Vorgehensweise der Beschreibung von Materialformen und musikalischen Strukturen kann analog, soweit sinnvoll, auf andere Parameter (Tempo, Intensität usw.) übertragen werden.

Beschreibung verschiedener Ausdrucksqualitäten:
- nach dem Prinzip von „verschieden" und „gleich", über Begriffspaare (spannungsvoll – entspannt), semantisches Differential oder semantische Wortfelder;
- über visuelle, motorische, geruchshafte oder andere synästhetische Assoziationen, über Analogiebildungen („klingt wie ..."), über Metaphern („erinnert mich an ...");
- über energetische Qualitäten (falls vorhanden);
- über musikalisch-semantische Qualitäten (falls vorhanden).

Eine weitere Form der sprachlichen Kodierung stellt das Kategorisieren von Materialformen, musikalischen Strukturen und Ausdrucksqualitäten dar.
Kategorisieren von Materialformen und Strukturprinzipien:
- zunächst nach dem Prinzip von „gleich" und „verschieden";
- nach musikalischen Kriterien (z.B. nach bestimmten Klangeigenschaften);
- nach außermusikalischen Kriterien (z.B. in Natur- oder Kulturklänge);
- bezogen auf eine musikalische Aufgabenstellung;
- bezogen auf eine konkrete Komposition.

Die hier beschriebene Vorgehensweise der Kategorisierung von Materialformen und musikalischen Strukturen ist analog auf andere Parameter (Tempo, Intensität usw.) zu übertragen.

Kategorisierung von Ausdrucksqualitäten:
- zunächst nach dem Prinzip von „gleich" und „verschieden";
- nach emotionalen Qualitäten;
- über Assoziationen (siehe oben);
- energetische Qualitäten (falls vorhanden);
- musikalisch-semantische Qualitäten (falls vorhanden).

Auf der Materialebene kann die sprachliche Kodierung auf folgende Aspekte erweitert werden:
- Klangquelle: Wer oder was verursacht die Klänge; Menschen, Natur, Objekte oder Maschinen?
- Produktionsweise: Wie werden die Klänge hergestellt; durch Reiben, Schlagen, Kratzen oder Fallen?

Eine andere Form der sprachlichen Kodierung ist der Erwerb musikalischer Fachbegriffe. Fachtermini repräsentierter Inhalte werden idealerweise über das umgangssprachliche Vokabular des Schülers eingeführt. Der dem Fachbegriff zugrunde liegende und repräsentierte Inhalt (z.B. Cluster) wird zunächst in der Umgangssprache des Schülers[53] beschrieben und evtl. mit einer

---

[53] Ein in Arvo Pärts *Collage über BACH* (2. Satz) vorkommendes Cluster rief beispielsweise bei einem Schüler (11 Jahre) folgende Assoziation hervor: „*...da kracht das Klavier zusammen*".

vom Schüler selbst gefundenen Bezeichnung versehen. Erst dann sollte der eigentliche Fachbegriff eingeführt werden. Die Einführung eines Fachvokabulars beinhaltet jedoch nicht gleichzeitig eine weiterführende theoretische Auseinandersetzung mit entsprechenden Inhalten, sie sollte erst auf der vierten Vermittlungsstufe (Ästhetisches Verstehen) durchgeführt werden.

Die Begründung von Werturteilen durch Sachurteile ist ebenfalls Gegenstand dieser Vermittlungsstufe. Subjektiv gefällte Werturteile können durch die Fähigkeit, repräsentierte Inhalte sprachlich artikulieren zu können, begründet werden („*Diese Stelle der Komposition gefällt mir, weil ...* ").

Unter der Berücksichtigung des musikalischen Entwicklungsstandes der Schüler können auf dieser Stufe der Vermittlung Höranalysen vorgenommen werden. Bereits repräsentierte Materialformen, musikalische Strukturen und Ausdrucksqualitäten werden in einer Komposition wiedererkannt, verbalisiert und miteinander in Beziehung gesetzt und reflektiert.

Schlussfolgerndes Lernen

Im Bereich Generalisierung wird die im Unterscheidungslernen erworbene Fähigkeit, repräsentierte Materialformen, Ausdrucksqualitäten und musikalische Strukturen zu verbalisieren in einen neuen musikalischen Kontext übertragen. Die Schüler können etwa in einer ihnen bis dahin unbekannten Komposition einen Cluster bzw. verschiedene Clusterformen wiedererkennen und ihn als solchen bezeichnen.

Im Bereich Anwendung wird die im Unterscheidungslernen erworbene Verbalisierungsfähigkeit repräsentierter Inhalte in musikalischen Gestaltungsaufgaben produktiv eingesetzt. Beispielsweise steht den Schülern bei einer musikalischen Gestaltungsaufgabe der Cluster als Verbindung von Vorstellungsinhalt und Begriff bewusst als Materialform zur Verfügung.

Musikimmanentes Verstehen bedeutet auf dieser Vermittlungsstufe, dass die von den Schülern repräsentierten Lerninhalte theoretisch-intellektuell verstanden und verbalisiert werden können. Die Schüler erkennen im Kontext der Gestaltungsaufgabe zunehmend Zusammenhänge zwischen Materialformen, musikalischen Strukturen und Ausdrucksqualitäten und können diese sprachlich artikulieren.

4.4.3.3 Vermittlungsstufe 3: SYMBOLISCHE KODIERUNG

Unterscheidungs-lernen	Schlussfolgerndes Lernen		
	Generalisierung	Anwendung	Verstehen
PRODUKTION & REZEPTION	PRODUKTION & REZEPTION	PRODUKTION & REZEPTION	PRODUKTION & REZEPTION
SPRACHLICHE KODIERUNG	SPRACHLICHE KODIERUNG	SPRACHLICHE KODIERUNG	SPRACHLICHE KODIERUNG
SYMBOLISCHE KODIERUNG	SYMBOLISCHE KODIERUNG	SYMBOLISCHE KODIERUNG	SYMBOLISCHE KODIERUNG
Notation (konventionell) Notation (Neue Musik) Textanalyse		Anwendung dieser Kompetenzen in einem neuen und unbekannten musikalischen Kontext Transformation Reflexion	

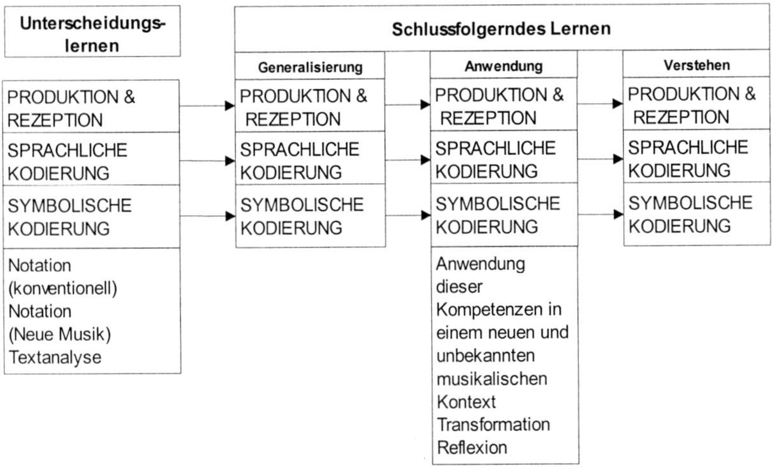

Abbildung 4.11: Die verschiedenen Lerntypen und –bereiche sowie Aneignungsformen der Vermittlungsstufe „Symbolische Kodierung".

Unterscheidungslernen

Die als Vorstellungsinhalt vorhandenen Materialformen, Ausdrucksqualitäten und musikalischen Strukturen werden auf dieser Vermittlungsstufe mit sie repräsentierenden Zeichen und Symbolen verknüpft. Die Schüler lernen, aus Zeichen und Symbolen entsprechende Klangvorstellungen zu entwickeln und lernen, ihnen bekannte, d.h. repräsentierte Inhalte zu notieren, die entweder real erklingen oder nur in der Vorstellung der Schüler vorhanden sind. Im Hinblick auf die Notationspraxis der Neuen Musik beinhaltet die Stufe der „Symbolisierung" neben traditionellen Techniken der Notation über Notensymbole die grundlegende Auseinandersetzung mit den erweiterten Notationstechniken der Neuen Musik (z.B. Space-Notation).

Grafische Formen der Notation sind für die Schüler leichter erlernbar, da sie sich auf einer konkreten figuralen Ebene musikalischer Repräsentation (siehe Kapitel 2) vollziehen. Demzufolge sind grafische Notationsformen bereits auf einer unteren Vermittlungsstufe (siehe REZEPTION & PRODUKTION) möglich und sind symbolisch-formalen voranzustellen.

Die Notation kann dabei unterschiedliche Funktionen haben:
- Vorlage zur Reproduktion;
- Hilfe zum Memorieren musikalischer Inhalte;
- Ausdifferenzierung der Wahrnehmung;
- Fokussierung der Wahrnehmung auf einen bestimmten musikalischen Aspekt.

An dieser Stelle sind, wie bereits angedeutet, aus der Perspektive der Neuen Musik sowie der Unterrichtspraxis gewisse Einschränkungen notwendig. Die Notationstechniken der Neuen Musik sind teilweise ebenso heterogen wie die Neue Musik selbst. Aus verschiedenen Gründen fällt es sogar professionellen Musikern oft schwer, umfassende Klangvorstellungen zu entwickeln. Bei nicht wenigen Partituren ist dies, wenn überhaupt auch nur ansatzweise möglich. Die Praxis des Musikunterrichts zeigt auf der anderen Seite, dass selbst beim Erlernen der traditionellen Notenschrift erhebliche, wenn nicht unüberwindbare Hindernisse[54] (z.B. Hauptschule) bestehen. Insofern ist diese Vermittlungsstufe als ein Ideal anzusehen, an das nur eine graduelle Annäherung möglich ist. Da sich jedoch auch im Bereich der Neuen Musik zweifellos gewisse Notationskonventionen (z.B. Lautschrift) etabliert haben, ist eine unterrichtspraktische Beschäftigung auf diese Konventionen auszurichten.

Schlussfolgerndes Lernen

Der Bereich Generalisierung beschreibt die Fähigkeit der Schüler, die in der Verknüpfung musikalischer Inhalte mit entsprechenden Zeichen und Symbolen erworbenen Notationsformen Neuer Musik auf neue und unbekannte Kompositionen (oder Kompositionsausschnitte) zu übertragen. Die Schüler können auf dieser Stufe allmählich die im Notentext einer unbekannten Komposition enthaltenen bekannten Zeichen und Symbole mit entsprechenden Klangvorstellungen verbinden. Die Schüler sind beispielsweise in der Lage, einen in einem unbekannten Notentext abgebildeten Cluster wiederzuerkennen, ihn sich innerlich vorzustellen und ihn als solchen zu bezeichnen.

---

[54] Die Gründe hierfür liegen einerseits in der grundsätzlichen curricularen Grundkonzeption des Unterrichts, bei dem lerntheoretische Aspekte derzeit noch in einem viel zu geringen Maße berücksichtigt werden. Eine weitere Beschränkung liegt in den unverantwortbaren zeitlichen Rahmenvorgaben des Musikunterrichts.

Im Bereich Anwendung wird die im Unterscheidungslernen erworbene Fähigkeit, genuin musikalisches Wissen mit Zeichen und Symbolen zu verknüpfen, in musikalischen Gestaltungsaufgaben bewusst eingesetzt. Die Schüler sind zunehmend in der Lage, eigene Produktionen teilweise oder vollständig zunächst noch in grafischer Form zu notieren. Darüber hinaus kann auf dieser Vermittlungsstufe das Repertoire an Notationsformen entweder über die Entwicklung eigener Notationsformen oder durch das Kennenlernen entsprechender Partituren ständig erweitert werden.

Der Bereich der Reproduktion umschließt zugleich alle möglichen Formen eines interpretatorischen Umgangs mit Neuer Musik. Als entsprechendes Repertoire eignen sich besonders Stücke, die speziell für Schülerensembles komponiert wurden[55]. Ferner fallen auch Schülerkompositionen in diesen Bereich. Aus den oben erklärten Gründen ist es sinnvoll, in der Praxis des Musikunterrichts auch bei der Reproduktion von Neuer Musik mit zunächst grafischen Notationsformen zu beginnen.

Die zunehmenden Kompetenzen der Schüler, aus Zeichen und Symbolen entsprechende Klangvorstellungen zu entwickeln, ermöglichen auf dieser Vermittlungsstufe eine musikalische Analyse auf der Grundlage des Notentextes. Bereits repräsentierte Materialformen, Ausdrucksqualitäten und musikalische Strukturen werden im Notentext wiedererkannt, verbalisiert, miteinander in Beziehung gesetzt und reflektiert.

„Verstehen" bedeutet auf dieser Stufe, dass die im Unterscheidungslernen erworbenen Kompetenzen, repräsentierte Inhalte zu notieren, von den Schülern theoretisch-intellektuell verstanden werden. Die Schüler erkennen dabei zunehmend und bewusst gewisse Grundprinzipien und Konventionen der Notation und können diese verbalisieren.

---

[55] Umfangreiches Repertoire (überwiegend aus den 70er Jahren) ist in der „roten reihe" des Verlages Universal Edition (Wien), der Reihe „workshop" des Schott-Verlags sowie in Publikationen von Flusser (1995) und Spahlinger (1993) erschienen. Darüber hinaus existieren noch weitere Kompositionen, die für Schüler und Laien geeignet sind.

4.4.3.4 Vermittlungsstufe 4: ÄSTHETISCHES VERSTEHEN

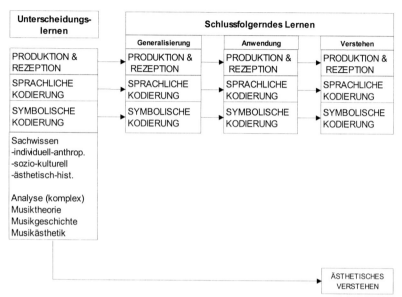

Abbildung 4.12: Die verschiedenen Lerntypen und -bereiche sowie Aneignungsformen der Vermittlungsstufe „Ästhetisches Verstehen".

Aufgrund ihrer heterogenen Wesensart ist ein ästhetisches Verstehen Neuer Musik nur über eine längerfristige und grundlegende Beschäftigung mit ihren verschiedenen und gegensätzlichen Erscheinungsformen möglich. In Bezug auf die hier skizzierte Vermittlungssequenz hat dies zur Konsequenz, dass in jedem Teilbereich der Neuen Musik (z.B. im Bereich Sprachkompositionen) das Schema der Sequenz neu durchlaufen werden muss. Die damit verbundene Zunahme an musikalischer Erfahrung würde dann dazu führen, dass sich die Grenzen zwischen den verschiedenen Lernprinzipien und -bereichen zunehmend überlagern und dass sich über stattfindende Lernprozesse nur allgemein gehaltene Aussagen formulieren lassen. Ein Unterscheidungslernen äußert sich auf dieser Verstehensstufe so, dass neu gehörte Kompositionen auf der Grundlage bisheriger musikalischer Erfahrungen nach dem Kriterium von „bekannt" - entsprechendes musikalisches Wissen liegt vor - oder „unbekannt" voneinander unterschieden werden. Eine „Generalisierung" durch schlussfolgerndes Lernens bedeutet, dass die Schüler ihr bisher erworbenes

Gesamtwissen (prozedural und deklarativ) in einen neuen musikalischen Kontext übertragen können. Die produktive Anwendung dieses Wissens vollzieht sich jetzt zunehmend auf dem Hintergrund einer ästhetischen Reflexion. Sie kann sich darin zeigen, dass sich die Schüler entweder bewusst eines bestimmten Musikstils bedienen oder den Versuch unternehmen, ihre eigene Musiksprache zu entwickeln.

Ein ästhetisches Verstehen Neuer Musik ist letztendlich dann gegeben, wenn eine Komposition im Zusammenhang mit den ästhetischen Implikationen der Moderne und Postmoderne oder anderen kunstphilosophischen Anschauungen und Ideologien theoretisch-intellektuell verstanden, diskutiert[56] und reflektiert werden kann. Dies umschließt ferner die Kompetenz ästhetische Urteile zu fällen.

Insgesamt kann ein ästhetisches Verstehen Neuer Musik als gradueller Prozess beschrieben werden. Ein solcher Prozess beginnt dort, wo das bisher erworbene musikimmanente Wissen (Handlungswissen) mit explizit musikalischem Wissen (Sachwissen) verknüpft wird bzw. die Inhaltsbereiche Material, Ausdruck und Struktur des Vermittlungsmodells sich mit den Inhalten des Bereichs Intention verbinden.

In diesem Zusammenhang bekommen die Schüler Einsicht in die möglichen individuell-anthropologischen, sozio-kulturellen und historisch-ästhetischen Hintergründe einer Komposition und setzen sich damit mit dem *„Seinsgrund"* (vgl. BECKER 1992, 35) von Neuer Musik auseinander. Gleichzeitig erkennen die Schüler zunehmend die wechselseitige Interdependenz der vier Vermittlungsbereiche. Eine in diesem Rahmen in Erscheinung tretende Diskrepanz zwischen tatsächlich wahrgenommenem Ausdruck und kompositorischer Intention ist vor dem Hintergrund subjektiver und individueller Wahrnehmungsprozesse zu diskutieren und zu reflektieren.

Die Verknüpfung aller vier Inhaltsbereiche des Vermittlungsmodells ermöglicht zugleich eine umfassende Analyse einer Komposition bzw. generell Neuer Musik. Gegenstand einer Analyse ist jetzt nicht mehr nur die klingende Komposition (Höranalyse) oder der Notentext (Textanalyse), sondern die Verknüpfung von Höranalyse, Textanalyse mit allen in den Produktions- und Rezeptionsprozess mit einfließenden Informationen. In manchen Kompositionen wird darüber hinaus die Berücksichtigung interdisziplinärer Aspekte notwendig sein.

---

[56] Für Welsch (1998, 87) stellt der ästhetische Diskurs selbst ein spezifisches Signum der Moderne bzw. der Postmoderne dar.

Ein Ästhetisches Verstehen Neuer Musik beinhaltet zugleich die unterrichtspraktische Beschäftigung mit musiktheoretischen und musikhistorischen Inhalten sowie ästhetischen Theorien und Modellen. Da auf dieser Vermittlungsstufe entsprechendes musikimmanentes Wissen vorhanden ist, stehen diese Inhalte den Schülern nicht nur als Sachwissen zur Verfügung, sondern sie werden auch musikalisch verstanden. Ebenso können die ästhetischen Implikation der Moderne, der Postmoderne oder anderer kunstphilosophischer Anschauungen nicht nur theoretisch angeeignet, sondern in musikalischer Hinsicht nachvollzogen werden.

Zur besseren Übersicht werden die verschiedenen Aneignungsformen der Vermittlungssequenz abschließend nochmals tabellarisch dargestellt.

Vermittlungssequenz im Überblick

Unterscheidungslernen (Aneignung)	Schlussfolgerndes Lernen (Anwendung)
PRODUKTION & REZEPTION Prozedurales Wissen: Wahrnehmung Imitation Exploration	PRODUKTION & REZEPTION Wahrnehmung Improvisation Komposition Präsentation Höranalyse (ohne Fachbegriffe) Transformation (motorisch, visuell) Reflexion (ohne Fachbegriffe)
SPRACHLICHE KODIERUNG Prozedurales Wissen: Beschreibung Kategorisierung Musikalische Fachbegriffe	SPRACHLICHE KODIERUNG Anwendung dieser Kompetenzen in einem neuen musikalischen Kontext Höranalyse (mit Fachbegriffen) Transformation (verbal) Reflexion (mit Fachbegriffen)
Synthese I	
SYMBOLISCHE KODIERUNG Prozedurales Wissen: Notationskonventionen Notation (konventionelle Symbole) Notationsformen der Neuen Musik	SYMBOLISCHE KODIERUNG Anwendung dieser Kompetenzen in einem neuen musikalischen Kontext Textanalyse Transformation (symbolhaft) Reflexion
Synthese II	
ÄSTHETISCHES VERSTEHEN Verknüpfung von prozeduralem und deklarativem Wissen: Deklaratives Wissen: -individuell-anthropologisch -sozio-kulturell -ästhetisch-historisch Musiktheorie Analyse (komplex)	
	Ästhetisches Verstehen Neuer Musik

Abbildung 4.13: Die verschiedenen Lerntypen und –bereiche sowie Aneignungsformen im Überblick.

Abbildung 4.13 zeigt die unterschiedlichen Aneignungs- und Wissensformen auf den verschiedenen Lernstufen der Vermittlungssequenz. Die Abbildung verdeutlicht, welchen konkrete Aneignungs- und Wissensformen auf welcher Lernstufe aus lerntheoretischer Perspektive am sinnvollsten sind. Die konkrete Abfolge der Lernstufen entspricht einer Zunahme an musikalischen Kompetenzen und explizit musikalischem Wissen. Die einzelnen Stufen sind integrativ gedacht, das heißt in jeder weiteren Stufe ist die vorhergehende Kompetenz enthalten.

4.5 Schlussbemerkung

In den letzten Abschnitten dieses Kapitels wurde versucht, die Vermittlung Neuer Musik auf der Grundlage wahrnehmungs- und lerntheoretischer Erkenntnisse über sequenziell gestufte Vermittlungsschritte zu systematisieren. Der konkreten unterrichtspraktischen Umsetzung der Vermittlungssequenz sind jedoch bei realistischer Sichtweise Grenzen gesetzt. Aufgrund der heterogenen Beschaffenheit der Neuen Musik und der derzeitigen Bedingungen des Musikunterrichts wird das Absolvieren einer kompletten Sequenz nicht möglich sein. Eine Vermittlung von Neuer Musik wird sich deshalb in der Schule überwiegend auf der Ebene der ersten beiden und partiell auf der dritten Stufe vollziehen. Insofern ist ein ästhetisches Verstehen in der Schule nicht realisierbar. Allerdings kann eine Vermittlung von Neuer Musik, die sich an dem hier vorgestellten lerntheoretischen Ansatz orientiert, die grundlegenden Voraussetzungen für ein späteres ästhetisches Verstehen bilden. Bei all den hier artikulierten Einschränkungen wäre dies im Hinblick auf den heutigen tatsächlichen Stellenwert Neuer Musik an öffentlichen Schulen ein wünschenswerter Fortschritt.

Eine erfolgreiche Vermittlung von Neuer Musik darf allerdings nicht auf reine lernpsychologische Faktoren reduziert werden. Sie ist von weiteren Faktoren abhängig, die an dieser Stelle nicht unerwähnt bleiben dürfen. Zu diesen Faktoren zählt an erster Stelle die Person des Lehrers. Neben musikalischen und fachlichen Kompetenzen muss er persönlich glaubwürdig Neue Musik vertreten, selbst über ein umfangreiches Hörrepertoire verfügen, sich mit ihr theoretisch auseinander setzen und sie im Idealfall selbst reproduzieren und produzieren können. Eine Vermittlung Neuer Musik auf der Basis angelesener

Fakten und zudem in Kombination mit eigenen Vorbehalten ist trotz lerntheoretisch orientierter Vermittlung zum Scheitern verurteilt. Neben der bedeutenden Rolle der Lehrerpersönlichkeit können im Rahmen einer unterrichtspraktischen Vermittlung Neuer Musik darüber hinaus auch sozialpsychologische und motivationale Faktoren auf Seiten der Schüler eine nicht unwesentliche Rolle spielen.

5. Vermittlungssequenz: „Sprachkompositionen"
Didaktischer Teil

Im folgenden Kapitel wird die unterrichtspraktische Umsetzung des in Kapitel 4 theoretisch formulierten Vermittlungsansatzes Neuer Musik dargelegt. Hierbei ergeben sich gewisse Schwierigkeiten hinsichtlich der konkreten Beschreibung des Vermittlungsprozesses. Die wahrnehmungspsychologischen und lerntheoretischen Befunde von Kapitel 1 und 2 lassen erkennen, dass durch eine ausschließlich auf eine punktuelle Vermittlung Neuer Musik reduzierte Vorgehensweise ein grundlegendes Wahrnehmen und Verstehen Neuer Musik nicht möglich ist. Dies kann nur über einen langfristig angelegten, im Idealfall die ganze Schulzeit eines Schülers umfassenden sowie lerntheoretisch fundierten Ansatz erreicht werden. Eine Beschreibung des Vermittlungsprozesses anhand zeitlich begrenzter Unterrichtsmodelle, wie sie teilweise in bisherigen Vermittlungsansätzen (z.B. KLÜPPELHOLZ 1981; vgl. Kapitel 3) praktiziert wurde, scheint demzufolge nicht zweckdienlich zu sein. Daher erfolgt die Darstellung anhand einer beispielhaften Vermittlungssequenz, die zwar auf einen ganz konkreten Teilbereich der Neuen Musik (Sprachkompositionen) ausgerichtet ist, von ihrer Systematik her jedoch auf andere Teilbereiche übertragen werden kann. Der Sequenz liegt der Gedanke von aufeinander aufbauenden Lernschritten zugrunde, die jedoch nicht unmittelbar hintereinander folgen müssen, sondern auch zeitlich unterbrochen sein können (siehe unterrichtspraktischer Kommentar).

Eine weitere Schwierigkeit ergibt sich im Zusammenhang mit dem bereits mehrfach diagnostizierten Sonderstatus Neuer Musik. Im Gegensatz zur traditionellen Musik sind in manchen Bereichen der Neuen Musik die Strukturprinzipien dem Material nicht implizit. Dies bedingt eine grundsätzliche Offenheit des Vermittlungsprozesses in inhaltlicher Hinsicht, obwohl die sequenzielle Abfolge der einzelnen Vermittlungsschritte lerntheoretisch vorgegeben ist.

Als Konsequenz aus der kritischen Diskussion bisheriger Vermittlungsansätze Neuer Musik in Kapitel 3 stehen die Gestaltungsaufgaben[1] in möglichst direktem Bezug zu einer konkreten Komposition, einem Kompositionsausschnitt oder einem speziellen Bereich der Neuen Musik. Dabei wird nicht der Anspruch erhoben, dass die ausgewählten Kompositionen einen bestimmten Be-

---

[1] Alle hier vorgestellten Gestaltungsaufgaben wurden im Musikunterricht oder in Hochschulseminaren mehrfach praktisch erprobt.

reich der Neuen Musik (Sprachkompositionen) repräsentieren. Die Auswahl der Beispiele erfolgte primär aus lerntheoretischen und unterrichtspraktischen Erwägungen.

Ferner thematisiert eine bestimmte Sequenzstufe jeweils nur einen Aspekt oder wenige Aspekte einer Komposition. Weitere, für das Verstehen dieser Komposition relevante Aspekte, werden an anderer Stelle besprochen und insgesamt miteinander vernetzt. Grundsätzlich ist jede Komposition unter jedem Aspekt behandelbar.

Die in Kapitel 4 theoretisch formulierte Vermittlungssequenz beinhaltet sowohl beobachtbare als auch rein mentale Lernvorgänge (Generalisierung und theoretisches Verstehen). Diese nicht unmittelbar sichtbaren Prozesse werden auf den einzelnen Vermittlungsstufen in Form eines lerntheoretischen Kommentars beschrieben.

Insgesamt ist zu betonen, dass trotz der Einbindung in die Systematik einer Lernsequenz der Vermittlungsprozess selbst den jeweiligen situativen Erfordernissen der Praxis anzupassen ist.

5.1 „Sprachkompositionen"

Im Hinblick auf die gegenwärtige kulturelle Wirklichkeit (siehe Kapitel 4.1) beschränkt sich die Vermittlungssequenz nicht auf Sprachkompositionen im engeren Sinne, das heißt nicht nur auf verschiedene Formen der Behandlung von Lautmaterial in der Neuen Musik, sondern auf den musikalischen Umgang mit Sprache überhaupt. Daher entstammen die nachfolgenden Musikbeispiele aus sehr unterschiedlichen musikalischen Teilkulturen. Maßgeblich für die Auswahl waren neben unterrichtspraktischen Erwägungen die Kriterien „Verschiedenartigkeit", „Gegensätzlichkeit" (DANUSER 1977, 77) sowie „Gleichheit", „Verschiedenheit" und „Variation" (vgl. GRUHN 1999, 60ff).

5.1.1 Sprachkompositionen in der Neuen Musik

In den späten 50er und während der gesamten 60er Jahre kam es in Deutschland u.a. unter dem Einfluss von Linguistik und Informationstheorie zu einer verstärkten kompositorischen Auseinandersetzung mit der Sprache als (Ausgangspunkt und) Materialgrundlage von Kompositionen. In Sprachkompositionen wurden Wörter in ihre phonetischen Bestandteile zerlegt und als musikalische Partikel im weitesten Sinne verwendet. Hinzu kamen im Rahmen der Happening- und Fluxusbewegung eine Rückbesinnung auf sprachbezogene Kunstformen aus der Zeit des Dadaismus (Konkrete Poesie).

Die Aufspaltung von Sprache in ihre Partikel, also eine Art „Dekomposition", ermöglicht neben ihrer Entsemantisierung für Hufschmidt (1981) die emanzipatorische Isolierung einzelner Parameter in:

- *die rein klanglichen Qualitäten (unabhängig von Struktur und Inhalt der Sprache),*

- *die gestisch-sprechenden Qualitäten (unabhängig vom Sinn dessen, was gesprochen wird, geht es darum, wie gesprochen wird),*

- *die semantischen Qualitäten (der vorgegebene Sinn eines Textes wird durch kompositorische Maßnahmen verändert und ermöglicht den Verweis auf die Manipulierbarkeit sprachlicher Aussagen)* (HUFSCHMIDT 1981, 205)[2].

Infolge ihrer Entsemantisierung wird Sprache nicht mehr nur direkter Vermittler von Informationen. Ihre phonetischen Komponenten bilden auf einer zu den Tönen und Geräuschen analogen Ebene ein Repertoire vielfältiger Ausdrucksformen. Die Grenze zwischen Stimme und Instrument wird dadurch aufgehoben.

Zunächst widmeten sich Berio, Kagel, Ligeti, Nono, Schnebel, Logothetis, Haubenstock-Ramati, Stockhausen u.a. in unterschiedlichen strukturellen Ausprägungen diesem Bereich. Eine gewisse Ausnahme bildet hierbei die Komposition *Gesang der Jünglinge* (1956) von Karlheinz Stockhausen, da es handelt sich um keine reine Sprachkomposition handelt. Vielmehr werden vokale und elektronische Klänge nebeneinander gestellt bzw. miteinander kombiniert.

In der Komposition [Gesang der drei Jünglinge] sollen nun gesungene Töne zusammen mit elektronisch erzeugten gemeinsam im Klangkontinuum eingeschmolzen werden... (STOCKHAUSEN 1960, 52).

Im weiteren Verlauf der Musikgeschichte des 20. Jahrhunderts bedienten sich gleichfalls andere Komponisten wie etwa Spahlinger, Stahmer, Hölzky, Reich u.a. im Sinne dieser Entsemantisierung der Sprache als Materialgrundlage.

---

[2] An der von Hufschmidt vorgenommenen Kategorisierung wäre relativierend zu ergänzen, dass in der Praxis der Neuen Musik diese Trennung nicht so deutlich in Erscheinung tritt, sondern vielmehr graduelle Unterschiede der fließende Übergänge zu beobachten sind.

Insgesamt löste die Entsemantisierung von Sprache eine Diskussion aus, inwieweit die konventionelle Vertonung von Texten als legitimes kompositorisches Mittel in der Neuen Musik überhaupt noch zur Disposition stehe.

Es würde den historischen Tatsachen widersprechen, die Verwendung von Sprache als Material im weitesten Sinne auf diesen historischen Zeitpunkt fixieren zu wollen. Versuche, sich der Sprache auf der Ebene des Klangs zu bedienen, finden sich bereits im „Dadaismus", in der „Konkreten Poesie" und im „Lettrismus" und in gewisser Weise schon bei den Impressionisten, etwa in *Sirènes* (aus: *Trois Nocturnes*) von Claude Debussy (1898/99).

5.1.2 Sprache im Erfahrungshorizont der Schüler

Im Hinblick auf die Vorerfahrungen der Schüler kann davon ausgegangen werden, dass die Schüler bereits über grundlegende sprachbezogene Erfahrungen verfügen und infolgedessen auch entsprechende Repräsentationen ausgebildet sind. Diese Vorerfahrungen basieren zunächst unmittelbar auf Sprache in ihrer Funktion als Kommunikationsmittel. Weitere, insbesondere materialbezogene Erfahrungen resultieren aus dem Bereich musikalischer Jugendkulturen. Speziell im HipHop lässt sich ein (relativ) vielfältiger Umgang mit Sprache und Sprachfragmenten (Lautmaterial) beobachten. Zunächst werden die dort verwendeten Texte als Sprechgesang (Rap) stark rhythmisiert ausgesprochen. Weiterhin zerlegt man des öfteren einzelne Wörter oder Sätze mittels Sampling-Technik in ihre phonetischen Bestandteile, unterzieht sie in vielfältiger Form einer weiteren Bearbeitung und gibt sie anschließend in rhythmisierter, mitunter repetitiver Form wieder (konkrete Beispiele siehe unten). Damit findet im HipHop, wenn auch (ästhetisch) anders intendiert, eine bestimmte Form der „Entsemantisierung" oder „Dekomposition" von Sprache statt. Dabei rückt ebenfalls der Aspekt der Klangfarbe (Sound) in den Vordergrund.

5.2 Vorbemerkungen zur Unterrichtspraxis

Bezüglich des idealen Alters für eine unterrichtspraktische Behandlung von Sprachkompositionen kann folgendes gesagt werden: Ein erster, zunächst noch unbewusst spielerischer sowie wertneutraler Umgang mit „Lautmaterial" sollte bereits in der Grundschule (möglichst schon im Kindergarten) erfolgen[3]. Hinsichtlich der in dieser Vermittlungssequenz behandelten Sprachkompositionen wird als möglicher Beginn die Sekundarstufe 1 (Klasse 5 bis 6) vorgeschlagen.

Bei der unterrichtspraktischen Umsetzung der Sequenz ist folgendes zu beachten: Die verschiedenen Stufen der Sequenz sollten idealerweise nicht unmittelbar aufeinander folgen, da für ein Absolvieren der Folgestufe erst die entsprechenden Klangvorstellungen vorhanden sein sollten, was jedoch nur über eine wiederholte Beschäftigung mit den entsprechenden Inhalten möglich ist. Weiterhin muss berücksichtigt werden, dass im Musikunterricht noch weitere Themenbereiche behandelt und weitere musikalische Kompetenzen angeeignet werden müssen, so dass eine Unterbrechung der Sequenz auch aus diesen Gründen notwendig wird.

Aufgrund dieser Gegebenheiten ist die nachfolgende formale Darstellung der Vermittlungssequenz mit ungefähren Schuljahresangaben versehen, die als Vorschläge zu verstehen sind und den jeweiligen situativen Bedingungen des Musikunterrichts angepasst werden können.

---

[3] Entsprechende Unterrichtsanregungen finden sich in HOLTHAUS (1992), MUHMENTALER (ohne Jahresangaben), MEYER-DENKMANN (1970), SCHAFER (1972) u.a.

Kapitel 5: Vermittlungssequenz: „Sprachkompositionen"

Vermittlungsstufe 1: PODUKTION & REZEPTION	
UNTERSCHEIDUNGSLERNEN (Aneignung)	SCHLUSSFOLGERNDES LERNEN (Anwendung)
Exploration - Auswahl - Ausdifferenzierung Rezeption - Musik der Jugendkulturen - Jazz - Außereuropäische Musik - Neue Musik	Komposition Präsentation Höranalyse Reflexion
Vermittlungsstufe 2: SPRACHLICHE KODIERUNG	
UNTERSCHEIDUNGSLERNEN (Aneignung)	SCHLUSSFOLGERNDES LERNEN (Anwendung)
Beschreibung des Sprachmaterials nach verschiedenen Kriterien Kategorisierung des Sprachmaterials Fachbegriffe	Anwendung des Erlernten bei neuen und unbekannten Sprachkompositionen Höranalyse (unter Verwendung von Fachbegriffen) Reflexion (unter Verwendung von Fachbegriffen)
Vermittlungsstufe 3: SYMBOLISCHE KODIERUNG	
UNTERSCHEIDUNGSLERNEN (Aneignung)	SCHLUSSFOLGERNDES LERNEN (Anwendung)
Notationskonventionen Grafische Notation Phonetisches Alphabet	Anwendung des Erlernten bei neuen und unbekannten Sprachkompositionen Textanalyse Reflexion
Vermittlungsstufe 4: ÄSTEHTISCHES VERSTEHEN	
UNTERSCHEIDUNGSLERNEN (Aneignung)	SCHLUSSFOLGERNDES LERNEN (Anwendung)
- individuell-anthropologische Aspekte - sozio-kulturelle Aspekte - historisch-ästhetische Aspekte	Anwendung des Erlernten bei neuen und unbekannten Sprachkompositionen Komplexe Analyse Ästhetisches Verstehen von Sprachkompositionen

Abbildung 5.1: Die Vermittlungssequenz „Sprachkompositionen" im Überblick

5.3 Vermittlungsstufe 1: PRODUKTION & REZEPTION

Unterscheidungslernen (Aneignung)	Schlussfolgerndes Lernen (Anwendung)
PRODUKTION & REZEPTION	PRODUKTION & REZEPTION
Explorative Aneignung - Auswahl - Ausdifferenzierung	Komposition Präsentation
Rezeptive Aneignung - Musik der Jugendkulturen - Jazz - Außereuropäische Musik - Neue Musik	Höranalyse Reflexion

Abbildung 5.2: Die Aneignung und Anwendung des Lautmaterials.

Die Aneignung, Erweiterung und Ausdifferenzierung des Sprachmaterials erfolgt über das in Kapitel 4.4.3 beschriebene Verfahren der „Exploration". Die konkrete Komposition, auf die sich die erste Stufe der dieser Vermittlungssequenz wesentlich bezieht, trägt den Titel *Die Landschaft in meiner Stimme* (1978) und stammt von Klaus Hinrich Stahmer. Es handelt sich dabei um ein reines Vokalstück, das nach den Angaben des Komponisten (siehe unten) vor dem Hintergrund der „Entsemantisierung" von Sprache entstand. In der Komposition wird ausschließlich Sprachmaterial verwendet. Ihre Struktur orientiert sich an einer aus Buchstaben und grafischen Elementen bestehenden „Landschaft". Bei der dem Verfasser vorliegenden Aufnahme von 1995 handelt es sich um eine solistische Version, die an einigen Stellen elektronisch verfremdet wurde. Die Komposition ist grafisch notiert (siehe Abb. 5.2) und verwirklicht eine *„intendierte Gleichzeitigkeit von Hören und Sehen"* (HENKE 1992, 2).

Stahmer gibt folgende Kommentare zu seiner Komposition:

> *Die Landschaft in meiner Stimme aus dem Jahr 1978 lotet die Möglichkeiten der menschlichen Stimmorgane spielerisch aus und bringt sie in Form einer musikalischen Grafik zu Papier. Die Zahl der Ausführenden ist frei gestellt und kann von solistischem Vortrag zu chorischer Umsetzung reichen. In der vorliegenden Aufnahme wurden im ‚Multiplay' mehrere Aufnahmen von Cristel Nies collagiert zu einer Klanglandschaft, die nur ausschließlich mit Mitteln von Stimmbändern, Kehlkopf, Mundhöhle, Lippen und Atmung produziert wurde* (STAHMER 1995).

...*ich habe das Gefühl, hier ganz unprätentiös etwas gefunden zu haben und meinen Beitrag zur Entsemantisierung von Sprache geleistet zu haben, der indessen der Sprache ihre "Sprachlichkeit" zurückgibt, jedoch in einem nicht eindeutig definierten Sinn. Zudem hat dieses Stück eine Affinität zu Grafismen und ist sowohl Grafik als auch Partitur* (STAHMER 2000)[4]

Notenbeispiel 5.1: Klaus Hinrich Stahmer: *Die Landschaft in meiner Stimme* (Ausschnitt).

---

[4] Stahmer in einer E-Mail an den Verfasser am 20. März 2000.

Die Landschaft in meiner Stimme von Stahmer eignet sich aus verschiedenen Gründen für eine unterrichtspraktische Behandlung. Durch ihre Gesamtlänge von 7.07 min (in der Interpretation von Christel Nies) trägt das Stück der relativ geringen Aufnahme- und Konzentrationsfähigkeit der Schüler Rechnung. Die grafische Notation ermöglicht sowohl eine (spätere) partielle Realisation durch die Schüler als auch ein „Mitlesen" während des Hörens.

5.3.1 Unterscheidungslernen

Unter der Berücksichtigung des hier intendierten Vermittlungsansatzes Neuer Musik erfolgt der Zugang zur Komposition im Rahmen einer musikalischen Gestaltungsaufgabe, bei welcher der Materialaspekt zunächst im Vordergrund steht.

Die Schüler bekommen die Aufgabe gestellt, eine „Komposition" mit dem Titel *Die Landschaft in meiner Stimme* zu erstellen. Diese „Landschaft" soll mit Klangmaterialien dargestellt werden, die *„ausschließlich mit den Mitteln von Stimmbändern, Kehlkopf, Mundhöhle, Lippen und Atmung"* (STAHMER 1995) produziert werden. Zur Veranschaulichung der Aufgabenstellung kann den Schülern eine Fotografie, ein Bild oder eine Grafik von einer möglichst abwechslungsreichen Landschaft gezeigt werden. Möglicherweise kann diese Landschaft von den Schülern auch selbst entworfen werden[5]. Es ist sinnvoll die Landschaftsvorlage von den Schülern zunächst beschreiben zu lassen. Zur musikalischen Darstellung der Landschaft sollen die Schüler möglichst viele und unterschiedliche Sprachklänge produzieren, zunächst unabhängig davon, ob sie sich zur Darstellung der Landschaft eignen oder nicht. Es ist hilfreich, wenn der Lehrer anfangs beispielhaft einige Sprachklänge selbst produziert, die von den Schülern imitiert werden.

Die eigentliche Exploration des Materials erfolgt in Kleingruppen. Über den experimentellen Umgang mit der eigenen Stimme suchen die Schüler möglichst zahlreiche und unterschiedliche Formen von Lautmaterial. Damit das gefundene Material für spätere Produktionen greifbar bleibt, wird es von den Schülern mittels Buchstaben, grafischer Zeichen oder in anderer Form auf einer Materialliste dokumentiert.

---

[5] In der Unterrichtspraxis haben sich beide Verfahren bewährt, allerdings ist das zweite Verfahren mit einem höheren zeitlichen Aufwand verbunden. Der Vorteil dieses Verfahrens ist darin zu sehen, dass den Schülern die Konturen der Landschaft über den eigenen Entwurf bewusster werden.

Im Anschluss daran findet eine erste Präsentation des gefundenen Materials vor der gesamten Klasse statt. Alle Schüler lernen dadurch weiteres Sprachmaterial kennen, so dass sich ihr „Materialstand" insgesamt sukzessiv erweitert. Besonders interessante und unkonventionelle Klänge können dabei von der gesamten Klasse hinsichtlich ihrer konkreten Klangerzeugung näher untersucht werden.

Das von den Schülern zusammengetragene Sprachmaterial wird danach im Hinblick auf die später zu erstellende „Klanglandschaft" einer Auswahl unterzogen. Aus der gesamten Materialliste werden solche Klänge ausgewählt, die sich zur Darstellung spezifischer Landschaftsabschnitte (z.B. „Steigung") eignen. In der Praxis hat es sich als vorteilhaft erwiesen, wenn der Lehrer zunächst beispielhaft das Material für einen Landschaftsabschnitt auswählt und diese Auswahl begründet. Gleichzeitig können hierbei mögliche Auswahlkriterien erstellt werden.

Die Auswahl des Materials findet wiederum in der Kleingruppe statt. Die Ergebnisse der jeweiligen Gruppe werden dem Klassenplenum präsentiert, entsprechend begründet und einer ersten Reflexion unterzogen. Gegenstand der Reflexion ist die tatsächliche Eignung des ausgewählten Materials für die spätere Schülerkomposition. Dabei ist eine Fokussierung auf einzelne Kompositionsabschnitte sinnvoll.

Anschließend wird das Repertoire durch eine weitere Ausdifferenzierung, Variationen und Kombination des ausgewählten Sprachmaterials erweitert (siehe nachfolgende Beispiele). Dieser Arbeitsprozess wird ebenso in der Kleingruppe ausgeführt. Der Lehrer kann auch hier zunächst beispielhaft Materialdifferenzierungen –variationen und -kombinationen demonstrieren. Aus Zeitgründen kann es von Vorteil sein, sich auf bestimmte Materialformen zu beschränken bzw. die Ausdifferenzierungen nur auf einen Parameter (z.B. Klangfarbe) auszurichten. Die Ergebnisse der Kleingruppen werden wiederum in der bereits beschriebenen Form dem Klassenplenum präsentiert und besprochen.

Beispiel 1: Ausdifferenzierung

Die bereits erwähnte „Steigung" wurde von den Schülern bisher über den Konsonanten „k" dargestellt. Eine weitere Ausdifferenzierung wäre über eine der Mundstellungen möglich.

Beispiel 2: Materialvariation

Für die Darstellung der „Steigung" werden verschiedene Konsonanten verwendet: „k", „t" und „p".

Beispiel 3: Materialkombination
Die Konsonanten werden um Vokale ergänzt: „ki", „pi" und „ti" etc.
Allmählich können auch weitere Parameter zur Materialdifferenzierung hinzugezogen werden.

Im Anschluss an diese Explorationsphase kann entweder direkt zur „Komposition" der Klanglandschaft übergegangen werden oder das Materialrepertoire der Schüler wird über Hörbeispiele aus unterschiedlichen musikalischen Bereichen (siehe unten) erweitert und ergänzt. Die konkrete Vorgehensweise wird mitunter durch den Motivationsstand der Schüler bedingt.

Musikbeispiel:
Cathy Berberian: *Stripsody*

Weitere Musikbeispiele sind bei der Vermittlungsstufe „Ästhetisches Verstehen" aufgeführt.

5.3.2 Schlussfolgerndes Lernen

Das über das Verfahren der Exploration erarbeitete Lautmaterial wird von den Schülern nun zur Darstellung der „Stimmenlandschaft" angewendet, das heißt, das Material wird im Sinne der Gestaltungsaufgabe strukturell organisiert. Der formale Ablauf der Gestaltungsaufgabe entspricht dabei grundsätzlich dem Verfahren der Exploration.

Zur Erinnerung wird die bereits formulierte Gestaltungsaufgabe (siehe Exploration) wiederholt. Dabei rücken nun die morphologischen Strukturen der „Landschaft" in das Zentrum der Aufgabenstellung. Die Zielsetzung liegt darin, dass zu einer real oder imaginär existierenden Landschaft musikalische Analogien gebildet werden. Eine visuelle „Grammatik" wird in eine musikalische „Grammatik" (Strukturprinzip) übertragen[6]. Zum besseren Verständnis kann ein Landschaftsausschnitt unter Verwendung des bereits gefundenen Sprachmaterials mit den Schülern beispielhaft erarbeitet werden.

Die Ausführung der Aufgabe erfolgt in der Kleingruppe. Unter Verwendung der bisher erarbeiteten Sprachmaterialien gestalten die Schüler eine erste Version ihrer Stimmenlandschaft. Im Anschluss daran wird diese Version dem Klassenplenum vorgetragen und gleichzeitig auf einem Tonträger dokumentiert.

---

[6] Weiterführende Anregungen hierzu finden sich bei Paynter (1992, 97ff).

Der Präsentation folgt unter Zuhilfenahme des Mittschnitts eine Diskussion der Schülerkomposition. Insgesamt dient die Reflexion dazu, die Schülerkomposition weiter auszudifferenzieren bzw. im Hinblick auf die Intention der Gestaltungsaufgabe zu optimieren. Die Diskussion kann dabei folgende Fragestellungen beinhalten:

- Stellt sich die Komposition als ein Ganzes und Zusammenhängendes dar (Kohärenz)?
- Enthält das Stück etwas, was nicht hineingehört, weil es den musikalischen Zusammenhang stört?
- Wird das Stück der Kompositionsaufgabe (Intention) gerecht?
- Wie war die Präsentation der Gruppe?
- Gibt es begründete Verbesserungsvorschläge?

In einer weiteren Arbeitsphase wird die Schülerkomposition auf der Grundlage der besprochenen Kritikpunkte ausdifferenziert und optimiert. Wegen der bereits mehrfach erwähnten zeitlichen Begrenzungen des Musikunterrichts hat sich in der Praxis die Fokussierung der Überarbeitung auf spezielle Ausschnitte bewährt.

Das Ergebnis der zweiten Arbeitsphase wird erneut im Klassenforum vorgetragen und falls es der Motivationsstand der Klasse zulässt, einer erneuten Reflexion unterzogen, die möglicherweise eine weitere Überarbeitung zur Folge hat.

Bei der letzten Präsentation ist der Vortrag als solches zu thematisieren. Die Schüler sollen sich der Kriterien und der Bedeutung eines guten Vortrags bewusst werden. Dabei können konventionelle und ritualisierte Darbietungsformen übernommen oder neue entwickelt werden.

Nach dieser Phase der Produktion erfolgt die Begegnung mit dem Original von Stahmer. Hierbei ist zu beachten, dass dieser Vergleich nicht wertend ausfällt, sondern den Schülern als alternative Lösungsmöglichkeit der oben gestellten Gestaltungsaufgabe präsentiert wird. Eine Höranalyse kann den strukturellen Verlauf von Stahmers Komposition zum Gegenstand haben. Zur Unterstützung kann der Verlauf von den Schülern visualisiert werden. Im Anschluss daran sind die Unterschiede zwischen den verschiedenen Kompositionen aufzuzeigen und zu reflektieren. Eventuell kann in diesem Zusammenhang zur Sprache gebracht werden, dass hinter Stahmers Komposition ein musikalischer Erfahrungsvorsprung steht, der mitunter kunsthandwerkliche und technische Fähigkeiten und Fertigkeiten beinhaltet.

Zur weiteren Information und Reflexion können an dieser Stelle aus den oben aufgeführten Musikbeispielen Stücke in Form einer Höranalyse thematisiert werden, in denen Sprachmaterial auf unterschiedliche und für Schüler wahrnehmbare Weise strukturell organisiert ist. Gegenstand der Reflexion ist die Beobachtung, dass man Sprachmaterial unterschiedlich (z.B. metrisch frei oder gebunden) organisieren kann.

Abschließend kann eine erste, dem musikalischen Entwicklungsstand angemessene ästhetische Reflexion erfolgen. Den Schülern kann in diesem Zusammenhang bewusst gemacht werden, dass Wörter durch Aufspaltung in ihre Partikel ihre Bedeutung verlieren und dass diese Partikel in ihrer Komposition auf etwas Außermusikalisches verweisen, das heißt eine musikalische Landschaft darstellen.

5.3.3 Lerntheoretischer Kommentar

Im Unterscheidungslernen wurde das bei den Schülern bereits vorhandene sprachbezogene Materialwissen durch das Verfahren der Exploration erweitert und ausdifferenziert. Dieses Wissen wurde im schlussfolgernden Lernen im Rahmen einer Schülerkomposition angewendet. Die in beiden Lernprinzipien vollzogene, wiederholte Beschäftigung mit dem Material und den Strukturen der eigenen Klanglandschaft, ist als „Lernschleife" zu verstehen, in der durch den zirkulären Rückkoppelungsprozess von klanglicher Rezeption und Produktion entsprechende Repräsentationen ausgebildet bzw. ausdifferenziert werden. Dies hat zur Folge, dass sich die Ergebnisse der Gestaltungsaufgaben im Hinblick auf die Aufgabenstellung zunehmend differenzieren und optimieren. Theoretisch ist der zirkuläre Rückkoppelungsprozess beliebig wiederholbar. In der Unterrichtspraxis werden jedoch der Motivationsstand der Schüler und die zeitlichen Rahmenbedingungen des Musikunterrichts die Anzahl möglicher Wiederholungen bestimmen.

In Zusammenhang mit dem Übertragungslernen erwerben die Schüler die Fähigkeit zur Generalisierung, die ihnen ermöglicht, das im Unterscheidungslernen angeeignete Wissen auf neue und unbekannte Sprachkompositionen zu übertragen. Gleichzeitig wird die von den Schülern erstellte Komposition theoretisch verstanden, das heißt, die verschiedenen Materialformen werden im Kontext der Gestaltungsaufgabe (und nur in diesem) mit einander in Beziehung gesetzt. Die Schüler erkennen beispielsweise, dass sich für die musikalische Darstellung spezifischer Landschaftskonturen bestimmtes Sprachmaterial besser eignet als anderes.

5.4 Vermittlungsstufe 2: SPRACHLICHE KODIERUNG

Unterscheidungslernen (Aneignung)	Schlussfolgerndes Lernen (Anwendung)
PRODUKTION & REZEPTION	PRODUKTION & REZEPTION
SPRACHLICHE KODIERUNG	SPRACHLICHE KODIERUNG
Beschreibung des Sprachmaterials Kategorisierung des Sprachmaterials Fachbegriffe	Anwendung des Erlernten bei neuen und unbekannten Sprachkompositionen Höranalyse (unter Verwendung von Fachbegriffen) Reflexion (unter Verwendung von Fachbegriffen)

Abbildung 5.3: Die sprachliche Kodierung des Sprachmaterials

Diese Vermittlungsstufe beschreibt die sprachliche Kodierung des vorhandenen sprachbezogenen Material- und Strukturwissens (Repräsentationen) der Schüler. Es bietet sich an, dass die Kodierung entweder im Zusammenhang mit der bereits behandelten Sprachkomposition von Stahmer oder im Rahmen der nachfolgend vorgeschlagenen oder einer anderen Produktionsphase erfolgt. Aufgrund der durch die spezifische Wesensart der Neuen Musik bedingten Offenheit des Vermittlungsprozesses, kann die Versprachlichung in unterschiedlichen musikalischen Zusammenhängen erfolgen. Von grundsätzlicher Bedeutung ist, dass entsprechende Repräsentationen vor der eigentlichen Kodierung bereits ausgebildet sein müssen.

Wie in Kapitel 4.4 ausgeführt, ist der Aufbau einer Vermittlungssequenz integrativ gedacht. Das heißt, obwohl das Musiklernen auf dieser Stufe auf eine sprachliche Kodierung ausgerichtet ist, kann der eigentlichen Kodierung eine erneute Phase der Produktion (siehe Stufe 1) vorangestellt werden, in der bereits bestehende Repräsentationen erweitert oder durch Wiederholung gefestigt werden. Unter Berücksichtigung des Alters der Schüler, sollte der unterrichtspraktische Umgang mit Lautmaterial im Zusammenhang mit musikalischen Jugendkulturen stehen. Es wird folgende Vorgehensweise vorgeschlagen:

Vom Lehrer vorgegebene Wörter oder Sätze, die möglicherweise aus Texten aktueller Popsongs stammen, werden von den Schülern über das bereits beschriebene Verfahren der „Exploration" (siehe Vermittlungsstufe 1) mit Hilfe von Musikprogrammen, die Audio-Bearbeitung[7] ermöglichen (siehe Sampling-Technik in: Kapitel 4, 1.3) in verschiedene Sprachpartikel (Samples) zerlegt und einer weiteren Bearbeitung unterzogen. Die nachstehenden Bearbeitungsmöglichkeiten sind mit den derzeit erhältlichen Programmen realisierbar:

- Rückwärts abspielen eines Samples (inverse);
- Verzerrung von Samples;
- Gater-Effekt (Samples werden in eine frei wählbare Anzahl von Partikeln zerhackt)
- Hall-Effekte;
- Echo-Effekte;
- Filter-Effekte in unterschiedlichen Frequenzbereichen;
- Tempoveränderungen;
- Timestretching (Anpassen des Samples an ein bestimmtes Tempo, Tonhöhe bleibt konstant) und
- Pitchshifting (Veränderung der Tonhöhe bei gleichbleibendem Tempo).

Im Anschluss an diese Phase der Materialexploration, kann das erarbeitete Lautmaterial neu zusammengesetzt, der Altersgruppe entsprechend mit einem „Groove" unterlegt werden oder als Materialgrundlage für eine weitere Gestaltungsaufgabe (z.B. Verklanglichung eines Comic) verwendet werden.

---

[7] Entsprechende Computerprogramme, die auf einer elementaren Ebene bestimmte Bearbeitungsmöglichkeiten von Samples ermöglichen, werden inzwischen von einigen Herstellern kostenlos zur Verfügung gestellt. Manche dieser Programme enthalten bereits Sprachsamples zur weiteren Verarbeitung.

Der musikalische Erfahrungshorizont kann durch folgende Musikbeispiele erweitert werden:

Musikalische Jugendkulturen (und deren Umfeld):
Public Enemy: *Contract on the World Love Jam*
Portishead: *Only You* (TripHop)
Notorius: *10 Crack Commandments*
Nina Hagen: *Naturträne; Fisch im Wasser*

Jazz (und dessen Umfeld):
Louis Armstrong: *Hotter Than That* (Scat Singing; desgl. E. Fitzgerald, J. Carol u.a.)
Al Jarreau: *Take five*
David Moss: *My Favorite Things*
Bobby McFerrin: *Don't Worry Be Happy, Medicine Music*
Bernd Konrad: *Marilyn, Requiem for an actress*

Weitere Musikbeispiele sind bei der Vermittlungsstufe „Ästhetisches Verstehen" aufgeführt.

5.4.1 Unterscheidungslernen

Die eigentliche sprachliche Kodierung erfolgt über die Beschreibung und Kategorisierung des Lautmaterials bzw. entsprechender Strukturen sowie über die Einführung von Fachbegriffen. Nicht alle der nachfolgend aufgeführten Formen der Kodierung eignen sich dabei für alle Unterrichtsinhalte in gleicher Weise.

Beschreibung nach Klangeigenschaften

Die in der Produktionsphase erarbeiteten Inhalte (oder eine Auswahl davon) werden von den Schülern bezüglich ihrer Eigenschaften beschrieben. Steht das notwendige sprachliche Vokabular den Schülern nicht zur Verfügung, kann es in der in Kapitel 4 vorgeschlagenen Form erarbeitet werden.

- Beschreibung einzelner Sprachklänge oder Klangkomplexe über ihre Eigenschaften: Helligkeit (hell–dunkel), Rauheit (stumpf-spitz, scharf-weich, glatt-rau), Volumen (voll-leer); horizontale und vertikale Felddichte (dick-dünn); Stabilität (stabil-instabil), Dynamik, energetische Eigenschaften, Hüllkurve, Klangschichten (einschichtig-mehrschichtig usw.); Klangmischung (Mischverhältnis);
- Beschreibung horizontaler Klangverläufe über deren äußere Konturen (z.B. Landschaftsabschnitte oder Morphologie bei Stahmer);
- Beschreibung des vertikalen Klangaufbaus (z.B. über Schichten);
- Beschreibung einzelner Sprachklänge oder Klangkomplexe über deren räumliches Verhältnis zueinander (Vordergrund, Hintergrund, Abstand, Überlagerung, Durchdringung usw.) und ggf. deren räumliche Bewegung (Mobilität, Immobilität);

Kategorisieren von Sprachklängen und Klangkomplexen nach Klangeigenschaften:
- zunächst nach dem Kriterium von „gleich" und „verschieden";
- nach musikalischen Kriterien (z.B. nach bestimmten Klangeigenschaften);
- hinsichtlich ihrer musikalischen Funktion (Klänge zur Darstellung einer „Steigung").

Sprachliche Kodierung in Bezug auf die Klangerzeugung:
- Klangquelle: Wer oder was verursacht die Klänge; Stimmbänder, Atmung, Kehlkopf, Mundhöhle, Lippen...?
- Produktionsweise: Wie werden die Klänge hergestellt; durch Gurgeln, Schnalzen, Hecheln, Pfeifen...?

Einführung von Fachbegriffen:
Eine weitere Form der sprachlichen Kodierung ist die Einführung von allgemein musikalischen oder speziell auf bestimmte Musikbeispiele bezogene Fachbegriffe. Beispielsweise können im Kontext von Stahmers Komposition die steigenden und fallenden Konturen eines „Berges" als „Glissando" bezeichnet werden. Ebenso können an dieser Stelle Begriffe wie Punktklänge, Schichtklänge, Klangbänder, Klanggemische, Cluster oder monochrom, polychrom usw. eingeführt werden.

Speziell in Bezug auf Sprachkompositionen wäre auch die Vermittlung linguistischer Fachbegriffe wie Konsonant, Vokal und andere denkbar. In gleicherweise können auch Fachbegriffe aus der Samplingtechnik (z.B. Loop, Hüllkurve (Attack, Decay, Sustain, Release) Timestreching, Pitchshifting etc.) eingefüht werden.

5.4.2 Schlussfolgerndes Lernen

Die im Unterscheidungslernen erworbene Fähigkeit, Sprachklänge und entsprechende Klangkonstellationen sprachlich zu kodieren, kann von den Schülern im Kontext neuer und unbekannter Sprachkompositionen angewendet werden.

Die Schüler können bei der Rezeption unbekannter Sprachkompositionen bereits bekannte Sprachklänge und Klangkomplexe erkennen und sie entsprechend bezeichnen. Dies ermöglicht es, Sprachkompositionen (oder Ausschnitte davon) mittels Höranalyse unterrichtspraktisch zu erschließen und das Wahrgenommene unter Verwendung der erlernten Begriffe zu verbalisieren.

Bei der Produktion neuer sprachbezogener Schülerkompositionen muss das Sprachmaterial nicht mehr über das Verfahren der Exploration erarbeitet werden, sondern es steht den Schülern bereits als sprachlich kodierter Vorstellungsinhalt zur Verfügung. Die Schüler können sich jetzt im Rahmen einer Gestaltungsaufgabe darüber verständigen, dass an einer bestimmten Stelle ihrer Komposition ein Glissando erfolgt, das aus zwei verschiedenen Konsonanten besteht, allmählich von einem Pianissimo in ein Mezzoforte übergeht und von einer hohen Stimmlage in eine mittlere führt.

Am Ende der Vermittlungsstufe kann eine erneute ästhetische Reflexion erfolgen, die wiederum die Entsemantisierung der Sprache zum Inhalt hat, mittlerweile jedoch unter Verwendung des auf dieser Stufe angeeigneten Fachvokabulars erfolgen kann.

5.4.3 Lerntheoretischer Kommentar

Im schlussfolgernden Lernen wird die von den Schülern im Unterscheidungslernen erworbene Fähigkeit, Lautmaterial und entsprechende Klangkonstellationen sprachlich zu kodieren, im Rahmen einer Generalisierung in einen neuen musikalischen Kontext übertragen. Gleichzeitig können die Schüler auf dieser Vermittlungsstufe zunehmend die bisher erlernten Inhalte theoretisch verstehen und dies unter Verwendung von Fachbegriffen verbalisieren. In einer ersten Synthese (I) werden die beiden ersten Vermittlungsstufen „Rezeption & Produktion" und „Sprachliche Kodierung" miteinander verknüpft. Gleichzeitig sind die Schüler zunehmend in der Lage, nicht mehr nur einzelne Sprachklänge zu repräsentieren, sondern Klangkomplexe, Strukturen sowie, falls wahrnehmbar, übergeordnete Zusammenhänge. Bezogen auf die Gestaltungsaufgabe können sich die Schüler einzelne „Landschaftsausschnitte" innerlich vorstellen und als musikalische Einheit erkennen.

Ergänzende Hörbeispiele aus der Musikgeschichte sowie der Neuen Musik sind auf der Stufe „Ästhetisches Verstehen" aufgeführt.

5.5 Vermittlungsstufe 3: SYMBOLISCHE KODIERUNG

Unterscheidungslernen (Aneignung)	Schlussfolgerndes Lernen (Anwendung)
PRODUKTION & REZEPTION	PRODUKTION & REZEPTION
SPRACHLICHE KODIERUNG	SPRACHLICHE KODIERUNG
SYMBOLISCHE KODIERUNG	SYMBOLISCHE KODIERUNG
Notationskonventionen Grafische Notation Phonetisches Alphabet	Anwendung des Erlernten bei neuen und unbekannten Sprachkompositionen Textanalyse Reflexion

Abbildung 5.4: Die symbolische Kodierung des Lautmaterials

Auf dieser Vermittlungsstufe lernen die Schüler repräsentiertes Lautmaterial, Klangkonstellationen und Strukturen grafisch und symbolisch zu kodieren. Eine symbolische Kodierung im engeren Sinne findet dabei nicht statt, da dies das Erlernen des konventionellen Notensystems bzw. anderer Symbolsysteme beinhalten würde. Das Erlernen der Notenschrift ist jedoch nicht Gegenstand dieser Vermittlungssequenz.

Kapitel 5: Vermittlungssequenz: „Sprachkompositionen" 369

In Zusammenhang mit der integrativen Idee der Vermittlungssequenz kann der eigentlichen symbolischen Kodierung eine Phase der Produktion bzw. der sprachlichen Kodierung vorangestellt werden. Als eine in diesem Zusammenhang geeignete Komposition wird *Tetabeuhan Sungut* (1975) von Slamet A. Sjukur vorgeschlagen.

Slamet A. Sjukur: *Tetabeuhan Sungut*

Der Komponist Slamet Abdul Sjukur zählt heute zu den bedeutendsten Komponisten Indonesiens. Er wurde im Jahre 1935 in der ostjavanischen Hafenstadt Surabaya geboren. Den ersten Klavierunterricht erhielt Sjukur mit 11 Jahren. Seine verschiedenen Lehrer machten ihn mit spanischer und französischer Musik vertraut. Parallel dazu lernte er ostjavanische Gamelanmusik. Zwischen 1952 und 1956 studierte Sjukur an SMIND (Sekolah Musik Indonesia) in Yogyakarta westliche Musik. Von 1962 bis 1976 lebte er in Paris und studierte dort in den ersten Jahren Klavier, Analyse und Komposition. Seinen Lebensunterhalt verdiente er sich überwiegend als Pianist in verschiedenen Balletschulen. Darüber hinaus war er als Komponist tätig und Mitglied im „Groupe de Recherche Musicale" des ORTF . Nach seiner Rückkehr nach Indonesien im Jahre 1976 war Sjukur zunächst Dozent für Theorie und Komposition und später in leitender Funktion an der Kunstakademie IKJ (Institut Kesenian Jakarta). Vermutlich wegen seiner nonkonformistischen Haltung wurde er dort 1987 entlassen. Danach arbeitete Sjukur als freischaffender Komponist und Lehrer für Komposition. Heute ist Sjukur wieder an der Kunstakademie STST Surakarta in Mitteljava als Kompositionslehrer tätig. Seine Kompositionen lassen sich in drei Werkgruppen einteilen: Kammermusik (z.B. *Om* für Streichorchester), multimediale Kompositionen (z.B. die Serie: *Parantheses*) und pädagogisch orientierte Stücke wie *Tetubeuhan Sungut* (vgl. MACK 2003, in Vorbereitung).

Die Komposition *Tetubeuhan Sungut*[8] aus dem Zyklus „Angklung" ist ein reines Vokalstück. Es handelt von der onomatopoetischen Umsetzung des Klanges von Gamelan-Instrumenten, zumeist Trommelklängen. Ein solches Verfahren hat bei vielen indonesischen Musikformen Tradition, dort werden Trommelpatterns (und auch anderes) meist über vokale Imitation erlernt. Der Titel *Tetubeuhan Sungut*, ins Deutsche übersetzt als „Vokalisierung des Gamelan" bezieht sich auf die Onomatopoesie. „Sungut" bezeichnet im sundanesischen

---

[8] Aufnahme und Partitur sind über den Verfassen zu beziehen.

den Mund und „tetubeuhan" kommt von „tabuh" als Gamelanstück (vor allem dessen formale Struktur). Bestimmte Motive des Stückes sind typisch für sundanesische Ensemblemusik.

Tetubeuhan Sungut[9] besteht aus vier Teilen. Der erste Formteil umfasst 12 Takteinheiten[10] mit jeweils acht Schlägen. Er beginnt mit einem relativ einfachen Motiv („*dung-tak*") das im weiteren Verlauf hinsichtlich der Tonhöhe und rhythmischen Gliederung verändert wird (siehe Notenbeispiel 1). Ab der fünften Einheit treten weitere Schichten hinzu, so dass sich dieser Formteil zunehmend verdichtet. Ingesamt übernimmt dieser Teil die Funktion einer Exposition, da dasjenige Material, das für den weiteren Verlauf der Komposition musikalisch bedeutsam ist, in diesem Teil vorgestellt wird.

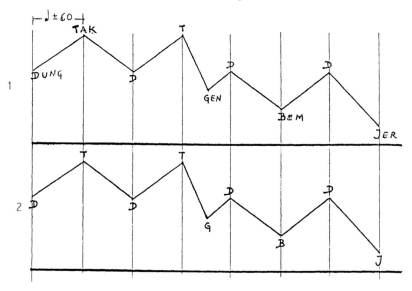

Notenbeispiel 5.2: Die ersten Takteinheiten der „Exposition"

---

[9] Die nachfolgende Kurzanalyse kann nur einen sehr groben Einblick in die Komposition geben. Denn das Stück enthält eine Vielzahl an Bezügen zur sundanesischen Musik sowie Assoziationen zu Satztechniken der Neuen Musik (Permutation und Fibonacchi-Reihe), die allerdings im Hinblick auf den unterrichtspraktischen Einsatz dieses Stückes zunächst von sekundärer Bedeutung sind. Zur weiteren Beschäftigung mit dieser Komposition, siehe Mack 2003 (in Vorbereitung).
[10] Damit sind nicht Takte im Sinne einer unterschiedlichen metrischen Gewichtung gemeint, sondern die zeitlich-metrische Gliederung in verschiedene Einheiten.

Der zweite, etwas schnellere Formteil mit 17 Einheiten kontrastiert den ersten. Der rhythmischen Basis dieses Teils liegt eine traditionelle Gongstruktur zugrunde, die mit Ausnahme des Schlussteils (Einheit 29) auf den jeweils vierten und achten Schlag jeder Einheit erklingt. In der zweiten Einheit treten die weiteren Stimmen hinzu. Teilweise im Off-Beat und ternär strukturiert, erzeugen sie eine leicht polymetrische Wirkung. Ab der Einheit 27 klingt das Stück relativ statisch und bereitet damit den nächsten großen Formteil vor.

Ein pentatonisches Vierton-Ostinato bestimmt diesen dritten Formteil von Einheit 31 – 37. Der Tonhöhenverlauf des Ostinatos wurde von Sjukur an markanten Stellen mit subtilen Änderungen versehen. Es folgt ein ruhiger und zunächst solistisch angelegter vierter Teil, der in seiner Textur auf Material des ersten und dritten Formteils zurückgreift. Im weiteren Verlauf verdichtet sich die Struktur zunehmend, bevor sie sich in ein „Fade-Out" auflöst.

Aufgrund seiner kurzen Dauer von 5.31 min (in der vorliegenden Interpretation[11]) und seiner vordergründig einfachen Faktur ist *Tetubeuhan Sungut* für pädagogische Zwecke gut geeignet. Die graphische Partitur ermöglicht zumindest eine Teilrealisation des Stückes durch die Schüler. Zudem eignet sich diese Notationsform zum „Mitlesen" und zur Analyse. Darüber hinaus erinnert der Beginn des ersten Formteils (siehe NB 1) an die rhythmischen Strukturen jugendkultureller Musik. Die grafische Notationsweise steht zugleich in direktem Zusammenhang mit der symbolischen Kodierung als wesentliche Zielsetzung dieser Sequenzstufe.

Am Rande sei bemerkt, dass in *Tetubeuhan Sungut* zudem Sjukurs Konzept der Transformierung des eigenen Kulturgutes in einen anderen musikalischen Kontext verdeutlicht wird, so dass diese Komposition unter diesem Aspekt zu einem anderen Zeitpunkt erneut aufgegriffen werden kann.

In der eigentlichen Produktionsphase[12] bekommen die Schüler die Aufgabe gestellt, mit ihren Stimmen einen selbsterfundenen oder einen vorgegebenen Schlagzeugrhythmus onomatopoetisch darzustellen. Im Anschluss daran wird dieser Rhythmus von den Schülern hinsichtlich Klangfarbe, Tonhöhe und rhythmischer Struktur variiert bzw. weiter ausdifferenziert. Nach der Präsentation der Ergebnisse erfolgt die Begegnung mit der Komposition von Sjukur.

---

[11] Die dem Autor zur Verfügung stehende Aufnahme stammt von einer Aufführung des Privatensembles von Sjukur aus den späten siebziger Jahren.
[12] Zur genaueren Beschreibung der Produktionsphase siehe Vermittlungsstufe: PRODUKTION & REZEPTION

Dabei können die unterschiedlichen Schülerversionen mit dem Original unter verschiedenen Aspekten miteinander verglichen werden. An diese Produktionsphase kann sich eine Phase der sprachlichen Kodierung anschließen, in der das gefundene Lautmaterial in der bereits beschriebenen Form (siehe Vermittlungsstufe 2) verbalisiert wird.

5.5.1 Unterscheidungslernen

Die sympolische Kodierung (Notation) des bereits repräsentierten Lautmaterials erfolgt im Rahmen einer Notationsaufgabe. Die Schüler be-kommen die Aufgabe gestellt, ihre „Produktion" (oder einen Ausschnitt davon) so zu notieren, dass andere Schüler, denen dieses Stück unbekannt ist, es auf der Grundlage einer selbst gefundenen Notationsform reproduzieren können. Die Notation kann zunächst sowohl über Buchstaben als auch grafisch erfolgen. Eine mögliche Erweiterung wäre in diesem Zusammenhang die Einführung des phonetischen Alphabets[13], da es in vielen Sprachkompositionen als Notationsgrundlage verwendet wird. Falls nicht bereits früher im Unterricht geschehen, sollten die Schüler ferner mit grundsätzlichen Notationskonventionen (Tonhöhe = räumlich „oben" usw.) vertraut gemacht werden.

Ein zirkulärer Prozess aus Rezeption, Produktion und Reflexion (Lernschleife) dient hier dazu, die Notationsformen zunehmend auszudifferenzieren und zu optimieren. Dies könnte beispielsweise dadurch erfolgen, dass die Notationsversuche einer Kleingruppe jeweils von einer anderen Gruppe reproduziert werden.

Die von den Schülern erarbeiteten Notationsformen können durch die unterrichtspraktische Beschäftigung mit Sprachkompositionen, die sich speziell der grafischen Notation oder des phonetischen Alphabets (Beispiele siehe unten) bedienen, erweitert werden.

Durch die Beschäftigung mit den verschiedenen Notationsformen sind die Schüler zunehmend in der Lage, Sprachkompositionen, die sich dieser Formen bedienen, auf der Grundlage der Partitur hörend mitzuverfolgen. Ebenso kann eine „Textanalyse" stattfinden, die auf folgende Fragestellungen und Aspekte ausgerichtet sein kann:

---

[13] Das phonetische Alphabet ist den Schülern vom Fremdsprachenunterricht bekannt.

- Welches Lautmaterial wird in der vorliegenden Komposition verwendet?
- Sind bei der Materialauswahl und bei der Strukturbildung musikalische Prinzipien zu erkennen?
- Weitere analytische Fragestellungen ergeben sich aus dem Kontext der jeweiligen Komposition. So wäre etwa in Zusammenhang mit Stahmers *Landschaft in meiner Stimme* zu untersuchen, welche Materialformen speziell zur Darstellung bestimmter „Landschaftsausschnitte" (z.B. „Steigung") verwendet werden?

5.5.2 Schlussfolgerndes Lernen

Im schlussfolgernden Lernen wenden die Schüler ihre im Unterscheidungslernen erworbenen Kompetenzen zur Notation von Sprachmaterialien und Strukturen bei neuen und unbekannten Sprachkompositionen an. Dies kann in folgenden Bereichen erfolgen:

- Notation von neu gestalteten Schülerkompositionen, die entweder real erklingen oder nur in der Vorstellung einzelner Schüler vorhanden sind;
- Notationsversuche einfacher Ausschnitte aus Sprachkompositionen nach Gehör und anschließender Vergleich mit dem Original;
- „Lesen", das heißt innerliches Vorstellen von Sprachklängen, Klangkonstellationen und Strukturen aus der Notation;
- Reproduktion von Sprachkompositionen und
- Analyse von Sprachkompositionen auf der Grundlage des Notentextes.

Bezüglich des Lesens von Sprachkompositionen muss einschränkend darauf hingewiesen werden, dass es sich dabei nicht um einen umfassenden und vollständigen Klangeindruck handelt, sondern dass aus bereits bekannten Zeichen und Symbolen allmählich entsprechende Klangvorstellungen entwickelt werden. Diese Einschränkung gilt gleichfalls für eine mögliche Textanalyse.

Zur Reproduktion von Sprachkompositionen durch Schüler eignen sich besonders Stücke, die pädagogisch motiviert sind, d.h. die die musikalischen bzw. vokal-technischen Fähigkeiten der Schüler berücksichtigen.

Folgende Kompositionen sind geeignet:
D. Schnebel: *Maulwerke; Blasmusik, Gesums und Harmonik* aus: *Schulmusik* (Reihe)
B. Rands: *Klangmuster I*
G. Self: *Garnett*
D. Bedford: *Einige helle Sterne*
D. Mack: *Voice & Percussion* u.a.
R. Murray Schafer: *Miniwanka*

Sprachkompositionen, bei denen Ausschnitte als Vorlage für Reproduktionsversuche dienen können:
Mauricio Kagel: *Halleluja*
Holliger: *Psalm; Die Jahreszeiten* (Scardanelli-Zyklus)
Slamet A. Sjukur: *Uwek Uwek;*

Auch diese Vermittlungsstufe kann mit einer ästhetischen Reflexion unter Verwendung von notierten Sprachkompositionen abgeschlossen werden.

5.5.3 Lerntheoretischer Kommentar

Im schlussfolgernden Lernen werden die von den Schülern erworbenen Kompetenzen zur symbolischen Kodierung von auf Sprachkompositionen bezogenen Repräsentationen im Rahmen einer Generalisierung in einen neuen und unbekannten musikalischen Kontext übertragen. Dies befähigt sie in vielfältiger Form, sich auf der Grundlage von Notentexten mit Sprachkompositionen rezeptiv und produktiv auseinanderzusetzen. Gleichzeitig können die Schüler zunehmend die Prinzipien, vereinzelt auch Konventionen (soweit vorhanden) der Notation erkennen, theoretisch verstehen und verbalisieren sowie in einem neuen musikalischen Kontext anwenden bzw. auf der Grundlage dieses Wissens eigene Notationsprinzipien entwickeln und anwenden.

Am Ende dieser Vermittlungsstufe findet ein weiterer Syntheseprozess (II) statt. Die in den bisherigen drei Vermittlungsstufen erworbenen Kompetenzen (prozedurales Wissen) werden miteinander verknüpft. Dies ermöglicht eine vielfältige rezeptive und produktive sowie reflexive Beschäftigung mit Sprachkompositionen.

Kapitel 5: Vermittlungssequenz: „Sprachkompositionen" 375

5.6 Vermittlungsstufe 4: ÄSTHETISCHES VERSTEHEN

Unterscheidungslernen (Aneignung)	Schlussfolgerndes Lernen (Anwendung)
PRODUKTION & REZEPTION	PRODUKTION & REZEPTION
SPRACHLICHE KODIERUNG	SPRACHLICHE KODIERUNG
SYMBOLISCHE KODIERUNG	SYMBOLISCHE KODIERUNG
ÄSTEHTISCHES VERSTEHEN - individuell-anthrop. Aspekte - sozio-kulturelle Aspekte - historisch-ästhetische Aspekte	ÄSTEHTISCHES VERSTEHEN Anwendung des Erlernten bei neuen und unbekannten Sprachkompositionen Komplexe Analyse Ästhetisches Verstehen von Sprachkompositionen

Abbildung 5.5: Ästhetisches Verstehen von Sprachkompositionen.

Wie bereits in Kapitel 4 (Abs. 3.4) dargelegt, ist ein ästhetisches Verstehen Neuer Musik nur über eine grundlegende Beschäftigung mit deren heterogenen Erscheinungsformen möglich. Als gradueller Prozess beginnt das ästhetische Verstehen Neuer Musik zunächst beim Verständnis einer einzelnen Komposition, indem musikimmanentes Wissen (prozedurales Wissen) mit musikalischem Sachwissen (deklaratives Wissen) miteinander in Beziehung gebracht wird. Das bedeutet, die Inhaltsbereiche Material, Ausdruck und Struktur des Vermittlungsmodells Neuer Musik werden mit dem Bereich Intention und den diesen Bereich konstituierenden Aspekten *individuell-anthropologisch, sozio-kulturell* und *ästhetisch-historisch* verknüpft.

5.6.1 Musikalisches Sachwissen

Individuell-anthropologische Aspekte werden beispielsweise im Kommentar Stahmers zu seiner Komposition *Die Landschaft in meiner Stimme* sichtbar. Stahmer versteht seine Komposition als einen persönlichen Beitrag zum Bereich der Sprachkompositionen. Der zentrale Begriff aus Stahmers Zitat, der mit den Schülern zu klären ist, heißt Entsemantisierung. Der Lehrer informiert die Schüler über die Bedeutung dieses Begriffes. Ergänzend dazu erhalten die Schüler ausgewählte Musikbeispiele aus unterschiedlichen Stilbereichen (siehe Beispielsammlung).

Möchte man im Zusammenhang mit Sprachkompositionen sozio-kulturelle Aspekte beleuchten, wäre ein Exkurs in den Bereich Sprachkritik denkbar.

Der historisch-ästhetische Aspekt bezieht sich zunächst auf zwei historische Zeiträume, einen ersten, in dem es bereits Versuche gab, sich der Sprache auf klanglicher Ebene zu bedienen und die Zeit, als Sprachkompositionen in der Neuen Musik in Erscheinung traten. Der letzte Zeitabschnitt beinhaltet gleichzeitig eine Auseinandersetzung mit den ästhetischen Implikationen von Sprachkompositionen.

Folgende Musikbeispiele werden vorgeschlagen:
Claude Debussy: *„Sirènes"* aus *Trois Nocturnes* (1898/1999)
Maurice Lemaitre: *Lettre Rock* (Lettrismus);
Kurt Schwitters: *Ursonate* (Dadaismus)
Eugen Gomringer: *3 Variationen über kein fehler im system* (Konkrete Poesie);
Ernst Jandl: *Sprechblasen*
Raoul Hausmann: *Plakatgedichte*

Diese Musikbeispiele können unter dem Aspekt Pluralität oder außereuropäische Umgangsweisen mit Sprache um folgende Stücke ergänzt werden.
Bali (Indonesien): *Kecak*
Calinghos Brown: *Pandeiro-Deiro*
Äthiopien: *Cushites*

Auf der Grundlage dieses Sachwissens ist eine komplexe Analyse von Sprachkompositionen möglich, die über die eigentliche Komposition hinausführende, Aspekte berücksichtigt. Eine solche Analyse könnte beispielsweise die Frage stellen, in welcher Form Stahmer der Sprache, trotz der Dekomposition, ihre Sprachlichkeit zurück gibt (siehe Zitat oben).

5.6.2 Ästhetisches Verstehen von Sprachkompositionen

Ein Ästhetisches Verstehen von Sprachkompositionen ist ausschließlich über eine grundlegende Auseinandersetzung mit möglichst vielen und unterschiedlichen Kompositionen dieses Bereichs möglich.

Die anschließenden Sprachkompositionen werden zur weiteren unterrichtspraktischen Behandlung vorgeschlagen:

Arnold Schönberg: *Pierrot Lunaire;*
Pierre Boulez: *Le soleil des Eaux;*
Györgi Ligeti: *Lux aeterna ; Aventures* und *Nouvelles Aventures;*
Lukas Foss: *Paradigm* („für meine Freunde");
H. Eimert: *Epitaph für Aykichi Kubayama*
HP Platz: *Requiem*
Dieter Schnebel: *Glossolalie; Madrasha II; Für Stimmen (...missa est); Deuteronomium*
Mauricio Kagel: *Anagramme*
John Cage: *Solo for Voice 2*
Luciano Berio: *Sequenza III; Circles;*
Mathias Spahlinger: *Verfluchung*
Vinko Globokar: *Corporel ; Voix instrumentalisée*
Luigi Nono: *La Fabbricca Illuminata; Il canto sospeso*
Meredith Monk: *Dolmenmusic;*
Joseph Riedl: *WU-THAR; SSLA ZTASTAL-TKARBU*
Manfred Trojahn: *Architectura Caelestis*
Steve Reich: *Its gonna Rain; Come Out; Slow Motion Sound; Tehilim*
Anestis Logothetis: *Karmadharmadrama*
Roman Haubenstock-Ramati: *Ludus musicalis*

5.6.3 Fächerübergreifende Vermittlung

Des weiteren können im Musikunterricht Sprachkompositionen aufgegriffen werden, die sich für eine fächerübergreifende Behandlung eignen. Eine für diese Zwecke geeignete Komposition ist *Message* von A. Hölzky.

A. Hölzky: *Message* (1990/91)

Die Komposition *Message* für Mezzosopran, Bariton, Sprecher, diverse Klangrequisiten und Live-Elektronik basiert auf dem Text des Bühnenstücks *Les chaises* (Die Stühle) von E. Ionesco, neben S. Beckett und J. Anouilh einer der prominentesten Vertreter des Absurden Theaters. Damit sind die Bezugspunkte zwischen dem Fach Musik und Deutsch bereits vorgezeichnet. Allerdings sind diese Bezüge auf einer wesentlich subtileren Ebene angesiedelt, als sie über einer reinen Beschäftigung mit der Theorie, dem Begriff und der Geschichte des Absurden Theaters in Erscheinung treten können. Vielmehr weist das Absurde Theater selbst bereits musikanaloge Strukturen auf:

> *Ganz wie eine Sinfonie oder ganz wie ein Gebäude ist ein Theaterstück ganz einfach ein Monument* (IONESCO 1985, 162).

Das Gemeinsame zwischen beiden Kunstformen liegt für Ionesco auf einer strukturellen Ebene (ebd. 160). M. Schwarz (1981) konnte in ihrer Arbeit nachweisen, dass Ionesco in seinen Theaterstücken Techniken aus dem musikalischen Bereich aufgreift. Voraussetzung für eine solche Arbeitsweise ist eine erweiterte Betrachtungsweise der Sprache. Sie erhält dadurch neben ihrer semantischen eine weitere klangliche Dimension, die bis zur Dekomposition bzw. Entsemantisierung von Sprache führen kann. Bei Ionesco zeigen sich musikanaloge Strukturen in der Wiederholung von Wörtern und Satzteilen, in der Entstehung rhythmischer Strukturen und in Steigerungs- und Verdichtungsprozessen, wie sie in der Musik vorzufinden sind (vgl. STROBEL 1996, 23).

Die Idee der Dekomposition von Sprache, wie sie von Ionesco eingesetzt wird, wird von Hölzky als kompositorisches Prinzip aufgegriffen. Als ästhetisches Mittel dient es dazu, das sprachlich Absurde musikalisch weiterzuführen. Dieses Verfahren zeigt sich insbesondere im vokalen Bereich im differenzierten Umgang mit der Stimme, in ihrer elektronischen Verfremdung sowie im Einsatz der Live-Elektronik.

Folgende Formen der Stimmbehandlung sind in *Message* zu finden:
- reine Geräusche: Atmen, Pfeifen, Schnalzen, Fauchen...;
- Variation der Sprechstimme: Tempowechsel, Trennen und Weglassen einzelner Silben, Vibrato...;
- Variation der Singstimme: Hauchen, Zittern, Lachen, Handvibrato, Zungentremolo... .

Das von Hölzky über eine detaillierte Notation sehr ausdifferenzierte Stimmmaterial wird in vielfältiger Weise elektronisch verfremdet. Die Klangmodulationen beinhalten Filterungen, Hall- und Echoeffekte, Vibrati, Arpeggien, Transpositionen und Akkordbildungen. Die Live-Eletronik ermöglicht es, das Sprachmaterial zu vervielfältigen, zu schichten, verzögert wiederzugeben und eine räumliche Klangverteilung vorzunehmen.

Im Hinblick auf die unterrichtspraktische Vermittlung von Hölzkys *Message* liegt die Zielsetzung des Faches Musik darin, das Absurde auf der musikalischen Ebene aufzuzeigen. Der Zugang kann entweder über den Weg der Produktion oder der Analyse erfolgen. Die Aufgabe des Faches Deutsch betrifft die literarische Aufarbeitung des Absurden. Die musikanalogen Strukturen in den Texten von Ionesco können von beiden Fächern gemeinsam erarbeitet werden.

Weitere Musikbeispiele, die sich besonders für eine fächerübergreifende Zusammenarbeit eignen:
Luciano Berio: *Tema-Omaggio a Joyce*
Heinz Holliger: *Die Jahreszeiten* (Scardanelli Zyklus)
Heinz Holliger: *Psalm*
Helmut Lachenmann: *Consolation II*
Roman Haubenstock-Ramati: *Mobile für Shakespeare*
Pierre Boulez: *Le marteau sans maître*

Der Zugang zu einem ästhetischen Verstehen von Sprachkompositionen kann neben der Behandlung einzelner Kompositionen über übergeordnete Themenstellungen (Projekte) erfolgen.

Themenvorschläge:
- Zusammenhänge zwischen Sprachrhythmen und instrumentalen Rhythmen (F. Zappa: *Dangerous Kitchen*)
- Kombination von Sprachmaterial und elektronischem Material (z.B. Stockhausen: *Gesang der Jünglinge*);
- Dadaismus und Konkrete Poesie als Vorläufer zu phonetischen Sprachkompositionen.

5.6.4 Lerntheoretischer Kommentar

Ein Ästhetisches Verstehen beinhaltet grundsätzlich die theoretisch-intellektuelle Auseinandersetzung mit dem Vermittlungsgegenstand. Daher wird auf der Vermittlungsstufe 4 (Ästhetisches Verstehen) Handlungswissen (prozedurales Wissen) und Sachwissen (deklaratives Wissen) miteinander verknüpft. Der Verstehensprozess resultiert damit aus einem In-Bezug-Setzen von bisher erworbenen, auf Sprachkompositionen bezogenen Repräsentationen mit musikexplizitem Wissen. Dieses Gesamtwissen kann im Rahmen einer Generalisierung auf neue und unbekannte Sprachkompositionen übertragen werden. Gleichzeitig könnten diese Kompositionen auf der Grundlage dieses Wissens zunehmend theoretisch und ästhetisch verstanden werden. Der Beginn eines weiterführenden Ästhetisches Verstehens Neuer Musik würde ein erneutes Absolvieren der Vermittlungssequenz in einem weiteren Teilbereich der Neuen Musik (z.B. Musique concrète) voraussetzen. Unter den derzeitigen Bedingungen des Musikunterrichts ist dies wie mehrfach angedeutet, nur in einem begrenzten Umfang möglich.

5.7 Schlussbemerkung

In den vorangegangenen Darlegungen wurde versucht, den in Kapitel 4 theoretisch formulierte Vermittlungsansatz Neuer Musik exemplarisch am Beispiel von Sprachkompositionen unterrichtspraktisch umzusetzen. Die Vermittlung des Bereichs Sprachkompositionen erfolgte über vier aufeinander aufbauende Stufen (Vermittlungssequenz). Im Rahmen dieser praktischen Umsetzung tritt erneut der Sonderstatus Neuer Musik in Erscheinung. Beispielsweise würde nach der modellhaft skizzierten Vermittlungssequenz eine sprachliche Kodierung erst auf der zweiten Vermittlungsstufe erfolgen (was bei tonaler Musik durchaus sinnvoll wäre). Bezogen auf das Praxisbeispiel wäre diese jedoch bereits auf der ersten Stufe im Unterscheidungslernen in Zusammenhang mit der Exploration des Sprachmaterials möglich und sinnvoll. Augenscheinlich werden in Zusammenhang mit der konkreten Darlegung einer Vermittlungssequenz vor allem aber auch die zeitlichen Begrenzungen, die einer grundlegenden Vermittlung Neuer Musik entgegenwirken.

Trotz dieser Einschränkungen kann gesagt werden, dass der hier formulierte Vermittlungsansatz Neuer Musik für die Unterrichtspraxis die Funktion einer grundlegenden Orientierung übernehmen, die Basis für ein (späteres) Wahrnehmen und Verstehen Neuer Musik bilden kann.

Schlusswort

In der vorliegenden Arbeit wurde die Vermittlung Neuer Musik in der Schule aus einer wahrnehmungs- und lerntheoretischen Perspektive beleuchtet. Die Ergebnisse dieser Untersuchungen lassen sich wie folgt zusammenfassen:

In Kapitel 1 wurden die wahrnehmungspsychologischen Aspekte abgehandelt. Das Hören von Musik kann auf kognitionspsychologischer Grundlage als konstruktiver Prozess der Informationsverarbeitung beschrieben werden. Musik wird auf der Basis bereits vorhandener musikalischer Erfahrungen wahrgenommen und verstanden. In diesem Zusammenhang kommt besonders dem praktischen Umgang mit Musik eine grundlegende Bedeutung zu. Infolge der heterogenen Erscheinungsweise Neuer Musik können sich im Gegensatz zur tonal und metrisch gebundenen Musik keine allgemein verbindlichen Rezeptionsmuster ausbilden. Gleichzeitig verhindern einige Teilbereiche der Neuen Musik aufgrund spezifischer struktureller Organisationsprinzipien (Serialismus, Aleatorik) die Wahrnehmung von (soweit vorhanden) übergeordneten formalen Entwicklungen und Zusammenhängen. Diese Eigenarten Neuer Musik erschweren grundsätzlich bestimmte Formen der Rezeption.

Insgesamt konnte bei der Durchsicht relevanter Forschungsbefunde beobachtet werden, dass die Forschungslage in Bezug auf die Rezeption Neuer Musik in zweifacher Hinsicht unbefriedigend ist. Erstens gibt es nur eine relativ geringe Anzahl entsprechender Untersuchungen, die zudem überwiegend im Umfeld kognitionspsychologischer Forschungsparadigma angesiedelt sind. Die Gründe für diese zurückhaltenden Forschungsaktivitäten sind vermutlich im Wesen der Neuen Musik selbst sowie in ihrer geringen gesellschaftlichen Relevanz zu suchen. Der zweite Aspekt betrifft ein generelles Problem quantitativ ausgerichteter Forschungsansätze. Viele Untersuchungen fokussieren nur einen Parameter. Der musikalische Gehalt erschließt sich dem Rezipienten jedoch nur durch die Interdependenz aller musikalischer Parameter. Dadurch relativiert sich die Aussagefähigkeit solcher Befunde im Hinblick auf ein musikalisches Wahrnehmen und Verstehen.

Kapitel 2 widmete sich der Untersuchung lerntheoretischer Grundlagen. Die dort erörterten kognitionspsychologischen Modelle besagen im Wesentlichen, dass Lernvorgänge in formaler Hinsicht als eine spezifische Abfolge verschiedener aufeinander aufbauender Lernstufen zu beschreiben sind. Die Abfolge kann weder geändert noch können einzelne Lernstufen übersprungen werden. Im Rahmen solcher Lernprozesse werden Vorstellungsinhalte (mentale Repräsentationen) ausgebildet, die von einer zunehmenden Abstraktheit und Komplexität gekennzeichnet sind. In Untersuchungen musikalischer Lernvorgänge konnte Bamberger (1991) unterschiedliche Repräsentationsformen nachweisen, die sie hinsichtlich ihres Abstraktionsgrades in „figural" und „formal" kategorisiert. Gordon (1980) spricht im Zusammenhang mit der Bildung musikalischer Vorstellungsinhalte von „Audiation". Dieser Begriff impliziert zwei unterschiedliche Qualitäten. Zunächst beschreibt er die Fähigkeit zur inneren Klangvorstellung. Gleichzeitig beinhaltet Audiation auch die musikimmanente Bedeutung dieses Vorstellungsinhalts. Neurobiologische Lernmodelle beschreiben Lernen als einen Auf- und Ausbau sowie eine Umstrukturierung neuronaler Aktivierungsmuster. Insgesamt fördert eine mehrfache, das heißt sprachliche und symbolische Kodierung bereits vorhandener Vorstellungsinhalte die Verankerung dieser Inhalte im Gedächtnis und das Verstehen selbst.

Der Sonderstatus Neuer Musik tritt auch im Zusammenhang mit musikalischen Lernprozessen in Erscheinung. Bambergers Verständnis von „formaler" Repräsentation kann, wenn überhaupt, nur mit großen Einschränkungen auf den Bereich der Neuen Musik übertragen werden, da dieser Begriff das Vorhandensein einer einheitlichen musiksprachlichen „Grammatik" zugrundelegt, die in weiten Bereichen der Neuen Musik in dieser Form nicht gegeben ist. Ebenso impliziert Gordons Verständnis der Audiation das Vorhandensein von tonal- und metrisch gebundenen Strukturprinzipien und unterliegt deshalb den gleichen Einschränkungen. Trotzdem kann insgesamt davon ausgegangen werden, dass Vermittlungsprozesse Neuer Musik durch ihre Einbindung in das Prinzip eines sequenziellen Lernens im Hinblick auf ein Wahrnehmen und Verstehen optimiert werden können.

Die nach 1970 entstandenen Vermittlungsansätze Neuer Musik wurden im dritten Kapitel einer Diskussion unterzogen. Dieser Diskussion voran gingen Untersuchungen über historische Entwicklungen der Musikpädagogik nach Ende des Zweiten Weltkriegs. In diesem Zusammenhang konnte nachgewiesen werden, dass zumindest zwei der diskutierten Ansätze (MEYER-DENKMANN 1970, 1972; KLÜPPELHOLZ 1982) hinsichtlich ihrer Didaktik von diesen Entwicklungen deutlich beeinflusst sind. Weiterhin standen mehrere dieser Ansätze unter dem Einfluss damaliger Kreativitätskonzepte. Die heterogene Erscheinungsweise Neuer Musik wurde von den Autoren teilweise erkannt, fand allerdings in ihren didaktischen Konzeptionen keine grundsätzliche Berücksichtigung. Die bereits genannten Ansätze von Meyer-Denkmann und Klüppelholz führten aufgrund ihrer ideologischen Ausrichtung an der Kritischen Theorie der Frankfurter Schule zum Ausschluss bestimmter musikalischer Bereiche bzw. Komponisten. Lerntheoretische Implikationen sind in vielen Ansätzen mehr oder weniger deutlich nachzuweisen, fließen jedoch nicht maßgeblich in die Didaktik der Ansätze mit ein. Eine Ausnahme bildet Meyer-Denkmann. Die methodische Umsetzung ihres Ansatzes ist ausdrücklich lernpsychologisch begründet. Allerdings überzeugt die Übertragung entsprechender Befunde in ihr Vermittlungskonzept nicht in jedem Fall.

Die Befunde aus den ersten drei Kapiteln führten zur Entwicklung eines eigenen Vermittlungsansatzes Neuer Musik. In diesem Zusammenhang wurde sowohl die Neue Musik als auch der Bereich musikalischer Jugendkulturen einer näheren Untersuchung unterzogen. Die heterogene Erscheinungsweise Neuer Musik wurde dabei bestätigt. Gleichzeitig wurde deutlich, dass die jugendkulturelle Musik keinesfalls eine homogene Erscheinung darstellt, sondern insbesondere in ihren alternativen Teilbereichen von einer relativen Pluralität geprägt ist. Damit ist Heterogenität bzw. Pluralität kein exklusives Merkmal der Neuen Musik, sondern ebenso der jugendkulturellen Musik bzw. unserer gesamten kulturellen Wirklichkeit. Allerdings ist dieses Merkmal in der Neuen Musik im Verhältnis zu anderen musikalischen Teilkulturen wesentlich deutlicher ausgeprägt und gehört zudem zu ihren grundlegenden und ästhetischen Prämissen.

Das Merkmal der Heterogenität stellt eine der wesentlichen Problemstellungen einer unterrichtspraktischen Vermittlung Neuer Musik dar und wird somit zum essenziellen Bestandteil der didaktischen Konzeption sowie Legitimation des hier vorgestellten Vermittlungsansatzes. Gleichzeitig artikuliert sich dieses Merkmal nicht nur auf musikalischer Ebene, sondern auch in den Weltanschauungsmodellen und Wertvorstellungen unserer Gesellschaft. Daher weist dieser Aspekt zudem eine pädagogische Dimension auf. Aufgrund dieser spezifischen Eigenart Neuer Musik kann sich ein ästhetisches Verstehen erst über eine sehr intensive und ausgiebige Beschäftigung mit ihr einstellen. Dies ist unter den derzeitigen Rahmenbedingungen des Musikunterrichts nicht möglich. Es ist deshalb eine Auswahl erforderlich, die sich am Prinzip der Gleichheit, Verschiedenheit und Variation orientiert.

Insgesamt wurde der Vermittlungsprozess Neuer Musik in dem hier vorgestellten Ansatz in lerntheoretischer Hinsicht systematisiert und in das Prinzip eines sequenziellen Musiklernens eingebunden. In diesem Zusammenhang wurde festgestellt, dass einer umfassenden Systematisierung aufgrund der bereits mehrfach beschriebenen Eigenschaften Neuer Musik Grenzen gesetzt sind. Trotz dieser Einschränkungen kann jedoch grundsätzlich gesagt werden, dass durch eine Systematisierung des Vermittlungsvorgangs das Wahrnehmen und Verstehen Neuer Musik deutlich verbessert.

In Kapitel 5 wurde der Vermittlungsansatz des Verfassers am Beispiel von „Sprachkompositionen" unter dem Aspekt der „Dekomposition" didaktisch konkretisiert. Dabei wurden die vermittelten Inhalte in das Prinzip eines sequenziellen Lernens eingebunden.

Ausgangspunkt dieser Arbeit war unter anderem die Überlegung, ob nicht eine grundsätzliche Orientierung der Schulmusik an der kulturellen Wirklichkeit der Gegenwart einen denkbaren Lösungsweg darstellen könnte, der aus der Krise und Orientierungslosigkeit der Schulmusik herausführen könnte. Entsprechende Untersuchungen in dieser Arbeit haben gezeigt, dass sich nicht nur die Neue Musik, sondern unsere gesamte Musikkultur, im Speziellen auch die jugendkulturelle Musik, als sehr heterogen präsentiert. Möchte die Schulmusik nicht nur in der Tradition behaftet bleiben oder sich an populären Themen ausrichten, muss diese kulturelle Qualität zum zentralen Bestandteil der Fachdidaktik werden. Vor diesem Hintergrund gibt es zur Neuen Musik als permanenter, jedoch nicht exklusiver Bestandteil des Musikunterrichts keine Alternative. Gleichzeitig kann der hier formulierte Vermittlungsansatz Neuer Musik, da er den Aspekt der Heterogenität ausdrücklich berücksichtigt, auf andere musikalische Bereiche mit dieser Eigenschaft übertragen werden.

In der Vielfalt musikalischer Kulturen und Teilkulturen gibt es für Schüler Bekanntes und Vertrautes, sowie Neues und damit Fremdes. In diesem Zusammenhang zeigen Unterrichtspraxis, Musikgeschichte und Rezeptionspsychologie, dass eine unvermittelte Begegnung mit dem Neuen mit Problemen behaftet sein kann. Deshalb erscheint eine vermittelte Annäherung sinnvoll. Dies ist jedoch, aktuellen Forschungsarbeiten zufolge (siehe Kapitel 2), nur über den Weg der Erfahrung, das heißt über entsprechende Lernprozesse und die damit verbundene Ausbildung rezeptiver und produktiver Kompetenzen möglich.

Somit steht eine zeitgemäße Schulmusik vor zwei großen Aufgaben. Die erste Aufgabe stellt in inhaltlicher Hinsicht die Auseinandersetzung mit der heterogenen Erscheinungsweise unserer gegenwärtigen Musikkultur dar. Die zweite damit verbundene Aufgabe liegt in der Ausbildung musikalischer Kompetenzen. Zu diesen Aufgaben möchte diese Arbeit einen Beitrag leisten.

Die Vermittlung Neuer Musik als unverzichtbarer Bestandteil unserer gegenwärtigen Musikkultur darf nicht alleine dem Musiklehrer überlassen werden, sondern bedarf der Mitwirkung aller am Kulturbetrieb Beteiligten. Ein erster und wichtiger Anfang wäre ein grundsätzlicher Perspektivenwechsel, der die Kultur der Gegenwart in das Zentrum der musikpädagogischen Betrachtung stellt, da diese wohl den Menschen am unmittelbarsten betrifft. Ein weiterer

Schritt läge darin, alle musikalischen Erscheinungsformen der Gegenwart, vorab jeglicher ästhetischer Wertung und Bewertung als gleichberechtigt anzuerkennen. Ein solches Bewusstsein scheint sich bereits anzudeuten (vgl. EHRENFORTH, in: NMZ 2/2002, 3)[1].

Ausgehend von diesen Voraussetzungen lägen die Aufgaben der Komponisten darin, auch für Schüler und Laien Kompositionen mit geringem technischen Schwierigkeitsgrad zu kreieren, ohne jedoch hinsichtlich ihres ästhetischen Anspruchs Konzessionen zu machen. Im Instrumentalunterricht sollten neben zeitgenössischem Musikrepertoire[2] einschließlich dessen Notationsformen, Klangexperimente, Improvisationen und Kompositionen zum festen Bestandteil werden. Zu gleicher Zeit sollten tradierte und festgefahrene Unterrichtsformen aufgebrochen und neue Methoden des Instrumentalunterrichts entwickelt werden.

Die größte Verantwortung kommt indes den Hochschulen zu, da sie die entscheidende Funktion eines Multiplikators übernehmen. Ihre Aufgabe läge unter anderem darin, in der Lehre die Musikkultur in ihrer Vielfalt zu repräsentieren. An diesen Instituten ist allerdings oft ein Zirkelschluss zwischen den inhaltlichen Zielsetzungen hochschuldidaktischer Curricula und dem tatsächlichen Ausbildungsstand der Lehrenden zu beobachten. Überdies ist dort ferner ein Ungleichgewicht zwischen Reproduktion und Produktion beobachtbar. Stockhausen schlägt in diesem Zusammenhang vor, an den Hochschulen *„Explorateure"* statt *„Konservateure"* auszubilden (STOCKHAUSEN 1998, 450).

Alle möglichen neuen Ideen und Ansätze zur Vermittlung Neuer Musik dürfen indessen nicht darüber hinwegtäuschen, dass eine grundlegende und auf ein Verstehen ausgerichtete Auseinandersetzung mit der Musik der Gegenwart, bzw. mit Musik überhaupt, nur in einem angemessenen zeitlichen Rahmen möglich ist. Eine Plattitüde, die auch Schülern gegenwärtig ist.

Um Musik zu erfahren, aus ihr zu lernen, braucht man jedenfalls Konzentration und Geduld (SCHÜLER, 17 Jahre).

---

[1] Ehrenforth bezieht sich in seinem Artikel auf die „Visionen" des Musikologen Brinkmann, der sich in diesem Zusammenhang u.a. für *„das Ende jeglichen Eurozentrismus als ideologisierten Umgehens mit anderen Kulturen"* ausspricht (vgl. NMZ 7/8, 2001, 3). Für Ehrenforth liegt in diesen Visionen nicht zuletzt auch ein musikpädagogischer Auftrag.
[2] In diesem Zusammenhang zeigen repräsentative Umfragen, dass in unserer Gesellschaft der *„Klassik-Purist als Auslaufmodell"* fungiert (vgl. KEUCHEL, in: NMZ 2, 2002, 15). Er wird von einer Generation abgelöst, die sich gleichzeitig vielerlei Musikstilen verbunden fühlt.

Abbildungsverzeichnis und Nachweise

Abbildung 0.1:	Vermittlungsmodell Neuer Musik (© WEBER)
Abbildung 1.1:	Kanizsa Dreieck, aus: JOHN P. FRISBY 1987, 132.
Abbildung 1.2:	Modell kognitiver Informationsverarbeitung, nach BRUHN 1993, 441.
Abbildung 1.3:	Wahrnehmungszyklus, nach NEISSER 1979, 27.
Abbildung 1.4:	Verschiedene Funktionen und Arbeitsweisen des Gedächtnisses, aus: MARKOWITSCH 1996, 55.
Abbildung 1.5:	Hypothetisches Schema der Gedächtnisorganisation beim Menschen, aus: THOMPSON 1990, 291.
Abbildung 1.6:	Zusammenhänge zwischen den physikalischen und den psychologischen Variablen bei der Wahrnehmung von Klangfarben, aus: DONALD E. HALL 1997, 115.
Abbildung 1.7:	Das Modell der Zeitwahrnehmung, aus: RÖTTER 1996b, 493.
Abbildung 1.8:	Shepards fünfdimensionales Modell der Repräsentation von Tonhöhe, dargestellt als spiralförmige Doppelhelix, SHEPARD 1982, aus: Deutsch 1982, 364.
Abbildung 1.9:	Die für die statistische Auswertung verwendete „mindmap" mit ihren unterschiedlichen Ebenen (A, M, U) und Zonen, aus BABLER 1994.
Abbildung 1.10:	Semantisches Differential (Polaritätsprofil) zur Erhebung und Darstellung begrifflich-semantischer Bedeutungen, aus: HOFSTÄTTER 1955.
Abbildung 1.11:	Die verschiedenen Instanzen des Vermittlungsweges
Abbildung 2.1:	Das Spiralcurriculum, nach BRUNER 1962, aus: Aebli 1976, 311
Abbildung 2.2:	Die verschiedenen Stationen des TOTE-Schemas, nach MILLER, GALANTER & PRIBRAM 1973, 34.
Abbildung 2.3:	Handlungsteuerung durch die Wahrnehmung, nach AEBLI 1993, 165f.

Abbildung 2.4:   Darstellung der Großhirnrinde, aus: THOMPSON 1990, 30.
Abbildung 2.5:   Die Entwicklung neuronaler Verbindungen während der ersten beiden Lebensjahre, aus: BIRBAUMER & SCHMIDT 1996, 576.
Abbildung 2.6:   Unterschiede in der Lateralisation zwischen Laien und professionellen Musikern, aus: GRUHN 1995, 209.
Abbildung 2.7:   Leistungsänderung der drei Lerngruppen im Langzeitvergleich, aus: GRUHN 1998, 123.
Abbildung 2.8:   Semantisches Netz des Klanges „Tritonus", aus: GRUHN 1998, 36.
Abbildung 2.9:   Verschiedene Notationsversuche des Liedes „Row, row, row your boat", aus: DAVIDSON & SCRIPP 1988, 213.
Abbildung 2.10:   Verschiedene Typen der Repräsentation rhythmischer Strukturen, aus: BAMBERGER 1982, 194.
Abbildung 2.11:   Typologie des Aufbaus mentaler Repräsentationsformen, aus: UPITIS 1987, 50.
Abbildung 2.12a-c: Aufstellung der Montessori-Glocken, nach BAMBERGER 1991, 177f.
Abbildung 2.13:   Spiralmodell der musikalischen Entwicklung von WANWICK/TILLMANN (1986), aus: Hargreaves/Zimmermann 1992, 380.
Abbildung 2.14:   Stepwise and Bridging Movement in Skill Learning Sequence, aus: GORDON 1997, 216.
Abbildung 2.15:   Die Abfolge und Verbindung der verschiedenen melodischen Inhalte, aus: GORDON 1997, 219.
Abbildung 2.16:   Die Abfolge und Verbindung der verschiedenen rhythmusbezogenen Inhalte, aus: GORDON 1997, 222.
Abbildung 3.2:   Das Systemmodell der Kreativität, nach CSIKZENTMIHALY 997, 46ff.
Abbildung 3.3:   Modell kreativen Denkens in Musik, aus: WEBSTER 1990, 23.
Abbildung 3.4:   Modelle und Varianten der Verhaltensweisen, aus: SIEVRITTS 1976, 23.

Abbildung 3.5:	Didaktische Theorien und Konzepte, aus denen Klüppelholz seinen Ansatz legitimiert.
Abbildung 3.6:	Vermittlungsmatrix.
Abbildung 3.7:	Musikalische Interaktionsfelder, aus: PAYNTER 1992, 24.
Abbildung 3.8:	Verschiedene, von Paynter vorgeschlagene Interaktionswege, aus: PAYNTER 1992, 24.
Abbildung 3.9:	Musikalisches Aktionsschema von Flusser.
Abbildung 4.1:	Das Vermittlungsmodell Neuer Musik (© B. Weber).
Abbildung 4.3:	Die stilistischen Hauptströmungen musikalischer Jugendkulturen in den 80er und 90er Jahren, aus: JERRENTRUP 1996, 23.
Abbildung 4.4:	Die Vernetzung heterogener Materialbereiche.
Abbildung 4.5:	Die Vernetzung heterogener Strukturprinzipien.
Abbildung 4.6:	Die verschiedenen miteinander vernetzten Inhaltsbereiche des Vermittlungsgegenstandes Neue Musik.
Abbildung 4.7:	Die Vermittlungsspirale Neuer Musik (© B. Weber; Grafik: © Udo Seiler).
Abbildung 4.8:	Verknüpfung von Unterscheidungslernen und Schlussfolgerndem Lernen (© B. WEBER).
Abbildung 4.9:	Die verschiedenen Lerntypen und –bereiche sowie Aneignungsformen der Vermittlungsstufe „PRODUKTION & REZEPTION".
Abbildung 4.10:	Die verschiedenen Lerntypen und –bereiche sowie Aneignungsformen der Vermittlungsstufe „SPRACHLICHE KODIERUNG".
Abbildung 4.11:	Die verschiedenen Lerntypen und –bereiche sowie Aneignungsformen der Vermittlungsstufe „SYMBOLISCHE KODIERUNG".
Abbildung 4.12:	Die verschiedenen Lerntypen und –bereiche sowie Aneignungsformen der Vermittlungsstufe „ÄSTHETISCHES VERSTEHEN".
Abbildung 4.13:	Die verschiedenen Lerntypen und –bereiche sowie Aneignungsformen im Überblick (© WEBER).

Abbildung 5.1:	Die Vermittlungssequenz „Sprachkompositionen" im Überblick.
Abbildung 5.2:	Aneignung und Anwendung des Sprachmaterials.
Abbildung 5.3:	Sprachliche Kodierung des Sprachmaterials.
Abbildung 5.4:	Symbolische Kodierung des Sprachmaterials.
Abbildung 5.5:	Ästhetisches Verstehen von Sprachkompositionen.

Noten:

Notenbeispiel 1.1:	Tatsächlichen Tonfolgen (Reiz) und von den Versuchteilnehmern subjektiv wahrgenommene Melodie, aus: DEUTSCH 1982, 102.
Notenbeispiel 1.2:	Tschaikowskys *Sechste Symphonie*, Finale, aus: DEUTSCH 1982, 104.
Notenbeispiel 1.3:	Luigi Nono, *Il canto sospeso*, T. 40-42, aus: DE LA MOTTE-HABER 1996, 101.
Notenbeispiel 1.4:	Steve Reich, *Violin Phase*, Takt 16, aus: DE LA MOTTE-HABER 1996, 103.
Notenbeispiel 1.5:	Von ERICKSON (1974) erstelltes „Artefakt", zur Untersuchung der Wahrnehmung von Klangkomplexen, aus: DEUTSCH 1982, 528.
Notenbeispiel 1.6:	Grundreihe Bläserquartett op. 26 von A. Schönberg.
Notenbeispiel 1.7:	Grundreihe Streichquartett Nr. 4, op. 34 von A. Schönberg.
Notenbeispiel 5.1	Klaus Hinrich Stahmer: *Die Landschaft in meiner Stimme* (Ausschnitt, S. 1).
Notenbeispiel 5.2	S. A. Sjukur: *Tetabeuhan Sungut*, die ersten Takteinheiten der „Exposition".

Zeitschriftensigel

MiU	Musik im Unterricht, Mainz
MuB	Musik und Bildung, Mainz
MuU	Musik und Unterricht, Velber/Oldershausen
NMZ	Neue Musikzeitung, Regensburg
NZ	Neue Zeitschrift für Musik, Mainz
ZfMP	Zeitschrift für Musikpädagogik, Regenburg

Literatur

Abele, Tamino (1991): Entwicklung des begrifflichen Verständnisses von Musik bei Kindern und Jugendlichen, Frankfurt/M.

Abel-Struth, Sigrid (1973): Aktualität und Geschichtsbewußtsein in der Musikpädagogik (Musikpädagogik 9), Mainz

Abel-Struth, Sigrid (1973): Die didaktische Kategorie des Neuen als Problem musikpädagogischen Forschungsbewußseins, in: ders.: Aktualität und Geschichtsbewußtsein in der Musikpädagogik (Musikpädagogik Forschung und Lehre, Bd. 9), Mainz, S. 101-113

Abel-Struth, Sigrid (1978): Ziele des Musiklernens, Teil I, Beitrag zur Entwicklung ihrer Theorie (Musikpädagogik 12), Mainz

Abel-Struth, Sigrid (1979): Ziele des Musiklernens, Teil II, Dokumentation (Musikpädagogik 13), Mainz

Abel-Struth, Sigrid (1985): Grundriß der Musikpädagogik (Forschung und Lehre, Bd. 5), Mainz

Abel-Struth, Sigrid/Groeben, Ulrich (1979): Musikalische Hörfähigkeiten des Kindes, Mainz

Abraham, Roger D.(1970): Rapping and Capping - Black Talk as Art, in: John Szewed (Hg.): Black America, New York

Adams, Stephen (1983): R. Murray Schafer (Canadian Composers 4), Toronto, University of Toronto

Adorno, Theodor W. (1963): Anweisungen zum Hören Neuer Musik, in: ders.: Der getreue Korrepetitor, Lehrschriften zur musikalischen Praxis, Frankfurt/M., S. 39-98

Adorno, Theodor W. (1963): Kritik des Musikanten (1956), in: ders. Dissonanzen, Göttingen, 3. Auflage, S. 62-101

Adorno, Theodor W. (1973): Thesen gegen die "musikpädagogische Musik" (1954), in: Junge Musik 54 (1953), S. 111ff; siehe auch: Walter Heise/Helmuth Hopf/Helmut Segler (Hg.): Quellentexte zur Musikpädagogik, Regensburg, S. 272-276

Adorno, Theodor W. (1980): Ästhetische Theorie, Frankfurt/M., 4. Auflage

Adorno, Theodor W. (1991): Philosophie der Neuen Musik, Frankfurt/M., 6. Auflage

Adorno, Theodor W.(1963): Zur Musikpädagogik (1957), in: ders. Dissonanzen, Göttingen, 3. Auflage, S. 102-119

Adorno, Theodor W: (1968) Schwierigkeiten II: In der Auffassung Neuer Musik (1966), in: ders. Impromtus, Frankfurt/M., S. 113-131

Aebli, Hans (1976): Grundformen des Lehrens, Stuttgart, 9. Auflage

Aebli, Hans (1994): Denken: das Ordnen des Tuns II, Denkprozesse, Stuttgart, 2. Auflage

Aebli, Hans: (1993): Denken: das Ordnen des Tuns I, Kognitive Aspekte einer Handlungstheorie, Stuttgart.2, Auflage

Aiello, Rita/Sloboda, John A. (Ed.) (1994): Musical Perceptions, New York, Oxford University Press

Allen, D. (1967): Octave Discrimination of Musical and Non-Musical Subjects, in: Psychonomic Science 7 1967, S. 421-422

Alt, Michael (1973): Didaktik der Musik, Orientierung am Kunstwerk, Düsseldorf, 3. Auflage

Altenmüller, Eckart (1986): Hirnelektrische Korrelate der cerebralen Musikverarbeitung beim Menschen, in: European Archives of Psychiatry and Neurological Sciences, Heidelberg, S. 342-354

Altenmüller, Eckart/Gruhn, Wilfried (1997) Musiklernen, Pädagogische Auswirkungen neurobiologischer Grundlagenforschung, in: J. Scheidegger; H. Eiholzer (Hg.): Persönlichkeitsentfaltung durch Musikerziehung (Wege, Musikpädagogische Schriftenreihe, Bd. 10), Aarau, S. 97-113

Altenmüller, Eckart: (1995): Artikel "Gehör", in: Musik in Geschichte und Gegenwart, Sachteil Bd. 3, Kassel, Sp. 1093-1104

Anz, Philipp/Meyer, Arnold (1995): Die Geschichte von Techno, in: Philipp Anz/Patrick Walder (Hg.): Techno, Zürich, S. 10-27

Anz, Philipp/Walder Patrick (Hg.) (1995): Techno, Zürich

Arendt, Hannah (1999): Vita activa oder vom tätigen Leben, München, 11. Auflage

Attneave, F./Olson, R.K.(1971): Pitch as a Medium, A New Approach to Psychophysical Scaling, in: American Journal of Psychology 84, 1971, S. 147-166

Baacke, Dieter (1998) Die Welt der Musik und die Jugend, in: ders. (Hg.): Handbuch Jugend und Musik, Opladen, S. 9-28

Baacke, Dieter (Hg.) (1997): Handbuch Jugend und Musik, Opladen

Baacke, Dieter et al. (Hg.)(1985): Am Ende - postmoderne?, Next Wave in der Pädagogik, München

Baacke, Dieter/Ferchoff, Wilfried (1993) Jugend und Kultur, in: Heinz-Hermann Krüger (Hg.): Handbuch der Jugendforschung, Opladen, 2. Auflage

Baacke, Dieter: (1998): Punk und Pop, Die siebziger und achtiger Jahre, in: ders. (Hg.): Handbuch Jugend und Musik, Opladen, S. 253-274

Babler, Roman (1994): Sprachliche Repräsentation komplexer Musik bei Schülern, in: H. Gembris, R. D. Kraemer, G. Maas (Hg.): Musikpädagogische Forschungsberichte 1993, Augsburg, S. 371-403

Bachmann, Klaus Henning (1991) Ins Offene, Der Impuls zur Freiheit bei Mathias Spahlinger, in: Musiktexte 39, 1991, S. 22

Bähr, J./Schütz, V. (Hg.) (1997): Musikunterricht heute 2, Oldershausen

Bamberger, Jeanne (1982): Revisiting Children's Drawings of Simple Rhythms, in: Strauss (Ed.): U-Shaped Behavioral Growth, New York, Academic Press, S. 191-225

Bamberger, Jeanne (1991) The Mind Behind the Musical Ear, How Children Develop Musical Intelligence, Cambridge MA, Harvard University Press

Bamberger, Jeanne (1994) Comming to Hear in a New Way, in: Rita Aiello/John Sloboda (Ed.): Music Perceptions, Oxford, University Press

Bamberger, Jeanne (1995): Hören auf eine neue Art, in: MuU 31, 1995, S. 16-23

Barlett, J.C./Dowling, W.J. (1980): Recognition of Transposed Melodies: A Key-Distance Effect in Developemental Perspective, in: Journal of Experimental Psychology 6, 1980, S. 501-515

Barrett, Margaret (1997): Invented Notations: A View of Young Children's Musical Thinking, in: Research Studies in Music Education 8, 1997, S. 2-14

Barrett, Margaret (1999) Accessing the child's view, A study of a five-year-old's descriptions and explanations of invented notations, in: Child and Music: Developmental Perspectives, IMERS Conference, Launceston Tasmania, S. 71-78

Barthelmes, Jürgen (1997): Medien in Familie und Peer-Group, in: Dialog, Information Ehe und Familie, München

Bäßler, Hans (1985): Neue Musik selbst gemacht, in: MuB 1, 1985, S. 4-7
Bastian, Hans Günther (1980): Die Musikalisierung der Sprache in der Neuen Musik als didaktisches Problem, in: ZfMP 12, 1980, S. 199-203
Bastian, Hans Günther (1980): Neue Musik im Schülerurteil, Eine empirische Untersuchung zum Einfluß von Musikunterricht, Mainz
Bastian, Hans Günther (1981): Zusammenhänge zwischen Einstellungen zum Musikunterricht und Urteilen über neue Musik, Ergebnisse einer empirischen Untersuchung, in: Karl Heinrich Ehrenforth (Hg.): Musikerziehung als Herausforderung der Gegenwart (Kongressbericht), Mainz
Bastian, Hans Günther (1985) Jugend und Neue Musik - Synopse und Interpretation von Ergebnisssen empirischer Rezeptionsforschung, in: Günter Kleinen/Werner Klüppelholz/Wulf Dieter Lugert (Hg.): Musikunterricht (Bd. 5), Düsseldorf, S. 37-45
Bastian, Hans Günther (1985) Über die Schwierigkeit Neue Musik zu hören, in: Herbert Bruhn/Rolf Oerter/Helmut Rösing (Hg.): Musikpsychologie, Ein Handbuch in Schlüsselbegriffen, München, S. 406-411,
Bastian, Hans Günther (1985): Musik im Fernsehen, Funktion und Wirkung bei Kindern und Jugendlichen, Wilhelmshaven
Bastian, Hans Günther (1985): Zeitgenössische Musik, in: Herbert Bruhn/Rolf Oerter/Helmut Rösing (Hg.): Musikpsychologie, Ein Handbuch in Schlüsselbegriffen, München, S. 406-412
Bastian, Hans Günther (2000): Musik(erziehung) und ihre Wirkung, Mainz
Bastian, Hans Günther (2001): Kinder optimal fördern - mit Musik, Mainz
Batel, Günter (1976): Komponenten musikalischen Erlebens, Eine Experimentelle Untersuchung, Kassel
Beck, Karin (1993): Rhythmus und Timing, in: Herbert Bruhn/Rolf Oerter/Helmut Rösing (Hg.): Musikpschologie, Ein Handbuch, Reinbeck bei Hamburg, S. 459-465
Beck, Wolfgang/Fröhlich, Werner D. (1992): Musik machen - Musik verstehen, Mainz
Becker, Peter (1981): Das Neue in der Musik, Aspekte und Materialien zu einer Unterrichtsreihe in der Sekundarstufe II, in: MuB 8, 1981, S. 4-17

Bedford, David (1967): Zwei Klangstücke, Whitefield Music 1 und 2 für Spielmusikgruppen (rote reihe), Wien

Bedford, David (1971): Ein spannendes Neues Spiel für Spielmusikgruppen (rote reihe), Wien

Behne, Ernst-Klaus (1976): Zur Struktur und Veränderbarkeit musikalischer Präferenzen, in: ZfMP 2, 1976, S. 129-146

Behne, Ernst-Klaus (1982): Musik - Kommunikation oder Geste, in: ders. (Hg.): Gefühl als Erlebnis - Ausdruck als Sinn, Laaber, S.125-143

Behne, Ernst-Klaus (1986): Hörertypologien, Zur Psychologie des jugendlichen Musikgeschmacks, Regensburg

Behne, Ernst-Klaus (1991): Funktionen von Musik - Bewußtsein von Musik, in: Universitas 46, 1991, S. 280-290

Behne, Ernst-Klaus (1994): Wirkungen von Musik, in: Siegmund Helms/Reinhard Schneider/Rudolf Weber (Hg.): Neues Lexikon der Musikpädagogik (Sachteil), Kassel, S. 302f

Behne, Klaus-Ernst (1987): Urteile und Vorurteile: Die Alltagstheorien jugendlicher Hörer in: Helga de la Motte-Haber (Hg.): Psychologische Grundlagen des Musiklernens (Handbuch der Musikpädagogik, Bd. 4), Kassel

Behrend, Joachim Ernst (1983): Nada-Brahma, Die Welt ist Klang, Frankfurt/M.

Behrend, Joachim Ernst: Nada Brahma, Die Welt ist Klang, Eine Soirée über das Hören, Manuskript zur gleichnamigen Rundfunksendung, Südwestfunk Baden-Baden

Békésy, G.v. (1960): Experiments in Hearing, New York

Bekker, Paul (1919): Neue Musik, in: ders. Neue Musik (Gesammelte Schriften 3), S. 85-118

Bekker, Paul (1923): Neue Musik, Stuttgart

Benjamin, Walter (1963): Das Kunstwerk im Zeitalter seiner technischen Reproduzierbarkeit, Frankfurt/M.

Bentley, Arnold (1968): Musikalische Begabung bei Kindern und ihre Messbarkeit, in: Richard Jakoby, (Hg.): Schriftenreihe zur Musikpädagogik (Bd. 1), Frankfurt/M.

Bharucha, Jamshed J. (1987): Music Cognition and Perceptual Facilitation, A Connectionist Framework, in: Music Perception 5, 1987, S. 1-30

Bierwisch, Manfred (1990): Gestische Form als Bedeutung musikalischer Zeichen, in: Karbusicky, Vladimir: Sinn und Bedeutung in der Musik, Darmstadt, S. 161-178

Birbaumer, Niels/Schmidt, Robert F. (1990): Biologische Psychologie, Berlin

Bismarck, G. von (1974): Sharpness as an Attribute of the Timbre of Steady Sounds, in: Acustica 30, 1974, S. 159-172

Blasl, Franz (Hg.) (1974): Experimente im Musikunterricht (rote reihe), Wien

Bluestine, Eric (1995): The Ways children learn music, An introduction and practical guide to learn music theory, Chicago

Blumröder, Christoph von (1980): Neue Musik, in: H.H. Eggebrecht (Hg.): Handwörterbuch der musikalischen Terminologie, Stuttgart, S. 1-13

Boardman, E./Andress, B (1981): The music book, Teacher's reference book, New York

Boden, Margret (1992): Die Flügel des Geistes, Kreativität und Künstliche Intelligenz, München

Böhrs, P./Schütz, V. (Hg.) (1999): Musikunterricht heute 3, Oldershausen

Bondy, F./Kuhn, I. (Hg.) (1985): Eugéne Ionesco (Werke 6), München

Braitenberg, Valentin/A. Schütz (1992): Cortex: hohe Ordnung oder größtmögliches Durcheinander, in: Gehirn und Kognition (Spektrum der Wissenschaft), Heidelberg, S. 182-194

Braun, Jürgen (1992): Musik aus dem Bierglas, Erfahrungen mit Flammers "Glasperlenspiel", in: MuU 16, 1992, S. 51-56

Bregman, Albert S./Pinker, Steven (1978): Auditory streaming and the building of timbre, in: Canadian Journal of Psychology 32, 1978, S. 20-31

Bregmann, A. S./Campbell, J. (1971): Primary auditory stream segregation and perception of order in rapid sequences of tones, in: Journal of Experimental Psychology 89, 1971, S. 244-249

Brömse, Peter./Kötter, Eberhard (1971): Zur Musikrezeption Jugendlicher, Mainz

Bruhn, Herbert (1993): Tonpsychologie - Gehörpsychologie - Musikpsychologie, in: Herbert Bruhn/Rolf Oerter/Helmut Rösing (Hg.): Musikpsychologie, Ein Handbuch, Reinbeck bei Hamburg, S. 339-451

Bruhn, Herbert/Oerter, Rolf/Rösing, Helmut (Hg.) (1985) Musikpsychologie, Ein Handbuch mit Schlüsselbegriffen, München

Bruner, Cheryl L. (1984): The Perception of Contemporary Pitch Structures, in: Music Perception 2, 1984, S. 25-39

Bruner, Jerome S. (1970): Der Prozeß der Erziehung, Düsseldorf

Bruner, Jerome S. (1971): Über kognitive Entwicklung, in: Jerome S. Bruner/Rose R. Olver/Patricia M. Greenfield (Hg.): Studien zu kognitiven Entwicklung, Stuttgart

Bruner, Jerome S. (1973) Der Akt der Entdeckung, in: H. Neber (Hg.): Entdeckendes Lernen, Weinheim

Bruner, Jerome S: (1971): Entwurf einer Unterrichtstheorie, Düsseldorf

Bruner, S.J./Olver R./Greenfield, P.M. (1971) Studien zur kognitiven Entwicklung, Stuttgart

Butler, David (1979): Melodic channeling in a musical enviroment, Research Symposium on the Psychology and Accoustics of Music, Kansas

Calvin, William H. (2000) Die Sprache des Gehirns, Wie in unserem Bewußtsein Gedanken entstehen, München

Castellano, M.A./Bharucha, J.J./Krumhansl, C.L. (1984): Tonal hierarchies in the music of North India, in: Journal of Experimental Psychology 10, 1984, S. 394-412

Chomsky, Noam (1970): Aspekte der Syntaxtheorie, Frankfurt/M.

Chomsky, Noam: (1980): Regeln und Repräsentationen (engl. Rules and Representations), Frankfurt

Christenson, Erik (1996): The Musical Timespace: A Theory of Listening, Aalborg Universit Press, Denmark

Clark, M./Milner, P. (1964): Dependence of Timbre on the tonal Loudness Produces by Musical Instruments, in: Journal of Acoustical Society Of Amerika 12, 1964, S. 28-31

Clynes, Manfred (Ed.) (1982): Music, Mind and Brain, New York

Clynes, Manfred: (1980): The Communication of Emotion-Theory of Sentics, in: R. Plutchik/H.Kellerman (Hg.): Emotion.Theory, Research and Experience (Vol.1), New York, S. 271-301

Colwell, Richard (Ed.) (1992): Handbook of Research on Music Teaching and Learning, New York

Cone, E.T. (1972): Stravinsky: The progress of a method, in: B. Boret/E. T. Cone (Ed.): Perspectives on Schoenberg and Stravinsky, New York

Cook, Nicholas (1992): Music, Imagination and Culture, Oxford

Creelman, C.D. (1962): Human Discrimination of Auditory Duration, in: Journal of the Acoustical Society of America 34, 1962), S. 582-593

Csikszentmihaly, Mihaly: (1997) Kreativität, Wie Sie das Unmögliche schaffen und Ihre Grenzen überwinden, Stuttgart

Cummins, Robert: (1989): Meaning and Mental Representation, MIT Press, Cambridge MA.

Dahlhaus, Carl (1969): Über das Analysieren Neuer Musik, in: Egon Kraus (Hg.): Fortschritt und Rückbildung in der deutschen Musikerziehung (6. Bundesmusikschulwoche 1965) Mainz

Dahlhaus, Carl (1988): Das musikalische Kunstwerk, Laaber

Dahlhaus, Carl/De la Motte-Haber, Helga (1997): Systematische Musikwissenschaft (Neues Handbuch der Musikwissenschaft, Bd. 10), Laaber

Dannenbring, Gary L./Bregmann, Albert S. (1978): Streaming vs fusion of sinusodial components of complex tones, in: Perception & Psychophysics 24 (1978), S. 369-376

Danuser, Hermann (1997): Artikel: Neue Musik, in: Die Musik in Geschichte und Gegenwart, Kassel, 2. Auflage, Spalte 76-122

Danuser, Hermann (1997): Musikalische Interpretation (Einleitung), in: Carl Dahlhaus (Hg., fortgeführt von H. Danuser): Neues Handbuch der Musikwissenschaft (Bd. 11), Laaber, S.1-10

Danuser, Hermann/Kämper, Dietrich/Terse, Paul (1987): Amerikanische Musik seit Charles Ives, Laaber

Danuser, Hermann/Mauser, Siegfried (Hg.) (1994): Neue Musik und Interpretation (Veröffentlichungen des Instituts für Neue Musik und Musikerziehung, Bd. 35), Mainz

Danuser, Herrmann (Hg.) (1996): Die Musik des 20. Jahrhunderts (Neues Handbuch der Musikwissenschaft, Bd. 7) Laaber

Davidson, L./Scripp, L. (1988): Young Children's Musical Representation: Windows on Music Cognition, in: John Sloboda (Ed.): Generative Processes in Music, University Press, Oxford, S. 195-230

De la Motte, Diether (1987): Musik bewegt sich im Raum, 16 Konzepte für Laien-Professionals aus Musik, Sprache, Sprachmusik und Bewegung, Celle

De la Motte, Diether (1990) Musik ist im Spiel, 2. Auflage, Kassel

De la Motte, Diether (1996): Wege zum Komponieren, Ermutigung und Hilfestellung, 3. Auflage, Kassel

De la Motte, Diether (Hg.) (1988): Neue Musik - Quo vadis?, 17 Perspektiven, Mainz

De la Motte-Haber, Helga (1968): Ein Beitrag zur Klassifikation musikalischer Rhythmen - Experimentalpsychologische Untersuchungen, Köln

De la Motte-Haber, Helga (1972): Musikpsychologie, Eine Einführung, Köln

De la Motte-Haber, Helga (1981): Verständnisschwierigkeiten mit Neuer Musik, in: ZfMP 15, 1981, S. 166-172

De la Motte-Haber, Helga (1982): Musikalische Hermeneutik und empirische Forschung, in: Carl Dahlhaus (Hg.): Neues Handbuch der Musikwissenschaft, Wiesbaden, S. 171-244

De la Motte-Haber, Helga (1987): Psychologische Grundlagen des Musiklernens (Handbuch der Musikpädagogik, hg. von H. Chr. Schmidt), Kassel

De la Motte-Haber, Helga (1990): Neue Musik und Tradition, Laaber

De la Motte-Haber, Helga (1995): Der Hörer als Interpret (Schriften zur Musikpsychologie und Musikästhetik 7), Frankfurt/M.

De la Motte-Haber, Helga (1996): Handbuch der Musikpsychologie, 2. Auflage, Laaber

De la Motte-Haber, Helga (Hg.) (2000): Geschichte der Musik im 20. Jahrhundert 1975-2000 (Handbuch der Musik im 20. Jahrhundert, Bd. 4), Laaber

De la Motte-Haber, Helga: (1997): Musikalische Hermeneutik und empirische Forschung, in: Carl Dahlhaus (Hg., fortgeführt von Hermann Danuser): Neues Handbuch der Musikwissenschaft, Laaber, S. 171-243

Deliège, Irene: (1987): Grouping Conditions in Listening to Music: An Approach to Lerdahl & Jackendoff's Grouping Reference Rules, in: Music Perception 4, 1987, S. 325-360

Deliège, Irene: (1989): A perceptual approach to contemporary musical forms, in: Contemporary Music Review Vol.4, 1989, S. 213-230

Dennis, Brian (1972): Experimental Music in Schools (Book and Supplement Materials), London

Dennis, Brian (1975): Projects in sound (rote reihe), Wien

Deutsch, D./Feroe, J. (1981): The internal representation of pitch sequences in tonal music, in: Psychological Review 88 (1981), S. 503-522

Deutsch, Diana (1972): Octave Generalisation and the Tune Recognition, in: Perception & Psychophysics 11, 1972, S. 411-412

Deutsch, Diana (1975): Two-channel listening to music scales, in: Journal of the Acoustical Society of Amerika 57, 1975, S. 1156-1160

Deutsch, Diana (Ed.) (1982): The Psychology of Music, New York

Deutsche Shell (Hg., Gesamtkonzeption u. Koordination: Arthur Fischer) (2000): Jugend 2000 (13. Shell Jugendstudie, Bd. 1 u. 2), Opladen

Dewey, J./Kilpatrick, W.H. (1935): Der Projektplan - Grundlegung und Praxis (hg. von Peter Petersen), Böhlau

Dibben, Nicola (1994): Cognitive Reality of Hierarchie Structure in Tonal and Atonal Music, in: Music Perception 12, 1994, S. 1-25

Dibelius, Ulrich (1972): Moderne Musik II 1945-1965, Voraussetzungen Verlauf Material, 2. Auflage, München

Dibelius, Ulrich: (1989): Moderne Musik 1965 –1985, 2. Auflage, München

Ditter-Stolz, Edeltrud (1999): Zeitgenössische Musik nach 1945 im Musikunterricht der Sekundarstufe I (Diss.), Frankfurt/M.

Ditzig-Engelhardt, Ursula (1987): Lerntheorien und ihr Einfluß auf die Musikpädagogik, in: Helga de la Motte-Haber (Hg.): Psychologische Grundlagen des Musiklernens (Handbuch der Musikpädagogik, Bd. 4, hg. von Hans-Christian Schmidt), Kassel, S. 383-430

Dollase, Rainer (1997): Musikpäferenzen und Musikgeschmack Jugendlicher, in: Dieter Baacke (Hg.): Handbuch Jugend und Musik, Opladen, S. 341-368

Dowling, W.J. (1971): Recognition of Inversions of Melodies and Melodie Contours, in: Perception & Psychophysics 9, 1971, S. 348-349

Dowling, W.J. (1972): Recognition of Melodic Transfromations: Inversion, Retrograde, and Retrograde Inversion, in: Perception of Psychophysics 12, 1972, S. 417-421

Dowling, W.J./Barlett, J.C. (1981): The Importance of Interval Information in Long-Term Memory for Melodies, in: Psychomusicology 1, 1981, S. 30-49

Drodowski, Günther (1989): Etymologie, Herkunftswörterbuch der deutschen Sprache (Bd. 7) Mannheim

Eastlund-Gromko, Joyce/Poorman,A . (1998): Developemantal Trends and Relationships in Children's Aural Perception and Symbol Use, in: Journal of Research in Music Education 46, 1998, S. 16-23

Eckardt, Reiner (1995): Improvisation in der Musikdidaktik, Eine histographische und systematische Untersuchung (Forum Musikpädagogik, Bd. 16), Augsburg

Eckart-Bäcker, Ursula (Hg.) (1996): Musik-Lernen, Theorie und Praxis, Studien zur Theorie der Musikpädagogik (Musikpädagogische Forschung und Lehre), Mainz

Edelmann, Gerald M. (1993): Unser Gehirn - ein dynamisches System, München

Edelmann, Walter (1994): Lernpsychologie, 4. Auflage, Weinheim

Eggebrecht, Hans Heinrich (1972): Wissenschaftsorientierte Schulmusik, in: MuB 1, 1972, S. 29-31

Eggebrecht, Hans Heinrich (1985): Komponieren heute, Zur Ästhetik und Rezeption der Neuen Musik, in: NZfM 1, 1985, S. 4f

Eggebrecht, Hans Heinrich (1998): Sinn und Gehalt, Aufsätze zur musikalischen Analyse, 2. Auflage, Wilhelmshaven

Ehrenfels, Christian (1890): Ueber "Gestaltqualitäten", in: Vierteljahresschrift für wissenschaftliche Philosophie, Vierzehnter Jahrgang. Leipzig, S. 249-292

Ehrenforth, Karl Heinrich (1971): Die hermeneutischen Grundlagen einer Lehre von der didaktischen Interpretation der Musik (Diss.), Frankfurt/M.

Ehrenforth, Karl Heinrich (2002): Den musikerzieherischen Auftrag wahrnehmen, Karl Heinrich Ehrenforth zu Reinhold Brinkmanns Visionen einer neuen Musikwissenschaft, in: NMZ 2, 2002, S.4

Elbert, Thomas/Chr. Pantev, Chr./Wienbruch et al. (1995): Increased Cortical Representation of Fingers of the Left Hand in String Players, in: Science 270, 1995, S. 305-307

Elliott, David (1995): Music matters, A new philosophy of music education, New York

Ellis, Andrew W./Young Andrew W. (1991): Einführung in die kognitive Neuropsychologie, Bern

Erickson, Robert (1974) LOOPS, An informal timbre experiment (Center of music experiment, University of California), San Diego

Erickson, Robert (1975): Sound structure in music, California Press, Berkely

Erickson, Robert (1982): New Music and Psychology, in: Diana Deutsch (Ed.): The Psychology of Music, San Diego, Academic Press, S. 517-536

Falk, Susanne (1992): Kognitive Aktivierungsprozesse bei der Wahrnehmung von Musik (Staatsexamensarbeit, unveröffentlicht), Freiburg

Febel, Reinhard (1993): Nähe und Ferne, Die Zeitgenössische Musik und die große weite Welt, in: NZfM 2, 1993, S. 4-7

Fender, Reinhard/Rauhe Hermann (1989): Popmusik - Geschichte, Funktion, Wirkung und Ästhetik, Darmstadt

Ferchoff, Wilfried/Sander, Uwe/Vollbrecht, Ralf (Hg.) (1995): Jugendkulturen - Faszination und Ambivalenz, Einblicke in Jugendliche Lebenswelten, Weinheim

Finkes, Gertrud (1980): Improvisation als Einführung in die zeitgenössische Musik, in: ZfMP 12, 1980, S. 192ff

Flade, A.: (1980): Wahrnehmung, in: R. Asanger/G. Wenger (Hg.): Handwörterbuch der Psychologie, Weinheim, S. 833-838

Flusser, Victor (1992): Neue Musik - Erfahrungen mit Kindern, in: MuU 16, 1992, S. 11-14

Flusser, Victor: Une approche de la composition avec les enfants (tome 1), unveröffentlichtes Manuskript

Flusser, Victor: Une approche de la composotion avec les enfants (tome 2, Materialien), unveröffentlichtes Manuskript

Fraisse, P. (1978): Time and Rhythm Perception, in: E. C. Carterette/M. P. Freedman (Hg.): Handbook of Perception (Bd. VIII), New York

Friedemann, Lilli (1969): Kollektivimprovisationen als Studium und Gestaltung Neuer Musik (rote reihe), Wien

Friedemann, Lilli (1971): Kinder spielen mit Klängen und Tönen, Wolfenbüttel

Friedemann, Lilli (1973): Einstieg in neue Klangbereiche durch Gruppenimprovisation (rote reihe), Wien

Friedemann, Lilli (1974): Gemeinsame Improvisation auf Instrumenten, 2. Auflage, Kassel

Frisby, John (1987): Optische Täuschungen, Augsburg

Frisius, Rudolf u.a.(1972): Sequenzen, Musik Sekundarstufe I, Stuttgart 1972

Frisius, Rudolf (1973): Musik als auditive Wahrnehmungserziehung – Fachwissenschaftliche Grundlagen, in: MuB 1, 1973, S. 9f

Frisius, Rudolf (1973): Notation im Musikunterricht, in: Forschung in der Musikerziehung, Mainz, Heft 9/10, S. 18ff

Frisius, Rudolf (1978): Neue Musik für Kinder - ein Problem der Animation?, Anmerkungen zu den Arbeiten J.A. Riedls, in: MuB 9, 1978, S. 565-570

Frisius, Rudolf (1980): Notation und Komposition, Kommentarband und Materialien für die Sekundarstufe 1, Stuttgart

Frisius, Rudolf (1981): Komposition – ein Thema für den allgemeinen Musikunterricht? Kompositionsprinzipien – Möglichkeiten ihrer pädagogischen Elementarisierung, Schüler – Komposition als Aufarbeitung von Umwelterfahrung, in: Behne, K. E. (Hg.): Musikpädagogische Forschung, Musikalische Sozialisation, Bd. 2, Laaber, S. 195ff

Frisius, Rudolf (1982): Schüler Komponieren mit Beethofen – Musik, in: MuB 3, 1982, S. 162ff

Frisius, Rudolf (1981): Komposition - ein Thema für den allgemeinen Musikunterricht, in: Klaus-Ernst Behne (Hg.): Musikalische Sozialisation (Musikpädagogische Forschung, Bd. 2), S. 195-205

Frisius, Rudolf (1981): Musik und Sprache, Neue musikpädagogische Ansätze - Von der Vokalmusik zum Hörspiel, in: ZfMP 15, 1981, S. 157-165

Fritsch, Johannes (Hg) (1998): Alternativen (Veröffentlichungen des Instituts für Neue Musik und Musikerziehung Darmstadt, Bd. 38), Mainz

Fuchs, Mechthild (1995): Rap und HipHop, Zum Umgang mit Medienvermittelten Erfahrungen, in: MuU 28, 1995, S. 25-30

Fuchs, Mechthild (2001): Methodische Aspekte des Klassenmusizierens in der Sekundarstufe I, in: R.-D. Krämer und W. Rüdiger (Hg.): Ensemblespiel und Klassenmusizieren in Schule und Musikschule, Ein Handbuch für die Praxis, Augsburg, S. 95-130

Fuchs, Mechthild/Geck, Martin (1997): Das Prinzip Rondo, in: J. Bähr/V. Schütz: Musikunterricht heute 2, Oldershausen

Funk-Hennings, Erika (1978): Neue Musik für Kinder - Erwartungen der Musikpädagogik an den avantgardistischen Komponisten heute?, in: MuB 9, 1978, S. 579-583

Furth, Hans G. (1973: Piaget für Lehrer, Düsseldorf
Gadamer, H.G. (1960): Wahrheit und Methode, Tübingen
Gagné, Robert M. (1969): Die Bedingungen des menschlichen Lernens, Hannover, 2. Auflage
Gardner, Howard (1993): Der ungeschulte Kopf, Stuttgart
Gehirn und Nervensystem (1988): Spektrum der Wissenschaft, Heidelberg
Gembris, Heiner (1987): Musikalische Fähigkeiten und ihre Entwicklung, in: Helga de la Motte-Haber (Hg.): Psychologische Grundlagen des Musiklernens (Handbuch der Musikpädagogik, Bd. 4, hg. von H. Chr. Schmidt), Kassel, S. 116-185
Gembris, Heiner (1995): Entwicklungspsychologie musikalischer Fähigkeiten, in: Siegmund Helms/Reinhard Schneider/Rudolf Weber (Hg.): Kompendium der Musikpädagogik, Kassel, S. 281-332
Gieseler, Walter (1972): Über die Schwierigkeit, Neue Musik zu hören, in: Musica 26, 1972), S. 135-138
Gieseler, Walter (1973): Grundriß der Musikdidaktik, Ratingen
Gieseler, Walter (1975): Kompositionen im 20. Jahrhundert, Details – Zusammenhänge, Celle
Gieseler, Walter (1978): Neue Musik, in: ders.: Kritische Stichwörter zum Musikunterricht, München
Gieseler, Walter (1986) Neue Musik und Publikum, in: ZfMP 33, 1986, S. 29-32
Gieseler, Walter (1986) Orientierung am musikalischen Kunstwerk oder: Musik als Ernstfall, Adornos Thesen gegen "musikpädagogische" Musik - eine Diskussion mit weitreichenden Folgen, in: H. Chr. Schmidt (Hg.): Geschichte der Musikpädagogik (Handbuch der Musikpädagogik, Bd. 1), Kassel, S. 174-214
Gieseler, Walter (1986): Curriculum-Revision und Musikunterricht, in: H. Chr. Schmidt (Hg.): Geschichte der Musikpädagogik (Handbuch der Musikpädagogik, Bd. 1), Kassel, S. 215-266
Goertz, Lutz/Seeger, Holger (1996): VIVA/MTV - Musikalische Vorlieben und Informationsquellen von Jugendlichen in Tonträgermärkten, in: Praxis Musikerziehung 4, 1996, S. 20-27
Gordon, Edwin E. (1965): Music aptitude profile, Chicago, GIA Publications

Gordon, Edwin E. (1979): Primary measures of music audiation: a music aptitude test for kindergarten and primary grade children, Chicago, GIA Publications

Gordon, Edwin E. (1981): Wie Kinder Klänge wahrnehmen, in: Klaus-Ernst Behne (Hg.): Musikalische Sozialisation (Musikpädagogische Forschung, Bd. 2), Regensburg

Gordon, Edwin E. (1982): Intermediate measures of music audiation: a music aptitude test for children, grades one trough four, Chicago, GIA Publications

Gordon, Edwin E. (1986): Musikalische Begabung, Beschaffenheit, Beschreibung, Messung und Bewertung, Mainz

Gordon, Edwin E. (1989): Advanced Measures of Music Audiation, Chicago, GIA Publications

Gordon, Edwin E. (1990): A Music Learning Theory for Newborn and Young Children, Chicago, Chicago Publications

Gordon, Edwin E. (1997): Learning Sequences in Music, Skill, content, and patterns, A music Learning Theory, Chicago, GIA Publications, 5. Auflage

Gordon, Edwin E. (1998) Introduction to research and the psychology of music, Chicago, GIA Publications

Gordon, Edwin E./Woods, David G. (1990): Jump right in. The music curriculum, Chicago, GIA Publications

Gradenwitz, Peter (1977): Musik zwischen Orient und Oxident - Eine Kulturgeschichte der Wechselbeziehungen, Wilhelmshaven

Grell, Jochen (1978): Techniken des Lehrerverhaltens, 8. Auflage, Weinheim

Grey, J. (1975): An exploration of musical timbre, in: Report No. Stan-M-2, Departement of Music, Stanford University

Gromko, Joyce Eastlund (1994): Children's Invented Notations as Measures of Musical Understanding, in: Psychology of Music 22, 1994), S. 136-147

Gromko, Joyce Eastlund (1995): Invented Iconographic and Verbal Representations of Musical Sound, in: The Quarterly Journal of Music Teaching and Learning 6, 1995, S. 32-43

Gruhn, Wilfried (1978): Musiksprache - Sprachmusik - Textvertonung, Frankfurt/M.

Gruhn, Wilfried (1978): Sprachcharakter der Musik, Materialien zu einer sprachtheoretisch orientierten Unterrichtssequenz, Düsseldorf.

Gruhn, Wilfried (1979): Neue Musik im Unterricht, in: MuB 9, 1979, S. 113-117

Gruhn, Wilfried (1980): Schule und Neue Musik (Teil 1 + Teil 2), Anmerkungen zur Funktion und didaktischen Legitimation, in: MuB 12, 1980, S. 170-173; S. 230-233

Gruhn, Wilfried (1989): Wahrnehmen und Verstehen, Wilhelmshaven

Gruhn, Wilfried (1989): Weisen des Hörens - Ebenen des Verstehens, in: MuB 21, 1989, S. 132-138

Gruhn, Wilfried (199): Musiklernen, Band 15, Der Aufbau musikalischer Repräsentation, in: Olias, Günter (Hg.): Musiklernen, Aneignung des Unbekannten (Musikpädagogische Forschung, Bd. 15), Essen

Gruhn, Wilfried (1990): Lerntheorie im Musikunterricht, in: MuB 6, 1990, S. 330-335

Gruhn, Wilfried (1993): Geschichte der Musikerziehung, Eine Kultur- und Sozialgeschichte vom Gesangunterricht der Aufklärungspädagogik zu ästhetisch kulturellen Bildung, Hofheim

Gruhn, Wilfried (1993): Strukturen musikalischer Wahrnehmung, in: Musik in der Schule 2, 1993, S. 75-89

Gruhn, Wilfried (1994): Der Aufbau musikalischer Repräsentationen, in: G. Olias (Hg.): Musiklernen, Aneignung des Unbekannten (Musikpädagogische Forschung, Bd. 15), Essen, S. 10-40

Gruhn, Wilfried (1994): Interpretation im Verstehensprozeß, in: Hermann Danuser/Siegfried Mauser: Neue Musik und Interpretation (Veröffentlichungen des Instituts für Neue Musik und Musikerziehung, Bd. 35) Mainz, S. 67-80

Gruhn, Wilfried (1995): Hören und Verstehen, in: Siegmund Helms/Reinhard Schneider/Rudolf Weber (Hg.): Kompendium der Musikpädagogik, Kassel, S. 196-222

Gruhn, Wilfried (1995): Schulmusik in der Krise, in: MuU 36, 1995, S. 34-37

Gruhn, Wilfried (1995): Wie Kinder Musik lernen, in: MuU 31, 1995, S.4-15

Gruhn, Wilfried (1996), Das Bild der Musik im Kopf, Musikverarbeitung in der Darstellung kortikaler Aktivierungspotentiale (zus. Mit E. Altenmüller), in: H. Gembris/R.-D. Kraemer/G. Maas (Hg.): Musikpädagogische Forschungsberichte 1995, Augsburg S. 11-40

Gruhn, Wilfried (1997): Erlebt-gespielt-gelesen, in: MuU 43, 1997, S. 4-11

Gruhn, Wilfried (1998): Der Musikverstand, Hildesheim.

Gruhn, Wilfried (1999): Wie denkt, hört und lernt der "ungeschulte Kopf", in: Diskussion Musikpädagogik 2, 1999, S. 60-74

Gruhn, Wilfried (1999): Wie entsteht musikalische Bildung? Von Chancen und Schwierigkeiten des Musikunterrichts heute, in: Musik & Ästhetik 12, 1999, S. 52-62

Gruhn, Wilfried (2000): Musikalische Lernstadien und Entwicklungsphasen beim Kleinkind, Langzeitstudie zum Aufbau musikalischer Repräsentationen bei Kindern bis zum 4. Lebensjahr, in: Gembris, Kraemer, Mars (Hg.): Macht Musik klüger (Musikpädagogische Forschungsberichte, Bd. 8), Augsburg, S. 137-172

Gruhn, Wilfried (2000): The Impact of Music Education on Brain Networks, Evidence from EEG-Studies (zusammen mit E. Altenmüller), in: International Journal for Music Education 35, 2000, S. 47-53

Gruhn, Wilfried (Hg.) (1981): Reflexionen über Musik heute, Texte und Analysen, Mainz

Gruhn, Wilfried/Richter, Christoph (1994): Was heißt Musik verstehen?, Ein Dialog zwischen Wilfried Gruhn und Christoph Richter, in: MuU 28, 1994, S. 12-20

Gudjons, Herbert (1994): Handlungsorientiert lehren und lernen, Schüleraktivität, Selbsttätigkeit, Projektarbeit, Bad Heilbrunn, 4. Auflage

Gundlach, Willi (1971): Neue Musik - neue Notation, in: Neue Wege im Unterricht, Bochum

Günther, Ulrich (1971): Zur Neukonzeption des Musikunterrichts, in: Forschung in der Musikerziehung 5-6, 1971, S. 12-22

Günther, Ulrich (1986): Die neomusische Phase der Musikerziehung in der Bundesrepublik Deutschland nach 1945, Gescheiterte Entnazifizierung und Umerziehung, verhinderte Schulreform, in: H. Chr. Schmidt (Hg.): Geschichte der Musikpädagogik (Handbuch der Musikpädagogik, Bd. 1), Kassel, S. 148-173

Günther, Ulrich (1986): Musikerziehung im Dritten Reich - Ursachen und Folgen, in: H. Chr. Schmidt (Hg.): Geschichte der Musikpädagogik (Handbuch der Musikpädagogik, Bd. 1), Kassel, S. 85-173

Haas, Hubert (1981): Neue Musik hören, Eine Hörerziehung mit neuer Musik in Theorie und Praxis (Notenbeispiele + Tonkassette), Rohrdorf

Hair, H. I. (1987): Vocabulary and Visual Choices, Children's Responses to Conceptual Chances in Music, in: Bulletin of the Council for Research in Music Education 91, 1987, S. 59-64

Hall, Donald E. (1997): Musikalische Akustik, Mainz

Hamel, Peter Michael (1976): Durch Musik zum Selbst, Wie man Musik neu Erleben und Erfahren kann, Bern, 2. Auflage

Hansen, Nils (1975): Kreativität im Musikunterricht (rote reihe), Universal Edition, Wien

Hargreaves, D.J. (1986): The Developemental Psychology of Music, Cambridge

Harrer, Gerhard (1993): Beziehung zwischen Musikwahrnehmung und Emotionen, in: Herbert Bruhn/Rolf Oerter/Helmut Rösing (Hg.): Musikpsychologie, Ein Handbuch, Rowohlt, Reinbeck bei Hamburg, S. 588-599

Hartmannn, Nicolai (1953): Ästhetik, Berlin

Häusler, Josef (1969): Musik im 20. Jahrhundert von Schönberg bis Penderecki, Bremen

Häusler, Josef (1996): Spiegel der Neuen Musik, Donaueschingen, Kassel

Häusler, Josef (Hg.) (1996): Helmut Lachenmann: Musik als existentielle Erfahrung, Schriften, 1966-1995, Breitkopf & Härtel, Wiesbaden

Hebb, Donald O. (1949): The Organisation of Behavior, Wiley, New York

Hebb, Donald O. (1975): Einführung in die moderne Psychologie, Weinheim, 8. Auflage

Heidegger, Martin (1962): Die Technik und die Kehre, Pfullingen

Heiss, Hermann (1962): Die elektronische Musik und der Hörer, in: Veröffentlichungen des Instituts für Musik und Musikerziehung, Band 3, S. 41-47, Berlin

Helmholtz, H.v. (1863): Die Lehre von den Tonempfindungen als physiologische Grundlage für die Theorie der Musik, Braunschweig

Helms, Siegmund/Schneider, Reinhard/Weber, Rudolf (199): 5.Kompendium der Musikpädagogik, Kassel.

Helmut, Hartwig (1980): Jugendkultur, Ästhetische Praxis in der Pupertät, Reinbeck bei Hamburg

Henke, Matthias (1992): Klaus Hinrich Stahmer, in: Hans Werner Heister/Walter-Wolfgang Sparrer (Hg.):Komponisten der Gegenwart, München

Henkel, Oliva/Wolf, Karsten (1995): Berlin Underground, Techno und Hiphop zwischen Mythos und Ausverkauf, Berlin

Hentig, Hartmut von (1969): Das Leben in der Aisthesis, Stuttgart

Hentig, Hartmut von (1985): Ergötzen, Belehren, Befreien, Schriften zur ästhetischen Erziehung, München

Henze, Hans Werner (1998): Komponieren in der Schule, Mainz

Hesse, H.-P. (1972): Die Wahrnehmung von Tonhöhe und Klangfarbe als Problem der Hörtheorie, Köln.

Hesse, H.-P. (1982): The Judgement of Music Intervals, in: M. Clynes (Hg.): Music, Mind and Brain, A Neuropsychology of Music, New York 1982, S. 217-225

Hesse, H.-P. (1985): Psychophysik, in: H. Bruhn/R. Oerter/H. Rösing (Hg.): Musikpsychologie, Ein Handbuch in Schlüsselbegriffen, München, S. 58-65

Hettlage, Robert (1992): Die Musik-"Szene", Über den Zusammenhang von Jugendlicher Musikkultur, Modernität und sozialer Inflation, in: W. Lipp: Gesellschaft und Musik, Wege zur Musiksoziologie, Berlin, S. 333-368

Hickey, Maud/Webster, Peter (2001): Creative Thinking in Music, in: Music Educator Journal 88, 2001, S.17-18

Hilgard, Ernest E./Bower, Gordon H. (1983/84): Theorien des Lernens, Bd. 1 und Bd. 2, In deutscher Sprache herausgegeben von Hans Aebli und Hans-Eberhard Zahn, Stuttgart, 3./5. Auflage

Hitchcock, Wiley H. (Ed.) (1988): Music in the United States, Prentice Hall, Englewood Cliffs, 3. Auflage

Hoch, Peter (1978): Die experimentelle Erfahrung als notwendiges Mittel einer Neuen Musik für Kinder, in: MuB 9, 1978, S. 556-565

Hofer, Manfred (1994): Die pädagogische Situation (Einführung), in: B. Weidenmann/ A. Krapp (Hg.): Pädagogische Psychologie, Weinheim, S. 97-104

Hofstätter, Peter R. (1966): Quantitative Methoden der Psychologie, München, 2. Auflage

Höhn, Eberhard (1979): Elektronische Musik, Klangfarben - Klangentwicklung - Klangspiele, München

Houben, Eva Maria (1996): Gelb, Neues Hören, Saarbrücken

Hufschmidt, Wolfgang (1981): Sprachkompositionen als musikalischer Prozeß (in memoriam Ernst Bloch), in: Wilfried Gruhn (Hg.): Reflexionen über Musik heute, Mainz, S. 204-232

Hulse, St.H./Takeuchi, A.H./Braaten, R.F. (1992): Perceptual Invariances in the Comporative Psychology of Music, in: Music Perception 10, 1992, S. 151-184

Hüppe, Eberhard (1968): Über das Höhlengleichnis, Zur Ästhetik Helmut Lachenmanns, in: Musiktexte 67, 1968, S. 67-68

Imberty Michael (1984): Die Bedeutung zeitlicher Strukturen für die musikalische Entwicklung, Band 5, in: Arbeitskreis Musikpädagogische Forschung, hg. durch G. Kleinen (Musikpädagogische Forschung, Bd. 5) Laaber, S. 106-128

Ingarden, Roman (1969): Erlebnis, Kunstwerk und Wert, Vorträge zur Ästhetik 1937-1967, Tübingen

Institut für Neue Musik und Musikerziehung Darmstadt (Hg.) (2001): Klang und Wahrnehmung, Komponist-Interpret-Hörer, Mainz

Intelligenz + Bewußtsein (1992): Geo-Wissen, Nr. 3, 24.8.1992, S. 122-129

Jakobik, Albert (1984): Fundamental-Analyse und Neuere Musik, in: ZfMP 26, 1984, S. 54-61

Jakop, Günther (1993): Agit-Pop, Schwarze Musik und weiße Hörer, Berlin

Jank, Werner/Meyer, Hilbert (1991): Didaktische Modelle, Frankfurt/M.

Janke, Klaus/Stefan Niehues (1995): Echt abgedreht, Die Jugend der 90er Jahre, Beck'sche Reihe 1091, München, 3. Auflage

Jans, Hans Jörg (1986): Die Musik des Zwanzigsten Jahrhunderts in der Pau-Sacher-Stiftung, Basel

Jauß, Hans R. (1984): Ästhetische Erfahrung und literarische Hermeneutik, Frankfurt/M., 4. Auflage

Jerrentrup, Ansgar (1996): Aktuelle musikstilistische Strömungen im Pop/Rock und ihr teilkulturelles Ambiente, in: Volker Schütz: Musikunterricht heute, Oldershausen, S. 21-35

Jerrentrup, Ansgar (1997): Popularmusik als Ausdrucksmedium Jugendlicher, in: Dieter Baacke (Hg.): Handbuch Jugend und Musik, Opladen, S. 59-92

Jerrentrup, Ansgar (1998): Randerscheinungen? Ja aber mit ästhetischer Power, in: Johannes Fritsch (Hg.): Alternativen (Veröffentlichungen des Instituts für Neue Musik und Musikerziehung) Darmstadt, S. 81-115

Jerrentrup, Ansgar (1999): Beobachtungen zu neueren Tendenzen in der Popmusik, in: P. Böhrs/V. Schütz: Musikunterricht heute (Bd. 3) Oldershausen, S. 131-159

Jochims, Wilfried (1994): Didaktische Interpretation, in: Siegmund Helms/Reinhard Schneider/Rudolf Weber (Hg.): Neues Lexikon der Musikpädagogik, Kassel, S.45-51

Joerger, Konrad (1976): Einführung in die Lernpsychologie, Freiburg

Jost, Ekkehard (1967): Akustische und psychometrische Untersuchungen von Schwingungsformen an Klarinettenklängen, Köln

Jost, Ekkehard (1990): Die Musik der achtziger Jahre, Veröffentlichungen des Instituts für Neue Musik und Musikerziehung Darmstadt, Bd. 31,Mainz

Kaiser, Hermann, J. (1992): Wahrnehmen, Erkennen, Aneignen, Musikpädagogische Forschung, Bd. 13, Die Blaue Eule, Essen

Kant, Immanuel (1998): Kritik der reinen Vernunft, Hamburg

Karbusicky, Vladimir (1969): Elektronische Musik und Hörer, in: MuB 1, 1969, S. 215-219

Karkoschka, Erhard (1966): Das Schriftbild der neuen Musik, Celle

Karkoschka, Erhard (1976): Analyse Neue Musik, Herrenberg

Keller, Manuela (1999): Eine Musikanalyse, in: Philipp Anz/Patrick Walder (Hg.): Techno, Reinbeck bei Hamburg, S. 167-179

Kempermann, G/Kuhn, H.G./Gage, F.H. (1997): More hippocampal neurons in adult mice living in an enriched inviroment, in: Nature 386, 1997, S. 493-495

Kesselring,Th. (1988): Jean Piaget, München

Kessler, E.J./Hansen, C./Shepard, R.N. (1984): Tonal Schemata in the Perception of Music in Bali and in the West, in: Music Perception 2, 1984, S. 131-165

Keuchel, Susanne (2002): Klassik Purist als Auslaufmodell, in: NMZ 2, 2002, S. 15

Klafki, Wolfgang (1962): Didaktische Analyse als Kern der Unterrichtsvorbereitung, in: Heinrich Roth/Alfred Blumenthal (Hg.): Didaktische Analyse, Hannover

Kleinen, Günter (1994): Die psychologische Wirklichkeit der Musik, Wahrnehmung und Deutung im Alltag, Perspektiven zu Musikpädagogik und Musikwissenschaft, Kassel

Klüppelholz, Werner (1978): Improvisation, Lilienthal/Bremen

Klüppelholz, Werner (1980): Zur didaktischen Rezeption der Neuen Musik, in: MuB 2, 1980, S. 323-327

Klüppelholz, Werner (1981): Modelle zur Didaktik der Neuen Musik, Wiesbaden

Klüppelholz, Werner (1982): Sprache als Musik, Studien zur Vokalkomposition bei Karlheinz Stockhausen, Hans G. Helms, Mauricio Kagel, Dieter Schnebel und György Ligeti

Klüppelholz, Werner (1985): Zur Musik der Gegenwart, in: Hans-Günther Bastian (Hg.): Umgang mit Musik (Musikpädagogische Forschung, Bd. 6) Laaber, S. 77-86

Klüppelholz, Werner (1986): Didaktische Funktionen der Neuen Musik, in: Hans-Cristian Schmidt (Hg.): Neue Musik und ihre Vermittlung (Veröffentlichungen des Institutes für neue Musik und Musikerziehung Darmstadt, Bd. 27), Mainz

Klüppelholz, Werner (Hg.) (1983): Musikalische Teilkulturen (Musikpädagogische Forschung, Bd. 4) Laaber

Kneif, Tibor (1982): Rockmusik, Handbuch zum kritischen Verständnis, Reinbeck bei Hamburg

Koffka, Kurt (1935): Principles of Gestaltpsychologie, New York

Köhler, Wolfgang (1923): Gestaltprobleme und Anfang einer Gestalttheorie, in: Jahresbericht über die gesamte Psychologie, Berlin

Kolb, Bryan/Whishaw, Ian Q. (1993): Neuropsychologie, Heidelberg

Kopiez, R. (1990): Der Einfluß kognitiver Strukturen auf das Erlernen eines Musikstücks am Instrument, in: Helga de la Motte-Haber (Hg.): Schriften zur Musikpsychologie und zur Musikästhetik,

Koppe, Franz (1983): Grundbegriffe der Ästhetik, Frankfurt/M.

Kostelanetz, Richard (Ed) (1997): Writings of Glass, Essays, Interviews, Criticism,University of California Press.Berkely, Los Angeles, London

Kraemer, Rudolf-Dieter (1975): Musik seit 1950 und ihr Niederschlag in der musikalischen Literatur (Diss.), Saarbrücken

Kraemer, Rudolf-Dieter/Rüdiger, Wolfgang (2001): Ensemblespiel und Klassenmusizieren in Schule und Musikschule, Ein Handbuch für die Praxis, Augsburg

Kraemer, Rudolf-Dieter/Schmidt-Brunner, Wolfgang (Hg.) (1983): Musikpsychologische Forschung und Musikunterricht, Eine kommentierte Bibliographie zu Forschungsbereichen musikpädagogischer Psychologie, Mainz

Kramer, Wilhelm (1997): Musik erfinden, in: Schneider, Helms, Weber (Hg.): Handbuch des Musikunterrichts, Kassel, S. 335-364

Kratus, John (1985): Rhythm, meloy, motive and phrase charakteristics of original songs by childen (Diss.), Northwestern University

Krekow, Sebastian/Steiner, Jens/Taupitz Mathias (1999): Hiphop-Lexikon, Berlin

Kristofferson, A.B. (1977): A Real-Time Criterion Theory of Duration Discrimination, in: Perception & Psychophysics 21, 1977, S. 105-117

Krumhansl, C. L. (1990): Cognitive Foundation of Musical Pitch, New York

Krumhansl, C.L. (1979): The Psychological Representation of Musical Pitch in a Tonal Context, in: Cognitive Psychology 11, 1979, S. 346-374

Krumhansl, C.L./Bharucha, J.J./Kessler, E.J. (1982): Perceived Harmonic Structure of Chords in Three Related Music Keys, in: Journal of Experimantel Psychology 8, 1982, S. 24-36

Krumhansl, C.L./Keil, F.C. (1982): Acquisition of Hierarchy of Tonal Functions in Music in: Memory & Cognition 10, 1982, S. 243-251

Krumhansl, C.L./Shepard, R.N. (1979): Quantification of the Hierarchy of Tonal Function within Diatonic Context, in: Journal of Experimental Psychology 5, 1979, S. 579-594

Krumhansl, Carol L./Sandell Gregory J./Sergeant, Desmond C. (1987): The Perception of Tone Hierarchies and Mirror Forms in Twelve-Tone Serial Music, in: Music Perception 5, 1987, S. 31-78

Kurth, Ernst (1931): Musikpsychologie, Berlin

Lakoff, G. (1987): Woman, fire, and dangerous things, What categorial reveal about mind, University of Chicago Press, Chicago

Landau, Erika (1975): Psychologie der Kreativität, München
Langhoff, S. (1984): Neue Musik und Wahrnehmungserziehung, in: Ritzel/Stroh (Hg.): Musikpädagogische Konzeptionen im Schulalltag, Wilhelmshaven
Lefrançois, Guy R. (1986): Psychologie des Lernens, Berlin, 2. Auflage
Lemmermann, Heinz (1984): Musikunterricht, Bad Heilbrunn, 3. Auflage
Lerch, Hans-Jürgen (1997): Neuronale Modelle für Lern- und Bewertungsprozesse, Göttingen
Lerdahl, F./Jackendoff, R. (1983): A Generative Theory of Tonal Music, Cambridge/Mass.
Lerdahl, F./Jackendoff, R. (1983/84) An Overview of Hierarchical Structure in Music, in: Music Perception 1, 1983/84, S. 229-252
Lerdahl, Fred (1988): Cognitive Constraints on Compositional Systems, in: John Sloboda (Ed.): Generative Processes in Music, The Psychology of Performance, Improvisation und Composition, Oxford, 1988, S. 231-259
Lerdahl, Fred (1989): Atonal prolongational structure, in: Contemporary Music Review, 1989, Vol 4, S. 65-87
Lester, Joel (1989): Analytic Approaches to Twentieth-Century Music, W.W. Norton&Company, New York
Ligeti, György (1961): Wandlungen der musikalischen Form, in: die Reihe 7, 1961, Wien
Linke, Norbert (1975): Neue Wege in die Musik der Gegenwart, Wolfenbüttel
Loo, Hans, van der/Reijen, Willem, van (1997): Modernisierung, Projekt und Paradox, München, 2. Auflage
Lovisa, Fabian R. (1996): Minimal-music, Entwicklung, Komponisten, Werke, Darmstadt
Lurija, Alexander, R. (1992): Einführung in die Neuropsychologie, Reinbeck bei Hamburg
Maas, Georg (1989): Handlungsorientierte Begriffsbildung im Musikunterricht, Bd.28, Musikpädagogische Forschung, Bd. 2, Mainz
Mack, Dieter: (in Vorbereitung), Musik in Indonesien, Zwischen lokaler Tradition, nationaler Verpflichtung und internationalem Einfluss, Hildesheim
Maempel, Hans-Joachim (2001): Klanggestaltung und Popmusik, Eine experimentelle Untersuchung, Heidelberg

Mahnkopf, Claus Steffen (1989): Das Überdauern der musikalischen Eigenlogik, in: W. Gruhn: Das Projekt der Moderne und die Postmoderne (Hochschuldokumentation zu Musikwissenschaft und Musikpädagogik, Musikhochschule Freiburg 2), Regensburg, S. 121-152

Mahnkopf, Claus-Steffen (1998): Kritik der neuen Musik, Entwurf einer Musik des 21. Jahrhunderts, Eine Streitschrift, Kassel

Marcuse, Herbert (1977): Die Permanenz der Kunst, Wider eine bestimmte marxistische Ethik, München

Markowitsch, Hans J. (1996): Neuropsychologie des menschlichen Gedächtnisses, in: Spektrum der Wissenschaft 9, 1996, S. 52-61

Marks, L.E. (1983): Categories of Perceptual Evidenz, A Psychophysicist Peruses Synthetic Metaphors, in: H.-G. Geissler (Hg.): Modern Issues in Perception, Amsterdam, S. 336-353

Mayer, Karl Ludwig (1954): Das Einfache und das Differenzierte, Bericht aus der Arbeitstagung für Neue Musik und Musikerziehung in Darmstadt, 1954, in: MiU 45, 1954, S. 228-230

McAdams, S. (1987): Music: A science of the mind?, in: Contemporary Music Review, 1987, Vol 2/1, S. 1-61

McClelland, James/Rumelhart, David. E. (1986): Parallel distributed processing, Psychological and Biological Models, Cambridge MA

Mechsner, Franz (1992): Wo das Chaos sinnvoll waltet, Konnektionismus, in: Intelligenz und Bewußtsein, Geo-Wissen Nr. 3

Meißner, Roland (1979): Zur Variabilität musikalischer Urteile, in: Helga de la Motte Haber, Karl Dieter Wagner (Hg.): Beiträge zur Systematischen Musikwissenschaft, Bd. 4, Hamburg

Merzenich, M./Sameshina, K. (1993): Cortical plasticity and memory, Current Opinien, in: Neurology 3, 1993, 187-196

Meyer-Denkmann, Gertrud (1970): Klangexperimente und Gestaltungsversuche im Kindesalter, Universal Edition, Wien

Meyer-Denkmann, Gertrud (1972): Struktur und Praxis neuer Musik im Unterricht, Experiment und Methode, Universal Edition, Wien

Meyer-Denkmann, Gertrud (1984): Musikpädagogik zwischen Avantgarde und Pop, in: Fred Ritzel/Martin Stroh (Hg.): Musikpädagogische Konzeptionen im Schulalltag, Wilhelmshaven, S. 77-88

Meyer-Denkmann, Gertrud (1984): Wahrnehmungspsychologische und neurophysiologische Aspekte des Musiklernens, Konsequenzen der Wechselwirkung intersensorischer Leistungen der kognitionspsychologischen Lerntheorie und der Hemisphärenforschung für die Qualität musikalischer Lernprozesse, in: Musikpädagogische Forschung, Bd. 5, Kind und Musik, Laaber, S. 150-169

Meyer-Denkmann, Gertrud (1988): Das Problem der Musikpädagogik mit der Neuen Musik als Problem des Musiklehrers mit der Neuen Musik, Protokoll einer Verweigerung, in: MuB 1, 1988, S. 11-19

Meyer-Denkmann, Gertrud (1992): Musikpädagogik und Neue Musik zwischen Verweigerung und Legitimation, in: MuU 8, 1992, S. 4-7

Meyer-Denkmann, Gertrud (1995): Wider einer falschen Elementarisierung, Wahrnehmungs- und lernpsychologische Aspekte des Musiklernens in der Vor und Grundschule, in: Musik in der Schule 2, 1995, S. 70-75

Meyer-Denkmann, Gertrud (1996): Klangexperimente und Improvisationspraktiken, Einige kritische Anmerkungen, in: MuU 7, 1996, S. 32-34

Meyer-Denkmann, Gertrud (1998): Körper, Gesten, Klänge, Improvisation, Interpretation und Komposition Neuer Musik am Klavier, Saarbrücken

Mietzel, G. (1994): Psychologie der Wahrnehmung, in: Wege in die Psychologie, Stuttgart

Miller, G.A./ Galanter, E./Pribram, K.H. (1973): Strategien des Handelns, Stuttgart

Miller, George A. (1956): The magical number seven, plus or minus two: some limits on our capacity for processig information, in: The Psychological Review 63, 1956, S. 81-97

Milz, Ingeborg (1996): Neuropsychologie für Pädagogen, Dortmund

Minkenberg, Hubert (1991): Das Musikerleben von Kindern im Alter von fünf bis zehn Jahren, Bd. 4, Studien zur Musik, Frankfurt/M.

Moats, M.L (1984): Der Einfluß von Darbietungsmethoden auf das Melodiegedächtnis, in: Jahrbuch der deutschen Gesellschaft für Musikpsychologie 1/1984, S. 103-110

Moles, Abraham A. (1971): Informationstheorie und ästhetische Wahrnehmung, Schauberg

Montada, Leo (1995): Die geistige Entwicklung aus der Sicht Jean Piagets, in: R. Oerter/Leo Montada (Hg.): Entwicklungspsychologie, Weinheim, S. 518-560

Moog, Helmut (1967): Beginn und erste Entwicklung des Musikerlebens im Kindesalter, 1967, Ratingen

Moog, Helmut (1968): Das Musikerleben des vorschulpflichtigen Kindes, Bd. 17, Bausteine für Musikerziehung und Musikpflege, Mainz

Mühle, Günther/Christa Schell (Hg.) (1995): Kreativität und Schule, Frankfurt/M.

Müller, Renate (1990): Soziale Bedingungen der Umgehensweisen Jugendlicher mit Musik, Theoretische und empirisch-statistische Untersuchung zur Musikpädagogik, Essen

Nauck-Börner, Christa (1983): Musikalische Begabung, in: Rudolf-Dieter Kraemer (Hg.): Musikpsychologische Forschung und Musikunterricht, Mainz, S. 15-36

Nauck-Börner, Christa (1987): Wahrnehmung und Gedächtnis, in: Helga de la Motte-Haber (Hg.): Psychologische Grundlagen des Musiklernens (Handbuch der Musikpädagogik, Bd. 4) Kassel, S. 13-115

Nebel, Sieglinde (1992): Aufbau und Veränderung mentaler Repräsentation von Musikstücken bei Kindern, (unveröffentlicht), Freiburg

Neisser, Ulric (1974): Kognitive Psychologie, Stuttgart

Neisser, Ulric (1979): Kognition und Wirklichkeit, Stuttgart

Neuhäuser, Meinhof (1979): Klangspiele, Neues Spielmaterial für die Schule, Frankfurt/M., 2. Auflage

Neuhäuser, Meinolf/Reusch, Arnold/Weber, Horst (1975): Resonanzen, Sekundarstufe I, Bd. 2 (Arbeitsbuch für den Musikunterricht), Frankfurt/M.

Nimczik, Ortwin (1991): Spielräume im Musikunterricht, Frankfurt/M.

Nimczik, Ortwin (1998): Neue Musik nach 1960, Neues im Alten - Altes im Neuen, Arbeitsheft für den Musikunterricht in der Sekundarstufe II (hg. von H. Bäßler), Stuttgart

Nimczik, Ortwin (2001): Konstruktive, Dekonstruktion, Musik von Mathias Spahlinger im Unterricht - Annäherung und Beispiele, in: Institut für Neue Musik und Musikerziehung Darmstadt (Hg.): Klang und Wahrnehmung, Komponist-Interpret-Hörer, Bd. 41, Mainz, S. 165-193

Nimczik, Ortwin/Rüdiger Wolfgang (1997): Instrumentales Ensemblespiel, Übungen und Improvisationen - klassische und neue Modelle, 2 Bde., Regensburg

Noll, Günter (1975): Musik des XX. Jahrhunderts im Unterricht, in: MuB 1, 1975, S. 39-40

Nolteernsting, Elke (1998): Die neue Musikszene, Von Techno bis Crossover, in: Dieter Baacke (Hg.): Handbuch Jugend und Musik, Opladen, S. 275-292

Norman, Donald A./Rumelhart, David E. (1978): Strukturen des Wissens, Stuttgart

Nyffeler, Max (1983): Wolfgang Rihm, in: Deutscher Musikrat (Hg.): Musik in Deutschland 10 (1970-1980) Schallplattenbeilage, S. 18f

Nykrin, Rudolf (1978): Erfahrungserschließende Musikerziehung, Konzepte - Argumente - Bilder (Perspektiven zur Musikwissenschaft und Musikpädagogik), Bd. 4, Regensburg

Oerter, R./Montatda, L. (Hg.) (1995): Entwicklungspsychologie, Ein Lehrbuch Weinheim, 3. Auflage

Oerter, Rolf (1974): Erkennen, Donauwörth

Oerter, Rolf/Dreher, Eva (1995): Jugendalter - Theorien der Adoleszenz, in: Rolf Oerter/Leo Montada (Hg.): Entwicklungspsychologie, Weinheim, 3. Auflage, S. 314-329

Ohnesorg, Franz Xaver (1994): Die Befreiung der Musik, Einführung in die Musik des 20. Jahrhunderts, Bergisch-Gladbach

Olver, R./Hornsby, J.R. (1971): Über Äquivalenz, in: Jerome S. Bruner/Rose R. Olver/Patricia M. Greenfield (Hg.): Studien zu kognitiven Entwicklung, Stuttgart, S. 97-116

Osgood, Charles E./ Suci, G.J./ Tannenbaum, P.H. (1967): Quantitative Methoden der Psychologie, München

Pascual-Leone/ Alvaro, N. Dang/L.G. Cohen et al (1995): Modulation of Muscle Responses Evoked by Transcranial Magnetic Stimulation during the Acquisition of Fine Motor Skills, in: Journal of Neurophysiology 74, 1995, S. 1037-1045

Paynter, John (1991): Sound & Structure, Cambridge.

Paynter, John (1992): Aufführen und Komponieren in den allgemeinbildenden Schulen Großbritanniens, in: Herrmann J. Kaiser (Hg): Musikalische Erfahrung, Wahrnehmen, Erkennen, Aneignen (Musikpädagogische Forschung, Bd. 13), S. 326-332

Paynter, John/Aston Peter (1972): Klang und Ausdruck (engl. Sound and Silence), Wien

Peery, Craig J./Peery Weis Irene (Eds.) (1987): Music and Child Developement, Springer, New York

Peters, Manfred (1996): Vom Proben und Seinlassen. Über den Umgang mit Dieter Schnebels Blasmusik und John Cages 4'33", in: MuU 16, 1996, S. 32-36

Pflederer, Marylin (1964): The Responses of Children to Musical Tasks Embody Piaget's Principle of Conversation, in: Journal of Research in Music Education 12, 1964) S. 251-268

Pflederer, Marylin (1967): Conversation Laws Applied to the Developement of Musical Intelligence, in: Journal of Research in Music Education 15, 1967

Pflederer-Zimmermann, M./Bruhn, H. (1985): Entwicklungsforschung nach Piaget, in: Herbert Bruhn/Rolf Oerter/Helmut Rösing (Hg.): Musikpsychologie. Ein Handbuch in Schlüsselbegriffen, München, S. 210-215

Piaget, Jean (1969): Das Erwachen der Intelligenz beim Kinde, Stuttgart

Piaget, Jean (1974): Psychologie der Intelligenz, Olten, 6. Auflage

Piaget, Jean/Inhälder, Bärbel (1973): Die Psychologie des Kindes (1966), Olten, 2. Auflage

Platon: Phaidros, Stuttgart, Reclam 1979

Plattig, Karl-Heinz (1993): Aufbau von Außen-, Mittel- und Innenohr, in: Herbert Bruhn/Rolf Oerter/Helmut Rösing (Hg.): Musikpsychologie, Ein Handbuch, Reinbeck bei Hamburg, S. 613-621

Plattig, Karl-Heinz (1993): Verarbeitung einzelner Schallereignisse, in: Herbert Bruhn/Rolf Oerter/Helmut Rösing (Hg.): Musikpsychologie, Ein Handbuch, Reinbeck bei Hamburg, S. 666-670

Plutchik, R./Kellermann, H. (Ed.) (1962): Emotion. Theory, Research and Experience, New York

Pöppel, Ernst (1993): Zum formalen Rahmen des ästhetischen Erlebens, Ein Beitrag zur Hirnforschung, in: W. Welsch (Hg.): Die Aktualität des Ästhetischen, München, S. 227-246

Poppensieker, Karin (1986): Die Entwicklung musikalischer Wahrnehmungsfähigkeit (Musikpädagogik in Forschung und Lehre, Bd. 23), Mainz

Poschardt, Ulf (1995): DJ Culture, Hamburg

Poschardt, Ulf (1999): Denn Kunst heißt neue Kunst, in: Philipp Anz/Patrick Walder (Hg.): Techno, Reinbeck bei Hamburg, S. 197-207

Povel, Dirk-Jan/Essens, Peter (1985): Perception of Temporal Patterns, in: Music Perception 4 1985, S. 411-440

Prenzel, Manfred/Schiefele, Hans (1994): Konzepte der Veränderung und Erziehung, in: Weidenmann, Bernd/Andreas Krapp et al.: Pädagogische Psychologie, Weinheim S. 105-142

Progner, Hermann (1962): Vom Hören Neuer Musik, in: Siegfried Borris (Hg.): Der Wandel des musikalischen Hörens (Veröffentlichungen des Instituts für Neue Musik und Musikerziehung, Bd. 3), Berlin, S. 23-29

Pütz, Werner (1971): Tendenzen in der Musik der Gegenwart und ihre Bedeutung für den Musikunterricht, in: MuB 3, 1971, S. 235-242

Rammsayer, Th., Vogel, W.-H: (1992): Pharmalocical Properties of the Internal Clock undelying time Perception in Humans, in: Neuropsychobiology 26, 1992, S. 71-80

Ramsegger, Jörg (1977): Offener Unterricht in der Erprobung, Erfahrungen mit einem didaktischen Modell, München

Rasch, R.A. (1979): Synchronisation in Performed Ensemble Music, in: Acustica 43, 1979, S. 121-131

Rathgeber, Richard (1996): Jugendkultur heute, in: Volker Schütz: Musikunterricht heute, Oldershausen, S. 7-20

Rauchfleisch, Udo (1996): Musik schöpfen - Musik hören, Göttingen

Rauhe, Hermann/Teinecke, Hans-Peter/Ribke, Wilfried (1975): Hören und Verstehen, Theorie und Praxis handlungsorientierten Unterrichts, München

Reinecke, Hans-Peter (1962): Hörprobleme im Lichte akustisch-tonpsychologischer Forschung, in: Veröffentlichungen des Instituts für Musik und Musikerziehung, Band 3, Berlin, S.48-56

Reinhold, Gerd (Hg.) (1997): Soziologie-Lexikon, München, 3. Auflage

Révész, G. (1946): Einführung in die Musikpsychologie, Nachdruck: Bern 1972

Rexroth, Dieter (1985): Der Komponist Wolfgang Rihm, Mainz

Richter, Christoph (1976): Theorie und Praxis der didaktischen Interpretation von Musik, Frankfurt/M.

Richter, Christoph (1986): Schwierigkeiten mit der Neuen Musik?, in: MuB 10, 1986, S. 865

Richter, Christoph (1991): Erleben und Verstehen, was Hören ist, in: MuU 7, 1991), S. 39-44

Richter, Christoph (1993): Lebensweltliche Orientierung des Musikunterrichts. Eine Komposition Mozarts als Verkleidungs- und Rollenspiel, in: MuB 6, 1993, S. 24-29

Riemann, Hugo (1874): Über das musikalische Hören, Leipzig

Riemann, Hugo (1914): Ideen zu einer Lehre von Tonvorstellungen, in: Jahrbuch der Musikbibliothek Peters 21/22, 1914/14, S. 1-26

Rihm, Wolfgang (1979): Ins eigene Fleisch, Lose Blätter über das Jungerkomponistsein, in: NZfM 1, 1979, S. 6-8

Rihm, Wolfgang (1982): Anschauung, Zur Psychologie des kompositorischen Arbeitens (1981), in: Freiburger Universitätsblätter Heft 75, 1982

Rihm, Wolfgang (1992): Wolfgang Rihm über "Schwebende Begegnung", in: Schallplattenbeilage der CD: Rihm, Dunkles Spiel, Bayer-Records, CAD 800 886

Rihm, Wolfgang (1997): Ausgesprochen: Schriften und Gespräche (2 Bände), Winterthur

Rihm, Wolfgang (1997): Gleichzeitigkeit von Heterogenem, Aus einem Gespräch mit Konrad Boehmer (1986), in: Ulrich Mosch (Hg.): Wolfgang Rihm, Schriften und Gespräche, Winterthur, S. 157-173

Rittelmeyer, Christian (1969): Dogmatismus, Intoleranz und die Beurteilung moderner Kunstwerke, in: Kölner Zeitschrift für Soziologie und Sozialpsychologie 21, 1969), S. 93-105

Rittelmeyer, Christian (1971): Zur Auswirkung der Prestige-Suggestion auf die Beurteilung neuer Musik, in: MuB 3, 1971, S. 72-74

Robinsohn, Saul B. (1973): Die Bildungsreform als Revision des Curriculums, Neuwied, 4. Auflage

Roederer, Juan G. (1993): Physikalische und pschoakustische Grundlagen der Musik, Berlin, 2. Auflage

Rogers, Carl. R. (1977): Lernen in Freiheit, Zur Bildungsreform in Schule und Universität, München, 2. Auflage

Rogge, Wolfgang (1979): Neue Musik - Für die Sekundar- und Studienstufe (zu: Musik aktuell - Analysen, Beispiele, Kommentare), Kassel

Röösli, Joseph (1997): Musikunterricht, Hitzkirchen, 3. Auflage

Rose, Elisa (1999): Die Ästhetik von Techno, in: Philipp Anz/Patrick Walder (Hg.): Techno, Reinbeck bei Hamburg, S. 222-231

Rötter, Günther (1996a): Musik und Zeit, Kognitive Reflexionen versus rhythmische Interpretation, Frankfurt/M.

Rötter, Günther (1996b): Zeit- und Rhythmuswahrnehmung, in: Helga de la Motte-Haber (Hg.): Handbuch der Musikpsychologie, Laaber, 2. Auflage, S. 483-503

Rumelhardt, D.E/McClelland, J.L. (Ed.) (1986): Parallel Distributet Processing, Explorations in the Microstructures of Cognition, Vol. 1 "Foundations", Cambridge 1972

Sander, E./Mayr-Kleffel, V./Barthlemes, J. (1992): Medienerfahrungen von Jugendlichen in Familien und Peer-Groups, München

Schafer, Raymond Murray (1971): Die Schallwelt in der wir leben(rote reihe), Wien

Schafer, Raymond Murray (1971): Epitaph for Monlight (rote reihe), Wien

Schafer, Raymond Murray (1971): Minimusic für Spielgruppen (rote reihe), Wien

Schafer, Raymond Murray (1971): Schöpferisches Musizieren (rote reihe), Wien

Schafer, Raymond Murray (1972): Schule des Hörens (rote reihe), Wien

Schafer, Raymond Murray (1972): Wenn Wörter erklingen, Das Neue Buch vom Singen und Sagen (rote reihe), Wien

Schafer, Raymond Murray (1974): Miniwanka (rote reihe), Wien

Schafer, Raymond Murray (1975): The Rinoceros in the Classroom (rote reihe), Wien

Schafer, Raymond Murray (1976): Creativ Music Education, New York

Schafer, Raymond Murray (1988): Klang und Krach. Eine Kulturgeschichte des Hörens, Frankfurt/M.

Schäfers, Bernhard (1989): Soziologie des Jugendalters, Opladen

Schatt, Peter. W. (1986): Exotik in der Musik des 20. Jahrhunderts, Historische und systematische Untersuchungen zur Metamorphose einer ästhetischen Fiktion (Diss.), München

Schauff, Charles/Moffet, David/Moffet/ Stacia/Schubert, Ernst (Hg.) (1993): Medizinische Physiologie, Berlin

Schenker, H. (1979): Der freie Satz, New York

Schmidt, Hans Christian (1975): Jugend und Neue Musik, Köln

Schmidt, Hans Christian (1976): Auswirkungen von Lernprozessen auf die Beurteilung Neuer Musik durch Jugendliche, Köln

Schmidt, Hans Christian (1986): Didaktik der Neuen Musik? Neue Musik der Didaktik? Musik der neuen Didaktik?, Eine skeptische Bilanz in: ders. (Hg.): Neue Musik und Vermittlung (Veröffentlichung des Institutes für Neue Musik und Musikerziehung Darmstadt, Bd. 27), Mainz, S. 44-67

Schmidt, Hans Christian (Hg.) (1986): Neue Musik und ihre Vermittlung (Veröffentlichungen des Instituts für Neue Musik und Musikerziehung, Bd. 27), Mainz

Schnebel, Dieter (1969): Mo-No: Musik zum Lesen, Köln

Schnebel, Dieter (1972): Denkbare Musik, Schriften 1952-1972 (hg. v. H.R. Zeller), Köln

Schnebel, Dieter (1976): Über experimentelle Musik und ihre Vermittlung, in: Melos/Neue Zeitschrift für Musik 2 (43/137), 1976, S. 461f

Schnebel, Dieter (1980): "Schulmusik" - Bericht über eine AG für Neue Musik, in: MuB 7 ,1980, S. 92-96

Schneider, Ernst Klaus (1993): Lebensweltbezug, Eine Perspektive für den Musikunterricht, in: MuB 6, 1993, S. 5-7

Schönberg, Arnold (1966): Harmonielehre, Wien, 7. Auflage

Schönberg, Arnold (1989) Neue Musik, veraltete Musik Stil und Gedanke, in: ders. Stil und Gedanke, Leipzig

Schubert, Ralf (1991): Zur Funktion von Kenntnissen und Fähigkeiten auf rhythmisch-metrischem Gebiet bei der Heranführung an das Musikschaffen der Gegenwart (Diss.), Leipzig

Schütz, Volker (Hg) (1996): Musikunterricht heute, Oldershausen

Schwan, Alexander (1991): Improvisation und Komposition im Musikunterricht allgemeinbildender Schulen der Sekundarstufe I (Diss), Frankfurt/M.

Schwartz, Elliott & Godfrey, Daniel (1993): Music since 1945, Issues, Materials, and Literature, Schirmer Books, New York

Schwarz, M. (1981): Musikanaloge Idee und Struktur im französischen Theater (Theorie und Geschichte der schönen Künste 57), München

Seashore, C.E. (1966): Seashore Measures of Musical Talent,Deutschsprachige Ausgabe (hg. von H. Fischer/Ch. Butsch), Bern

Segler, Helmut (Hg.) (1972): Musik und Musikunterricht in der Gesamtschule, Weinheim

Segler, Helmut/Abraham, Lars Ulrich (1966): Musik als Schulfach, Braunschweig

Self, George (1967): Vier Stücke."silverstone, holoway, garnett, nukada" (rote reihe), Wien

Self, George (1969): Neue Klangwelten für die Jugend (rote reihe), Wien

Serafine, M.L./Glassman, N./Overbecke, C. (1989): The Cognitive Reality of Hierarchic Structure in Music, in: Music Perception 6, 1989, S. 397-430

Serafine, Mary L. (1980): Piagetian Research in Music, in: Bulletin of the Council for Research in Music Education 62, 1980, S. 1-21

Seubold, Günter (1998): Stockhausen zum 70, in: Musik & Ästhetik, 7, 1998, S.69-81

Shepard, R.N. (1982): Geometrical Approximations to the Structure of Musical Pitch, in: Psychological Review 89, 1982), S. 305-333

Shepard, R.N. (1982): Structural Representation of Musical Pitch, in: Diana Deutsch (Ed.), The Psychology of Music, New York, S. 343-390

Shusterman, Richard (1994): Kunst Leben, Die Ästhetik des Pragmatismus, Frankfurt/M.

Shuter-Dyson, Rosamund (1982): Psychologie musikalischen Verhaltens, Mainz

Sievritts, Manfred (1976): Neue Musik im Kurssystem der Oberstufe, Frankfurt/M.

Singer, Wolf (1990): Gehirn und Kognition (Spektrum der Wissenschaft), Heidelberg

Skinner, B. F. (1978): Was ist Behaviorismus?, Reinbeck bei Hamburg

Sloboda, John A. (1985): The Musical Mind.The cognitive psychology of music, Clarendon Press, Oxford

Sloboda, John A. (1993): Begabung und Lernen.Begabung und Hochbegabung, in: Herbert Bruhn/Rolf Oerter/Helmut Rösing (Hg.): Musikpsychologie, Ein Handbuch, Reinbeck bei Hamburg

Sloboda, John A.(ed.) (1988): Psychology of Performance, Improvisation and Composition, Oxford

Sloterdijk, Peter (1994): Kopernikanische Mobilmachung und ptolomäische Abrüstung, Frankfurt/M, 3. Auflage

Smith, David J./Witt, Jordan N. (1989): Spun Steel and Stardust: The Rejection of Contemporary Compositions, in: Music Perception 7, 1989), S. 169-186

Sonntag, Brunhilde (1977): Untersuchungen zur Collagetechnik in der Musik des 20. Jahrhunderts, Regensburg

Spahlinger, Mathias (1989): gegen die postmoderne mode, zwölf charakteristika der musik des 20. Jahrhunderts, in: Musiktexte 27, 1989, S. 2-7

Spahlinger, Mathias (1992), politische funktion des subjektiven faktors im musikalischen soziolekt, in: Interface 12, 1983, 399-409

Spahlinger, Mathias (1993): vorschläge zur ver(über)flüssigung der funktion des komponisten rote reihe), Wien

Spahlinger, Mathias (1996): Thesenpapier: Vermittlung (unveröffentlicht), Freiburg

Spahlinger-Ditzig, Ursula (1978): Neue Musik im Gruppenurteil, Hamburg

Spahlinger-Ditzig, Ursula (1979): Motivation und Einstellungsänderung bei der Rezeption neuer Musik, in: Klaus-Ernst Behne (Hg.): Motivationsforschung in der Musikpädagogik, Mainz, S. 33-40

Spitzer, Manfred (1996): Geist im Netz, Modelle für Lernen Denken und Handeln, Heidelberg.

Stadler Elmer, Stefanie (2000): Spiel und Nachahmung, Über die Entwicklung der elementaren musikalischen Aktivitäten, Aarau

Stahmer, Klaus Hinrich (1995): Die Landschaft in meiner Stimme (1978), in: Booklet zur CD: I can Fly, Thorofon CTH 22 10

Stahmer, Klaus Hinrich (2000): Die Landschaft in meiner Stimme (E-Mail an den Verfasser am 20. März 2000)

Stanley, Lawrence (Hg) (1992): Rap - The Lyrics, New York

Stein, Erwin (Hg.) (1958): Arnold Schönberg, Briefe, Mainz

Stephan, Rudolf (1962): Hörprobleme serieller Musik (Veröffentlichungen des Instituts für Musik und Musikerziehung, Band 3), Berlin, S. 30-40

Stephan, Rudolf (1969): Das Neue der Neuen Musik, in: Reinecke, H.P. (Hg): Das musikalisch Neue und die Neue Musik, Mainz

Stieler/Karig (Hg.) (1993): Ankommen?!, Berlin

Stockhausen, Karlheinz (1960): Musik und Sprache, in: Die Reihe 6, 1960, S.36-58

Stockhausen, Karlheinz (1963): Texte zur elektronischen und instrumentalen Musik, Köln

Stockhausen, Karlheinz (1975).Texte zu eigenen Werken zur Kunst Anderer, Aktuelles, Köln, 2. Auflage

Stockhausen, Karlheinz (1998): Elektronische Musik seit 1952 (1986), in ders. Texte zur Musik 1984-1991 (Bd. 8), Kürten, S. 399-524

Stoffer, Thomas H. (1985): Wahrnehmung und Repräsentation musikalischer Strukturen, in: Herbert Bruhn/Rolf Oerter/Helmut Rösing (Hg.): Musikpsychologie, Ein Handbuch in Schlüsselbegriffen, München, S. 466-478

Strob, Ilse (2001): Jazz und Neue Musik im Unterricht (mit Begleit CD), Münster

Strobel, Katrin (1996): Die Idee des Absurden in der Musik Adriana Hölzkys dargestellt an Message, Wissenschaftliche Hausarbeit im Rahmen der Künstlerischen Prüfung für das Lehramt an Gymnasien, Freiburg (unveröffentlicht)

Stuckenschmidt, Heinz (1962): Schöpfer der neuen Musik, Portraits und Studien, München

Stuckenschmidt, Heinz (1971): Die großen Komponisten unseres Jahrhunderts, München

Stuckenschmidt, Heinz (1979): Die Musik des 20. Jahrhunderts, München, 2. Auflage

Stumpf, C (1911): Die Anfänge der Musik, Leipzig

Stumpf, C. (1883/90): Tonpsychologie, Leipzig

Suntil, Bertil (1998): Musical Creativity in the First Six Years, in: Children Composing, Lund University, S. 35-56

Swanwick, K./Tillmann, J. (1986): The Sequence of Musical Developement, A study of children's compositions, in: British Journal of Music Education 3, 1986, S. 305-339

Tan, N. (1979): Organization in the Perception of Melodies: in: Psychology of Music 7, 1979, S. 3-11

Terhag, Jügen (Hg.) (1994): Populäre Musik und Pädagogik (Band 1), Oldershausen

Terhag, Jügen (Hg.) (1996): Populäre Musik und Pädagogik (Band 2), Oldershausen

Terhag, Jügen (Hg.) (2000): Populäre Musik und Pädagogik (Band 3), Oldershausen

Thiele, Joachim (1972): Informationen über neuere Richtungen der Ästhetik, Kriterien für die Beschreibung und Analyse ästhetischer und pädagogischer Kommunikation, in: Musik in Schule und Gesellschaft

Thomas, E. (1965): Notation neuer Musik, in: Darmstädter Beiträge zur Neuen Musik 9, Mainz

Thompson, Richard (1990): Das Gehirn, Von der Nervenzelle zur Verhaltenssteuerung (Spektrum Wissenschaft), Heidelberg

Thrun, Martin (1994): Neue Musik seit den achtziger Jahren, Bd 1: Feste, Initiativen und Ensembles für Neue Musik, Regensburg

Thrun, Martin (1994): Neue Musik seit den achtziger Jahren, Bd 2: Essays, Regensburg

Tolman, Edward C. (1948): Cognitive Maps in Rats and Men, in: Psychological Review 55, 1948), S.189-208

Toop, David (1984): Rap Attack, (Deutsche Ausgabe: St. Andrä-Wördern 1992) London

Traxel W./Grede, G. (1959): Hautwiederstandsänderungen bei Musikdarbietungen, in: Zeitschrift für experimentelle und angewandte Psychologie 6, 1959), S. 293-309

Trumpf, G.A. (1959): Von der Klanglichkeit der Neuen Musik, Bericht von der Arbeitstagung für Neue Musik und Musikerziehung in Darmstadt (1959), in: MiU 50, 1959, S. 235-237

Ulmann, G. (1968): Kreativität, Weinheim

Upitis, Rena (1987): Children's Understanding of Rhythm, The Relationship between Developement and Music Training, in: Psychomusicology 7, 1987, S. 41-60

Venus, Dankmar (1969): Unterweisung im Musikhören (Beiträge zur Fachdidaktik, hg. von J. Heinrich, G. Schmitz, E.H.), Wuppertal

Verela, Francisco J. (1990): Kognitionswissenschaft- Kognitionstechnik, Frankfurt/M.

Vester, Frederic (1997): Denken, Lernen, Vergessen, Stuttgart, 28. Auflage

Vetter, Hans-Joachim (Hg.) (1970): Die Musik unseres Jahrhunderts, Mainz

Vetter, Hans-Joachim (Hg.) (1982): Neue Musik für Kinder und Jugendliche, Dokumentation zum Musikschulkongress 1981 in Achen, Regensburg

Vogt, Hans (1945): Neue Musik seit 1945, Stuttgart

Vollbrecht, Ralf: (1995): Bedeutung von Stil, in: Wilfried Ferchoff, Uwe Sander, Ralf Vollbrecht (Hg.): Jugendkulturen - Faszination und Ambivalenz. Einblicke in jugendliche Lebenswelten, München

Vollmer, Gerhard (1994): Evolutionäre Erkenntnistheorie, Stuttgart

Wagenschein, Martin (1970): Ursprüngliches Verstehen und exaktes Denken I, Stuttgart, 2. Auflage

Wagenschein, Martin (1970): Ursprüngliches Verstehen und exaktes Denken II, Stuttgart

Wagenschein, Martin (1997): Verstehen lehren, Genetisch - Sokratisch – Exemplarisch, Basel, 11. Auflage

Waldenfels, Bernhard (1994): Lebenswelt als Hörwelt, in: Dieter Zimmerschied (Hg.): Lebenswelt. Chancen für Musikunterricht und Schule (Kongressbericht: 20. Bundesschulmusikwoche), Gütersloh, S. 223-239.

Walker, Robert (1996): Can We Understand the Music od Another Culture?, in: Psychology of Music 24, 1996, S. 103-130

Walters, Darrel L. (1989): Readings in Music Learning Theory,GIA, Chicago

Warner, Theodor (1964): Neue Musik im Unterricht (Drangmeister, Wilhelm/Rauhe, Hermann (Hg.): Martens-Münnich Beiträge zur Schulmusik) Wolfenbüttel

Weber, Bernhard (1995): Konzeption und Erprobung eines Meßinstrumentariums zur Bestimmung mentaler Lernprozesse im Musikunterricht, Freiburg (teilveröffentlicht, in: Weber 1996)

Weber, Bernhard (1996): „Eine sanfte Begegnung", Wahrnehmungserschließende Musikanalyse von Arvo Pärts Collage über Bach, in: MuU 43, 1996, S. 21-23

Weber, Bernhard (1997): Wenn das "Mitzählen" nicht so richtig gelingen will, Die unterrichtspraktische Erarbeitung asymmetrischer Metren, in: MuU 43, 1997, S. 41-44

Weber-Lucks, Theda (1996): Dieter Schnebel über seine pädagogische und künstlerische Arbeit mit Studenten, in: MuU 39, 1996), S. 35-37

Webster, Peter (1989): Creative thinking in music, in: J.W. Richmond (ed.): The proceedings of Suncoast music education, Florida, University of Tampa, S. 40-74

Webster, Peter (1990): Creative as creative thinking, in: Music Educator Journal 76, 1990, S. 22-28

Weidenmann, Bernd u. Krapp, Andreas (1993): Pädagogische Psychologie, Weinheim

Weinland, Helmuth (1987): Musizieren und Denken, Randnotizen zur Entwicklungspsychologie Piagets (1/2), in: Üben & Musizieren 9, 1987, S. 262-265; 379-386

Weiss, Erich/Muttat, Heinrich (1973): Wörterbuch der französischen und deutschen Sprache, Stuttgart, 2. Auflage

Wellek, Albert (1963): Musikpsychologie und Musikästhetik, Frankfurt/M.

Welsch, Wolfgang (1998): Ästhetisches Denken, Stuttgart, 5. Auflage

Welz, Frank (1996): Hörer Neuer Musik, Forschungsprojekt die Musik der Gesellschaft, Institut für Soziologie, Universitität Freiburg (unveröffentlicht)

Wertheimer, Max (1923): Untersuchungen zur Lehre von der Gestalt, in: Psychologische Forschung 4, 1923,S. 301-350

Wiechell, Dörte (1975): Didaktik und Methodik der Popmusik (Schriftenreihe zur Musikpädagogik, hg. von Richard Jakoby, Frankfurt/M.

Wilhelm, Theodor (1969): Theorie der Schule (1967), Stuttgart, 2. Auflage

Willis, Paul (1991): Jugendstile, Zur Ästhetik der gemeinsamen Kultur, Hamburg

Wilson, Peter Niklas (1988): Komponieren als Zersetzen von Ordnung, Der Komponist Mathias Spahlinger, in: NZfM 4, 1988), S. 18-22

Wilson, Peter Niklas (1994): Mathias Spahlinger, in: Hans Werner Heister/Walter-Wolfgang Sparrer (Hg.): Komponisten der Gegenwart, 5. Nlfg., München

Winkel, Fritz (1961): Die psychophysischen Bedingungen des Musikhörens, in: Veröffentlichungen des Instituts für Musik und Musikerziehung, Band 1, Berlin, 44-65

Winkler, Christian (1999): Die Kunst der Stunde - Aktionsräume für Musik, Ein Modell zur Vermittlung von Musik aus systemisch - konstruktivistischer Sicht (Diss.), Wien

Wismeyer, L. (1958): Musik für den "steilen Zahn", in: MiU 50, 1958), S. 376f

Wißkirchen, Hubert (1985): Neue Musik im Unterricht, in: Helms, Helmuth/Hopf, Helmuth/Valentin, Erich: Hanbuch der Schulmusik, Regensburg

Wolfgang, Welsch, Wolfgang (1990): Ästhetisches Denken, Stuttgart.

Young, LaMonte/Zazeela, Marian (1969): Selected Writings, Friedrich, Heiner (Hg.), München (ohne Seitenangaben)

Zenatti, Arlett : Musikalische Entwicklung des Kindes, in: Musikforschung Bd. 2

Zender, Hans (1991): Happy New Ears, Das Abenteuer, Musik zu hören, Freiburg

Zender, Hans (1996): Wir steigen niemals in den selben Fluß, Wie Musikhören sich wandelt, Freiburg

Zimmerman, Marilyn P. (1986): Music Development in Middle Childhood: A Summary of Selected Research Studies, in: Bulletin of the Council for Research in Music Education 86 (1986)

Zimmerschied, Dieter (1986): Die Probleme der MD mit der Neuen Musik, Protokoll einer "Verweigerung" (2 Teile), in: MuB 5/6, 1986, S. 444-452; S. 572-580

Zimmerschied, Dieter (Hg.) (1974): Perspektiven Neuer Musik, Mainz

Anhang zu Kapitel 1.7.1

Der Besuch

Ein Hör-Drama in 3 Akten
W. Gruhn: nach einer Idee von Christoph Richter 1991

1. Akt

Palast des Audianthropos. Ein Musikwesen erscheint am Portal und verschafft sich Einlass. Erfahrene Wächter und Empfangsdamen sind sofort zur Stelle, um blitzschnell zu prüfen, ob dieser Gast dem Palastbesitzer genehm sein wird. Auf seinem Weg durch verschlungene Gänge begegnet es vielleicht anderen Wesen, die flüchtig auftauchen und gleich wieder im Halbdunkel verschwinden.

2. Akt

Schließlich gelangt es in den großen Empfangssaal. Hier ist bereits eine bunte Gesellschaft anderer Musikwesen und weiterer Hausgäste (bunte Bilder, alte Erinnerungen, kleine Geschichten, Träume, Ideen, Phantasien) versammelt. Beim Eintreffen des Besuchs herrscht Verwirrung: Wer ist dieser Gast? Was will er? Begrüßung und Vorstellung. Was geschieht nun? Wie gehen sie miteinander um? Welche Gespräche entstehen? Wer nimmt es an? Wer lehnt es ab? Zu wem fühlt es sich selbst hingezogen?

3. Akt

Der neue Musikgast hat sich irgendwo niedergelassen und Anschluss an die dortigen Bewohner gefunden. Hier entstehen lebhafte Gespräche: der Gast berichtet von sich, seiner Vergangenheit, seinen Erlebnissen; die Bewohner zeigen ihm ihre Umgebung. Wird Audianthropos selber in Erscheinung treten? Äußert er Erwartungen und Wünsche ...?

Anweisung an die Schüler:
„Du wirst nun selber einem ‚Musikwesen' begegnen. Schlüpfe bitte in die Rolle des Palastbesitzers und beobachte dabei den Weg des Musikwesens durch die Gänge und Hallen deines Palastes: Welche Ereignisse löst sein Erscheinen aus? Was geht in der Empfangshalle vor? Wie reagieren die Bewohner? Mache aus diesem Märchengerüst, der Musik und deinen eigenen Erfahrungen ein lebendiges Märchen."

Studien und Materialien zur Musikwissenschaft

Zuletzt in dieser Reihe erschienen/
Recently published in this series:

Band 30:

Stühlmeyer, Barbara
Die Gesänge der Hildegard von Bingen
Eine musikologische, theologische und kulturhistorische Untersuchung. Hildesheim 2003. 404 Seiten mit zahlreichen Notenbeispielen.
ISBN 3-487-11845-9   € 49,80

Band 29:

Andreas Eichhorn
Paul Bekker – Facetten eines kritischen Geistes
Hildesheim 2003. 811 Seiten mit 20 Abb. ISBN 3-487-11803-3   € 78,--

Band 28:

Klaus Miehling
Handbuch der frühneuenglischen Aussprache (1500–1800) für Musiker
Band 1: Grundlagen, 1500–1710; Band 2: 1710–1800, Übersicht, Latein, Eigennamen, Anhang mit Wörterverzeichnis. 2 Bände. Hildesheim 2002. 840 Seiten.
ISBN 3-487-11777-0   € 104,--

Band 27:

Michael Gassmann
Edward Elgar und die deutsche symphonische Tradition
Studien zu Einfluß und Eigenständigkeit. Hildesheim 2002. XII/335 Seiten mit Notenbeispielen und 42 Notenfaksimiles. Gebunden.
ISBN 3-487-11688-X   € 78,--

Band 26:

Stefan Keym
Farbe und Zeit – Untersuchungen zur musiktheatralen Struktur und Semantik von *Olivier Messiaens* «Saint François d'Assise»
Hildesheim 2002. X/557 Seiten mit zahlreichen Notenbeispielen und Register.
ISBN 3-487-11661-8   € 58,--

Studien und Materialien zur Musikwissenschaft

Band 25:
Margret Jestremski
Hugo Wolf – Skizzen und Fragmente
Untersuchungen zur Arbeitsweise. Mit einem Geleitwort von *Graham Johnson*.
Hildesheim 2002. 388 Seiten mit 7 Abb. Gebunden.
ISBN 3-487-11633-2   € 54,80

Band 24:
Michael Breugst
Christian Gottlob August Bergt
Studien zu Leben und Schaffen mit einem Werkverzeichnis. Hildesheim 2002.
837 Seiten mit 9 s/w Abb. und zahlreichen Notenbeispielen. Gebunden.
ISBN 3-487-11542-5   € 84,--

Band 23:
Hanns Steger
Vor allem Klangschönheit - Die Musikanschauung Josef Rheinbergers dargestellt an seinem Klavierschaffen
Hildesheim 2001. 470 Seiten mit zahlreichen Notenbeispielen und 6 Abb. Gebunden.
ISBN 3-487-11320-1   € 68,--

Band 22:
Alexandra Scheibler
Ich glaube an den Menschen." Leonard Bernsteins religiöse Haltung im Spiegel seiner Werke
Hildesheim 2001. 282 Seiten mit zahlreichen Notenbeispielen und 5 Abb.
ISBN 3-487-11344-9   € 39,80

Georg Olms Verlag AG   Hagentorwall 7   D–31134 Hildesheim
(Germany)   Tel.: +49 (0)5121/15010   Fax: 150150   E-mail: info@olms.de
*USA: Empire State Building   350 Fifth Ave.   Suite 3304   New York
N.Y. 10118-0069   Tel.: 800-920-9334*   **Intenet: www.olms.de**